Jörg Gerber

VERFEINDETE BRÜDER?!
WIE ES ZUM UKRAINEKRIEG KAM

Die gemeinsame und getrennte Geschichte Russlands und der Ukraine und die Folgen des Krieges für die Welt

INHALT

I. Das Tor nach Europa – die geographische Schlüsselrolle der Ukraine .. 9

II. Frühgeschichte bis zum Ende der Kiewer Rus 13

1. Das stets gefährdete Potential: Frühgeschichte und Antike (bis zum 6. Jh. n. Chr.) – die antike Blütezeit der Krim .13

2. Slawen, Chasaren, Byzanz, Kalifenreich: das beginnende Mittelalter (7. u. 8. Jh.).....................17

3. Slawische Herrschaftsbildung und Christianisierung seit dem 9. Jh......21

4. Das Gebiet der Ukraine als Zentrum: Die Kiewer Rus (9.–13. Jh.).........23

5. Die mongolische Invasion und ihre Folgen: Das blutige Ende der alten Rus (13. Jh.) 32

III. Spätmittelalter und Frühe Neuzeit – die Ukraine und Russland im Werden............. 36

1. Die Wege der Rus teilen sich: Der Aufstieg Moskaus und die Republik Nowgorod (14.–16. Jh.) 36

2. Die litauische Rus: Ukraine und Belarus (14.–16. Jh.) 39

3. Die beginnende Neuzeit: Das frühe Zarenreich und Polen-Litauen (16./17. Jh.) 45

4. Die frühe „Ukraine": Die Kosaken und das Hetmanat zwischen Polen-Litauen und Russland (16./17. Jh.) 50

5. Der Aufstieg des Russischen Reiches (Ende 17.Jh./18.Jh.)...............56

IV. Das Zarenreich, das Habsburgerreich und die Folgen des 1. Weltkrieges 60

1. Die polnischen Teilungen – Die Ukraine unter Zarenreich und Habsburgerreich (spätes 18. Jh.–1914) 60

2. Der Erste Weltkrieg und die Folgen: Die russische Revolution und das erste Ende des Russischen Reiches (1914–1918/19) 70

3. Die kurze ukrainische Unabhängigkeit und die Gründung der Sowjetunion (1917–1922)......................77

V. Zwischenkriegszeit und 2. Weltkrieg 80

1. Die westliche Ukraine als Teil des unabhängigen Polen (1920–1939) und die sowjetische Invasion 1939–1941 80

2. Die Ukrainische Sozialistische Sowjetrepublik im weiteren Kontext der UdSSR (1922–1941) 88

3. Der deutsche Krieg im Osten als Teil des 2. Weltkrieges: Ethnischer Terrorkrieg, koloniale Zwangsherrschaft und Völkermord (1941–1944) 98

4. Die Ukraine als koloniales deutsches Herrschaftsgebiet (1941–1944) 104

VI. Die ganze Ukraine als Teil der späteren Sowjetunion 110

1. Die Sowjetunion kehrt zurück – die weitere Geschichte der Ukrainischen Sozialistischen Sowjetrepublik im Rahmen der späteren UdSSR (1944–1985) 110

2. Gorbatschows Perestroika und die finale Krise der Sowjetunion (1985–1990) 118

3. Das Ende der Sowjetunion – Russland und die zweite ukrainische Unabhängigkeit (1990/1991) 125

VII. Im postsowjetischen Raum: Russland und die Ukraine 1992–2021 . 134

1. Parallel zu Russland: Die Ukraine von 1992–2004 134

2. Die russische Entsprechung: Die Russische Föderation unter Boris Jelzin (1992–1999) 149

3. Das Russland Wladimir Putins (2000–2021) 159

4. Die Ukraine schert aus: Von der Orangenen Revolution 2004 bis zum Maidan 2014 193

5. Der Konflikt 2014–2021: Die Krim und der Donbas 232

6. Der große Zusammenhang: Russland, die Ukraine und der Westen 2000–2021 262

VIII. Der Große Krieg seit 2022 . . 300

1. Die Ukraine als Schlachtfeld – Ereignisse und Entwicklungen 300

2. Die Auswirkungen des Krieges auf die beiden Kriegführenden 330

3. Der Krieg, die Ukraine, Russland, der Westen und die Welt – Perspektive 347

VORWORT

Der Krieg ist zurückgekehrt nach Europa. Nicht der kleine Krieg, der Krieg zwischen Warlords oder Bürgerkriegsparteien – es ist der große Krieg, der zwischen hochgerüsteten Staaten, zwischen Hunderttausenden von Bewaffneten, der zum ersten Mal seit 1945 wieder auf dem Kontinent tobt. Ein Krieg, der – so die Befürchtung vieler – in einen atomaren Großkonflikt zwischen Russland und der Nato eskalieren könnte. Auch hier in Deutschland bemerken wir seine Auswirkungen alltäglich. In der Verteuerung von Energieressourcen und Grundnahrungsmitteln, in der Aufspaltung politischer Milieus und Meinungen, wie auf den Krieg zu reagieren und mit ihm politisch umzugehen, ja, wie er überhaupt einzuschätzen sei.

An der im Frühjahr 2014 begonnenen, im Februar 2022 mit der russischen Invasion zum Großen Krieg gesteigerten Auseinandersetzung zwischen Russland und der Ukraine ist in der breiten Öffentlichkeit des Westens und der Welt vieles umstritten: Wer trägt die moralische und politische Verantwortung dafür? Welche Ursachen hat der Konflikt? Welche Motive treiben die Konfliktparteien und ihre Unterstützer an? Was sind die Ziele? Wie lässt sich das Blutvergießen beenden? Welche Folgen hat der Konflikt für die Ukraine, für Russland, für den Westen, für die globale Gemeinschaft?

Ist Russland der moralisch nicht gerechtfertigte Angreifer oder ist Russland durch die Ukraine und die Nato zum Angriff provoziert worden? Kann Russland auf eine von der anderen Seite ausgehende Bedrohung hinweisen oder ist es selbst derjenige, der die andere Seite grundlos bedroht? Soll der Westen und die Nato die Ukraine vorbehaltlos unterstützen oder versuchen, mäßigend auf den Konflikt einzuwirken, um ihn am Verhandlungstisch zu lösen? Schon diese Fragen überhaupt zu stellen, zeigt, wie umstritten die grundsätzlichen Dinge dieses Krieges bei uns sein können.

Der Konflikt ist umso stärker ideologisch und emotional aufgeladen, als der russische Angreifer nicht nur die Grenzen, sondern ganz offen die Legitimität der eigenstaatlichen Existenz der Ukraine in Frage stellt, was auch hier in Deutschland bei manchen auf Resonanz stößt. In diesem von der russischen Seite verbreiteten Bild sei die Ukraine keine eigenständige Nation, sondern eine künstliche Schöpfung der frühen Sowjetunion.

Vor diesem ganzen Hintergrund versteht sich dieses Buch als eine umfassende Geschichte des östlichsten Teils Europas, in der die gemeinsamen Ursprünge Russlands und der Ukraine beleuchtet werden, aber auch der Prozess, der beide voneinander getrennt hat, dargestellt und analysiert wird. Es nimmt den Leser zunächst auf eine Zeitreise mit zurück in die Antike, in die Welt der frühen Steppenvölker und der griechischen Städte auf der Krim und lässt ihn teilnehmen an der Entstehung der Kiewer Rus als des gemeinsamen historischen Ursprungs der beiden jetzigen Kontrahenten. Die Katastrophe der mongolischen Invasion wird als der Beginn der Auseinanderentwicklung Russlands und der Ukraine vor Augen geführt. Die Entstehung des russischen Zarenreiches ebenso wie die Entwicklung einer eigenständigen ukrainischen Identität in den Jahrhunderten der Herrschaft Polen-Litauens werden nachgezeichnet. Die Teilung der Ukraine zwischen dem russischen Kaiserreich und der Habsburgermonarchie im 19. Jh. führt den Leser an die Schwelle zur Moderne, schließlich das Drama des 20. Jh. mit beiden Weltkriegen, Revolution, Bürgerkrieg, Aufbau und Auseinanderfallen der Sowjetunion. Sehr ausführlich folgt die Zeit seit 1991, die Zeit der heutigen Russischen Föderation und der unabhängigen Ukraine, betrachtet in der gegenseitigen Verschränkung beider Länder wie in ihrem Auseinanderdriften.

Den Höhe- und Schlusspunkt bildet die Darstellung des jetzigen Krieges, in der alle oben angerissenen Fragen systematisch diskutiert werden.

Ein gewaltsamer Konflikt, ein Krieg, ist für uns nicht nur eine sachliche Gegebenheit, die Historiker, Politikwissenschaftler etc. nüchtern darzustellen und zu analysieren versuchen müssen, sondern auch ein Faktum von unausweichlicher ethisch-moralischer Bedeutung. Wer hier keine wertende Meinung auf der Skala „moralisch falsch – moralisch gerechtfertigt" vertritt, der verfügt über keinerlei Moral – Zyniker dieser Art sind nur wenige Menschen. Ein Krieg, und ganz besonders ein gegenwärtiger, zwingt zur moralischen Stellungnahme. Wer physische Gruppengewalt – also Krieg – von einem strikt pazifistischen Standpunkt aus betrachtet, wird logischerweise jeden Krieg auf allen Seiten als moralisch ungerechtfertigt bewerten. Wer – wie der Autor – den Krieg zwar für moralisch äußerst hässlich, aber unter bestimmten Umständen (besonders denen der Verteidigung) dennoch für gerechtfertigt hält, der wird den Schwerpunkt der Bewertung auf die Unterscheidung zwischen Angreifer und Angegriffenen setzen und auf die Frage, wie schwer die moralischen Gründe wiegen, die der Angreifer und der Angegriffene vorbringen. Gerade heutzutage versucht jeder Angreifer, seinen Angriff als moralisch und politisch legitime Präventivaktion zu begründen, also letztlich als Verteidigung zu präsentieren. Die allgemeine moralische Perspektive der Moderne und – daraus abgeleitet – die Konstruktion des modernen Völkerrechts zwingen ihn dazu. Niemand kann mehr einen Krieg beginnen mit lediglich der simplen Begründung, dass es ihm nützt. Das ist zwar einerseits ein großer moralischer Fortschritt, verführt aber zugleich den Angreifer zu massiver Heuchelei, Propaganda und Falschbehauptung und verführt beide Seiten – also auch den Verteidiger – dazu, im militärischen Gegner das schlechthin Böse zu sehen. Ideologisch gesehen ist der Krieg dadurch radikaler geworden, Frieden schließen erscheint als schwieriger – mit dem

Bösen/dem Terroristen/dem Kriegsverbrecher schließt man nicht so leicht wieder Frieden. In der europäischen Vormoderne dagegen saß das Schwert allen beteiligten Mächten wesentlich lockerer am Gürtel, konnte aber im Falle eines militärischen Patts – das sich häufig einstellte – auf sehr pragmatische Art wieder in die Scheide zurückgeschoben werden.

Bei einer moralischen Bewertung und Einordnung von Kriegen muss aber die sachliche Grundlage für das Werturteil immer gründlich geklärt werden, unabhängig davon, wen man mag – dem man deswegen schon von vornherein recht gibt – und wen man nicht mag – der deswegen schon von vornherein im Unrecht sein muss. Dass Russland Schuld ist, weil es von vornherein chauvinistisch, nationalistisch und imperialistisch sei, ist kein Argument. Dass die Ukraine Schuld ist, weil sie von Nazis oder Faschisten regiert werde, die von radikaler Russophobie getrieben seien, ist auch keins. Dass der Westen oder die Nato, oder die Amerikaner schuld sind, weil sie von vornherein und grundsätzlich die macht- und profitgierigen Imperialisten seien, ist zum Dritten kein Argument. Solche Dinge müssen in jedem einzelnen Fall demonstriert und nachgewiesen werden. Von daher ist für den Einzelfall auch nicht immer relevant, wer sich zu anderer Zeit, an anderem Ort wie verhalten hat. Dass er auch im konkreten Fall der Schuldige sei, muss nachgewiesen werden. Die Amerikaner im Irak, die Russen in Syrien werden deshalb hier auch nicht diskutiert werden. Die Russen in Georgien z.B. aber schon, denn es geht in dem Buch immer auch um Russland im engeren geographischen Umkreis des osteuropäischen Raumes, also in einem engeren Zusammenhang auch mit der Ukraine.

Umgekehrt hält der Autor es für ein Missverständnis, dass das Streben nach sachlicher Nüchternheit und umfangreicher Berücksichtigung aller sachlichen Gesichtspunkte auch moralische Neutralität implizieren müsse. Alle relevanten Faktoren und Gesichtspunkte in Darstellung und Diskussion zu berücksichtigen bedeutet nicht, sich bei der moralischen Bewertung neutral zu geben oder beiden Seiten die gleiche moralische Verantwortung oder Schuld zuzuweisen. Sachliche Ausgewogenheit in der Analyse und klare moralische Bewertung gehen zusammen, wenn es um Dinge geht, die uns zeitlich und im logischen Zusammenhang nahe stehen und die von uns Entscheidungen verlangen.

Der Autor muss hier von vornherein ehrlich mit seinem Leser sein: Er sieht die moralische Verantwortung für den Konflikt bei Russland, nicht bei der Ukraine und auch eher nicht bei der Nato oder spezifisch den USA. Das wird begründet werden. Wen diese Position abschreckt, dem sei gesagt, dass das Buch auf der Ebene der sachlichen Analyse die gegenläufigen Standpunkte breit referiert, ausführlich diskutiert und argumentativ ernst nimmt. Ob sich der Leser nach der Lektüre der Bewertung des Autors anschließt, ist sowieso seine Sache. Das Buch kann so oder so mit Informationsgewinn gelesen werden. Es versteht sich als eine Einführung in die gemeinsame – und gegensätzliche – Geschichte Russlands und der Ukraine.

Noch ein Wort zu einer technischen Frage: Wie bekannt, werden sowohl das Russische wie das Ukrainische mit dem kyrillischen Alphabet geschrieben. Das schafft das Problem der Transkription in unsere lateinische Schrift, zumal die meisten Leser mit der existierenden einheitlichen wissenschaftlichen Transkription wohl nur wenig anfangen könnten. Ich bin da sehr pragmatisch vorgegangen: Die russischen Personen- und Ortsnamen habe ich so geschrieben, wie das gewohnheitsmäßig bei uns im Deutschen üblich ist. Die ukrainischen habe ich so geschrieben, wie es jetzt üblich geworden ist, um den Unterschied zum Russischen klarzumachen – also z.B. Selenskyj anstatt Selenski und Lwiw anstatt Lwow oder Charkiw anstatt Charkow. Allerdings gibt es eine große Ausnahme: Ich habe immer Kiew geschrieben anstatt des jetzt häufigen Kiyiv, obwohl diese Wiedergabe der russischen Form des Namens der ukrainischen Hauptstadt entspricht. Das soll kein parteiisches Statement sein, sondern ist pure Gewohnheit und Vertrautheit. Es ist die herkömmlich im Deutschen vertraute Namensform dieser Stadt, so wie etwa Peking anstatt Beijing, obwohl das letztere näher an der chinesischen Originalform ist.

Ich habe bei der Recherche für das Buch und bei seiner Abfassung sehr viel über die Geschichte Osteuropas gelernt, was mir zuvor unvertraut gewesen war. Ich hoffe, dem Leser nutzt das Lesen des Buches zumindest halb so viel, wie mir das Schreiben daran genutzt hat.

Es ist eine Einladung an Sie, den Leser, nicht nur Zeuge dieses historischen Prozesses und der jetzigen Ereignisse zu werden, sondern Teil eines größeren Dialogs über Krieg, Frieden und die oft widersprüchliche Komplexität menschlicher Beziehungen.

Freiburg im Breisgau, Sommer 2024

I. Das Tor nach Europa – die geographische Schlüsselrolle der Ukraine

„Das Tor Europas" nennt der ukrainischstämmige amerikanische Historiker Serhii Plokhy das Land im Titel seines Standardwerks zur Geschichte der Ukraine (im Literaturverzeichnis aufgeführt). Die heutige Ukraine ist flächenmäßig nach dem europäischen Teil Russlands der größte Staat Europas. Dabei ist sie allerdings im Verhältnis zu ihrer Fläche mit ca. 45 Mio. Einwohnern (Anfang 2022) relativ dünn besiedelt, ebenso wie der in Europa gelegene Teil Russlands, der mit lediglich ca. 110 Mio. Einwohnern ebenfalls eine recht geringe Bevölkerungsdichte aufweist (das in der Fläche wesentlich kleinere Deutschland hat bekanntlich um die 80 Mio. Einwohner). Generell gibt es – für die älteren Perioden der Geschichte auch archäologisch feststellbar – mindestens seit dem 1. Jahrtausend v. Chr. bis heute ein klar feststellbares Gefälle der Bevölkerungsdichte innerhalb des nördlichen Kontinentaleuropa, das von West nach Ost abflacht: Die dicht besiedelten Landschaften Frankreichs, der Beneluxstaaten und Deutschlands in West- und Mitteleuropa, die schon weniger dicht besiedelten Regionen Polens, der Tschechischen Republik und der Slowakei in Ostmitteleuropa, schließlich das eigentliche Osteuropa als das am wenigsten dicht besiedelte Gebiet mit Belarus, dem europäischen Russland und eben der Ukraine.

Dem entspricht die ebenso deutlich erkennbare geringere Verstädterung dieses östlichsten Teil Europas: Auch nachdem in der Zeit der Herausbildung der Kiewer Rus (9./10. Jh.) zum ersten Mal auch hier eine städtische Zivilisation entstanden war, blieb das Netz eigentlich urbaner Siedlungen lange Zeit eher grobmaschig, die Zahl der wirklich großen Zentren (wie z.B. Kiew, Nowgorod oder später Moskau) blieb klein, die gewöhnlichen Städte waren im Schnitt kleiner als vergleichbare Städte im westlichen Europa. Das erklärt, dass im Laufe des späteren Mittelalters und der Frühen Neuzeit die Herrscher über diese Gebiete oft daran interessiert waren, zusätzliche Siedler aus weiter westlich gelegenen Teilen Europas zu gewinnen und anzulocken, um den Ausbau ihrer Herrschaftsgebiete voranzutreiben und neue Städte gründen zu können. In diesem Kontext bildete sich in der Zeit seit dem späten Mittelalter in Osteuropa der demographische Schwerpunkt des europäischen Judentums, auch das Phänomen der „Russlanddeutschen" erklärt sich daher.

Dieses Siedlungsgefälle von West nach Ost ist ein maßgeblicher Hintergrund für die bei uns im Westen Europas so alteingesessene und verbreitete Klischeevorstellung von der kulturellen und zivilisatorischen „Rückständigkeit" der Völker Osteuropas. Eine Vorstellung, die in der Konzeption des deutschen Nationalsozialismus vom „slawischen Untermenschen" und den damit begründeten Plänen von kolonialer Ausbeutung und ethnischem Massenmord in diesem Raum ihren schaurigen Höhepunkt erreicht hat.

Der reale Hintergrund für dieses historische Siedlungsgefälle und die im Verhältnis zu Süd- und Westeuropa spät beginnende städtische Entwicklung liegt in Geographie und Klima begründet: Je weiter man sich von den klimatisch mäßigenden Einflüssen der großen maritimen Zusammenhänge entfernt (Atlantik, Nordsee, Mittelmeer, die kleine Ostsee fällt hier nicht stark ins Gewicht), desto kontinentaler wird das Klima: lange und sehr kalte Winter mit quälend ausgedehnten Frost- und Schneeperioden, durchaus heiße, aber kurze Sommer, schließlich längere Übergangsjahreszeiten, in denen viel Niederschlag fällt und Land, Wege und Straßen wochenlang im Matsch versumpfen – die Rasputitza, die „Wegelosigkeit", die jetzt gerade im Kontext des russisch-ukrainischen Krieges auch bei uns von sich reden gemacht hat. Solche klimatischen Gegebenheiten waren lange Zeit keine günstigen Voraussetzungen für intensive und ertragreiche Landwirtschaft und ohne höhere agrarische Erträge kein dichtes Städtenetz. Und ohne dichtes Städtenetz schlechtere Bedingungen für die Entwicklung von Gewerbe und Handel, ebenso geringere Steuer- und Zolleinnahmen für die Kassen von Herrschern und Staaten. Dass das Großfürstentum Moskau, dann das russische Zarenreich, schon früh darauf bedacht war, sein Territorium möglichst umfangreich um neue Gebiete und Untertanen zu erweitern, hat hier einen seiner Gründe.

Allerdings stellt das Gebiet der heutigen Ukraine im Vergleich zu seinen nördlichen und nordöstlichen Nachbarn Belarus und Russland in klimatisch-geographischer Hinsicht eine partielle Ausnahme von dieser allgemein osteuropäischen Situation dar. Gemessen am restlichen Osteuropa ist es eine relative Gunstregion: Die eben beschriebene Situation gilt im nördlichen Teil der Ukraine teilweise auch, insbesondere was die langen und kalten Winter und die Schlammperioden angeht. Doch im Süden grenzt die Region an ein „warmes" Meer: Das Schwarze Meer ist die nordöstliche Verlängerung des Mittelmeerraums, die den auf der europäischen wie der asiatischen Seite angrenzenden küstennahen Gebieten ein mildes Klima von fast mediterraner Wärme und Feuchtigkeit zumindest im Sommerhalbjahr verschafft und die Winterperiode deutlich mildert. Dieser Umstand hat auch bewirkt, dass ein großer Teil des agrarisch nutzbaren Bodens der Ukraine aus äußerst fruchtbaren und dicken Schwarzerdeböden besteht, die größere Teile des Landes sogar zu den landwirtschaftlich ertragreichsten Gegenden Europas überhaupt machen. Agrarexporte gehören zu den Haupteinnahmequellen der heutigen Ukraine, daher auch die Problematik ungehinderter agrarischer Ausfuhren im Rahmen der gegenwärtigen Kriegssituation.

In Hinblick auf das Bodenrelief gehört das Territorium der Ukraine in seinem größten Teil zum Bereich des großen Zusammenhangs von Ebenen und Flachlandschaften, der ganz im Westen mit der norddeutschen Tiefebene beginnt, sich nach Osten durch Polen zieht, um sich dann nach Norden und Süden hin trichterförmig zu erweitern. Die östliche Begrenzung dieses sich über 3.500 km hinziehenden Systems von Tiefebenen bildet der Ural. Im Südosten, im Bereich des heutigen Südrussland, geht die Tiefebene – und damit Europa – in die Zone der Steppen- und Wüstengebiete des westlichen Zentralasien über. Damit ist die Ukraine zusammen mit dem südlichen Russland, das sich zwischen Ural und Kaukasus erstreckt, das weite südöstliche Tor Europas nach Asien. Unterbrochen wird diese osteuropäische Tiefebene nur von niedrigeren Hügelketten und Plateaus. Nur im Südwesten des ukrainischen Staatsgebiets, in der Nähe der Grenze zu Rumänien, besitzt die Ukraine mit den nordöstlichen Ausläufern der Karpaten eine eigentliche Gebirgslandschaft.

Das Gebiet der Ukraine wird von mehreren größeren Flüssen und Flusssystemen durchzogen, die entweder nach Nordwesten entwässern (letztlich in die Ostsee oder in das ausgedehnte Gebiet der Pripjet-Sümpfe im Grenzgebiet zu Belarus) oder nach Süden oder Südosten, und damit letztlich ins Schwarze Meer. Der bedeutendste Fluss ist der Dnipro (russisch Dnjepr), der drittlängste Strom Europas (nach Wolga und Donau). Er entspringt in Zentralrussland, fließt eine gewisse Strecke durch das südliche Belarus, dann gerade nach Süden durch Kiew, die Hauptstadt der Ukraine. Nachdem er sich ein Stück weit nach Osten gewendet hat, biegt er im Südosten des Landes nach Südwesten ab, um direkt westlich der Krim ins Schwarze Meer zu münden. Der Dnipro und die anderen größeren Flüsse boten seit alters günstige Verbindungen für Warentransport besonders in nord-südlicher Richtung. Der Fluss war lange Zeit in der Geschichte der Ukraine verkehrstechnisch von so großer Bedeutung, dass man im herkömmlichen ukrainischen Sprachgebrauch das ganze Land in das Gebiet auf dem rechten Ufer (Westen) und in das Gebiet auf dem linken Ufer des Dnipro (Osten) einteilt (der Fluss fließt von Norden nach Süden).

In Hinblick auf natürliche Ressourcen, die für die moderne Situation von besonderer Bedeutung sind, besitzt die Ukraine in ihrem Südosten, im jetzt gerade umkämpften Donbas (kurz für Donezkbecken – der Donezk ist ein nach Osten laufender Nebenfluss der Wolga) größere Kohlevorkommen, weshalb dieses Gebiet in der Geschichte der Industrialisierung des späten Zarenreiches und der Sowjetunion eine wichtige Rolle gespielt hat. Im Laufe der letzten Jahrzehnte sind im Bereich des Donbas und vor den Küsten der Krim bedeutendere Erdgasvorkommen entdeckt worden, was aus leicht ersichtlichen Gründen auch für die Hintergründe des jetzigen Krieges von Bedeutung ist.

Mit all den genannten natürlichen und verkehrstechnischen Vorteilen hätte das Gebiet der Ukraine das Potential gehabt, in Osteuropa eine Vorreiterrolle bei der Entwicklung früher bäuerlicher und vielleicht sogar städtischer Zivilisation zu spielen. Dennoch ist die Geschichte des Landes lange Zeit anders verlaufen. Lassen wir das historische Drama der Ukraine vor unseren Augen beginnen.

Die Ukraine – Geographie und Verwaltungsgliederung

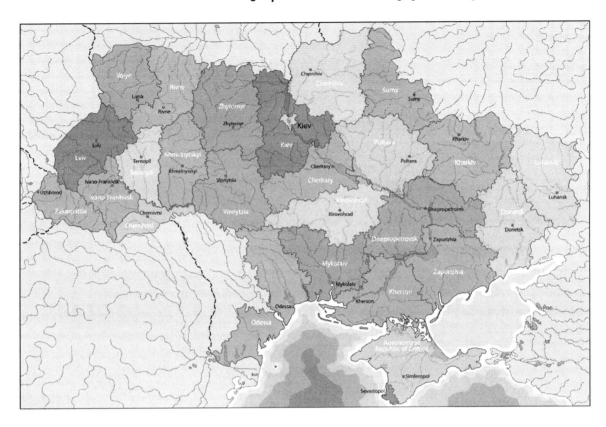

II. Frühgeschichte bis zum Ende der Kiewer Rus

1. Das stets gefährdete Potential: Frühgeschichte und Antike (bis zum 6. Jh. n. Chr.) – die antike Blütezeit der Krim

Die Geschichte fing gut an: Nachdem um 6.000 v. Chr. sesshafter Ackerbau und Viehzucht begannen, sich von Anatolien aus auch im südöstlichen Europa auszubreiten, da dauerte es – historisch gesehen – nicht lange, bis sich die neue, die Bedingungen und Möglichkeiten menschlicher Existenz radikal revolutionierende gezielte Nahrungsproduktion und die mit ihr verbundenen neuen Technologien auch nach Nordosten im Gebiet der südlichen und mittleren Ukraine verbreiteten. Damit gehörte dieser südliche Teil Osteuropas zu den frühesten Gebieten auf dem ganzen Kontinent, die in den Prozess der neolithischen Revolution eintraten. Um 4.000 v. Chr. gab es im Gebiet der südlichen Ukraine bäuerliche Siedlungen, die nach den archäologischen Befunden mehrere Tausende von Einwohnern haben konnten. Damit stand dieser Teil Europas nicht hinter dem zeitgenössischen Nahen Osten zurück, wo die ganze neue Entwicklung ursprünglich begonnen hatte. Wahrscheinlich dürften schon damals, nach dem Übergang zur Sesshaftigkeit, die Flusssysteme der Region eine wichtige Rolle für Verkehr und Austausch gespielt haben. Die fruchtbaren Ebenen mit ihren Schwarzerdeböden erleichterten die Verkehrsverbindungen auch zu Land, ohne erschwerende Geländehindernisse.

Doch, wo Händler und Transportzüge leicht vorankommen, gilt dasselbe leider auch für feindliche Heere und Plündererbanden. Im Laufe des 2. Jahrtausends v. Chr., nachdem in Zentralasien das Pferd domestiziert worden war, bildete sich in den Steppengebieten Innerasiens die Lebens- und Wirtschaftsform des Reiternomadentums aus. Damit trat ein Faktor auf den Plan, der bis in die Frühe Neuzeit hinein das Leben der sesshaften Zivilisationen von China bis Osteuropa maßgeblich beeinflussen sollte. Einerseits waren die Nomaden durch ihre große Mobilität und ihre große Zahl an überschüssigen Reit- und Lasttieren perfekt geeignet, auf den langen Steppenwegen zwischen China, dem Vorderen Orient und Osteuropa als Transporteure, Spediteure und Organisatoren des Eurasien überspannenden Karawanenhandels zu dienen. Zentralasien wurde auf diese Weise zu einer wichtigen Drehscheibe für Handel, Verkehr, Nachrichtenübermittlung und Kulturaustausch für weite Gebiete Eurasiens. Die berühmte Seidenstraße, die den Höhepunkt ihrer Bedeutung in den tausend Jahren des Mittelalters hatte, hätte ohne den Transportservice der Steppennomaden nicht funktionieren können. Und das Gebiet der heutigen Ukraine und des heutigen Russlands war direkt an diese Route angebunden.

Doch so nützlich die nomadischen Nachbarn für die großen sesshaften Zivilisationen auch sein mochten, so gefährlich und zerstörerisch konnten sie werden. Gerade, wenn es einem Stammesführer wie im 5. Jh. dem Hunnen Attila oder im 13. Jh. dem Mongolen Dschingis

Khan gelungen war, eine große Konföderation aus verschiedenen reiternomadischen Gruppen zusammenzubringen, waren die so zustande gekommenen großen Reiterheere mit ihren gefürchteten berittenen Bogenschützen und ihren Panzerreitern eine fürchterliche militärische Gefahr. Aber auch unter gewöhnlicheren Umständen und im kleineren Maßstab konnten die Nomaden – auch ohne den befestigten Städten gefährlich zu werden – eine wahre Plage der ungeschützten Bauernschaft in den Grenzgebieten sein. Mit ihren schnellen Reiterangriffen war es ihnen ein Leichtes, die Vorräte der Bauern in Beschlag zu nehmen und Menschen als Sklaven wegzuschleppen, bevor die Truppen eines sesshaften Staates vor Ort erscheinen konnten. Erst in der Neuzeit, im Laufe des 16. und 17. Jh., nachdem die großen Staaten Eurasiens, das chinesische Kaiserreich, der Iran, das Osmanische Reich und das russische Zarenreich ihre Kriegführung auf Feuerwaffen umzustellen begonnen hatten, wurde die kriegerische Macht der zentralasiatischen Nomaden gebrochen und ihre Gebiete kamen in der Folgezeit teils unter die Kontrolle Chinas, teils Russlands.

Spätestens seit dem Anfang des 1. Jahrtausends v. Chr. wurden die Gebiete der südlichen Ukraine und Südrusslands, das Tor Europas nach Zentralasien, zum Einfallstor für das Vordringen der frühen Reitervölker. Die ersten Namen nomadischer Volksgruppen, die die nahöstlichen und frühen griechischen Schriftquellen für die eurasische Steppe nennen, sind die der Kimmerer und Skythen. In der späteren Antike, in römischer Zeit, waren beide Gruppen durch weitere Wellen von Neuankömmlingen aus den Weiten Zentralasiens geschluckt und assimiliert worden, die Sarmaten und Roxolanen. Alle diese westeurasischen Steppenvölker der Antike sprachen indoeuropäische Sprachen, die Turksprachen begannen sich erst seit dem 5. Jh. n. Chr. in diesem westlichen Teil des Nomadentums durchzusetzen.

Die Konsequenzen für diesen östlichsten Teil Europas waren entscheidend: In diesem ganzen großen Bogen im Norden des Schwarzen Meeres, von Südrussland über die südliche Ukraine bis weiter westlich in die Gebiete der heutigen Staaten Moldawien und Rumänen hinunter, also im Westen bis zur Mündung der Donau, wurden Gebiete, die potentiell zu den fruchtbarsten Agrarregionen Europas gehörten, zum Weide- und Wandergebiet von Steppennomaden. Zudem wurden damit die Zonen weiter nördlich, im heutigen Belarus und im heutigen Russland, von möglichen Verbindungen zu den Stadtkulturen des Vorderen Orients und des Mittelmeeres abgeschnitten. Osteuropa dämmerte in einem Dornröschenschlaf, der bis ins 9. nachchristliche Jahrhundert andauern sollte.

Doch ganz war das Gebiet der jetzigen Ukraine nicht für die städtische Zivilisation verloren. Dafür sorgten Neuankömmlinge ganz anderer Art. Die Griechen, am Anfang des 1. Jahrtausends v. Chr. noch eine recht wenig entwickelte Kultur an der Peripherie der Zivilisationen des Vorderen Orients und mit ihrem Kernsiedlungsgebiet zu beiden Seiten der Ägäis gelegen, begannen seit dem 8. Jh. v. Chr. einen rasanten Entwicklungsprozess, der sie im Laufe der nächsten dreihundert Jahre zu der Zivilisation machen sollte, die wir als das „klassische" Griechenland kennen. Im Rahmen dieser kulturellen, zivilisatorischen, politischen und technischen Entwicklung fingen die Griechen an, verschiedene Teile der Mittelmeer- wie auch der Schwarzmeerküsten zu besiedeln. Größere geschlossene und gut organisierte Gruppen von Kolonisten segelten nach Übersee, angezogen von fruchtbarem Land und lukrativen Handelsmöglichkeiten. Dabei gründeten die Kolonisten nach dem organisatorischen Vorbild ihrer Herkunftsorte neue, von der Heimat unabhängige Städte, die zusammen mit ihrem agrarischen Umland als freie Bürgerschaften organisiert wurden. Es ist diese politische und ökonomische Einheit aus einer Stadt und dem sie umgebenden und agrarisch versorgenden Landgebiet, das man die antike griechische Polis nennt. Im westlichen Mittelmeerraum wäre als Beispiel für eine solche griechische Koloniegründung Massalia zu nennen, das heutige Marseille an der Südküste Frankreichs.

Im früheren 6. Jh. v. Chr. erreichte die griechische Kolonisationsbewegung auch die Nordküsten des Schwarzen Meeres. Besonders die Halbinsel Krim mit ihrem fast mediterranen Klima, in dem die Griechen nicht nur umfangreich Getreide anbauen, sondern auch ihren gewohnten Wein und stellenweise sogar ihre gewohnten Oliven anpflanzen konnten, wurde im Laufe dieses Jahrhunderts mit einem ganzen Netz von griechischen Städten überzogen: Chersonesos, Pantikapaion, Theodosia, Kerkinitis (das spätere Eupatoria), u. a. Auch westlich der Krim, am nordwestlichen und westlichen Ufer des Schwarzen Meeres, entstanden griechische Städte wie Olbia und Odessos. Die Griechen nannten die Krim die Tauris oder die taurische Chersonesos – „Chersonesos" ist griechisch für „Halbinsel", „Tauris" bezieht sich auf das Hirtenvolk der Taurier, die die Vorbewohner der Krim gewesen waren und von den Griechen im Zuge des Kolonisationsprozesses unterworfen und später kulturell und politisch assimiliert wurden.

Auf diese Weise entstand am Nordrand des Schwarzen Meeres ein Vorposten der städtischen Zivilisation des Mittelmeerraums, der in unmittelbaren Kontakt zu den skythischen und später sarmatischen Nomaden kam. Gelegentlich berichten die Quellen zwar durchaus von Kämpfen zwischen Skythen und Griechen, doch konnten die Nomaden die schwer befestigten griechischen Städte kaum ernsthaft bedrohen. Zudem entstand im Lauf der Zeit ein Beziehungsmuster, das für beide Seiten vorteilhaft war und das weit über die Antike hinaus nachwirken sollte. Ein Muster, das dafür gesorgt hat, dass in dieser ansonsten von Reiternomaden dominierten Region die städtische Zivilisation auf der Krim nicht mehr verschwinden sollte.

Die Griechen hatten zwar nicht viel Möglichkeit, in den von den skythischen Nachbarn kontrollierten Gegenden außerhalb der Krim Landwirtschaft zu betreiben, doch war auch die Krim selbst fruchtbar genug, um über den Bedarf der dortigen Bevölkerung hinaus große Getreideüberschüsse zu produzieren, die zu den Märkten des Mittelmeeres exportiert werden konnten. So wurde z. B. im späten 5. und im 4. Jh. v. Chr. die Nahrungsmittelversorgung

Athens durch Getreide von der Krim ergänzt. Aber auch die nomadischen Nachbarn waren wichtige Handelspartner. Sie lieferten Überschüsse ihrer Viehhaltung: Milchprodukte, Fleisch, Häute zur Produktion von Leder. Und sie lieferten Sklaven. Versklavte Gefangene, die die skythischen Stämme in den Kriegen untereinander gemacht hatten oder weiter nördlich auf ihren Raubzügen bei den dortigen bäuerlichen Bevölkerungen. In den literarischen Quellen des klassischen Athen kommen skythische Sklaven immer wieder vor, ebenso in den schriftlichen Quellen des zeitgenössischen Perserreiches. So anstößig diese Art von Handel für uns auch ist, so ist das ein Handelsmuster, das sich in der Geschichte immer wieder gebildet hat, wo eine ökonomisch weiterentwickelte Zivilisation mit Nachfrage nach zusätzlichen Arbeitskräften auf eine weniger entwickelte, aber politisch instabile, kleinteilige und kriegerische Gesellschaft gestoßen ist, wo bereits die Angehörigen des nächsten Stammes als Fremde und damit legitime Opfer von Raubzügen gelten konnten. Umgekehrt lieferten die Griechen den Skythen die begehrten Produkte mittelmeerischer Gewerbeproduktion, die bei der nomadischen Oberschicht wichtige Statussymbole darstellten. Dieses Austauschmuster war so stabil, dass es bis weit ins Mittelalter hinein bestanden hat und, wie noch deutlich werden wird, eine wichtige Rolle bei der Entstehung und Entwicklung der mittelalterlichen Kiewer Rus spielen sollte.

Im Laufe des 5. Jh. v. Chr. ordneten sich die verschiedenen griechischen Städte der Krim einer gemeinsamen Königsherrschaft unter, dem Bosporanischen Reich, wodurch sie sich in ihrer exponierten Position einen schlagkräftigeren Zusammenhalt schufen. Benannt war der neue Gesamtstaat nach dem kimmerischen Bosporus, der späteren Straße von Kertsch, also der Meerenge, die im Osten der Krim das Asowsche Meer vom offenen Schwarzen Meer abtrennt („bosporos" ist das generelle griechische Wort für „Meerenge"). Im 1. Jh. v. Chr. wurde das Bosporanische Reich ein Verbündeter Roms, wodurch der Zusammenhang mit der Mittelmeerwelt noch enger wurde. In der römischen Kaiserzeit im 1. und 2. Jh. n. Chr. waren auf der Krim auch direkt römische Truppen stationiert, zusätzlich sorgte ein Geschwader der römischen Flotte für den Schutz der Handelsschifffahrt vor den Piraten des Schwarzen Meeres. Einer der Könige des Bosporanischen Reiches benannte zu Ehren des kaiserlichen römischen Oberherrn die Stadt Chersonesos in Sebastoupolis um, daher heißt sie heute in der russischen Form Sewastopol. (gr. „sebastos" = „ehrwürdig" ist die wörtliche Übersetzung des lat. „augustus", der Name bedeutet damit so etwas wie „Kaiserstadt"). Als in der Spätantike vom 4. Jh. an die Nomadengefahr durch das Einbrechen neuer Steppenvölker wie der Hunnen und der Awaren wieder größer wurde und das Bosporanische Reich zerbrochen war, wurde die Krim im 6. Jh. zu ihrem Schutz direkt in das Oströmische Reich inkorporiert.

Auch wenn die griechisch besiedelte Krim der Antike geographisch nur einen kleinen Teil der heutigen Ukraine abdeckt, so hat diese antike Geschichte der Region doch wichtige Nachwirkungen gezeitigt: Hier entstand ein Handels- und Austauschmuster zwischen Nord und Süd, das lange Zeit andauern sollte. Reste griechischsprachiger Bevölkerung gibt es auf der Krim bis heute, auch wenn diese Minderheit zur Zeit unter der russischen Kontrolle der Halbinsel Probleme hat, weil sie sich politisch überwiegend mit der Ukraine identifiziert. Auch eine weitere Gruppe, die im Lauf der späteren Geschichte im osteuropäischen Raum eine größere Bedeutung erlangen sollte, ist seit der Antike auf der Krim bezeugt: Seit dem 1. Jh. n. Chr. waren in den griechischen Städten der Halbinsel jüdische Gemeinden ansässig. Auch das Christentum hielt im Lauf der letzten Jahrhunderte der Antike auf der nun zum Römischen Reich gehörenden Krim Einzug, was aber noch längere Zeit für die Gebiete weiter nördlich keine Bedeutung haben sollte.

2. Slawen, Chasaren, Byzanz, Kalifenreich: das beginnende Mittelalter (7. u. 8. Jh.)

Im späten 6. und im 7. Jh. schien auch im östlichen Mittelmeerraum die Welt zusammenzustürzen: Nachdem bereits im 5. Jh. der westliche Teil des Römischen Reiches zerbrochen war und sich dort eine Gruppe germanischer Königreiche in den Trümmern des Imperiums eingenistet hatte, geriet jetzt das weiterexistierende östliche Imperium in eine Kette von Katastrophen. Wiederkehrende Seuchenwellen brachen seit den 540er Jahren über das Ostreich herein, dezimierten die Bevölkerung und brachten den Staat um wichtige Steuereinnahmen. Zunehmend geriet das Oströmische Reich in einen gefährlichen Zweifrontenkrieg: Auf dem Balkan durchbrach die neu auftretende Volksgruppe der Slawen unter Führung des Steppenvolks der Awaren die Donaugrenze, das Reich verlor den größten Teil seiner Gebiete in Europa. Lediglich die beiden großen Metropolen Konstantinopel und Thessaloniki behaupteten sich, geschützt durch ihre Befestigungsanlagen und im Fall von Belagerungen versorgt durch die kaiserliche Flotte. Im Osten schaukelte sich die alte Rivalität zwischen dem Imperium und seinem östlichen Nachbarn, dem sassanidischen Perserreich, zu einem Ringen um Leben und Tod hoch, der Konflikt entzündete Stellvertreterkriege vom Kaukasus bis nach Südarabien. Nach einem Krieg von über 25 Jahren gelang dem Kaiser Heraklios 628 der entscheidende Sieg über die Perser, das geschlagene Sassanidenreich versank in einem Strudel von Thronwirren. Doch während beide Großmächte sich gegenseitig an die Kehle gegangen waren, hatte sich auf der Arabischen Halbinsel mit dem Islam eine neue politische und religiöse Macht gebildet: Seit 634 stürzten sich die Heere des arabisch-islamischen Kalifats auf die beiden geschwächten Imperien. Der Iran wurde in wenigen Jahren von den Arabern vollständig erobert, das Ostreich verlor alle seine Gebiete im Nahen Osten sowie Ägypten und musste sich nach Kleinasien zurückziehen, das jetzt die Kernbastion des oströmischen Staates wurde. Die strukturellen Veränderungen, die diese ganze Entwicklung bewirkte oder notwendig machte, verwandelten das Oströmische Reich der Spätantike in den Staat, den wir mit einem neuzeitlichen Kunstbegriff das Byzantinische Reich nennen, obwohl sich die Byzantiner in ihrem eigenen Selbstverständnis weiterhin immer als Römer sahen.

Das geschrumpfte Byzantinische Reich im 7. Jh.

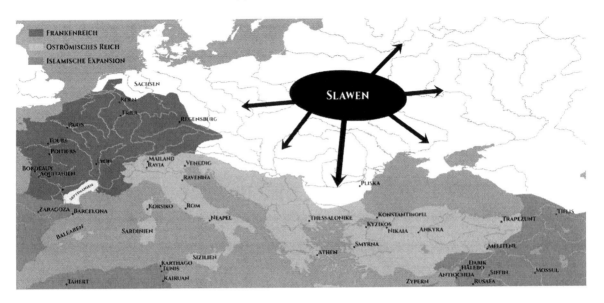

In diesem ganzen Kontext verlor Byzanz auch die Kontrolle über die Krim. Die Städte dort gerieten unter den wechselnden Einfluss der verschiedenen Wellen von neuen Steppenvölkern, die sich nacheinander von Zentralasien her in die Gebiete nördlich und nordwestlich der Krim ausbreiteten. Diese neuen Steppennomaden waren jetzt Turkvölker, d.h. die Turksprachen waren nun die Sprachen der Nomaden der eurasischen Steppen schlechthin und blieben es. Nach den schon erwähnten Awaren im 6. Jh. waren das im 7. Jh. die Bulgaren, die letztendlich südlich der Donau auf ehemals oströmischem Gebiet sesshaft wurden, sich sprachlich slawisierten und die Grundlagen für die Entwicklung des heutigen Bulgarien legten. Vom 8.–10. Jahrhundert errichtete ein weiteres Turkvolk, die Chasaren, im Raum nördlich des Kaukasus ein Reich, das sich durch eine für Steppenreiche ungewöhnliche Stabilität auszeichnete. Auf dem Höhepunkt seiner Ausdehnung umfasste das Chasarenreich Gebiete, die nach Westen und Nordwesten bis zum Dnipro und damit tief in die Gebiete der heutigen südöstlichen Ukraine reichten. Auch die bis dahin griechischen Städte auf der Krim kamen unter die Herrschaft des chasarischen Khans. In diesem neuen Kontext verloren sie zum größeren Teil ihren sprachlich und kulturell griechischen Charakter, obwohl hier immer ein Teil zumindest der Stadtbevölkerungen griechisch blieb. Die Krim als Ganzes bekam aber nun eine überwiegend turksprachige Bevölkerung, was bis weit in die Neuzeit andauerte. Auf diese Weise kam die Halbinsel zu ihrem heutigen Namen, der turksprachig ist. „Krim" geht auf ein Wort mit der Bedeutung „Felsen" oder „Festung" zurück. Auch die verschiedenen Städte erhielten aus den Turksprachen übernommene Namen.

Die Chasaren errichteten und betrieben ein umfangreiches und weitgestrecktes Handelsnetz, innerhalb dessen die Städte der Krim ihre zentrale Position als Handelshäfen behielten und sogar ausbauen konnten. So entstand eine neue Verkehrsdrehscheibe, die die hier von Osten einmündende Seidenstraße, die Gebiete im nördlichen Osteuropa, sowie die herkömmlich „zivilisierten" Gebiete des Byzantinischen Reiches und des arabisch-islamischen Kalifenreiches miteinander verknüpfte. Die beiden großen Metropolen am südwestlichen bzw. südöstlichen Ende dieses Handelsnetzes waren Konstantinopel, die größte Stadt der christlichen Welt und Hauptstadt des verbliebenen Byzantinischen Reiches, und das neu gegründete Bagdad, die Residenz der islamischen Kalifen der Abbasidendynastie.

In derselben frühmittelalterlichen Epoche geschah etwas, das für die Geschichte der größeren Teile des östlichen und südöstlichen Europas bis heute von nicht wegzudenkender kulturgeschichtlicher Bedeutung ist: Die Entstehung und Ausbreitung des slawischen Kultur- und Sprachmusters. Große Teile Europas begannen vom späteren 6. Jh. an slawischsprachig zu werden.

Die germanische Völkerwanderung des späten 4. und 5. Jh. ist allgemein bekannt. Dass sich daran im 6. bis 8. Jh. eine slawische Völkerwanderung anschloss, die territorial sogar deutlich umfangreicher war, ist dagegen eher nicht Allgemeinwissen. Große Teile Europas kamen noch länger nicht zur Ruhe. Dabei handelte es sich im Kern um die Ausbildung und daraufhin Ausbreitung eines neuen Sprachmusters, das der slawischen Sprachen als neuer Teilgruppe der großen indoeuropäischen Sprachfamilie. Die dazu parallel gehende materielle und soziale Kultur, so wie sie im archäologischen Befund und in den frühen Schriftquellen erscheint, die die Slawen erwähnen, lässt auf eine sehr einfache Kultur mit bäuerlicher Subsistenzwirtschaft schließen, die politisch in unterschiedliche Siedlungs- und Stammesverbände aufgeteilt war, innerhalb deren große soziale und ökonomische Gleichheit herrschte, eine eigentliche Führungsschicht oder gar einen Stammesadel scheint es noch nicht gegeben zu haben.

In Bezug auf den räumlichen Ursprung dieses Kultur- und Sprachmusters finden sich in der wissenschaftlichen Diskussion große Meinungsunterschiede, zumal im Allgemeinen nur schwer mit Sicherheit von einem bestimmten Muster archäologisch fassbarer materieller Kultur auf eine bestimmte Sprache oder bestimmte ethnische Identität der menschlichen Träger dieser materiellen Kultur geschlossen werden kann. Nach der in der Wissenschaft verbreitetsten Position habe sich – geschlossen aus einer Kombination archäologischer und sprachwissenschaftlicher Indizien – das slawische Kultur- und Sprachmuster irgendwo im Bereich der Pripjet-Sümpfe ausgebildet, d.h. im Grenzraum der heutigen nordöstlichen Ukraine und von Belarus, im westlichen Teil Osteuropas. Im Laufe des 6. Jh. werden Slawen nach Aussage schriftlicher Quellen zum ersten Mal direkt nördlich der Donau als unmittelbare Grenznachbarn des Oströmischen Reiches fassbar. Der zeitgenössische oströmische Geschichtsschreiber Prokop erwähnt sie als gefährliche Plünderer und Räuber, die unter Führung des Reitervolks der Awaren Raubzüge über die Grenze auf römisches

Gebiet unternehmen. Prokop spricht ausdrücklich von der Einfachheit der bäuerlichen Kultur der Slawen und nennt ihre politische Organisationsform „demokratisch". Es ist diese Kombination aus awarischen Reitern und slawischem Fußvolk, der im späten 6. Jh. der Durchbruch durch die oströmische Donaugrenze gelingt. Da das Ostreich, wie erwähnt, zugleich im Osten in einen existenziellen Kampf mit den Persern verstrickt war, gelang den slawischen Bauern die Ansiedlung in weiten Gebieten der Balkanhalbinsel bis hinunter nach Griechenland. Zugleich wanderten slawische Gruppen schrittweise in umfangreiche Gebiete weiter westlich ein, in den östlichen Alpenraum, Böhmen und in den östlichen Teil des heutigen Deutschlands bis zur Elbe (die heutige slawischsprachige Minderheit der Sorben im südlichen Brandenburg und im östlichen Sachsen ist ein Rest dieser historischen Situation). Möglich war ihnen das ohne allzu schwere Kämpfe, da nach Ausweis der archäologischen Funde ein beträchtlicher Teil der vorherigen germanischsprachigen Bevölkerung dieser Gebiete nach dem Fall des Weströmischen Reiches in günstigere Siedlungsgebiete nach weiter westlich und südlich abgewandert war. So verschob sich zum einen die germanische Sprachgrenze über die ehemaligen römischen Reichsgrenzen hinweg nach Westen und Süden, zum anderen rückten von Osten her die slawischsprachigen Gruppen nach und wurden östliche Grenznachbarn des Frankenreiches. Dabei ist nach den Quellenindizien davon auszugehen, dass die verbliebene Vorbevölkerung im Lauf der Generationen von den nun politisch und sozial dominierenden Slawen assimiliert und angegliedert und damit selbst zu Slawen wurde. In dieser Weise wurde im Lauf des späten 6. bis zum 8./9. Jh. große Teile Europas slawischsprachig, die slawische Untergruppe der indoeuropäischen Sprachfamilie wurde – bis heute – territorial wie demographisch die größte Sprachgruppe Europas. Natürlich war über einen so großen Raum keinerlei sprachliche und kulturelle Homogenität mehr aufrecht zu halten, das slawische Sprachmuster unterteilte sich im Lauf der Zeit in drei Untergruppen und schließlich in die unterschiedlichen neuzeitlichen Nationalsprachen:

- **Westslawisch** (Polnisch, Tschechisch, Slowakisch, Sorbisch),
- **Südslawisch** (Slowenisch, Kroatisch-Bosnisch-Serbisch, Nordmazedonisch/Bulgarisch) und
- **Ostslawisch** (Russisch, Belarussisch, Ukrainisch).

Von diesen dreien ist es natürlich die ostslawische Gruppe, die für den Bereich der heutigen Ukraine interessant ist. Im Laufe dieser Epoche begann die weiterhin ausschließlich bäuerliche Bevölkerung des nördlichen Teils der heutigen Ukraine, von Belarus und des Kerns des heutigen Russlands eine Sprache zu sprechen, die man in der Sprachwissenschaft „Altostslawisch" nennt. Weiter südlich und südöstlich blieb es bei den Turksprachen der dort weiterhin herrschenden Steppennomaden.

3. Slawische Herrschaftsbildung und Christianisierung seit dem 9. Jh.

Bevor wir uns den weiteren Entwicklungen im spezifisch ostslawischen Raum zuwenden, müssen wir einen Blick auf die generellen Veränderungsprozesse bei den Slawen werfen, ohne die die Herausbildung der späteren Kiewer Rus in Osteuropa nicht verständlich wird. Es geht um die Prozesse, die letztendlich im Laufe des 9., 10. und 11. Jh. zur Entstehung slawischsprachiger und christlicher Staatlichkeit und zur Ausbildung einer slawischsprachigen Schriftkultur führen sollten. Dabei traten die Westslawen dem westlichen Christentum bei und übernahmen das lateinische Alphabet, die Ostslawen dagegen und der größere Teil der Südslawen übernahmen das östliche Christentum und führten ein neues Alphabet ein, das aus dem griechischen Alphabet heraus entwickelt wurde und das man später anfing das **kyrillische Alphabet** zu nennen.

Im Verlauf des 8. Jh. fingen sich überall im nun weiten slawischen Raum die egalitären bäuerlichen Gemeinschaftsstrukturen an aufzulösen, es entstand eine stark kriegerisch geprägte Adelsschicht und darauf gestützt erste Ansätze von regionaler Fürstenherrschaft, woraus die späteren Königreiche entstanden. Im 9. Jh. bildete sich so der erste eigentliche slawischsprachige Staat, das Mährische Reich im westslawischen Raum, als östlicher Grenznachbar des Ostfränkischen Reiches. Etwas später geschah in Bulgarien etwas ähnliches, direkt nördlich der jetzt nach Süden zurückgeschobenen byzantinischen Grenze. Nachdem die ursprünglich turksprachige Herrschaftsschicht der Bulgaren sich sprachlich und kulturell an ihre bäuerlichen slawischsprachigen Untertanen assimiliert hatte und aus dem Bulgarenkhan der Bulgarenknjaz („Herrscher", „Fürst") geworden war, begann sich auch hier im südslawischen Raum eine staatliche Struktur zu entwickelt, in diesem Fall nicht nach dem Vorbild des Frankenreiches, sondern nach byzantinischem Vorbild. Bis zum 11. Jh. sollten sich solche Entwicklungen der Staatsbildung durch den ganzen slawischen Raum ausbreiten, daraus entstanden im Westen die Königreiche Böhmen (der Nachfolger des Mährischen Reiches) und Polen, verschiedene kleinere südslawische Staatsbildungen in Kroatien, Bosnien und Serbien sowie im Osten das Gebilde der Kiewer Rus. Parallel dazu entwickelte sich überall städtische Zivilisation und Schriftkultur. Dadurch begann sich zum ersten Mal der Bereich staatlich organisierter und städtisch zentrierter Zivilisation in Europa deutlich über die Gebiete hinaus auszudehnen, die in der Antike Teil des Römischen Reiches gewesen waren. Wir werden im nächsten Abschnitt den Ablauf eines solchen Prozesses am Beispiel der Kiewer Rus genauer ins Auge nehmen.

Eng verbunden mit den neuen Prozessen der Ethnogenese (Ausbildung größerer ethnischer und dann auch politischer Verbände) und Herrschaftsbildung/Staatsbildung war der Prozess der Christianisierung, der Schritt für Schritt das Christentum zur Religion fast ganz Europas machen sollte. Die Übernahme des Christentums hatte für die neuen Herrscher eine Reihe von Vorteilen:

1. Das Christentum ist eine Religion, die schon in ihrem Anfang untrennbar mit städtischer Zivilisation und Schriftkultur verbunden war. Es besaß damit in den Augen von Leuten, die diese Dinge jetzt auch haben wollten, ein Prestige, das die alten polytheistischen Kulte nicht aufbringen konnten. Es war ein Statussymbol, das für „höhere Zivilisation" stand.
2. Das Christentum weist im alttestamentlichen Teil seiner Heiligen Schrift ein Muster gottbeauftragten und gottgeweihten Herrschertums auf (das Königtum des Alten Israel). Gerade im Laufe des Frühen Mittelalters legten sich die entstehenden Monarchien Europas eine Herrschaftsideologie auf biblischer Grundlage zu, die sich auch symbolisch-rituell zeigte – z.B. Krönung und Salbung des Herrschers durch einen Priester oder Bischof. Die im Mai 2023 vollzogene kirchliche Zeremonie der Krönung Charles III. zum britischen König ist ein Beispiel für diese Tradition. Damit war das Christentum gut geeignet, die Herausbildung monarchischer Herrschaft ideologisch zu flankieren und zu legitimieren.
3. Mit dem Christentum kamen eine Schriftsprache und eine Schriftkultur – unverzichtbar für den Aufbau eines herrschaftlichen Verwaltungsapparates.
4. Durch die Übernahme des Christentums machte man sich auch in den Augen der etablierten christlichen Monarchien respektabel, anerkannt und gleichrangig. Das erleichterte die Aufnahme vorteilhafter diplomatischer Beziehungen und ermöglichte diplomatische Heiratsverbindungen. Man konnte nun seine Töchter an andere christliche Monarchen verheiraten und selbst christliche Prinzessinnen zur Frau nehmen – allerdings musste man dafür auf ggf. existierende Muster der Polygamie verzichten.

Hatten die neuen Herrscher erst einmal das Christentum angenommen, wurde nun natürlich von ihnen erwartet, die neue Religion auch unter ihren Untertanen zu verbreiten. Sie holten Missionare ins Land, es wurde eine kirchliche Organisationsstruktur errichtet (Bistümer), die Herrscher und weitere Angehörige der Oberschicht stifteten Kirchen und Klöster. Dabei konnte auch zu Gewalt gegriffen werden, allerdings eher weniger in Form konkreter Verfolgungsmaßnahmen gegenüber Personen, sondern durch Zerstörung „heidnischer" Heiligtümer, um die bauliche und organisatorische Infrastruktur der herkömmlichen Kulte auszuschalten. Entgegen weitverbreiteter Klischeevorstellungen einer durchgehend gewaltsamen Christianisierung fand der größere Teil Europas durchaus selbstbestimmt zur neuen Religion, allerdings in einem Muster, das gesellschaftlich eher von oben nach unten als von unten nach oben lief – die Herrscher gingen voran, das Volk folgte. Die gewaltsame Christianisierung eines Gebietes im Kontext von Eroberung durch eine christliche Macht war im Frühmittelalter die absolute Ausnahme, nicht die Regel – die Unterwerfung der Sachsen im heutigen Niedersachsen durch Karl den Großen im späten 8. Jh. oder die Angliederung und Kolonisierung der Gebiete zwischen Elbe und Oder durch das Heilige Römische Reich im 11. und 12. Jh. waren solche Ausnahmen.

So war es der Herrscher des oben erwähnten Mährischen Reiches selbst, der im 9. Jh. in Rom beim Papst um die Aussendung von Missionaren bat. Als fürs Erste keine Reaktion von dort kam, wandte er sich an das andere große christliche Zentrum – Konstantinopel. Die Byzantiner reagierten schneller als Rom. Sie schickten zwei Kleriker, die Brüder Kyrill und Methodios nach Mähren. Die beiden Missionare waren perfekt geeignet, um die Missionierung einer slawischsprachigen Bevölkerung in Angriff zu nehmen, da sie beide neben ihrer Muttersprache Griechisch auch Slawisch sprachen. Dennoch war ihrer Mission im fernen Mähren kein großer Erfolg beschieden, etwas später bekehrten sich die Mährer dann doch lieber zur westlichen, lateinischen Variante der Sache, dem römischen Christentum ihrer fränkischen Nachbarn. Dennoch taten die beiden Brüder zwei Dinge, die von großer kulturgeschichtlicher Bedeutung für den ost- und südslawischen Raum werden sollten: Sie schufen auf der Basis des griechischen Alphabet eine Buchstabenschrift, die der slawischen Lautung gut angepasst war. Das war die sog. Glagolitza oder glagolithische Schrift. Zugleich schufen sie auf der Grundlage der ihnen vertrauten südslawischen Sprachversion eine slawische Standardsprache, die als Schrift- und Kirchensprache dienen sollte, das sog. Altkirchenslawisch.

Auch diesen beiden Schöpfungen der Brüder sollte in Mähren kein Erfolg beschieden sein. Doch etwas später entschloss sich der bulgarische Herrscher Boris I. zur Annahme des Christentums in der östlichen Variante und ließ sich 864 taufen. Sein zweiter Nachfolger Simeon I. nahm bald darauf den Titel „Zar" an (von Caesar bzw. der griech. Form Kaisar), wodurch auch im Bereich der Herrschaftstitulatur das Bulgarische Reich sich nun auf das Muster des Byzantinischen Reiches bezog. Die Bulgaren übernahmen aber nun nicht die griechische Kirchensprache und das griechische Alphabet, sondern machten sich die beiden Erfindungen Kyrills und Methodios` zu nutze. Altkirchenslawisch wurde ihre Kirchen- und Schriftsprache, die Glagolitza wurde zum kyrillischen Alphabet weiterentwickelt. Damit wurde ein Kulturmuster geschaffen, das anderen slawischen Gruppen, die das östliche Christentum übernehmen wollten, als Vorbild dienen konnte.

4. Das Gebiet der Ukraine als Zentrum: Die Kiewer Rus (9.–13. Jh.)

Die „Kiewer" Rus gibt es erst seit dem 19. Jh. Die mittelalterlichen Schriftquellen sprechen immer nur einfach von „Rus". Der moderne Begriff ist von russischen Historikern im späten Zarenreich geprägt worden und ergibt sich aus dem neuzeitlichen nationalrussischen Selbstverständnis, nach dem das spätere Russland die geradlinige legitime Nachfolge der mittelalterlichen Rus angetreten habe, sodass damit auf die alte „Kiewer" Rus die spätere „Moskauer" Rus gefolgt sei – das nationalideologische Bild völliger Kontinuität mit lediglich Verschiebung des Zentrums. Die Selbstbezeichnung der Russen als „Russen" und des Landes als „Russland" resultiert aus dieser Interpretation des russischen Bezugs auf die früh- und hochmittelalterliche Rus. Damit ist die Bezeichnung „Kiewer Rus" nicht neutral, sie deutet den historischen Bezug in einem spezifischen nationalen und legitimatorischen Sinn. Allerdings wird der Begriff durchaus auch in der Ukraine verwendet, nur wird der legitimatorische Aspekt im ukrainischen Nationalgedanken genau umgedreht: Dadurch, dass die alte, ursprüngliche Rus als die „Kiewer" bezeichnet wird, kann man sie so gesehen auch monopolistisch auf die neuzeitliche Ukraine beziehen, die Russen sind in dieser umgekehrten, national-ukrainischen Deutung des Begriffes ganz draußen aus der Tradition der Rus. Von daher spricht eine radikalere Variante des ukrainischen Nationalismus den Russen die Berechtigung ab, sich überhaupt so zu nennen, sie seien nichts als „Moskowiter" ohne legitimen Bezug zur ursprünglichen Rus.

So ideologisch belastet der Begriff der „Kiewer" Rus damit auf beiden Seiten des heutigen Konflikts auch ist, so werden wir ihn hier dennoch weiterhin im neutralen Sinn verwenden, um die ursprüngliche politische und kulturelle Größe zu benennen, aus der heraus sich im Verlauf von Spätmittelalter und Neuzeit die drei unterschiedlichen nationalen Größen Russland, Belarus und Ukraine entwickelt haben. Dabei ist keine ideologische Parteinahme für irgendeine spezifisch nationale Deutung impliziert. „Kiewer Rus" soll im Folgenden einfach nur heißen, die mittelalterliche Rus bis zum Mongolensturm im 13. Jh., deren großes Zentrum die Stadt Kiew bzw. das Großfürstentum Kiew war.

Ursprünglich sind „die Rus" (Plural!) eine Personengruppe, die später ein Gebilde gründen, das dann auch als „die Rus" bezeichnet wird (Femininum Singular!). Man spricht also von „den Rus" (Personengruppe) sowie von „der Rus" (Gebiet, politisches Gebilde). Der unterschiedliche Sprachgebrauch geht bereits auf die mittelalterlichen Quellen zurück.

Die ursprünglichen Rus kamen aus Skandinavien, genauer gesagt, aus Südschweden und sprachen damit eine nordgermanische Sprache. Lange Zeit hatte sich Skandinavien in einem ähnlichen zivilisatorischen Dornröschenschlaf befunden wie Osteuropa. Die große Halbinsel ist zwar an mehreren Seiten von Meer umgeben, aber ihre nördliche Lage sorgt auch hier für klimatische Bedingungen, die ertragreicher Landwirtschaft nicht günstig waren. Extensive Viehzucht und Fischfang mussten zur Nahrungsergänzung hinzutreten, Bevölkerungszahlen und -dichte waren auch hier niedrig. Die Antike wusste von Skandinavien auch nicht viel mehr, als dass es die Halbinsel gab und dass auch hier Menschen lebten, die von Sprache und Kultur her von den Römern zu den Germanen gezählt wurden. Die Handelsverbindungen zwischen Skandinavien und den römischen Provinzen in West- und Nordwesteuropa, die sich archäologisch nachweisen lassen, liefen indirekt über Zwischenhändler.

Doch im Laufe des späteren 8. und früheren 9. Jh. gab es deutliche Verbesserungen in der Schifffahrt der Skandinavier. Aus den plumpen, lediglich geruderten Booten entwickelte sich das schnittige, hochseetüchtige Wikingerlangschiff mit seinen hervorragenden Segeleigenschaften, das aber weiterhin im Bereich der Küsten und auf Flüssen auch gerudert werden konnte. Die Bewohner der skandinavischen Küsten und der Küste Dänemarks erprobten und verbesserten ihre seemännischen Fertigkeiten und nautischen Kenntnisse nun Schritt für Schritt und konnten jetzt zu so etwas wie die Reiternomaden des Meeres werden.

Wie viele strukturell gegeben arme und politisch in kleine Teile zerfallende Gesellschaften war auch die der Nordleute (Dänemark und Skandinavien) kriegerisch. Das Leben war schwer, die materiellen Grundlagen der Existenz prekär, die Versuchung, anderen Leuten ihren Besitz und ihre Ressourcen mit Gewalt wegzunehmen, groß. Kriegerischer Erfolg, kriegerische Tüchtigkeit, die Fähigkeit, Beute einzubringen, verschafften Männern hohes soziales Prestige. Auch in dieser Frage ähnelten die Nordleute den Reiternomaden der östlichen Steppen. Zwar bestand der größte Teil der Bevölkerung aus einfachen Bauern, Hirten, Fischern und Handwerkern, die in der Regel nur kämpften, wenn ihre eigene Gruppe und ihre eigenen Siedlungen bedroht waren oder wenn man im Konflikt mit den direkten Nachbarn war. Aber es fanden sich leicht kampfwillige und kampffähige Männer, die sich um einen charismatischen oder prestigereichen Anführer scharten und unter seiner Führung auf Abenteuerfahrt jenseits des Meeres gingen. Dabei bezeichnet das altnordische Wort „viking" die Abenteuerfahrt, ein Wikinger ist also ein „Abenteurer". Das Wort meint also keine ethnische Gruppe, kein Volk, sondern einen sozialen Typus. Auf der Ebene der ethnischen Identität nahmen sich die Nordleute im Lauf der Zeit als Dänen, Schweden, Norweger wahr, eine Ethnogenese, die dann später, seit dem Ende des 10. Jh., zur Entstehung der gleichnamigen Königreiche führen sollte.

Was diese mobilen Abenteurerverbände in Übersee konkret taten, hing von den Verhältnissen vor Ort ab. Waren die Einheimischen militärisch stark und gut organisiert, betrieb man Handel. Waren sie darüber hinaus bereit, guten Sold zu zahlen, konnte man als Söldner in ihren Dienst treten und in dieser Funktion durchaus auch gegen andere Verbände von Nordleuten kämpfen. Waren sie hingegen schwach oder die Gelegenheit günstig, raubte man sie aus. Dabei konnten natürlich Raubzug und Handel miteinander verbunden werden. Was man den einen abnahm, konnte man den anderen für einen guten Preis verkaufen. Eine weitere lukrative Form der Verbindung von kriegerischer Aktivität und Handel war der Menschenraub, der dem Sklavenhandel diente. Wir sind auf dieses Phänomen schon im Zusammenhang der antiken Handelsverbindungen zwischen Griechen und Skythen im Bereich der Krim gestoßen.

Im späteren 9. Jh., also in etwa zu der Zeit, als die ersten slawischen Herrscher Christen wurden, fingen die Nordleute ernsthaft an mit Raubfahrten. Das erste Ziel war das angelsächsische England, das auf der anderen Seite der Nordsee den Küsten Dänemarks und Norwegens gegenüber lag. In der Folge wurden die Raubzüge auch auf Schottland, Irland und die nördlichen Teile des Frankenreichs ausgeweitet, zumal die Wikingerschiffe nur geringen Tiefgang besaßen und so tief in die Flusssysteme des Kontinents hinein vorstoßen konnten. Selbst Köln und Paris waren vor Raubzügen nicht sicher. Gegen Ende des Jahrhunderts sammelten sich größere Verbände von mehreren hundert Schiffen und Heeren von mehreren tausend Mann und setzten sich als erobernde Siedler in England und Irland fest (Dublin ist eine Gründung der Nordleute). Das christliche Westeuropa war in Aufruhr.

Auch im Bereich der Ostsee wurden die Nordleute aktiv, hier waren es nicht Dänen und Norweger, sondern Schweden. Die Selbstbezeichnung der Abenteurergruppen war hier aber nicht „Wikinger", sondern „Waräger". Die altnordische Wurzel dieses Wortes bedeutet „Schwurgenossen", das Wort bezog sich damit nicht auf das Abenteurertum der Verbände, sondern auf ihren genossenschaftlichen Charakter. Auch scheinen groß angelegte Raubzüge hier eine geringere Rolle gespielt zu haben als im Westen, da die Anrainer der Ostsee auf der anderen Seite auch nicht wohlhabender und zivilisatorisch entwickelter waren als die Skandinavier selbst. Die Waräger erkundeten nicht nur die Küsten, sondern ruderten auch hier die Flüsse hinauf, um das Binnenland und seine Möglichkeiten kennenzulernen. Die Bevölkerung im Bereich des Baltikums (heutiges Estland und Lettland) bestand in Küstennähe aus Gruppen altfinnischer oder baltischer Sprache, erst weiter im Binnenland begann das Gebiet ostslawischer Bevölkerung. Die einheimische Bevölkerung nannte die Neuankömmlinge „ruotsi", das altfinnische Wort für „Ruderer". Ihre slawischen Nachbarn machten daraus „Rus".

Da diese Gegenden nicht sehr dicht besiedelt waren und es auch keine staatlich organisierte Macht gab, die man um Erlaubnis fragen oder erst mit größeren Verbänden besiegen musste, fingen die Waräger/Rus in dieser Gegend früh mit der Anlage fester Siedlungen an. Zum Teil siedelten sie sich auch als Händler in baltischen oder slawischen Siedlungen an. Nach der späteren Überlieferung der altkirchenslawischen Nestorchronik (frühes 12. Jh.), des ältesten erhaltenen Dokuments der Geschichtsschreibung der Kiewer Rus, wurde im Jahre 862 der skandinavische Anführer Rjurik von den Einwohnern der slawischen Siedlung Nowgorod (im heutigen nordwestlichen Russland) als Herrscher anerkannt, seine beiden Brüder an weiteren Orten der Umgebung. Die Waräger begannen so, Handel mit Herrschaft zu verbinden. Nowgorod wurde das erste große Zentrum der Rus, Rjurik gilt als der Stammvater der Dynastie der Rurikiden, deren Mitglieder in verschiedene regionale Linien aufgeteilt die Fürsten der Kiewer Rus werden sollten. Ein Zweig der Familie regierte später, nach dem Mongolensturm, Moskau und wurde zur ersten russischen Zarendynastie.

Bei ihren weiteren Erkundungen nach Süden entwickelten die Waräger eine Vision: Sie wussten, irgendwo im Süden lag Miklagardr, die „Große Stadt", die Kaiserstadt am Bosporus, die prächtige Metropole des Byzantinischen Reiches – sie suchten nun den Weg quer durch Osteuropa nach Konstantinopel als Zielpunkt einer erhofften lukrativen Handelsroute. Dem Dnipro zu Schiff folgend führte sie das am Rand der westlichen Gebiete des Chasarenreiches entlang zu den Handelsstädten der Krim, von wo aus die Metropole leicht zu erreichen war. Zugleich hatte man hier auch in südöstlicher Richtung über das Meer Anschluss an das Kalifat mit seinem großen Zentrum Bagdad und das westliche Ende der Seidenstraße war auch nicht fern. Die Handelsroute, die die Waräger dadurch in Betrieb nahmen, war eine Goldgrube. Aus dem Norden brachten die Waräger Waren und Ressourcen, die auf den Märkten der beiden imperialen Staaten sehr gefragt waren: Felle, Holz, Honig von hoher Qualität – und Sklaven. Slawische Sklaven finden sich in den folgenden Jahrhunderten in den arabischen Schriftdokumenten bis hinunter nach Ägypten. Teils kauften die Waräger die menschliche Beute auf, die die verschiedenen slawischen Stämme in ihren Kriegen untereinander gemacht hatten, teils fielen sie selbst über Dörfer der schwächeren Gruppen her. Bezahlt wurden sie mit den geschätzten Silberdirhams des Kalifats und den byzantinischen Goldsolidi. Münzfunde bis weit nach Skandinavien dokumentieren den Handel der Waräger auch archäologisch. Arabische geographische Autoren berichten umfangreich über dieses neue Handelsnetz und nennen den Namen der Rus. Der gelehrte byzantinische Kaiser Konstantin Porphyriogennetos (1. Hälfte des 10. Jh.) schildert den Weg des Handels den Dnipro hinunter ausführlich in seinem Überblickswerk über die Nachbarvölker des Reiches, er nennt in seinem Griechisch beide Gruppennamen, „Varangioi" und „Rous".

Die Rus begannen nun, auch ihren politischen Einflussbereich nach Süden auszuweiten, um ihren Handel durch zusätzliche Stützpunkte abzusichern. Bereits 882 eroberte ein Feldherr Rjuriks Kiew, das zuvor wohl ein Grenzposten des Chasarenreichs gewesen war. Der Konflikt mit den Chasaren, der sich daraus ergab, trug beträchtlich zum Niedergang des Chasarenreichs bei, das sich nach dem 10. Jh. wieder in einzelne Stämme auflöste. Das wichtigste Handelsnetz der Region wurde nun von den Rus betrieben, es holte Osteuropa aus seinem bisherigen zivilisatorischen Schlaf. Kiew wurde zum Hauptzentrum dieses Netzes und der Herrschaft der Rus, da es in diesem systemischen Zusammenhang deutlich zentraler lag als Nowgorod, neben seiner guten Lage auf der Nord-Südachse lag es auch auf einer günstigen Ost-West-Verbindung.

Durch die Mittel, die den Rus aus ihrem Handel zuflossen, konnten ihre Fürsten größere und professionellere militärische Gefolgschaften aufbauen, die Druschina, aus denen später der Kern des Rus-Adels wurde, der Bojaren. Dadurch konnten sie umfangreiche Gebiete unterwerfen oder angliedern. Von ihren punktuellen Herrschaftspositionen aus wurden sie zu größeren Territorialherrschern. Dabei wurden die Herrschafts- und Handelszentren zu wirklichen Städten. Das Verhältnis zu ihrer slawischen Umgebung begann sich zu verändern. Waren die slawischen Gruppen vorher lediglich Handelspartner oder Opfer von Sklavenraubzügen gewesen, wurden sie nun zu steuerzahlenden Untertanen, die unter dem Schutz der Fürsten und ihrer Krieger standen. Die Rus wurden „zivilisiert". Allerdings wurden aus den noch nicht dazugehörenden Gebieten weiterhin Menschen als Sklaven entzogen, doch je weiter sich die Herrschaftsbereiche der Fürsten ausdehnten, umso kleiner wurde dieses Gebiet. In diesem Zusammenhang konnten die Beziehungen zwischen der skandinavischen Herrschaftsschicht und ihren neuen slawischen Untertanen nur enger werden, zumal jetzt auch immer mehr Slawen in die wachsende Gruppe der fürstlichen Funktionsträger aufstiegen. Die skandinavische Herrschaftsschicht begann zunehmend, ihren skandinavischen Charakter zu verlieren, sie wurde zweisprachig, schließlich völlig slawisch. Selbst die Fürsten fingen an, slawische Namen zu führen. Allerdings zog sich dieser kulturelle Assimilationsprozess an die Untertanen über einen längeren Zeitraum hin. Doppelnamigkeit (slawischer und nordgermanischer Name zugleich) existierte noch länger. Aufgefrischt wurde die skandinavische Verbindung gelegentlich auch dadurch, dass bis ins 12. Jh. Rus-Fürsten immer wieder skandinavische Prinzessinnen heirateten, auch als sie selbst und die Skandinavier schon längst Christen geworden waren.

Und das war es, was im 10. Jh. zur völligen Respektabilität gerade gegenüber dem Handelspartner Konstantinopel noch fehlte: das Christentum und mit ihm die Schriftkultur. Den Anfang machte die Fürstin Olga/nordgermanisch Helga, in der ostslawischen Orthodoxie bis heute die Heilige Olga. Olga von Kiew war die Frau des Fürsten Igor von Kiew. Nach dem vorzeitigen Tod ihres Mannes in einem Gefecht übernahm sie 945 die Regentschaft für ihren und Igors minderjährigen Sohn Swjatoslaw. 955 (das genaue Datum ist nicht zweifelsfrei gesichert) ließ sie sich in Konstantinopel taufen. Allerdings versuchte sie, nicht alleine auf das oströmische Pferd zu setzen, sondern auch auf das westliche. Sie schickte eine Gesandtschaft an den deutschen König Otto I. (den späteren westlichen Kaiser), mit Bitte zur Entsendung von Missionaren. Diese Episode zeigt deutlich die beginnende Vernetzung der Rus auch mit dem westlichen Europa. Allerdings hatten Olgas Bemühungen, das Christentum unter ihren Untertanen zu verbreiten, keinen Erfolg. Ihr eigener Sohn Swjatoslaw, der 964 die Herrschaft von der Mutter übernahm, blieb Heide. Erst dessen Sohn Wladimir I. (Wladimir der Heilige, nordgermanisch Waldemar) läutete die endgültige Bekehrung der Rus zum Christentum ein. 988 ließ er sich taufen, um Anna, die Tochter des byzantinischen Kaisers Romanos II. heiraten zu können. Damit war die religiöse Anbindung an Konstantinopel auch eine politische. Mit der Übernahme der östlichen Variante des Christentums war auch die Übernahme der altkirchenslawischen Sprache als Kirchensprache und des kyrillischen Alphabets verbunden, so wie das bereits die Bulgaren gemacht hatten. Hätte Olgas Versuch, die Rus nach Westen hin anzubinden, Erfolg gehabt, würde man heute wohl die drei ostslawischen Sprachen in lateinischer Schrift schreiben und auch sonst hätten sich manche Dinge hier kulturgeschichtlich anders entwickelt. Wladimir ließ die heidnischen Götterbilder in Kiew niederreißen und es folgte eine Massentaufe der Stadtbevölkerung im Dnipro, eine Szene, mit der die Russen, Belarussen und Ukrainer ihre eigentliche Geschichte beginnen lassen. Die sich bildende Kirche der Rus errichtete ein Netz aus Bistümern und Klöstern, Oberhaupt wurde der Bischof von Kiew als Metropolit. Neben die staatlich-herrschaftliche Struktur trat die kirchliche, die beträchtlich zur Festigung der Kiewer Rus beitrug. Es entwickelte sich bald eine kirchenslawische Literatur, neben die später auch Texte in der altostslawischen Volkssprache traten. Im Laufe des 11. Jh. begann auch das Recht verschriftlicht zu werden, Rechtssammlungen in sog. ostslawischer Kanzleisprache wurden angelegt, eine Variante der Schriftsprache, die vor allem den Zwecken der herrschaftlichen Verwaltung diente. Die Rus wurde nicht nur zivilisiert, sondern auch gebildet. In Konstantinopel konnte man stolz auf den neuesten Zugewinn der östlichen Christenheit sein. Seit der Zeit Wladimirs gab es in der Hauptstadt des Byzantinischen Reiches eine kaiserliche Gardetruppe, die Warägergarde, die sich stets aufs neue aus der Rus nachrekrutierte und eine Eliteeinheit der byzantinischen Armee wurde. Rus, die Griechisch sprachen.

In seiner Blütezeit, im 11. und 12. Jh., wurde die Kiewer Rus zum flächenmäßig größten politischen Verband Europas, selbst größer als das frühe Heilige Römische Reich im westlichen Europa. Der Verband der Rus dehnte sich nach Norden und Nordosten hin aus, um immer größere Teile des heutigen Russland zu umfassen. Nach Westen begriff er das Gebiet des späteren Belarus und der westlichen Ukraine mit ein und grenzte hier an das ebenfalls neue westslawische Königreich Polen, das sich der westlichen Kirche angeschlossen hatte. Auch nach Süden und Südwesten dehnte die Rus sich aus, bis hin zum Karpatenrand. Allerdings waren der Ausdehnung nach Südosten und zur Krim hin Grenzen gesetzt, da dort auch nach dem Niedergang des Chasarenreiches die gefährlichen Reiternomaden der Steppe ihre Gebiete hatten, mit denen sich die Truppen der Rus permanente Grenzscharmützel lieferten. Somit gehörten niemals das ganze Gebiet der Ukraine und das ganze Gebiet des heutigen europäischen Russland zur Kiewer Rus.

Städte wie Kiew oder Nowgorod gehörten nach Konstantinopel zu den größten des damaligen Europa. Sie waren zwar zum größten Teil aus Holz gebaut, da die Region arm an gutem Steinmaterial ist und Holz im Überfluss vorhanden war. Aus Stein waren nur die Stadtmauern, die Herrscherresidenzen und natürlich die Kirchen nach dem Vorbild der byzantinischen mit ihren prachtvollen Mosaiken, Malereien und Ikonen. Doch waren die Städte der Rus gut organisiert. Anna von Kiew, die Tochter Jaroslaws des Weisen, die 1051 Heinrich I. von Frankreich heiratete und damit Königin von Frankreich wurde, beklagte sich bitter darüber, dass ihr neuer Lebensort Paris sich in keiner Hinsicht mit ihrem heimatlichen Kiew messen konnte. Allerdings war das Städtenetz der Rus weiterhin weniger dicht als im Westen, die Entfernungen waren riesig, die Landschaften weniger dicht besiedelt und entsprechend der klimatischen Situation in vielen Teilen weniger intensiv genutzt, insbesondere, nachdem der in Westeuropa im 10./11. Jh. beginnende Landesausbau und die Gründung neuer Städte die Bevölkerung dort im Laufe des Hochmittelalters auf ein Niveau wachsen ließ, das über dem der Zeit des Römischen Reiches lag.

Auch trugen die großen Entfernungen dazu bei, dass die Kiewer Rus keineswegs ein geeinter Staat war. Die Rus war ein Gebilde aus einer ganzen Reihe verschiedener Territorialfürstentümer, deren Zahl im Lauf der Expansion nach außen noch wuchs. Dabei galt der Herrscher in Kiew als der Ranghöchste und führte den Titel des Großfürsten. Das bedeutete aber nur eine schwache tatsächliche Oberherrschaft über die anderen Fürsten. Wie weit diese Oberherrschaft des Kiewer Großfürsten tatsächlich ging, hing von der politischen Situation, der persönlichen Autorität und der Durchsetzungsstärke des Großfürsten ab. Die Dynastie der Rurikiden (die Nachfahren des o.g. Warägers Rjurik) beherrschte das ganze Gebilde nach dem sog. Senioratsprinzip. D.h., das ranghöchste Mitglied der Familie, z.B. der älteste Bruder, saß in Kiew, die jüngeren Brüder in den „untergeordneten" Fürstentümern. Starb ein Herrschaftsinhaber, wurde nachgerückt. Söhne erbten nicht direkt den Thron ihres Vaters, sondern rückten weiter unten nach. So übernahm Wladimir I. die Herrschaft über Kiew nicht direkt von seinem Vater, sondern wurde zuerst Fürst von Nowgorod. Auf den Thron in Kiew kam er erst später, allerdings nicht ganz ohne Gewalt. Überhaupt sorgte diese Nachfolgeregelung für endemische Streitigkeiten zwischen den Angehörigen der Dynastie. Im späten 11. Jh. einigte man sich deshalb auf die Vater-Sohn Nachfolge für die einzelnen Fürstentümer, wodurch die Rurikiden in unterschiedliche regionale Linien zerfielen. Das entschärfte den Streit um die Nachfolge, führte aber nun zu Grenzstreitigkeiten. Auch achteten die regionalen Fürsten noch mehr darauf, sich dem Großfürsten von Kiew nicht wirklich unterzuordnen, da ja nun niemand mehr von ihnen die Hoffnung haben konnte, einmal selbst der Kiewer Großfürst zu werden. Kiew verlor seinen Vorrang mehr und mehr.

In einem der zahlreichen „Bürgerkriege" innerhalb der Rus nahm 1169 Andrei Boguljubski, der Fürst von Wladimir Susdal (im Nordosten gelegen) Kiew ein und plünderte die Stadt. Er nahm nun selbst den Großfürstentitel an, obwohl er weiterhin im Nordosten residierte. Diese Verlagerung des Schwerpunktes ist für den weiteren Verlauf der Geschichte umso bedeutsamer, als sich im Laufe des 12. Jh. auf dem Gebiet des Fürstentums Wladimir-Susdal eine zunächst noch kleinere Handels- und Gewerbestadt gebildet hatte, deren Name Moskau war.

Die Kiewer Rus trat dementsprechend eher selten nach außen als geballte Macht auf. Selbst als sich im 13. Jh. die tödliche Gefahr der mongolischen Invasion näherte, schlossen sich nicht alle Fürsten der Rus mit ihren Truppen dem Heer an, das verzweifelt versuchte, die Mongolen aufzuhalten.

Die Kiewer Rus im 11. Jahrhundert

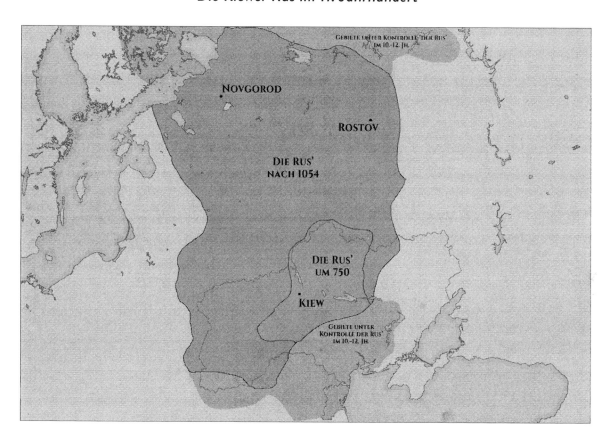

5. Die mongolische Invasion und ihre Folgen: Das blutige Ende der alten Rus (13. Jh.)

Mai 1223, südöstliche Ukraine: Eine etwa 30.000 Mann starke Rus-Armee überquert den Dnipro in Richtung Osten, um ein ca. 20.000 Mann starkes mongolisches Heer zur Schlacht zu stellen. Zusammengezogen hatten das Heer mehre der bedeutendsten Fürsten des südlichen Teils der Kiewer Rus, die zufälligerweise alle den Namen Mstislaw trugen: Der Fürst von Halitsch (später Galizien) ganz im Westen der Rus, der Fürst von Kiew und der Fürst von Tschernigow (im Südosten der Rus). Zusätzlich befinden sich auch noch einige kleinere Fürsten mit ihren Leibtruppen dabei. Dem Heer der Rus angeschlossen hatte sich Kötan Khan, der Khan des Turkvolks der Kiptschaken, mit den ihm verbliebenen Reiterverbänden. Die Kiptschaken waren zuvor auf ihrem eigenen Gebiet von den Mongolen geschlagen worden, Kötan Khan und seine Leute hatten sich als Geflüchtete unter den Schutz der südlichen Rus-Fürsten begeben.

Zunächst verläuft die Sache der zahlenmäßigen Übermacht der Rus entsprechend: Die mongolischen Vorposten auf dem linken Ufer des Dnipro werden schnell geschlagen, die mongolische Hauptarmee, die unter dem Kommando der Feldherrn Subutai und Jepe steht – zwei Unterbefehlshabern Dschingis Khans – weicht nach Osten zurück. Nach mehreren Tagen Verfolgung stellen die Truppen der Rus die Mongolen am 28. Mai am Fluss Kalka in der heutigen Oblast Donezk. Bei dem schnellen Vormarsch waren aber die unterschiedlichen Teile der Armee auseinandergezogen worden, zudem erschweren Autoritäts- und Rangstreitigkeiten zwischen den Fürsten die Koordination. Die zahlenmäßig eigentlich unterlegene mongolische Armee nutzt die Gelegenheit, es gelingt ihr, die getrennten Teile der Rus-Armee einzeln zu schlagen. Unter den Rus setzt eine Massenflucht ein, die mongolischen Reiter verfolgen die Geschlagenen bis zum Dnipro, metzeln die Fliehenden nieder, nehmen Scharen von Gefangenen. Lediglich Fürst Mstislaw von Kiew gelingt es, den Rest seiner Elitetruppen zu sammeln, sich mit ihnen auf einem Hügel zu verschanzen und sich noch drei Tage zu halten, bis auch diese Rus von den Mongolen überwältigt werden.

Das Ergebnis war ein Desaster: ein großer Teil des Militäradels und der professionellen Kämpfer der südlichen Gebiete der Kiewer Rus war gefallen oder in Sklaverei, mehrere der Fürsten waren tot. Mstislaw von Kiew, der gefangen genommen worden war, wurde zusammen mit anderen hochrangigen Gefangenen auf drastische Art umgebracht: Nach dem Bericht einer der Chroniken wurden die Delinquenten unter Bretter gelegt, auf denen die siegreichen Anführer der Mongolen tafelten und ihren Sieg feierten.

Der weitere historische Hintergrund, aus dem heraus es zu dieser Schlacht an der Kalka gekommen war, als die sie in die geschichtliche Erinnerung des späteren Russlands und der späteren Ukraine eingegangen ist, war die große mongolische Expansion nach Westen unter

Dschingis Khan. Das Hauptziel dieser Invasion war zunächst das Reich des Chwarizm-Schah, ein größerer iranisch-muslimischer Staat im nordostiranischen Raum. Die Kiptschaken waren Verbündete des Chwarizm-Schah gewesen, der Großkhan schickte seine Feldherren Subutai und Jepe mit ihrem kleineren Heer von 20.000 Mann gegen sie. Da der geschlagene Kiptschaken-Khan Zuflucht und Unterstützung in der Kiewer Rus suchte und sie erhielt, stieß die mongolische Armee weiter nach Nordwesten vor, wo es dann zur Schlacht kam. Dabei hatte die Kiewer Rus hier noch Glück im Unglück. Das siegreiche mongolische Heer gab sich mit dieser vorläufigen Machtdemonstration zufrieden und zog sich nach Osten zurück, die Befehlshaber hatten ihre Instruktionen, die sich auf die Verfolgung der Kiptschaken beschränkt hatten. Der weitere mongolische Vorstoß richtete sich zunächst primär gegen den islamischen Vorderen Orient.

Aber der Aufschub für die Rus dauerte nicht lange. Bereits 1237 machten die Mongolen ernst. Batu Khan, ein Enkel Dschingis Khans, führte ein deutlich größeres Heer aus den Steppengebieten Zentralasiens heran, verstärkt durch die Verbände der verschiedenen Turkvölker, die den Mongolen angegliedert worden waren. Diesmal machten die Rus-Fürsten wenigstens anfangs noch nicht einmal den Versuch, den Angreifern in offener Feldschlacht entgegenzutreten, sondern verschanzten sich, jeder für sich, in ihren befestigten Residenzstädten.

Das mongolische Heer wandte sich zunächst gegen die östlichen und nordöstlichen Teile der Rus im heutigen Russland. Die bedeutenderen Städte der Fürstentümer Rjasan, Wladimir und Susdal brannten, die Mongolen plünderten sie aus, massakrierten einen Teil der Einwohnerschaft, die Überlebenden wurden in die Sklaverei verschleppt. Auch das noch junge Moskau, damals noch keine fürstliche Residenz, entging diesem Schicksal nicht. Den nordöstlichen Fürsten der Rus gelang es dann dennoch, ein größeres Feldheer zu sammeln, 1238 wurde es in der Schlacht am Sit von den Mongolen vernichtend geschlagen. Nowgorod, die große Metropole im nördlichen Teil der Rus, entging unerwartet dem Schicksal der anderen Städte. Aufgrund schlechter Wetterverhältnisse drehte das mongolische Heer nach Süden ab und wandte sich gegen das alte Zentrum Kiew. Nach längerer Belagerung erstürmten die Angreifer die Stadt, die trotz des relativen Machtniedergangs ihrer Fürsten noch immer das „Goldene Kiew" war, die größte Metropole der Rus – der Beiname bezog sich auf die vergoldeten Dächer der Kirchenkuppeln. Auch hier starb ein Teil der Bevölkerung, wem nicht die Flucht gelungen war, der ging in die Sklaverei. Die Stadt brannte von einem Ende zum anderen.

Danach wandte sich Batu Khan nach Westen, gegen das Königreich Polen, dessen Truppen 1241 bei Liegnitz in Schlesien geschlagen wurden. Allerdings verfolgten die Mongolen ihren Erfolg hier nicht weiter, da in der fernen Mongolei der Großkhan gestorben war und Batu Khan eilig zurückkehrte, um seine Stimme bei der Wahl des Nachfolgers mit in die Waagschale werfen zu können.

Für das westliche Europa bedeutete das das Ende der mongolischen Bedrohung, doch nicht für die geplünderten und verwüsteten Gebiete der Rus, denen ihre exponierte Lage am Einfallstor Zentralasiens nach Europa zum Verhängnis wurde.

Die Mongolen waren gekommen und sie blieben. Batu Khan gründete am Unterlauf der Wolga, ein Stück weit nordwestlich des Kaspischen Meeres die Stadt Sarai als Zentrum der Goldenen Horde, wie das neue nordwestliche Teilreich der Mongolen genannt wurde. Ursprünglich ein großes Zeltlager, wurde Sarai im Lauf der Zeit zu einer riesigen Stadt, finanziert durch die umfangreichen Tribute, die dem Ort aus allen Richtungen zuflossen. Handwerker und Kaufleute siedelten sich an oder wurden zwangsweise angesiedelt. Ganz im Nordwesten des Reichs der Goldenen Horde lagen die Fürstentümer der Rus, deren Herrscher nun tributpflichtige Vasallen des Khan waren. Dabei griff der Khan in die inneren Verhältnisse der Fürstentümer selten ein, gelegentlich wurde ein der Illoyalität verdächtiger Fürst durch einen anderen Rurikiden ausgetauscht oder Fürsten „umversetzt". Auch konnten ggf. Herrscher von den Mongolen nach einer Art von „Teile und herrsche"-Politik gegeneinander gehetzt werde. Überhaupt kümmerte sich die Mongolenherrschaft wenig um die Wahrung des Friedens zwischen den Vasallen, solange die Vasallen grundsätzlich gehorsam blieben und die ihnen auferlegten jährlichen Tribute zahlten. Wie sie diese Tribute aufbrachten und einsammelten, war ihre Sache. Blieben die Tribute aus oder wurden nicht vollständig abgeliefert, war mit einer mongolischen Strafexpedition zu rechnen, durch die sich die Mongolen das holten, was ihnen zukam. Die mongolische Oberherrschaft glich auf diese Weise einer Art von mafiösem Schutzgeldsystem: Im Alltag sah man von dem mongolischen Oberherrn wenig, nur die Fürsten mussten sich ab und an nach Sarai begeben, insbesondere zwecks Bestätigung ihres Herrschaftsantritts. Gelegentlich mussten dem Khan Familienangehörige als Geiseln zur Rückversicherung gestellt werden. Zwar hatte die Zugehörigkeit zum Reich der Goldenen Horde nicht nur Nachteile, die Großherrschaft brachte eine spürbare Belebung des Handels, aber letztlich wurden in großem Umfang Tribute abgeschöpft, ohne dass die Oberherrschaft dafür allzu viel geboten hätte, das auch den sesshaften Untertanen in der Rus zugute gekommen wäre. Insgesamt gesehen blieb das Gebilde der Rus grundsätzlich erhalten und in seinem kulturellen und zivilisatorischen Charakter bewahrt, doch stellten die Plünderungen und Verheerungen sowie die Tributlast eine schwere Belastung dar, und der schon vorher schwach gewordene politische Gesamtzusammenhang der Rus-Fürstentümer wurde weiter untergraben. Das alte Zentrum Kiew überlebte zwar letztendlich die Katastrophe von 1240, auch der Fürst von Kiew war ein Vasall des Khans der Goldenen Horde, doch war es nur noch ein Schatten seiner früheren Größe.

Das Reich der Goldenen Horde und die abhängigen Rusfürstentümer um 1300

III. Spätmittelalter und Frühe Neuzeit – die Ukraine und Russland im Werden

1. Die Wege der Rus teilen sich: Der Aufstieg Moskaus und die Republik Nowgorod (14.–16. Jh.)

Bereits im Laufe des 12. Jh. hatte es Abwanderung von Bevölkerung aus dem Süden der Rus in die nordöstlichen Gebiete gegeben, weil der vorher periphere Nordosten besser vor Angriffen der Steppenvölker geschützt war. Die mongolische Invasion verstärkte diese Tendenz, besonders, nachdem Kiew im Zuge einer Strafaktion ein zweites Mal von den Mongolen geplündert worden war. 1299 verließ der Metropolit von Kiew, der ranghöchste Bischof der Rus, die Stadt und verlegte den Sitz des Metropolitanbistums und damit des kirchlichen Zentrums der Rus nach Wladimir, 190 km östlich von Moskau. Das Fürstentum Wladimir-Susdal – schon seit dem 12. Jh. Großfürstentum an Stelle von Kiew – war zwar auch durch den Zug Batu Khans geschwächt worden und hatte Gebiete an kleinere Teilfürstentümer verloren, doch wurde es im Verlauf der Entwicklung zum bedeutendsten unter den Rus-Vasallen der Goldenen Horde.

Das seit der Mitte des 12. Jh. als Handels- und Gewerbestadt existierende Moskau wurde im Lauf der 1260er Jahre ein eigenständiges Kleinfürstentum unter einer Seitenlinie der Rurikiden in Wladimir-Susdal. 1328 übernahm der Fürst Iwan Kalita mit Zustimmung des Mongolenkhans auch die Herrschaft über Wladimir-Susdal und wurde so zum Großfürsten von Wladimir-Moskau, später nur noch Großfürst von Moskau. Auch der Metropolit siedelte nach Moskau über, wodurch die Stadt auch zum kirchlichen Zentrum der Rus wurde. Die Zuwanderung aus dem gefährdeten Süden ermöglichte einen umfangreicheren Landesausbau, Moskaus Lage an der Moskwa erleichterte den Handel. Die Stadt und die Macht ihrer Fürsten wuchs. Auch die militärische Macht des Großfürsten nahm zu. Unter den Einwanderern befanden sich auch viele Angehörige des Militäradels, die in die Druschina, die Militärgefolgschaft des Fürsten, aufgenommen wurden und die den Kern des späteren Dienstadels, der Bojaren, bildeten. Die wachsenden Mittel erlaubten den Moskauer Großfürsten, ihr Herrschaftsgebiet auszudehnen, teils durch Kauf, teils durch gewaltsame Erweiterung, immer abgedeckt durch die sorgfältige Kultivierung der Beziehung zu den mongolischen Oberherren. Die Moskauer Fürsten pflegten eine besonders enge Beziehung zum Khan in Sarai, In der ersten Hälfte des 14. Jh. wurde ihnen die Zuständigkeit für die Einziehung der Tribute der anderen Rus-Fürstentümer übertragen. Das brachte zwar das Risiko mit sich, bei unvollständiger Eintreibung bestraft zu werden, hob sie aber deutlich über die anderen Vasallen der Mongolen hinaus, insbesondere über die Fürstentümer Rjasan und Twer, ihre größten Konkurrenten unter den anderen Fürsten. Als Twer gegen die Mongolenherrschaft rebellierte, stellte sich Iwan Kalita dem Khan als Gehilfe bei der Niederschlagung der Revolte zur Verfügung, was ihm territoriale Erweiterung auf Kosten Twers und die dauerhafte Bestätigung der Großfürstenwürde einbrachte, auf die Twer auch Anspruch erhoben hatte. Mit der Großfürstenwürde war der Anspruch verbunden, Oberherrscher der ganzen Rus zu sein. Im Laufe des 15. Jh. wurde zunehmend neben der alten Bezeichnung „Rus" auch der davon abgeleitete Landesname „Rossija" (Russland) verwendet, dabei konnte sich das Wort aber nicht nur auf das aktuelle Gebiet des Moskauer Staates beziehen, sondern auch auf das ganze Gebiet der ehemaligen Kiewer Rus, womit ein Maximalziel der künftigen Ausdehnung der Moskauer Herrschaft gegeben war – das später ideologisch so bedeutsam werdende Konzept der „Sammlung der russischen Erde" unter der Moskauer Herrschaft hatte hier ihren Ursprung.

Der auf diese Weise entstehende und wachsende Moskauer Staat war ein deutlich strafferes Gebilde, als es die Fürstentümer der alten Rus gewesen waren. Der Dienstadel, die Bojaren, verfügte über sein Land und seine Bauern nur insoweit er seine militärische Gefolgschaftspflicht auch erfüllte. Anderenfalls konnten ihm seine Besitzungen entzogen und an andere Dienstleute gegeben werden. Zusätzlich verfügte der Großfürst auch über eine ihm direkt unterstehende und von ihm unmittelbar unterhaltene Gefolgschaft professioneller Kämpfer, die „Jüngere Druschina" („Gefolgschaft"). Die Einnahme der Steuern von Städtern und Bauern wurde intensiviert, zumal ja auch die Tribute an die Mongolen abgeliefert werden mussten. In diesem Zusammenhang kam es zu einer zunehmenden Verschärfung der bäuerlichen Abhängigkeit vom Herrscher und dem Bojarenadel, die historische Grundlage für die Entwicklung der neuzeitlichen russischen Leibeigenschaft. Allerdings gab es zwei Institutionen, die auf Dauer zu einer Form ständischer Kontrolle des Herrschers oder sogar Mitregierung hätten führen können: Schon seit dem 11. Jh. hatte es in den Fürstentümern der Kiewer Rus eine Duma gegeben, eine Versammlung der Bojaren, in der auch Bischöfe und Stadtälteste vertreten sein konnten. Im Laufe des 16. Jahrhunderts, also schon im frühen Zarenreich, wurde die Duma zum Semski Sobor erweitert, einer weiteren Versammlung, in dem auch Vertreter des wohlhabenderen Stadtvolks – Handwerker und Kaufleute – saßen. Die Entwicklung des 17. Jh. setzte der Erweiterung der Möglichkeit politischer Mitbestimmung aber enge Grenzen, bis sich mit der Politik Peters des Großen um 1700 die Autokratie des Zaren endgültig durchsetzte.

Völlig anders als im mit Unterstützung der Mongolen wachsenden Großfürstentum Moskau verlief die politische Entwicklung in Nowgorod, wo die soeben erwähnten Ansätze zu einer ständischen Kontrolle des Fürsten durch Adel und Städter maßgeblich wurden. Das Fürstentum Nowgorod war von den direkten Auswirkungen der mongolischen Invasion verschont worden, war allerdings ebenfalls der Goldenen Horde tributpflichtig.

Der Ursprung der Kiewer Rus hatte im Aufbau eines Handelsnetzes gelegen. Allerdings waren der Rus-Adel und die Fürsten im Lauf der Zeit zu Grundbesitzern und Herrschern geworden, die primär von den Abgaben der Bauern bzw. dem Steueraufkommen der wirtschaftenden Bevölkerung lebte. Der Handel wurde nun von städtischen Kaufleuten betrieben, die nicht zum Adel gehörten. In Nowgorod dagegen blieb der Handel in der Hand der Bojaren, die somit Kaufherren und Großgrundbesitzer zugleich waren. Zudem baute Nowgorod seinen Handel in der Zeit nach der mongolischen Invasion noch aus, besonders durch seine Verbindungen mit der norddeutschen Hanse. Nowgorod wurde zu einer Stadtrepublik, die von einem Ratsgremium, dem Wetsche, regiert wurde, an dem im Lauf der Zeit auch die wohlhabende Handwerkerschicht der Stadt beteiligt wurde. Zugleich dehnte Nowgorod seine Herrschaftszone mittels Statthalterschaften nach Norden und Osten zum Eismeer hin aus, also über das ganze spätere nördliche Russland. Nowgorod wurde somit eine Art Republik Venedig des Nordens. Der Fürst von Nowgorod wurde vom Wetsche auf Lebenszeit gewählt und war nur noch der militärische Oberbefehlshaber ohne eigenständige Herrschaftsbefugnis, glich also dem venezianischen Dogen. Später allerdings wurde es üblich, den Großfürsten von Wladimir, und damit von Moskau, zum Fürsten zu wählen. Das eröffnete Moskau die Möglichkeit, Einfluss auf Nowgorod zu gewinnen. 1478 schließlich eroberte Großfürst Iwan III. Nowgorod und schloss das große Gebiet der Republik an den zentralistischen Moskauer Staat an. Die Glocke des Wetsche, die die freie Bürgerschaft Nowgorods zur Versammlung gerufen hatte, wurde als Beutestück nach Moskau überführt, das Nowgoroder Bojaren-Patriziat ebenfalls nach Moskau umgesiedelt. Der Moskauer Staat umfasste nun den ganzen nördlichen, nordöstlichen und östlichen Teil der alten Kiewer Rus und damit einen großen Teil des heutigen europäischen Russland und sollte im 16. Jh. weiter wachsen. Nur die Mongolen hatten schon längst angefangen zu stören.

Bereits im Verlauf des 14. Jh. hatten sich in der Goldenen Horde weitreichende Veränderungen abgespielt. Die kleine Herrschaftsschicht der eigentlichen Mongolen und die an sie politisch angegliederten Turkvölker wuchsen immer mehr zusammen. Als Folge dieser Entwicklung gaben die Mongolen schrittweise die mongolische Sprache auf und übernahmen die Turksprache der Mehrheit der Steppenvölker. Zugleich übernahmen sie damit auch die ethnische Bezeichnung „Tataren", die schon vorher einige der turksprachigen Gruppen getragen hatten. Auch breitete sich der Islam immer stärker unter den Steppennomaden des westlichen Zentralasien aus, verdrängte den herkömmlichen Schamanismus der Steppenvölker und wurde so auch zur Religion der Goldenen Horde. Ebenso wichtig waren die politischen Veränderungen: War schon früher der Gesamtzusammenhang des von Dschingis Khan geschaffenen großen Mongolenreichs in territoriale Teilreiche wie das der Goldenen Horde zerbrochen, so entwickelten sich nun innerdynastische Konflikte und Bürgerkriege auch innerhalb der Horde. Zudem war die Horde mit der Förderung der territorialen Ausbreitung ihrer Vasallen-Musterschüler in Moskau ein bisschen zu unvorsichtig gewesen. Als die Goldene Horde begann, in rivalisierende Fraktionen auseinanderzufallen, kam der Mustervasall auf sehr aufrührerische Gedanken. Großfürst Dmitri Donskoi nutzte die Gelegenheit eines solchen innermongolischen Machtkampfes, um die Tributzahlungen einzustellen. 1380 gelang ihm sogar ein großer Sieg über ein mongolisches Teilheer in der Schlacht auf dem Schnepfenfeld. Allerdings rächte sich die andere Seite im innermongolischen Bürgerkrieg, die dadurch über ihren Rivalen den Sieg davontrug, kurz darauf mit der Plünderung Moskaus. Die Tributzahlungen wurden wieder aufgenommen, was die spätere russische nationale Erinnerung aber nicht daran hindert, den Sieg auf dem Schnepfenfeld umfangreich als Beginn des Endes der Mongolenherrschaft zu feiern. Erst als im 15. Jh. die Goldene Horde endgültig in einzelne tatarische Khanate auseinandergefallen war (Krimtataren, Khanat von Kasan, Khanat von Astrachan, u.a.), konnte Großfürst Iwan III. die Tributpflichtigkeit wirklich beenden. 1480 kam es zum „Stehen an der Ugra", wo sich das Moskauer Heer und ein tatarisches mehrere Wochen einander gegenüberstanden, ohne dass es zur Schlacht kam. Die Tataren wagten den Angriff nicht und zogen sich kampflos zurück. Damit war Iwan III. jetzt der unabhängige „Großfürst von Moskau und der ganzen Rus". Zudem hatte Iwan 1472 Sophia Palaiologina geheiratet, die Nichte des letzten byzantinischen Kaisers Konstantin XI., der 1453 bei der Eroberung Konstantinopels durch die Osmanen gefallen war. Das Großfürstentum Moskau konnte somit den Anspruch erheben, die Nachfolge des untergegangenen Oströmischen Reiches angetreten zu haben, die Idee, Moskau sei das „Dritte Rom", nahm Gestalt an. Der zweite Nachfolger Iwans III., Iwan IV. („der Schreckliche"), zog die Konsequenz aus dem Gedanken und proklamierte sich 1547 zum Zaren. Neben den herkömmlichen Staatsnamen „Großfürstentum Moskau" schob sich die Bezeichnung „Zarentum Russland", zugleich war der Zar der „Herrscher der ganzen Rus". 1589 erfolgte die Beförderung auch auf kirchlicher Ebene. Der Metropolit von Moskau wurde mit Zustimmung des ökumenischen Patriarchen in Konstantinopel zum „Patriarchen von Moskau und der ganzen Rus". Die russische Kirche löste sich endgültig aus der Abhängigkeit von Konstantinopel und wurde innerhalb der Orthodoxie ein eigenständiges Patriarchat mit dem Anspruch, kirchenrechtliche Autorität auch über die orthodoxen Christen der Rus außerhalb des Moskauer Herrschaftsbereichs zu haben.

Nur, so ärgerlich das für die Moskauer „Herrscher der ganzen Rus" auch war, es gab direkt im Westen einen Nachbarstaat, dessen Herrscher denselben Anspruch in ihrem Titel führten und die auch tatsächlich die westlichen, südwestlichen und südlichen Teile der ehemaligen Kiewer Rus beherrschten: das Großfürstentum Litauen.

2. Die litauische Rus: Ukraine und Belarus (14.–16. Jh.)

Während die Mongolen das Reich der Goldenen Horde errichteten und die Fürstentümer der Kiewer Rus unter ihre Tributherrschaft brachten, setzte sich im fernen Nordwesten, im Baltikum, eine erobernde Macht ganz anderer Art fest: Der Deutsche Orden, ein kirchlicher Ritterorden, der im Kontext der Kreuzfahrerstaaten im Vorderen Orient gegründet worden war. Mit Legitimation durch den Papst und das Heilige Römische Reich und Unterstützung des westchristlichen Polen setzte sich der Orden seit den 1230er Jahren in Preußen fest und begann mit der Eroberung und gewaltsamen Christianisierung der Bewohner. „Preußen" ist hier die ursprüngliche Landschaft dieses Namens an der Ostsee in der Gegend zwischen den späteren Städten Danzig und Königsberg und darf nicht mit dem neuzeitlichen Königreich Preußen mit seiner Hauptstadt Berlin verwechselt werden. Die Namenskontinuität hat ihren Grund, liegt aber außerhalb unseres Themas. Die Preußen/Prußen und die nordöstlich benachbarten Litauer, baltischsprachige Völkerschaften, waren immer noch Stammesgesellschaften und die letzten Heiden Europas. Die Unterwerfung der Prußen und ihre Christianisierung durch den Orden zog sich bis in die 1280er Jahre hin und war ausgesprochen blutig, einer der wenigen Beispiele wirklich gewaltsamer Christianisierung im Mittelalter. Der Orden errichtete in diesem Zusammenhang einen der am besten organisierten Staaten des europäischen Mittelalters. Durch die Anwerbung einer großen Zahl von Kolonisten aus den Gebieten des Heiligen Römischen Reiches und die Gründung zahlreicher Städte (u.a. Thorn, Königsberg und Danzig) wurde das Land größtenteils deutschsprachig. Der territoriale Ehrgeiz und Bekehrungseifer des Ordens richtete sich nun gegen die weiterhin heidnischen Litauer. Doch die Litauer erwiesen sich als hartnäckige Gegner. Als Reaktion auf die Bedrohung durch den Ordensstaat begannen sie seit dem Ende des 13. Jh., sich mit großem Erfolg eine eigene festere staatliche Organisation zu geben, das Großfürstentum Litauen entstand. Um ihre territoriale und demographische Basis für den Kampf mit dem Orden zu erweitern, begann das neue Gebilde mit einer schrittweisen Expansion nach Südosten.

Hier, in den Gebieten des heutigen Belarus, war die Situation günstig für eine solche Expansion, die durch enge und gute Beziehungen mit der weiter nordöstlich gelegenen Republik Nowgorod abgesichert wurde. So erfolgte im Laufe des 14. Jh. unter den Großfürsten Gediminas, Algirdas und Kestutis der Aufstieg des zunächst noch weiterhin heidnischen Litauen zu einer Großmacht.

Litauen expandierte damit in einen Raum hinein, der politisch in kleinere Fürstentümer der Rus zersplittert war, die leicht unterworfen oder sogar ohne weiteren Widerstand an Litauen angegliedert werden konnten. Erst weiter südlich, auf dem Gebiet der späteren Ukraine, lagen zwei größere Fürstentümer der Rus, Galizien-Wolhynien im Westen, angrenzend an das Königreich Polen und Kiew weiter östlich, beide unter der Oberherrschaft der Goldenen Horde. Hier mussten die Litauer ernsthafter kämpfen, um sich auch diese Fürstentümer unterordnen zu können. 1321 schlugen die Litauer am Fluss Irpen unweit von Kiew eine Streitmacht der südlichen Rus-Fürstentümer. Das brachte die Goldene Horde auf den Plan, in deren Interessenbereich die Litauer damit definitiv eingebrochen waren. 1362 konnten die Litauer in der Schlacht am Blauen Wasser die Horde entscheidend schlagen, wodurch die ganze südliche Rus bis tief nach Süden und Südwesten in der heutigen Ukraine endgültig unter die Herrschaft des Großfürstentums Litauen kam. Allerdings ohne die Krim und die südöstlichen Gebiete, hier behaupteten sich die verschiedenen tatarischen Khanate, in die die Horde im Laufe des 15. Jh. endgültig zerbrach.

In diesem großen politischen Gebilde, das den Westen, Südwesten und Süden der ehemaligen Kiewer Rus umfasste, waren die eigentlichen ethnischen Litauer natürlich nur eine Minderheit im ursprünglichen nordwestlichen Kern des Staates. Den Großfürsten gelang es aber schnell, die Loyalität des Rus-Adels in diesen weiten Gebieten zu gewinnen. Sie änderten an den herkömmlichen Strukturen nichts, der litauische Adel und der der Rus gingen eine enge Verbindung ein. Auch religiös änderte sich nichts, die polytheistischen Litauer störten sich nicht am orthodoxen Christentum ihrer slawischsprachigen Untertanen und neuen Verbündeten. Litauen gelang es auf diese Weise nicht nur, durch die beträchtliche Erweiterung seiner territorialen und demographischen Ressourcen die weitere Expansion des Deutschen Ordens zu stoppen, sondern sie traten auch das Erbe der alten Rus in allen Teilen an, die nicht unter die Moskauer Herrschaft kamen. Die späteren Großfürsten von Litauen erhoben ganz offen Anspruch auf die Herrschaft über die ganze Rus und nannten sich auch titular „Großfürsten von Litauen und der ganzen Rus". Damit traten sie in bewusste Konkurrenz mit dem entsprechenden Anspruch der Moskauer. Es gab die Rus nun zweifach: Die östliche und nördliche Rus, aus der sich Russland entwickelte, die westliche und südliche, aus der sich Belarus und die Ukraine entwickeln sollten. Im neuzeitlichen belarussischen Nationalgedanken wurde die historische Erinnerung an die Zeit der Zugehörigkeit zum Großfürstentum Litauen zum Beginn der eigenen nationalen Sondergeschichte deklariert und gilt als die große Zeit des mittelalterlichen Belarus. In den Schriftquellen des späteren Mittelalters finden sich Unterteilungen des Gebiets der ganzen Rus in die „Schwarze Rus" (das spätere Russland), die „Rote Rus" (Teile der heutigen Ukraine) und die „Weiße Rus" (Belarus). Gehalten hat sich diese farbliche Benennung der verschiedenen Teile der ehemaligen Kiewer Rus nur im Namen von Belarus (bela = weiß).

Die Litauer, deren baltische Sprache erst im 16. Jh. verschriftlicht wurde, begannen sogar, sich partiell an ihre Ostlawisch sprechenden Untertanen kulturell zu assimilieren. Sie übernahmen die Sprache der Rus als Schrift- und Verwaltungssprache, mit ihr das kyrillische Alphabet. Unter der litauischen Herrschaft gab es eine neue Blüte ostslawischer Literatur nach dem Muster der Kiewer Rus. Eine Reihe von Städten der westlichen und südlichen Rus, darunter Kiew, wurden erneut zu wichtigen kulturellen Zentren. Noch die im 16. Jh. erfolgten Kodifikationen des litauischen Rechts, die auch inhaltlich eng an die Rechtstradition der Kiewer Rus anschlossen, erfolgten in ostslawischer Sprache. Nur zu den Zwecken der diplomatischen Kommunikation mit dem westlichen Europa verwendete der litauische Hof das Lateinische und das Polnische. Dabei wurde der Volksname der Rus in der lateinischen Version zu **„Rutheni"**, die zum Litauerreich gehörenden Gebiete der Rus zu „Ruthenia". Auch später, im polnisch-litauischen Kontext, wurde die Ostslawisch sprechende Bevölkerung so bezeichnet, noch in der Habsburgermonarchie bis zu ihrem Ende 1918 war „Ruthenisch" eine gängige Bezeichnung für die ukrainische Sprache, die „Ruthenen" waren die ukrainisch sprechenden Untertanen Wiens.

Die bedeutendsten Städte der südlichen Rus im Gebiet der heutigen Ukraine innerhalb des Großfürstentums Litauen waren Kiew, das nach seinen Verheerungen durch die Mongolen nun wieder eines der bedeutenderen Zentren wurde, und das im Westen gelegene Lwiw. Lwiw (russisch/polnisch Lwow, deutsch/jiddisch Lemberg) war keine Stadt der alten Rus gewesen, es hatte sich erst in der Mitte des 13. Jh. entwickelt und war zunächst eine der Residenzen der Fürsten von Galizien/Wolhynien, bevor es im 14. Jh. ebenfalls unter die litauische Herrschaft kam, um allerdings bald darauf an das Königreich Polen zu fallen, sodass es im späteren Unionsstaat Polen-Litauen von vornherein zum polnischen Staatsteil gehörte. Seit dem späteren 14. Jh. siedelte sich im Rahmen der Förderung der Einwanderung westeuropäischer Handwerker und Kaufleute eine deutschsprachige Kolonistenbevölkerung an, zugleich entstand eine große Gemeinde deutsch- bzw. jiddischsprachiger Juden. Vom späten 14. Jh. bis zum 16. Jh. stand die Stadt somit unter der Kontrolle eines deutschsprachigen Patriziats, daher ihr deutscher Name Lemberg, der im Jiddischen weitergeführt wurde. Erst im Laufe des 16. Jh. begann das Polnische das Deutsche aus dieser Dominanzposition in Lemberg/Lwow/Lwiw zu verdrängen. Die Stadt war in der Neuzeit das bedeutendste Zentrum der westlichen Ukraine und ist es bis heute geblieben.

Im ausgehenden 14. Jh. fand im Nordwesten, im polnisch-baltischen Raum, eine politische Veränderung statt, die für das ganze östliche Europa für eine Reihe von Jahrhunderten von prägender Bedeutung werden sollte: Litauen verband sich mit Polen. Auch das Königreich Polen war im Laufe der Zeit mit dem Staat des Deutschen Ordens in Rivalität und Konflikt geraten. Daraus entwickelte sich in Polen und in Litauen das Interesse an einem Bündnis gegen den Orden, dem allerdings die heidnische Religion der Litauer entgegenstand. 1386 schließlich ließ sich der litauische Großfürst Jogaila taufen, d.h., er trat zum westlichen lateinischen Christentum über, und heiratete Jadwiga, die polnische Kronerbin. Jogaila bestieg als Wladyslaw II. Jagiello den polnischen Thron, das Königreich Polen und das Großfürstentum Litauen wurden unter der Herrschaft der Dynastie der Jagiellonen in Personalunion verbunden. Damit begann auch die Christianisierung des heidnischen Kernlitauen.

Diese Vereinigung der Mächte Polen und Litauen mündete politisch-militärisch 1410 in die Schlacht bei Tannenberg in Ostpreußen, in der ein kombiniertes polnisches und litauisches Heer den Deutschen Orden entscheidend schlug. In Folge verlor der Ordensstaat beträchtliche Territorien an beide Monarchien und der Hochmeister des Ordens musste dem polnischen König den Vasalleneid schwören. Dabei waren im litauischen Heer auch beträchtliche Kontingente aus den ruthenischen Teilen des Großfürstentums dabei gewesen.

Durch den Übertritt der Litauer zum lateinischen Christentum änderte sich zunächst für die orthodoxen Untertanen Litauens nicht viel, auch wenn die lateinische Sprache als Schrift- und Dokumentensprache nun in Kernlitauen stärker neben das Ruthenische trat. Erst im späteren 16. Jh., nachdem die Personalunion zur polnisch-litauischen Staatsunion geworden war, verschlechterte sich die Position der Orthodoxie und entwickelte sich größerer Druck auf den ruthenischsprachigen Adel, seinerseits katholisch zu werden.

Durch die Zugehörigkeit der Gebiete der westlichen und südlichen Teile der ehemaligen Rus zum Großfürstentum Litauen und die zunehmend stärkere Orientierung Litauens nach Westens in Folge der Verbindung mit Polen kamen diese Gebiete der Rus unter der latinisierten Bezeichnung Ruthenien (Weißruthenien – Rotruthenien) unter einen beträchtlichen kulturellen und zivilisatorischen Einfluss des westlichen Europa. Die Gebiete des heutigen Belarus und der heutigen Ukraine begannen, eine deutlich andere historische Erfahrung zu machen als die Gebiete, die unter die Moskauer Herrschaft kamen. Auch sprachlich begannen sich die beiden Teile der ehemaligen Rus auseinander zu entwickelten: Auf diese Weise wurden die historischen Grundlagen der drei unterschiedlichen ostslawischen Nationen gelegt. Zudem verlief die Entwicklung in diesen beiden sich zunehmend auseinander bewegenden Teilen der alten Rus auch dadurch anders, dass die Gebiete, die im Lauf der Zeit zu Moskau kamen und dadurch zu Russland wurden, noch bis weit ins 15. Jh. unter der mongolisch-tatarischen Oberherrschaft standen. Die Tributpflicht lastete schwer auf diesem Teil der Rus, die Goldene Horde förderte oft Zwietracht unter ihren Vasallen, von einer wirklichen „Pax Mongolica", wie manche Historiker sie heutzutage beschönigend benennen, konnte keine Rede sein. Auch führten die Mongolen immer wieder zerstörerische Strafexpeditionen durch. Die zum Großfürstentum gehörenden Teile der Rus dagegen waren vom Zugriff der Goldenen Horde befreit, da es den Litauern zusammen mit ihren ruthenischen Untertanen gelungen war, die Mongolen zu schlagen. Die litauische Herrschaft war von völlig anderer Art als die mongolische und auch als die der Moskauer Großfürsten.

Die alte Kiewer Rus hatte neben ihrer engen Anbindung an Konstantinopel auch durchgehend engere diplomatische und kommerzielle Beziehungen mit dem westlichen Europa gehabt. Für die litauische Rus verstärkte sich diese Beziehung nach Westen im späteren Mittelalter. Die noch lange unter der mongolisch-tatarischen Tributherrschaft stehenden Moskauer Gebiete dagegen waren nun für längere Zeit von der Verbindung mit dem westlichen Europa weitgehend abgeschnitten. Als 1478 Nowgorod und seine Gebiete im Norden vom Großfürstentum Moskau annektiert wurden, endete auch hier die enge Beziehung mit dem weiteren Europa, die Stadt Nowgorod verlor ihre wichtige Position im Handel endgültig.

Polen-Litauen nach der Union 1569

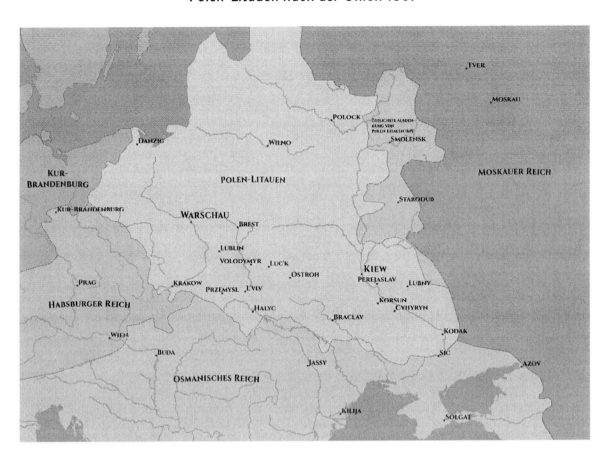

3. Die beginnende Neuzeit: Das frühe Zarenreich und Polen-Litauen (16./17. Jh.)

Das Großfürstentum Litauen und die Republik Nowgorod hatten längere Zeit enge kommerzielle und diplomatische Beziehungen miteinander gepflegt, zudem beide Staaten den Deutschen Orden als gemeinsame Bedrohung sahen. Nachdem als Ergebnis der Schlacht bei Tannenberg auch Teile des nördlichen Baltikums an Litauen gekommen und später im 15. Jh. das benachbarte Nowgoroder Gebiet an das Großfürstentum Moskau gefallen war, standen sich nun die beiden Großfürstentümer, die sich als die legitimen Erben der Kiewer Rus ansahen, in wachsender Rivalität gegenüber. Die Grenze reichte vom Baltikum bis hinunter in die nördliche Ukraine. Im Südosten, den Gebieten, die in die eurasische Wüstensteppe übergingen, lag das „Wilde Feld", weiterhin das Gebiet der Tataren und ihrer verschiedenen Khanate, die sich beim Auseinanderbrechen der Goldenen Horde gebildet hatten. Die beiden wichtigsten im westlichen Bereich der Steppengebiete waren zum einen das Khanat der Krimtataren, dessen Zentrum eine der ursprünglich griechischen Städte auf der Krim war, das ehemalige Chersonesos/Sebastoupolis, nun mit dem türkischen Namen Aqyar, auf Russisch später nach dem spätantiken Namen Sewastopol genannt. Seit dem früheren 16. Jh. war das Khanat der Krimtataren ein muslimischer Vasallenstaat des Osmanischen Reiches, das so einen Vorposten im Gebiet der südlichen Ukraine gewonnen hatte und das südliche Ende der alten Nord-Süd-Handelsroute kontrollierte.

Das andere wichtige Tatarenkhanat war Kasan, eine Stadt ca. 700 km südöstlich von Moskau, heute die Hauptstadt der autonomen Republik Tatarstan innerhalb der Russischen Föderation. Kasan blieb noch längere Zeit der wichtigste tatarische Vorposten gegenüber dem Großfürstentum Moskau. Mehrere Moskauer Angriffe auf die Stadt scheiterten, bis es 1552 Iwan IV. gelang, Kasan einzunehmen. Kasan wurde die erste große nichtrussische Stadt, die unter die Herrschaft Moskaus kam. Allerdings war sie bei der Eroberung stark in Mitleidenschaft gezogen worden. In der wiederaufgebauten Stadt wurde eine starke Garnison stationiert und eine größere Anzahl russischer Kolonisten wurde in ihr angesiedelt, so dass die tatarisch-muslimische Bevölkerungsgruppe nur noch einen Teil der Stadtbewohner ausmachte. 1558 gelang es Iwan, auch das viel weiter südöstlich gelegene Khanat Astrachan zu erobern, womit Russland nun seinen Einfluss weit in die Steppengebiete vorgeschoben hatte. Die Grundlage zur Eroberung der weiten Gebiete des heutigen europäischen Südrussland bis hin zum Kaukasus war gelegt. Zum ersten Mal war die Macht der Steppennomaden in ihrem eigenen Gebiet zurückgedrängt worden. Der Aufstieg des jungen Zarenreichs zur imperialen Macht hatte begonnen.

Nach diesen Erfolgen gegen die Tataren wandte sich der ehrgeizige Iwan nun aber nach Nordwesten und versuchte, Russland Zugang zur Ostsee zu verschaffen. Livland (ein historisches Gebiet, im Kern bestehend aus den Territorien des heutigen Estland und Lettland), war ein Restbestand des Ordensstaates und unter polnischer bzw. litauischer Oberhoheit.

1558 marschierten russische Truppen in Livland ein. Nach anfänglichen russischen Erfolgen bildete sich eine breitere Koalition gegen die russische Invasion, die neben Polen und Litauen auch Dänemark und Schweden umfasste. Bis zum Ende des langen Krieges 1583 hatte Iwan IV. die zuerst gewonnenen Gebiete wieder verloren, Livland wurde unter den neuen Unionsstaat Polen-Litauen und Schweden aufgeteilt. Das Zarenreich besaß bis auf weiteres keinen Zugang zu den lukrativen Handelsrouten der Ostsee, der Dauerkrieg hatte den Moskauer Staat an den Rand des Bankrotts getrieben. Nach dem Tod des ersten Zaren 1584 folgte ihm sein Sohn Fjodor auf den Thron, der aber geistig zurückgeblieben war und für den deshalb der Bojare Boris Godunow die Regentschaft führte. Als Fjodor 1598 kinderlos starb, war die letzte Linie der alten Rurikidendynastie ausgestorben. Es schloss sich eine längere Zeit der inneren Wirren an, in die auch das nun definitiv stärkere Polen-Litauen wiederholt eingriff und dabei größere Gebietsgewinne im Bereich des heutigen Belarus machte. Das gerade gegründete und territorial erweiterte Zarenreich schien sich bereits in Auflösung zu befinden. Erst der 1613 auf den Zarenthron gekommenen Dynastie der Romanows gelang es, das Russische Reich wieder zu stabilisieren und die Zentralmacht weiter auszubauen.

Allerdings begann, zunächst noch unabhängig von der Staatsmacht, genau in dieser Zeit die russische Expansion nach Osten über den Ural, getragen von Abenteurergruppen von Kosaken, Pelztierjägern und Kaufleuten, gefolgt von bäuerlichen Kolonisten und schließlich staatlichen Truppen und der staatlichen Organisation. Die russische Kolonisierung Sibiriens setzte ein, in einem Prozess, der der Unterwerfung und Besiedlung Amerikas durch die spanischen Konquistadoren und später durch die Siedler in Nordamerika nicht unähnlich war. Im Laufe des 17. Jh. begann sich das Zarenreich bis zum Pazifik zu erstrecken. Dennoch hatte es weiterhin keinen Zugang zur Ostsee und keinen Zugriff auf Gebiete der heutigen Ukraine. Hier versperrte der zu dieser Zeit mächtigste Staat des östlichen Europa, Polen-Litauen, einer weiteren russischen Expansion den Weg.

Der Livländische Krieg ließ die beiden Teile der polnisch-litauischen Personalunion enger zueinander rücken. 1569 schlossen sich Polen und Litauen in der Union von Lublin auch zu einer institutionell dauerhaften Staatsunion zusammen. In Polen hatte schon länger vorher der König bei Herrschaftsantritt vom Sejm, der gewählten ständischen Repräsentation des Adels, bestätigt werden müssen. Mit der Union von Lublin wurde der Sejm um eine Anzahl litauischer Vertreter ergänzt. Dadurch entstand ein gemeinsames polnisch-litauisches Adelsparlament, gewählt durch die Szlachta, den polnisch-litauischen Adel (das polnische Wort ist deutscher Herkunft, es hängt mit „Geschlecht" zusammen, gemeint sind die Adelsgeschlechter bzw. Adelsfamilien. Deutsch geschrieben spricht es sich „Schlachta"). Im Unterschied zu den meisten ständischen Repräsentationsversammlungen Westeuropas hatte das städtische Bürgertum keine politische Repräsentation. Allerdings war der polnisch-litauische Adel mit einem Anteil von etwa 10 % der Gesamtbevölkerung ungewöhnlich groß. Der ganze Unionsstaat wurde nun zu einer Wahlmonarchie. Nach dem Aussterben der männlichen Linie der Jagiellonen, das bald darauf erfolgte, achtete der Sejm darauf, keine dynastischen Zusammenhänge mehr aufkommen zu lassen. Die gewählten Könige entstammten reihum unterschiedlichen Familien der Szlachta und wiederholt waren es auch auswärtige Herrscher, die zu Königen von Polen und Großfürsten von Litauen gewählt wurden. Der Sejm wurde so zur maßgeblichen politischen Institution, eine Entwicklung der nachhaltigen Schwächung der Monarchie setzte ein. In Folge begann man, den Unionsstaat als die polnisch-litauische **Adelsrepublik** zu bezeichnen. Für die Mehrzahl der Bevölkerung, die Bauern, hatte die politische Freiheit des Adels allerdings weniger positive Auswirkung. Die Szlachta war nun die einzige politisch maßgebliche Gruppe, die Gesetzgebung des Sejm musste weder auf eine starke Monarchie noch auf das Korrektiv einer städtisch-bürgerlichen Parlamentskammer Rücksicht nehmen, wie das z.B. in England mit dem Unterhaus der Fall war. Die Folge war eine schrittweise Verschärfung der bäuerlichen Leibeigenschaft und Erhöhung der bäuerlichen Feudalabgaben. Zeitlich parallel fand eine solche Entwicklung auch im Russland der Romanows statt, nur war es hier eine zunehmend autokratische Monarchie, die sich, umgekehrt zur polnisch-litauischen Situation, den absoluten Gehorsam der Adligen erkaufte, indem zum Ausgleich die Bauern auch dort dem Zugriff des Adels weitgehend ausgeliefert wurden. Im Europa der frühen Neuzeit bezeichnete man Polen-Litauen als „das Paradies für den Adel, die Hölle für die Bauern".

Eine weitere, in unserem Zusammenhang besonders wichtige, Konsequenz der Union von Lublin war die Übertragung der südlichen ruthenischen Gebiete, also der Gebiete der heutigen Zentralukraine, die zu Litauen gehörten, vom litauischen Staatsteil hin zum polnischen, nachdem Ostgalizien – die Westukraine – schon früher zum Königreich Polen gehört hatte. Der größere Teil der jetzigen Ukraine kam damit zum polnischen Teil der Union. Die dadurch gezogene Grenzlinie innerhalb des Unionsstaates entsprach im Wesentlichen der heutigen Grenze zwischen der Ukraine und Belarus.

Generell bekam damit innerhalb des Unionsstaates von vornherein der polnische Staatsteil und die polnische Szlachta das politische und kulturelle Übergewicht. Es setzte, sowohl in Belarus wie der Ukraine, ein Prozess der sprachlichen Polonisierung sowohl des litauischsprachigen wie des ruthenischsprachigen Adels ein. Polnisch verdrängte in beiden Staatsteilen immer mehr das Ruthenische aus dem schriftlichen Verkehr. Auch in den Städten nahm der Anteil polnischsprachiger Bevölkerung zu. Eine Stadt wie Lwiw in der heutigen Westukraine wurde jetzt mehrheitlich polnischsprachig. Auch die literarische Kultur wurde zum großen Teil polnisch (oder lateinisch im kirchlichen Bereich). Nur in der breiten ruthenischen Bauernschaft und in Teilen der städtischen Unterschichten behauptete sich das Ruthenische (also spätere Belarussische und Ukrainische) ungebrochen. Hatte das alte Großfürstentum Litauen der ostslawischsprachigen Schriftkultur in der Tradition der Kiewer Rus breiten Raum geboten, begann spätestens mit der Union von Lublin ein Prozess markanter sprachlicher Polonisierung auf der Ebene der höheren sozialen Gruppen und im Bereich der Städte.

Neben dem Polnischen und dem Ruthenisch-Ukrainischen gab es im polnischen Gebiet der Ukraine noch das Jiddische, die Sondersprache der osteuropäischen Juden, die aus dem mittelalterlichen Süddeutschen hergeleitet war, dazu weitere christliche deutschsprachige Gruppen, sowie Griechen, Armenier und Tataren, die sich mit der herrschenden Gruppe unter den Krimtataren überworfen und Zuflucht auf polnischem Gebiet gefunden hatten. Auch religiös und konfessionell war das Bild vielfältig: Die Masse der ruthenisch-ukrainischen Bauernschaft war orthodox, der Adel polnischer Herkunft und Teile der Stadtbevölkerungen waren katholisch, es gab kleine Gemeinden von Protestanten, die armenischen Christen und die muslimischen Tataren. Es herrschte trotz der politisch gegebenen Dominanz der katholischen Kirche eine relative Toleranz, allerdings gab es starken Druck auf den Adel ruthenischer Herkunft, katholisch zu werden. Schon 1439 war die Metropolie Kiew wieder errichtet worden, damit war die orthodoxe Kirche Polen-Litauens unabhängig von der Moskauer. 1596 schloss ein Teil der orthodoxen Kirche mit Rom die Union von Brest: Damit erkannten die daran beteiligten Bischöfe die Kirchenautorität des Papstes an, die dadurch zustande gekommene Griechisch-Katholische Unionskirche behielt unter dem Dach der Katholischen Kirche ihre herkömmliche byzantinische Liturgie und Teile ihres eigenen Kirchenrechts bei. Auf diese Weise entstand eine spezifisch regionale Variante der Katholischen Kirche, die bis heute in der Westukraine eine wichtige Rolle spielt und seitdem ein zentrales Bindeglied zwischen der Ukraine und der westeuropäischen kulturellen und religiösen Tradition geblieben ist. Alle drei großen kirchlichen Traditionen errichteten in der Epoche eine umfangreichere Struktur kirchlicher Schulen, in den kirchlichen Akademien in Kiew setzte man sich mit den neuesten geistigen und intellektuellen Entwicklungen auseinander, die aus dem westlichen Europa hereinströmten (Renaissance/Humanismus, argumentative Auseinandersetzung mit der Reformation). Auch in Hinblick auf die architektonische Entwicklung war der westeuropäische Einfluss stark: Die Städte besonders der westlichen Ukraine wurden im 16. und 17. Jh. stark von Renaissance und Barock geprägt, Lwiw gilt bis heute architektonisch als das „Florenz des Ostens".

Eine besondere Rolle spielte in der Zeit des polnisch-litauischen Unionsstaates die wachsende jüdische Minderheit. Aus noch kleinen Anfängen im späteren Mittelalter wuchs die Zahl der jüdischen Zuwanderer aus dem westlichen Europa und teilweise auch aus dem Osmanischen Reich beträchtlich, zwischen 1500 und 1578 von ca. 18.000 auf etwa 100.000. Bis zum 19. Jahrhundert wurde Osteuropa das Gebiet mit dem größten jüdischen Bevölkerungsanteil auf dem Globus überhaupt. Waren lange Zeit im Mittelalter die Gebiete der islamischen Welt die Zentren des Judentums gewesen, lebten im 19. Jh. etwa 70% aller Juden weltweit in Osteuropa. Die relative Toleranz des polnisch-litauischen Staates auch im Hinblick auf die Juden bot günstige Ansiedlungsbedingungen. Ein weiterer Punkt war die, gemessen an Westeuropa, geringere Städtedichte gerade in den östlichen und südöstlichen Gebieten des polnisch-litauischen Staates. In einer Epoche dichter werdender ökonomischer Zusammenhänge – Polen, Litauen und besonders die fruchtbare Ukraine wurden in der frühen Neuzeit Ausfuhrgebiete für Getreide in Richtung Westeuropa, was den adligen Grundbesitzern hohe Gewinne bescherte – stieg der Bedarf an Bevölkerungsgruppen, die größeres know-how im Bereich von Handel und Geldwirtschaft besaßen. Da in Osteuropa das christliche Stadtbürgertum nicht groß genug war, füllte die jüdische Einwanderung die Bedarfslücke. Häufig waren Juden die Verwalter adliger Güter oder pachteten Gutsbetriebe oder Dörfer von den adligen Herren. Auch die Dorfschenken und Mühlen in den Dörfern wurden häufig von jüdischen Kleingeschäftsleuten gepachtet, die in diesem Zusammenhang auch Geldverleih bei der Landbevölkerung betrieben. Das setzte allerdings die Juden in besonderem Maße dem Hass und den Ressentiments der (orthodoxen) christlichen Bauernschaft aus, die leicht auf die Idee kommen konnte, ihre Frustration und ihre Wut auf die adligen Grundherren an deren jüdischen Geschäftspartnern auszulassen, die das einfacher zu treffende Ziel waren. Gerade im Kontext von Bauernaufständen gegen die Herrschaft der Szlachta kam es wiederholt zu blutigen Judenpogromen. Der oben erwähnte Spruch zur Lage von Adel und Bauern in Polen-Litauen ist dort unvollständig zitiert worden. Vollständig lautete er: „Das Paradies für den Adel, der Himmel für die Juden und die Hölle für die Bauern". Allerdings konnte das für die Juden ein sehr relativer Himmel sein, der fließend und situativ bedingt in die Hölle übergehen konnte.

Im 16. und 17. Jh. entstand auf dem Gebiet Polen-Litauens die neuzeitliche Form der aschkenasischen jüdischen Orthodoxie, eng verbunden mit der jiddischen Alltagssprache und der hebräischen Ritual- und Literatursprache. Die traditionelle Kleidung der aschkenasischen Orthodoxie mit Kaftan und Pelzmütze stammt aus diesem kulturellen Umfeld, ebenso die Schläfenlocken orthodoxer jüdischer Männer. Auch im Bereich des Judentums war die Ukraine unter der polnisch-litauischen Herrschaft ein wichtiges Bildungszentrum. Die jüdischen Gemeinden, teils in eigenen jüdischen Kleinstädten angesiedelt (jiddisch schtetl) oder in eigenen Stadtvierteln in den größeren Städten (jiddisch schtot), besaßen auch im weiteren Kontext des Judentums berühmte rabbinische Schulen (jeschiwot). Auch entstand hier der Chassidismus als wichtige Bewegung jüdischer religiöser Mystik.

Im polnisch-litauischen Kontext des 16. und 17. Jahrhunderts liegen auch die Ursprünge des Landesnamens „Ukraine". Das ostslawische Wort „ukrajna", das wörtlich übersetzt soviel wie „Außengebiet" oder „außen liegendes Gebiet" bedeutet, war schon in der Zeit der Kiewer Rus zur Bezeichnung für Grenzgebiete der Rus verwendet worden, insbesondere für solche zu den südlichen und südöstlichen Steppengebieten hin gelegene. Im Rahmen der Organisation der Grenzgebiete des polnischen Staatsteils in der Frühen Neuzeit meinte man damit vor allem Grenzgebiete in Richtung des osmanischen Reiches im Süden und der Krimtataren im Südosten. Ein Gebiet wurde aber „die Ukrajna", das Grenzgebiet schlechthin: Das „Wilde Feld" im Osten und Südosten der heutigen Ukraine, östlich des Dnipro bis hinunter in den Donbas und die Gebiete nördlich der Krim, im Kern die Landschaft Saporischja. Ein Gebiet, das in staatlicher Hinsicht ein Niemandsland war. Weder Polen-Litauen, noch das Zarenreich, noch das Khanat der Krimtataren kontrollierten dieses zwischen ihnen gelegene Gebiet wirklich. Unbewohnt war es aber nicht.

4. Die frühe „Ukraine": Die Kosaken und das Hetmanat zwischen Polen-Litauen und Russland (16./17. Jh.)

Seit dem späteren 15. Jh. hatten sich Gruppen berittener christlich-orthodoxer Abenteurer in die Steppengebiete des heutigen Südrussland wie der südöstlichen Ukraine hineinbegeben, um dort zu jagen, zu fischen, oder besonders auf Pelztierjagd zu gehen. Von den tatarischen Stammesgruppen, deren Gebiete das eigentlich waren, übernahmen sie große Teile der Reiterkultur, auch die typisch kosakische Frisur mit ausrasiertem Kopf und nur an einer Stelle stehengelassenem Haarschopf hat steppennomadischen Hintergrund. Sie nannten sich „Kosaken", abgeleitet von einem turksprachlichen Wort, das „freie Männer" bedeutet – der ethnische Name des Turkvolks der Kasachen hat dieselbe Wurzel. Als im Zarenreich wie auch in Polen-Litauen die bäuerliche Leibeigenschaft verschärft wurde, schlossen sich ihnen zahlreiche geflohene Leibeigene an, auch Frauen. Dadurch gewachsen und sich selbst fortpflanzend, konnten die Gruppen befestigte Siedlungen gründen. Ihr Verhältnis zu den muslimischen Steppennomaden und den tatarischen Khanaten war komplex und widersprüchlich. Einerseits trieben sie mit den Nomaden oft Handel und heirateten tatarische Frauen (allerdings nicht immer ganz auf der Basis gegenseitigen Einverständnisses, Entführungen von Frauen spielten – wie auch bei den Steppenvölkern – eine Rolle). Andererseits führten die Kosaken und die Tataren immer wieder gegenseitige Plünderungskriege und die beiden Seiten konnten ihre unterschiedliche Religion zur Rechtfertigung solcher Feindseligkeiten verwenden.

Dass die Kosaken sich im Kampf gegen die Nomaden halten konnten, lag daran, dass ihre gut befestigten Siedlungen sehr groß sein konnten, dass ihre berittenen Kämpfer eine ebenso gute leichte Kavallerie darstellten wie die tatarischen Reiter und dass die Kosaken im Unterschied zu den Nomaden auch ein schlagkräftiges Fußvolk hatten, das im beträchtlichen Maß über Musketen verfügte. Dabei bildete sich die berittene kosakische Führungsschicht heraus, die weiterhin das Abenteurerelement im engeren Sinne war. Das mit Musketen bewaffnete Fußvolk wurde von kosakischen Freibauern gebildet, die ihre Felder von den zentralen Siedlungen aus bestellten und die in der Regel Familien hatten. Eine breitere Versammlung, die Rada, wählte die Anführer aus der Gruppe der berittenen Führungsschicht. Das Gesellschaftsmodell war damit ziemlich egalitär, auch wenn die Führungsschicht die Entscheidungsprozesse deutlich dominierte. Der Begriff der „Demokratie", mit dem hier oft hantiert wird, ist allerdings übertrieben, auch waren die Kosakengemeinschaften für eine wirkliche Demokratie nicht genug institutionalisiert. Die Position der Frauen konnte gerade bei der Reiteroberschicht recht selbstständig sein: Die Frauen wirtschafteten oft eigenständig, da die Männer häufig auf Raubzügen oder sonstigen Unternehmungen unterwegs waren, in der rauen Umwelt wurde auch von Kosakenfrauen erwartet, reiten (und nicht im Damensattel) und mit den Waffen umgehen zu können. Allerdings kämpften Frauen nur bei der Verteidigung der Siedlungen mit und auch bei den politischen Versammlungen hatten sie keinen Sitz und keine Stimme. Zudem, wie schon erwähnt, fing nicht jede Kosakenbeziehung mit dem Einverständnis der Frau an. Damit sollte man auch nicht unbedingt mit modernen Konzepten von Emanzipation allzu unvorsichtig umgehen, wie das in Bezug auf die Kosaken jetzt manchmal gerne geschieht.

Die kosakischen Gesellschaften waren also ein charakteristisches Produkt einer „wilden" Grenzsituation zwischen den organisierten Staaten und der Welt der Steppe, typische Grenzgesellschaften. Sie teilten sich in zwei geographische Hauptgruppen: Im Osten, in den Gebieten von Don und Wolga, also im südrussischen Bereich, die russischsprachigen Donkosaken. Das waren die Kosaken, die eine maßgebliche Rolle bei der Kolonisierung Sibiriens spielten. Sie wurden bereits im Laufe des 16. und 17. Jh. in die Strukturen des expandierenden russischen Staates integriert, wenn auch zu Sonderbedingungen, unter denen sie ihre personale Freiheit und eine gewisse innere Autonomie wahren konnten. Im Ausgleich dafür hatten sie dem Staat Regimenter leichter Kavallerie, die Kosakenregimenter, zu stellen. Dieser russische Teil der Kosaken muss uns hier nicht weiter interessieren.

Wichtig sind in unserem Zusammenhang die ukrainischen Kosaken weiter westlich: Sie hatten ihre Siedlungen, hier „Sitsch" genannt, genau in dem oben abgesteckten Gebiet auf dem linken Ufer des Dnipro, in dem Niemandsland zwischen Polen-Litauen im Westen, den Krimtataren im Süden und dem russischen Gebiet im Osten. Sie rekrutierten sich v.a. aus geflohenen Leibeigenen der polnischen Seite, sprachen also ruthenisch (frühes Ukrainisch). Am prominentesten waren die Kosaken im Gebiet von Saporischja am Unterlauf des Dnipro, diese spezielle Gruppe nennt man daher eingedeutscht die „Saporoger Kosaken". Der zentrale Sitsch der Saporoger Kosaken lag auf einer Insel jenseits der Stromschnellen des Dnipro. Im Lauf der Zeit bildeten die verschiedenen Kosakensiedlungen der heutigen östlichen und südöstlichen Ukraine eine Art von Konföderation unter der Führung der Saporoger. Auf diese Weise bildeten die ukrainischen Kosaken einen ziemlich großen und militärisch schlagkräftigen Verband aus. An der Spitze befand sich ein von der Volksversammlung gewählter Ataman (später Hetman, deutsch „Hauptmann"), dem ein Ältestenrat zur Seite stand. Es war hier, dass die ruthenische Sprache zum ersten Mal die „ukrainische" genannt wurde, da das Kosakengebiet die Ukrajna, das „Grenzland" schlechthin war. Das spätere ukrainische Nationalbewusstsein bezieht sich besonders gerne auf die Saporoger Kosaken als starken, eigenständigen Verband zwischen Polen-Litauen und Russland. Das ukrainische Parlament, die Werchowna Rada („oberste Versammlung"), ist erkennbar nach den Versammlungen der Kosaken benannt.

Ganz neutral in ihrer Position zwischen den drei Staaten war die Kosakengemeinschaft allerdings nicht. Obwohl es gelegentlich zu Zweckbündnissen mit den Krimtataren kommen konnte – insbesondere, wenn die Kosaken Ärger mit Polen-Litauen hatten – verhielt es sich doch meistens umgekehrt. Ihre christlich-orthodoxe Religion und die Herkunft der meisten Kosaken aus dem polnisch beherrschten Gebiet machten die Kosaken gewöhnlicherweise zu unerbittlichen Feinden der muslimischen Krimtataren und des islamischen Osmanischen Reiches, auf deren Gebiet sie häufig plünderten. In diesem Kontext stellten sie immer wieder größere und geschätzte Hilfstruppenverbände zur polnisch-litauischen Armee. Auch in den mehrfachen Kriegen zwischen Polen-Litauen und Russland standen sie gewöhnlich auf der Seite der Adelsrepublik. Allerdings war ihre institutionelle Anbindung an die Republik prekär und ungesichert, da die Vorstellungen der Kosaken und die Gesetzgebung im Sejm in dieser Frage oft auseinandergingen. Ziel der Kosaken war, möglichst vollständig als militärische Kräfte registriert zu werden („Registerkosaken") und auf diese Weite umfangreiche und permanente Geldzahlungen von Seiten des polnisch-litauischen Staates zu erhalten. Dabei sollte die Führungsschicht der Kosaken als der Szlachta gleichrangig gelten, die einfachen Kosaken sollten als garantierte Freibauern anerkannt werden. In dieser Art wollten die Kosaken in privilegierter Position in die Strukturen der Adelsrepublik integriert werden. Hätte das dauerhaft funktioniert, wäre die Geschichte der Ukraine wohl beträchtlich anders verlaufen. Doch der soziale Unterschied zwischen der polnisch-ruthenischen Szlachta und der kosakischen Führungsschicht war zu groß, polnische Magnaten hatten zu sehr Interesse an Land auf der anderen Seite des Dnipro und an kosakischen Bauern als möglichen Leibeigenen und die Geldsummen, die sich die Kosaken als permanenten Sold vorstellten, waren unrealistisch. Vereinbarungen wurden von beiden Seiten immer wieder gebrochen, kosakische Reiter plünderten wiederholt auch auf polnischem Gebiet.

Bohdan Chmelnyzkyi (1595–1657) war der Sohn eines kleineren polnischen Adligen und einer Kosakenfrau. Er erhielt eine höhere Bildung am Jesuitenkolleg im zentralukrainischen Tschyhyryn, einer der bedeutenderen Bildungsinstitutionen der damaligen Ukraine, wo sich in der Umgebung der Stadt auch sein väterliches Landgut befand. Er nahm im polnisch-litauischen Heer an einem Feldzug gegen die Osmanen teil, geriet in Gefangenschaft, wurde jedoch mit einem Lösegeld losgekauft. Aufgrund der Herkunft seiner Mutter hatte er gute Beziehungen zu den Saporoger Kosaken und machte auch Karriere im Heer der von der Krone registrierten Registerkosaken. Als wieder einmal Streitigkeiten zwischen der polnischen Krone und den Kosaken ausbrachen, weil die polnische Seite bestimmte verbriefte Rechte der Kosaken streichen wollte, verhielt er sich zuerst gegenüber dem Staat loyal und kehrte auf sein Gut zurück. Seit 1646 allerdings, als er sich in einem Rechtsstreit durch ein polnisches Gericht ungerecht behandelt sah, schloss er sich den Kosaken an, die ihn 1648 zum „Hetman des Heeres der Saporoger Kosaken" wählten. Chmelnyzkyi nahm Verbindung zu den Krimtataren auf und schlug mit ihrer Hilfe zweimal ein polnisch-litauisches Heer. Als Resultat brach in weiten Gebieten der unter staatlicher Herrschaft stehenden Ukraine ein Bauernaufstand aus. Das siegreiche Kosakenheer zog bis nach Lwiw im Westen des Landes. Zahlreiche Städte, darunter Kiew, wurden eingenommen. Tschyhyryn wurde Chmelnyzkyis Residenz als Hetman, das Hetmanat wurde zu einer Art Territorialstaat unter der Kontrolle des Kosakenheeres. Die Kosaken und die aufständische Bevölkerung wandten sich gegen die Juden als die Geschäftspartner des verhassten polnischen Adels und massakrierten an die 20.000 Angehörige der jüdischen Minderheit. Auch Priester der Griechisch-katholischen Unionskirche wurden ermordet, da sie als Verräter an der Orthodoxie gesehen wurden. Polen-Litauen zog eine große Armee zusammen, um die Kosaken zu schlagen und die Revolte niederzuwerfen. In dieser Situation erwiesen sich die Krimtataren als unsichere Kantonisten und zogen sich zurück.

Chmelnyzkyi tat nun etwas, das auch langfristig folgenschwer war: Da das Verhältnis zu Polen-Litauen hoffnungslos verfahren zu sein schien und der Hetman einen Verbündeten gegen Polen brauchte, wandte er sich an den russischen Zaren Alexej I. um Hilfe. In Moskau zögerte man zuerst, da man den Krieg mit dem mächtigen Polen-Litauen scheute. Erst nachdem Zar Alexej sich der Unterstützung der Bojarenduma und des Semski Sobor (der weiteren Landesversammlung mit Vertretern der Kirche und der freien Stadtbürger) versichert hatte, entschloss man sich in Moskau, die ukrainischen Kosaken zu unterstützen. Im Januar 1654 kam in Perejaslaw in der nordöstlichen Ukraine die Kosakenrada zusammen und legte in Anwesenheit eines russischen Gesandten den Treueid auf den Zaren ab, später schworen auch noch weitere ukrainische Kosakenverbände diesen Eid. Im Gegenzug verpflichtete sich der Zar, Polen-Litauen den Krieg zu erklären, 60.000 Kosaken als Registerkosaken finanziell zu unterhalten und den Kosaken die freie Wahl ihrer Hetmane zuzugestehen. Zudem sollte den Starosten, der Führungsgruppe der Kosaken, die Anerkennung ihres Grundbesitzes gewährt werden, sie sollten damit den russischen Adligen gleichgestellt sein. Der Zar gestand damit Forderungen zu, die in der Beziehung zwischen den Kosaken und Polen-Litauen umstritten gewesen waren. Polen-Litauen stand nun einer Allianz aus dem Zarenreich und dem Hetmanat gegenüber. In dem sich daraus entwickelte Russisch-Polnischen Krieg gewann zunächst die russisch-kosakische Allianz die Oberhand, eine russische Armee marschierte erfolgreich weit nach Westen bis Lublin im eigentlichen Polen. Später allerdings spalteten sich die Kosaken, als nach dem Tod Chmelnyzkyis der Hetman Iwan Wyhwskyi sich mit der polnischen Krone in einem weiteren Vertrag arrangierte und so ein Teil des Kosakenheeres die Seite wechselte, was die bedrängte polnische Position stabilisierte. Der Krieg endete faktisch mit dem Waffenstillstandsvertrag von Andrussowo 1667. Die Adelsrepublik erkannte die russische Oberherrschaft über die linksufrige Ukraine an (östlich des Dnipro), auf der rechtsufrigen Seite kam auch Kiew mit seinem Umland unter russische Kontrolle, zusätzlich fiel weiter nördlich auch Smolensk und der dazugehörende Bezirk an Russland. Völkerrechtlich bestätigt wurde das Abkommen im „Ewigen Frieden" von 1686. Das Zarenreich hatte den Fuß in der Tür der Ukraine. Das Hetmanat auf der linksufrigen Seite wurde eine Region kosakischer Autonomie unter der Oberherrschaft des Zaren – vorerst noch. Polen-Litauen behauptete die Herrschaft über den noch etwas größeren Teil der Ukraine, war aber nachhaltig geschwächt und hatte zum ersten Mal dauerhaft Territorien an Russland verloren.

Die Ereignisse der Jahre 1648–1667 spielen bis heute eine zentrale Rolle in den gegensätzlichen Ansprüchen des großrussischen und des ukrainischen Nationalismus. Bohdan Chmelnytzkyi gilt in der Ukraine als Nationalheld. Natürlich nicht wegen des Vertrages von Perejaslaw mit dem Zaren, sondern wegen seines Kampfes gegen Polen-Litauen, der als ukrainischer Unabhängigkeitskampf gesehen wird. Das von ihm errichtete größere Hetmanat gilt als Vorform eines unabhängigen ukrainischen Nationalstaates. Der Vertrag mit dem Zaren dagegen, der das Bild stört, wird als lediglich zeitweilig gültiger Bündnisvertrag gedeutet. Auch in der russischen Sicht ist Chmelnytzkyi ein Held. Allerdings war er nach dieser Sicht ein Ukrainer, dem klar war, dass die Ukraine als ewiger Teil der großen Rus (also Russlands) nach Russland heimgeholt werden müsse. Der Vertrag von Perejaslaw wird als Zustimmung der Kosaken zur permanenten Zugehörigkeit zu Russland gesehen. Und es gibt noch eine dritte Sicht auf Bohdan Chmelnytzkyi. In der Erinnerung des osteuropäischen Judentums ist er der Schlächter geblieben, einer der großen Feinde des jüdischen Volkes.

Natürlich war das Kosakenhetmanat noch kein früher ukrainischer Nationalstaat. Die Kosaken agierten primär im Interesse ihrer eigenen Sondergruppe. Darüber hinaus bezog sich Chmelnytzkyi propagandistisch auf die Orthodoxie in Abgrenzung zum Katholizismus und zur unierten Kirche, sowie auf die alte Tradition der Rus, womit aber auch nicht Russland gemeint war. Die „Ukraine", das waren die Kosaken. Der Eid, den die Rada auf den Zaren schwor, war ein Treueid, nicht lediglich ein Bündniseid, zumal der Zar es ablehnte, seinerseits einen Eid zu schwören. Insoweit hat die spätere russische Position an dieser Stelle eine gewisse Grundlage. Allerdings ist auch zu sehen, dass den Kosaken in der Situation keine große Wahl blieb als auf die Forderungen des Zaren einzugehen. Eine dauerhafte Unterordnung unter Russland im Sinn einer wirklichen russischen Herrschaft war von ihrer Seite kaum beabsichtigt und hätte auch ihrem Freiheitsverständnis widersprochen. Die Kosaken erwiesen sich als gespalten. Ein Teil von ihnen war zu einer Rückkehr zum Arrangement mit dem herkömmlichen Partner Polen-Litauen bereit, sobald sich die Gelegenheit bot und die polnische Position bedingt durch den Kriegsverlauf entgegenkommender wurde. Dennoch sollte sich herausstellen, dass eine historische Wasserscheide überschritten worden war. Die politischen Gewichte in Osteuropa verschoben sich dauerhaft.

Allerdings begann sich im Laufe des 17. Jh., die vorher nur auf das Kosakengebiet im Osten beschränkte Landschaftsbezeichnung „Ukraine" auf das ganze Land auszudehnen, in dem die selbe Sprache gesprochen wurde wie bei den Kosaken. Auch auf westeuropäischen Karten des späten 17. Jh. war das Wort nun zu finden. Der Prozess begann, durch den aus dem südwestlichen Teil der Rus endgültig die Ukraine wurde.

Polen-Litauen und das Russische Reich kurz vor der Ersten Polnischen Teilung 1772

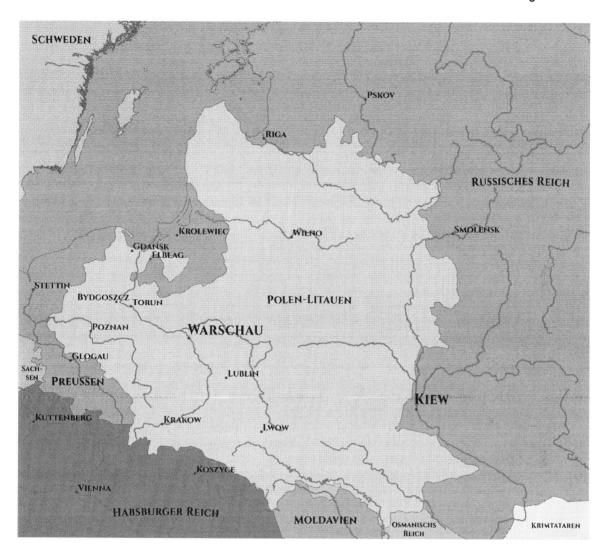

5. Der Aufstieg des Russischen Reiches (Ende 17. Jh./18. Jh.)

Die Russische Expansion vom 15 bis 19 Jahrhundert

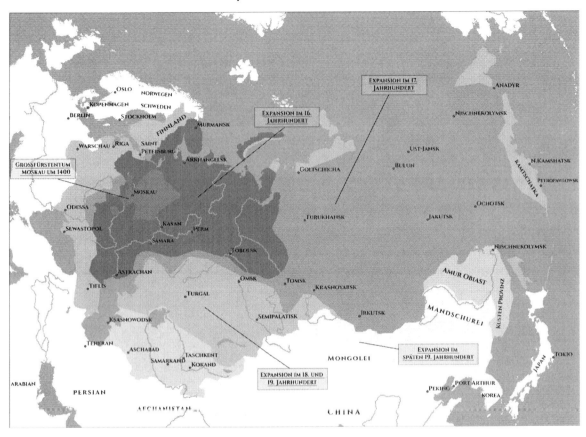

Der Herrschaftsantritt der Romanows 1613 hatte das Zarenreich nach der Zeit der Wirren und dem Ende der Rurikidendynastie wieder konsolidiert. Russland hatte begonnen, schrittweise Sibirien zu kolonisieren und erstreckte sich nun bis zum Pazifik. Mit dem Krieg gegen Polen-Litauen 1654–1667 hatte das Zarenreich den Fuß in die Tür der Ukraine bekommen und kontrollierte das Kosaken-Hetmanat auf dem linken Ufer des Dnipro in Form einer Oberherrschaft. Dennoch blieb Russland das ganze 17. Jh. relativ schwach. Der Staat folgte immer noch den Organisationslinien, die er sich als Großfürstentum Moskau im späten Mittelalter zugelegt hatte, für die er aber langsam zu groß wurde. Der Unterschied in Hinblick auf Effizienz im Vergleich zu den sich im selben Jahrhundert schneller entwickelnden Staaten und Gesellschaften des westlichen Europa wurde deutlicher. Das riesige Land war gemessen an Westeuropa ökonomisch unterentwickelt, obwohl es seit dem 16. Jh. mit dem weiteren Europa wieder durch einen intensiven Handel verbunden wurde. Die Romanows mochten jetzt auf dem Zarenthron sitzen, dennoch waren innerdynastische Machtstreitigkeiten häufig und schwächten die Moskauer Zentrale selbst.

Das musste auch der Sohn des Zaren Alexej I. erleben, der 1682 noch als Zehnjähriger auf den Thron kam, Peter I. Es dauerte noch 12 Jahre, bis zum Tod seiner Mutter 1694, bis Peter I. nach vielen Intrigen, Niederschlagung von Revolten und Machtkämpfen die Alleinherrschaft wirklich vollständig ausüben konnte.

Peter hatte bereits in seiner Jugend großes Interesse an westeuropäischen Dingen gezeigt und war in der Moskauer Ausländervorstadt aus und ein gegangen, wo er engen Kontakt mit einer Anzahl von Westeuropäern aufgenommen hatte, von denen einige später enge Berater werden sollten. Einer Reihe von ihnen gelang über die Verbindung mit dem Zaren den Aufstieg in den russischen Adel. Zweimal in seiner Regierungszeit (er starb 1725) begab er sich auf längere Reisen durch mehrere Länder Westeuropas. Als seine Herrschaft genügend konsolidiert war, begann er mit einer Reihe von Reformen, die zwar nicht die russische Gesellschaft völlig umkrempelten, aber doch die Strukturen des Staates, der nach dem Vorbild der zeitgenössischen absoluten Monarchien Westeuropas umgestaltet wurde. In der Zentrale wurde eine Struktur von Regierungskollegien eingeführt, was den Fachministerien westeuropäischer Staaten ähnelte. Die Regional- und Provinzverwaltung wurde gestrafft, dichter und effizienter gemacht. In diesem Kontext wurde auch die Ranghierarchie des Bojarenadels reformiert und teils nach dem Vorbild westeuropäischer Adelsränge umgestaltet. Die Ansätze ständischer politischer Repräsentation, die sich im Lauf der Zeit auch in Russland gebildet hatten – die Bojarenduma und der Semski Sobor – wurden fallengelassen, die Autokratie des Zaren wurde auf diese Weise in Reinform gebracht – mit den Mitteln des westeuropäischen Absolutismus. Die Armee wurde nach dem neuesten westeuropäischen Vorbild zu einer großen stehenden gemacht, verbunden mit Uniformierung, Drill, Einführung einer modernen Linieninfanterie, verbesserter Artillerie. Nach der Gewinnung eines Zugangs zur Ostsee begann der Aufbau einer russischen Marine. Das Steuersystem wurde effizienter gestaltet, die Gründung einer größeren Zahl von Manufakturen wurde angeregt, insbesondere für Rüstungsgüter und den Luxusbedarf von Adel und Hof. Die orthodoxe Kirche wurde vollständig unter die Kontrolle des Staates gebracht, das kirchliche Amt des Patriarchen von Moskau wurde von nun an nicht mehr besetzt, die Leitung der Kirche wurde einem zum großen Teil vom Herrscher ernannten Ratsgremium übertragen, dem Heiligen Synod, was bis zum Ende des Zarenreiches so blieb.

Eine an westeuropäischen Vorbildern orientierte Akademie der Wissenschaften wurde gegründet. Dem Adel und den Beamten wurde das Tragen westeuropäischer Kleidung verordnet, die traditionellen Vollbärte der Männer mussten ab. 1703 gründete Peter an der Mündung der Newa in die Ostsee eine neue Hauptstadt, St. Petersburg, die als Hafenstadt Russlands Tor nach Westen sein sollte.

Dass Russland unter Peter I. an der Ostsee Fuß faste, war das Ergebnis eines zentralen Teils der Außenpolitik des Zaren. Iwan IV. hatte das bereits im 16. Jh. vergeblich versucht, Peter gelang es. Schweden war immer noch die starke Militärmacht Nordeuropas, die es das ganze 17. Jh. hindurch gewesen war, und kontrollierte das nördliche Baltikum. Im „Großen Nordischen Krieg" (1700 bis 1721) gelang es Russland nach langer, wechselhafter Kriegführung, Schweden seine baltischen Besitzungen und Karelien, den östlichen Teil Finnlands, abzunehmen.

Der Versuch Peters, gestützt auf die russische Kontrolle der linksufrigen Ukraine, Zugang auch zum Schwarzen Meer zu erhalten und die Krim zu erobern, scheiterte dagegen. Die Krimtataren konnten sich mit massiver Unterstützung ihres osmanischen Schutzherrn halten.

Im Kontext des Großen Nordischen Krieges spielte sich auch das Ende des autonomen Hetmanats der ukrainischen Kosaken ab. Iwan Masepa, der Hetman, war zunächst längere Zeit ein getreuer Gefolgsmann des Zaren gewesen. Die Zentralisierungspolitik Peters führte aber unter den Kosaken zu Unzufriedenheit, da sie ihre im Vertrag von Perejaslaw anerkannten Autonomierechte gegenüber dem Zarenreich bedroht sahen. Zudem wurden die Kosakenverbände gezwungen, außerhalb ihres traditionellen Operationsgebietes im Rahmen des Grenzschutzes gegenüber Tataren und Osmanen zu operieren. Peter setzte sie auch im Norden, im Baltikum, gegen die Schweden ein. Einer regulären modernen europäischen Armee wie der schwedischen waren die Kosaken mit ihrer zwar tapferen und geschickten, aber undisziplinierten Kampfweise nicht gewachsen. Die Kosakenverbände erlitten hohe Verluste und sahen sich als Kanonenfutter missbraucht. Iwan Masepa, der den größten Rückhalt bei den Saporoger Kosaken hatte, nahm mit dem schwedischen König Karl XII. Verbindung auf, wechselte mit seiner Gefolgschaft die Seiten und stieß zum schwedischen Heer, das bis in die nördliche Ukraine vormarschiert war. Der russische Sieg von Poltawa 1709 beendete nicht nur die Siegesserie der Schweden, sondern machte Masepa und seine überlebenden Anhänger zu Flüchtlingen. Die russische Vergeltung war unbarmherzig. Die modernisierte russische Armee schlug die Reste der Revolte mit Leichtigkeit nieder und verübte an einer Reihe von Orten Massaker an der Kosakenbevölkerung. Auch der Sitsch der Saporoger Kosaken am Unterlauf des Dnipro fand sein Ende. Die überlebenden Kosaken kamen nun unter die direkte staatliche Herrschaft, ihre Reste wurden als Sondertruppen in die Armee eingegliedert. Das autonome Hetmanat existierte nicht mehr, der Vertrag von Perejaslaw war gegenstandslos geworden. Die Verwaltung des Zarenreiches begann, die russisch beherrschten Gebiete der Ukraine „Kleinrussland" (Malorossija) zu nennen, im Unterschied zu „Großrussland", dem eigentlichen Russland. Der Begriff wurde später auch auf die zentrale Ukraine auf dem rechten Ufer des Dnipro ausgedehnt, nachdem durch die polnischen Teilungen auch dieses Gebiet unter die russische Herrschaft gelangt war.

Nicht überraschend galt Iwan Masepa in der späteren Ukraine immer als Nationalheld und Widerstandskämpfer, im späteren Russland dagegen, ebenso wenig überraschend, als Verräter.

Durch die deutliche Machtsteigerung des autokratischen Staates und die Ergebnisse des Großen Nordischen Krieges wurde das bis dahin an der östlichen Peripherie Europas existierende Russland, das in Westeuropa häufig immer noch „Moskowien" oder „Moskowiterreich" genannt worden war, zum Russischen Reich, einer der großen europäischen Mächte. Russland war jetzt fest integriert in die diplomatischen Strukturen Europas, seine Herrscher begannen, westeuropäische Prinzessinnen zu heiraten (z.B. die spätere Katharina II., ursprünglich eine deutsche Sophie von Anhalt-Zerbst), die Romanows banden sich in die Verwandtschaftsstrukturen der regierenden europäischen Häuser ein. Auch militärisch nahm Russland nun häufiger an den europäischen Koalitionskriegen teil. Die russische Führungsschicht wechselte von den Kulturformen des altrussischen Bojarenadels zu denen des westlichen Adels, Bildung nach westlichem Muster verbreitete sich. Gebildete Russen beherrschten jetzt nicht mehr Altkirchenslawisch, sondern Französisch und sogar Latein.

1721 besiegelte Peter die neue Situation auch titular: Zusätzlich zum herkömmlichen Zarentitel legte er sich den Titel „Imperator" bei, das lateinische Wort wurde dafür ins Russische übertragen. Aus dem alten Zarenreich wurde das Russische Kaiserreich. Damit beanspruchte der russische Herrscher endgültig die Anerkennung seines Reiches als die Wiederaufnahme des alten Oströmischen Reiches und damit Ranggleichheit mit dem bislang einzigen Kaiser Europas, dem Heiligen Römischen Kaiser, dem Kaiser des Westens.

Als Peter 1725 starb, nannte ihn die historische Erinnerung Russlands und Europas schon bald „Peter den Großen".

Die Nachfolger Peters griffen das ehrgeizige Ziel auf, Russland auch Zugang zum Schwarzen Meer und die Herrschaft über die Krim zu verschaffen. In mehreren Kriegen gegen die Krimtataren und das Osmanische Reich gelang es den Russen, sich entlang des Dnipro Stück für Stück nach Süden zu kämpfen. 1783, unter der Herrschaft Katharinas II. (der Großen) wurde das Khanat der Krimtataren schließlich annektiert. In Folge gewann Russland zusätzlich Gebiete des Osmanischen Reiches im Süden der heutigen Ukraine bis hin in die Gegend des heutigen Moldawien.

Dieses südöstliche Gebiet, unmittelbar nördlich der Krim, war niemals zuvor stabil unter die Herrschaft eines sesshaften Staates gekommen, sondern war bislang immer Gebiet der Steppennomaden gewesen. Das antike Bosporanische Reich hatte es nicht beherrscht, zur Kiewer Rus hatte es nie gehört, auch das Großfürstentum Litauen und Polen-Litauen hatten es nicht geschafft, sich hier dauerhaft festzusetzen. Katharina nannte diese neu eroberten Gebiete im Süden und Südosten der heutigen Ukraine „Neurussland". Die Bevölkerungsdichte außerhalb der Städte auf der Krim war dünn. Die Zarin ließ systematisch neue Städte anlegen und auch bäuerliche Kolonisten ansiedeln, sodass die Krimtataren im

Lauf der Zeit zur Bevölkerungsminderheit wurden. Ein großer Teil der Neusiedler bestand aus ethnischen Russen, aber auch ukrainischsprachige und deutschsprachige Kolonisten wurden angesiedelt. Die neugegründeten Städte wurden gezielt nach antiken griechischen Städten benannt, obwohl die Siedlungslage häufig eine andere war: Im Westen der Region wurde die neue Hafenstadt Odessa gegründet (das griechische Odessos dagegen hatte an der Schwarzmeerküste des heutigen Bulgarien gelegen). Direkt nördlich der Krim, kurz vor der Mündung des Dnipro, entstand Cherson (das antike Chersonesos lag in der Nähe des heutigen Sewastopol auf der Krim), Mariupol und Melitopol im Osten zum Donbas hin lehnen sich zwar nicht namentlich an antike Städte an, die Endung „pol" aber ist bewusst antikisierend (griech. polis). Das ursprüngliche Chersonesos auf der Krim, seit Jahrhunderten tatarisch Aqyar, wurde in Sewastopol umbenannt, nach dem späteren antiken Namen der Stadt, Sebastoupolis – das war zugleich eine Huldigung an Katharina, da das griechische Wort ja „Kaiserstadt" bedeutet.

„Neurussland" und die Krim wurden auf diese Weise mit einem Netz von Bezügen auf die griechische Antike überdeckt. Das Russische Reich erhob damit Anspruch, auch legitimer Erbe der Tradition des antiken Mittelmeerraums zu sein, nicht nur das Dritte Rom, sondern auch eine Art neues Griechenland. Daneben kontrollierte das Zarenreich nun auch ganz pragmatisch die Handelsrouten des Schwarzen Meeres und bekam Zugang zum Mittelmeerraum. Sewastopol wurde der Kriegshafen der russischen Schwarzmeerflotte.

IV. Das Zarenreich, das Habsburgerreich und die Folgen des 1. Weltkrieges

1. Die polnischen Teilungen – Die Ukraine unter Zarenreich und Habsburgerreich (spätes 18. Jh.–1914)

Polen-Litauen, im 16. und in der ersten Hälfte des 17. Jh. einer der mächtigsten Staaten Europas, begann in den Jahrzehnten nach dem Verlust der Kontrolle über die linksufrige Ukraine und das Kosakenhetmanat einen schrittweisen Abstieg, der im Zuge mehrerer Aufteilungen unter seine mächtiger gewordenen Nachbarn Russland, Preußen und Österreich in den Jahren 1772, 1793 und 1795 als Ergebnis der 3. Teilung zum völligen Verschwinden des Staates von der Landkarte führte.

Osteuropa im Jahr 1795 nach der dritten polnischen Teilung

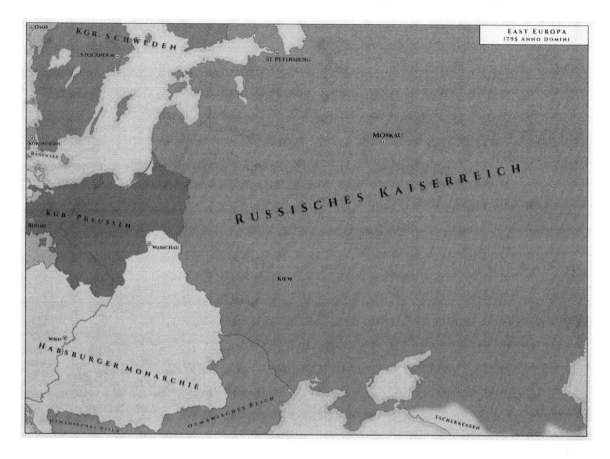

Voraussetzung dafür war nicht nur der Machtaufstieg Russlands, Preußens und des Habsburgerreiches als äußerer Faktor, sondern auch der innere Niedergang der Adelsrepublik, der in der Entwicklung der politischen Struktur des Staates begründet lag. Schlagwortartig könnte man sagen, die polnisch-litauische Union wurde im Lauf der Zeit zu sehr Adelsrepublik um mächtig bleiben zu können. Die Wahlmonarchie an der formalen Spitze des Staates wurde immer schwächer, der Sejm, das Adelsparlament, wurde die einzige maßgebliche Institution des Staates. Das hätte nicht unbedingt problematisch sein müssen, wenn der im Sejm repräsentierte polnisch-litauische Adel keine so eng eigennützige Politik betrieben hätte. Bereits die Beziehung zu den ukrainischen Kosaken war zum großen Teil an mangelnder Kompromissfähigkeit des Adels gegenüber den Kosaken gescheitert. Der Sejm baute als Ergänzung der schwach werdenden Monarchie keine starke, von ihm kontrollierte Zentralregierung auf. Schwächung der Monarchie bedeutete somit Schwächung des ganzen Staates. Die Gesetzgebung des Sejm hielt die Steuern für den Adel niedrig, die Bauern, die Masse der Bevölkerung, fielen für die Besteuerung aus, da durch die Verschärfung der Leibeigenschaft die Abgaben der Bauern ausschließlich dem Adel zuflossen. Die Szlachta mhungerte den eigenen Staat finanziell aus. Damit unterblieben alle Reformen, die den Staat auch unter den Bedingungen des 18. Jh. hätten machtpolitisch und finanziell konkurrenzfähig und fähig zur Selbstbehauptung gegenüber seinen mächtiger werdenden Nachbarn hätten halten können. Das alte Aufgebotsheer des Adels war nun hoffnungslos altmodisch und wurde nicht mehr aufgestellt. Man legte sich ein paar moderne Regimenter zu, deren Zahl ein Witz war. Diese Politik machte es den jetzt deutlich mächtigeren Nachbarn leicht, die sich auch noch gegenseitig zu den Aufteilungen antrieben, da keiner dem anderen die Beute allein gönnte. Stanislaw Poniatowski, der letzte polnische König, versuchte, das Ruder herumzureißen und arbeitete daran, den Staat völlig im jetzt neuesten Sinne zu reformieren. Polen sollte eine konstitutionelle Monarchie nach dem Vorbild Großbritanniens werden, mit einem Parlament, in dem auch nichtadlige Schichten vertreten waren. Die Leibeigenschaft sollte abgeschafft werden. Wären die Reformen gelungen, wäre Polen, noch kurz vor den Umbrüchen der Französischen Revolution, zum modernsten Staat Kontinentaleuropas geworden. Doch es war bereits fünf nach zwölf. Die beiden letzten Teilungen schnitten das Experiment ab und bereiteten der Existenz des Staates das Ende. Nach der letzten Teilung 1795 war das Gebiet völlig unter die drei Nachbarn gefallen. Dabei kam – alle drei Teilungen im Endeffekt zusammengenommen – der westliche Teil an Preußen, der östliche Teil zusammen mit dem Gebiet des litauischen Staatsteils (also auch Belarus) an Russland, der Süden Polens zusammen mit dem Gebiet der heutigen westlichen Ukraine (Ostgalizien) an Österreich, die zentrale Ukraine ebenfalls an Russland. Damit gehörte nun zusammen mit den den Krimtataren und dem Osmanischen Reich abgenommenen Gebieten „Neurusslands" der weitaus größte Teil der heutigen Ukraine unter dem Namen „Kleinrussland" zum Zarenreich. Gegen das sich in der ukrainischsprachigen Bevölkerung in Anknüpfung an die Saporoger Kosaken verbreitende Konzept der sprachlich und kulturell eigenständigen Ukraine stand das vom russischen Gedanken der „Sammlung der russischen Erde" getragene imperiale Konzept einer Ukraine als legitimer zweifacher Verlängerung Russlands: Malorossija (Kleinrussland) und Novorossija (Neurussland).

Mit kleineren Veränderungen (1814 erhielt Russland auf dem Wiener Kongress auch den größeren Teil der westlichen Gebiete des eigentlichen Polen, die 1795 Preußen und Österreich zugefallen waren – das Zarenreich reichte nun bis nach Mitteleuropa) existierte die soeben skizzierte territoriale Ordnung bis zum 1. Weltkrieg.

Das russische Zarenreich des 19. Jh. und seine Gesellschaft waren Konstrukte, die von riesigen Widersprüchlichkeiten durchzogen wurden. In einem Jahrhundert, in dem Schritt für Schritt alle anderen Staaten Europas zu Verfassungsstaaten mit parlamentarischer Repräsentation wurden – wenn auch natürlich nur erst zum kleinen Teil zu parlamentarischen Demokratien – hielt das Russische Reich eisern am autokratischen Absolutismus fest. Die modernste Institution des russischen Staates in den letzten Generationen des Zarenreichs war die Ochrana, ein frühes Beispiel einer systematisch organisierten inneren Geheimpolizei. Die bäuerliche Leibeigenschaft wurde erst 1861 abgeschafft, geraume Zeit, nachdem die Reste bäuerlicher

Unfreiheit anderswo bereits beseitigt worden waren. Die späten Zaren setzten zwecks ideologischer Unterstützung ihrer Herrschaft auf einen reaktionären russischen Nationalismus – „Mütterchen Russland" und „Väterchen Zar" sollten untrennbar miteinander verbunden bleiben. In diesem Zusammenhang kam in den konservativen und staatstreuen Teilen der russischen Intelligenzia ein ausgesprochenes Antiwestlertum auf, das jede Forderung nach liberaler Reform als fremden Import und „unrussisch" verteufelte. Damit wurde eine Denktradition begründet, auf die sich das offizielle und offiziöse gegenwärtige Russland Wladimir Putins nur zu gerne bezieht. Gleichzeitig entwickelte die russische Kultur aber auch eine Tradition, die ihr bis heute den – berechtigten – Ruf der Weltgeltung eingebracht hat. Im 19. und frühen 20. Jh. schuf eine lange Reihe von Schriftstellern, Komponisten, Künstlern und Wissenschaftlern in allen Disziplinen in engem Kontakt mit dem weiteren Europa Werke und erbrachte Leistungen, die Russland überall in Europa und darüber hinaus den Ruf verschafften, eine große Kulturnation zu sein. Auf der oberen kulturellen Ebene war Russland im späteren Zarenreich so „europäisch" wie Deutschland oder Frankreich, was immer auch die reaktionäre großrussische bzw. panslawische Richtung behaupten mochte.

Seit den 1870er Jahren begann auch im Zarenreich die Industrialisierung – auf dem Gebiet der Ukraine entwickelte sich der Donbas im Südosten zu einem der frühen Zentren der russischen Industrie. Ging man allerdings aus den Städten aufs Land, waren große Teile der Bauernschaft auch nach der Abschaffung der Leibeigenschaft bettelarm und man hätte nicht denken können, dass dies das 19. Jh. war. Die Analphabetenrate blieb hoch, der weitaus größte Teil der Bevölkerung des Russischen Reiches bestand weiterhin aus Bauern, die niemals die Gelegenheit bekamen, eine Schule von innen zu sehen.

Mit dem kulturellen Aufschwung verband sich auch die Entwicklung eines liberalen und später auch sozialistischen Denkens, das der reaktionären Staatsideologie diametral entgegengesetzt war. Allerdings mussten die Vertreter dieser oppositionellen Richtungen oft ins Exil gehen oder landeten in der sibirischen Verbannung. Durch die eiserne Unterdrückung der politischen Opposition und den Zwang, im Untergrund zu agieren, entwickelten sich in Russland radikale Strömungen, die durch ein ausgeprägtes Verschwörungsdenken geprägt sein konnten und rücksichtslose revolutionäre Gewalt predigten – eine Tradition, die auch in Ideologie und Handeln der späteren Bolschewiki einging. Russland wurde auch das Land des Anarchismus und des mystisch-romantischen Sozialismus.

Der russische Staat verstand sich nun einerseits als Nationalstaat, andererseits war er aber gerade besonders in der Spätzeit des Zarenreiches auch ein multikultureller imperialer Staat mit teils kolonialem Charakter. Die großen westeuropäischen Kolonialreiche der Epoche trennten beide Aspekte auch geographisch – das „Mutterland" als konstitutioneller Nationalstaat in Europa , die autoritär beherrschten Kolonien anderer Kulturzugehörigkeiten in Übersee. Das Russische Reich dagegen war überall gleichermaßen autoritär – auch „seinen"

Russen maß es nicht mehr politische Freiheiten zu als den anderen Völkern, also praktisch keine. Formal besaßen die ethnischen Russen als solche auch keinerlei rechtliche Privilegien. Faktisch allerdings konnte die russische Herrschaft in einer Reihe von Gebieten durchaus kolonial genannt werden. Das galt besonders für den Kaukasus und die weiten Gebiete des muslimischen Zentralasien, deren Eroberung im 19. Jh. so etwas war wie Russlands letzte Rache an den Steppennomaden. Nicht nur, dass die Eroberung beider Regionen ausgesprochen blutig war, die russischen Kolonisten, die in größerer Zahl in diesen neu erworbenen Gebieten angesiedelt wurden, dominierten die Einheimischen auch direkt vor Ort sozioökonomisch und politisch. Gegenüber den indigenen Bewohnern Sibiriens war der koloniale Charakter der Herrschaft schon immer evident gewesen.

Auch ist ein genauerer Blick auf die ethnische Zusammensetzung der Schicht, die weiterhin die politische und administrative Führungsschicht des Staates blieb und die mangels eines Parlaments alleinigen Zugang zum Machtzentrum hatte, in diesem Zusammenhang wichtig: den Adel. Dieser Adel blieb weit überproportional russisch oder identifizierte sich als russisch. Adlige nichtrussischer Herkunft waren am ehesten noch baltendeutsche und polnische Adlige, vereinzelt auch armenische und georgische Familien. Erkennbar ist, dass Nichtchristen keine Chance hatten, in den russischen Adel aufzusteigen und unter den Christen standen die Chancen für Katholiken, Unionierte und Protestanten auch nicht gut. Juden blieben sowieso draußen, das Zarenreich hat seine jüdischen Staatsbürger bis zu seinem Ende noch nicht einmal rechtlich emanzipiert.

In diesem weiteren Kontext hatten die Gebiete, deren kulturelle und sprachliche Tradition sich aus der Kiewer Rus herleitete und die nicht zum eigentlichen Russland gehörten – Belarus und die Ukraine – eine besondere Position.

Eine der ersten organisatorischen Maßnahmen der neuen russischen Herrschaft in diesen Gebieten nach den polnischen Teilungen betraf den kirchlichen Bereich und war die Auflösung des eigenständigen orthodoxen Kiewer Metropolitanbistums und damit der Anschluss der orthodoxen Kirchen – also der Mehrheitskonfession – an die russische Staatskirche. Die Gemeinden der Griechisch-Katholischen Kirche, also der unierten Kirche, mussten zur Orthodoxie zurückkehren. Allerdings lag der Schwerpunkt der Unionskirche in Galizien, also in dem Teil der Ukraine, der habsburgisch geworden war und war so von der Zwangsanbindung an die russische Orthodoxie nicht betroffen. Der Adel war zunächst noch überwiegend polnischsprachig, allerdings stand er nun unter starkem Druck, sich sprachlich zu russifizieren. Zum Teil wurden die Ländereien polnischer Adliger an russische Adlige übergeben. Das einfache Volk blieb, wie zuvor in der polnisch-litauischen Zeit, in großer Mehrheit ukrainischsprachig.

Die nationale großrussische Ideologie, die sich im Verlauf des 19. Jh. entwickelte und die auch die des Staates wurde, wies den Belarussen und den Ukrainern eine widersprüchliche

Position zu, eine Linie, die sich bis heute in großen Teilen des russischen Denkens durchzieht. Als „Weißrussen" und „Kleinrussen" waren sie irgendwie wie die Russen (also die „Großrussen") und waren es doch nicht. Man konnte sie zugleich als kulturell eng verwandte „Brudervölker" sehen und ebenso als Russen, die nur etwas anderer Art waren. In beiden Varianten, zwischen denen das russische Denken bis heute oszilliert, geht der Blick hierarchisch von oben nach unten. Das, was in beiden Interpretationen das jeweils Andere zur russischen Nationalkultur ist, wie z.B. die andere Art der ostslawischen Sprache, galt und gilt als kulturell und sozial unterlegen, rückständig, provinziell. Vollständig Russe zu werden galt immer als Verbesserung. Einige der berühmteren Autoren der russischen Literatur des 19. Jh., wie z.B. Nikolai Gogol, waren Ukrainer, schrieben aber „natürlich" russisch, da Ukrainisch sozial und kulturell nicht akzeptabel gewesen wäre. Wer Karriere im Staatsdienst machen wollte, konnte das sowieso nur auf Russisch, da Russisch selbstverständlich die alleinige Verwaltungssprache war – anders als im russischen Teil Polens, wo polnisch zusätzliche Verwaltungssprache war, was zu den Auflagen des Wiener Kongresses bei der Zuteilung des Gebiets an Russland gehört hatte. Man wurde aber in der Ukraine besser auch außer Dienst nicht in der Öffentlichkeit dabei erwischt, Ukrainisch zu sprechen. Anders als in den anderen nichtrussischen Gebieten des Zarenreiches war die vollständige Russifizierung der Belarussen und Ukrainer das Ideal. Allerdings war das Zarenreich zwar ein äußerst autoritärer Staat, aber natürlich noch kein totalitärer – DAS ist eine Erfindung erst des 20. Jh. Da es bis zum Ende des Zarenreiches keine breite Volksschulbildung auch auf dem Land gab, war die Mehrzahl der Bevölkerung für nationale Sprachpropaganda unerreichbar. Die repressive Sprachenpolitik, die in der Ukraine in der zweiten Hälfte des 19. Jh. einsetzte, musste sich deshalb weitgehend auf die Städte beschränken. Die Bildungsschichten wurden dafür umso massiver von ihr betroffen. Schulunterricht hatte weitgehend auf Russisch stattzufinden, der Druck ukrainischsprachiger Bücher wurde wiederholt verboten, die Erscheinung ukrainischsprachige Zeitungen und Zeitschriften wurde unterbunden. Partiell wurden die Verbote wiederholt gelockert und dann wieder verschärft, was ihnen eine umso größere Willkürlichkeit gab.

Zugleich war das 19. Jh. aber – im bewussten Widerspruch zur von oben propagierten Russifizierung – auch die Epoche der Herausbildung eines eigenständigen modernen ukrainischen Nationalbewusstseins. Dabei war aber das eigentliche Zentrum der neuen ukrainischen Nationalbewegung nicht die unter der russischen Herrschaft stehende zentrale und östliche Ukraine, sondern die zur Habsburgermonarchie gehörende westliche Ukraine mit der regionalen Hauptstadt Lwiw/Lemberg, da die schriftliche Verwendung der ukrainischen Sprache hier nicht vom Staat behindert wurde und es hier auch ukrainischsprachige Schulen geben konnte (s.u.). Hier konnten Bücher in ukrainischer Sprache erscheinen, um dann häufig nach Osten über die Grenze geschmuggelt zu werden. Es waren ukrainischsprachige Akademiker (insbesondere Historiker) und Literaten, die von hier aus den ukrainischen Nationalgedanken entwickelten. Dabei wechselten viele der Protagonisten der Bewegung im Lauf ihres Lebens hin oder her über die Grenze, je nachdem, wie repressiv die Situation im Zarenreich gerade war.

So z.B. der Historiker Mychajlo Hruschewskyi, der 1866 in Chelm im Russischen Kaiserreich geboren wurde – Chelm lag im russischen Teil Polens, es gab aber auch dort eine ukrainische Minderheit. Er studierte an der Universität in Kiew, wurde dort an der historischen Fakultät Professor für Osteuropäische Geschichte (was natürlich alles auf Russisch lief), wechselte dann nach Lwiw/Lemberg in Österreich-Ungarn, um dann 1905, nach der hoffnungsvoll begrüßten ersten Revolution in Russland, die auch nationalpolitisch ein Tauwetter mit sich brachte, wieder nach Kiew zu wechseln. 1917 wurde er der erste Regierungschef der kurzlebigen Ukrainischen Volksrepublik. In seinem Hauptwerk, einer in ukrainischer Sprache geschriebenen „Geschichte der Ukraine-Rus" in zehn Bänden, setzte er der nationalrussischen Konzeption einer einheitlichen Entwicklung der Tradition der Rus unter grossrussischer Leitung das Konzept der nationalkulturellen Auseinanderentwicklung der Völker der ehemaligen Rus entgegen, womit die Ukrainer in Anspruch nehmen konnten, eine eigenständige Nation zu sein. In der Sowjetunion Stalins, die wieder gezielt nationalrussische Töne anschlug, fiel er zunehmend in Ungnade, starb aber 1934 noch vor Beginn der Großen Säuberung.

Auch noch in der polnisch-litauischen Zeit, im 16. und 17. Jh., hatte es eine Literatur in der vornationalen ruthenischen Sprache gegeben, sie war allerdings überwiegend kirchlicher Art und interessanterweise eher katholisch und griechisch-katholisch als orthodox – die orthodoxe Kirche schrieb das traditionelle Altkirchenslawisch. Es gab in dieser Zeit eine gewisse Anzahl ruthenischer Volksschulen, die weitgehend von den Jesuiten betrieben wurde – die Orthodoxe Kirche tat wenig für die breitere Volksbildung. Die russische Herrschaft beendete auch das.

Der literarische Neuansatz in ukrainischer Sprache, jetzt im Rahmen einer nationalkulturellen Bewegung und einer standardisierten sprachlichen Form, kam im 19. Jh. Drei Autoren seien stellvertretend genannt: Ganz am Anfang stand Iwan Kotljarewskyj (1769–1838) mit seiner Enejida, einer Travestie von Vergils Aeneis, in der die Handlung des antiken Epos ins Kosakenmilieu der Frühen Neuzeit verlegt wurde. Äneas wird am Ende Kosakenhauptmann.

Taras Schewtschenko (1814–1861), so etwas wie der ukrainische Nationaldichter, der „Puschkin der Ukraine", war Sohn eines leibeigenen Bauern, wurde aber schon früh Maler (im Dienst seines Gutsherrn) und später auch Lyriker. Sein Herr nahm ihn nach St. Petersburg mit, wo Tschewtschenko in einer gewissen Unabhängigkeit leben konnte und sich eigenständig eine umfangreiche Bildung aneignete. Er lernte dort auch Russisch, Polnisch und Französisch. Die Freunde, die er in Petersburg im kulturell-literarischen Milieu machte, kauften ihn aus der Leibeigenschaft frei. Er schrieb teils auf russisch, teils auf ukrainisch, was seine russischen Anhänger schwer irritierte, da sie das Ukrainische als primitiven Bauerndialekt des Russischen auffassten. Tschewschtenkos Gedichte berühren oft die bäuerliche Welt der Ukraine, in der der Dichter geboren worden war, die romantische Schilderung der heimatlichen Landschaft, historische Reminiszenzen, Themen der Unterdrückung durch Leibeigenschaft und politische Unfreiheit. Letzteres brachte ihm zusammen mit Verbindungen zur politischen Opposition zeitweilig die Verbannung nach Sibirien ein, seine Veröffentlichungen wurden oft zensiert. Tschewtschenko wurde einer der bedeutendsten kulturellen Kristallisationspunkte des frühen ukrainischen Nationalbewusstseins. Als er 1861 in St. Petersburg gestorben war – eine Woche nach der Abschaffung der Leibeigenschaft – und sein Leichnam in die Ukraine überführt wurde, um dort in der Nähe seines Heimatortes bestattet zu werden, säumten zehntausende von Menschen den Leichenzug. Die nationalistische Grußformel **„Slawa Ukrajini"** (Ruhm der Ukraine), die gerade jetzt im Zusammenhang des Krieges große Prominenz in der Ukraine bekommen hat, geht auf eines der Gedichte Tschewtschenkos zurück.

Eine der ersten Autorinnen der ukrainischen Literatur war Lessja Ukrajinka (1871–1913). Sie schrieb neben zahlreichen Gedichten auch Lieder, Balladen und Märchen. Später übersetzte sie auch deutsche und polnische Literatur ins Ukrainische, trat der oppositionellen sozialdemokratischen (d.h. hier sozialistischen) Bewegung bei, übersetzte Texte von Lenin, Marx und Engels ins Ukrainische und schrieb politische Satire.

Auf diese Weise formierte sich im Widerspruch zur großrussischen Ideologie, die der imperiale Staat verbreitete, eine Bildungsschicht, die sich gezielt als ukrainisch sah und die im Lauf der Zeit das Ziel auch der politischen Eigenständigkeit der Ukraine entwickelte – der Begriff „Ukraine" als Bezeichnung für die eigenständig gesehene Nation ersetzte nun endgültig das alte volkstümliche „Rus" und „Rusi" (latinisiert Ruthenien und Ruthenisch), das Russland in der Form „Russki" für sich in Beschlag genommen hatte.

Als seit den 1870er Jahren auch im Zarenreich die Industrialisierung ernsthaft begann, wurde der Donbas in der östlichen Ukraine aufgrund seiner Kohlevorkommen zu einer der frühen Industrieregionen innerhalb des Russischen Reiches. Allerdings warben die Fabrikbesitzer überwiegend Arbeiter aus Russland an, so dass die russische Einwanderung in das Gebiet gefördert wurde. Das setzte sich später im Rahmen der forcierten Industrialisierung in der Sowjetunion fort und ist der historische Hintergrund für die starke Präsenz russischsprachiger Bevölkerung im Donbas.

In der unter habsburgischen Herrschaft stehenden westlichen Ukraine (historisch Ostgalizien) war die Situation deutlich anders, wie bereits angeklungen ist. Formal staatsrechtlich war die westliche Ukraine mit dem westlich anschließenden Teil Südpolens zum „Königreich Galizien und Lodomerien" zusammengeschlossen, Hauptstadt der ganzen Verwaltungsregion war Lwiw/Lemberg. Das Habsburgerreich, seit 1806 Kaiserreich Österreich, seit 1867 Österreich-Ungarn (Galizien/Lodomerien war Teil Österreichs, wurde also immer von Wien aus regiert), bewahrte im Wesentlichen die Situation, die in der Zeit Polen-Litauens geherrscht hatte. Politisch und sozial dominierend blieb der überwiegend polnischsprachige Adel, auch große Teile der Stadtbevölkerungen blieben polnischsprachig, die große Mehrzahl der Bauernschaft und Teile der städtischen Bevölkerungen blieb ukrainischsprachig. Im kirchlichen

Bereich hatte weiterhin die Katholische Kirche die beste Position, doch wurde die Stellung der Unierten Kirche und der Orthodoxie durch Wien verbessert. Die formale Verwaltungssprache blieb Polnisch, Deutsch wurde nur auf der obersten Ebene der Verwaltung im inneren Verwaltungsbezug und in der Kommunikation mit Wien verwendet. Im Unterschied zum Zarenreich hatte der habsburgische Staat keinen nationalen Bezug, das „Österreich" im Staatsnamen bezog sich auf die Dynastie (die Habsburger waren das „Haus Österreich"), nicht auf eine Nationalität. Von daher gab es keine systematische Politik der Förderung des Deutschen bei den verschiedenen ethnischen Gruppen der Untertanen, die der Förderung des Russischen weiter östlich entsprochen hätte. Polnisch als sozial dominierende Sprache und breitere Verwaltungssprache blieb unangetastet. Dennoch förderte Wien auch die breitere ukrainische Volkssprache. Da in der Monarchie die allgemeine Schulpflicht bereits im 19. Jh. eingeführt wurde, gab es eine große Zahl ukrainischsprachiger Volksschulen und später auch höhere Lehranstalten mit ukrainischer Unterrichtssprache. Druckpublikationen auch auf Ukrainisch waren immer möglich. Das österreichische Galizien wurde so im Laufe des 19. Jh. zum Zufluchtsort von Anhängern der ukrainischen Nationalbewegung aus dem Zarenreich. Auch wurde im Habsburgerreich die bäuerliche Unfreiheit früher abgeschafft. Spätestens seit dem Ausgleich mit Ungarn 1867 war die Habsburgermonarchie ein Verfassungsstaat. Da Galizien-Lodomerien zum österreichischen Teil der Monarchie zählte, saßen seine Abgeordneten in dessen Parlament, im Wiener Reichsrat. Das Wahlrecht blieb zwar zunächst zensusmäßig beschränkt, dadurch war die ukrainischsprachige Unterschicht politisch kaum repräsentiert, später wurde allerdings das allgemeine Männerwahlrecht eingeführt. Auf diese politische Repräsentation gestützt versuchten die Abgeordneten, die der ukrainischen Bevölkerungsgruppe angehörten, die Dominanzposition der polnischen Bevölkerungsgruppe und des polnischen Adels zu schwächen, um kulturelle Gleichberechtigung zu erreichen. Das gelang zwar nicht wirklich, aber die Vertreter der wachsenden ukrainischen Nationalbewegung konnten hier im Rahmen eines Verfassungsstaates agieren und politische Erfahrungen sammeln, solange sie nicht offen separatistisch auftraten.

Das Bild der Ukraine in der Zeit zwischen den polnischen Teilungen und dem 1. Weltkrieg wäre unvollständig ohne einen Blick auf die jüdische Minderheit auch für diese Epoche. Wie schon erwähnt, wurde Osteuropa seit dem späteren Mittelalter Schritt für Schritt der Schwerpunkt jüdischer Bevölkerung nicht nur innerhalb Europas, sondern weltweit. Das galt im größten Maß für die Gebiete des ehemaligen polnisch-litauischen Staates, also in modernen Staatsterritorien ausgedrückt, Polen, Litauen, die Ukraine und Belarus. Der jüdische Bevölkerungsanteil vor der Katastrophe des Holocaust betrug in diesen Gebieten um die 5%. Zum Vergleich: Deutschland vor 1933, das Land des westlichen Europas mit der damals größten jüdischen Bevölkerung, hatte einen jüdischen Bevölkerungsanteil von etwas unter 1%. Auch im Bezug auf die Situation der Juden war der Unterschied zwischen dem russischen Teil Polens und der Ukraine und dem österreichischen Teil markant: Das Zarenreich hat seine jüdischen Staatsangehörigen bis zu seinem Ende 1917 trotz gewisser Statusverbesserungen niemals emanzipiert. Auch gab es bis zum Ende des Zarenreiches Begrenzungen für die Ansiedlungen von Juden im eigentlichen Russland. Das eigentliche Russland hatte lange Zeit überhaupt keine jüdischen Gemeinden gehabt, der Zuzug von Juden blieb auch nach den polnischen Teilungen rechtlich eng begrenzt. Die große Mehrzahl der jüdischen Untertanen des Russischen Reiches lebte weiterhin in den ehemals polnisch-litauischen Gebieten, im sog. „Ansiedlungsrayon", in dem die jüdische Präsenz ungehindert legal war. Auf der österreichischen Seite wurde dagegen im Laufe des 19. Jh. die jüdische Bevölkerung zu rechtlich gleichen Staatsbürgern emanzipiert, so wie das im größeren Teil Europas geschah. Den Antisemitismus als soziokulturelles Phänomen gab es auf beiden Seiten der Grenze und damit gab es auch weiter westlich faktische gesellschaftliche Diskriminierungen der Juden. Nur im Zarenreich wurde das auch ganz formal von Staats wegen propagiert, zumal die Juden hier auch ganz offen juristisch weiterhin diskriminiert wurden. Im späten 19. Jh. und in beginnenden 20. Jh. fand im Zarenreich eine Reihe von Judenpogromen statt, etwas, das es im westlichen Europa schon länger nicht mehr gegeben hatte. Die Bevölkerungsgruppen, die gewaltsam über jüdische Gemeinden herfielen, waren häufig Angehörige der ukrainischsprechenden Unterschichten, die ihre spezielle soziale und politische Frustration am ideologisch schwächsten gesellschaftlichen Glied ausließen. Das hat in der Erinnerung des osteuropäischen Judentums die Ukrainer zu besonders rabiaten Feinden der Juden werden lassen. Allerdings hatten Teile des zaristischen Staatsapparates ihren Anteil. Im späten Zarenreich entwickelten sich Teile der Polizei und der Ochrana, des Geheimdienstes, zu einer Art von tiefem Staat, der unabhängig von zentralen Vorgaben eine ultranationalistische, ultrareaktionäre und antisemitische Ideologie entwickelte, die gewissermaßen zaristischer war als der Zar. Es bildete sich innerhalb der staatlichen und staatsnahen Strukturen der Geheimbund der „Schwarzen Hundertschaften". Pogrome, die die Unterschichten begingen, wurden aus diesen Bereichen heraus oft angestoßen und gesteuert. Die „Protokolle der Weisen von Zion", bis heute ein zentraler Text für antisemitische Verschwörungstheoretiker, entstanden am Ende des 19. Jh. als Fälschung innerhalb der Ochrana.

Auch im osteuropäischen Judentum des 19. Jh. gab es größere Gruppen, die begannen, sich von der traditionellen religiösen rabbinischen Orthodoxie zu emanzipieren. In Westeuropa, besonders in Deutschland, entstand so das liberale moderne Judentum, das sich in kultureller Hinsicht stark an das jeweilige nationale Muster assimilierte. Die Juden, die vorher nicht in die ethnischen Muster der christlichen Mehrheitsbevölkerung integriert gewesen waren, wurden im eigenen Selbstverständnis zu Deutschen, Franzosen, etc. jüdischer Religion. Im Zarenreich war das kaum möglich, man war ja noch nicht einmal formal gleichberechtigter Staatsbürger. Der Weg der jüdischen Moderne lief deshalb hier zu einem eigenständigen jüdischen Nationalgedanken. Der am Ende des 19. Jh. entstehende Zionismus fand in seinen ersten Jahrzehnten seine größte Anhängerschaft unter der jüdischen Bevölkerung Osteuropas, eine Entwicklung, die zur Gründung des Staates Israel durch eine Pioniergeneration überwiegend osteuropäischer Herkunft führte. In diesem Kontext wurde das Hebräische, lange Zeit eine Sprache des Synagogengottesdienstes und rabbinischer Literatur – also gewissermaßen das Latein der Juden – in reformierter Form wieder zu einer alltäglich gesprochenen Sprache gemacht. Eliezer Ben-Jehuda, der Vater des modernen Hebräisch, wurde 1858 auf dem Gebiet des späteren Belarus geboren und wanderte als einer der frühen zionistischen Pioniere nach Palästina aus.

2. Der Erste Weltkrieg und die Folgen: Die russische Revolution und das erste Ende des Russischen Reiches (1914–1918/19)

Die katastrophale Niederlage des Russischen Reiches im Krieg gegen Japan 1904/1905 machte die zaristische Autokratie reif für die Revolution. Unter dem Eindruck umfangreicher Erhebungen und Demonstrationen vor allem in den Städten musste Nikolaus II. widerwillig eine Verfassung und ein gewähltes Parlament, die Duma, zugestehen. Betonte aber schon die neue Verfassung selbst die Position des Monarchen weiterhin sehr stark, gelang es dem Zaren im Verlauf der folgenden Jahre in verfassungswidriger Weise die Kompetenzen der Duma faktisch weitgehend zu beschneiden und das Wahlrecht auf ein enges Zensuswahlrecht zu beschränken, das weiten Teilen der Unterschichten und der Landbevölkerung ihr neugewonnenes politisches Recht wieder entzog.

Aus dieser Situation heraus trat das Russische Reich Anfang August 1914 in den Ersten Weltkrieg ein. Der deutsche und der österreichisch-ungarische Generalstab hatten in ihren Planungen und strategischen Überlegungen die Angriffswucht der russischen „Dampfwalze" mit ihrer zahlenmäßigen Überlegenheit gefürchtet. Und bereits Mitte August kam die Dampfwalze angerollt. Zwei große russische Armeen schlugen gegen Ende des Monats die österreichisch-ungarischen Truppen in Galizien und der Bukowina und drangen bis kurz vor Krakau und bis zum Karpatenrand vor, von wo aus sie den ungarischen Reichsteil bedrohten. Der österreichische Teil der Ukraine war unter russischer Besatzung, Lemberg in der Hand des Feindes.

Gleichzeitig marschierten zwei weitere russische Armeen vom russischen Teil Polens aus im deutschen Ostpreußen ein und drängten die deutschen Truppen zurück. Doch hier wendete sich das Blatt schnell. In zwei großen Schlachten Ende August/Anfang September, der von Tannenberg (nicht zu verwechseln mit der mittelalterlichen Schlacht von 1410!) und der bei den Masurischen Seen, wurden nacheinander beide russischen Armeen entscheidend und unter hohen Verlusten geschlagen und mussten sich ins russische Polen zurückziehen. Massive deutsche Unterstützung durch dem bedrängten Verbündeten Österreich-Ungarn geschickte Verstärkungen stabilisierte die Front auch im Süden, in der Folge erstarrte auch die östliche Front Ende des Jahres 1914 im Stellungskrieg – vorerst. In der Winterschlacht in den Karpaten (Dezember 1914-April 1915) konnten sich die beiden Mittelmächte gegen eine erneute russische Offensive behaupten.

Im 2. Kriegsjahr 1915 gingen die beiden Mittelmächte im Norden wie im Süden der Ostfront zu umfangreichen Offensiven über, die im Verlauf des Sommers die russischen Truppen zu einem weitreichenden Rückzug drängten: Im Norden zogen sich die Russen aus Polen und Litauen zurück, die deutsche Front erreichte Belarus. Im Süden gelang es den Österreichern mit deutscher Unterstützung, den größeren Teil Galiziens zurückzugewinnen, am 22. Juni wurde Lemberg/Lwiw zurückerobert.

1916 waren es die Russen, die in Abstimmung mit den westlichen Verbündeten Großbritannien, Frankreich und Italien zu einer massiven Gegenoffensive übergingen, der Brussilow-Offensive (benannt nach dem russischen Befehlshaber): Die Offensive begann am 4. Juni und richtete sich gezielt gegen die militärisch schwächere der beiden Mittelmächte im Bereich der Südfront. In einem massiven Vorstoß auf einer Front von 400 km Breite auf die im Jahr zuvor von den Mittelmächten zurückgewonnenen Gebiete in der westlichen und südwestlichen Ukraine wurden die Österreicher wiederum geschlagen und erlitten massive Verluste. Weitere russische Vorstöße, die den Durchbruch gebracht hätten, scheiterten aber an logistischen Problemen (die Logistik war einer der Schwachpunkte der russischen Streitkräfte) und an der massiven Aussteifung der geschlagenen österreich-ungarischen Armee durch deutsche Verstärkungstruppen. Die Front kam wieder zum Stehen. Der russische Durchbruchsversuch war gescheitert, die russische Armee selbst war nachhaltig geschwächt. Die Kampfmoral der Soldaten fiel auf einen Tiefpunkt.

Es zeigte sich nun endgültig, dass das ökonomisch, verkehrstechnisch und organisatorisch rückständige Zarenreich den Anforderungen des modernen Massen- und Materialkrieges nicht gewachsen war. Die Bevölkerung begann in weiten Teilen des Landes und besonders in den großen Städten unter Nahrungsmittelmangel zu leiden, was durch die deutsche Seeblockade in der Ostsee und die osmanische am Bosporus noch verschärft wurde, was zu weiteren Preissteigerungen führte.

Im Laufe des Februar 1917 bildeten sich auch in der Hauptstadt Petrograd Demonstrationszüge der Arbeiterschaft und von protestierenden Frauen, deren Männer an der Front waren – St. Petersburg war nach dem Beginn des Krieges zu „Petrograd" russifiziert worden. Der herkömmliche, dem Deutschen entnommene Name der Stadt, war in der Kriegssituation nicht mehr patriotisch genug.

Die gegen die Demonstranten aufgebotenen Soldaten der Petrograder Garnison weigerten sich, die Revolte niederzuschießen und gingen zum Teil sogar auf die Seite der Protestbewegung über, die dadurch endgültig zur Revolution wurde. Die Revolution verbreitete sich über das Land und ergriff auch Teile der Feldarmeen. Am 15. März 1917 (korrigiertes gregorianisches Datum) gelang es den liberalen Politikern in der Duma, den Zaren zum Rücktritt zu bewegen. Eine von der Duma gewählte provisorische Regierung übernahm die Kontrolle.

Die weiterhin zarentreuen Teile des Adels gingen ins Exil oder in den Untergrund. Unter liberalen wie linken Revolutionären war die Monarchie dermaßen verhasst, dass schnell klar war, dass das neue Russland eine Republik sein würde. Umstritten war allerdings, ob es eine parlamentarische Republik oder eine sozialistische Räterepublik werden sollte. Während die Duma den Zaren zum Rücktritt gebracht und die provisorische Regierung auf der Basis parlamentarischer Mehrheit gebildet hatte, hatten sich vor allem in den beiden großen Metropolen Moskau und Petrograd, den beiden wichtigsten Zentren früher russischer Industrie mit einer großen, sozialistisch orientierten Arbeiterschaft, Arbeiter- und Soldatenräte gebildet (Sowjets), die auch die Kontrolle über die Stadtverwaltungen übernommen hatten. Die provisorische Regierung war damit noch nicht einmal völlig Herrin über ihre eigene Hauptstadt. Die Sowjets Petrograds hatten durchgesetzt, dass kein Gesetzesbeschluss der Duma gültig sein sollte, dem sie nicht auch zugestimmt hatten. Das gute halbe Jahr zwischen der liberal-gemäßigt linken Februarrevolution (eigentlich gregorianisch März) und der bolschewistischen Oktoberrevolution (eigentlich gregorianisch November) war somit geprägt durch die instabile Situation einer „Doppelherrschaft" von provisorischer Regierung und Duma einerseits, sowie den Sowjets der großen Zentren andererseits. Waren in der Duma eine große Zahl der Abgeordneten bürgerliche Liberale (v.a. die „Kadetten", Abkürzung für „Konstitutionelle Demokraten") neben denen der Linken, so waren die Sowjets („Räte") einzig und allein von Vertretern der sozialistischen Linken besetzt. Die „Sozialrevolutionäre" waren nichtmarxistische Sozialisten, die vor allem die ländliche Wirtschaft und Gesellschaft sozialistisch umgestalten und der Bauernschaft aus ihrer Armut heraushelfen wollten. Die marxistisch orientierten Sozialisten zerfielen in die „Menschewiki" („Minderheitler") und „Bolschewiki" („Mehrheitler"). Beide Gruppen hatten einmal gemeinsam die Sozialdemokratische Arbeiterpartei Russlands gebildet, eine marxistisch-sozialistische Partei nach dem Vorbild der deutschen SPD. Bei einer Grundsatzabstimmung hatte sich die Partei gespalten, die „Mehrheit" und „Minderheit" in den beiden Namen bezog sich auf die Mehrheitsverhältnisse in dieser vergangenen Abstimmung. Die Menschewiki, die trotz ihres Namens in der Revolution zusammen mit den Sozialrevolutionären zunächst den deutlich größeren Anhang in den Sowjets hatten, wollten gemäß der ursprünglichen Marxschen Theorie zunächst eine „bürgerliche" Revolution in Russland unterstützen, als unverzichtbare Voraussetzung für eine spätere Durchsetzung des Sozialismus. Auch vertraten sie einen demokratischen Sozialismus. Die Bolschewiki standen zunächst trotz ihres Abstimmungssieges beim Zerfallen der Sozialdemokratischen Arbeiterpartei politisch auch in den Räten eher am Rand, obwohl sie mit **Lenin** einen charismatischen und auch als Intellektuellen bedeutenden Anführer besaßen. Lenin hatte das Konzept der straffen Kaderpartei entwickelt, die sich an die Spitze des Proletariats setzen und in Form einer Einparteienherrschaft die Revolution mit Gewalt durchsetzen und vorantreiben sollte. War die Revolution in Russland siegreich, sollte sie dann auch das Proletariat der entwickelten westlichen Industrieländer ergreifen. Es stand also der demokratische Reformismus der Menschewiki, die bereit waren, mit den nichtmarxistischen Sozialrevolutionären und den Liberalen in der Duma und der Provisorischen Regierung zusammenzuarbeiten gegen die autoritäre Revolutionskonzeption der Bolschewiki.

Um die Sowjets stärker an die parlamentarische Politik anzubinden, verbreiterte die provisorische Regierung ihre Koalitionsbasis nach links: Alexander Kerenski, ein Sozialrevolutionär, der schon vorher Kriegsminister gewesen war, wurde Regierungschef.

Die Provisorische Regierung machte zwei entscheidende Fehler, die letztlich Lenins Bolschewiki den erfolgreichen Staatsstreich ermöglichten: Zum einen setzte sie im Einvernehmen mit den westlichen Verbündeten den Krieg gegen die Mittelmächte fort, entgegen der erkennbaren Kriegsmüdigkeit weiter Teile der Bevölkerung, die ja auch mit hinter dem Ausbruch der Revolution gestanden hatte. Ende Juni 1917 begann die russische Armee mit einer letzten Offensive, der sog. Kerenski-Offensive, auch jetzt noch einmal im Bereich der Westukraine. Diese Offensive der abgekämpften russischen Armee hatte noch nicht einmal die Anfangserfolge der Brussilow-Offensive vom Vorjahr. In ihrem Gegenstoß eroberten die Deutschen und Österreicher die ukrainischen Gebiete zurück, die sie im Jahr zuvor wieder verloren hatten und schoben die Front in verschiedenen Abschnitten in Belarus und im Baltikum sogar weiter nach Osten vor. In der geschlagenen russischen Armee kam es zu Auflösungserscheinungen und Massendesertion.

Zum anderen gab es das Problem der landlosen Bauernschaft: Bei der Bauernbefreiung 1861 durch Zar Alexander II. war zwar die persönliche rechtliche Unfreiheit der Bauernschaft abgeschafft worden, doch der größere Teil des von den Bauern nun als freien Pächtern und Landarbeitern bearbeiteten Landes war in der Hand der adligen Großgrundbesitzer geblieben, so dass sich an der schlechten sozialen und ökonomischen Position großer Teile der Landbevölkerung nicht viel geändert hatte. Nun hatten viele Bauern zwar Land von im Zuge der Revolution geflohenen adligen und zarentreuen Grundbesitzern faktisch unter ihre Kontrolle gebracht, aber eine gesetzlich geregelte und allgemeine Landreform stand noch aus. Die provisorische Regierung schob die Lösung des Problems auf die Zeit nach dem Ende des Krieges auf und versuchte, die Bauern zu vertrösten, zumal man sich unter den verschiedenen politischen Fraktionen (bürgerliche Liberale – agrarsozialistische Sozialrevolutionäre) auch nicht einig war im Hinblick auf Umfang und Art der anvisierten Landreform.

So bekamen Lenins Bolschewiki ihre Chance. Es gelang ihnen, nach der gescheiterten Kerenski-Offensive den Menschewiki und den Sozialrevolutionären zunehmend die Kontrolle über die Sowjets in den Metropolen zu entreißen, womit sie auch die Kontrolle über die Arbeiterkampfverbände und die militärischen Einheiten bekamen, die hinter den Sowjets standen. Die Bolschewiki versprachen der weiteren Bevölkerung den Frieden und den Bauern ganz pragmatisch und unmarxistisch den Besitz des Landes. Gestützt auf diese Erweiterung ihrer Macht wagte die Führung der Bolschewiki um Lenin und Trotzki den Umsturz. Am 7. November (julianisch 25. Oktober) sicherten die den Bolschewiki ergebenen Kampfverbände die Hauptstadt Petrograd und erstürmten das Winterpalais, den Sitz der provisorischen Regierung. Bis Anfang 1918 wurde in Folge dieser „Oktoberrevolution" das ganze europäische Russland unter die Kontrolle des „Rates der Volkskommisare" gebracht, der neuen Regierung der Bolschewiki. Die straffe Organisation der Bolschewiki als zentral geführter Kaderpartei auch in den anderen Teilen des Landes zahlte sich aus. Die Verfassungsgebende Versammlung, die kurz zuvor noch gewählt worden war, um eine endgültige Verfassung für die russische Republik zu erarbeiten und in der die Sozialrevolutionäre die Mehrheit hatten, wurde durch Rotgardisten auseinandergejagt. Im Verlauf der folgenden Monate wurden alle anderen politischen Bewegungen verboten, mit der Tscheka wurde ein innerer Geheimdienstapparat geschaffen, der schon bald die alte zaristische Ochrana wie Amateure aussehen ließ. Die monopolistische Kaderpartei beherrschte den Staat, die Partei selbst stand unter der Führung einer kleinen Kerngruppe um Lenin. 1918 wurde aus Russland die „Russische Sozialistische Föderative Sowjetrepublik" mit der alten/neuen Hauptstadt Moskau.

Lenin brauchte den Frieden mit den Mittelmächten, er hatte ihn versprochen. Zudem stellte sich zunehmend heraus, dass sich gewaltsamer Widerstand gegen das neue Regime bildete, der Bürgerkrieg stand drohend am Horizont. Nach längeren Verhandlungen, die von Leo Trotzki für das neue Sowjetrussland geführt wurden, wurde am 3. März 1918 der Friede von Brest-Litowsk zwischen Russland und den Mittelmächten geschlossen. Russland musste im Endeffekt auf alle Gebiete, die es schon militärisch verloren hatte, auch völkerrechtlich bindend verzichten. Die Gebietsgewinne, die Russland seit der Zeit der polnischen Teilungen an nichtrussischen Gebieten gemacht hatte, gingen größtenteils verloren. Trotzki wollte diesen Bedingungen nicht zustimmen, Lenin setzte sich aber durch. Es wies darauf hin, dass man den Frieden unbedingt brauche, egal zu welchen Bedingungen. Zudem war es aus seiner revolutionären Sicht egal, welche Zugeständnisse man den deutschen Imperialisten und Kapitalisten vordergründig erst einmal machte. Wenn demnächst auch das deutsche, französische und britische Proletariat aufstehen würden, womit er fest rechnete, wäre der Vertrag sowieso Makulatur.

Dem neuen bolschewistischen russischen Regime stellte sich aber noch ein weiteres zentrales Problem, als nur das Verhältnis zu den Mittelmächten und der am Horizont drohende Bürgerkrieg mit den „Weißen". Im Zuge der Revolution seit Frühjahr 1917 hatte sich das russische Vielvölkerreich aufgelöst, ebenso wie sich im Jahr drauf, 1918, das habsburgische Vielvölkerreich auflösen sollte, die beiden letzten imperialen Gebilde in Europa. Die Deutschen hatten bereits mit Vertretern der im Zarenreich im Untergrund aktiven polnischen, litauischen und belarussischen nationalen Widerstandsbewegungen in den von ihnen besetzten Gebieten Kontakt aufgenommen und versuchten, sie in ihrem Interesse zu steuern. Als im Herbst 1918 Deutschland den Krieg im Westen verloren hatte, seine Truppen aus dem Osten zurückziehen musste und Österreich-Ungarn auseinanderfiel, bildete sich sofort das neue unabhängige Polen, das von den westlichen Siegermächten unterstützt wurde. Ebenso formierten sich die drei unabhängigen baltischen Staaten Litauen, Lettland und Estland. Das bis dahin österreichische Gebiet der westlichen Ukraine in Ostgalizien erklärte sich als

Westukrainische Volksrepublik unabhängig, ebenso formierte sich im Westen von Belarus die Belarussische Volksrepublik.

Schon vorher, im Lauf des Jahres 1917 waren Russland als Folge der Frühjahrsrevolution eine Reihe von nichtrussischen Territorien von der Stange gegangen und hatten sich zu unabhängigen Staaten deklariert: Finnland, Georgien, Armenien, Aserbaidschan, verschiedene Territorien in Zentralasien. Im bis dahin russischen Teil der Ukraine bildete sich die Ukrainische Volksrepublik, die uns gleich noch genauer beschäftigen soll.

In den Jahren 1918 bis 1922 fanden mit dem russischen Bürgerkrieg, den Kämpfen um die Unabhängigkeit der neuen Staaten, der bolschewistisch-russischen Rückeroberung einiger der verlorengegangenen Gebiete und territorialen Verteilungskämpfen zwischen einigen der neuen Staaten Konflikte statt, die sich teils überschnitten, teils nebeneinander herliefen. Diese Nachfolgekonflikte des Ersten Weltkriegs in Osteuropa, Teilen Südosteuropas, dem Kaukasus, Zentralasien und auch Anatolien (Griechisch-Türkischer Krieg 1919–1922) waren mit Massakern, ethnischen Säuberungen, und Flüchtlingsströmen großen Ausmaßes verbunden, gefolgt von Nahrungsmittelknappheit und Hungersnot. Allein im Rahmen des russischen Bürgerkriegs fanden 8–10 Mio. Menschen den Tod, im Ersten Weltkrieg zusammengenommen waren es 17 Mio. gewesen. Für Osteuropa war die Zeit von 1914–1922 mit Weltkrieg, Revolution, Bürgerkrieg, Unabhängigkeitskriegen, Rückeroberung und nationalen Konflikten eine fast ununterbrochene Katastrophe mit unerhörten menschlichen Opfern und Leiden. Polen gegen die Westukraine, Polen gegen Litauen, Polen gegen Sowjetrussland, Rote Armee gegen Weiße Armee, Weiße Armee gegen die Ukraine, Rote Armee gegen alle. Am Ende stand im Westen die Selbstbehauptung einer neuen polnischen Republik, die über das eigentliche Polen hinaus weite Teile des ehemaligen Polen-Litauen dazugewonnen hatte: Ostgalizien mit Lwiw, das nördlich angrenzende Wolhynien, den westlichen Teil von Belarus, einen Teil Litauens. Finnland und die baltischen Staaten blieben ebenfalls unabhängig. Der größere Teil der Ukraine, der zum Zarenreich gehört hatte, das östliche Belarus, der Kaukasus, Zentralasien dagegen wurden Teile einer neuen Art von Russischem Reich, der 1922 offiziell gegründeten Union der Sozialistischen Sowjetrepubliken. Das russische Imperium war das erste Mal zerfallen und wieder zusammengefügt worden. Hauptstadt war schon seit 1918 wieder das zentraler gelegene Moskau, Petrograd wurde nach dem Tod Lenins 1924 in Leningrad umbenannt.

Europa zwischen 1918 und 1922. Folgen des 1. Weltkrieges, der Russischen Revolution und des Endes der Habsburgermonarchie. Gründung der Sowjetunion

3. Die kurze ukrainische Unabhängigkeit und die Gründung der Sowjetunion (1917–1922)

Das Gebiet der Westukrainischen Volksrepublik, die sich Anfang November 1918 beim Zusammenbruch Österreich-Ungarns bildete, umfasste die Gebiete Ostgalizien mit Lwiw, die nördliche Bukowina und die transkarpatische Ukraine. Das Grundproblem des Staates war die große polnische Bevölkerungsgruppe, die besonders in den Städten dominierte, obwohl die Ukrainer die Bevölkerungsmehrheit besaßen. Als im Laufe der ersten Hälfte des Jahres 1919 die Truppen des neuen unabhängigen Polen in das Gebiet vordrangen, konnten sie mit Leichtigkeit mit der nationalen Loyalität großer Teile der polnischsprachigen Bevölkerung rechnen. Der Anfang 1919 propagierte Zusammenschluss mit der östlich gelegenen Ukrainischen Volksrepublik blieb ohne Resultat. Bis Juli 1919 hatte die polnische Armee das ganze Gebiet besetzt und unter Kontrolle gebracht. Im darauffolgenden polnisch-sowjetischen Krieg 1920 wurde Ostgalizien zwar kurzzeitig von der vorrückenden Roten Armee besetzt, der endgültige polnische Sieg über die Rote Armee 1920 brachte Ostgalizien und Wolhynien aber dauerhaft zu Polen. Gebiete weiter südlich kamen an Rumänien und die neue Tchechoslowakei.

Die Ukrainische Volksrepublik im größeren Teil der Ukraine mit der Hauptstadt Kiew, vom Anspruch her der erste ukrainische Nationalstaat, hatte eine kurze, aber wechselvolle und chaotische Geschichte.

Nach dem Sturz des Zaren bildete sich im März 1917 in Kiew ein „Ukrainischer Volksrat" als provisorische Regierung einer zunächst noch als autonom innerhalb Russlands gedachten Ukraine. Zum Vorsitzenden und damit Regierungschef wurde der schon oben erwähnte Historiker Mychajlo Hruschewskyi gewählt.

Im April kam ein „Gesamtukrainischer Nationalkongress" mit rund 900 Delegierten zusammen, die einem breiten Spektrum gesellschaftlicher Gruppen, Institutionen und Verbänden entstammten. Die Delegierten wählten die Abgeordneten der „Zentralna Rada" („Zentraler Rat"), ein provisorisches Parlament. Ähnlich wie im revolutionären Russland in den Monaten der provisorischen Regierung dominierten linksdemokratische bis sozialistische Kräfte die Zentralna Rada. Gegenüber Petrograd wurde eine autonome Ukraine im Rahmen eines demokratischen und föderativen Russlands gefordert. Die Zentralna Rada wählte Ende Juni eine neue Regierung, ein 9-köpfiges Generalsekretariat. Der sich anbahnende Konflikt mit der provisorischen Regierung in Petrograd wurde durch einen Kompromiss entschärft, in dem die provisorische russische Regierung unter Kerenski die Zentralna Rada und das Generalsekretariat als legitime Vertreter der Ukraine anerkannte, aber dafür die Mitglieder des Generalsekretariats auf Vorschlag der Rada von der Regierung in Petrograd ernannt werden sollten. Dieses provisorische Autonomiekonstrukt für die Ukraine innerhalb einer demokratischen, teils liberal, teils gemäßigt links geführten russischen Republik zerbrach schnell nach dem Ende dieser provisorischen russischen Republik durch die bolschewistische Oktoberrevolution.

Am 20. November 1917 – in Reaktion auf die Machtergreifung der Bolschewiki in Petrograd - rief die Zentralna Rada die autonome Ukrainische Volksrepublik aus. Kurz darauf fanden Wahlen statt, bei denen die Bolschewiki lediglich 25 % der Stimmen erhielten, die restlichen 75 % gingen an die gemäßigt linken und liberalen Parteien. Der Gegensatz zum bolschewistischen Regime in Russland wurde immer größer. Am 22. Januar 1918 erklärte die neugewählte Rada die Unabhängigkeit von Russland. Parallel dazu war es den Bolschewiki gelungen, im im Norden gelegenen Charkiw, das bevölkerungsmäßig eine stark russisch dominierte Stadt war, eine separatistische Ukrainische Sowjetrepublik zu gründen, deren Gebiet aber nur die Region um die Stadt umfasste. Hinter den programmatisch-politischen Differenzen zwischen den russischen Bolschewiki und den nichtbolschewistischen Kräften, die in Kiew dominierten, ist deutlich der ukrainisch-russische Nationalitätenkonflikt zu erkennen.

Der Konflikt eskalierte schnell. Am 8. Februar 1918 marschierte die Rote Armee in Kiew ein, um die ukrainische Unabhängigkeit zu unterdrücken. Die schwachen Verbände der Ukrainischen Volksrepublik, die zudem niemals das ganze Territorium der Ukraine kontrollierte, hatten der Roten Armee nichts entgegenzusetzen. Zudem existierten im Osten des Landes – in den überwiegend russischsprachigen Industriezentren des Donbas – zeitweilig weitere von Sowjetrussland kontrollierte Sowjetrepubliken – der Bezug zur Gegenwart ist unverkennbar. Die Krim im Süden wurde längere Zeit von den Truppen des „weißen" Generals Wrangel kontrolliert, der besonders von den Krimtataren unterstützt wurde.

In dieser Situation griffen die Mittelmächte ein, die Druck auf Sowjetrussland ausüben wollten, um die Bolschewiki zur Annahme ihrer Vertragsforderungen zu drängen – die Verhandlungen in Brest-Litowsk liefen parallel zu all diesen Ereignissen. Deutsche Truppen vertrieben die Rote Armee, unter ihrem Schutz konnten Rada und Regierung nach Kiew zurückkehren. Zu den Bedingungen des Anfang März abgeschlossenen Friedens von Brest-Litowsk gehörte auch die Anerkennung der ukrainischen Unabhängigkeit durch Sowjetrussland. Allerdings waren die Deutschen auch keine uneigennützig handelnden barmherzigen Samariter. Das kaiserliche Deutschland schloss mit der Ukrainischen Volksrepublik einen Friedensvertrag, den sog. „Brotfrieden". Die Ukraine wurde zu umfangreichen Lebensmittellieferungen an Deutschland verpflichtet, um die angespannte Ernährungssituation der deutschen Bevölkerung zu erleichtern und die deutschen Kriegsanstrengungen an der Westfront zu unterstützen.

Die Regierung der Ukrainischen Volksrepublik zeigte sich aber weder willens noch fähig, den überzogenen Lieferungsforderungen der Deutschen nachzukommen. Auch waren den Deutschen die politisch links dominierten Strukturen des Staates suspekt. Am 28. April

1918 lösten deutsche Truppen die Zentralna Rada auf. Die neue deutsche Besatzungsmacht setzte Pawlo Skoropadskyi als Regierungschef ein, nur notdürftig verbrämt durch seine Wahl in einer Versammlung von Grundbesitzern. Skoropadskyi war ein ehemaliger zaristischer General und konservativer Großgrundbesitzer. Er proklamierte den „Ukrainischen Staat" und legte sich den Titel „Hetman" zu, ein nationalromantisch verklärter Bezug auf das Kosakenhetmanat des 17. Jh. Der „Hetman" versuchte grundsätzlich, sich durch Bezug auf einen konservativen Rechtsnationalismus zu legitimieren. Teilweise gab er den adligen Großgrundbesitzern, also kurioserweise Leuten, die sich überwiegend als russisch identifizierten, das Land zurück, das sie an die Bauern verloren hatten. Der größere Teil der ukrainischen Bevölkerung stand im Gegensatz zum Regime, das sich nur durch die Unterstützung der deutschen Besatzungstruppen halten konnte. Mit Hilfe des „Hetmanats" versuchten die Deutschen so viel wie möglich an Agrarlieferungen aus der Ukraine herauszupressen, bis sich seit dem Spätsommer 1918 die deutsche Niederlage im Westen abzeichnete und nach dem Waffenstillstand von Compiègne vom 11. November die Deutschen abzogen.

Skoropadskyi stand nun ohne Schutzmacht da und nahm Kontakt mit dem „weißen" General Denikin auf, der weiter östlich in Südrussland gegen die Rote Armee operierte. Dennoch unterlag er in dem kurzen ukrainischen Bürgerkrieg, zu dem sich die Revolte gegen ihn entwickelte. Der „Hetman" trat ab, im Dezember rief ein ukrainisches Direktorium die Ukrainische Volksrepublik neu aus. Doch bereits im Monat darauf, Januar 1919, kehrte die Rote Armee nach Kiew zurück und bereitete der unabhängigen Ukraine das Ende.

Noch aber waren die Kriegsleiden der Ukraine nicht beendet. Symon Petljura, einem der fünf Mitglieder des Direktoriums, gelang es, sich mit einem Teil der Truppen aus Kiew zurückzuziehen und kämpfte weiter gegen die Rote Armee, die durch die Entwicklungen des russischen Bürgerkriegs abgelenkt war. Im folgenden Jahr 1920 startete die polnische Armee im Kontext des polnisch-sowjetischen Krieges eine großangelegte Offensive in die Ukraine und betrachtete Petljura und seine Leute als Verbündete. Kiew wurde von den Polen und Petljuras Nationalisten besetzt. Es gelang Petljura aber nicht, seine dezimierten Verbände aufzustocken, die Bevölkerung war zu kriegsmüde, um mit patriotischen Aufrufen dazu gebracht zu werden, unter die Fahnen zu eilen. Im weiteren Verlauf des Jahres mussten sich die Polen zurückziehen, Kiew kam endgültig unter sowjetrussische Kontrolle. Die Rote Armee vertrieb die Weißen im Süden von der Krim und zerschlug die anarchistische Machno-Bewegung, die sich im Süden der Ukraine unter der Bauernschaft gebildet hatte.

1922 trat die Ukraine als Ukrainische Sozialistische Sowjetrepublik formal der neugegründeten UdSSR bei.

Die Ukrainische Volksrepublik besitzt als erster unabhängiger ukrainischer Nationalstaat einen zentralen Platz in der historischen Erinnerung der heutigen Ukraine.

Auch am Ende dieses Kapitels ein kurzer Blick auf die Situation der jüdischen Minderheit in der Gesamtregion: Auf der formalen Ebene brachten der Zusammenbruch des Zarenreiches und die Entstehung der neuen Nationalstaaten Polen, Litauen, Lettland und Estland die rechtliche Emanzipation und staatsbürgerliche Gleichheit der Juden innerhalb dieser Staaten und der neuen Sowjetunion. Allerdings dauerte der Antisemitismus großer Teile der nichtjüdischen Bevölkerungsmehrheiten weiter an, auch in der Sowjetunion. Die Jahre 1917–1922 mit ihren gewaltsamen Umwälzungen führten immer wieder zu Pogromen an jüdischen Gemeinden, zudem die jüdische Bevölkerungsgruppe kaum in die nationalen Identitäten der christlichen Ethnien integriert war und auch über das Religiöse hinaus mit ihrer spezifischen Sprache, dem Jiddischen, eine starke eigene kulturelle Identität besaß. Die Juden saßen somit in den Konflikten der Zeit zwischen allen Stühlen. Besonders die oft undisziplinierten Kampfverbände der verschiedenen Seiten ließen sich Übergriffe gegen und Massaker an der jüdischen Bevölkerung zuschulden kommen: Die Weißen im russischen Bürgerkrieg, nationalbaltische, nationalukrainische und nationalpolnische Verbände, aber auch die Rote Armee. In Folge verließen größere jüdische Gruppen als Flüchtlinge und Auswanderer Osteuropa, nach Westeuropa, in die Vereinigten Staaten, in das britische Mandatsgebiet Palästina und in das unabhängige Polen, wo der Anteil der jüdischen Bevölkerung im Laufe der Zwischenkriegszeit bis auf knapp 10 % der Bevölkerung anstieg.

V. Zwischenkriegszeit und 2. Weltkrieg

1. Die westliche Ukraine als Teil des unabhängigen Polen (1920–1939) und die sowjetische Invasion 1939–1941

Die Geschichte wiederholt sich zwar nicht im Detail, aber sie kann sich reimen: In der Zeit zwischen den polnischen Teilungen im späteren 18. Jh. und dem Ersten Weltkrieg hatte die Westukraine unter der Herrschaft des deutlich liberaleren Habsburgerreiches gestanden, das einer eigenständigen nationalen und kulturellen Entwicklung der ukrainischsprachigen Bevölkerung günstigere Bedingungen geboten hatte, während das Zentrum und der Osten unter der deutlich repressiveren und die Entwicklung hemmenden Herrschaft des Russischen Reiches gestanden hatte.

In den beiden Jahrzehnten zwischen den Weltkriegen gehörte die Westukraine dem halb autoritären, halb parlamentarischen polnischen Staat an, während die ukrainischen Gebiete östlich zur totalitären Sowjetunion gehörten und nach zumindest im kulturellen Bereich günstigeren Anfängen unter eine Politik gerieten, die politischen Terror größten Ausmaßes und Hungersnot mit sich brachte.

Das neue Polen, das bereits im Oktober 1918 in Warschau ausgerufen worden war, also noch kurz vor dem Abzug der deutschen Besatzungsmacht, wurde mit britischer und französischer Unterstützung sehr schnell neben Sowjetrussland zur größten militärischen Macht des östlichen Europa. Der neue Staat lag fast sofort im Konflikt mit allen seinen Nachbarn, zumal die dominierende politische Strömung in Warschau nicht nur einen engeren, eigentlich ethnisch polnischen Nationalstaat wollte, sondern historisch an das große Vielvölkergebilde Polen-Litauen anknüpfte. Auch sollte der neue polnische Staat durch ein großes Territorium so stark wie möglich gemacht werden, um sich in Zukunft zwischen Deutschland und Sowjetrussland behaupten zu können.

Die Ukraine als Sowjetrepublik zwischen den Weltkriegen („Heutige Ukraine" steht im Gebiet der damals polnischen Westukraine) !

Der starke Mann Polens und seine zentrale Gründerfigur war Jozef Pilsudski, der Sohn eines polnischen Adligen. Trotz seiner adligen Herkunft erfuhr Pilsudski als junger Mann eine ausgesprochen linkssozialistische Prägung, die ihn im Zusammenhang mit seinen nationalpolnischen Idealen schon früh in Konflikt mit dem zaristischen Staat brachte und ihn in den Untergrund trieb. Während des Ersten Weltkrieges kämpfte er an der Spitze einer Polnischen Legion in der österreichisch-ungarischen Armee gegen die Russen, überwarf sich aber später über die nationalpolnische Frage mit den Mittelmächten. Der provisorische Regentschaftsrat des neuen Polen übertrug Pilsudski im November 1918 das Oberkommando über die Armee und dann auch die provisorische Führung des Staates. Unter seiner Führung schlug die polnische Armee 1920 die Rote Armee und dehnte das Territorium des Staates dem großpolnischen Programm Pilsudskis entsprechend auf Teile Litauens, des westlichen Belarus und der westlichen Ukraine aus.

Pilsudski war im Prinzip, seiner linkspolitischen Grundprägung entsprechend, ein überzeugter Demokrat, zumindest in seiner früheren Zeit. Er fasste zunächst seine autoritäre militärische und politische Führungsposition als zeitlich beschränkt und provisorisch auf, um den neuen Staat erst einmal zu festigen und nach innen wie außen zu konsolidieren. Deshalb wurde mit seiner Zustimmung bereits im Januar 1919 eine Verfassungsgebende Versammlung nach allgemeinem Männer- und Frauenwahlrecht gewählt, die eine parlamentarisch-demokratische Verfassung für den polnischen Staat erarbeitete, den man in Polen gerne die 2. Republik nennt, in Anknüpfung an die polnische „Adelsrepublik" der Frühen Neuzeit. 1921 nahm der Sejm, das Parlament (auch das in Anknüpfung an den Namen des alten polnisch-litauischen Adelsparlaments) die neue Verfassung an. 1923, nach Ende der Gründungsphase des Staates, trat Pilsudski von seinen militärischen Sonderbefugnissen zurück, blieb aber eine einflussreiche Figur der polnischen Republik, ausgestattet mit großer persönlicher Autorität.

Das System der parlamentarischen Regierungsweise entwickelte sich schnell hin zur Instabilität. Die Parteienlandschaft, die im Sejm vertreten war, war extrem gespalten, Regierungen wechselten häufig, der Prozess der Bildung von Koalitionsregierungen war jedes Mal schwierig. Im Mai 1926 beendete ein Staatsstreich Pilsudskis die kurze parlamentarische Phase der polnischen Republik. Gestützt auf seine Popularität bei breiten Kreisen der Bevölkerung und auf die weiter dauernde Loyalität der Armee ihm gegenüber wurde er der autoritäre Machthaber Polens und blieb es bis zu seinem Tod 1935. Formal bekleidete Pilsudski aber nur selten politische Ämter. Das Staatspräsidium überließ er loyalen Gefolgsleuten, wenn er überhaupt zwischendurch ein formales Amt bekleidete, dann das des Verteidigungsministers. Er wirkte als graue Eminenz im Hintergrund. Polen war somit von 1926 bis 1935 ein halbautoritäres System. Formal existierte die parlamentarische Demokratie weiter, wurde aber von der großen Figur Pilsudski gelenkt, durch Beeinflussung der Wahlen und dadurch, dass die parlamentarische Opposition systematisch von der Beteiligung an der Regierung ferngehalten wurde. In welchem Umfang der Staat Pilsudskis gegen Kritiker vorging oder nicht konnte schwanken, Phasen stärkerer Repression und relativ größerer Liberalität wechselten sich ab. Nach seinem Tod 1935 wurde das unabhängige Polen in den letzten Jahren seiner Existenz dann aber eine offene Diktatur.

Ein durchgehend progressiver Teil des Staatscharakters war die sozialstaatliche Politik Polens, die Pilsudskis früher linkssozialistischer Prägung entsprach.

Von seinem Programm her war Polen ein polnischer Nationalstaat, faktisch aber war es ein Mehrnationalitätenstaat in der Nachfolge Polen-Litauens. Kurz vor seinem Ende im Jahre 1939 waren 65,5% der Bevölkerung ethnische Polen, 15,7/% Ukrainer, 9,5% Juden, 6,1% Belarussen, 2,3% Deutsche und 0,9% Angehörige kleiner ethnischer Gruppen.

Nach der polnischen Verfassung standen allen polnischen Staatsbürgern egal welcher Ethnizität oder Religion die gleichen Rechte zu, ebenso wie die ungehinderte Verwendung ihrer Sprachen. Spezielle Minderheitenrechte oder regionale Autonomien gab es aber nicht. Polen war ein nationaler unitarischer Einheitsstaat wie z.B. heute weiterhin die Türkische Republik, Staats- und Verwaltungssprache war alleine Polnisch. Nichtpolnische Schulsprache wurde lediglich auf der Ebene des Elementarschulwesens zugestanden, und auch das konnte restriktiv gehandhabt werden. Höhere Schulbildung in einer Minderheitensprache oder gar akademischer Lehrbetrieb in einer anderen Sprache war kaum möglich, nichtpolnische Gymnasien wurden immer wieder aufgelöst. Da aber zugleich der Staat im Unterschied zum Zarenreich zuvor – und in Fortführung der Politik Österreich-Ungarns und Preußens – die allgemeine Schulpflicht einführte (noch 1923 waren ein Drittel der Gesamtbevölkerung Analphabeten, mit dem Schwerpunkt auf den ehemals russisch beherrschten Gebieten), wirkte das Schulsystem sehr stark in Richtung einer sprachlichen Polonisierung der nichtpolnischen Bevölkerung, wogegen sich Widerstand formierte. Damit war die Situation der nichtpolnischen Minderheiten insgesamt gesehen, bedingt durch den modernen nationalen Verwaltungsstaat und seine Möglichkeiten, ungünstiger als sie das im vormodernen Polen-Litauen oder im Habsburgerreich gewesen war. Zudem blieb der Staat trotz seines Systems von Sozialleistungen grundsätzlich gesellschaftlich überwiegend konservativ. So fand nur eine begrenzte Landreform statt, in der die herkömmlichen adligen Großgrundbesitzer große Teile ihres Grundbesitzes behalten konnten und nur teilweise – gegen Entschädigung – an Kleinbauern abgeben mussten. Damit wurden größere Teile der ukrainisch- und belarussischsprachigen Landbevölkerung weiterhin sozial und ökonomisch durch polnische Adlige dominiert, so wie das soziale System aus der Zeit Polen-Litauens her und durch die habsburgische Zeit hinweg konserviert worden war.

Die ukrainischsprachige Bevölkerung, die zweitgrößte ethnische Gruppe der 2. polnischen Republik, konzentrierte sich im Südosten des Staatsterritoriums, in den Wojwodschaften (Regierungsbezirken) Lwow/Lemberg, Wolhynien, Tarnopol und Stanislau. Etwa 20% aller ethnischen Ukrainer lebten in Polen und waren polnische Staatsangehörige.

Ukrainisch war in diesen vier Verwaltungsregionen klar Mehrheitssprache, Polnisch sprach wie vorher überwiegend der grundbesitzende Adel und Teile der städtischen Bevölkerung, wobei aber nur Lwiw/Lwow/Lemberg eine deutliche polnischsprachige Mehrheit besaß. Zudem gab es zeitweilig eine Politik, auf dem Land die Ansiedlung polnischer bäuerlicher Siedler zu fördern. Das Sprechen des Ukrainischen blieb auf der individuellen Ebene unbehindert, ebenso wie zuvor innerhalb Österreich-Ungarns konnten ukrainischsprachige Bücher und sonstige Druckpublikationen erscheinen. Allerdings war durch die repressive Schulpolitik des polnischen Staates die Zahl von fast 2500 ukrainischsprachigen Grundschulen, die es vor dem ersten Weltkrieg unter der Habsburger Herrschaft gegeben hatte, im Jahre 1937 auf ca. 500 zusammengeschrumpft. Dafür war die Zahl zweisprachiger Schulen etwas gewachsen. Höhere ukrainischsprachige Bildungseinrichtungen gab es kaum, die wenigen ukrainischsprachigen Gymnasien wurden immer wieder geschlossen. Der Versuch von ukrainischen Abgeordneten, die Gründung einer ukrainischen Universität in Lemberg durchzubringen, scheiterte. Nur in Wolhynien im Norden, das zum Zarenreich gehört hatte, war die Politik zeitweilig etwas liberaler, was mit dem langjährigen Verwaltungschef hier zusammenhing, der eine eigenständige und liberalere Kulturpolitik betrieb.

Auch Behinderungen der Tätigkeit – insbesondere der kulturellen – ukrainischer orthodoxer Kirchengemeinden konnte es geben. Prinzipiell galt in der polnischen Republik die Religionsfreiheit. Die katholische Mehrheitskonfession, die bis heute eng mit der nationalpolnischen Identität verbunden ist, hatte allerdings gesetzlich gewisse Sonderrechte, auch wenn sie keine formale Staatskonfession war. Da die Versuche, die Position der ukrainischen Bevölkerungsgruppe auf parlamentarischem politischem Weg zu verbessern besonders nach 1926 scheiterten, gab es von Seiten ukrainischer Aktivisten Protest- und Sabotageaktionen. 1930 schließlich reagierte der polnische Staat mit massiver Repression in Form der sog. „Pazifikation der Ukrainer": Polnische Polizei- und Militäreinheiten durchsuchten mehrere hundert ukrainische Dörfer nach „Saboteuren", dabei wurden Gebäude verwüstet und zerstört, Einwohner wurden geschlagen und misshandelt, es kam zu Todesfällen. Mehr als 1.700 Ukrainer wurden verhaftet, eine Reihe ukrainischer Organisationen wurde verboten. Das führte zu einer beträchtlichen Radikalisierung der ukrainischen Nationalbewegung.

Im 19. Jh. war die entstehende ukrainische Nationalbewegung wie solche Bewegungen unter anderen der kleineren europäischen Nationen, die unter Fremdherrschaft standen (z.B. das britische Irland), politisch liberal bis links ausgerichtet gewesen. Noch 1917–1919 waren die ersten Versuche, einen unabhängigen ukrainische Nationalstaat zu gründen, eng mit der Arbeiterbewegung und bäuerlich-revolutionären Bewegungen verbunden gewesen („Ukrainische Volksrepublik"). Das von den zeitweiligen deutschen Besatzern gestützte konservative Usurpatorenregime des „Hetmanats" in Kiew 1918 war auf breite Ablehnung gestoßen. Jetzt, innerhalb des polnischen Teils der Ukraine, entstand eine rechtsgerichtete nationale Widerstandsbewegung, die sich von ihren Anfängen an stark am Vorbild des italienischen Faschismus orientierte und die sich später, während des Zweiten Weltkriegs, dem deutschen Nationalsozialismus andienen sollte: Die „Organisation Ukrainischer Nationalisten", abgekürzt OUN.

Die erste gewaltbereite nationalukrainische Untergrundbewegung im polnischen Teil der Ukraine war die UWO, die (übersetzt) „Ukrainische Militärorganisation". Sie bestand ursprünglich aus den Resten der Kämpfer der kurzlebigen „Westukrainischen Volksrepublik", die 1919 militärisch durch Polen annektiert worden war. Sie verübte in den 20er Jahren Sabotageakte auf staatliche polnische Infrastruktur und griff Landgüter polnischer Grundbesitzer an. Die deutsche Reichswehr der Weimarer Republik unterstützte die UWO unter der Hand mit einem Ausbildungszentrum für UWO-Kämpfer in München. Populär war diese Form des Guerilakampfes aber nicht überall in der ukrainischen Bevölkerungsgruppe. Da es im Unterschied zur Sowjetunion in Polen eine ukrainische Zivilgesellschaft mit eigenen Kultur- und Wirtschaftsverbänden wenigstens grundsätzlich geben konnte und auch ukrainische Abgeordnete im Sejm saßen, gab es Hoffnungen auf eine politische Verbesserung der Situation im Rahmen der Gesetze. Auch die Griechisch-katholische Kirche ging auf Distanz zur UWO. Die polnische Repression und der zunehmend autoritäre Charakter des polnischen Staates trug allerdings zur Radikalisierung bei. Charakteristisch für die Epoche der 1920er und 30er Jahre war, dass sich viele nationale Widerstandsbewegungen in Europa politisch von links nach rechts bewegten, was auch bei der UWO passierte. Nach dem Scheitern der liberalen und linken ukrainischen Nationalbewegung 1917–1920 schien ein straffes, autoritäres und rechtsradikales Organisations- und Ideologiemuster vielversprechender zu sein. Auch war für solche Bewegungen in Osteuropa, auch unter Ukrainern, der Hauptfeind weiterhin das „Großrussentum", das jetzt in Form der Sowjetunion sozialistisch besetzt war. Vorbild für die rechtsnationalistische Orientierung war in den 20er Jahren dabei vor allem der italienische Faschismus, im Laufe der 30er kam der deutsche Nationalsozialismus als Muster hinzu.

1929 wurde im Wiener Exil die OUN als Dachverband verschiedener ukrainischer nationalistischer Gruppen gebildet, in dem auch die UWO vertreten war. Die OUN („Organisation Ukrainischer Nationalisten", die Abkürzung funktioniert im Ukrainischen und im Deutschen zugleich) verschärfte die gewaltsamen Sabotageaktionen in der polnischen Ukraine, zu den Sabotageakten kamen Angriffe und Attentate dazu, die gegen Beamte und Politiker des polnischen Staates gerichtet waren. Die gegen die Ukrainer gerichtete „Pazifizierungsaktionen" der polnischen Behörden verschärften die Situation weiter. Mordaktionen gegen polnische Politiker und Ukrainer, die mit dem polnischen Staat kooperierten, folgten. Auch die OUN pflegte Beziehungen zu deutschen Stellen, zumal Deutschland bald darauf nationalsozialistisch wurde. Unter Andrij Melnyk, der 1938 die Führung der Organisation übernahm, verfolgte die OUN einen ausgesprochen prodeutschen Kurs (Polen als gemeinsamer Gegner) und nahm in Ideologie und Organisationsform endgültig faschistische Züge an.

Im September 1939, etwas mehr als zwei Wochen nach dem Beginn des deutschen Überfalls auf Polen, entschloss sich auch Stalin, in die östlichen Gebiete Polens einzumarschieren, die gemäß des geheimen Zusatzprotokolls zum deutsch-sowjetischen Nichtangriffspakt vom Jahr davor („Molotow-Ribbentrop-Pakt") der sowjetischen Einflusssphäre zugerechnet worden waren. Stalin wollte Hitler die polnische Beute nicht alleine überlassen, konnte doch so die Sowjetunion Gebiete gewinnen, die einst zum Russischen Reich gehört hatten und die infolge des sowjetisch-polnischen Krieges von 1919–1923 Polen zugefallen waren. Auch spielte wohl Stalins Befürchtung eine Rolle, dass die OUN, die ja bereits prodeutsch orientiert war, mit deutscher Unterstützung einen ukrainischen Vasallenstaat der Deutschen in der Westukraine gründen könnte. Formal begründete Stalin den Angriff auf die noch nicht deutsch besetzten Teile Polens damit, dass die Sowjetunion die beiden „slawischen Brudervölker" der Weißrussen und Ukrainer schützen müsse, eine bemerkenswert national-großrussische Begründung für das Oberhaupt der internationalistischen Arbeitermacht, das zudem noch Georgier war.

Die polnische Armee, die vollständig in ihrem verzweifelten Abwehrkampf im Westen gebunden war, hatte diesem Schlag in ihren Rücken nichts entgegenzusetzen. In den zügig und ohne große Kämpfe von der Roten Armee besetzten Gebieten herrschte zunächst das Chaos. Ukrainische und belarussische Mobs, die sich auf die Seite der Invasoren stellten, ebenso Agenten des NKWD (sowjetischer Geheimdienst, Nachfolger der Tscheka und Vorgänger des KGB) wie Soldaten der Roten Armee begingen Raubmorde an polnischen Grundbesitzern und wohlhabenden polnischen Städtern und plünderten, die bei solchen Gelegenheiten in Osteuropa üblichen Judenpogrome fehlten auch nicht. Die zivilen Vertreter der ukrainischen Gesellschaft solidarisierten sich in dieser Situation mit dem überfallenen polnischen Staat, waren aber ebenso machtlos wie die Polen. Die OUN ging noch tiefer in den Untergrund und betrachtete bis auf Weiteres die sowjetischen Invasoren als ihren primären Feind oder wich nach Westen in die deutsche Herrschaftszone aus.

Die Sowjets richteten in den Städten und größeren Orten Militärkommandanturen ein, die vor Ort und im Umkreis die zivile und militärische Macht übernahmen. Die Strukturen des polnischen Staates oberhalb der kommunalen Ebene wurden auf diese Weise zerschlagen, ebenso wie die Deutschen in „ihrem" Teil Polens vorgingen. Stalin betrachtete den polnischen Staat als ebenso wenig existent wie das Hitler tat. Nur die westlichen Alliierten Großbritannien und Frankreich erkannten die polnische Exilregierung an, die sich in London bildete. Die sowjetischen Militärbehörden beendeten die spontanen Plünderungen und Morde. Sie förderten die Bildung „revolutionärer Komitees", die von ukrainischen, belarussischen und polnischen Kommunisten gebildet wurden, oder von solchen, die gerade ihre kommunistische Überzeugung entdeckt hatten. Diese Komitees übernahmen an vielen Orten die Kontrolle über die Kommunalverwaltungen.

Anfang Oktober 1939 fingen die Sowjets mit propagandistischen Vorbereitungen für Wahlen an. Am 22. Oktober wurden Nationalversammlungen für die Westukraine und Westbelarus gewählt. Abgestimmt wurde nach inzwischen eingespielter sowjetischer Tradition über eine vorgegebene Einheitsliste. Ebenfalls gut sowjetisch waren die Wahlergebnisse mit über 90% Zustimmung. Ende Oktober beantragten die beiden auf diese Weise „gewählten" Nationalversammlungen die Aufnahme in die Belarussische- bzw. Ukrainische Sozialistische Sowjetrepublik. Am 1. November gaben Minsk und Kiew den Anträgen großzügigerweise statt – Väterchen Stalin brauchte wohl nicht mehr groß nachhelfen. Die Westukraine und das westliche Belarus wurden so unter Einhaltung aller Formalia Teil der Sowjetunion. Die Belarussische Sozialistische Sowjetrepublik (BSSR) verdoppelte ihr Territorium dadurch annähernd, die Ukrainische Sozialistische Sowjetrepublik (USSR) vergrößerte ihres um 16,5 %. Neben den belarussischen, ukrainischen und jüdischen Bevölkerungen der angeschlossenen Gebiete kamen an die 5 Mio. ethnische Polen in den unerwarteten Genuss der sowjetischen Staatsangehörigkeit.

Die sozialen Gruppen, die von den Sowjets zur polnischen Führungsschicht gerechnet wurden, kamen in Arbeitslager. Die kriegsgefangenen einfachen polnischen Soldaten wurden recht schnell wieder freigelassen oder den Deutschen überstellt, wenn sie aus den nun deutsch besetzten Gebieten Polens kamen. Über 20.000 polnische Offiziere oder Reserveoffiziere und Polizisten wurden erschossen, ihre Familienangehörigen wurden nach Kasachstan deportiert – auch bei uns bekannt ist das Massaker an polnischen Offizieren in Katyn.

Dann kam die politische Repression, durch den NKWD durchgeführt. Die neuen Gebiete wurden auch ideologisch auf Spur gebracht. Von 1939 bis 1941 wurden etwa 100.000 Menschen aller ethnischen Gruppen als „Klassen- und Volksfeinde" verhaftet, teils kamen sie in Arbeitslager, teils in Gefängnisse, wo mehrere Tausend von ihnen ermordet wurden. Der Terrorstaat, der im Lauf der letzten beiden Jahrzehnte in der Alt-Sowjetunion errichtet worden war, griff auf die neuen Gebiete über.

Schließlich wurde die Lösung des spezifischen „nationalpolnischen Problems" in Angriff genommen: Neben den Deportationen, die aus politischen und ideologischen Gründen auch die anderen Gruppen betrafen, erfolgte eine in die Hunderttausende gehenden Deportation spezifisch von Polen nach Zentralasien. Das hatte nicht nur Gründe, die in der hintergründig großrussischen Nationalitätenpolitik von Stalins Sowjetunion seit den 30er Jahren lagen, sondern stimmte zum Teil auch mit der sowjetischen „Klassenideologie" überein, da ethnische Polen in den wohlhabenden Schichten überproportional vertreten waren – die „bourgeoisen" und „feudalen" Elemente der marxistisch orientierten Staatsideologie.

Zuletzt wurden auch die sozioökonomischen Strukturen sowjetisiert: Die Verstaatlichung der Industrie und die Kollektivierung der Landwirtschaft. Zusätzlich wurde auch auf der religiösen Ebene gleichgeschaltet: Die römisch-katholische Kirche wurde strikter Aufsicht unterstellt, die griechisch-katholische Unionskirche, die kirchliche Besonderheit dieser Region, wurde zwangsweise – wie in der zaristischen Ukraine – der orthodoxen Kirche angeschlossen, die schon in der Alt-Sowjetunion repressiver Kontrolle unterstellt worden war.

Das war die Situation, in die im Juni 1941 die deutsche Invasion der Sowjetunion stieß. Wer in den zuerst davon betroffenen Gebieten geglaubt hatte, es könne nicht mehr schlimmer kommen als es seit der sowjetischen Invasion 1939 gelaufen war, wurde jetzt eines „Besseren" belehrt.

2. Die Ukrainische Sozialistische Sowjetrepublik im weiteren Kontext der UdSSR (1922–1941)

Die Sowjetunion war ein seltsamer Staat. Seine „Staatsreligion" war ein intellektuell äußerst komplexes Konstrukt, das von einem der herausragenden Denker des 19. Jh. entwickelt worden war und auf der normativen Grundlage eines internationalistischen, emanzipatorischen Humanismus beruhte, der mit der Devise der Französischen Revolution „Freiheit, Gleichheit, Brüderlichkeit" radikal ernst machen wollte. Dennoch – oder nach Meinung mancher, deshalb – kam dieser Staat schnell auf eine Bahn, auf der er Massenterror, Massenmord, Aushungerung und Verknechtung in großem Ausmaß praktizierte. Auch aggressiver Imperialismus nach außen blieb ihm nicht lange fremd.

Seine Verfassung war das Musterbeispiel eines freiheitlichen demokratischen Föderalismus und beinhaltete sogar ein formales Austrittsrecht für die einzelnen Sowjetrepubliken aus der Union. Auf allen Ebenen wurde ständig über irgend etwas abgestimmt und Amts- und Funktionsträger durch Wahl bestimmt. Doch hinter den Kulissen saß die allmächtige, zentralistisch geführte monopolistische Kaderpartei, mehr eine autoritär geführte Sektengemeinschaft als eine wirkliche politische Partei, die auf allen Ebenen vorgab, wer welchen Posten bekam, welche Entscheidungen getroffen wurden, wie Abstimmungen auszugehen hatten. Und sie kontrollierte nicht nur den Staat, sondern auch die Wirtschaft, die Kultur, sogar die Wissenschaft – besonders die Gesellschafts- und Geisteswissenschaften, die selbst vorher im Zarenreich politisch relativ unbehelligt geblieben waren. Die Religion wurde bestenfalls geduldet, schlimmeren Falls verfolgt.

Als Verwalter eines Ideals gesamtmenschlicher Brüderlichkeit mochte der sowjetische Staat die trennenden Nationalismen eigentlich gar nicht, noch weniger die dominierenden. Im Lauf der Zeit erwies er sich aber immer mehr als der stärkere, effizientere, systematischere und brutalere Wiedergänger des Russischen Imperiums der Zaren – ganz besonders unter einem roten Zaren, der eigentlich Georgier war. Unter der Herrschaft der Sowjetunion wurden weite gesellschaftliche Gruppen und Völker mit Druck und Sog dazu gebracht, Russisch zu sprechen, von denen die Zaren gar nicht geglaubt hätten, dass man sie zum Russischsprechen bringen könnte. Die sprachliche Russifizierung großer Teile der ukrainischen Bevölkerung und noch größerer Teile der belarussischen ist nur zum kleineren Teil das Werk bereits des Zarenreichs. Auch die bevormundende großrussische Einstellung spezifisch gegenüber den beiden kleineren „Brudervölkern" aus der gemeinsamen Traditionsmasse der alten Rus sollte unter Stalin wiederauferstehen und einen langen Schatten bis heute werfen.

Und natürlich war der sowjetische Staat antifaschistisch, sobald, kurz nach seiner eigenen Entstehung, der Begriff Faschismus im Bereich des radikalen Rechtsnationalismus aufgekommen war. So sehr, dass noch der heutige russische Staat, der sich als sein zentraler Nachfolger begreift und es völkerrechtlich sogar ist, gerade jetzt wieder aller Welt weismachen will, er habe den Antifaschismus als unverrückbares Grundmuster gepachtet. Nun ist der heutige russische Staat nicht faschistisch – und die Sowjetunion war es trotz ihrer Verbrechen auch nicht – aber er ist inzwischen wieder hochautoritär und ideologisch definitiv aggressiv rechtsnational – was nicht unbedingt das Musterbeispiel für Antifaschismus ist. Bei allem „Antifaschismus" hat es die Sowjetunion nicht verschmäht, einen Teufelspakt mit der ultimativen deutschen Steigerung des Faschismus einzugehen, sich mit ihr die Länderbeute zu teilen und ihren großen antifaschistischen Krieg erst dann zu führen, als sie durch den unvorhergesehenen Überfall dazu gezwungen wurde. Die Befreiung der vom deutschen Faschismus im Osten besetzten und malträtierten Länder und Völker kann sie sich zuschreiben, doch war es eine Befreiung mit Folgen, die einen dazu zwingen, hinter das Wort „Befreiung" ein „aber" zu setzen.

Ist der Faschismus, insbesondere in seiner bislang radikalsten Steigerung, dem Nazitum, die institutionalisierte Gewissenlosigkeit, so ist der Staatskommunismus sowjetischer und dann auch maoistischer Prägung die institutionalisierte moralische Heuchelei. Das Ideal ist das absolute Gegenteil des Faschismus, humanistisch, emanzipatorisch, egalitär, universalistisch. Dabei wird aber dieses Ideal zum von Menschen erreichbaren und schaffbaren Paradies auf Erden verabsolutiert, was eine eschatologisch-religiöse Gedankenfigur in säkularer Form ist. Dieser höchste aller Zwecke heiligt aus der Sicht der „Gläubigen" alle Mittel, die Gegner, die sich ihm entgegenstellen, sind das Böse, das vernichtet werden muss. Mit diesem Gedankentrick, mit dem das Gewissen übertönt wird, lässt sich im Namen des edlen Endziels jedes Verbrechen rechtfertigen. Die französischen Jakobiner hatten das in den 1790er Jahren in deutlich kleinerem Maßstab schon einmal durchgespielt. Das Erreichen des Endziels verlangt die permanente Revolution, die permanente Revolution ist der permanente Ausnahmezustand. Dazu hängen sich an ein solches Konstrukt dann auch noch die übliche Machtlüsternheit und der übliche Opportunismus. Der Widerspruch zwischen hohem Ideal und brutaler Praxis findet so seine Erklärung.

In diesen seltsamen Staat wurde 1922, bei seiner formalen Gründung als Föderation, auch die Ukraine als Ukrainische Sozialistische Sowjetrepublik aufgenommen, nachdem sie schon vorher faktisch durch die Rote Armee wieder unterworfen worden war. Die Grenzen der sowjetischen Ukraine wurden mit Rücksicht auf die sprachliche Situation gezogen. Allerdings war besonders im Osten die Abgrenzung zur Russischen Föderativen Sowjetrepublik (RSFSR) oft schwierig, da hier die Städte oft mehrheitlich russischsprachig waren, während die umliegende ländliche Mehrheitsbevölkerung ukrainisch sprach. Besonders die Industriezentren des Donbas waren demographisch durch russische Einwanderer geprägt, die in den letzten Jahrzehnten des Zarenreichs als Industriearbeiter gekommen waren. Die Krim, auf der die ukrainischsprachige Bevölkerung in der Minderheit war und neben Russischsprachigen auch noch weitere Minderheitengruppen und die immer noch große Gruppe der Krimtataren lebte, wurde als Exklave der Russischen Sowjetrepublik angeschlossen. Allerdings bildete die Krim wegen der ethnisch gemischten demographischen Situation innerhalb der RSFSR eine autonome Region.

Die Partei, die den ganzen Staat zusammenhielt und steuerte, die sein Skelett, seine Wirbelsäule und sein Gehirn war, existierte natürlich schon vorher. Urprünglich die „Sozialdemokratische Arbeiterpartei Russlands (Bolschewiki)", dann seit 1918, nach der Oktoberrevolution, „Kommunistische Partei Russlands (Bolschewiki)", 1925 wurde sie die „Kommunistische Allunions-Partei (Bolschewiki)", schließlich 1952, kurz vor Stalins Tod, die „Kommunistische Partei der Sowjetunion" (KPdSU).

Die Bolschewiki, oder, wie wir sie seit 1918 nennen können, die Kommunisten, hatten die Macht im revolutionären Russland seit Herbst 1917 ausgeübt, einen blutigen Bürgerkrieg gewonnen und dabei große Teile des 1917 auseinandergebrochenen Russischen Reiches wieder zusammengefügt. Sie hatten sich aber weiterhin als die Speerspitze einer kommenden Weltrevolution gesehen, alle Expansion diente letztlich der Verbreitung ihrer Version der Revolution. Ziel war, letztendlich erfolgreich nach Westen vorzustoßen, um auch dem Proletariat der wirtschaftlich und sozial entwickelten westeuropäischen Länder den Durchbruch der Revolution zu ermöglichen. Spätestens die sowjetrussische Niederlage gegen Polen 1920 beendete diese Träume, später musste deshalb unter Stalin die Doktrin des „Sozialismus in einem Land" entwickelt werden, für die es bei Marx keine Blaupause gab. Von daher wurde seit den 30er Jahren der großrussische Nationalismus als ideologischer Kitt hinter der proletarisch-internationalistischen Fassade wieder interessant.

Die Bolschewiki/Kommunisten standen in den frühen Jahren ihrer Herrschaft in dem Zwiespalt, einerseits ihre programmatischen gesellschaftlichen Ziele umsetzen zu wollen, andererseits den Staat überhaupt auf der Ebene pragmatischer Notwendigkeiten unter problematischen Bedingungen am Laufen zu halten und einen Bürgerkrieg gewinnen zu müssen. Russland hatte seit 1914 durchgehend Krieg erlebt und war dafür schlecht vorbereitet gewesen. Die Revolution hatte die Situation nicht verbessert. Die Lebensmittelversorgung großer Bevölkerungsteile war schlecht. Die Industrieproduktion war dramatisch gesunken, die Inflation fraß den Kaufwert des Geldes auf.

Beide Motivationsfaktoren, die programmatisch-ideologische der Errichtung des Kommunismus wie die pragmatischen Notwendigkeiten der Durchsetzung und Behauptung des Regimes führten letztlich – trotz Widersprüchen im Detail – zu einem strikt zentralistischen System unter der Herrschaft der Parteispitze, die sich auf der Ebene der staatlichen Regierung als „Rat der Volkskommissare" organisierte. Pragmatisch begründet war der Friedensschluss mit den Mittelmächten in Brest-Litowsk und die Durchführung der Landverteilung an die Bauern. Auch die Durchsetzung einer staatlichen Kommandowirtschaft im Bereich von Industrie, Banken, Verkehr und Handel war in der Krisensituation mindestens ebenso pragmatisch wie ideologisch motiviert. Innerhalb der enteigneten Industrie versuchte man es zunächst – der basisdemokratischen Interpretation des Marxismus entsprechend – mit einer durch die Arbeiterschaft selbst gewählte Leitung der Betriebe, was aber nicht zu den gewünschten Ergebnissen in Hinblick auf Produktivität und Effizienz führte. Also entstand eine neue, von der Partei gelenkte Wirtschaftsbürokratie, anstelle der Arbeiterselbstverwaltung bildete sich ein Netz aus zentral gelenkten und zentral koordinierten Produktions- und Dienstleistungsbetrieben. Das historisch folgenschwere Muster der zentral gelenkten Staatswirtschaft war geboren – an dem eigentlich nichts egalitär, demokratisch und sozialistisch oder gar kommunistisch war und das dennoch bis heute als DAS Muster des Sozialismus/Kommunismus gilt. Im Bereich der Landwirtschaft, weiterhin der bedeutendste Wirtschaftssektor des Landes bis zur forcierten Industrialisierung der 30er Jahre, blieb man zunächst aus pragmatischen Gründen beim bäuerlichen Privateigentum an Boden, griff aber zu einer Requisitionswirtschaft, durch die durch Staatsapparat und Militär die Überschüsse der bäuerlichen Wirtschaft schlichtweg beschlagnahmt wurden.

Der Aufbau der Tscheka als Geheimdienst- und Terrorapparat war bereits erwähnt worden, die Tscheka bekam das Recht, Verhaftungen, Verbannungen und sogar Hinrichtungen ohne Kontrolle durch einen unabhängigen Gerichtsapparat vornehmen zu dürfen – die zaristische Ochrana hatte solche weitgehenden Befugnisse niemals gehabt. In Sibirien entstand anstatt des herkömmlichen zaristischen Systems der gerichtlich angeordneten Verbannung für politische und kriminelle Delinquenten ein System von Straf- und Arbeitslagern – der Gulag war geboren.

Im Lauf des Jahres 1918, als sich der Bürgerkrieg mit den Weißen ernsthaft entwickelte, wurden die bisher locker organisierten Arbeitermilizen und unter Kontrolle der Partei stehenden Kampfverbände zur deutlich besser und straffer organisierten Roten Armee formiert. Politkommissare der Partei, die den einzelnen Einheiten zugeteilt wurden, überwachten Loyalität und Linientreue der Offiziere.

Dieses ganze aus pragmatisch bedingtem situativem Handeln des Regimes und Umsetzung ideologischer Vorgaben wild zusammengesetzte System wurde im Nachhinein durch Lenin euphemistisch „Kriegskommunismus" benannt. Faktisch wurde aus dem frühen Sowjetrussland damit das erste der totalitären Systeme des 20. Jh. Zu seiner Durchsetzung stand ein gewaltiger bürokratischer Apparat in Partei, Staat, Wirtschaft und Polizei/Geheimdienst zur

Verfügung, der sich seit Ende 1917 begonnen hatte zu bilden und der umfangreicher war, als alles, was Staaten bislang zur Verfügung gestanden hatte. „Apparatschik" ist eines der sowjetrussischen Worte, die international Karriere gemacht haben, ebenso „Nomenklatura".

Flankiert wurde das Ganze durch umfangreiche und permanente Propaganda. Bereits die frühe Sowjetunion errichtete ein umfangreiches staatliches Schulwesen, um die aus dem Zarenreich ererbte hohe Analphabetenquote zu verringern. Hier waren die Erfolge spektakulär, doch zu dem Preis der gelenkten Indoktrinierung bereits im Kindesalter.

Am Ende des Bürgerkriegs war die Versorgung mit Lebensmitteln weiterhin prekär und die Industrie war nicht produktiver geworden. Die Versorgung mit Gütern mittels der groben Kommandowirtschaft war stockend, zusätzlich hatte die Wirtschaft den deutlich gewachsenen bürokratischen Apparat und die Rote Armee zu tragen.

Gegen Widerstand in der Führungsgruppe der Partei setzten sich 1921 Lenin und Trotzki mit ihrem auf die Problemsituation pragmatisch reagierenden Konzept der NEP, der „Neuen ökonomischen Politik" durch. Die festen Produktionsquoten der Industrie wurden gelockert, den Betrieben wurde ein größerer Eigenspielraum eingeräumt. Im Bereich der leichten Konsumgüterindustrie wurden wieder Privatbetriebe zugelassen. Auch im Bereich von Handel und Güteraustausch konnte wieder eine Schicht privater Geschäftsleute entstehen. Die willkürlichen Requisitionen bei der Bauernschaft wurden beendet, stattdessen wurde ein System geregelter Naturalabgaben eingeführt, die den Bauern einen Teil ihrer Überschüsse ließen. Auf diese Weise konsolidierte sich die agrarische und industrielle Produktion und begann sogar zu wachsen. Die Versorgung der Bevölkerung mit Gütern verbesserte sich. Die junge Sowjetunion trat in einen Konsolidierungsprozess ein.

Mit der relativen ökonomischen Liberalisierung ging eine gewisse kulturelle einher. Die 20er Jahre erlebten die bisher letzte Blütephase der russischen Literatur, die frühe Sowjetunion kam so kurzzeitig zu dem Ruf eines Zentrums literarisch-futuristischer Avantgarde.

In einem damit zusammenhängenden Bereich war die frühe Sowjetunion der 20er Jahre von vornherein bemerkenswert liberal und sogar nach heutigen Gesichtspunkten progressiv und brachte damit gegenüber dem Zarenreich eine deutliche Verbesserung: in der Nationalitätenpolitik. Als internationalistische Marxisten standen die Bolschewiki der Nationalitätenfrage zunächst gleichgültig gegenüber, entdeckten aber schnell, dass die im Zarenreich untergeordneten Nationalitäten politische Verbündete sein konnten. Das galt besonders im Bürgerkrieg gegen die Weißen, die überwiegend großrussische Nationalisten waren.

Lenin versuchte, die ethnischen Minderheiten in dem wiederhergestellten Imperium positiv in das System einzubinden, damit sie so Loyalität gegenüber der kommunistischen Herrschaft aufbauen konnten. In diesem Zusammenhang wurde nicht nur die Sowjetunion als Ganzes föderal organisiert, sondern auch innerhalb der einzelnen Sowjetrepubliken, und ganz besonders der größten, der russischen, wurden eine Reihe von autonomen Unterrepubliken und Regionen geschaffen. Die formale Struktur des heutigen Russland als Russische Föderation geht auf die Binnenstruktur der Russischen Sozialistischen Föderativen Sowjetrepublik (RSFSR) zurück.

Die daraus weiter folgende Politik hieß „Korenisazija" („Einwurzelung", gemeint war die Einwurzelung des kommunistischen Staatsideals in die unterschiedlichen Nationalitäten). Sie verband sich eng mit der Bildungsoffensive. Schulunterricht in den regionalen Sprachen wurde nicht nur erlaubt, sondern gefördert. Zum Teil wurde sogar von Russen verlangt, die in den Minderheitenregionen lebten, die einheimische Sprache zu lernen. In den verschiedenen Sowjetrepubliken bekamen die jeweiligen regionalen Sprachen neben dem Russischen den Status von Staats- und Verwaltungssprachen. Literarische Produktion und Publizistik in den anderen Sprachen wurde gefördert. Die Turksprachen, von denen eine Reihe vorher niemals geschrieben worden waren (und wenn, dann im arabischen Alphabet), wurden nun im lateinischen Alphabet geschrieben, nicht im kyrillischen!

Zusätzlich gab es auf den verschiedenen Ebenen in Staat und Partei Quotenregeln, um die proportionale Repräsentation der nichtrussischen Völker im Staatsapparat zu fördern. Dies alles unterstützte die Nationsbildung auch bei Ethnien, die bislang noch gar kein nationales Muster besessen hatten. Auch in der Ukraine wurde so in den 20er Jahren die weitere Nationsbildung unterstützt, es gab in manchen Bereichen der Gesellschaft eine regelrechte sprachliche Re-Ukrainisierung, da man zumindest kulturelle Autonomie besaß.

Dennoch gab es für all das in der Sowjetunion keine Garantie, da der zentral gesteuerte Apparat Vergünstigungen gewährte, die er jederzeit wieder entziehen konnte. Im Bereich der Neuen Ökonomischen Politik begann das schon 1927/28, im kulturellen Bereich der Korenisazja dann im Verlauf der 30er Jahre. Zugleich stiegen nach dem relativen Tauwetter der 20er Jahre in den 30ern Repression, Terror und Mord in neue Höhen. Das Regime machte ernst mit seinen weiterreichenden Plänen sozialer und ökonomischer Umgestaltung, zugleich stieg aus der oligarchischen Führungsgruppe eine Person heraus, die ihre Alleinherrschaft auch innerhalb des Apparats mit brutaler Rücksichtslosigkeit durchsetzte.

Der Georgier Josef Wissarionowitsch Dschugaschwili, Kampfname „Stalin" („der Stählerne"), der in der Zeit der Oktoberrevolution im Führungszirkel der Bolschewiki eher in der zweiten Reihe gestanden hatte, bekleidete seit 1922 den neu geschaffenen Posten des Generalsekretärs der KP, eine Art Verwaltungschef der Partei. Durch geschickte Vernetzungspolitik brachte er den Parteiapparat unter seine Kontrolle, was ihn nach dem Tod des schwerkranken Lenin zum erfolgreichsten Akteur im internen Machtkampf machte.

Schritt für Schritt bootete er alle Konkurrenten aus, bis 1930 war er der führende Faktor im Politbüro geworden, dem Leitungsgremium der Partei und damit auch des Staates.

Im „Großen Terror" 1936–1938 setzte Stalin seine Alleinherrschaft endgültig durch, im Politbüro saßen nur noch seine loyalen Anhänger. Der NKWD, der Nachfolger der Tscheka, war unter seinem nach Stalin quasi allmächtigen Chef Lawrenti Beria die zentrale Stütze auch des persönlichen Regimes Stalins geworden.

Ab 1928 wurde die Wirtschaft und ihre Entwicklung 5-Jahresplänen unterworfen. Ziel war die Forcierung der Industrialisierung der Sowjetunion, die insgesamt immer noch ein Agrarland war. In diesem Zusammenhang sollte auch die Landwirtschaft endlich kollektiviert werden, um den programmatischen Vorstellungen von sozialistischer Gesellschaftsstruktur auch im ländlichen Bereich zu genügen. Weiterhin erwartete man von einer kollektivierten und mechanisierten Landwirtschaft deutliche Ertragssteigerungen. Der Agrarexport war die primäre Devisenquelle der frühen Sowjetunion, durch ihn sollte das Kapital hereinkommen, das man für die Industrialisierung benötigte. Damit wurde die pragmatische Liberalisierung der Neuen Ökonomischen Politik beendet.

Man begann 1928 mit der zwangsweisen Umgestaltung der Landwirtschaft. Zuerst wurden die traditionellen bäuerlichen Dorfgemeinschaften durch gewählte Sowjets ersetzt, die aber natürlich faktisch Erzwingungsgremien des Apparats waren. Die Bauern wurden in Kolchosen (Genossenschaftsbetriebe) und Sowchosen (staatliche Agrargüter mit den Bauern als Landarbeitern) hineingezwungen, wodurch sie den Landbesitz verloren, der ihnen zuvor zugestanden worden war. Die Zwangskollektivierung verlief in mehreren Schüben, bis 1936 war sie weitgehend abgeschlossen. Erwartungsgemäß gab es Widerstand bei der betroffenen Landbevölkerung, der sich in Sabotageakten oder sogar in Angriffen auf Funktionäre äußern konnte. Viele Bauern schlachteten ihr Vieh, bevor es für die Kollektivbetriebe beschlagnahmt werden konnte. Die neue Organisationsform erwies sich als ineffizient, zumal die für die kollektive Landbebauung notwendigen Maschinen kaum bereitstanden. Da die industrielle Produktion noch wenig erweitert worden war, fehlte es an Traktoren.

Die Folge waren massive Ausfälle der Lebensmittelproduktion, die sich 1932 und 1933 zu einer riesigen Hungersnot in großen Teilen der Sowjetunion auswuchs. Nach verschiedenen Schätzungen verhungerten 5–9 Mio. Menschen, besondere Schwerpunkte der Katastrophe waren die Ukraine und Kasachstan.

Was als fehlgeleitete und kontraproduktive Politik des Regimes begonnen hatte, wurde nun zum Verbrechen. Die Reaktion des Regimes war dreierlei:

- Die Lebensmittel, die vorhanden waren, wurden requiriert, um die Städte gut versorgt zu halten. Die Städte mit ihren Bürokraten und ihren wachsenden Industriearbeiterschaften waren die Hauptklientel des Systems, die unbedingt zufrieden gehalten werden musste. Zugleich wurden die Städte für die hungernden Bauern abgeriegelt, auch die Flucht in andere, weniger betroffene Teile des Staates wurde durch Abriegelungen erschwert.
- Zum zweiten gingen die Agrarexporte ins Ausland weiter, der Staat benötigte die Devisen für die Industrialisierung. Güterzüge, voll beladen mit Getreide, rollten durch Landschaften, in denen die Landbewohner verhungerten.
- Zum dritten interpretierte die Führungsriege um Stalin die Ernteausfälle als Ergebnis gezielten bäuerlichen „konterrevolutionären" Widerstandes. Besonderes Feindbild der Propaganda wurden die „Kulaken", wohlhabendere Bauern, die bei der Zwangskollektivierung am meisten zu verlieren hatten. Jeder, der verdächtigt wurde, sich der Kollektivierung entziehen zu wollen und Getreide zu unterschlagen, wurde als Kulak deklariert, als „bourgeoises Element". Das Regime fing an, die Hungersnot als gezielte Waffe zur Zerschlagung der traditionellen bäuerlichen Gesellschaft und zur gewaltsamen Durchsetzung seiner neuen Agrarordnung zu verwenden. Der Hunger wurde zur Disziplinierung der bäuerlichen Gesellschaft zum Zweck ihrer „Sowjetisierung" verwendet. Zusätzlich wurde auch direkte Repression angewendet, in Form willkürlicher Erschießungen und Deportationen. Das Gulag-System im Osten wuchs.

Die Ukraine spielte in diesem Zusammenhang eine besondere Rolle: Durch ihre Schwarzerdeböden war sie der agrarisch fruchtbarste Teil der Sowjetunion und hatte damit herkömmlich überproportional zu den Agrarüberschüssen beigetragen. Um so katastrophaler wurde sie von den Umwälzungen der Kollektivierung und der Hungersnot getroffen. Zudem wies sie aufgrund ihrer Fruchtbarkeit einen größeren Anteil wohlhabender Bauern auf – die reaktionären Klassenfeinde, die Kulaken, waren überproportional Ukrainer! Die Repression, die von der Partei als Klassenkampf gegen die Kulaken verstanden wurde, nahm in der Ukraine einen tendenziell nationalen Charakter an. Kommunistische ideologisch begründete Vorstellungen von der reaktionären traditionellen bäuerlichen Gesellschaft, die durch revolutionäre Gewalt in die Welt des sozialistischen Fortschritts gezwungen werden musste, überkreuzten sich mit herkömmlicher russischer Verächtlichkeit gegenüber „ungebildeten, primitiven kleinrussischen Bauern". Das Bild des Ukrainers näherte sich dem Bild des Konterrevolutionärs an, so wie 1939–1941 in der vorher polnischen Westukraine die Polen tendenziell der „bourgeoise Klassenfeind" werden sollten. Hinter der Klassenideologie des Regimes begann somit auch das nationale Großrussentum wieder hoch zu kommen.

In der Ukraine allein betrug die Zahl der Todesopfer mindestens 3–5 Mio. (die Schätzungen, auch die der Fachhistoriker, gehen allerdings weit auseinander). In der Ukraine wird für diese humanitäre Katastrophe das Wort **„Holodomor"** benutzt („Hungertod" oder „Vernichtung durch Hunger"). Mit dem Begriff verbindet sich in der ukrainischen Sichtweise die

Vorstellung von einem von vornherein geplanten, gezielt am ukrainischen Volk durchgeführten Völkermord. Die ukrainische Perspektive beschuldigt damit das stalinsche Regime des von vornherein beabsichtigten und systematisch durchgeführten Genozids. Die Mehrzahl der Fachhistoriker, die das zur Verfügung stehende dokumentarische Material durchgearbeitet haben, sieht den Gesamtzusammenhang komplexer. Dieser Sichtweise wurde in der obigen Darstellung gefolgt. Nach dieser Sichtweise war die Hungersnot nicht von vornherein geplant, sondern Ergebnis einer fehlgeleiteten Politik der Zwangskollektivierung, die genau das Gegenteil von dem erreichte, was sie hatte erreichen sollen. Dann allerdings nutzte das Regime die Hungersnot aus, um seine ideologisch getriebene Kollektivierungspolitik weiter durchzusetzen und verschärfte sie auch noch durch den Abtransport der vorhandenen Nahrungsmittel zwecks optimaler Versorgung der Städte und des weiterlaufenden Exports ins Ausland. Im Zuge der Repression, die gegen die hungernde Landbevölkerung ausgeübt wurde, wurde das Bild des „kulakischen" Klassenfeindes mit dem des „rückständigen ukrainischen Bauern" kombiniert. Das war zweifellos ein gigantisches Verbrechen mit partiell auch nationaler Ideologisierung. Ob es sich sich aber um einen gezielten Genozid am ukrainischen Volk handelte, bleibt die Frage.

Nachdem die Kollektivierung gelaufen war, die neuen Agrarstrukturen sich eingespielt hatten und der Widerstand dagegen abebbte und die neue Industrie dann auch die Produktionskapazitäten für landwirtschaftliche Maschinen aufgebaut hatte, hob sich die Agrarproduktion wieder. Ein durchschlagender Erfolg wurde die kollektive Landwirtschaft der Sowjetunion aber nie, bis zum Ende blieb der Agrarsektor der ineffizienteste Wirtschaftssektor des Systems.

Die parallel dazu neugeschaffene Industrie war längere Zeit erfolgreicher. Innerhalb eines knappen Jahrzehnts wurden große Teile der Sowjetunion massiv industrialisiert, der Anteil der Städter an der Gesamtbevölkerung wuchs deutlich. Allerdings forderte auch die forcierte Industrialisierung große Menschenopfer: Große Teile der industriellen und verkehrstechnischen Infrastruktur (Straßen, Eisenbahnlinien, Kanäle) wurden mit den durch die Terrorpolitik des Regimes angeschwollenen Zwangsarbeiterbrigaden der Gulags errichtet. Die Arbeitsbedingungen für die Zwangsarbeiter waren oft gnadenlos, die Ernährung schlecht, die medizinische Versorgung miserabel.

1936–1936 steigerte sich der politische Terror noch einmal in der „Großen Säuberung", der noch einmal mindestens 3 Millionen Menschen zum Opfer fielen, wenn man die unter erschwerten Lebensbedingungen im Gulag Gestorbenen zu den direkt Ermordeten dazu rechnet. Der Kern der „Säuberung" betraf nun den Apparat selbst in allen seinen Bereichen – inklusive Armee und Geheimdienst – auch Figuren der engsten Umgebung Stalins oder von ihm bei seinem Aufstieg zur Macht „Geschasste", die nun ganz erledigt wurden. Mit dieser massiven Repression setzte Stalin endgültig seine Alleinherrschaft durch. Zusätzlich lief auch die „Kulakenverfolgung" weiter und die Repression gegen jeden, der irgendwie von seiner Position her als systemfeindlich gesehen wurde. Auch hier waren Angehörige der ethnischen Minderheiten stärker gefährdet. Die Zahl der Opfer wurde auch dadurch erhöht, dass häufig Sippenhaft betrieben wurde, die Verfolgung also auch die Familienangehörigen der zuerst anvisierten Opfer treffen konnte.

In diesem Zusammenhang wurde auch die Korenisazija, die liberale Nationalitätenpolitik beträchtlich revidiert. Das Feindbild wurde jetzt auch „nationalistische Abweichler". Die Nationalismen, die nun als Gefahr für den Zusammenhalt von Staat und Herrschaftssystem gesehen wurden, waren natürlich die nichtrussischen. Zuzug russischer Einwanderer in die Gebiete anderer Sprache begann gefördert zu werden, die Bedeutung des Russischen im Schulunterricht auf allen Ebenen wurde deutlich vergrößert, auch wenn der einheimischsprachige Schulunterricht nirgendwo völlig verschwand. Russisch wurde wieder die Sprache, der man sich befleißigen musste, wenn man Karriere machen wollte – und jetzt auch im Bereich der verstaatlichten Wirtschaft. Die Reste der Korenisazija wurden nun als „Kulturautonomie" bezeichnet. In der späteren Sowjetunion gab es dazu das Witzwort „Kulturautonomie ist, den Willen des Kreml auch in der eigenen Sprache zum Ausdruck bringen zu dürfen". Interessanterweise mussten diejenigen Sprachen, vor allem Turksprachen, die man vorher begonnen hatte, in lateinischer Schrift zu schreiben, nun in kyrillischer Schrift geschrieben werden. Die Politik der Förderung nichtrussischer Nationalitäten durch Quoten wurde natürlich sowieso beendet. Hier begann nun die sprachliche Russifizierung der Sowjetvölker, die bewirkte, dass im Lauf der Zeit die allermeisten Sowjetbürger das Russische zumindest als Zweitsprache sprechen sollten, eine Situation, die auch in der Ukraine bis vor kurzem die gängige gewesen ist. In diesem Kontext und im Zusammenhang mit der intensiven Industrialisierung wurde weitere russische Bevölkerung auch im Industrierevier des Donbas angesiedelt.

Die Sowjetunion Stalins igelte sich nun in ihrer Sonderexistenz als vorläufig einziger sozialistischer Staat der Welt ein und begann in diesem Zusammenhang, das Nationalgefühl der größten ethnischen Gruppe des Staates als zusätzlichen Identitätskitt zu begreifen, in völligem Widerspruch zu ihrer eigentlich internationalistisch-proletarischen Ideologie. Während des Krieges, als Teil der Reaktion auf den deutschen Angriff, verstärkte sich diese Tendenz zwecks nationaler Mobilisierung vor allem der Russen. Die Benennung des Zweiten Weltkrieges als „Großer Vaterländischer Krieg" knüpfte gezielt an das nationalrussische Geschichtsbild an, demzufolge der russische Sieg über die Invasion durch das napoleonische Frankreich 1812 der „Vaterländische Krieg" genannt wird.

1942, während des Krieges, bekam die Sowjetunion eine neue Hymne. Bis dahin war die Hymne die „Internationale" gewesen, also ein Kampflied der internationalen Arbeiterbewegung, dessen Originaltext auf deutsch geschrieben worden war, und in dem noch nicht einmal ein Staat genannt wird, geschweige eine Nation. Die neue sowjetische Hymne besang nun die Sowjetunion als den Hort der Freiheit und des Glücks der Völker. Doch schon die erste Strophe begann: „Die unzerbrechliche Union der freien Republiken vereinigte für die Ewigkeit die große Rus". Die großrussische Trias der Russen, Belarussen und Ukrainer, natürlich unter Führung der ersteren, war nun auch symbolisch der Kern der Sowjetmacht.

Die russische Revolution hatte auch eine religiöse Seite gehabt: Nach der Abschaffung des Moskauer Patriarchats durch Peter den Großen hatte die russische Kirche mit der Institution des „Heiligen Synod" unter der direkten Kontrolle des zaristischen Staates gestanden. 1917, mit dem Ende der Monarchie, konnte zum ersten Mal wieder eine Synodalversammlung der orthodoxen Bischöfe stattfinden. Das „Patriarchat von Moskau und der ganzen Rus" wurde als zentrale Institution der ostslawischen orthodoxen Kirche wieder errichtet. Die Sowjetunion erkannte den Patriarchen als Repräsentanten der herkömmlichen Mehrheitsreligion an, zumal in der Verfassung theoretisch die Religionsfreiheit verankert war. Faktisch allerdings diente das Patriarchat als zentrales Kontrollorgan des atheistischen Staates gegenüber der Kirche. In den 30er Jahren, im Kontext der „Säuberung", wurden auch Priester Opfer der staatlichen Repression, die Herrschaft Stalins mündete so auch in eine Religionsverfolgung. Das wurde später aber wieder zurückgenommen und mündete in ein Muster repressiver Tolerierung der Religion, das bis zu Gorbatschows Perestroika andauerte.

3. Der deutsche Krieg im Osten als Teil des 2. Weltkrieges: Ethnischer Terrorkrieg, koloniale Zwangsherrschaft und Völkermord (1941–1944)

Das vom Nationalsozialismus beherrschte „Großdeutsche Reich", das am 1. September 1939 Polen und am 22. Juni 1941 die Sowjetunion überfiel, war, ähnlich wie die Sowjetunion, aber auch wieder ganz anders, eine Macht spezieller Art. Doch während die Ideologie des sowjetischen Regimes sich im theoretischen Prinzip auf dem Gedanken der grundsätzlichen Gleichheit der Menschheit berief (die Verbrechen des Regimes ergaben sich im Kern aus der fanatischen und gewaltsamen Verfolgung eines paradiesischen utopischen Ziels, für dessen Erreichen alle Mittel als legitim galten), war es im Fall des deutschen Regimes ideologisch genau umgekehrt: Die Nazi-Ideologie bildete ganz schamlos ein auf Ressentiments, irrationalen Verfolgungsängsten und offen vorgetragenen Herrschafts- und Ausbeutungswünschen beruhendes Konstrukt grundsätzlicher menschlicher Ungleichheit. Diesem verqueren Weltbild zufolge sei die Menschheit in eine strikte Geburtshierarchie aus „Rassen" unterschiedlicher Wertigkeit getrennt, an deren Spitze die „arische Rasse" stand. Zu dieser „Herrenmenschenrasse" zählten die Nazis außer den Deutschen selbst im Prinzip auch die anderen germanischsprachigen und die romanischsprachigen Nationen Europas. Die Slawen dagegen galten grundsätzlich als „Untermenschenrasse", allerdings machte man hier pragmatische Abstriche zugunsten einer Reihe von Verbündeten unter den Westslawen (Slowakei) und den

Südslawen (bes. Bulgarien und Kroatien, partiell Bosnien). Im Kern der Vorstellung vom „slawischen Untermenschentum" standen die östlichen slawischen Nationen, die Polen, Tschechen, Ukrainer, Weißrussen und Russen, die ganz offen zu Objekten kolonialer Herrschaft und Ausbeutung deklariert wurden und deren Gebiete zum erweiterten „Lebensraum" des deutschen Teils der „Arier" werden sollten. Dabei beruhte diese Vorstellung von der besonderen „Minderwertigkeit" der Osteuropäer auf dem in Westeuropa schon länger verbreiteten Bild von einem „Zivilisationsgefälle" von West nach Ost in Europa und stellte dessen radikale rassistische Steigerung dar. Auf der pragmatischen Ebene der Macht sollte die deutsche Herrschaft über den Osten dem Reich die Verfügungsgewalt über umfangreiche Ressourcen und Zwangsarbeitspotentiale verschaffen, wodurch das Reich als „Großgermanisches Reich" dauerhaft die beherrschende Macht des Kontinents werden und bleiben sollte.

Der tiefste innere düstere Kern der Ideologie war der radikalisierte Antisemitismus, in dem die Juden geradezu als „Gegenrasse" zum „Ariertum" gesehen wurden und als die größte Gefahr für die „Arier" oder gar die ganze Menschheit. Die Nazis sahen die Sowjetunion als vom „Weltjudentum" geschaffenen und beherrschten Staat, weshalb er unbedingt ausgeschaltet werden musste. Zudem war Osteuropa das demographische Zentrum jüdischer Bevölkerung in Europa überhaupt.

Die deutsche Nazi-Ideologie war also wesentlich mehr als lediglich eine ins Faschistische gesteigerte rechtsnationale Ideologie wie z.B. der italienische Faschismus. Sie wollte weitaus mehr als die deutschnationalen Forderungen nach Revision der Ergebnisse des Ersten Weltkriegs erfüllen. Der eigentliche Feind auf staatlicher Ebene war für Hitler nicht der „Erbfeind" Frankreich oder das „perfide Albion" (Großbritannien) im Westen, und auch nicht das militärisch relativ schwache Polen, es war die „jüdische" Sowjetunion. Dementsprechend beging die Wehrmacht im Osten bei ihrem Überfall auf Polen von vornherein Kriegsverbrechen, vor Beginn des Angriffs auf die Sowjetunion wurde die Gültigkeit des Kriegsvölkerrechts für den „Lebenskampf" im Osten ganz offen außer Kraft gesetzt. Der Krieg wurde hier im Osten als Terror- und Vernichtungskrieg geführt.

Dabei unterschätzte die deutsche Führung aus ihrer Überheblichkeit heraus aber die militärische Widerstandsfähigkeit der Sowjetunion beträchtlich, insbesondere die Auswirkungen der massiven Industrialisierung der UdSSR in den dreißiger Jahren wurden außer Acht gelassen.

Im Kontext dieser ideologisch begründeten Vorstellungen begannen verschiedene Stellen des NS-Staates spätestens nach Kriegsbeginn, angestoßen von oben, und teils in Zusammenarbeit, teils in Kompetenzkonkurrenz miteinander, eine Reihe von Planungen und Konzepten für die anvisierte Kolonialisierung und Kolonisierung des Ostens, die unter dem Terminus „Generalplan Ost" zusammengefasst wurden. Durch den weiteren Kriegsverlauf bedingt, insbesondere durch die Wende im Laufe des Jahres 1943 zuungunsten des Deutschen Reiches, konnten zum Glück für die Völker Osteuropas diese Planungen nur begrenzt und ansatzweise umgesetzt werden. Zusammenfassend ging es um die Ausdehnung der deutschen Herrschaft bis zum Ural und danach zunächst um die Eliminierung der einheimischen Führungsschichten durch Mord, um die führerlos gewordenen Völker ihres nationalen Zusammenhalts zu berauben. Danach war die Reduzierung auch der weiteren Bevölkerung v. a. durch Hunger geplant, um über den Rest dann als beliebig ausbeutbare Arbeitskräfte verfügen zu können. Zusätzlich sollten umfangreichere Bevölkerungsverschiebungen stattfinden, in einer Reihe von besonders fruchtbaren Regionen sollten mehrere Millionen deutscher Kolonisten als „Wehrbauern" oder „Lehnsleute" angesiedelt werden (die Terminologie war bewusst romantisierend mittelalterlich gehalten). Teile der slawischen Bevölkerungen, die nach notwendigerweise recht willkürlichen Kriterien als von „arischer" Herkunft deklariert wurden, sollten dafür ins „deutsche Volkstum" assimiliert werden. Kurz gesagt, es sollte von solchen obskuren Kriterien wie „Schädelform" o. ä. abhängen, ob man zu den Herrschenden gehören durfte, oder zu den Beherrschten gehören sollte.

Auf der Ebene herrschaftlicher Kontrolle und Verwaltung wurden die östlichen Territorien schon bald nach dem jeweiligen Zeitpunkt der Besetzung in Gebiete unterteilt, die deutsch beherrschte Protektorate oder Kolonien waren: Tschechien war schon nach der Zerschlagung der Tschechoslowakei im Frühjahr 1939 das „Reichsprotektorat Böhmen und Mähren" geworden, das 1939 besetzte Polen wurde – nach Abzug von Gebieten im Westen, die dem „Großdeutschen Reich" angeschlossen wurden – das „Generalgouvernement" (der Name „Polen" verschwand), die Ukraine wurde 1941 das „Reichskommissariat Ukraine", im Norden, im Baltikum und in Belarus gab es das „Reichskommissariat Ost" und in den zeitweilig deutsch besetzten Teilen Russlands das „Reichskommissariat Moskowien", das kurzlebigste dieser Gebilde. An der Spitze standen hochrangige Funktionäre der NSDAP, der Osten stand damit nicht lediglich unter der Herrschaft des deutschen Staates bzw. seiner Armee, sondern recht spezifisch unter der der Partei. Himmlers SS spielte in diesen Ostgebieten eine eigenständige Sonderrolle neben den Zivilverwaltungen, da ihr in besonderem Maße der gewaltsame und mörderische Teil der Kolonialisierung zugedacht war. Die Wehrmacht konnte hinter der Front ebenfalls als Hilfstruppe für Repression und Mord dienen, besonders im Kontext einer unbarmherzigen Partisanenbekämpfung, hatte als Armee aber dennoch primär den Krieg zu führen, den sie dann verlieren sollte.

Im Rahmen der Partisanenbekämpfung in Belarus und der Ukraine entwickelte sich die größte und systematischste Mordaktion von allen, der Holocaust, in dessen Verlauf der weitaus größere Teil des osteuropäischen Judentums und ein großer Teil des Judentums Europas überhaupt ermordet wurde, insgesamt an die 6 Mio. Menschen. Zunächst, im Jahr 1941, fanden die Mordaktionen in Form von Massenerschießungen statt, Ende 1941 bis 1942 wurden die sechs Vernichtungslager im Bereich des besetzten Polen und Belarus errichtet und begannen ihre mörderische Tätigkeit.

Der grobe Verlauf des Krieges im Osten soll nun überblicksweise skizziert werden, da das Kriegsgeschehen besonders in der Ukraine und in Belarus eng mit den inneren Entwicklungen und Ereignissen in diesen Territorien verbunden war.

Nachdem die Sowjetunion 1939 die östlichen Teile der 2. polnischen Republik besetzt und integriert hatte, besetzte sie 1940 auch die drei baltischen Staaten und inkorporierte sie als neue Sowjetrepubliken. Dasselbe plante Stalin mit Finnland – womit ein weiteres Gebiet „zurückgeholt" worden wäre, das zum Zarenreich gehört hatte, doch hier scheiterte der sowjetische Winterfeldzug 1940 auf 1941. Finnland hielt sich, verlor allerdings seine östliche Landschaft Karelien, die bis heute zur Russischen Föderation gehört, die finnische Bevölkerung wurde ausgesiedelt.

Der deutsche Angriff am 22. Juni 1941 richte sich damit zunächst gegen die Gebiete, die erst in den beiden Jahren zuvor sowjetisch geworden waren. Das „Unternehmen Barbarossa" war die bislang größte militärische Offensive der Geschichte mit an die 3 Mio. Soldaten, die in drei Heeresgruppen auf einer Front von 1.600 km zwischen der Ostsee und den Karpaten vorrückten. Ziele waren im Norden Leningrad, im Zentrum Moskau, im Süden die Ukraine. Die Rote Armee, die zahlenmässig im Westen etwa gleich stark war und an Panzern, Artillerie und Flugzeugen sogar überlegen, war aus innenpolitischen Gründen (Stalins Säuberungen auch im Offizierskorps) völlig unvorbereitet, viele ihrer Verbände waren nicht kampfbereit. Die schnell vorrückenden Deutschen machten in kurzer Zeit große Zahlen an demoralisierten Gefangenen, die sich häufig sogar kampflos ergaben. Im September/Oktober stand die Wehrmacht im Nordosten in Nowgorod, im Osten in Smolensk auf dem Weg nach Moskau, im Südosten in Saporischja im Südosten der Ukraine. Dabei begannen die Deutschen aber, sich unter dem Eindruck widersprüchlicher Vorgaben Hitlers zu verzetteln, da einerseits das großstrategische Ziel Moskau war, andererseits aber auch die logistisch wichtigen fruchtbaren Getreideböden der Ukraine und die Ölvorkommen des Kaukasus möglichst schnell eingenommen werden sollten. Damit begann sich schon seit August der deutsche Vormarsch entgegen der Blitzkriegsplanung zu verlangsamen, größere sowjetische Verbände entgingen der Einkesselung und formierten sich neu, die deutschen Verluste nahmen zu. Dennoch gelang es der Heeresgruppe Mitte im Oktober 1941 bis auf 70 km an Moskau heranzukommen.

Die sowjetische Armee hatte sich in der Zwischenzeit moralisch stabilisiert, der Überraschungseffekt war verpufft, aus dem Osten wurden massive Verstärkungen herangezogen. Im Dezember 1941 ging die Rote Armee zum Gegenangriff über, im Unterschied zu den Deutschen mit Winterausrüstung, und entschied die Schlacht um Moskau zu ihren Gunsten. Der geplante schnelle deutsche Sieg war gescheitert.

Das „Großdeutsche Reich" und sein Herrschaftsgebiet 1942

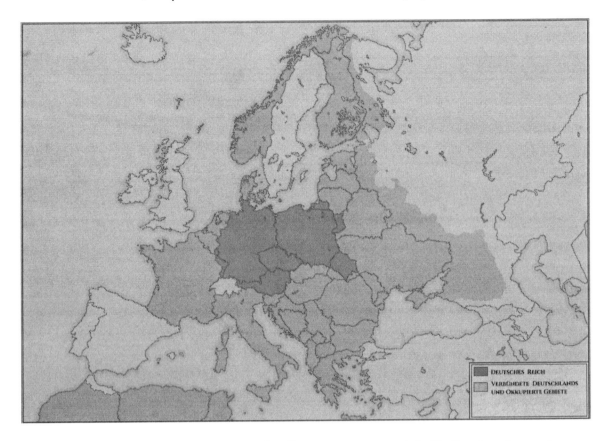

Die massiv forcierte Industrialisierung der Sowjetunion – so viele Opfer sie gekostet hatte – zahlte sich jetzt aus. Zudem lagen große Teile der rüstungsrelevanten Industrie für die Deutschen unerreichbar jenseits des Ural. Im Laufe des Jahres 1942 setzte die massive westalliierte Unterstützung in Form von Lieferungen von strategischen Gütern, Rüstungsgütern und Nahrungsmitteln ein – insbesondere aus den USA über den Pazifik und Sibirien.

Ein weiterer sowjetische Gegenstoß an der Südfront im Mai 1942 wurde allerdings zurückgeschlagen. In der Schlacht bei Charkiw in der nördlichen Ukraine wurden die sowjetischen Heeresverbände eingeschlossen, eine weitere riesige Zahl von Kriegsgefangenen resultierte daraus. In Folge eroberten die Deutschen bis Juli in der Schlacht von Sewastopol die Krim. In der folgenden Sommeroffensive 1942 konzentrierten sich die Deutschen auf die Südfront mit dem Kaukasus und Südrussland als Ziel. Dabei verzweigte sich der deutsche Vorstoß in zwei Teile, in Richtung des Kaukasus und in Richtung Stalingrads an der Wolga. Die Einnahme Stalingrads gelang zum größeren Teil – mit den bekannten für die Deutschen fatalen Konsequenzen, da die exponierten deutschen Truppen dort im Dezember 1942 eingekesselt wurden. Im Südosten gelang der Vorstoß nur bis in den Westkaukasus, die anvisierten Zentren der Ölförderung blieben außer Reichweite.

Die Deutschen hatten sich nun weit überdehnt und bekamen massive Probleme mit der logistischen Unterstützung ihrer Truppen.

Hinter den deutschen Linien in den ausgedehnten und in schneller Folge besetzten Gebieten begann ein Partisanenkrieg, der teils durch sowjetische Agenten organisiert wurde, teils aus Eigeninitiative der besetzten Bevölkerungsgruppen entstand, wozu die repressive und terroristische Besatzungspolitik der Deutschen umfangreich beitrug. Die Wehrmacht wurde dadurch in einen gnadenlosen Partisanenkrieg verwickelt, in dessen Verlauf auch Wehrmachtsverbände umfangreiche Kriegsverbrechen an der Zivilbevölkerung begingen.

Nach dem Ende der Schlacht um Stalingrad im Anfang 1943 und der Kapitulation der 6. deutschen Armee kamen die Deutschen immer mehr in Bedrängnis, es gelang ihnen aber – zunächst noch – die Front wieder zu stabilisieren. Eine letzte große Offensive in Südrussland um Kursk, das „Unternehmen Zitadelle" im Juli 1943, blieb stecken und musste unter hohen deutschen Verlusten abgebrochen werden. Die gleichzeitig, am 10. Juli beginnende Landung der Amerikaner und Briten auf Sizilien und dann in Süditalien eröffnete eine zweite Front in Europa, die die Situation der Deutschen im Osten zusätzlich problematisch machte, da dadurch Truppen von der Ostfront abgezogen werden mussten. Damit begann Mitte 1943 die endgültige Wende des Krieges an der Ostfront zugunsten der Sowjetunion. Mehrere sowjetische Offensiven im Süden drängten die Wehrmacht nach Westen zurück, darunter die Schlacht am Dnipro, womit die Rote Armee in der östlichen Ukraine wieder Fuß fasste. Ende 1943 gewann die Rote Armee Kiew zurück.

Anfang 1944 verlief die Front vom belagerten Leningrad im Norden über die Pripjet-Sümpfe mitten durch die Ukraine bis zur Krim im Süden. Kurz darauf gelang der Roten Armee die Sprengung des Belagerungsrings um das gemarterte Leningrad, die Deutschen wurden im Norden in westlicher Richtung zum Peipussee zurückgedrängt. Im Mai 1944 war im Süden die Krim wieder in sowjetischer Hand.

Am 6. Juni 1944 begann die amerikanisch-britische Landung in der Normandie, die eine dritte Front eröffnete und die deutsche Gesamtposition endgültig hoffnungslos machte. In Folge gelang der Roten Armee Juni-August '44 in der „Operation Bagration" die Zerschlagung der deutschen Heeresgruppe Mitte im zentralen Teil der Front. Die Sowjets stießen durch Belarus bis vor Warschau vor, im Süden wurde Lwiw und die Westukraine zurückgewonnen. Der weitere Verlauf des Krieges, bis zum Ende am 8. Mai 1945, fand außerhalb der jetzt wieder völlig sowjetischen Ukraine statt, so dass wir hier stoppen können.

Nach drei Jahren Kriegführung war die Ukraine neben Belarus und dem Baltikum die Region mit der größten proportionalen Anzahl von Opfern unter der Zivilbevölkerung, ca. 5 Mio. Zivilisten – darunter 1,6 Mio. im Holocaust Ermordete -, zusätzlich 3 Mio. Ukrainer, die als

Soldaten der Roten Armee gefallen waren. Mit den Opfern des Holodomor und der stalinistischen Säuberungen, den Opfern der sowjetischen Invasion in der Westukraine 1939–1941 und den Opfern des deutschen Überfalls und der deutschen Besatzungs- und Mordpolitik war die Ukraine – mit Belarus – in der ersten Hälfte des 20. Jh. der Schwerpunkt einer Reihe von humanitären Katastrophen, weshalb der amerikanische Historiker Timothy Snyder von diesem Teil Osteuropas als den „bloodlands" spricht. Die Sowjetunion insgesamt verlor ca. 10 % ihrer Bevölkerung, die Ukraine und Belarus ca. 25 %.

4. Die Ukraine als koloniales deutsches Herrschaftsgebiet (1941–1944)

Die Ukraine war wegen ihrer fruchtbaren Böden ein zentraler Teil der Gebiete, die nach dem Generalplan Ost für deutsche Kolonisierung ausersehen waren. Besonders die Krim und die nördlich angrenzenden Gebiete um Cherson waren als deutsches Siedlungsgebiet markiert ("Gotengau" – im 3.–5. Jh. n. Chr. hatten die germanischen Goten die Krim zeitweise kontrolliert). Ein Viertel der ukrainischen Bevölkerung sollte durch Hunger umgebracht werden, weitere 30 % sollten in den Osten ausgewiesen werden, der Rest sollte als verknechtete Hilfsarbeiter dienen. In der Rassenideologie der Nazis rangierten die Ukrainer ähnlich niedrig wie die Russen.

Die Nazis kamen wegen des Kriegsverlaufs zwar nicht mehr zur Weiterführung ihrer verbrecherischen Pläne, allerdings wurde die fruchtbare Ukraine massiv für Lebensmittellieferungen nach Deutschland ausgebeutet. Dabei machte man sich die Strukturen der zehn Jahre zuvor von der Sowjetunion kollektivierten Landwirtschaft zunutze, die erhalten wurde, da die Kolchosen und Sowchosen als perfekte Instrumente der Tributausbeutung dienen konnten. Die Deutschen hatten die Informationen, die ihnen in den 30ern aus der Sowjetunion zugekommen waren, aufmerksam studiert und nutzten die sowjetischen Agrarstrukturen nun für ihre Zwecke. Ein Teil der Todesopfer unter der Bevölkerung ergab sich aus dieser rücksichtslosen Ausbeutung der Agrarwirtschaft. Zusätzlich wurden etwa 1 Mio. Ukrainer im Laufe der Besatzung als Zwangsarbeiter nach Deutschland verschleppt.

Das systematische Großverbrechen, das die Deutschen sehr weitgehend durchführen konnten, war der Holocaust an der jüdischen Bevölkerung, dessen Massenerschießungen wie die von Babyn Jar bei Kiew im September 1941 hier im Osten begannen.

Im Ersten Weltkrieg war die deutsche Besatzung der westlichen Gebiete des Zarenreiches zwar insgesamt nicht auf gerade überschäumende Begeisterung gestoßen, im Vergleich zur Herrschaft des Zarenreiches schien sie aber für die Nichtrussen oft die günstigere Alternative zu sein. In Berlin hatte man während des Ersten Weltkrieges die Vorstellung gehabt, die dem Russischen Reich abgenommenen Gebiete in Zusammenarbeit mit den nationalen Unabhängigkeitsbewegungen zu eigenständigen Staaten zu machen, die aber deutsche Satellitenstaaten und ökonomisch abhängig sein sollten. Großzügig war dieses Vorhaben auch nicht gewesen, allerdings hätte ein solches 1941 wiederholtes Angebot von deutscher Seite zumindest in der Ukraine und in Belarus – wo man zuvor keine unabhängigen Staaten besessen hatte – unter den Umständen der Epoche des Zweiten Weltkrieges verführerisch sein können, zumal 1941 viele Bewohner Europas von einem deutschen Sieg und einer zukünftigen Herrschaftsstellung Deutschlands in Europa ausgehen mussten. Diesmal war der Besatzer aber nicht das Deutsche Kaiserreich, sondern Nazideutschland, das wesentlich radikalere Pläne verfolgte.

Doch auch so gab es beim Beginn der deutschen Invasion 1941 ein beträchtliches Potential der Kollaboration mit den Besatzern. Die Sowjetunion hatte sich im Verlauf der letzten 10 Jahre zu verhasst gemacht, besonders in den westlichen Teilen der Gebiete, die kurz zuvor mit beträchtlicher Gewalt und Terror sowjetisch geworden waren – für die polnische Volksgruppe hier galt das aber natürlich nicht, auch die Juden erwarteten von der neuen Besatzung nichts Gutes, anders als 1915 und 1916. Kurz vor dem Eintreffen der deutschen Angriffsspitzen hatte der NKWD noch die Zeit gefunden, mehrere Tausend von ihm Inhaftierte in den Gefängnissen zu ermorden. Ihre anfängliche „Beliebtheit", die sich allerdings schnell erledigte, verdankte die deutsche Besatzung dem verbreiteten Hass auf das sowjetische System.

Das böse Erwachen für Ukrainer und Belarussen kam schon bald, als sie merkten, dass die Deutschen für sie noch üblere Pläne hatten. Davor allerdings meldeten sich viele Belarussen und Ukrainer als Hilfspolizisten für die neuen „Reichskommissariate". Schon bald gab es örtliche Pogrome gegen jüdische Gemeinden, von den Deutschen ermutigt, noch bevor die Deutschen selbst mit ihrer systematischen Ermordung der Juden begannen. Teile der nichtjüdischen Bevölkerung vor Ort neigten ebenfalls dazu, die Juden mit dem Sowjetsystem in Verbindung zu bringen.

In der ehemals polnischen Westukraine hatte 1939–41 die Organisation Ukrainischer Nationalisten (OUN) aus dem Untergrund gegen die neue sowjetische Herrschaft operiert. Allerdings hatte sie sich 1940 gespalten, mit den beiden nun miteinander konkurrierenden Anführern Andrij Melnyk und Stepan Bandera jeweils an der Spitze: OUN – M und OUN – B. Beide Organisationen bekämpften nicht nur die Sowjets, sondern standen nun auch noch gegeneinander. Und beide hatten schon zuvor Beziehungen nach Deutschland gehabt. Beide kämpften nun auch weiter östlich in Form von Freiwilligenbataillonen an der Seite der Deutschen gegen die Sowjetunion. Auch war die OUN schon bald an der Erschießung von Juden beteiligt.

Stepan Bandera war noch in der Zeit der Polnischen Republik in der Westukraine wegen Anteil am politischen Mord am polnischen Innenminister Bronislaw Pieracki zum Tode verurteilt, dann aber zu lebenslanger Haft begnadigt worden. 1939, nach dem sowjetischen Einmarsch, wurde er unter ungeklärten Umständen aus dem Gefängnis entlassen und begab sich auf die deutsch kontrollierte Seite, um dann mit dem deutschen Einmarsch in die Westukraine zurückzukehren. Bandera und andere Führungsleute der OUN versuchten, von den Deutschen als Führungsriege eines von ihnen gegründeten ukrainischen Satellitenstaates anerkannt zu werden, nach dem Muster des slowakischen Satellitenregimes und des kroatischen Ustascha-Regimes. D.h., sie hofften auf eine relativ privilegierte Position der Ukrainer in einem künftig deutsch beherrschten Europa. Am 30. Juni 1941 proklamierte die OUN – B in Lwiw die Unabhängigkeit der Ukraine und bildete eine Regierung unter Jaroslaw Stezko, einem engen Gefolgsmann Banderas. Die Deutschen zeigten der OUN aber schnell, dass sie hier im Osten für ihre Pläne keinen noch so folgsamen Satellitenstaat brauchen konnten und deportierten Bandera, Stezko und weitere führende Mitglieder der OUN nach Deutschland ins KZ Sachsenhausen. Allerdings wurden sie dort in bevorzugter „Ehrenhaft" gehalten und konnten weiterhin brieflich mit ihren Organisationen vor Ort kommunizieren.

Der deutsche Crackdown gegen die OUN führte 1942 zu einer deutlichen Entfremdung von der deutschen Besatzung. Die OUN begann im Untergrund, eine Position zwischen den Fronten einzunehmen und führte später einen Partisanenkampf gegen Sowjets und – ansatzweise – Deutsche. Ein Flugblatt der OUN – B von '42 formulierte: „Wir wollen nicht für Moskau, die Juden, die Deutschen und andere Fremde arbeiten, sondern für uns."

Viele Ukrainer flohen vor dem von den Deutschen erhöhten Arbeitszwang auf den Kolchosen und der erzwungenen Fremdarbeiterrekrutierung in die Wälder. Partisanengruppen bildeten sich. Anfang 1943 trat die OUN – B an die Spitze der nichtkommunistisch orientierten Partisanen. Die kommunistischen Partisanen standen unter der Führung sowjetischer Agenten. Auch wurden die ukrainischen Hilfspolizisten aufgefordert, zu desertieren und sich den nationalistischen Partisanen anzuschließen. Mehrere Tausend kamen dem Aufruf nach. Die OUN – B organisierte eine Ukrainische Aufstandsarmee (UPA), die schließlich über mehrere Zehntausend Untergrundkämpfer verfügte. Besonders in den (noch) frontfernen Gebieten der Westukraine und Südpolens begann die Situation den Deutschen zunehmend zu entgleiten, zumal weiter westlich in Polen die national orientierte Polnische Heimatarmee ihren eigenen Untergrundkampf führte. Die OUN – B bzw. UPA fing an, in den Grenzgebieten zum Generalgouvernement Massaker an der polnischen Bevölkerung zu begehen, die Zahlenangaben in der Forschung schwanken zwischen 50.000 und 80.000, was sie nun mit der polnischen Heimatarmee in Konflikt brachte. Die OUN hatte sich damit aus ihrer ultranationalistischen Position heraus zwischen alle Stühle gesetzt. Mit den Deutschen hatte sie sich – verständlicherweise – überworfen, dass sie die wieder vorrückenden Sowjets auch nicht mochte, war ebenfalls nicht verwunderlich. Anstatt sich aber nun mit dem polnischen Widerstand zu verbünden, was vernünftig gewesen wäre, ging sie nun gegen die polnische Minderheit los, die sie offensichtlich weiterhin als ihren Hauptfeind vor Ort sah. Obwohl für die spätere Phase Kämpfe von UPA-Verbänden auch gegen die Deutschen bezeugt sind, richteten sich die gewaltsamen Aktivitäten der UPA vor allem gegen die Polen. Später, nach der Rückkehr der Roten Armee, führte sie einen erneuten Untergrundkampf gegen die Sowjetunion, der bis in die 50er-Jahre andauern sollte. Erst 1953 gelang es den sowjetischen Behörden, dem Untergrundkampf der ukrainischen Nationalisten ein Ende zu bereiten.

Welche genaue Rolle Stepan Bandera in seinem deutschen Exil bei alldem spielte, ist umstritten und bei derzeitiger Forschungslage unklar. Dass er aber mit der Führung von OUN – B und UPA vor Ort brieflich in Kontakt stand, ist sicher.

Die OUN – M dagegen blieb dauerhaft auf der deutschen Seite, kämpfte aber primär zusammen mit der Wehrmacht gegen die Rote Armee.

Die von den Deutschen gefangengesetzten Anführer der ukrainischen Nationalisten wurden gegen Kriegsende aus der Haft entlassen und lebten später im westeuropäischen Exil. Stepan Bandera wurde 1959 in München von einem sowjetischen Agenten ermordet.

Der 1992, nach der Unabhängigkeit der Ukraine, gegründete „Kongress Ukrainischer Nationalisten" (KUN), eine rechtsradikale und rechtsnationalistische Bewegung, die uns im späteren Zusammenhang noch beschäftigen wird, sieht sich als Nachfolger der OUN.

Die Rolle der OUN in den dreißiger und vierziger Jahren und seiner charismatische Führungsfigur Stepan Bandera stehen im Kern der Charakterisierung des heutigen ukrainischen Nationalgedankens als „faschistisch" durch die jetzige russische Propaganda. Die Tatsache, dass in der heutigen Ukraine – und schon nach der Unabhängigkeit in den 90er Jahren – Stepan Bandera in weiten Kreisen als Nationalheld und Unabhängigkeitskämpfer gilt, dass es Institutionen gibt, die nach ihm benannt sind, Straßen seinen Namen tragen, eine Reihe von Statuen aufgestellt worden sind, die ihn darstellen, scheint diesem russischen Vorwurf Recht zu geben. Auch bestätigt es oberflächlich gesehen die Kreise im Westen, die der Sichtweise des Kreml aus unterschiedlichen Gründen folgen oder zumindest im Zweifel sind, ob die heutige Ukraine unterstützenswert sei. Wir werden das Problem in den letzten Kapiteln diskutieren.

In diesem Zusammenhang noch ein weiteres Detail: Der ukrainische Gruß „Slawa Ukrajini" („Ruhm der Ukraine") mit der rituellen Antwort „Heroam Slawa" („Ruhm den Helden"), der gerade jetzt im Kontext des Krieges so prominent in Erscheinung tritt und seit 2018 offizielle Grußformel in den ukrainischen Streitkräften ist, hat eine Verbindung zur OUN. Der erste Teil „Slawa Ukrajini" geht, wie bereits bemerkt, auf ein Gedicht des ukrainischen Dichters Taras Schewtschenko zurück, des „Puschkin der Ukraine" im 19. Jh. In ukrainischen Studentenkreisen um 1900 begann er als patriotischer Ausruf prominent zu werden. In der ukrainischen Unabhängigkeitsbewegung 1917–1919, im Rahmen der Ukrainischen Volksrepublik, die definitiv politisch links orientiert war, fing man an, darauf mit „Ruhm den Kosaken" zu antworten – der Bezug auf das Kosakenhetmanat des 17. Jh., das in der Ukraine gern als frühneuzeitliche „Urform" eines ukrainischen Nationalstaates gedeutet wird. In den 30er Jahren, nun innerhalb der OUN, wurde diese Formel durch „Ruhm den Helden" ersetzt und um 1940 ritualisierter Gruß der OUN.

Die OUN – beide späteren Flügel – war ganz eindeutig eine rechtsnationalistische Bewegung mit im Lauf der Zeit immer stärker faschistischen Zügen. Bereits in der Zeit der Zugehörigkeit der Westukraine zu Polen griff sie zu terroristischen Mitteln bis hin zum Mord. Wie viele solcher Bewegungen war sie auch antisemitisch, von daher war es für die deutschen Besatzer nicht schwer, sie zur Teilnahme am Massenmord an den Juden zu bringen, auch wenn die OUN in diesem Rahmen eine eher untergeordnete Rolle gespielt hat. Ihre größten Mordaktionen waren die Massaker an ethnischen Polen im weiteren Verlauf, nachdem sie durch die auch antiukrainische deutsche Besatzungspolitik ernüchtert zu den Deutschen auf Distanz gegangen war. Antirussisch und antisowjetisch war die OUN dann wieder nach der Rückkehr der Sowjetmacht. Der Guerillakrieg, den sie bis 1953 in der wiederhergestellten Ukrainischen Sowjetrepublik aus dem Untergrund geführt, hat nochmals nach Schätzung der amerikanischen CIA ca. 30.000 Menschenleben gefordert. In diese Zahl sind allerdings die Opfer der sowjetischen Konterguerillaaktionen mit eingegangen.

Bandera war von vornherein kein unbeschriebenes Blatt. Ein gerichtlich verurteilter Mörder (bzw. Mitschuldiger an einem Mord), hat er zumindest in der ersten Phase der deutschen Besatzung die politische Verantwortung für das Handeln seiner Organisation mitgetragen. Welche Rolle er dann später, aus seiner deutschen Haft heraus, persönlich gespielt hat, ist, wie erwähnt, umstritten bis unklar. Für eine heutige Ukraine, die anstreben möchte, ein freiheitlicher Rechtsstaat zu sein, sind Bandera und die OUN mit Sicherheit mehr als problematische Bezugspunkte. Wir werden uns auch dieser Sache später im Kontext des Euromaidan von 2014 und der darauffolgenden Entwicklung noch einmal annehmen.

Es ist aber zum Abschluss des Kapitels festzuhalten, dass die jetzige russische Sichtweise der Dinge in Hinblick auf die Ukrainer in der Zeit des Zweiten Weltkriegs als Ganzes die historische Realität grob verzerrt und entstellt. Das heutige offizielle und offiziöse Russland hat in Fortführung sowjetischer Interpretationen die starke Tendenz, den Kampf gegen Nazideutschland vor allem als russische Leistung zu sehen. Dementsprechend wird dem jetzigen Russland zugesprochen, der antifaschistische Staat schlechthin zu sein. Es werden ganz besonders die russischen Leiden und Entbehrungen im Zweiten Weltkrieg herausgehoben, die anderen Völker der damaligen Sowjetunion werden in dieser Sichtweise zu bestenfalls Statisten und schlimmerenfalls Kollaborateuren degradiert. Den Ukrainern besonders fällt auf dieser Bühne die Rolle der pauschalen Helfershelfer der Deutschen zu. Der ukrainische Nationalgedanke ist in dieser Lesart per se Faschismus, damals wie heute.

Dass die Bevölkerung von Belarus und der Ukraine die proportional größte Last an Todesopfern zu beklagen hatte, mag zunächst der Tatsache geschuldet sein, dass die deutschen Invasoren durch den Kriegsverlauf bedingt weniger Gelegenheit bekamen, ihre Pläne auch in Russland durchzuführen. Dennoch bleibt das Faktum bestehen. Die Mehrzahl der Ukrainer, die in diesem Krieg mit einer Waffe in der Hand kämpften, taten das gegen die Invasoren und für die Sowjetunion, die ein großer Teil der Ukrainer mit Sicherheit nicht liebte – und viele Russen eigentlich auch nicht –, die aber angesichts des Charakters der deutschen Besatzung als kleineres Übel erscheinen musste. Sie taten das im Rahmen prosowjetischer Guerilla und vor allem als Soldaten der Roten Armee, von vornherein und dann verstärkt seit 1943, als die Sowjetunion in der Ukraine wieder Fuß fasste und dort erneut Wehrpflichtige rekrutieren konnte. Insgesamt kämpften 6–7 Mio. Bewohner der Ukraine in der Roten Armee, allerdings waren natürlich nicht alle davon ethnische Ukrainer. Etwa 1 Mio. sowjetischer Bürger unterschiedlicher Nationalitäten kämpften auf Seiten der Deutschen, davon etwa ein Viertel Ukrainer, Russen waren auch darunter.

Die alljährliche Feier zum 9. Mai in Russland, die den nationalrussischen Aspekt betont und die im Kontext des jetzigen ukrainisch-russischen Krieges in Verbindung mit der russischen Deutung von „Antifaschismus" einen klar anti-ukrainischen Rahmen erhalten hat, ist damit eine äußerst problematische politische Funktionalisierung der Erinnerung an den 2. Weltkrieg. Übrigens hat auch die unabhängige Ukraine von 1991 an Erinnerungsveranstaltungen zum 9. Mai abgehalten und sich damit in ihrer historischen Erinnerungskultur eindeutig auf sowjetischer Seite positioniert – Stepan Bandera hin oder her.

Bei uns in Deutschland herrscht in Bezug auf Russland herkömmlich eine seltsame Gespaltenheit. Einerseits bezieht sich die weiter existierende Herablassung gegen vermeintlich weniger zivilisierte Osteuropäer („polnische Autodiebe", „russische Zuhälter", „ukrainische Prostituierte" etc.) natürlich auch auf Russland („russische Mafia"), andererseits wird aber gerade Russland – im Unterschied zu anderen Osteuropäern – ebenso herkömmlich auch positiv mystifiziert und idealisiert („großes Kulturvolk", „tiefe russische Seele"). Nicht Wenige bei uns haben die Angewohnheit, jenseits des Verantwortungsgefühls in Bezug auf den Holocaust, das schlechte Gewissen im Hinblick auf Osteuropa vor allem auf Russland hin zu lenken und in diesem Bereich ganz besonders die Russen als die spezifischen Opfer des Angriffs unserer Vorfahren zu sehen. Die Russen hat es auch getroffen, aber bei weitem nicht alleine. Der Generalplan Ost der Nazis machte da keine Unterschiede. Von dem Gedanken heutiger historischer Verantwortung her ergibt sich jedenfalls kein spezifisch besonderes Verantwortungsgefühl nur für Russland, unabhängig von dem, was das heutige Russland tut oder lässt schon gar nicht. Das Deutsche Reich hat die Sowjetunion angegriffen, nicht lediglich Russland. Umgekehrt gibt es bei uns herkömmlich die fatale Neigung, die gleichzeitig weiter dauernde Verächtlichkeit gegenüber Osteuropa dafür verstärkt den anderen damals betroffenen Osteuropäern zukommen zu lassen, die wir eher nicht als „große Kulturvölker mit tiefer Seele" sehen und die, weil weniger mächtig, von uns auch weniger ernst genommen werden. Und günstiges Erdgas haben sie uns auch nicht geliefert. Und wenn man weiterhin politisch links im Sinne von marxistisch positioniert ist und der Sowjetunion als der doch irgendwie guten „Arbeitermacht" nachtrauert und den politischen Phantomschmerz ausgerechnet auf den rechtsautoritären und äußerst nationalistischen russischen Staat Wladimir Putins projiziert, dann glaubt man der Geschichte von der allzeit faschistischen Ukraine umso leichter. Haben doch die reaktionären anderen Osteuropäer, die erzkatholischen Polen, die korrupten ukrainischen Bandera-Fans, die obskuren Balten, die sowieso keiner kennt, der großen Sowjetunion den Dolch in den Rücken gerammt und sind zu Kapitalismus und NATO übergelaufen! Eine sich selbst als progressiv sehende deutsche Erinnerungspolitik und mögliche politische Schlussfolgerungen aus ihr für hier und jetzt könnten aufmerksamer und differenzierter sein.

VI. Die ganze Ukraine als Teil der späteren Sowjetunion

1. Die Sowjetunion kehrt zurück – die weitere Geschichte der Ukrainischen Sozialistischen Sowjetrepublik im Rahmen der späteren UdSSR (1944–1985)

1943/44 gewann die Sowjetunion die Ukraine zurück, die Strukturen der Ukrainischen Sozialistischen Sowjetrepublik wurden wieder errichtet. Das Land war im Kontext der Ereignisse der letzten Jahre in beträchtlichen Teilen verwüstet. Wenn man die Ereignisse in der Westukraine seit 1939 einbezieht, waren 6–7 Mio. Menschen ermordet worden, verhungert, deportiert oder als Flüchtlinge außer Landes gegangen. Die herkömmlich große jüdische Bevölkerungsgruppe existierte nach dem Holocaust nur noch in kleinen Resten von Überlebenden.

Dennoch zog noch kein wirklicher Friede ein. Vom noch bis 1953 dauernden Untergrundkampf der OUN war bereits die Rede gewesen. Aber auch das zurückgekehrte sowjetische Regime war der Meinung, eine Reihe von Rechnungen begleichen zu müssen und tat das in gewohnt pauschaler und willkürlicher Weise. Und am radikalsten tat es das auf der Krim.

Das Russische Reich hatte nach seiner Eroberung der Krim im späteren 18. Jh. zwar größere Gruppen russischer, ukrainischer und weiterer Siedler auf die Halbinsel geschickt, aber die starke krimtatarische Bevölkerungspräsenz war zuerst noch bewahrt geblieben. Erst im Laufe des 19. Jh. wurde im Kontext sprachlicher und religiöser Assimilationspolitik die Position der turksprachigen und muslimischen Krimtataren schwieriger. Viele wanderten ins Osmanische Reich ab, die krimtatarische Bevölkerungsgruppe kam in die Minderheit. Die Politik der Korenisazija in der frühen Sowjetunion im Verein mit der Position der Krim als autonomer Teilrepublik innerhalb der russischen Sowjetrepublik stabilisierte die Situation auch der Krimtataren wieder. Noch 1936, als die Schraube repressiver Nationalitätenpolitik langsam wieder angezogen wurde, war die Krim nach den offiziellen sowjetischen Angaben selbst ein ausgesprochen multiethnisches Territorium: 43 % Russen (registriert wurde russische Muttersprache), 10 % Ukrainer, 7,4 % Juden, 5,7 % Deutsche und 23,1 % Tataren von einer Gesamtbevölkerung von 875.100, also 202.000 Krimtataren.

Die Zurücknahme von zentralen Teilen der liberalen Nationalitätenpolitik traf die muslimischen Tataren, auf der Krim die zweitgrößte Volksgruppe nach der russischsprachigen, in besonderem Maß: Die eigenständigen Kultureinrichtungen der Tataren wurden als erste verboten. Die Sprache, bei deren Schreibung vorher von der arabischen Schrift auf die lateinische umgestellt worden war, musste nun in kyrillischem Alphabet geschrieben werden.

Als die Deutschen 1941 auch die Krim besetzten, stellten sich große Teile der Tataren offen auf ihre Seite. Etwa 20.000 Krimtataren stellten sich als Freiwille der Wehrmacht zur Verfügung, später wurde aus tatarischen Freiwilligen eine Brigade der Waffen-SS gebildet. Tatarische Einheiten wurden vom Sicherheitsdienst (dem inneren Geheimdienst der SS) zur rückwärtigen Sicherung in den Gebieten hinter der Front und zur Partisanenbekämpfung eingesetzt. Allerdings gab es auch Tataren innerhalb der sowjetischen Partisanenbewegung. Die Volksgruppe war, wie alle anderen Volksgruppen auch, politisch gespalten.

Im Mai 1944 gelang der Roten Armee die vollständige Rückeroberung der Krim. Kurz darauf wurden innerhalb weniger Tage etwa 190.000 Menschen – fast die ganze Volksgruppe – in Güterzügen nach Zentralasien deportiert (v.a. Usbekistan, wo noch heute etwa 100.000 Krimtataren leben). Die Bedingungen des langen Transports in Güterwaggons und der Neuansiedlung an den Zielorten waren fürchterlich, zwischen 20 % und 45 % der Deportierten starben auf dem Transport oder innerhalb der ersten Zeit am Zielort. Erst am Ende der Sowjetzeit, in den späten 80er Jahren in der Zeit der Reformen Gorbatschows, wurde auch den Krimtataren die Rückkehr erlaubt. Insgesamt kehrten etwa 266.000 Menschen auf eine nun ziemlich veränderte Krim zurück.

Ebenso traf es auch die ethnischen Deutschen, die allerdings auf der Krim und sonst in der Ukraine nur eine kleine Minderheit ausgemacht hatten. Zusammen mit der wesentlich größeren Gruppe der Wolgadeutschen wurden sie nach Kasachstan deportiert.

Nach dem Krieg löste das sowjetische Regime auch das „Polenproblem" in der Westukraine endgültig. Das war umso leichter, da mit Zustimmung der westlichen Alliierten das wiederhergestellte Polen nach Westen „verschoben" wurde, die Sowjetunion behielt die 1939–1940 annektierten Gebiete Vorkriegspolens und der baltischen Staaten. Dafür gewann Polen die Gebiete Deutschlands östlich der Oder-Neiße-Linie. Zugleich wurde Polen, das ja schon unter sowjetischer Militärbesatzung stand, in der 2. Hälfte der 40er Jahre einer der neuen kommunistischen Satellitenstaaten und kam damit als Teil des neuen „Ostblocks" auch unter die politische Oberherrschaft der Sowjetunion. Zusätzlich zu den ethnischen Polen, die schon 1939–1941 aus der Westukraine deportiert worden waren und denjenigen, die vor der versuchten ethnischen Säuberung durch die OUN und später vor der vorrückenden Roten Armee nach Westen geflohen waren, wurden 1944 und 1945 noch einmal über 1 Mio. Polen aus den sowjetischen Teilrepubliken Litauen, Belarus und Ukraine ins verkleinerte Polen deportiert, viele von ihnen wurden in den neuen polnischen Gebieten im Westen und Norden angesiedelt, in denen bis kurz zuvor deutsche Bevölkerung gelebt hatte. Zugleich wurde die ukrainische Minderheit, die zuerst noch westlich der jetzt endgültigen polnisch-sowjetischen Grenze geblieben war, in die sowjetische Ukraine übergesiedelt. Es fand also ein großangelegter Bevölkerungsaustausch zwischen der Sowjetunion und ihrem neuen polnischen Satelliten statt. Polen wurde so zum ersten Mal in seiner Geschichte ein fast rein ethnisch polnischer Staat, zumal auch hier die jüdische Bevölkerung fast völlig verschwunden war. In der Ukraine gab es nur noch Ukrainer, Russen und verschiedene sehr kleine Minderheitengruppen. Die Westukraine war rein ukrainisch geworden, Lwiw ist heute eine Stadt, in der es fast nur ethnische Ukrainer gibt. Die OUN hätte es nicht vollständiger machen können.

Seit 1946 gab es mehrere Kampagnen des Zentralkomitees der Kommunistischen Partei gegen den „bürgerlichen ukrainischen Nationalismus" und die „feindliche nationale bürgerliche Ideologie", was aber in der Sowjetunion seit Stalin nie auf den russischen Nationalgedanken angewendet wurde. An die 10.000 Personen wurden nach Sibirien deportiert. Es traf überwiegend Angehörige der intellektuellen und kulturellen Führungsgruppen: Historiker, Literaturwissenschaftler, Komponisten, Schriftsteller, natürlich überwiegend Ukrainer, zum Teil auch Juden, gegen die in den letzten Jahren Stalins eigene Kampagnen wegen „bürgerlichem Nationalismus" alias „Zionismus" stattfanden. Der „Sowjetpatriotismus" wurde, auch in Reaktion auf den Krieg, immer stärker russisch aufgeladen, das „große russische Volk" wurde häufig offen gepriesen, schon im Schulunterricht. Ukrainischsprachiger Schulunterricht, wo es ihn noch gab, wurde verstärkt auf die Grundschule beschränkt. Zar Alexander III. – der reaktionäre Vater Nikolaus II. – wäre stolz auf seinen roten georgischen Nachfolger gewesen. Grundsätzlich änderte sich an dieser kulturpolitischen Situation bis zu Gorbatschows Reformen nicht mehr viel, Phasen eines relativen Tauwetters und Phasen der Verschärfung wechselten sich ab. „Russisch" war nun endgültig mit „loyal" und „sozialistisch" verbunden, seine Minderheitennationalität zu betonen dagegen war tendenziell „illoyal" und „bourgeois". Grundsätzlich war man im Verhältnis zwischen der russischen Nationalität und den anderen Nationalitäten wieder in der Zeit vor der ersten russischen Revolution vor 1905 angelangt, nur verfügte der neue Staat über einen totalitären Apparat und ein allgemeines Schulwesen, was dem alten Russischen Reich beides nie zur Verfügung gestanden hatte.

1945 konnte Stalin es durchsetzen, dass bei der Gründung der Vereinten Nationen neben der UdSSR auch die Belarussische Sozialistische Sowjetrepublik und die Ukrainische Sozialistische Sowjetrepublik als eigenständige Mitglieder in die UNO aufgenommen wurden, als wären es souveräne Staaten. Die Sowjetunion war damit in der UNO gleich dreimal vertreten, wenn auch nur in der Generalversammlung und nicht in der ständigen Mitgliedschaft im Sicherheitsrat. Interessanterweise waren damit gerade die beiden „Brudervölker" im Rahmen der „großen Rus" zusammen mit der Sowjetunion als Ganzer zu UN-Weihen gekommen. Dass damit implizit die Sowjetunion als ganzes mit Russland gleichgesetzt wurde, war den meisten internationalen Betrachtern wohl kaum bewusst.

Nach dem Tod Stalins 1953 setzte sich im Rahmen eines internen Machtkampfes Nikita Chruschtschow als erster Mann des Regimes durch, als Erster Sekretär des Zentralkomitees der KPdSU. Entgegen einer verbreiteten Vorstellung war Chruschtschow kein ethnischer Ukrainer, baute aber im Lauf seines Lebens eine enge Beziehung zur Ukraine auf. Er wurde in der Umgebung von Kursk in Südrussland in eine bäuerliche Familie geboren. 1908, als Chruschtschow 14 Jahre alt war, siedelte seine Familie ins Industrierevier des Donezkbeckens (Donbas) in der Ostukraine um, wo sein Vater Arbeit als Bergarbeiter fand. Chruschtschows Familie gehörte also zu den russischen Einwanderern, die im Zuge der Industrialisierung in den Donbas kamen. Der junge Nikita machte eine Lehre zum Maschinenschlosser, arbeitete eine Zeit lang ebenfalls im Bergbau und trat in die Gewerkschaft der Bergleute ein. Darüber fand er den Weg zu den Bolschewiki, 1918 trat er der Kommunistischen Partei bei. Nach einer weiterführenden theoretischen Ausbildung an einer der neuen Arbeiterfakultäten begann sein Aufstieg im Rahmen der Parteiorganisation, zunächst noch vor Ort in Donezk, später in Kiew. Stalin wurde auf ihn aufmerksam und holte ihn nach Moskau. Da er mit der Ukraine vertraut war, beorderte ihn Stalin aber wiederholt dorthin zurück. So überwachte er 1939/40 die Eingliederung der bis dahin polnischen Westukraine in die UdSSR. Während des Krieges war Chruschtschow aktiver Offizier und diente in verschiedenen Funktionen als Verbindungsmann zwischen den Heeresführungen an der Südwestfront und der politischen Führung. Unter anderem war er für die Organisation des Partisanenkampfes in der Ukraine zuständig. Nach dem Krieg war er mit dem Wiederaufbau in der Ukraine befasst, um seit 1949 endgültig Mitglied des ZK in Moskau zu werden.

Am 18. Januar 1954, also nicht lange, nachdem Chruschtschow die neue Spitzenfigur der Sowjetunion geworden war, jährte sich der Abschluss des Vertrags von Perejaslaw zum 300sten Mal. Also der Vertrag, den die Rada der Saporoger Kosaken mit dem Hetman Bohdan Chmelnyzkyi an der Spitze mit dem russischen Zaren Alexej I. geschlossen hatte, dem Vater Peters des Großen, und in dessen Kontext die Kosakenrada dem Zaren den Treueid geschworen hatte – der Beginn russischer Machtposition auf dem Gebiet der Ukraine.

Das Jubiläumsdatum, auf das sonst wahrscheinlich außer ein paar Historikern niemand geachtet hätte, wurde nun unter der Leitung des Ukraine-Spezialisten Chruschtschow zum großen Event mit offiziellen Feierlichkeiten gemacht. Das ZK der KPdSU ließ in der Prawda „Thesen zum 300. Jahrestag der Wiedervereinigung der Ukraine mit Russland" veröffentlichen. Damit wurde die Sicht nationalrussischer Historiker auf die Ereignisse des 17. Jh. die amtliche sowjetische: Der Vertrag zwischen Zar und Kosakenrada begründete die unauflösliche Verbindung beider Rus-Brudervölker. Dementsprechend habe es sich um eine nationale Wiedervereinigung nach dem Auseinanderbrechen der Kiewer Rus durch die mongolische Invasion und der „künstlichen" Zugehörigkeit der Ukraine zu Polen-Litauen davor gehandelt. Da sich das alles in der Sowjetunion abspielte, wurde nicht versäumt, auch auf die „klassenkämpferischen" Aspekte der historischen Ereignisse hinzuweisen, nämlich den Aufstand der Kosaken gegen den polnischen Adel und den Bauernaufstand, der damit verbunden gewesen war. Dass der Hetman Chmelnyzkyj von seiner väterlichen Herkunft her ein polnischer Adliger gewesen war, war natürlich nur ein unwesentliches Detail.

Darauf traf der Oberste Sowjet – natürlich auf Wink der Parteiführung hin – einen Beschluss, der im damaligen sowjetischen Kontext lediglich eine administrative Umorganisation war, der aber in der heutigen offiziellen russischen Sichtweise der ultimative nationalrussische Sündenfall Chruschtschows ist: Die Krim, bislang eine territorial mit Russland nicht verbundene Exklave der Russischen Sowjetrepublik, wurde an die Ukrainische Sowjetrepublik angeschlossen. Das hatte zum einen praktische Gründe, da nach dem Ausbau der Infrastruktur die Krim nun verkehrstechnisch eng mit der Ukraine verbunden war und das neue territoriale Arrangement die Dinge verwaltungstechnisch erleichterte. Im Rahmen der Jubiläumsfeierlichkeiten für Perejaslaw und der ideologischen Interpretation der gefeierten historischen Ereignisse aber gewann die Gebietsübertragung auch symbolische Bedeutung: Nach der nun auch parteiamtlichen russischen Deutung, mit dem Vertrag von Perejaslaw und dem Treueid auf den Zaren 1654 sei die Ukraine – auch in der russischen Deutung stehen die Kosaken des 17. Jh. für die Ukraine – eine ewige und unauflösliche Verbindung mit Russland eingegangen. Als Gegengeschenk Russlands – und als Belohnung für ihre Treue und Unterpfand ihrer weiteren Loyalität – erhielt die Ukraine nun die Krim. Dabei steht aber natürlich immer der unausgesprochene Gedanke im Hintergrund, die Krim sei „eigentlich" russisch und ukrainisch nur auf Probe, solange die Ukraine zu ihrer historisch geheiligten Verbindung mit Russland steht. Wenn nun das Russland Wladimir Putins – entgegen der völkerrechtlich bindenden Anerkennung der Grenzen der unabhängigen Ukraine, die Russland mehrmals ausgesprochen hat – der Meinung ist, die Krim hätte eigentlich nach der ukrainischen Unabhängigkeit 1991 zu Russland zurückkehren müssen, so folgt man damit der Logik: Ich verlobe mich mit jemandem und überreiche meinem Verlobungspartner einen Ring, wenn der Partner dann die Verlobung löst und sich von mir trennt, kann ich den Ring zurückfordern.

Chruschtschow ist jetzt deshalb in der Propaganda Putins der postume Prügelknabe, allerdings verdient er das nicht so wirklich, denn er würde vermutlich die Sache in der jetzigen Situation nach dem Ende der Sowjetunion ähnlich interpretieren wie Wladimir Putin. „Nationalen Ausverkauf" hat er damals aus seiner eigenen Sicht wohl nicht betrieben. Was Nikita Chruschtschow mit der Übereignung der Krim an die Ukrainische Sowjetrepublik wohl wollte – neben den pragmatischen administrativen Gesichtspunkten – war die symbolische Unterstreichung der ewigen nationalen Verbundenheit zwischen Russland und der Ukraine im Rahmen der Jubiläumsfeierlichkeiten für den historischen Vertrag, mit dem diese Beziehung begonnen hatte. Und das nachdem die deutsche Besetzung der Ukraine diese Verbindung zeitweilig gelöst hatte, in der Ukraine ein unbeschreibliches Chaos zwischen pro- und antisowjetischen Kräften geherrscht hatte und erst im Jahr zuvor der nationalukrainische Widerstand der OUN endgültig zerschlagen worden war. Unterschwellig mag auch der Gedanke eine Rolle gespielt haben, dass die Übereignung der Krim ein „Trostpflaster" für die in der Ukraine erlittenen Katastrophen sein sollte. Chruschtschow stand der Ukraine aus seiner Vertrautheit mit ihr heraus durchaus freundlich gegenüber, aber er tat das in seiner Position als Sowjetführer und ethnischer Russe und nicht als ukrainischer Nationalist, der er nicht war.

Die weitere Entwicklung der Sowjetunion als Ganzes brauch in unserem Zusammenhang bis zum Beginn der Periode Gorbatschow 1985 nur zusammenfassend skizziert zu werden: 1953 begann die „zivile" spätere Phase der sowjetischen Geschichte. Weder der revolutionäre noch der stalinistische Terror kehrten zurück. Das System des Gulags wurde zurückgebaut, verschwand allerdings nie ganz. Politische Häftlinge, die es in weitaus geringerer Zahl gab, wurden jetzt oft in gewöhnlichen Gefängnissen interniert oder – eine Neuerung der Breschnew-Zeit – in psychiatrische Anstalten eingewiesen. Das folgte der Logik, dass jemand, der nicht einsehen wollte, dass die Sowjetunion der Weg von Vernunft und Fortschritt war, wohl nicht ganz zurechnungsfähig sein konnte. Die Zeit Breschnews seit 1964 brachte eine gewisse „Restalinisierung" mit wieder umfangreicherer Repression gegen Dissidenten und seit 1972 auch in der Ukraine wieder größeren Einschränkungen der durchgehend beschränkten „Kulturautonomie" und forciertere sprachliche Russifizierung. Grundsätzlich aber konnte auf wirklich großen Terror auch weiterhin verzichtet werden. Die Sowjetunion schien ein sehr stabiles System geworden zu sein, das sich, oberflächlich gesehen, großer Legitimität unter weiteren Bevölkerungskreisen zu erfreuen schien – besonders in der russischen Kernrepublik. Auch bot das Sowjetsystem seinen Untertanen nach erfolgreicher Industrialisierung und Stabilisierung der Erträge der kollektivierten Landwirtschaft längere Zeit einen gewissen bescheiden Wohlstand und Konsum. Da – anders als in der DDR – die Masse der Bevölkerung kaum die Möglichkeit hatte, ihre Lebenssituation mit der im Westen zu vergleichen, gab es bis in die 80er Jahre hinein auch keine Irritationen durch einen solchen Vergleich. Gemessen an der Situation der frühen Phase des Regimes in den 20er und 30er Jahren und auch der des Zarenreiches, konnte die Entwicklung im ökonomischen Bereich von den 50er bis zu den 70er Jahren klar als Fortschritt begriffen werden. Bis zum Ende der 60er Jahre war die gesamte Bevölkerung mehr oder weniger alphabetisiert, Zugang auch zu höherer Bildung war für breitere Schichten zugänglich, wenn auch nicht in so egalitärer Weise, wie gerne verkündet wurde. Allerdings war diese Bildung sehr forciert einseitig pragmatisch technisch und naturwissenschaftlich orientiert, die Sozial- und Humanwissenschaften standen zu sehr unter ideologischen Vorgaben, als dass die Sowjetgesellschaft – im Unterschied zum Zarenreich – hier brillieren konnte. Zugleich bedeutete Bildung natürlich auch immer Indoktrination. Von daher hielt sich auch der Spielraum literarischer Schöpferischkeit in engen Grenzen, besonders in den nichtrussischen Sprachen. Eine Blütezeit der Literatur – egal in welcher Sprache – war die Zeit der Sowjetunion nach den 20er Jahren nicht. Die interessantesten Literaten der Epoche waren Dissidenten, die von der Repression getroffen wurden oder die man nach dem Ende der stalinistischen Ära ins westliche Exil trieb.

Zugleich verlor das Regime auch immer stärker seinen revolutionären Charakter, in der Praxis wie in der ideologischen Verkündigung. Die Entwicklung im Westen nach dem Zweiten Weltkrieg zeigte immer deutlicher, dass der Kapitalismus seine Krisenzeit der 20er und 30er Jahre überwunden zu haben schien und keineswegs seinem Untergang zusteuerte. Eine von der Sowjetunion angeführte „Weltrevolution", die für Lenin so nah gewesen zu sein schien, rückte in utopische Fernen. Die entsprechenden propagandistischen Formeln wurden immer leerer und ritualisierter. Spätestens unter Breschnew war die Sowjetunion ein sehr konservativer Staat geworden, in dem die Funktionärselite vor allem auf Besitzstandswahrung bedacht war und primär das System am Laufen halten wollte. Auch gesellschaftliche Ordnungsvorstellungen wurden immer konservativer: Die Ansätze zur Emanzipation der Frau, die das frühe sowjetische Regime vertreten hatte, versandeten, die nun propagierte Familienideologie war traditionell, die verkündete Sexualmoral repressiv, wozu noch kam, dass das Regime mit der Antibabypille nicht viel anfangen konnte. Als in der Glasnost-Ära seit 1985 die sowjetische Gesellschaft mit dem westlichen Konzept von „Sex" weiter bekannt gemacht wurde, bildete sich in der Bevölkerung der selbstironische Spruch „Es gibt keinen Sex in der UdSSR!". Von daher ist es natürlich für heutige überzeugte marxistische Sozialisten primär die frühe, vorstalinsche Phase des Sowjetsystems, die als „sexy" gilt.

Für die grundsätzliche strukturelle Geschichte der Ukraine in der Zeit der späteren Sowjetunion ist zentral, dass die sprachliche Russifizierung im Osten, Südosten und Süden des Landes noch einmal deutlich zunahm. Das geschah durch weitere russische Zuwanderung – nach der Deportation der Krimtataren 1944 gab es einen weiteren Schub russischer Kolonisation auch auf der Krim – und durch zunehmende sprachliche Assimilation vorher ukrainischsprachiger Bevölkerungsgruppen gerade im Kontext weiterer Industrialisierung und Verstädterung. Auch in der Zentralukraine nahm der Anteil rein russischsprachiger Bevölkerung zu, im Westen wurde die Bevölkerung zumindest zweisprachig – hier war das Russische vor 1939 ja niemals gesprochen worden. Dabei ist allerdings auch gerade im Hinblick auf heute die Kernfrage, in welchem Umfang russische Muttersprache oder primär russische Sprache auch russische Selbstidentifikation bedeutete bzw. bedeutet. Auch englischsprachige Iren oder Schotten – also heute die meisten – sind nicht Engländer, nur weil die Sprache der Engländer auch ihre Muttersprache geworden ist – übrigens ist das auch auf den Britischen Inseln das Ergebnis einer Geschichte imperialer Dominanz. Allerdings dürften sich unter den Bedingungen der Sowjetunion auch viele rein russischsprachige Bewohner der Ukraine, die kein sicheres Wissen russischer Herkunft hatten, tendenziell als Russen identifiziert haben, da das die faktisch statushöhere und „erwünschtere" kulturelle und sprachliche Identifikation war. Die ukrainische Unabhängigkeit 1991 hat diese Rahmenbedingungen aber umgedreht – das wird noch zur Sprache kommen.

Auch im ökonomischen Bereich wurde der Unterschied zwischen West und Ost innerhalb der sowjetischen Ukraine eher prononcierter, da das primäre Industrierevier der Osten bzw. Südosten blieb. Die Westukraine blieb relativ stärker agrarisch bestimmt und blieb damit ärmer. An diesem Ost- Westunterschied in kulturell-sprachlicher und ökonomischer Hinsicht sollte sich bis zum Maidan 2014 nichts Grundsätzliches verändern.

Die relative kulturelle Tauwetterphase unter Chruschtschow führte zum ersten Aufblühen ukrainischsprachiger Literatur seit den 20er Jahren, auch wenn die Zensur der Behandlung strikt zeitgenössischer Themen in dieser Zeit ebenfalls Grenzen zog. Später, in den „bleiernen" 70ern, wurden eine Reihe ukrainischschreibender Autoren fast automatisch zu Dissidenten. Eine Stütze kultureller und spezifisch ukrainischer Dissidenz war die im Untergrund weiterexistierende Griechisch-Katholische Unionskirche, die sich formal auch im Westen, in ihrem herkömmlichen Verbreitungsgebiet, der unter strikter Moskauer Kontrolle stehenden Orthodoxen Kirche hatte anschließen müssen. Römische Katholiken gab es nach der Deportation der polnischen Bevölkerungsgruppe in das nach Westen verschobene Nachkriegspolen kaum mehr.

Nato und Warschauer Pakt vor dem Ende des östlichen Bündnisses 1990/91

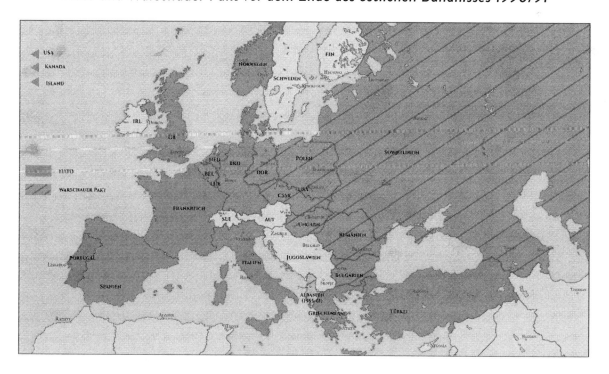

2. Gorbatschows Perestroika und die finale Krise der Sowjetunion (1985–1990)

Fast zwei Jahrzehnte lang, von 1964–1982, war Leonid Breschnew als Generalsekretär der KPdSU der Oberverwalter der stagnierenden sowjetischen Stabilität gewesen. Breschnew hatte – vergleichbar mit dem von ihm gestürzten Vorgänger Chruschtschow – ebenfalls Jugenderfahrungen in der Ukraine. Denn auch er entstammte der russischsprachigen Arbeiterschaft der Ostukraine, geboren 1906 als Sohn eines Metallarbeiters in Kamenskoje, etwa 35 km westlich von Dnjepropetrowsk (russisch), dem heutigen Dnipro (ukrainisch).

Die Revolution von 1917 und die Durchsetzung der Herrschaft der Bolschewiki hatten in Russland zu einem weitreichenden, oft gewaltsam vollzogenen Austausch der Eliten geführt. Hatte in der früheren Phase der Revolution der russische Adel Dominanzposition und Besitz verloren, so geschah unter den Bolschewiki dasselbe mit dem Bürgertum. Daher entstammte die erste Generation der Funktionärskader in Partei und Staat tatsächlich sehr häufig der Arbeiterschaft, auch wenn z.B. Lenin selbst von Herkunft und Bildungsprofil definitiv bürgerlich war. Allerdings neigte die privilegierte Statusgruppe der Funktionäre wie viele Eliten dazu, sich in den folgenden Generationen faktisch erblich zu machen, d.h., Kinder von Funktionären hatten weit überproportionale Chancen, selbst Funktionäre zu werden. Da die Ostukraine mit dem Donbas eines der wichtigsten Industrierevire schon des späten Zarenreiches und dann der Sowjetunion war, gab es unter den in sprachlicher und ethnischer Hinsicht russischen Sowjetkadern nicht wenige, die in der Ostukraine geboren und aufgewachsen waren, ohne sich aber als ethnische und sprachliche Ukrainer zu sehen.

Diese enge Verbindung von Teilen der russischsprachigen und sich ethnisch als russisch identifizierenden Sowjetkader mit der Ukraine im territorialen – aber nicht nationalen! – Sinne, ist einer der Hintergründe für die heutige russische Tendenz, die Ukraine durch eine russische Linse zu sehen und sie als „russisch" wahrzunehmen.

Nachfolger Breschnews nach dessen Tod im November 1982 wurde nach kurzer interner Diskussion der 69-jährige Juri Andropow, der als Chef des KGB bereits eine hervorragende Startposition für die Nachfolge gehabt hatte. Allerdings war Andropow bereits bei Herrschaftsantritt schwer krank und später so gut wie handlungsunfähig. Als er im Februar 1984 nach nur 15 Monaten an der Spitze der Sowjetunion starb, hievte der innere Machtzirkel einen weiteren engen Gefolgsmann Breschnews auf den Schild, den 72-jährigen Konstantin Tschernenko, der allerdings auch bereits krank war und im März 1985 starb. In der Bevölkerung sprach man verächtlich von der „Gerontokratie".

Diese beiden kurzen Regentschaften waren charakteristisch für das stagnierende und primär bewahrend denkende System der späten Sowjetunion. Es war eigentlich klar, dass es nicht sehr sinnvoll war, zweimal nacheinander einen bereits alten und schwerkranken Mann auf einen

Thron zu hieven, auf dem man sich gewöhnlicherweise deutlich länger hielt, als bei vielen demokratisch gewählten und parlamentarisch verantwortlichen Regierungschefs üblich. Und das schon gar nicht in einer Zeit, in der es immer erkennbarer wurde, dass sich die Sowjetunion massiv würde reformieren müssen, wenn sie weiter bestehen wollte. Aber beide, Andropow und Tschernenko, waren enge Gefolgsleute Breschnews gewesen und damit tief eingegraben in die innere Gruppe der Mächtigen, Andropow im KGB, Tschernenko in der Parteibürokratie. Beide vertraten die herkömmlichen Kader der inneren Macht und beide standen für Kontinuität.

Die forcierte Industrialisierung der 30er Jahre und ihre beträchtlichen Erfolge sowie der parallel dazu erfolgte massive Ausbau der ganzen Infrastruktur hatte auch im westlichen Ausland große Beachtung gefunden. Bis hinein in die liberale Mitte gab es damals Beobachter, die anfingen zu grübeln, ob das neue staatssozialistische System der Sowjetunion nicht doch das langfristig erfolgreichere und zukunftsträchtigere sei als der Kapitalismus. Die menschlichen Opfer der Entwicklung und das Desaster der agrarischen Zwangskollektivierung wurden dabei leicht übersehen oder – in weiten Teilen der westlichen Linken – schlichtweg geleugnet. Auch unmittelbar nach dem Krieg, als die wirtschaftliche Situation quer durch Europa schlecht war, konnte das sowjetische System, das nun auch in weiteren Teilen Ost- und Südosteuropas durchgesetzt wurde, für nicht wenige auch in Westeuropa als vorbildhaft erscheinen. Der letzte große technisch-wissenschaftliche Propagandaerfolg der modernisierten Sowjetunion nach außen war dann ihre Vorreiterrolle in den 50er- und frühen 60er Jahren bei der Eroberung des Weltraums – dennoch gewannen die USA 1969 dann den Wettlauf um die Mondlandung.

Allerdings beruhten die frühen ökonomischen, produktionstechnischen und technologischen Erfolge der Sowjetunion sehr stark darauf, dass ihre russischen wie nichtrussischen Gebiete gegenüber dem westlichen Europa in den voraufgehenden Jahrhunderten in beträchtlichen Rückstand geraten waren, die Industrialisierung hatte im Zarenreich ernsthaft erst in den 1870er Jahren eingesetzt. Die frühe Sowjetunion hatte einen großen Nachholbedarf in Sachen ökonomischer Entwicklung, Infrastrukturausbau und Produktionssteigerung. Dem Regime gelang mit massiver und brachialer Gewaltanstrengung ein großer Sprung in recht kurzer Zeit, aber im Laufe der 50er und 60er Jahre flachte die Erfolgskurve bei allen Parametern zunehmend ab, während dieselben Jahrzehnte im Westen die heutige Massenkonsumwelt schufen. Zudem blieb die ineffiziente Kollektivlandwirtschaft die ökonomische Achillesferse des Systems, was im Lauf der 60er und 70er Jahre bei – damals noch – wachsender Bevölkerung dazu führte, zusätzliche Nahrungsgüter von außen importieren zu müssen. Im späten Zarenreich und dann noch in den 20er und 30er Jahren dagegen waren Agrargüter die Hauptexportprodukte gewesen, was die Hungernot der frühen 30er allerdings noch zusätzlich verschärft hatte. Die Industrieproduktion reichte gerade für die heimischen Bedürfnisse, auch wären nur wenige sowjetische Industriegüter gegenüber westlichen oder japanischen Produkten auf dem Weltmarkt konkurrenzfähig gewesen. Haupteinnamequelle für Devisen im Außenhandel war seit den 60er Jahren – wie für das heutige Russland – der Export von Erdöl und Erdgas, besonders seitdem in den 50ern und 60ern mit der Erschließung der sibirischen Vorkommen begonnen wurde. Erdöl- und Erdgaslieferungen wurden zusätzlich für die politischen Zwecke der Subventionierung von Klienten (sozialistische „Bruderstaaten" in Osteuropa, Kuba) verwendet, was aber politisch-strategischen Zwecken und nicht ökonomischen diente. Allerdings traten in diesem Bereich seit den 70er Jahren Probleme auf: Die in Sibirien oft schwierigen klimatischen Bedingungen begrenzten zunächst die Erweiterung der Förderung. In den 80er Jahren führte der Preisverfall besonders bei Erdöl zu einer deutlichen Reduzierung des Exporteinkommens, die zunehmende Mangelwirtschaft machte die technische Instandhaltung und Modernisierung der Förderanlagen und Pipelines schwieriger. Während der Massenwohlstand im Westen von den 50er bis 70er Jahre dramatisch zunahm und danach noch wenigstens bis in die 90er wuchs, stagnierte die Sowjetunion und ihre osteuropäischen Satelliten seit den 60ern, Anfang der 80er war die Versorgung der Bevölkerung mit Agrar- und Industriegütern sogar rückläufig geworden.

Nach einer zeitweiligen Entspannungsphase zwischen den beiden Machtblöcken des kalten Krieges in den 70er Jahren (u.a. im Kontext des Rückzugs der USA aus Vietnam) begann 1979 mit dem sowjetischen Einmarsch in Afghanistan eine neue Phase der Abkühlung der Beziehungen zwischen den Blöcken, die in einen forcierten Rüstungswettlauf mündete. Diesen Rüstungswettlauf konnte die Sowjetunion mit ihrer bereits schwächelnden ökonomischen Basis nur verlieren. Sie musste sich entscheiden, entweder Kanonen oder Butter für die Bevölkerung zu produzieren, während der Westen beides zugleich konnte. Zusätzlich wurde Afghanistan immer mehr zum sowjetischen Vietnam, die USA revanchierten sich mit ihrer massiven Unterstützung der afghanischen Mudschahedin für die umgekehrte sowjetische und chinesische Unterstützung Nordvietnams zwei Jahrzehnte zuvor.

In diesen Zusammenhängen kam im März 1985 nach dem Tod Tschernenkos der 54-jährige Michail Sergejewitsch Gorbatschow an die Macht, für spätsowjetische Verhältnisse ein überraschend junger Mann an der Führungsspitze. Gorbatschow sollte das letzte Oberhaupt der UdSSR sein, von 1985–1991 in der herkömmlichen Weise als Generalsekretär der KPdSU, also Parteichef, und überlappend 1990–1991 Staatspräsident.

Gorbatschow war, wie alle Sowjetführer außer Stalin, ethnischer Russe, aus der Gegend von Stawropol im Nordkaukasus, allerdings war seine Mutter Ukrainerin. Er studierte Jura in Moskau, wo er seine Frau Raissa kennenlernte. Beide zogen nach ihrer beider Studium 1955 zuerst zurück in seine Heimatstadt Stawropol, wo er – schon vorher Parteimitglied – eine Karriere im lokalen Parteiapparat in Angriff nahm. Raissa Gorbatschowa begann später eine eigene akademische Karriere als Soziologin. Der Beginn von Gorbatschows Aufstieg fiel somit in die „Tauwetterzeit" Chruschtschows. In den 60er Jahren absolvierte Gorbatschow ein Zusatzstudium als Agrarbetriebswirt. Die Landwirtschaft blieb längere Zeit das Spezialgebiet seiner weiteren Parteikarriere, die ihn 1980 ins Politbüro brachte und damit in den Vorhof der Macht. Als Mitglied des Politbüros knüpfte Gorbatschow engen Kontakt zu Juri

Andropow, den damaligen KGB-Chef und späteren Nachfolger Breschnews, der auch aus Stawropol herstammte und der Förderer Gorbatschows wurde.

Gorbatschow reiste in den 70er und 80er Jahren mehrfach dienstlich/diplomatisch in den Westen – u.a. in die Bundesrepublik, nach Kanada und nach Großbritannien – wo er aufgrund seines verbindlichen, kultivierten und eher „unsowjetischen" Auftretens auf sehr positive persönliche Resonanz stieß.

Für die Mehrheit des Politbüros, die sich nach Tschernenkos Tod für ihn entschied, scheint Gorbatschow ein brauchbarer Kompromisskandidat gewesen zu sein. Einerseits bereits mit dem Ruf eines (vorsichtigen) Reformers behaftet, andererseits durch die Verbindung mit seinem verstorbenen Gönner Andropow fest eingebunden in die herkömmliche Machtelite.

Der Kern der Reformtätigkeit Gorbatschows vor allem 1985–1988 war zunächst ökonomischer Art, passend zu jemandem, der in seiner Karriere auf den wirtschaftlichen Bereich spezialisiert gewesen war. Die industrielle und agrarische Produktion wie die Güterverteilung sollten effizienter werden, um die Versorgung der Bevölkerung zu verbessern und die ökonomische Basis des Systems zu erweitern und auch gegenüber dem Westen konkurrenzfähiger zu machen. Den Betrieben wurden weniger Planvorgaben gemacht und größere Eigenständigkeit bei ihren Produktionsentscheidungen zugestanden, der zentrale Teil der herkömmlichen Planwirtschaft wurde deutlich zurückgenommen. Auch der Außenhandel wurde dezentralisiert. Gewisse Elemente der Marktwirtschaft wurden eingeführt, dabei blieb es aber bei den vorgegebenen Festpreisen. Ideologisch begründete Gorbatschow diesen Kurswechsel mit Bezug auf Lenins „Neue ökonomische Politik" in den 20er Jahren. Genannt wurde das Ganze „Perestroika" („Umbau", „Umstrukturierung"). Die Erfolge waren unbefriedigend, die Führung verlor die Kontrolle über weite Teile des wirtschaftlichen Geschehens, ohne aber die ökonomische Effizienz deutlich gesteigert zu haben. Gegen Ende der 80er Jahre geriet die sowjetische Wirtschaft von der rückläufigen Stagnation in den freien Fall. Die Versorgung der Bevölkerung selbst mit Grundnahrungsmitteln verschlechterte sich, die Illusion eines gewissen gehobenen „modernen" Konsumniveaus löste sich auf.

Seit 1988 begann Gorbatschow auch eine Liberalisierung des politischen Systems, die die Zustimmung der Bevölkerung und damit die Legitimität des sowjetischen Systems bei seinen Untertanen von Neuem stärken sollte („Glasnost" = „Offenheit", „Transparenz"). Dabei wurde aber prinzipiell strikt am Machtmonopol der Staatspartei festgehalten, die neue Entscheidungsfreiheit der Wähler auf den verschiedenen Ebenen des Staates bezog sich ausschließlich auf die wählbaren Personen, d.h. Kandidaten wurden nicht mehr fest vorgegeben und es konnte Konkurrenz zwischen mehreren Kandidaten geben, die Kandidaten gehörten aber weiterhin der KPdSU an. Konkurrenz unterschiedlicher Parteien mit unterschiedlicher politisch-ideologischer Ausrichtung fand (noch) nicht statt, das staatssozialistische System als solches blieb damit bis auf Weiteres nicht abwählbar. In diesem Kontext war auch ganz offiziell von „Demokratisazija" („Demokratisierung") die Rede, womit implizit zugegeben wurde, dass das bisherige System Demokratiedefizite besessen hatte.

Im Kontext einer Verfassungsänderung wurde Ende 1988 als oberstes Organ der Gesetzgebung der „Kongress der Volksdeputierten" geschaffen, der den alten Obersten Sowjet nicht ersetzte, sondern ergänzte, um ihm eine breitere Basis zu geben. Er war zahlenmäßig sehr stark und umfasste 2250 Delegierte, die nach dem neuen, partiell liberalisierten Personenwahlmodus gewählt wurden. Ein Drittel wurde nach dem Wahlmodus des Obersten Sowjet gewählt (territoriale Wahlkreise), ein weiteres Drittel nach dem Modus des Nationalitätensowjets (gesamtnational-territoriale Wahlkreise), das letzte Drittel stellten Vertreter „öffentlicher Organisationen" (wie KPdSU, Komsomol/Jugendorganisation, Gewerkschaften).

Zusätzlich zu dieser Umgestaltung der Legislative bekam etwas später auch die Exekutive eine neue Spitze, womit die Verfassung nochmals geändert wurde: Im März 1990 wurde das Amt des Staatspräsidenten der UdSSR geschaffen, in das natürlich Gorbatschow gewählt wurde (durch den Kongress der Volksdeputierten). Faktisch schien das nicht viel zu ändern, da Gorbatschow auch weiterhin als Generalsekretär der KPdSU, also als Parteichef der Monopolpartei, agierte. Symbolisch bedeutete es aber eine deutliche Stärkung der Staatsebene gegenüber der Parteiebene, Staat und Partei traten stärker auseinander. Der Staat, bislang als lediglich bürokratischer Apparat dem Willen der ideologisch ausgerichteten Partei unterworfen, gewann deutliche politische Eigenständigkeit. Zugleich sollte diese symbolische Stärkung der Staatsspitze Gorbatschow in Stande setzen, weiterhin der kontrollierende Lenker des Reformprozesses zu bleiben, was aber dann gründlich schiefgehen sollte.

Flankiert wurden diese teilliberalisierenden Veränderungen der politischen Struktur durch (teilweise) Freigabe von Information und Berichterstattung in den Printmedien und im Fernsehen, sowie durch Ansätze zu einer unabhängigen Justiz (Der Begriff „Glasnost" bezog sich primär auf diese neuen Aspekte relativer Freiheitlichkeit). Allerdings war Gorbatschow hier am zögerlichsten, die Situation blieb unübersichtlich, da oft nicht klar war, wieviel Freiheit gerade gestattet wurde oder nicht und da die Betroffenen in den Staats- und Parteimedien aus lebenslanger Erfahrung oft misstrauisch waren, wie weit sie mit unabhängiger Information und Berichterstattung wirklich gehen konnten.

Bekannt – und berühmt – ist Gorbatschow bei uns in Deutschland (und generell im Westen) vor allem durch seine forcierte Entspannungspolitik gegenüber dem Westen, die ihm 1990 den Friedensnobelpreis einbrachte, was zusammen mit der Liberalisierung des Verhältnisses der Sowjetunion zu den Satellitenstaates des Warschauer Paktes letztlich in die Auflösung des „Ostblocks" mündete und damit u.a. zur Wiedervereinigung Deutschlands, wie überhaupt zum Ende des Kalten Krieges führte. In diesen Zusammenhang fällt auch der von

Gorbatschow beschlossene Rückzug aus dem sowjetischen Afghanistanabenteuer im Jahre 1989. Uns soll hier aber nur die innere Entwicklung der Sowjetunion unter Gorbatschow interessieren, die schließlich zu ihrem Auseinanderbrechen führte.

In diesem ganzen Kontext sind wir im Westen gewohnt, Gorbatschow als durchgehend positive Figur zu sehen, als überzeugten Demokraten und Vertreter politischer Emanzipation und das nach unseren (westlichen) Kriterien. Von daher mag mancher Leser die oben gegebene Darstellung von Gorbatschows Reformpolitik der Jahre 1985–1990 für zu skeptisch und zu polemisch halten. Nur: Gorbatschow mag schon früh ein von seinem Charakter her „liberaler" Mensch gewesen sein und dass er lange Zeit in seiner Parteikarriere primär mit dem „weichen" Bereich ökonomischer Organisation zu tun gehabt hatte und eher nicht mit dem „harten" staatlicher Repression, mag seinen Teil zu dieser Prägung beigetragen haben. Dennoch zeigt sein Reformhandeln 1985–1990 ihn ganz klar als überzeugten Sozialisten, der von der Sinnhaftigkeit des Programms seiner Partei überzeugt war, innerhalb derer er jahrzehntelang aufgestiegen war. Sein Verständnis von „Freiheit" fand hier (zunächst) seine Bedingungen und seine Grenzen. Er wollte das System nicht abschaffen, sondern effizient und funktionabel machen und dazu gehörte auch der Wunsch, es bei der Bevölkerung wirklich „gewollt" zu machen. Gorbatschow wollte nicht die westliche Demokratie und schon gar nicht die eigentliche Marktwirtschaft, er wollte, wie die tchechoslowakische Reformbewegung 1968, die von Breschnews Panzern niedergewalzt worden war, den „wahren" Sozialismus, den „mit menschlichem Antlitz". Das System sollte nun endlich das werden, was es von der normativen Theorie her „eigentlich schon immer" hätte sein sollen.

Daher die Widersprüchlichkeiten: Teils Liberalisierung in der politischen Struktur, aber ohne Aufgabe des Monopols der Partei, Informationsoffenheit, aber weiterhin kontrolliert. Eine Art „Superparlament", das aber teils weiterhin Ideen des Rätesystems folgte (Vertretung der „Verbände"), ein Staatspräsident, der aber zugleich immer noch Chef der Monopolpartei war. Delegierung von ökonomischen Entscheidungen weiter nach unten – und damit basisnäher , aber ohne dabei wirklich Marktkonkurrenz einzuführen noch aber auch wirkliche demokratisch-sozialistische Arbeiterselbstverwaltung in den Betrieben.

Der zentrale Widerspruch, aus dem im Nachhinein klar sichtbar das Ende der Sowjetunion erfolgte, war der aus politischer Teilliberalisierung einerseits und ökonomischem Misserfolg anderseits. Die politische Entwicklung versprach Dinge, die die schwankende Wirtschaft nicht halten konnte: Die neue gesamtpolitische und informationspolitische Liberalität machte das Scheitern der Wirtschaft für die zunehmend unter der ökonomischen Misere leidende Bevölkerung nur noch sichtbarer. Gorbatschow nahm einen beträchtlichen Teil der politischen Repression weg, ohne die ökonomische Situation verbessern zu können. Dies musste auf Dauer zu Protest aus der Bevölkerung führen, der ohne erneute gewaltsame Repression nicht gestoppt werden konnte. Zu Gorbatschows Gunsten muss gesagt werden, dass er, als es soweit war, zu viele politische und moralische Skrupel hatte, um zu versuchen, das dadurch ins Wanken geratene System mit Gewalt zu retten. Zwei Ausnahmen hier bestätigen die Regel, die eine im Kaukasus, die andere im Baltikum. Wir kommen damit in den Bereich der Auswirkung der ganzen Entwicklung auf die Nationalitätenpolitik von Gorbatschows Sowjetunion, da die neue politische Liberalität natürlich auch nationalpolitische Hoffnungen bei den nichtrussischen Nationalitäten weckte.

Der erste Fall, in dem mit Gorbatschows Zustimmung bzw. Genehmigung zum Versuch gewaltsamer Repression gegriffen wurde, betraf den Kaukasus: Ermutigt durch die politische Liberalisierung bildeten sich seit 1988 in der Sowjetrepublik Aserbaidschan in der Bevölkerung politische Gruppen (darunter die sog. Volksfront), die nach dem Ende des Machtmonopols der regionalen kommunistischen Parteisektion strebten und letztendlich sogar nach der staatlichen Unabhängigkeit Aserbaidschans. Da diese Volksbewegung stark nationalen Charakter hatte, kam übrigens auch schnell die schon 1917–1920 mit dem benachbarten Armenien strittige Berg-Karabach-Frage wieder hoch, die als nationaler Grenzkonflikt in der Sowjetunion natürlich unter dem Deckel gehalten worden war. Anfang 1990 gelang es der aserbaidschanischen Volksfront und anderen Dissidentengruppen, größere Teile der Sowjetrepublik in ihre Hand zu bekommen und die lokalen kommunistischen Kader durch ihre eigenen Leute zu ersetzen. Zugleich eskalierte der Grenzkonflikt mit Armenien um Berg-Karabach. In Reaktion auf diese Entwicklung ließ Gorbatschow für die Hauptstadt Baku den Ausnahmezustand erklären. Am 20. Januar 1990 rückte die sowjetische Armee in Baku ein, was zu mehr als 130 Toten und 800 Verletzten unter der Bevölkerung führte. Allerdings besann sich Gorbatschow angesichts dieser politischen und moralischen Katastrophe eines Besseren und zog die Truppen wieder zurück. Schon vorher, im April 1989, waren bei einer antisowjetischen Demonstration in Tiflis/Tbilissi, der Hauptstadt der Sowjetrepublik Georgien, 21 Personen von Sondereinheiten der sowjetischen Armee unter dem Kommando des Generals Alexander Lebed getötet worden. Doch hatte sich Gorbatschow hier die Hände in Unschuld gewaschen und verkündet, diesen militärischen Einsatz weder befohlen noch genehmigt oder gewollt zu haben. So oder so mussten sich beide Ereignisse auch anderswo in der Sowjetunion äußerst negativ für die Legitimität des Sowjetstaates und Gorbatschows selbst auswirken: Ein politischer Führer, der in einem Fall in Aserbaidschan die Militäraktion befahl und sie dann reumütig abbrach, musste in der Bevölkerung zugleich als skrupellos und unentschlossen bis schwach gelten – eine fatale Kombination. Im anderen Fall – im Hinblick auf die Aktion des Generals Lebed in Georgien – konnte die Bevölkerung Gorbatschow entweder als feigen Lügner betrachten oder – nicht viel besser – als einen Regierungschef, der sein eigenes Militär nicht mehr unter Kontrolle hatte. Lebed kommandierte übrigens auch die im Jahr darauf in Aserbaidschan eingesetzten Truppen, wurde also trotz seiner von Gorbatschow behaupteten Eigenmächtigkeit in Georgien nicht vom Dienst suspendiert, sondern blieb „in Gnade".

Das baltische Beispiel gewaltsamen Vorgehens betraf die Sowjetrepublik Litauen und läutete den politischen Zerfall der Sowjetunion ein, weil Litauen in Folge dieser Entwicklung als erste Sowjetrepublik die Unabhängigkeit erklärte und damit durchkam: Auch hier war 1988 eine Unabhängigkeitsbewegung gegründet worden, die Sajudis. Im Februar 1990 kam Sajudis in freien Wahlen an die Regierung, im März erklärte der Oberste Sowjet Litauens das Land für unabhängig und setzte die Verfassung des unabhängigen Vorkriegslitauen wieder in Kraft. Die in Anspruch genommene litauische Unabhängigkeit war aus Moskauer Sicht noch umso problematischer, als seit 1945 – wie auch in den anderen baltischen Teilrepubliken Estland und Lettland – eine beträchtliche Zahl ethnischer Russen in Litauen angesiedelt worden war, die dadurch eine große ethnische Minderheit bildeten. Gorbatschow forderte wütend die Rücknahme der Unabhängigkeitserklärung und verhängte über Litauen eine umfangreiche Wirtschaftsblockade. Im Januar 1991 schließlich, nachdem die Litauer ein Dreivierteljahr gegen die Blockade bestanden hatten, versuchten die in Litauen stationierten sowjetischen Truppen einen Putsch, um die Kontrolle über das Land zurückzugewinnen. 14 litauische Zivilisten starben bei der Verteidigung von Parlament und Fernsehturm in Vilnius, etwa 1.000 wurden verletzt. Die Armee brach den Putschversuch ab. Welche Rolle Gorbatschow und die Führung in Moskau dabei gespielt hatten, ist bis heute mangels Zugänglichkeit des russischen Dokumentenmaterials unklar geblieben. Die kurz darauf, im Februar 1991, anberaumte Volksabstimmung brachte 90,5 % für die Unabhängigkeit, bei einer Wahlbeteiligung von 85 %. Die Vorgänge in Litauen hatten natürlich massiven Einfluss auf die Entwicklung in den anderen Sowjetrepubliken und unterminierten die Legitimität der Sowjetunion, das Ansehen Gorbatschows wie aber auch die Furcht vor der staatlichen Repression beträchtlich.

Fast wichtiger noch als die zunehmend ablehnende Haltung weiterer Teile der Bevölkerung gegenüber dem Sowjetsystem in Russland selbst wie in den anderen 14 Sowjetrepubliken war das Emporkommen von Figuren im Partei- und Staatsapparat, die alles daran setzten, Gorbatschow in den Augen der Bevölkerung als liberalisierende Reformer „links" zu überholen und ihn dadurch ins Abseits zu bringen, was durch die freie Personenwahl nun möglich war. Das fand in Russland selbst statt, aber ebenso in den nichtrussischen Teilrepubliken, wo diese politischen Konkurrenten Gorbatschows zugleich als nationale Anführer auftraten. Zugleich begann sich aber auch der Widerstand von „rechts" zu formieren, in den Teilen der herkömmlichen Machteliten von Partei und Staat, die die „gute alte" Sowjetunion Breschnews wiederherstellen wollten und die natürlich vor allem innerhalb der Armee und des Sicherheitsapparats Gehör fanden. Gorbatschow geriet so im eigenen Apparat in die Zwickmühle.

3. Das Ende der Sowjetunion – Russland und die zweite ukrainische Unabhängigkeit (1990/1991)

Die Anfang 1991 einseitig erklärte und durch Volksabstimmung bestätigte litauische Unabhängigkeit, die Moskau trotz Protest und verhängter Wirtschaftsblockade nicht rückgängig machen konnte, ohne sich für eine – politisch nicht in Frage kommende – massive militärische Intervention zu entscheiden, beschleunigte die Entwicklung in Richtung auf das Auseinanderfallen des sowjetischen Staates. Das betraf die Russische Sozialistische Föderative Sowjetrepublik wie auch die anderen – nichtrussischen – Teilrepubliken.

Einer der politischen Widersacher Gorbatschows, von denen am Ende des vorigen Kapitels die Rede war, war ihm in Moskau selbst erstanden.

Boris Nikolajewitsch Jelzin, im selben Alter wie Gorbatschow, aus der Oblast Swerdlowsk im Ural, hatte eine Parteikarriere gemacht, die der Gorbatschows nicht unähnlich gewesen war. Auch er war im Lauf dieser Karriere im zivil-ökonomischen Bereich tätig (als Bauingenieur) und auch er begann seine Laufbahn in der Provinz, im heimatlichen Swerdlowsk. Auch Jelzin stieg in der späten Breschnew-Zeit ins Zentralkomitee der KPdSU auf, passenderweise zuständig für Bauwesen. Im Oktober 1985, also schon unter Gorbatschow und von ihm gefördert, wurde Jelzin zusätzlich Parteichef von Moskau und hatte damit faktisch die Verwaltung der Hauptstadt unter seiner Oberaufsicht, zusätzlich wurde er Kandidat des Politbüros (nicht stimmberechtigtes, sozusagen assoziiertes Mitglied). Als oberster Chef der Moskauer Stadtverwaltung gewann er beträchtliche Popularität, indem er recht effizient gegen Korruption in Lebensmittelversorgung und Wohnungsbau vorging und sich auch im Bereich des Denkmalschutzes einen Namen machte.

Jelzin hatte schon in seiner früheren Karriere gezeigt, dass er willens war, unkonventionelle Wege zu gehen, ähnlich wie Gorbatschow war er unter Breschnew zu der Einsicht gekommen, dass das Sowjetsystem reformbedürftig sei. In diesem Sinne lag er ganz auf der Linie Gorbatschows und gehörte von vornherein zu den radikaleren Reformern in dessen Umkreis. Allerdings deutete sich schon früh an, dass die beiden im persönlichen Temperament nicht gut harmonierten, Jelzin war der deutlich unkonventionellere, aber auch undiplomatischere Vertreter der Reformrichtung und er begann auch schon früh, Gorbatschow in Sachen programmatischer Reform „links" zu überholen. Auf diese Weise drohte er im weiteren Verlauf der Perestroika Gorbatschow in der Gunst besonders des Moskauer Publikums auszustechen.

Zum Eklat kam es im September/Oktober 1987: Igor Ligatschow, ein Hardliner im Politbüro, der immer noch Macht hatte, übte harsche Kritik an Jelzin wegen dessen liberaler Linie in der Moskauer Stadtverwaltung. Jelzin schrieb einen Rücktrittsbrief an Gorbatschow, in dem er sich rechtfertigte, wohl in der Erwartung, Gorbatschow würde sich hinter ihn stellen. Auf der nächsten Plenarsitzung des Zentralkomitees der KPdSU (das Politbüro war der leitende Kern davon) hielt Jelzin eine flammende Rede, in der er u. a. auch Gorbatschow selbst angriff, weil dieser auf die von Jelzin in seinem Schreiben vorgebrachten Gesichtspunkte nicht eingegangen war. Beides war unerhört: Der freiwillige Rücktritt eines Mitglieds des Politbüros und der offene rhetorische Angriff auf den mächtigsten Mann in Partei und Staat.

Der wiederum beschuldigte Jelzin in seiner Replik der „politischen Unreife" und der „absoluten Verantwortungslosigkeit" und sorgte dafür, dass Jelzin auch den Moskauer Führungsposten verlor, wobei Jelzin vor seinem eigenen Führungszirkel in der Moskauer Parteisektion öffentlich gedemütigt wurde. Seit dieser Zeit waren Jelzin und Gorbatschow offene Rivalen und persönliche Gegner. Jelzin begann sich Schritt für Schritt von seiner Vergangenheit als überzeugter Kommunist zu lösen und wurde ein systemfeindlich gesinnter Reformer.

So sehr er in der Partei und bei Gorbatschow auch durchgefallen war, so sehr stieg der Stern seiner Popularität gerade bei den Moskauern. Mitschriften seiner Verteidigungsrede vor dem Zentralkomitee mit dem Angriff auf Gorbatschow wurden in großer Zahl verbreitet und schlugen wie Bomben ein. Mit den Möglichkeiten der neuen Transparenz durch Glasnost wurde Jelzin ein radikaler Kritiker von Gorbatschows „zahmer" Reformtätigkeit. Allerdings gibt es Hinweise, dass er in dieser Zeit, die für ihn persönlich sehr belastend gewesen sein muss, anfing, etwas zu häufig und zu tief ins Wodkaglas zu schauen – sein späterer Alkoholismus bereitete sich vor. Seine Gegner im konservativen Apparat und in der Umgebung Gorbatschows nutzten seine ungute Neigung zum Trinken natürlich genüsslich propagandistisch aus und machten sich über sein gelegentliches daraus herrührendes erratisches Verhalten lustig.

Jelzins Chance für ein Comeback als eigenständiger Politiker kam, als er im März 1989 für den Wahlkreis Moskau mit 92% der Stimmen in den neuen Volksdeputiertenkongress gewählt wurde. Im Mai des Jahres gelang es ihm, durch den Kongress in den Obersten Sowjet gewählt zu werden. Im Volksdeputiertenkonkgress organisierte Jelzin eine Fraktion radikaler Reformer, zu deren Spitze er dann auch gehörte, ein erster Schritt für eine politische Bewegung aus der kommunistischen Partei heraus auch in Russland. Jelzin wurde nun endgültig – auch motiviert durch eine Reise in die Vereinigten Staaten – zum Fürsprecher von liberaler Demokratie und Marktwirtschaft.

Was Jelzin bei seinem weiteren Aufstieg zum politischen Anführer Russlands zugute kam, war die Tatsache, dass die Gorbatschowsche Reformpolitik nun daran ging, die Sowjetunion wirklich zu föderalisieren. Dazu gehörte nicht nur der Versuch, den nichtrussischen Teilrepubliken und ihren unterschwellig schon immer existenten Nationalismen durch Liberalisierung der Beziehung zwischen Zentrale und Peripherie besänftigend entgegenzukommen, dazu gehörte auch der erstmalige wirkliche Einbau Russlands in das Föderationssystem der UdSSR. So seltsam das klingen mag, aber in den bisherigen Verfassungen der Sowjetunion hatte ausgerechnet die Größte der Sowjetrepubliken, die Russische Sozialistische Föderative Sowjetrepublik, keine eigenständige parlamentarische bzw. Rätevertretung durch einen eigenen, spezifisch russischen Obersten Sowjet gehabt, noch eine eigene Regierung, noch eine eigene Parteiorganisation. Die zentrale Ebene der gesamten Sowjetunion, also der Oberste Sowjet der UdSSR, die Regierung der UdSSR, die Parteispitze der gesamten KPdSU waren zugleich direkt für Russland zuständig gewesen! Die Situation hatte damit formal der im jetzigen Großbritannien geähnelt, wo

Schottland, Nordirland und Wales ihre eigenen Regionalparlamente und -regierungen besitzen, während für England weiterhin das britische Parlament und die britische Regierung in Westminster direkt zuständig sind. Übrigens ein weiteres Anzeichen dafür, dass Russland die Sowjetunion in ähnlicher Weise dominiert hatte wie herkömmlich England das Vereinigte Königreich. Das sollte sich nun ändern, gerade auch als Zeichen Gorbatschows an die anderen, dass es mit dem Föderalismus jetzt ernst gemeint war. Russland bekam innerhalb der (noch) existierenden UdSSR eine eigene parlamentarische Vertretung und eine eigene Regierungsspitze.

So kam es, dass Boris Jelzin im März 1990 auch in den neuen Volksdeputiertenkongress Russlands gewählt wurde, allerdings nicht für Moskau, sondern für seine Heimatstadt Swerdlowsk, mit ähnlich großer Stimmenmehrheit. Jelzin war jetzt der Reformpolitiker Russlands schlechthin. Ende Mai wurde er zum Vorsitzenden des Obersten Sowjets der russischen Sowjetrepublik gewählt, damit wurde er zum Regierungschef Russlands – explizit gegen den Willen Gorbatschows, der sich gegen Jelzins Wahl ausgesprochen hatte. In Moskau saßen nun zwei miteinander konkurrierende und rivalisierende Staatsführer, die um die Position des überzeugenderen Reformers wetteiferten: Der Chef der UdSSR und der Russlands. Russland selbst begann sich von der Sowjetunion zu emanzipieren, womit die sowjetische Union begann, ihren tragenden Kern zu verlieren.

Im Juli 1990 setzte Jelzin den Punkt auf das i und distanzierte sich ganz formal von der alten Staatspartei und ihrer Programmatik: Vor dem 28. Parteikongress der KPdSU hielt er eine Brandrede, in der er seinen Parteiaustritt deklarierte. „Schande, Schande" sollen einige Parteidelegierte gerufen haben. Der Schlusspunkt der Entwicklung der russischen föderalen Eigenstaatlichkeit innerhalb der UdSSR wurde im folgenden Jahr 1991 gesetzt, als Boris Jelzin im Juni des Jahres mit 57% der Stimmen in direkter demokratischer Volkswahl zum Präsidenten Russlands gewählt wurde und im Juli das Amt antrat. Zur Einordnung dieser Entwicklung in den weiteren historischen Kontext: Seit Ende des Jahres 1989 und im Verlauf von 1990 hatten die Staaten des Warschauer Paktes ihre reale Unabhängigkeit ergriffen, Deutschland war mit Zustimmung Gorbatschows wiedervereinigt worden, am 1. Juli 1991 schließlich, genau parallel zum Beginn von Jelzins Präsidentschaft in Russland, löste sich der Warschauer Pakt auch formal auf. Bevor die Sowjetunion dann kurz darauf selbst fallen sollte, hatte sie bereits ihr weiteres Hegemonialreich verloren.

Bei diesem beginnenden Ausscheren auch Russlands aus der Sowjetunion spielte allerdings zunächst russischer Nationalismus nur eine untergeordnete Rolle. Die Russen waren ja die ethnische Gruppe, die sich im Rahmen des Sowjetsystems am wenigsten über nationale Unterdrückung hatten beklagen können. Im Gegenteil: Ihre nationale Kultur und Sprache hatten in der gesamten Union eine hegemoniale Position gehabt. Dementsprechend trat Jelzin zunächst auch weniger als nationalrussischer Politiker auf, sondern primär als Volkstribun gegen die erdrückenden und lähmenden Aspekte des sowjetischen Zentralismus, unter dem auch die Russen litten, ohne dass er dabei fürs erste die eigentlich nationale Karte spielen musste. Gegenüber den anderen Sowjetvölkern hatte es die Sowjetunion aber weder geschafft, den „übernationalen" homo sovieticus zu schaffen, noch auch nur die nichtrussischen Nationalitäten wirklich in ihrer Identität zu russifizieren, der weiteren Ausbreitung der russischen Sprache wenigstens als Zweitsprache von höherem Status zum Trotz. Von daher war in der Ukraine, wie in den anderen nichtrussischen Sowjetrepubliken, die wachsende Vertrauenskrise gegenüber der Union und ihrem sozioökonomischen System von vornherein mit einer Stärkung des jeweiligen nationalen Identifikationsmusters verbunden. Abneigung gegen das erdrückende zentralistische System und Wunsch nach nationaler Unabhängigkeit gingen Hand in Hand, das eine ergab sich aus dem anderen. Die hier von Gorbatschow anfangs noch eingesetzten und später auch im Rahmen der Perestroika von selbst hochkommenden Reformpolitiker, die sich dann alle vom Zentrum emanzipierten, mussten in den nichtrussischen Republiken sehr schnell auch auf die nationale Karte setzen, um ihre Bevölkerung hinter sich zu bekommen. Dasselbe fand übrigens auf der regionalen Ebene innerhalb der RSFSR (also Russland) statt, in den formal autonomen Regionen der russischen Sowjetrepublik mit nichtrussischer Ethnizität (Tataren u.a,).

Spezifisch in der Ukraine sorgte auch die Reaktorkatastrophe von Tschernobyl (26. April 1986, nördlich von Kiew) für zusätzliches Misstrauen gegenüber der Partei, der ukrainischen wie der Gesamtpartei, wie auch gegenüber Moskau. Zwar ging die damit verbundene Schlamperei und anfängliche Vertuschung des verheerenden Unfalls primär auf Rechnung der ukrainischen Parteiebene, in dem zunächst weiterhin stark zentralisierten System mit Gorbatschow als der herausgehobenen „Heilsfigur" aber musste das Ganze auch auf die zentrale Ebene negativ abfärben. Tschernobyl wurde zum Anlass für einen umfangreichen Austauschs der ukrainischen Partei- und Republikführung, die konservativen Hardliner wurden nun auch hier umfangreich durch Reformer ersetzt, die aber dann als Ukrainer anfingen, die Unabhängigkeit anzustreben.

Der Reformpolitiker, der die Ukraine schließlich in die Unabhängigkeit führen sollte, war Leonid Krawtschuk. 1934 in der Westukraine geboren – als Bürger der 2. Polnischen Republik – machte er nach dem Krieg eine sowjetische Funktionärskarriere innerhalb der Ukraine im Bereich des Propagandaapparates. 1989 wurde er Mitglied der Parteiführung der Ukrainischen Sozialistischen Sowjetrepublik, im Juli 1990 wurde er Vorsitzender des Obersten Sowjets der Ukraine und damit nominell Oberhaupt der Republik. Als im selben Jahr der Oberste Sowjet der UdSSR das Machtmonopol der KPdSU generell aufhob und damit auch in der Ukraine die Partei den zentralen Teil ihrer Macht verlor, wurde Krawtschuk damit als Oberhaupt des Parlaments auch der faktische Regierungschef der Ukraine. Die ersten wirklich freien Wahlen für den Obersten Sowjet der Ukraine waren im März 1990 abgehalten worden, was sich in etwa dem gleichen Zeitraum in mehreren Sowjetrepubliken abspielte. Bereits seit 1988, dem Beginn von Glasnost, hatte es auch in der Ukraine eine wachsende Zahl von Demonstrationen und öffentlichen Meinungskundgebungen von bis zu mehreren Zehntausend Teilnehmern gegeben, auf denen weitere Reform und auch schon die staatliche Unabhängigkeit gefordert worden waren. Die Erinnerung an den Skandal von Tschernobyl hatte dabei wiederholt eine große Rolle gespielt. Im Oktober 1989 hatte der Oberste Sowjet der Ukraine einen Beschluss gefasst, das Ukrainische zur primären Staatssprache zu machen und das Russische zu einer Sprache der Kommunikation lediglich zwischen den unterschiedlichen ethnischen Gruppen herabzustufen. Am 21. Januar 1990 bildeten über 300.000 Menschen eine Kette quer durch das Land von Lwiw nach Kiew für die ukrainische Unabhängigkeit.

Im Bereich der Religion begann sich die mit der Orthodoxen Kirche unter Staatsaufsicht zwangsvereinigte Griechisch-Katholische Kirche der Westukraine wieder eigenständig zu etablieren, in der Mehrheit der Orthodoxie begannen Bestrebungen, sich vom Moskauer Patriarchat zu lösen. Nationale Erinnerungsveranstaltungen im Hinblick auf die Eigenständigkeit der ukrainischen Geschichte (Kosaken, Polen-Litauen, Unabhängigkeit 1917/18, etc.) häuften sich. Teils kam es zu Zusammenstößen mit der Miliz, die verschiedentlich versuchte, solche Veranstaltungen zu unterbinden. Auch andere ethnische Gruppen rührten sich: Im Frühjahr 1989 bildete sich eine Initiative, die im Verlauf der folgenden Zeit zur Rückkehr von über 260.000 Krimtataren aus ihrem von Stalin verfügten Exil in Usbekistan auf die Krim führte. Das mündete in ethnische Spannungen mit den Nachfahren der – überwiegend – russischen Siedler, an die der tatarische Besitz verteilt worden war und bedingte die spätere Loyalität besonders der Krimtataren zur Ukraine.

Seit 1990 hatte Gorbatschow versucht, die vom Zentrum zunehmend wegrückenden Republiken mit Versuchen einzubinden, breitere Zustimmung durch eine reformierte, losere Föderation zu gewinnen, in deren Verfassung das paradoxerweise herkömmliche Recht der Anspruchnahme der Unabhängigkeit durch Referendum, das die Verfassung der Sowjetunion theoretisch immer geboten hatte, auch faktisch garantiert sein sollte. Die Resonanz an der Peripherie war aber nur lauwarm. Die Zeichen standen auf Unabhängigkeit, was durch das Auseinanderbrechen des Warschauer Paktes noch gefördert wurde.

Der Putschversuch gegen Gorbatschow von August 1991 beendete diese instabile Übergangsphase und ließ die Sowjetunion endgültig in sich zusammenfallen. Hinter dem Umsturzversuch stand eine Gruppe traditioneller Hardliner aus zivilen Funktionären und hohen Offizieren, die, besser spät als nie, das Rad zurückdrehen und die Sowjetunion gewaltsam retten wollten. Sie bildeten eine parallele Notstandsregierung, das „Staatskomitee für den Ausnahmezustand" und veröffentlichen eine wortreiche Proklamation an die Bevölkerung. Am 19. August setzten die Putschisten Gorbatschow, der zusammen mit Raissa in seiner Datscha auf der Krim Urlaub machte, fest und isolierten ihn von jeder Kommunikationsmöglichkeit. Mehrere tausend Soldaten, bestehend aus mechanisierter Infanterie, Panzern und Luftlandetruppen, rollten in Moskau ein, begleitet von KGB-Einheiten, versehen mit umfangreichen Listen von zu Verhaftenden. Die Verhaftung von Boris Jelzin als Präsident der RSFSR aber misslang, was für den weiteren Verlauf wichtig werden sollte. Jelzin begab sich ins Weiße Haus, den Sitz des neuen russischen Parlaments, und stellte sich im Kontext einer breit veröffentlichten Gegenproklamation an die Spitze des Widerstandes gegen die Putschisten. Zudem erklärte sich Jelzin in der Notsituation und in Folge der Handlungsunfähigkeit Gorbatschows zum militärischen Oberbefehlshaber und forderte die Soldaten der sowjetischen Streitkräfte auf, die Putschisten nicht zu unterstützen und sich ihm zu unterstellen. Eine Reihe von lokalen und regionalen Kadern der KPdSU innerhalb Russlands, die trotz des formalen Endes der Parteiherrschaft weiterhin die lokale Macht in Händen hielten, unterstützten den Putsch, was danach der KPdSU das Genick brach und zu ihrer Auflösung führte. In Leningrad und Moskau formierten sich Massendemonstrationen gegen die putschenden Truppen. Die Mehrzahl der Soldaten verweigerte den Sturm auf den Moskauer Parlamentssitz, zumal der General Alexander Lebed (der durch seine militärische Interventionen im Kaukasus notorisch gewordene Offizier) mit seinen Fallschirmjägern zu Jelzin überlief und das Weiße Haus mit seinen Soldaten schützte. Auch in der Provinz unterstellte sich schrittweise der größere Teil der Sowjetarmee Jelzins Kommando. Bis zum 21. August war der Putsch gescheitert, Jelzin war der Held des Tages, der nach seiner Freilassung nach Moskau zurückgekehrte Gorbatschow stand als machtloser Verlierer da. Er legte das Generalsekretariat der jetzt verfemten Partei nieder, blieb aber zunächst noch der nun völlig machtlose Präsident der UdSSR.

Seit 1990 waren bereits sechs Republiken aus der Sowjetunion ausgeschert und hatten Verhandlungen über eine Reform des Unionsvertrags abgelehnt: Litauen, Lettland, Estland, Moldau, Armenien, Georgien. Die Ukraine war formal noch in der Union, allerdings hatte der Oberste Sowjet der Ukraine bereits begonnen, seinen alten russischen Namen abzulegen und hatte sich auf Ukrainisch in Werchowna Rada (Oberster Rat) umbenannt, nach der Zentralna Rada der kurzlebigen unabhängigen Ukraine 1917/1918 und der Kosakenrada des 16. und 17. Jh. Damit hatte sich das Gremium in ein nationales Parlament umdefiniert. Mit dem Ende des Machtmonopols der KPdSU hatten sich auch in der Ukraine eine Reihe neuer Parteien quer durch das politische Spektrum gebildet. Am 24. August 1991, wenige Tage nach dem gescheiterten Putsch in Moskau, erklärte die Werchowna Rada die Unabhängigkeit des Landes. In Folge geschah dasselbe in den restlichen Sowjetrepubliken, in großem Maße vor dem Hintergrund der Furcht vor einem weiteren möglichen Putsch. Die Auflösung der KPdSU durch Jelzins Dekret nach dem Putsch beseitigte die vereinheitlichende politische Kraft, die den Staat geschaffen und zusammengehalten hatte. Gorbatschow versuchte, den äußeren Anschein einer funktionierenden sowjetischen Zentralregierung gegen alle Evidenz aufrecht zu erhalten. In Moskau selbst übernahm Jelzins russische Regierung die zentralen Teile des sowjetischen Staatsapparats und nahm den Kreml als offizielle Residenz in Beschlag. Der einsam gewordene Noch-Präsident der UdSSR verlor buchstäblich die Kontrolle über das eigene Haus.

Am 1. Dezember 1991 bestätigte in der Ukraine eine Volksabstimmung die Unabhängigkeitsdeklaration des Parlaments vom August. Bei einer Wahlbeteiligung von 84 % der registrierten Wählerschaft stimmten 92,3 % für die Unabhängigkeit der Ukraine. Bei dieser hohen Zustimmungsrate ist es klar, dass auch ein beträchtlicher Teil der ausschließlich russischsprachigen bzw. sich sogar als russisch definierenden Bevölkerung des Donbas und der Krim für die Unabhängigkeit des Landes ausgesprochen haben muss. Das wirft Fragen für die Situation seit 2014 auf. Hat sich das später in diesen Gebieten zugunsten einer stärker prorussischen Einstellung verschoben, z.B. aufgrund nationalistischer Sprachenpolitik der Ukraine? Hat sich gar nichts oder nicht viel verschoben und ist die Anspruchnahme der russischsprachigen Bevölkerung durch Putins russischen Staat mehr eine Sache der Propaganda als der Realität? Oder spielten damals vor allem Gesichtspunkte der Loslösung von einem verhasst gewordenen Zentrum die Hauptrolle, ohne das damals schon mit der Nationalitätenfrage und der Frage der Grenzziehung zu verbinden? Ist hier überhaupt russischsprachige Bevölkerung und sich selbst als russisch identifizierende Bevölkerung identisch, sind also alle, die Russisch als Muttersprache sprechen damit automatisch Russen? Das Thema wird uns noch mehrfach beschäftigen.

Wie die anderen bereits abgefallenen Sowjetrepubliken wurde die Ukraine sehr schnell auf internationaler Ebene diplomatisch anerkannt, Mitglied der UNO war sie ja eh schon seit 1945 gewesen, nur verfügte sie jetzt über ihre Stimme in den Vereinten Nationen selbst und nicht mehr Moskau. Am 2. Dezember erkannte auch die russische Regierung unter Boris Jelzin die ukrainische Unabhängigkeit an, ohne die Frage der künftigen Grenzziehung zwischen beiden Staaten vorerst anzuschneiden. Selbst Gorbatschow sandte ein Glückwunschtelegramm an Leonid Krawtschuk, in der Hoffnung, die unabhängige Ukraine könnte der von Gorbatschow anvisierten Ersatzunion der „Gemeinschaft Unabhängiger Staaten" (GUS) treu bleiben. Doch war der Austritt der Ukraine, der ökonomisch zweitwichtigsten Sowjetrepublik nach Russland, der finale Todesschuss für die stürzende UdSSR. Am selben 1. Dezember, in Kombination mit dem Referendum, wurde Leonid Krawtschuk zum Präsidenten der unabhängigen Ukraine gewählt. Am 8. Dezember trafen sich Boris Jelzin, Leonid Krawtschuk und der belarussische Präsident Schuschkewitsch im belarussischen Belowesch und unterschrieben die „Belowescher Vereinbarungen", denen zufolge die Sowjetunion ihre Existenz beendet habe. Zugleich wurde eine „Gemeinschaft Slawischer Staaten" gegründet, die allerdings am 21. Dezember in der Fassadenorganisation der GUS aufging. Gorbatschow konnte nur noch ohnmächtig protestieren, zumal die Parlamente der drei nun auch formal unabhängigen Staaten das Abkommen ratifizierten. Selten davor und danach haben die Vertreter der drei „Brudervölker" aus der historischen Erbmasse der Kiewer Rus eine solch freiwillige Einmütigkeit an den Tag gelegt. Vor dem Hintergrund der jetzigen Situation zwischen der Ukraine und Russland kann man sich nur verwundert die Augen reiben.

12 der 15 ehemaligen Sowjetrepubliken traten der GUS bei, zwei davon, Georgien (2009) und die Ukraine (2018) traten später wieder aus, nachdem sich ihr Verhältnis zu Russland

drastisch verschlechtert hatte. Die GUS blieb eine zwischenstaatliche Schattenorganisation ohne viel reale Bedeutung. Russland trat in völkerrechtlicher Hinsicht als Nachfolgestaat in die Fußstapfen der Sowjetunion, z.B. in Hinblick auf den ständigen Sitz im UN-Sicherheitsrat mit Vetorecht. Aus der Russischen Sozialistischen Föderativen Sowjetrepublik wurde die Russische Föderation.

Am 26. Dezember 1991 beschloss der Republikensowjet, die obere Kammer des sowjetischen Parlaments, die formale Auflösung der Union. Gorbatschow hielt eine Fernsehansprache, in der er abdankte und sein Amt als Präsident des untergegangenen Staates für defunkt erklärte. Danach erklang die Sowjethymne das letzte Mal, über dem Kreml wurde die rote Sowjetflagge eingeholt und die russische Trikolore aufgezogen. Lenins einbalsamierter Leichnam in seinem Schrein auf dem Roten Platz rotierte protestierend und die Lichter im Mausoleum gingen aus.

Europa nach dem Zerfall der Sowjetunion und des Warschauer Paktes 1991

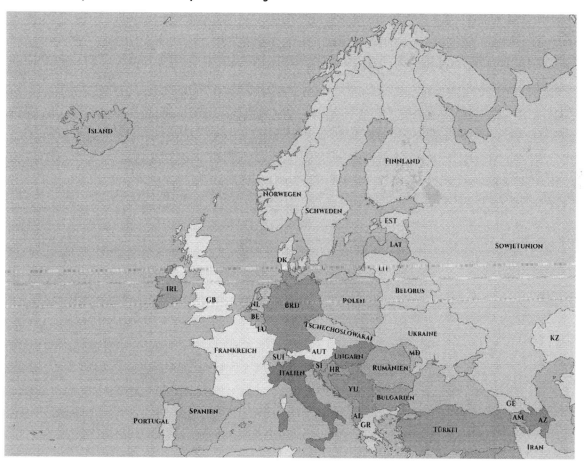

VII. Im postsowjetischen Raum: Russland und die Ukraine 1992–2021

1. Parallel zu Russland: Die Ukraine von 1992–2004

Die Ukraine, die Ende 1991 endgültig ihre staatliche Unabhängigkeit erlangt hatte, hatte von ihrer sowjetischen Vorgängerin, der Ukrainischen Sozialistischen Sowjetrepublik, die Grenzen geerbt. Diese Grenzen waren Anfang der 1920er Jahre vom frühen Sowjetregime nach der damaligen groben Sprachverteilung gezogen worden, ergänzt um die 1939 sowjetisch gewordene – und davor polnische – Westukraine, sowie schließlich um die 1954 zugefügte Krim, die ja davor zur russischen Sowjetrepublik gehört hatte. Auf diesem Faktum beruht ja die jetzt wiederholt repetierte russische Sichtweise, die Ukraine sei ausschließlich eine Schöpfung der verfehlten und russenfeindlichen Politik der früheren Sowjetunion und damit „künstlich" und ohne ältere eigenständige Tradition. Diese Sichtweise ist aus mehreren Gründen problematisch – historisch wie politisch-prinzipiell.

Auf der prinzipiellen Ebene ist es für die Frage legitimer Existenz ziemlich egal, wie alt ein Staat oder eine nationale bzw. ethnische Identität in Kontinuität sind, ob 50 Jahre, 100, 500 oder 1.000 Jahre. Wie ließe sich auch hier eine zeitliche Grenze ziehen? Ab wann „ersitzt" man sich Legitimität? Viele jetzige Staaten oder ggf. auch auch die dahinterstehende nationale Identität gehen nicht vor das 20. Jh. zurück. Sind sie deshalb „künstlich", also illegitim? Das Entscheidende ist, dass ein Staat existiert und dass die große Mehrheit seiner Bevölkerung ihn in ihrer identitären Prägung als „ihren" und damit als zu Recht existierend betrachtet, egal seit wann genau das so ist. Wenn ihn dann eine große Zahl anderer solcher Staaten ebenfalls anerkennen, was in der Moderne in der Regel durch Aufnahme formaler diplomatischer Beziehungen geschieht, dann ist er damit auch völkerrechtlich existent. Das Russland Boris Jelzins hat die ukrainische Unabhängigkeit sofort anerkannt und da es keinerlei Beschwerden bezüglich der Grenzen erhoben hat, hat es diese damit implizit ebenfalls anerkannt. Die völkerrechtliche Situation ist damit völlig eindeutig, die Krim eingeschlossen, völlig unabhängig von jeder zeitlichen Ebene der Vergangenheit.

Auf der historischen Ebene ist es zwar richtig, dass die heutige Ukraine in ihren Grenzen ihren politischen Ursprung in der sowjetischen Ukraine hat. Dennoch hatte es davor – 1917/18 – eine Ukrainische Volksrepublik gegeben, die sich aus den Trümmern des Zarenreiches eigenständig gebildet hatte, getragen von einer bereits bestehenden nationalen ukrainischen Identität und einem eigenständigen politischen Gruppenwillen. Diese nationale Identität hatte sich in ihrer modernen Form im Laufe des 19. Jh. gebildet, ebenso wie die russische oder die deutsche. In weiterer historischer Tiefe beruhte sie auf der eigenständigen Entwicklung besonders bäuerlicher Volkskultur in diesem westlichen Teil der ehemaligen

Kiewer Rus, so wie sich diese Volkskultur – auch sprachlich – regional spezifisch im Lauf der Jahrhunderte des späteren Mittelalters und der Frühen Neuzeit ausdifferenziert hatte – unter litauischer Herrschaft, dann unter polnisch-litauischer und zuletzt unter russischer und in Widerstand zu dieser.

Damit hatte die nun staatlich eigenständige Ukraine eine komplexe Vorgeschichte von beträchtlicher Länge, zurückreichend zu den historischen Wurzeln, die auch die Russlands und von Belarus sind – ohne aber identisch mit Russland oder Belarus zu sein. Diese Geschichte zeichnete – und zeichnet – sich auch in den Widersprüchen innerhalb des Staatsgebietes ab. Der Westen des Landes – mit dem Zentrum Lwiw – war auch seit 1945 weitgehend nur ukrainischsprachig, Russisch war hier nur die imperial vorgegebene Zweitsprache. Er hatte vor 1939 mit russischen Dingen nie etwas zu tun gehabt, hier lag – und liegt – das Hauptverbreitungsgebiet der griechisch-katholischen Konfession (der Unionskirche), religiöses Ergebnis der jahrhundertelangen kulturellen Anbindung der Gegend an das westliche Europa – politisch über Polen-Litauen, dann die Habsburgermonarchie. Das Zentrum des Landes mit der Hauptstadt Kiew dagegen, war bereits ein Stück weit sprachlich russischer geprägt. Spätestens seit den polnischen Teilungen im späteren 18. Jh. hatte dieser Teil der Ukraine unter russischer Herrschaft gestanden, in den langen Jahrzehnten der Sowjetunion waren hier zusätzliche weitere Teile der zuvor ukrainischsprachigen Bevölkerung sprachlich russifiziert worden – besonders in den Städten und auch Kiew selbst – ohne sich dabei aber als Russen zu verstehen. Die religiöse Konfession war hier überwiegend die altständige orthodoxe. Im Osten und Südosten des Landes – besonders im Donbas – hatte sowohl russische Einwanderung schon im Zarenreich wie auch die forcierte sprachliche Russifizierung der Sowjetzeit für einen großen Anteil russischsprachiger Bevölkerung gesorgt. Dabei war das Ukrainische aber auch hier nie verschwunden, andererseits war hier der Anteil sich selbst national als Russen identifizierender Gruppen innerhalb der Ukraine am größten. Die Konfession war natürlich auch hier überwiegend orthodox. Die Krim schließlich stellte eine Besonderheit dar: Das Russische war hier mindestens seit Stalins Deportations- und Kolonisierungspolitik Mehrheitssprache gewesen, der Anteil bewusster Russen hoch. Die Ukrainer waren hier gewissermaßen „eingeklemmt" zwischen der russophonen Bevölkerung und den seit 1989 zurückkehrenden Krimtataren, deren interne Sprache weiterhin ihre Turksprache ist. Religiös war die Bevölkerung orthodox und nun teilweise auch wieder islamisch. Dennoch ist es wichtig zu vermerken, dass auch auf der Krim im Unabhängigkeitsreferendum von 1991 zu über 50% für die ukrainische Unabhängigkeit gestimmt wurde. Generell gilt für alle Teile der Ukraine außerhalb der Krim seit jeher, dass das offene Land überall weitgehend ukrainischsprachig war und ist, die russischsprachige Bevölkerung konzentriert sich dagegen in Städten.

Weitere kleinere ethnische und religiöse Gruppen gab und gibt es in der unabhängigen Ukraine nach den Völkermorden und ethnischen Säuberungen des 20. Jh. nur noch in geringer Zahl: Juden, Armenier, Georgier, Griechen, Rumänen, Belarussen, Polen u.a.

Die jahrzehntelange Russifizierungspolitik der stalinschen und nachstalinschen Sowjetunion hatte auch in der Ukraine – wie anderswo – die Folge, dass der weitaus größte Teil der Bevölkerung mit nichtrussischer Muttersprache das Russische wenigstens einigermaßen beherrschte und besonders im öffentlichen und staatlichen Bereich oft auch gebrauchte. Davon ist auch für die Ukraine der frühen 1990er Jahre auszugehen. Im Lauf der letzten dreißig Jahre der Unabhängigkeit und einer national-ukrainischen Sprachenpolitik für den staatlich-öffentlichen Bereich – im privaten Bereich herrscht hier bis heute völlige Freiheit, entgegen mancher Vorstellung gibt es keinen antirussischen Sprachzwang in der Ukraine – dürfte die Kenntnis des Russischen in der West- und Zentralukraine deutlich zurückgegangen sein. Die alleinige offizielle Amtssprache ist seit 1991 Ukrainisch, bis 2014 immer wieder erhobene Forderungen russischsprachiger Gruppen, das Russische wieder zur zweiten Sprache des Staates zu erheben, ließen sich politisch nicht dauerhaft durchsetzen und werden in Zukunft noch weniger Chancen haben. Seit derselben Zeit ist Ukrainisch Pflichtfach an allen Schulen, zunehmend auch generell Unterrichtssprache. Hochschulunterricht war dennoch oft weiterhin russischsprachig, da es für viele akademische Fächer noch länger an ukrainischer Fachliteratur mangelte. So beherrschen auch viele jüngere Ukrainer das Russische immer noch, wozu auch die Beliebtheit des russischen Fernsehens bis 2014 beigetragen hat. Seit 2014 allerdings und besonders jetzt und wohl auch weiterhin in Folge des Krieges dürfte die Beliebtheit des Russischen erkennbar gesunken sein und weiter sinken. Übrigens gibt es in der Zentral- und Ostukraine bis heute das Surschyk, eine Slangsprache, die Sprachelemente und Worte beider Sprachen miteinander kombiniert.

Für die politischen Verhältnisse von zentraler Bedeutung ist, dass keineswegs jeder, dessen Muttersprache Russisch ist oder primär Russisch spricht, sich auch als Russe identifiziert oder gar eine politische Loyalität gegenüber Russland hat. Das ist für Westeuropa z.B. vergleichbar mit Irland, wo seit dem 19. Jh. die große Mehrheit der Bevölkerung nur noch ausschließlich Englisch spricht, also das einheimische keltische Gälisch zugunsten der imperialen Sprache Großbritanniens aufgegeben hat – und das auch weiterhin nach der irischen Unabhängigkeit im 20. Jh. Dennoch ist damit kein Wechsel zu einer britischen Identität erfolgt – in diesem Fall hätte es niemals eine unabhängige Republik Irland gegeben, weil niemand sie noch gewollt hätte. Ethnische Identität und Sprache sind nicht notwendigerweise immer so deckungsgleich, wie man sich das oft in einer idealtypischen Konzeption von Nationalität vorstellt.

Wie in Russland ist auch in der Ukraine die Bevölkerungszahl seit den 1990er Jahren rückläufig, zum Teil aufgrund niedriger Geburtenraten, zum Teil durch Abwanderung. Vor Beginn des jetzigen Krieges betrug die Gesamtbevölkerung ungefähr 44 Mio., jetzt sind es, bedingt durch (zeitweilige) Flucht insbesondere von Frauen und Kindern einige Millionen weniger.

Die neue Ukraine stand nach 1991 vor vier zentralen Aufgaben: 1. Die politische und institutionelle Konsolidierung des unabhängigen Staates 2. Die kulturpolitische, mentale und nationale Konsolidierung der nun unabhängigen Gesellschaft der Ukraine 3. Die Verbesserung der ökonomischen Situation und die Frage des ökonomischen Systems 4. Klärung und Definition der Außenbeziehungen des Staates, insbesondere zu Russland und zum Westen. Betrachten wir diese Punkte, die zentral für die Geschichte der unabhängigen Ukraine sind, genauer.

1. Die politische und institutionelle Konsolidierung des unabhängigen Staates: Die Verfassung der Ukraine war in ihrer Grundlage zunächst noch die letzte Verfassung der Ukrainischen Sozialistischen Sowjetrepublik (USSR) von 1978, ergänzt und modifiziert durch die liberalisierenden Reformen der Epoche Gorbatschow. Dies gab der Konstruktion etwas sehr Unsystematisches und Provisorisches. Die zentralen Institutionen waren das in direkter Volkswahl gewählte Parlament, die Werchowna Rada, das sich aus dem Obersten Sowjet der Ukrainischen Sowjetrepublik herausentwickelt hatte. Dem Parlament stand der ebenfalls vom Volk gewählte Präsident gegenüber – die zentrale Neuerung der letzten Phase der Sowjetzeit –, der zugleich formales Staatsoberhaupt und Chef der Exekutive war: Er ernannte den Ministerpräsidenten und das Kabinett. Das System war also das einer präsidialen Demokratie mit starker Exekutive. 1996 bekam die Ukraine durch Beschluss der Werchowna Rada ihre systematisch ausgearbeitete Verfassung mit Grundrechtekatalog, die grundsätzlich, trotz mehrerer Modifikationen, bis heute gilt. Sie änderte am grundlegenden Funktionieren des politischen Systems aber wenig, das präsidiale System wurde beibehalten. Administrativ ist die Ukraine ein zentralistischer Staat, d.h., die Oblaste (Regierungsbezirke) und die ihnen untergeordneten Distrikte besitzen wenig eigene Entscheidungsbefugnisse, sondern sind in beträchtlichem Maß Ausführungsorgane der Zentralregierung. Allerdings sind die von der Verfassung zugestandenen Befugnisse der untersten Ebene, der der Städte und Kommunen mit ihrer gewählten Kommunalverwaltung, recht groß, was sich im Lauf der Zeit in Hinblick auf Transparenz, Korruptionseindämmung und Vertrauensbildung von Seiten der Bevölkerung positiv auswirken sollte. Der Staat hat bis heute ein beträchtliches Korruptionsproblem – das allgemeine postsowjetische Erbe –, die Kommunen stehen damit aber deutlich besser da, was sich zurzeit in der Kriegssituation günstig auswirkt.

Die Ausnahme von dem ansonsten zentralistischen System der Territorialverwaltung bildete von vornherein die Krim mit ihrer besonderen Geschichte und ihrer besonderen ethnischen und sprachlichen Situation. 1990 auf 91, kurz vor Ende der Sowjetunion, waren auf der Krim Bestrebungen aufgekommen, die alte „Autonome Sozialistische Sowjetrepublik der Krim" (ASSK) wieder zu errichten. Das war der formale Autonomiestatus gewesen, den die Krim bis 1954 innerhalb der Russischen Sowjetrepublik gehabt hatte, was für die Krim als Teil der Ukrainischen Sowjetrepublik aber nicht weitergeführt worden war. Allerdings hatten solche formalen regionalen Autonomiestatute in der Sowjetunion kaum jemals reale Bedeutung gehabt, da ja hinter allen Ebenen der Staatsorganisation die Einheitspartei stand, die vollkommen zentralistisch war. Die

Werchowna Rada bzw. der Oberste Sowjet der Ukraine gestand Anfang 1991 der Krim einen solchen Autonomiestatut auch prinzipiell zu, ohne dass allerdings faktisch allzu viel passierte. Zwar hatten – wie bereits erwähnt – Ende 1991 auch auf der Krim 54% der Bevölkerung im Referendum für die Unabhängigkeit der Ukraine gestimmt, doch gab es auf der Krim einen beträchtlichen Separatismus, der nun, nach der Auflösung der Sowjetunion, teils auf die staatliche Eigenständigkeit der Krim zielte, teils auf den Anschluss an Russland. Das neue Regionalparlament der Krim arbeitete stark auf die Unabhängigkeit hin, die von Kiew gerade noch durch Konzessionen abgewendet werden konnte. Nach mehrjährigem Hin und Her, geprägt teils von Konzessionsbereitschaft von Seiten der Ukraine, teils von Verhärtung, fand sich schließlich der Endkompromiss, der bis zur russischen Annektion der Krim 2014 halten sollte: 1996 verabschiedete die Werchowna Rada das Gesetz über die Autonomie der Krim, in dem zugleich die untrennbare Zugehörigkeit der Krim zur Ukraine festgelegt wurde. Der Name der Autonomieregion lautet nun „Autonome Republik der Krim". Das Territorium des Autonomiegebiets umfasste die ganze Halbinsel mit Ausnahme der Stadt Sewastopol, die, bedingt durch die dort stationierte russische Schwarzmeerflotte (s.u.), von 1992–2014 einen Sonderstatus hatte. Die Region hatte ihr eigenes Parlament und ihren eigenen Präsidenten und besaß besonders im Bereich von Wirtschaft und Finanzverwaltung größere Eigenbefugnisse. Auch im sprachlichen und kulturellen Bereich gab es Sonderregelungen, nicht nur wegen des großen Anteils russischsprachiger und sich als Russen definierender Bewohner, sondern auch wegen der seit 1989 zurückgekehrten Krimtataren. Der Autonomiestatus beruhigte die Lage deutlich, die im Parlament der Region vertretene prorussische Separatistenpartei blieb eine politische Minderheit.

2. **Die kulturpolitische, mentale und nationale Konsolidierung der nun unabhängigen Gesellschaft der Ukraine:** Wie alle modernen Staaten, die sich zugleich als Nationalstaaten (fast alle) und wirklich ernsthaft als liberale Verfassungsstaaten definieren (weitaus weniger), steht auch die Ukraine seit ihrer Unabhängigkeit vor dem Problem, Nationalität definiert als ethnische Identität (beruhend auf gemeinsamer Kultur, Sprache, mentale Prägung, Gruppengeschichte) und Nationalität definiert als politisch-staatsbürgerliche Identität (gemeinsame politische Organisation, gleiche formale staatsbürgerliche Rechte, Orientierung an gesamtgesellschaftlicher Solidarität jenseits ethnisch-kultureller „gefühlsmäßiger" Gruppenbindung) unter einen Hut zu bringen. Volksgenosse oder Staatsbürger? Das Problem wiegt umso schwerer, je größer der Anteil andersethnischer Minderheiten auf dem Staatsgebiet ist, bzw. heute auch in den wohlhabenden westlichen Ländern, je größer der Anteil fremder Einwanderer und ihrer Nachkommen ist. Dass der moderne ethnische Nationalismus und der freiheitliche Staatsbürgerstaat seit dem späten 18. Jh. gemeinsam aufgekommen sind, hat seine Logik, wie widersprüchlich das zunächst einmal erscheinen mag. Bereits die nationale Idee der französische Revolutionsrepublik in den 1790er Jahren changierte zwischen den beiden Polen: War das französische Volk, auf das der neue Staat sich nun be-

zog, definiert durch sein kulturelles und sprachliches Franzosentum oder durch die formale Staatsbürgerschaft aller freien und gleichen citoyens, auch wenn sie vielleicht deutschsprachige Elsässer oder bretonischsprachige Bretonen waren?

Das Volk soll der Souverän sein, das Volk soll aus freien und gleichen Individuen bestehen. Damit das Volk aber Souverän sein kann, muss es eine gemeinsam politisch diskutierende und entscheidende Solidargemeinschaft bilden, eine Bürgerschaft. Gemeinschaftlichkeit lässt sich aber am leichtesten herstellen unter Menschen, die bereits eine gemeinsame kulturelle Prägung und eine gemeinsame Sprache haben. Auch bildet sich so leichter ein gemeinsames Normenbewusstsein – unverzichtbar für die Anerkennung der Rechts- und Verfassungsordnung. Nur reine Untertanen können völlig unterschiedlichen Kulturen angehören, die wenig miteinander zu tun haben. Die autoritäre Herrschaft zwingt und hält sie zusammen, historisch oft in einem Vielvölkerimperium. Ob einem das politisch recht ist oder nicht, bislang beruhen unsere Staaten weiterhin gefühlsmäßig auf diesem Bindeglied, weswegen es wohl bis auf Weiteres mit einem politisch wirklich geeinten Europa nichts werden wird, solange es identitär lediglich europäische Völker gibt, aber kein europäisches Volk. Obwohl sich das ändern könnte, wie alles in der Geschichte. Funktionierende liberale Verfassungsstaaten sind bislang nicht territorial und personal willkürlich aufbaubar, wenn das Staatsvolk eine Bürgergemeinschaft sein soll und nicht lediglich eine Ansammlung von verwalteten und beherrschten Gruppen und Individuen, die nur wenig miteinander gemein haben. Allerdings verlangt dieselbe Liberalität, die das Produkt der von der Bürgerschaft getragenen freiheitlichen politischen Ordnung sein soll, dass das kulturell-ethnische Identitätsprinzip von einer abstrakten überethnischen zivilen Nationalität konterkariert wird. Die formalen Staatsbürgerrechte dürfen nicht auf dem ethnisch-kulturellen Gruppenprinzip beruhen, so sehr man das für das Zusammengehörigkeitsgefühl auch brauchen mag. In der Praxis besteht das Problem oft darin, den Kompromiss zu finden, wie weit eine anderskulturelle oder andersethnische Minderheit sich kulturell und normativ an die ethnische Mehrheit assimilieren sollte, um die Staatsbürgergemeinschaft kommunikativ und normativ/wertebezogen zu ermöglichen und wie weit sie sie selbst und anders bleiben darf, was ebenfalls eine – tendenziell gegenläufige – Forderung des liberalen Prinzips ist. Die Freiheit und die Gleichheit sind formale Prinzipien, die Brüderlichkeit aber, die die beiden ersteren ermöglichen soll, ist ein Gefühlsprinzip und fällt kulturell Ähnlichen leichter als kulturell zueinander Fremden. Allerdings lässt sich diese nationale Brüderlichkeit leicht autoritär pervertieren – dann wird daraus die ultranationalistische oder gar faschistische Volksgemeinschaft, deren „Freiheit" sich darin erschöpft, ihren autoritären Führer als Ausfluss ihrer selbst fanatisch zu lieben und alle anderen als potentielle Feinde oder Opfer ihrer Aggression zu betrachten. Das ist dann autoritärer Populismus anstatt Demokratie.

Die spezifische Versuchung der Ukraine in diesem Zusammenhang liegt in ihrer tendenziellen ethnischen Doppelnationalität begründet – ukrainisch-russisch. Tendenziell, weil zwar die ukrainische Sprache hier auch ukrainische Identität bedeutet, die russische Sprache aber nicht durchgehend russische Identität und Loyalität. Dennoch könnte sie das im misstrauischen Blick der ukrainischen Mehrheitsethnie bedeuten. Das ist natürlich der Grund, warum der unabhängige ukrainische Staat sich in seiner politischen Mehrheitsmeinung bislang nicht dauerhaft bereit erklärt hat, dem Russischen den Status einer zweiten Staatssprache zukommen lassen – und wenn es nur im Osten auf regionaler Ebene wäre. Die Herausforderung ist umso gewichtiger, als die zahlenmäßig dominierende ukrainische Staatsethnie, auf deren politischen Willen der Staat gegründet ist und der zuliebe er überhaupt unabhängig werden musste, mehrere Jahrhunderte lang die Erfahrung gemacht hat, in die kulturelle, soziale und politische Subalternität einer untergeordneten Kultur bloßen einfachen Volkes abgedrängt zu werden (Polen-Litauen, Zarenreich) oder tendenziell überhaupt in ihrer Besonderheit politisch unerwünscht zu sein und sich an die dominante imperiale Kultur assimilieren zu sollen (Sowjetunion seit Stalin). Und es sind nun die Sprecher der ehemaligen Dominanzsprache, die in der Minderheit sind! Nach allen traurigen Regeln der Weltgeschichte schreit das nach Rache und Revanche! Und das umso mehr, als der weiterhin übermächtig erscheinende russische Staat, dessen nationale Sprache diese innerukrainische Minderheitensprache ist, sich seit den 2000er Jahren immer weniger als freundlicher Nachbar erwiesen hat.

Die Ukraine hat es nicht ganz geschafft, dieser düsteren Versuchung überhaupt nicht nachzugeben, sie hat sich aber doch, gerade an den Umständen gemessen, bislang relativ wacker in der Frage gehalten. Selbst seit 2014, dem Beginn des Konflikts im Donbas, und auch in der momentanen Kriegssituation ist keine allgemeine Hysterie gegen alles Russischsprachige ausgebrochen. Auch momentan hört man in den Straßen Kiews genauso selbstverständlich Russisch wie Ukrainisch. Wie allerdings nach einem etwaigen ukrainischen Sieg im jetzigen Krieg der harte Kern der russischsprachigen Bevölkerung im Donbas und auf der Krim, der sich als russisch sieht, behandelt werden wird, danach wird sich die Ukraine beurteilen lassen müssen. Ein beunruhigendes Zeichen ist die neueste Politik, russischsprachige Buchpublikation zu beschränken, was nun allerdings gerade bei ukrainischen Buchhändlern äußerst umstritten ist.

Die ukrainische Verfassung von 1996 bekennt sich klar zum liberalen Prinzip der politischen Nation – Ukrainer ist jeder Staatsbürger unabhängig von Sprache und ethnischer Zugehörigkeit. In den 1990er Jahren, als die Verfassung erarbeitet wurde, war das Ukrainer-Russen-Problem allerdings weitaus entspannter als jetzt. Beide Staaten waren primär mit ihren internen Dingen beschäftigt, beide mussten sich parallel zueinander in ihrer gemeinsamen postsowjetischen Lage zurechtfinden. Trotz gelegentlicher Interferenzen konnten die wesentlichen Streitpunkte – zunächst – geklärt werden (dazu noch weiter unten). Russland brauchte damals gute Beziehungen zum Westen, dementsprechend mussten auch auskömmliche Beziehungen zu den Nachbarn angesagt sein. Zudem gab es in der Ukraine kaum ein Interesse daran, den großen Nachbarn von sich aus zu reizen. Die Stimmung in der Ukraine gegenüber Russland und russischen Dingen war gemäßigt oszillierend. Einerseits wurde nun gefühlsmäßig und intellektuell das Trauma der früheren Abhängigkeit aufgearbeitet: Zarenreich, Unterdrückung der ersten Unabhängigkeit, Holodomor und Säuberungen, repressive Kulturpolitik, „böser" Kommunismus, der natürlich tendenziell als spezifisch russische Boshaftigkeit gesehen wurde. Die Kiewer Rus und das Kosakenhetmanat der Frühen Neuzeit wurden, gerade in Abgrenzung zu Russland, forciert nationalukrainisch interpretiert. Der ungute Bandera-Kult entwickelte sich, wobei aber der faschistische Teil bei der großen Mehrheit und den offiziellen staatlichen Äußerungen weggelassen, und nur Banderas Rolle als Vorkämpfer für eine eigenständige Ukraine betont wurde. Im Gegensatz dazu feierte man am 9. Mai den Sieg über Nazideutschland weiter, nur wurde das natürlich „entrussifiziert" und gesamtsowjetisch betrachtet, was allerdings auch deutlich näher an der historischen Realität ist als die national-neurussische Variante der jährlichen Feierlichkeit. Und trotz der deutlichen Absetzung vom früheren „Unterdrücker" der Nation blieben die Grundgemeinsamkeiten des historischen und kulturellen Erbes bewusst. Den Gebildeten blieb die russische Literatur weiterhin präsent, russisches Fernsehen und russische Popkultur waren beliebt. Man könnte für diese Zeit von einer „distanzierten Nähe" zu Russland sprechen. Russland war vielleicht nicht ein Bruder, aber doch ein Cousin, nur war man froh, jetzt nicht mehr in einem Zimmer seines Hauses wohnen zu müssen, sondern selbst stolzer Hausbesitzer geworden zu sein. Wie auch immer der jetzige Krieg ausgeht, die Rückkehr zu dieser relativ entspannten Situation in den realen und mentalen Beziehungen in den 1990ern wird auf lange Zeit ein frommer Wunschtraum bleiben. Russland ist für die Ukrainer jetzt das finstere Andere und wird es bis auf Weiteres bleiben.

Ein Blick noch auf die religiöse Situation: Wie in Russland gab es in den 90ern auch in der Ukraine nach dem Ende des repressiven sowjetischen Staatsatheismus eine gewisse Rückbesinnung auf die herkömmliche Religion, wenn auch weiterhin größere Teile der Bevölkerung in beiden Staaten die aus der Sowjetzeit ererbte religiöse Ungebundenheit beibehalten haben. Allerdings ist in der Ukraine, trotz des nationalen Rückbezugs auf die Kiewer Rus, die Orthodoxie nicht ganz so eng mit der nationalen Identität verbunden wie in Russland. Besonders im Westen des Landes gibt es aus der Zeit Polen-Litauens die mit der Katholischen Kirche verbundene Griechisch-Katholische Unionskirche, für viele Westukrainer die Erinnerung an die ebenso historisch existente kulturelle Verbundenheit mit Westeuropa. Wie schon bemerkt, stellte sich die von der Sowjetunion unterdrückte Unionskirche schon kurz vor der Unabhängigkeit wieder her. Bei den Orthodoxen verlief die Geschichte komplizierter. Sie spalteten sich seit 1990 in drei Teile: Ein Teil der Orthodoxie blieb bei der Russisch-Orthodoxen Kirche, also unter der Autorität des Patriarchen von Moskau. Allerdings nannte sich dieser bei Moskau bleibende Teil jetzt etwas patriotischer „Ukrainisch-Orthodoxe Kirche (Moskauer Patriarchat)". Ein weiterer Teil spaltete sich von Moskau ab, gründete das alte Metropolitanbistum Kiew aufs Neue und nannte sich „Ukrainisch-Orthodoxe Kirche (Kiewer Patriarchat). Ein dritter Teil (allerdings anteilmäßig nur eine Splittergruppe) spaltete sich ebenfalls von Moskau ab, schloss sich aber mit der schon länger existierenden ukrainischen Orthodoxie im westlichen Exil zur „Ukrainischen Autokephalen Orthodoxen Kirche" zusammen. 2018 vereinigten sich diese Splittergruppe und die Ukrainische Kirche des Kiewer Patriarchats. Diese „Orthodoxe Kirche der Ukraine" (offizieller Name) als die neue Nationalkirche stellt den bei weitem größeren Teil der Orthodoxie, die Moskauer Kirche (offiziell jetzt Ukrainisch-Othodoxe Kirche") ist klar in der Minderheit. Wie zu erwarten, positionierten sich die beiden orthodoxen Kirchen seit dem Beginn des militärischen Konflikts zwischen Russland und der Ukraine 2014 jeweils gegensätzlich. Allerdings hat sich 2022 unter dem Druck der russischen Invasion auch die kleinere Kirche des Moskauer Patriarchats für eigenständig erklärt (s. dazu noch später).

3. **Die Verbesserung der ökonomischen Situation und die Frage des ökonomischen Systems:** Zurückgehend auf das späte Zarenreich gibt es auch im ökonomischen Bereich innerhalb der Ukraine eine deutliche West-Ost-Differenzierung: Das frühe Zentrum moderner Industrie lag im Donbas mit seinen Kohlevorkommen und seiner günstigen Verkehrsanbindung über die Nähe der Flusssysteme Dnipro und Donezk. Noch prononcierter wurde das mit der stalinschen Industrialisierung. Die Westukraine dagegen blieb lange noch überwiegend ländlich bestimmt und war damit erkennbar ärmer als der industrialisierte Osten. Allerdings traf der ökonomische Niedergang der späten Sowjetzeit und der freie ökonomische Fall der letzten Jahre der 80er und der früheren 90er den Osten stärker, da vor allem die Industrieproduktion einbrach. Erst in den späteren 90er Jahren stabilisierte sich die wirtschaftliche Lage und es setzte seit 2000 ein moderates Wirtschaftswachstum ein. Im ersten Jahrzehnt nach der Unabhängigkeit wurde die Ukraine ebenso wie Russland für weite Teile der Bevölkerung ein Armenhaus, was viele Ukrainer in die Auswanderung in den Westen trieb und spezifisch für die Ukrainerinnen zu so problematischen Phänomenen wie der Zunahme der Prostitution und dem kommerziellen Heiratshandel mit ukrainischen Bräuten führte. Die positivere Wirtschaftsentwicklung seit 2000 führte auch die Ukraine aus der Talsohle, allerdings unter heftigen Einbrüchen, wie die Auswirkungen der globalen Finanzkrise 2008 und die ökonomischen Auswirkungen des sich 2014 entwickelnden Konflikts mit Russland und jetzt im Zusammenhang des großen Krieges. Zurzeit ist die Ukraine nach allen Indikatoren weiterhin einer der ärmsten Staaten Europas.

Dabei besitzt die Ukraine grundsätzlich gute Voraussetzungen dafür, eines der wohlhabenden Länder Europas zu werden: Ihr agrarisch nutzbares Territorium gehört zu den fruchtbarsten Gegenden des Kontinents und in der Landwirtschaft ist die Entwicklung seit den 1990er Jahren relativ am erfolgreichsten gewesen, nachdem sie privatisiert und entkollektiviert worden war. Von daher ist das Land jetzt ein weltweit bedeutender Exporteur von Agrargütern. Zugleich ist die Ukraine aus ihrer sowjetischen Vorgeschichte heraus relativ stark industrialisiert und das Land besitzt genug natürliche Ressourcen um potentiell auch im Energiebereich autark zu sein, bzw. sogar in Konkurrenz zu Russland Energieexporteur werden zu können – vorausgesetzt es gelingt den Ukrainern, die Krim zurückzugewinnen, in deren unmittelbarer Meeresumgebung größere bislang nicht genutzte Erdgasvorkommen liegen. Ein sehr pragmatischer Grund, warum Russland die Krim unbedingt kontrollieren möchte. So war die Ukraine bis 2014 auf russische Erdgaslieferungen angewiesen, die in den 90ern vor dem Hintergrund der damaligen leidlich guten Beziehungen zu Russland vergünstigt erfolgten. Seit den frühen 2000ern dagegen, mit dem Umschwung der russischen Politik unter Putin, wurden die russischen Lieferkonditionen ungünstiger, die Erdgasversorgung aus Russland wurde Werkzeug politischer Erpressung von Seiten des russischen Staates. Seit 2014 muss die Ukraine ihr Erdgas und Erdöl aus anderen Quellen importieren, was die Außenhandelsbeziehungen tendenziell defizitär macht.

Die Privatisierung der aus der Sowjetzeit ererbten Staatswirtschaft erfolgte weniger plötzlich und radikal als in Russland, in einer Reihe von graduellen Schritten und ist bis heute im Bereich der Industrie nicht ganz abgeschlossen. Zunächst begann sie in der ersten Hälfte der 1990er in den Bereichen von Handel und Finanzen sowie Dienstleistungen, erst seit dem späteren Verlauf des Jahrzehnts auch in den produzierenden Bereichen Landwirtschaft und Industrie. Dabei verlief die Entwicklung der Privatisierung und Vermarktwirtschaftlichung aber wie im Russland Boris Jelzins unter sehr ungünstigen politischen Bedingungen: Ein schwacher, ineffizienter und korrupter Staat mit käuflichen Politikern ermöglichte es einer Kerngruppe von gut Vernetzten – besonders ehemaligen Funktionären des alten Staatsapparats aus den Bereichen Verwaltung und Staatsökonomie – überproportional ehemaliges sozialistisches Staatsvermögen an sich zu reißen. Die von der Privatisierung profitierende Gruppe war klein und begrenzt, ein marktwirtschaftlicher Mittelstand entwickelte sich kaum. Damit entstand keine wirkliche Marktkonkurrenz, die hätte belebend und effizenzsteigernd wirken können. Die sich dadurch herauskristallisierende Gruppe von sog. Oligarchen machte ihre Profite überwiegend mit Plünderung des öffentlichen Vermögens, Steuerhinterziehung, Begünstigung bei Staatsaufträgen. Sie investierte wenig in den Ausbau der ökonomischen Strukturen und schuf damit auch wenig Arbeitsplätze. In bestimmten Bereichen der Wirtschaft besaßen die Oligarchen faktische Monopole, zudem legten sie sich Vermögensanteile und damit Kontrolle auch im Medienbereich zu, wodurch sie über die Beeinflussung der Bevölkerung auch über großen politischen Einfluss verfügten, ergänzt durch ihren Einfluss auf die korrupte Politik. Korrupte Politiker und Oligarchen stützten sich gegenseitig.

In den 90er Jahren lief die Entwicklung dabei in Russland und der Ukraine parallel: Die Oligarchen waren auch politisch mächtig, aber zugleich wie die Politiker selbst in ihrer politischen Positionierung gespalten. Manche unterstützten die Regierung (in der Ukraine die Präsidenten Krawtschuk und Kutschma, in Russland Jelzin) und spielten dafür bei der Beeinflussung von Wahlen über ihre Medienmacht eine große Rolle, andere waren auf Seiten der verschiedenen oppositionellen Gruppen und finanzierten diese. Das politische System blieb dadurch in beiden Nachbarstaaten pluralistisch, war aber korrupt und ineffizient, was die ganze Situation nicht verbesserte. Unterstützt wurde dieser Prozess einer oft unkontrollierten Privatisierung zugunsten begrenzter Gruppen durch die damals im Westen nach dem Ende des kommunistischen Gegenblocks herrschende neoliberale Richtung unter den Fachökonomen: Die westlichen Wirtschaftsberater in Kiew und Moskau drängten auf die möglichst schnelle und umfangreiche Privatisierung, die Gewährung auswärtiger Kredite an beide Staaten wurde in beträchtlichem Maße vom Fortgang der Privatisierung und Liberalisierung abhängig gemacht, ohne dass dabei die schwachen politischen und dysfunktionalen Rahmenbedingungen beachtet wurden. Es herrschte der allgemeine Glaube, die liberale Marktwirtschaft könne den produktiven Wandel zum Nutzen aller von ganz alleine herbeiführen (die berühmte „unsichtbare Hand" Adam Smiths), egal, wer die neuen Kapitalisten waren und unabhängig von politischer Steuerung durch einen funktionierenden Staat. Was dabei herauskam, war ein topplastiger und ökonomisch im Interesse der Allgemeinheit unproduktiver Monopol- und Raubkapitalismus.

4. **Klärung und Definition der Außenbeziehungen des Staates, insbesondere zu Russland und zum Westen:** Die außenpolitische Situation der Ukraine war von vornherein sehr stark durch den Charakter der Beziehung zum großen russischen Nachbarn bestimmt. Das Russland Boris Jelzins, das seinen eigenen Anteil am Ende der Sowjetunion gehabt hatte, erkannte die unabhängige Ukraine in ihren Grenzen von Beginn an und entwickelte in diesem Bereich in der weiteren Zeit Jelzins bis 1999 auch keine neuen Ambitionen. Dementsprechend waren die Beziehungen zwischen beiden Staaten die 90er Jahre hindurch recht gut, die kulturellen Beziehungen waren trotz der neuen Betonung ukrainischer Eigennationalität eng, Russland blieb bis weit in 2000er Jahre der größte Handelspartner. Es gab allerdings zwei Stolpersteine, die aber zunächst ausgeräumt werden konnten.

Es handelt sich einmal um die Frage des Atomwaffenarsenals, das die Ukraine von der Sowjetunion geerbt hatte, sowie dann um die Frage der Position der Krim besonders im Kontext der in Sewastopol stationierten russischen Schwarzmeerflotte, die Russland sich aus den Beständen der sowjetischen Marine gesichert hatte. Die erstere Frage wurde 1994 durch die Vereinbarungen des Budapester Memorandums geklärt, die im Rahmen der in Budapest stattfindenden KSZE-Konferenz getroffen wurden (Konferenz für Sicherheit und Zusammenarbeit in Europa). Dieses Memorandum bestand aus drei Einzelvereinbarungen bzgl. jeweils der Ukraine, Belarus und Kasachstans, die bis dahin noch Atomwaffenbestände aus dem sowjetischen Arsenal im Besitz hatten. Dabei erklärten die Mitunterzeichner USA, Großbritannien und Russland als Garantiemächte, die Souveränität und die Grenzen der drei Staaten sowie das UN-Verbot eines Angriffskrieges zu achten, dafür sollten die drei Staaten ihre Atomwaffen an Russland als den völkerrechtlichen Nachfolger der Sowjetunion übergeben. Die völkerrechtliche Bindekraft der schriftlichen Erklärung ist umstritten, da die russische Duma die Vereinbarung von russischer Seite her niemals ratifiziert hat. Die Ukraine betrachtete das Memorandum allerdings als verbindliche Sicherheitsgarantie, zumal sie sich damit zugunsten Russlands atomar entwaffnet hatte. Die auf der Krim stationierte Schwarzmeerflotte, eine Streitkraft von großstrategischer Bedeutung für das Zarenreich wie die Sowjetunion, wurde nach dem Ende der Sowjetunion zunächst von der Ukraine wie von Russland in Anspruch genommen. Sowohl Leonid Krawtschuk wie Boris Jelzin erließen entsprechende Präsidialdekrete, allerdings waren die überwiegend ethnisch russischen Marinemannschaften nicht bereit, sich ukrainischem Oberkommando zu unterstellen. Nach einigem Hin und Her und verschiedenen Kompromissvereinbarungen, in denen man die Schiffe auf beide Staaten aufteilte, stimmte Krawtschuk als Präsident der Ukraine der Lösung zu, den größeren Teil des ukrainischen Anteils an der Flotte zu Geld zu machen, indem die Schiffe an Russland verkauft wurden Dabei wurde die Ablösungssumme mit den ukrainischen Schulden gegenüber Russland verrechnet. Der Hauptflottenstützpunkt Sewastopol, mit der eigentlichen Stadt selbst, wurde von Russland gepachtet, ein ähnliches Konstrukt wie für den amerikanischen Marinestützpunkt Guantanamo auf Kuba. Der Ukraine verzichtete damit auf den größeren Teil der Flotte und besaß nur noch eine kleine Marine für den Küstenschutz. Endgültig wurde die Frage im ukrainisch-russischen Abkommen von 1997 geregelt, in dem Russland Sewastopol und andere Marineanlagen für 20 Jahre pachtete. Sowohl in der Ukraine wie in Russland geriet das Abkommen in nationalistischen Kreisen in heftige Kritik, da es jeweils umgekehrt als Ausverkauf nationaler Interessen gesehen wurde. Dennoch ratifizierten beide Parlamente den Vertrag. Die Schwarzmeerflotte ist für Russland von großer strategischer Bedeutung, da sie potentiell russische Machtprojektion im Schwarzen Meer und im Mittelmeer ermöglicht und einen wichtigen Restposten strategischer russischer Großmachtposition darstellt.

2010 einigten sich der damalige russische Präsident Dmitri Medwedew und sein damaliger ukrainischer Amtskollege Wiktor Janukowytsch auf eine Verlängerung des Pachtvertrags auf 25 Jahre, gerechnet vom Auslaufen des vorherigen Vertrags von 2017 an, also bis 2042. Dafür erhielt die Ukraine einen 30%igen Nachlass auf den Kauf russischen Erdgases – der Verkaufspreis war vorher unter Putins erster Präsidentschaft auf Marktniveau angehoben worden. Auch dieser Vertrag wurde durch beide Parlamente ratifiziert, in der Werchowna Rada kam es aber von Seiten der Opposition zu Schlägereien, Rauchbomben wurden geworfen. Dieser letzte Vertrag wurde nach der russischen Annexion der Krim 2014 von russischer Seite einseitig aufgehoben.

Nachdem auf diese Weise das Konfliktpotential zwischen beiden Nachbarstaaten – anscheinend – beseitigt worden war, schlossen Jelzins Russland und – inzwischen – Leonid

Kutschmas Ukraine 1997 den ebenfalls von beiden Parlamenten ratifizierten Russisch-Ukrainischen Freundschaftsvertrag. In diesem – völkerrechtlich definitiv bindenden – Abkommen wurde noch einmal gegenseitig die territoriale Integrität und die Unverletzbarkeit der gemeinsamen Grenzen anerkannt. Es trat 1999 für zunächst 10 Jahre in Kraft und sollte sich dann automatisch um jeweils 10 Jahre verlängern, wenn nicht eine der beiden Parteien mindestens sechs Monate vor Ablauf der Frist erklärte, dass sie ihn nicht zu verlängern wünsche. Nach der russischen Annexion der Krim 2014, die ein klarer Bruch des Vertrages war und dem Beginn des Krieges im Donbas, kündigten die Ukrainer – damals Präsident Poroschenko – den Vertrag für das folgende Jahr.

Noch in der frühen Zeit von Wladimir Putins Präsidentschaft in Russland, im Jahre 2003, wurde mit Bezugnahme auf den Freundschaftsvertrag der Russisch-Ukrainische Grenzvertrag geschlossen, in dem die gemeinsame Grenze in ihrem Gesamtverlauf definitiv festgeschrieben wurde.

Es sind, beginnend mit den Belowescher Vereinbarungen von 1991 zwischen Russland, Belarus und der Ukraine, diese Erklärungen und Verträge, vor deren Hintergrund die Politik Russlands gegenüber der Ukraine seit 2014 als völkerrechtswidrig zu betrachten ist.

Die Beziehungen zum Westen waren für die Ukraine auf politischer und ökonomischer Ebene in den 1990er Jahren gegenüber denen zu Russland noch von zweitrangiger Bedeutung. Langfristig gab es bereits das Ziel, die Ukraine näher an die EU heranzuführen – aus primär ökonomischen Gründen -, doch nahm die Ukraine dieser Zeit zwischen Russland und dem Westen eine Zwischenposition ein. Politisch wie ökonomisch war Russland damals sowohl für die Vereinigten Staaten wie für die EU ein weitaus wichtigerer Partner. Die Sicherheit der Ukraine hing nicht unmaßgeblich von der Qualität der russisch-westlichen Beziehungen ab, auf deren weitere Verbesserung man damals in Kiew hoffte.

Wichtig war für die Ukraine noch die Begründung guter Beziehungen zum unmittelbaren Nachbarland Polen, zumal Polen auf dem Weg zur Mitgliedschaft in NATO und EU war. Es hätte hier durchaus historisch begründete Verwerfungen geben können: Für die nationalistische ukrainische OUN in der Westukraine war Polen ja in den 1930er und 1940er Jahren der nationale Hauptfeind gewesen, in Gefolge der Integration der Westukraine in die Sowjetunion hatte die polnische Bevölkerung ins verbliebene Nachkriegspolen umsiedeln müssen, Polen hatte das Gebiet verloren. Was einen massiven Wiederaufstieg nationalpolnischen Revanchismus gegenüber der Ukraine seit 1990 aber verhinderte, war eben das Faktum, dass es nun praktisch keine ethnischen Polen mehr in der Westukraine gab, also niemanden, der „national befreit" werden musste. Die Westukraine war nun einfach durch den zwangsweise unter Stalin erfolgten Bevölkerungsaustausch zu sehr ukrainisch geworden, als dass polnische Nationalisten das Gebiet zurückfordern wollten. Zudem hatten die polnischen Reform- und Oppositionskräfte, die mit dem Sturz des Kommunismus an die Regierung kamen, sich schon vorher darauf geeinigt, keine wie auch immer historisch begründeten territorialen Forderungen an die Nachbarn zu stellen. Dementsprechend konnte es in den Beziehungen zwischen der unabhängigen Ukraine und dem postkommunistischen Polen einen historischen Neuanfang geben.

Die beiden Präsidenten der Ukraine in dieser Zeit waren Leonid Krawtschuk, der Politiker, der das Land in die Unabhängigkeit geführt hatte (1991–1994) und Leonid Kutschma (1994–2005). Krawtschuk begann mit der oben beschriebenen Verständigungspolitik mit Russland, galt aber tendenziell als prowestlich. Krawtschuk musste seinen Posten vorzeitig aufgeben, da er wegen eines Streiks von Bergleuten im Donbas die Wahlen vorzog und sie dann verlor. Dabei war sein eigener Ministerpräsident Leonid Kutschma gegen ihn angetreten, der als Wahlsieger sein Nachfolger wurde. Kutschma war aus anderem Holz geschnitzt als sein Vorgänger. Er galt schon früh als prorussisch und legte im Lauf der Zeit Tendenzen an den Tag, im Bündnis mit einer Reihe der neu erstandenen Finanz- und Wirtschaftsoligarchen, sein Präsidentenamt unter recht freier Interpretation der Verfassung und des Rechts in autoritärerer Hinsicht auszubauen. Vorbild war dabei der in Belarus seit 1994 regierende Alexander Lukaschenko, der schon früh begann, sich auf die dortigen Oligarchen gestützt autoritär einzugraben, noch bevor in Russland Wladimir Putin seit den 2000ern das Gleiche gelang. 1999 wurde Kutschma wiedergewählt, dabei hatte ein einflussreiches Bündnis von Industrieoligarchen ihn finanziell massiv unterstützt und die von ihnen kontrollierten Medien für ihn trommeln lassen. Gegen die sich formierende Opposition ging er mit Beschränkungen der Pressefreiheit vor, der aufgekommene Verdacht, er habe einen regierungskritischen Journalisten beseitigen lassen – die Leiche des Mannes war geköpft aufgefunden worden – führte zu Massenprotesten gegen Kutschma. Mehrere Misstrauensanträge in der Werchowna Rada scheiterten. Als dann aber 2005 seine zweite Amtszeit auslaufen sollte, machte er keine Anstalten, verfassungswidrig eine dritte anzustreben. Stattdessen unterstützte er die Präsidentschaftskandidatur seines Gefolgsmanns Wiktor Janukowytsch, der zuvor als Ministerpräsident sein Regierungschef gewesen war. Die Wahlen von 2014, die die sog. „Orangene Revolution" auslösten, sollten ein wichtiger Entscheidungspunkt für die innere Entwicklung der Ukraine im Unterschied zur russischen Entwicklung werden, sowie ein wichtiger Faktor für den Beginn der Verschlechterung der russisch-ukrainischen Beziehungen.

Die unabhängige Ukraine 1992

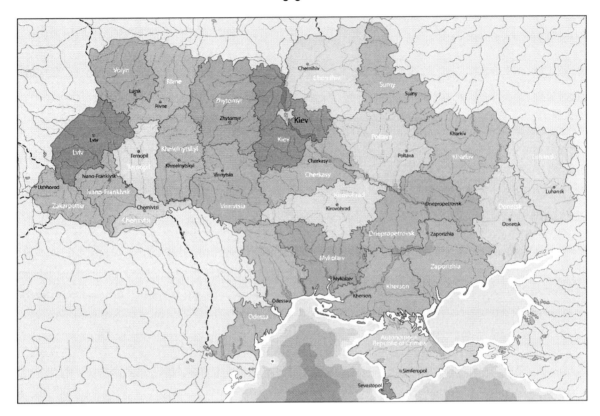

2. Die russische Entsprechung: Die Russische Föderation unter Boris Jelzin (1992–1999)

Russland, oder, wie der Staat nach seiner Entsowjetisierung nun hieß, die Russische Föderation, kam in seine Unabhängigkeit mit einem strahlenden Sieger und Volkshelden an der Spitze: seinem Präsidenten Boris Jelzin. Wenn es einen einzelnen Menschen gibt, der überproportional mit seinem politischen Handeln zum Ende der Sowjetunion beigetragen hat – von Gorbatschow selbst abgesehen, der dieses Ende aber nicht beabsichtigt hatte – dann ist das Jelzin, der dieses Ende zum Schluss sehr wohl beabsichtigt hatte. Allerdings sah das folgende Jahrzehnt, wie sich dieser Held in den Augen der Welt und vor allem in den Augen seiner russischen Mitbürger Schritt für Schritt entzauberte. Jelzin verwandelte sich im Laufe der 1990er von dem charismatischen Politiker und brillanten Organisator mit unkonventionellen Ideen und beträchtlichem Mut, der er gewesen war, in einen zunehmend zögerlichen und erratisch agierenden Mann, der seinen eigenen Apparat immer weniger unter Kontrolle hatte und der unter den Belastungen seines Amtes und der Situation immer mehr die Kontrolle über seinen Umgang mit Alkohol verlor. Das damit zunehmende Machtvakuum von der Spitze her trug in einer Weise zum Verfall des russischen Staates und seiner Institutionen bei, wie das in der Ukraine unter Krawtschuk und Kutschma nicht der Fall war. Zwar gelang ihm die Wiederwahl 1996, doch unter Bedingungen, die den Charakter Russlands als demokratischen Staat schwer kompromittierten – und das von Seiten des selbsterklärten Vorkämpfers der russischen Demokratie und des Prototyps des „guten Russen" im Westen. Jelzins Ansehen bei großen Teilen der Bevölkerung war bereits auf dem Tiefpunkt, die inzwischen – reformiert – wiedererstandene Kommunistische Partei der Russischen Föderation unter ihrem Kandidaten Gennadi Zyuganow konnte sich gute Hoffnungen auf einen Sieg machen. In dieser Situation warf Jelzin eine Reihe von besonders unpopulären Wirtschaftsreformern aus der Regierung, schüttete Wahlgeschenke in Form erhöhter Sozialleistungen aus, der amerikanische Präsident Bill Clinton schickte Fachleute für Public Relations – als Amerikaner in diesem Fachgebiet die Besten –, der populäre General Lebed (der militärische Held gegen den Putschversuch 1991) wurde Vorsitzender des Nationalen Sicherheitsrats, eine Gruppe zahlungskräftiger Finanz- und Medienoligarchen gaben das Geld und trommelten in denen von ihnen kontrollierten Medien für Jelzin, eine Reihe westlicher Politiker – darunter der deutsche Bundeskanzler Helmut Kohl – legten sich ins Zeug, Jelzins Verdienste gehörig herauszustreichen und den russischen Wähler vor der Wiederkehr des Kommunismus zu warnen, Jelzins Propagandafachleute selbst stilisierten die Wahl zum Kampf zwischen Demokratie und Totalitarismus. Zyuganow konnte damit weder propagandistisch noch finanziell mithalten und verlor. Jelzin gewann mit 53,8 % der Wählerstimmen gegen 40,7 % für Zyuganow, allerdings bei einer für Präsidentschaftswahlen recht mageren Wahlbeteiligung von 68,9 %. Viele Russen hatten offenbar schon keine Lust mehr auf Wahlen, da sie zunehmend gegenüber Politikern schlechthin skeptisch eingestellt waren.

In Russland verlief die Privatisierung und ökonomische Liberalisierung schon von 1992 an in Form einer wahren Schocktherapie, deshalb bildete sich das russische Oligarchentum besonders schnell und besonders drastisch aus. Jelzin forcierte das zusätzlich – gegen eine Reihe von Warnungen – da er den alten Apparat, der sein Gegner war, möglichst umfangreich entmachten wollte, bzw. partiell in eine Oligarchenschicht aus Eigentümern umwandeln wollte, die damit das Interesse bekamen, das neue System zu stützen. Die Drohung der Wiederkehr der Kommunistischen Partei motivierte ihn dabei zusätzlich. Dabei entwickelten sich in Russland noch stärker als in der Ukraine mafiöse Strukturen. Teils ließen Oligarchen ihre Konkurrenz untereinander mittels angeheuerter krimineller Banden gewaltsam austragen, teils entwickelte sich eine davon unabhängige rein kriminelle Mafia. In den späten 90ern schien vielen Russen Verbrechen und Gewalt besonders in den Städten allgegenwärtig. Die Medien waren in dieser Zeit ziemlich frei, was den Staat anging, aber kritische Journalisten, die über die falschen Leute und ihre krummen Geschäfte berichteten, mussten mit Mordaktionen und Entführungen rechnen. Die neue Oligarchenschicht, die sich auch schon bald in den Luxusressorts des Westens durch Protzerei und Über-die-Stränge-Schlagen notorisch machte, stützte – wie in der Ukraine – teils den zunehmend schwachen Präsidenten als Garanten ihres neuen Reichtums, teils verschiedene Oppositionsparteien (allerdings wohl kaum die Kommunisten).

Stabil blieb Jelzins Außenpolitik, die stark an Partnerschaft mit dem Westen orientiert war. Mit mehreren der Staaten im postsowjetischen und postkommunistischen Raum wurden Freundschaftsverträge geschlossen, so z.B. mit Polen und Bulgarien, der Russisch-Ukrainische Freundschaftsvertrag war bereits erwähnt worden. Die Anlehnung Jelzins an den Westen verlangte diese diplomatische Zurückhaltung, zudem war Russland nur noch auf dem Papier und kraft seines Atomwaffenarsenals eine Großmacht. Die russische Armee, die zwar zahlenmäßig immer noch groß war, hatte deutlich reduziert werden müssen, ihre militärische Qualität war miserabel, das Offizierskorps selbst von Korruption zerfressen.

Es gab zwei Gelegenheiten, bei denen Jelzin mit dem Westen und besonders dem US-Präsidenten Bill Clinton aneinandergeriet, mit dem ihn ansonsten eine Art Männerfreundschaft verband. Das waren die Tschetschenienkrise (s.u.) und dann das Eingreifen der NATO gegen Serbien in der Kosovo-Krise 1999. Bei der zweiten Gelegenheit zeigte sich die damalige relative Machtlosigkeit Russlands schmerzhaft, woraus Wladimir Putin später seine eigenen Schlüsse ziehen sollte.

Positiver wirkte sich das Einströmen westlichen Kapitals aus, teils durch großzügige Kredite, teils durch westliche Firmenbeteiligungen im Kontext der Privatisierung, wodurch zusätzlich noch technologisches und manageriales Know-How hereinkam. Es gelang so, die Förderanlagen für Erdöl und Erdgas zu modernisieren, zudem konnte die Erschließung der Vorkommen in Sibirien ausgebaut werden. Energiepolitisch war Russland damit autark und bezog aus dem Energieexport ein gesteigertes Einkommen. Allerdings versackte auch davon ein beträchtlicher Teil in den Händen der Oligarchen, die sich gerade diesen Sektor unter den Nagel gerissen hatten. Auch musste Russland einen Teil der mit dem Export verdienten Devisen für den Import von Nahrungsmitteln wieder ausgeben. Die Landwirtschaft konnte – anders als in der Ukraine – die Bevölkerung nicht ernähren, Russland musste nun für den Import agrarischer Überschüsse auch aus der Ukraine zahlen und bekam sie nicht mehr einfach so im Rahmen der sowjetischen Ressourcenverteilung. Zeitweilig waren die russischen Großstädte für ihre Ernährung auf westliche Hilfslieferungen angewiesen.

Mehrere Faktoren in der Entwicklung der 1990er Jahre waren dabei für Russland spezifisch und unterschieden die russische Situation von der ukrainischen: 1. Die besondere historisch gegebene imperiale Prägung des russischen Nationalismus und sein dadurch bedingtes positives Verhältnis zur Sowjetunion, sowie die Bedeutung des Militärischen und der Außenpolitik. 2. Der Kampf um die neue russische Verfassung. 3. Die Problematik des Föderalismus und der Autonomie der nichtrussischen Minderheiten.

1. Imperiale Prägung des russischen Nationalismus, positives Verhältnis zur Sowjetunion, Bedeutung des Militärischen und der Außenpolitik: Russland hat eine imperiale und politisch/militärisch ausgreifende Vergangenheit, seitdem die Moskauer Großfürsten im späteren Mittelalter darangingen, die Länder der alten Rus zu „sammeln" (Stichwort „Sammlung der russischen Erde"). Im 16. Jh. richtete sich die Expansion des jungen Zarenreiches gegen die Überbleibsel der Mongolen/Tataren, dann nach Sibirien. Unter Peter dem Großen expandierte Russland im Baltikum und wurde eine Großmacht im gesamteuropäischen Zusammenhang. Im späteren 18. Jh. /frühen 19. Jh. verleibte sich Russland Finnland und den größeren Teil des gefallenen Polen-Litauen ein, im 19. Jh. wurden der Kaukasus und das westliche Zentralasien erobert – was durchaus in Parallele zur überseeischen Kolonialexpansion westeuropäischer Staaten zu sehen ist. Schließlich nahm man dem maroden Chinesischen Kaiserreich die äußere Mandschurei ab, wo dann allerdings das erstarkte und modernisierte Japan die russische Expansion mit seiner eigenen stoppte. Parallel dazu entwickelte das zaristische Russland im 19 Jh. eine widersprüchliche Doppelidentität als großrussischer Nationalstaat (mit den Großrussen, den Kleinrussen alias Ukrainern und den Weißrussen im Kern) und als imperiales Vielvölkergebilde mit teilweise kolonialem Charakter. Diese Geschichte hat sich tief in die russische Nationalidentität eingegraben. Die Revolutionäre 1917 hatten diese nationale Neigung – egal wie liberal oder links sie politisch waren –, die proletarisch-internationalistische Sowjetunion kam im Lauf der Zeit auch auf diesen Geschmack und glaubte, auf den Bindekitt des großrussischen Nationalgedankens nicht verzichten zu können. Aus dieser Sicht ist Russland eine große Macht oder es ist gar nicht. Dabei wird dieses historische Erbe weiterhin grundsätzlich positiv gesehen, Russland durfte expandieren, weil es Zivilisation und höhere Ordnung verbreitet habe, weil sich die ostslawischen „Brudervölker" Russland zuordnen müssten, da Russland der Kernerbe der Kiewer Rus sei, oder weil Russland stark sein müsse, weil es sonst seinen (westlichen) Hassern und Neidern zum Opfer fiele. Dabei wird natürlich weder das Wort „Imperialismus" noch „Kolonialismus" in den Mund genommen, das ist die bösartige westliche Variante der Sache. In diesem Zusammenhang haben die Streitkräfte im Bewusstsein der Nation eine besondere Position, sie sind der Garant von Russlands notwendiger Stärke. Wenige heutige Staaten lieben es so sehr, dem Publikum ihre paradierenden Soldaten vorzuführen, nur China veranstaltet ähnlich häufig ausgedehnte Militärparaden. Im Westen kommt einem das leicht als seltsames Relikt des 19. Jh. vor. Von daher können nun auch viele heutige Russen einen positiven, idealisierenden und nostalgischen Blick auf die Sowjetunion haben, die inhaltlich und programmatisch mit dem Kommunismus nichts mehr anfangen können. Die Sowjetunion war in dieser Sichtweise der Höhepunkt außenpolitischer russischer Machtstellung, als den USA gleichrangige Supermacht. Es ist diese nationalrussische Deutung der Sowjetunion, der es zu verdanken ist, dass das jetzige Russland Putins symbolisch mit Elementen der zaristischen und christlich-orthodoxen wie der sowjetischen Vergangenheit zugleich spielt, so paradox das dem westlichen Betrachter auch erscheinen mag. Dass Putin Stalin lobend erwähnen kann (als starken Herrscher, nicht als Kommunisten) und zugleich mit der Kirche kungelt bzw. diese mit ihm. Dass man bei Demonstrationen pro-Putinscher Russen in Deutschland Fahnen mit dem zaristischen Doppeladler neben der Sowjetfahne sieht. In Russland kann es damit ein seltsames Ineinanderübergehen von ganz rechts in ganz links und umgekehrt geben, beidem ist die großrussisch-nationale Grundierung gemeinsam. Völlig anders in der Ukraine, wo die radikale Rechte – mit der wir uns noch befassen werden – und die radikale Linke so getrennt sind, wie wir das kennen, und wo auch der extreme Nationalismus außenpolitisch defensiv ist, weil selbst er nicht mehr haben will, als man durch die Unabhängigkeit hat, allerdings im Inneren schon eher aggressiv sein kann, dort, wo man unter Russischsprachigen die 5. Kolonne der russischen Bedrohung wittert.

In den 90er Jahren allerdings war das Potential des imperial ausgerichteten und großrussischen Nationalismus relativ wenig präsent. Die russische Bevölkerung hoffte darauf, mit Hilfe des jetzt befreundeten Westens zu Demokratie und Wohlstand zu gelangen. Hätte das funktioniert, hätte sich die russische politische Mentalität wohl ähnlich umgeprägt wie die (west)deutsche nach der Gründung der Bundesrepublik. Es ist aber anders gekommen. Hinter dem – etwas überraschend scheinenden – zeitweiligen Wiederaufstieg der Kommunistischen Partei in den 90ern stand zweifellos auch ein Frust, der sich in Sowjetnostalgie stürzte. Wie viele Wähler 1996 aus nationalen Gründen für den kommunistischen Gegenkandidaten stimmten, wie viele sich nach der wirtschaftlichen Grundsicherheit der Sowjetunion zurücksehnten, wie viele einfach den unbeliebt gewordenen Jelzin loswerden wollten, ist schwer zu sagen. Auch auf der extremen Rechten bildeten sich neue Gruppen, die sich aber charakteristischerweise mit den Sowjetsympathisanten überlappen konnten. Die bedeutendste Figur russischen Ultranationalismus mit stark antiwestlichen und antisemitischen Zügen in der Epoche Jelzin war Wladimir Schirinowski, der gerne Drohungen gegen Finnland, die baltischen Staaten, Polen und die Ukraine ausstieß und der die Grenzen des russischen Reiches von 1914 zurückforderte und spannende Geschichten über die jüdische Weltverschwörung zu erzählen wusste.

Hier lag ein Potential, das Wladimir Putin seit den 2000ern zu nutzen verstand, mit aller Doppelbödigkeit mit Bezug auf ganz links und ganz rechts. Einerseits ist die Kommunistische Partei jetzt die zweitstärkste Fraktion in der Duma nach Putins eigener Partei „Einiges Russland" und natürlich in die politischen Strukturen von Putins Regime eingebunden. Der Rechtsradikale Schirinowski andererseits – weiterhin Abgeordneter der Duma – feierte am 25. April 2021 seinen 75. Geburtstag und wurde zu diesem Tag mit dem Vaterlandsverdienstorden I. Klasse ausgezeichnet, „für die Stärkung der russischen Staatlichkeit und die Entwicklung des Parlamentarismus". Sollte es dem russischen Präsidenten gelingen, die Ukraine zu entnazifizieren, wird er sich danach wohl der russischen Staatsduma zuwenden müssen.

2. **Der Kampf um die neue russische Verfassung:** In der Ukraine ging die Verabschiedung der definitiven Verfassung 1996 recht glatt über die Bühne, größere Streitereien um den Inhalt gab es nicht. Nicht so in Russland, wo sich die Verfassungsfrage im Zusammenhang mit der fallenden Beliebtheit des Präsidenten bis zur Gewalt zuspitzte.

Russland hatte zunächst ebenfalls weiterhin seine alte Verfassung als Sowjetrepublik, ergänzt und provisorisch reformiert durch die Politik Gorbatschows. Dazu gehörte die schwerfällige Struktur einer parlamentarischen Repräsentation auf zwei Ebenen, dem Obersten Sowjet auf der oberen Ebene, dem großen Volksdeputiertenkongress auf der breiteren unteren. Das genaue Verhältnis zwischen Präsident und den beiden Parlamenten war in Teilen ungeklärt. Auf der parlamentarischen Seite formierte sich bald Opposition gegen Jelzins radikale ökonomische Reformpolitik mit ihren katastrophalen Auswirkungen im sozialen Bereich, gestützt durch Massendemonstrationen von Teilen der Bevölkerung. Jelzin reagierte darauf, indem er zunehmend versuchte, mit präsidentiellen Dekreten zu regieren, während der Oberste Sowjet mit konträren Beschlüssen dagegenhielt. Am 13. August 1993 artikelte die Zeitung Iswestija dazu, „Der Präsident erlässt Dekrete, als gebe es keinen Obersten Sowjet, der Oberste Sowjet wiederum hebt die Dekrete auf, als gäbe es keinen Präsidenten". Am 21. September 1993 verkündete Jelzin in einer Fernsehansprache die Auflösung von Oberstem Sowjet und Volksdeputiertenkongress durch Dekret, was nun nach allen Kriterien verfassungswidrig war. Zugleich erklärte er, ausschließlich durch Dekrete regieren zu wollen, bis zur Wahl eines neuen Parlaments und zu einem Referendum über eine neue Verfassung. Damit führte er die Verfassungskrise von Oktober 1993 herbei. Der Oberste Sowjet dagegen erklärte Jelzin wegen Verfassungsbruchs für abgesetzt, Vizepräsident Alexander Ruzkoj wurde als kommissarischer Präsident vereidigt. Zugleich gab es Massendemonstrationen gegen Jelzin. Korruption, Überhandnehmen krimineller Gewalt, Zusammenbruch der medizinischen Versorgung, mangelhafte Versorgung mit Benzin und Lebensmitteln trieben die Leute auf die Straße. Anfang Oktober gelang es Jelzin, die Armee und die paramilitärischen Einheiten des Innenministeriums auf seine Seite zu bringen. Panzer beschossen das Weiße Haus, weiterhin der Sitz des Parlaments, es starben 187 Menschen, fast 500 weitere wurden verletzt. Derselbe Jelzin, der lediglich knapp zweieinviertel Jahre vorher vom selben Weißen Haus aus dem Widerstand gegen die altsowjetischen Putschisten geleitet hatte, ließ jetzt selbst in umgekehrter Rolle das Parlament zusammenschießen und mit Gewalt gegen die Demonstranten vorgehen. Westlicher Regierungsprotest gegen das verfassungswidrige gewaltsame Vorgehen Jelzins hielt sich in Grenzen, Jelzin war im Bild westlicher Regierungen zu sehr der „gute Russe", der das Sowjetsystem gestürzt hatte.

Nach erfolgter Auflösung beider parlamentarischer Versammlungen wurden im Dezember 1993 die Wahlen für das neue Parlament abgehalten, die Staatsduma (benannt nach der historischen Bojarenversammlung in Russland vor Peter dem Großen und dem russischen Parlament von 1905–1917). Die Wähler straften Jelzin ab, indem sie ihm eine starke Oppositionsfraktion in die Duma setzten, zum größeren Teil bestehend aus Kommunisten und Ultranationalisten. Bis zum Ende seiner Präsidentschaft 1999 hatte Jelzin mit dieser starken parlamentarischen Opposition zu kämpfen. Dennoch war der russische Wähler inkonsequent, das parallel abgehaltene Verfassungsreferendum bestätigte die neue Verfassung, die dem Präsidenten eine sehr starke Position gab und bis heute gibt: Die alleinige Ernennung der Regierung, das Recht der Entlassung des Regierungschefs und in einer Reihe von Fällen das Recht der Auflösung der Duma. Am Ende seiner Amtszeit tat sich die Opposition in der Duma – die kommunistische wie die liberale demokratische – noch einmal zusammen, um ihn per Amtsenthebungsverfahren zu stürzen: Wegen seiner Rolle beim Sturz der Sowjetunion und Gorbatschows (das trägt das Signum der Kommunisten), wegen des Staatsstreiches von 1993 (das waren wohl alle) und wegen des Krieges in Tschetschenien 1994 (das waren wohl primär die Liberalen). Die von der Verfassung geforderte Zweidrittelmehrheit wurde aber verfehlt.

Der Lerneffekt, der sich für den russischen Wähler aus der turbulenten Geschichte seines Landes im Jahrzehnt Boris Jelzins ergab, war für den weiteren Verlauf der russischen Geschichte denkbar ungünstig: Ein Präsident kann die Wahlen mit Unterstützung von Oligarchen für sich beeinflussen, Volksproteste und Demonstrationen helfen nichts und werden gewaltsam zerschlagen, die Demokratie ist keine, die Umstellung auf Privatwirtschaft bringt der Mehrzahl der Bevölkerung nicht viel. Das russische Volk, das in der Zeit Gorbatschows und in der früheren Zeit Jelzins bereit gewesen war, für seine Anliegen mit Protest einzustehen, wurde nun wieder anfällig für die politische Apathie. Diese letztere Lektion verinnerlichte auch Wladimir Wladimirowitsch Putin, der in der Spätphase Jelzins Regierungschef wurde und ihn als Nachfolger im Präsidentenamt beerben sollte.

3. Die Problematik des Föderalismus und der Autonomie der nichtrussischen Minderheiten: Das Föderative trug Russland im formalen Staatsnamen, seitdem die Bolschewiki im Frühjahr 1918 den Staat als „Russische Sozialistische Föderative Sowjetrepublik" neugegründet hatten. Das neue Russland, das sich 1991 aus der Sowjetunion herausschälte, sollte nun wirklich föderativ werden, was sich aber ebenfalls nicht ganz so entwickelte, wie ursprünglich geplant.

Seit Peter dem Großen war das Russische Reich auf der oberen Ebene der Territorialverwaltung in „Gouvernements" eingeteilt, mit von der Spitze her ernannten Gouverneuren, darunter die feinere Einteilung in Oblasts und Kreise. Die Sowjetunion übernahm das Muster, ergänzte es aber um eine Reihe von Autonomieregionen, die im Kern durch die territoriale Konzentration der nichtrussischen Nationalitäten innerhalb Russlands definiert wurden (Tataren, Tschetschenen, Tuwiner, Sibiriaken, Baschkiren und weitere kleinere Volksgruppen). Diese multiethnische Struktur Russlands war natürlich ein Ergebnis der imperialen Expansion des Zarenreiches gewesen. Zurzeit sind etwas über 70% der Bevölkerung der Russischen Föderation ethnische Russen. Die Autonomieregionen, die die Bolschewiki dabei schufen, hießen – und heißen – manchmal in recht unsystematischer Weise „Autonome Regionen", manchmal gar „Autonome Republiken", was nicht mit „Sowjetrepubliken" verwechselt werden darf, das waren die fünfzehn Großrepubliken, die die Sowjetunion bildeten.

Die Struktur der gewöhnlichen Gouvernements, also denen mit weitgehend russischer Bevölkerung außerhalb des Systems der Autonomiezonen, wurde schon unter Gorbatschow ansatzweise liberalisiert, was durch die Verfassung von 1993 bestätigt und ausgebaut wurde. Die Regionalgouverneure wurden jetzt gewählt und verfügten gegenüber dem Kreml über umfangreichere Eigenkompetenzen, darunter die Verfügungsgewalt über einen beträchtlichen Teil des Steueraufkommens ihrer Region. In der Situation der 90er Jahre nutzten das allerdings manche Gouverneure dazu, sich durch Stimmenkauf dauerhaft in ihrem Amt einzugraben, anstatt mit dem Geld ihre Regionen zu entwickeln.

In den nichtrussischen Autonomiegebieten lag der Fall aber nicht so einfach: Bereits unter Gorbatschow hatte sich auch hier im Zusammenhang mit den Erwartungen größerer Freiheit der Wunsch nach wirklicher nationaler Selbstbestimmung geregt. Das konnte in die Forderung nach Unabhängigkeit münden, allerdings zunächst nur der Unabhängigkeit von der russischen Sowjetrepublik innerhalb der Sowjetunion, d.h., die Forderung nach Erhebung zu einer eigenständigen Sowjetrepublik. Beim Ende der Sowjetunion aber wandelte sich das in die Forderung nach völliger staatlicher Unabhängigkeit. Die nichtrussischen Völkerschaften richteten sich gegen den Staat der russischen Mehrheitsethnie. Jelzin stand damit von Beginn an vor einer Situation, vor der die Ukraine nur in Bezug auf die Krim stand. Russland drohte auseinanderzubrechen.

Militärische Repression war keine Option, dafür gab es zu viele solcher Fälle und dafür war die russische Armee, diese Ruine der sowjetischen, in einem zu miserablen Zustand. Auch hätte das allgemein im In- wie Ausland einen zu ungünstigen Eindruck gemacht. Also mussten Jelzin und sein Stab verhandeln und versuchen, den Separatisten den Wunsch nach Unabhängigkeit mit erweiterten Autonomiekonzessionen abzukaufen. In fast allen Fällen außer einem gelang das auch nach zähen Verhandlungen. Was dabei herauskam, war nun ein recht unterschiedlicher Grad von Autonomie je nachdem, wie viel der Kreml der jeweiligen Region hatte bieten müssen, um den Unabhängigkeitswunsch abzubiegen. Für die Autonome Republik Tatarstan zum Beispiel, gelegen mitten im europäischen Russland (Hauptstadt Kasan, die erste tatarische Eroberung des Zarenreichs unter Iwan IV.), ging das sehr weit: Das Parlament der Region bekam große eigenständige Befugnisse, das gewählte Oberhaupt durfte sich „Präsident" nennen wie der Präsident des Gesamtstaates selbst und Tatarstan verfügte über den größten Teil seines Steueraufkommens selbst und musste nur wenig nach Moskau weiterleiten. In diesem Fall war das sehr vorteilhaft für die Region, da Kasan die Einnahmen umfangreich zum Ausbau der Infrastruktur und der Wirtschaftsförderung nutzte. Tatarstan ist bis heute eine der wohlhabenderen Regionen in Russland.

In diesem Zusammenhang ist relevant, dass der offizielle Staatsname Russlands „Rossijzkaja Federazija" lautet, was besser mit „Russländische Föderation" übersetzt wäre anstatt des in den westlichen Sprachen üblichen „Russische Föderation" (das hieße im Russischen „Russkaja Federazija"). „Russländisch" bezieht sich auf den Gesamtstaat inklusive der ethnisch nichtrussischen Gebiete und Bevölkerungsteile und damit auf die formale Staatsangehörigkeit, „russisch" (russki) bezieht sich auf das Russentum im engeren ethnischen Sinn.

Die Autonomieregion, die Jelzin nicht mit Zugeständnissen vom Streben nach der Unabhängigkeit abbringen konnte, war Tschetschenien. Die Autonome Republik Tschetschenien liegt im Nordkaukasus, d.h., ihre Südgrenze ist zugleich die russische Grenze mit Georgien. Östlich anschließend liegt die Autonome Republik Dagestan, westlich die Autonome Republik Inguschetien, mit der Tschetschenien längere Zeit in der Sowjetunion zusammengeschlossen war. Im Norden liegt die ethnisch russische Region Stawropol (die Heimatregion Michail Gorbatschows). Die tschetschenische Sprache gehört zur Familie der kaukasischen Sprachen, die Mehrheitsreligion der Tschetschenen ist der sunnitische Islam.

Die Vorgeschichte des russisch-tschetschenischen Verhältnisses ist blutig. Die russische Eroberung des Nordkaukasus im 19. Jh. erfolgte unter heftigem Widerstand der Bergvölker, die in Clangruppen organisiert waren. Das Clansystem hat sich durch die Sowjetzeit teilweise gehalten und hat sich nach dem Ende der Sowjetunion und dem Zusammenbruch der Zentralmacht auch wieder neuformiert. Nach der Unterwerfung durch das Zarenreich wurde die Region durch mehrere große Aufstände erschüttert, die von der russischen Armee unter großen Verlusten für die Bevölkerung niedergeschlagen wurden. Auch hier gab es im Anschluss an die Revolution 1917 eine kurze Phase der Unabhängigkeit, die aber schon im Bürgerkrieg durch die Weißen beendet wurde, bevor dann die siegreiche Rote Armee auch dieses Gebiet zurückgewann. Nach der ersten Phase einer relativ liberalen Kulturpolitik im Geist der Leninschen Korenisazija wurde unter Stalin auch hier die Schraube im Bereich der Kultur- und Sprachenpolitik wieder angezogen. Das mündete 1940/41 in einen antisowjetischen Aufstand, der auch die benachbarten Kaukasusvölker erfasste und seit 1941 von den Deutschen unterstützt wurde. Im Februar 1944, nachdem die Sowjetunion die volle Kontrolle über die Region zurückgewonnen hatte, wurden über 400.000 Tschetschenen und über 90.000 Inguschen nach Zentralasien deportiert, mit der gewöhnlichen Brutalität und der üblichen Todesrate solcher gewaltsamer Deportationen. An Stelle der deportierten kaukasischen Bevölkerung wurden teils Russen, teils Ukrainer, teils Armenier in der Region angesiedelt. Chruschtschow erlaubte 1957 den Deportierten zurückzukehren. Das führte zu permanenten schwelenden Konflikten zwischen Rückkehrern und den in der Zwischenzeit angekommen Neusiedlern, die am Ende der 1980er offen ausbrachen und die Forderung nach der tschetschenischen Unabhängigkeit befeuerten. In dieser Zeit war Grosny, die Hauptstadt der Region, eine gesellschaftlich geteilte Stadt mit den Tschetschenen auf der einen, den übrigen Ethnien auf der anderen Seite. Durch eine deutlich höhere Geburtenrate waren die Tschetschenen in den Jahrzehnten zuvor wieder die Mehrheitsbevölkerung in der ganzen Region geworden.

1991 wurde der bisherige prorussische Verwaltungschef durch den tschetschenischen Nationalisten Dschochar Dudajew abgelöst, der das Ziel der Unabhängigkeit hartnäckig verfolgte und seinen Amtseid auf den Koran ablegte. d.h., zur nationalen Karte gehörte hier zugleich auch die religiöse. Im weiteren Verlauf der Entwicklung bildeten sich in Tschetschenien auch Gruppen, die sich unter Einfluss des saudi-arabischen Wahabismus zu islamistischen Organisationen entwickelten und später ein unabhängiges Kaukasus-Emirat proklamierten. Noch im Oktober 1991 hielt Dudajew ein Referendum über die Unabhängigkeit ab, das – nach Angaben der nationalistischen Regionalführung selbst – bei einer Wahlbeteiligung von 72% über 80% der Stimmen für die Unabhängigkeit ergeben habe, was aber auch in Tschetschenien selbst bestritten wurde. Nach nüchterneren Berechnungen mögen es um die 60% gewesen sein. Die Gültigkeit des Referendums wurde weder von Gorbatschow noch von Jelzin anerkannt. Am 1. November verkündete Dudajew die Unabhängigkeit, Jelzin verhängte in Reaktion darauf den Ausnahmezustand über die Region. Die Truppen des russischen Innenministeriums, die in die abtrünnige Region einmarschierten, wurden von den Separatisten zurückgeschlagen. Faktisch war Tschetschenien damit erst einmal unabhängig, wenn auch kaum jemand den Staat international anerkannte.

Dudajew verfolgte nun als Anführer der Unabhängigkeit eine radikal antirussische Politik, es wurde gegen den Gebrauch der russischen Sprache vorgegangen, das kyrillische

Alphabet wurde fallengelassen, das tschetschenische Clansystem wurde gezielt neubelebt. Durch Diskriminierung wie durch Gewalt wurden die meisten nicht-tschetschenischen Bewohner der Region vertrieben.

Die Wirtschaft kollabierte völlig, die Kriminalität blühte auf, teils getragen durch das Clansystem. Dadurch bekam Dudajew zunehmend Opposition aus den eigenen Reihen, insbesondere kam es zu Konflikten mit dem Parlament. Im Herbst 1994 unterstützte Russland einen prorussischen Putsch in Tschetschenien gegen Dudajew, der aber scheiterte. Ebenso scheiterte ein russischer Befreiungsversuch der in Grosny gefangenen Putschisten, 70 russische Soldaten und pro-russische tschetschenische Milizionäre wurden gefangen genommen und ein Kampfhubschrauber ging verloren.

Am 11. Dezember 1994 gab Jelzin grünes Licht für die großangelegte Invasion der abtrünnigen Region. Die militärische Aktion ging völlig schief. Die russischen Truppen bestanden zu einem großen Teil aus unerfahrenen Wehrdienstleistenden. Besonders die Einnahme Grosnys kostete die Russen hohe Verluste. Die Tschetschenen erhielten Unterstützung aus anderen Teilen der islamischen Welt und verlegten sich in dem bergigen Territorium auf den Guerillakrieg. Der Krieg zog sich in die Länge, die russische Bevölkerung wurde über die hohen Verluste unter ihren Soldaten unruhig, im August 1996 gelang den Tschetschenen die Rückeroberung ihrer Hauptstadt Grosny. Die russische Armee war von einem kleineren abtrünnigen Bergvolk gedemütigt worden, ein weiterer Punkt auf der Minusliste Boris Jelzins. Jelzin schickte den populären General Lebed vor, um einen Waffenstillstand mit der tschetschenischen Führung auszuhandeln. Das Abkommen erkannte zwar die Unabhängigkeit Tschetscheniens nicht an, akzeptierte aber die tschetschenische Führung als Verhandlungspartner für zukünftige Verhandlungen über die Frage. Der Krieg hatte auch die Tschetschenen eine große Zahl von Opfern gekostet, die ökonomische Situation war noch katastrophaler als vorher. Das führte zur religiösen Radikalisierung weiter Teile der Bevölkerung, die Regierung führte die Scharia in der strikten wahabitischen Interpretation ein, unterstützt von einer großen Zahl arabischer Kämpfer, die nach Tschetschenien geströmt waren.

1997 wurde bei Neuwahlen Aslan Maschadow zum neuen Präsidenten Tschetscheniens gewählt. Obwohl anfangs religiös gemäßigter musste er mit den immer stärker werdenden Islamisten paktieren, die durch großzügige Finanzierung aus Saudi-Arabien über Mittel verfügten, die sonst in der verarmten Region Mangelware waren. Die Islamisten versuchten im August 1999, die benachbarte Region Dagestan zu erobern, die als Autonome Republik bei Russland geblieben war, wurden hier jedoch durch die russische Armee zurückgeschlagen. Zur gleichen Zeit hatte der schwerkranke Jelzin einen neuen russischen Ministerpräsidenten ernannt, der sich bald darauf Tschetscheniens erneut annehmen sollte: Wladimir Wladimirowitsch Putin.

3. Das Russland Wladimir Putins (2000–2021)

Die Russische Föderation in der Gegenwart

In diesem Kapitel wird es ausschließlich um die innere Entwicklung Russlands vom Beginn der ersten Präsidentschaft Putins an bis kurz vor den Beginn des jetzigen großen Ukraine-Kriegs gehen. Die Entwicklung der Außenpolitik/der Beziehung zum Westen und des Verhältnisses zur Ukraine bis 2021 wird das Thema der folgenden Kapitel sein.

In diesem Zeitraum mauserte sich Putin vom noch relativ frei gewählten russischen Präsidenten zum autoritären Herrscher Russlands, der nur noch durch einen Staatsstreich gestürzt oder durch ein Attentat beseitigt, aber kaum mehr abgewählt werden könnte. Das Verhältnis Russland zum Westen, Anfang der 2000er noch recht gut, ist jetzt völlig zerrüttet. Die Ukraine, anfangs auch unter Putin noch ein anerkannter Nachbar, ist jetzt der militärische Feind. Putin hat seit spätestens 2021 offen das Konzept vertreten, die Ukraine habe keine legitime eigenständige nationale Existenz, sondern sei eine künstliche Schöpfung der Sowjetunion.

Die Frage stellt sich, hat Putin das alles, von seinem Aufstieg zum Alleinherrscher und der Zerstörung der eh schon fragilen und unvollkommenen russischen Demokratie bis zur aggressiven Außenpolitik seines Russland, von vornherein geplant und konnte es von seinen Möglichkeiten her aber nur schrittweise in die Praxis umsetzen? Oder entwickelte sich das alles aus den Umständen, auf die Putin reagiert hat oder gar reagieren musste und hat er sich anfangs nur als der Neuordner Russlands im Rahmen der Verfassung gesehen, ohne dass er die Alleinherrschaft von vornherein angestrebt hätte? Welchen Anteil haben die Ukraine und der Westen an dieser Entwicklung? Wo war Putin von sich aus agierend, wo reagierte er oder glaubte, reagieren zu müssen?

Aus der Sicht von Fachhistorikern gibt es hier ein beträchtliches Quellenproblem. Wenn ein professioneller Historiker sich mit, sagen wir, dem Zweiten Weltkrieg befasst, dann hat er breites und oft gutes dokumentarisches Quellenmaterial zur Verfügung bis hin zu Material aus dem engsten Umkreis der zentralen politischen und militärischen Entscheidungsfiguren wie Hitler, Churchill oder Roosevelt. Bei Stalin wird es allerdings schon schwieriger, da die dafür relevanten russischen Archive in den „freien" 1990er Jahren zwar in beträchtlichem Maße zugängig gemacht worden waren, das jetzige Russland aber eine Menge des dokumentarischen Materials auch für diese Epoche wieder unter Verschluss hält.

Die wirklich wissenschaftliche Beschäftigung mit der Zeitgeschichte, also der Geschichte der letzten Jahrzehnte, steht dagegen durchgehend unter dem Problem, dass wir natürlich für die Welt der Gegenwart über Massen von Informationen verfügen, die ein einzelnes Individuum kaum erfassen und aufarbeiten kann, dass man aber über weitaus weniger zuverlässiges Material aus den Bereichen innerer staatlicher Dokumentation verfügt, da solches Material auch in den liberalen Verfassungsstaaten aus Gründen der Geheimhaltung zunächst nur partiell freigegeben wird. Erst zukünftige Historiker mögen es zur Verfügung haben. Für einen autoritären Staat wie Wladimir Putins Russland gilt das erst recht. Man muss nur einen der zahlreichen Medienartikel mit dem Titel „Was oder wie denkt Putin?" o.ä. lesen um zu erkennen, wie viel Spekulation in solchen oder ähnlichen Artikeln steckt, manchmal intelligentere, manchmal weniger intelligente. Wir verfügen weder über authentische Protokolle russischer Kabinettssitzungen, noch irgendwelcher anderer formellen oder informellen Besprechungen Putins mit seinem engsten Umfeld. Seine geheimen Tagebücher – falls er welche führt – können wir auch nicht einsehen und die Figuren seines engeren Entscheidungskreises oder die es einmal waren, schweigen sich aus. Wir besitzen offizielle Verlautbarungen, Interviews, gelegentliche Äußerungen Putins oder anderer aus seinem Kreis zur Seite – oder über so etwas wie die Beschwerden, die Anklagen oder die Ankündigungen des im Frühsommer 2023 „verunglückten" Wagner-Chefs Jewgeni Prigoschin auf Twitter. So wirklich schlau macht uns das alles nicht immer, zumal es Verlautbarungen für die Öffentlichkeit sind, die oft mehr zeigen, was das Publikum dem Willen der sich äußernden Person zufolge denken soll und nicht unbedingt das, was wirklich der Fall ist. Obwohl es sich um die Gegenwart bzw. die unmittelbare Vergangenheit handelt, ist es paradoxerweise ein bisschen wie mit bedeutenden historischen Figuren der Antike, etwa Caesar oder Augustus. Historiker der Neuzeit – und ganz besonders solche der Moderne, also der letzten 200–250 Jahre, sind aber gewohnt, umfangreiches dokumentarisches Material auch aus internen Bereichen zur Verfügung zu haben. Von daher überlassen Neuhistoriker die Zeitgeschichte der letzten Jahrzehnte oft lieber den Politikwissenschaftlern oder Journalisten oder sonstigen Publizisten.

Ähnlich wie bei Führungsfiguren der Antike oder des Mittelalters ist man bei der Beurteilung der Handlungs- und Entscheidungsmotivationen führender zeitgenössischer Politiker oft darauf angewiesen, ganz genau darauf zu achten, was sie tatsächlich tun oder ob sich ihre öffentlichen Äußerungen bzw. Erklärungen möglicherweise widersprechen, ob ihr faktisches Handeln und ihre Erklärungen sich widersprechen, um möglicherweise herauszufinden, was sie tatsächlich antreibt.

Mit dieser erkenntnistheoretischen Vorsicht im Hinterkopf wenden wir uns nun Putins politischem Werdegang zu.

Wladimir Wladimirowitsch Putin wurde 1952 in St. Petersburg – damals Leningrad – geboren. Seine Eltern waren beide einfache Industriearbeiter, der Vater war im damals noch nicht lang zurückliegenden Krieg Soldat gewesen. In sowjetischen Städten gab es zwar aufgrund der garantierten Grundversorgung keine eigentlichen Slumviertel, dennoch konnte in den Wohnvierteln der einfachen Arbeiterschaft das materielle Lebensniveau sehr beschränkt sein, mit Kleinkriminalität und Jugendbanden im Untergrund. In einem solchen Viertel mit rauer Umgebung wuchs der kleine Wladimir auf. Verschiedene Zeugen seines frühen Lebens, die noch in seiner frühen Zeit als Politiker befragt wurden, als noch niemand Angst vor ihm haben musste, haben berichtet, dass Putin auch aufgrund seiner unterdurchschnittlichen Körpergröße noch als Jugendlicher ein eher schüchterner Junge war, der sich dann aber mit Kampfsporttraining ein größeres Selbstbewusstsein und Akzeptanz verschaffte. Putins Biographen betonen gerne diesen Aspekt seiner Persönlichkeit, ein Junge, der sich nach oben geboxt hat und sich der Welt gerne als starker, sportlicher Mann und Macher darstellt.

Putin scheint im Lauf seiner Jugend ein überdurchschnittlich guter Schüler geworden zu sein, dessen gute Noten ihm dann die Möglichkeit des Studiums verschafften. Bereits auf dem Gymnasium lernte er als Fremdsprache Deutsch, das er ganz gut beherrscht, auch wenn er es bis heute im Englischen nicht wirklich zur Flüssigkeit gebracht hat.

1970–1975 studierte er in Leningrad Jura, während dieser Zeit wurde er Mitglied der KPdSU. Einer seiner Dozenten war Anatoli Sobtschak, der später in den 90ern als Reformbürgermeister von St. Petersburg für Putins politischen Aufstieg von großer Bedeutung werden sollte.

1975, nach Abschluss des Studiums, gelang es ihm, in den KGB aufgenommen zu werden, in dem er in den nächsten 16 Jahren eine Karriere bis in die mittlere Ebene machen sollte. Zuerst wurde er in seiner Heimatstadt eingesetzt, wo er zunächst als einfacher Spitzel Angehörige der ausländischen Konsulate beschatten musste, später wurde er zwecks Weiterbildung nach Moskau versetzt. Angeblich soll er danach eine Zeit lang als auswärtiger Agent nach Neuseeland geschickt worden sein und sich dort als Verkäufer in einem Schuhgeschäft getarnt haben. Diese Geschichte ist aber recht dubios, zumal dann sein Englisch besser sein müsste als es ist.

Sicher ist, dass er 1985–1990 in der DDR tätig war, in der KGB-Station in Dresden. Dort soll er Verbindungsmann des KGB zur Stasi gewesen sein (seine Deutschkenntnisse), getarnt als Übersetzer. Berichte, wonach er für die Finanzierung und Betreuung der Roten Armee Fraktion in der Bundesrepublik zuständig gewesen sein soll, scheinen auf bloßen Gerüchten und Angebereien angeblicher Sympathisanten der RAF zu beruhen. Die dramatische Erzählung, wie er im Herbst 1989 einem ostdeutschen Demonstrantenmob mutig entgegengetreten sei, während im Gebäude die anderen KGB-Leute eifrig Akten vernichteten, beruht auf seiner eigenen Darstellung. Wir lassen das dahingestellt. 1990 kehrte Putin nach Leningrad zurück und wurde aus dem aktiven Dienst des KGB in die Reserve versetzt. Er nutzte die Zeit, um an der Universität eine Doktorarbeit in Wirtschaftswissenschaft zu beginnen, die er nebenher 1997 abschloss. Putin selbst behauptet, er habe den KGB im August 1991 verlassen, weil er den Putsch gegen Gorbatschow nicht unterstützen wollte. Bereits im Jahr davor hatte er die Bekanntschaft mit seinem ehemaligen Dozenten Anatoli Sobtschak erneuert, der nun der reformorientierte Bürgermeister Leningrads, bald darauf wieder St. Petersburg, geworden war. Dieser Kontakt verschaffte ihm einen Beraterposten in Sobtschaks Stab. Im Juni 1991 wurde er befördert und wurde Leiter des Komitees für Außenbeziehungen im Bürgermeisteramt, zuständig u. a. für ausländische Investitionen in der Stadt. In diesem Posten tauchte der erste Korruptionsverdacht auf. Ein Untersuchungsausschuss des Stadtrates kam zu dem Schluss, Putin habe Preisschiebereien zu verantworten und habe den Export von Metallen in Höhe von 93 Mio. Dollar genehmigt, im Austausch für Lebensmittel, die niemals eintrafen und empfahl seine Entlassung. Sobtschak behielt ihn dennoch bis 1996 auf diesem Posten. Seit Mai 1994 war er zusätzlich stellvertretender Vorsitzender der zentralen Stadtverwaltung, also hochrangiger Bürochef. Es gibt eine Reihe von Indizien, dass Putin in seiner Zeit in der Petersburger Stadtverwaltung, wo er durch seinen Posten mit der Empfangnahme und Verteilung von Lebensmittellieferungen befasst war, in Schwarzmarktverkäufe solcher Lieferungen verwickelt war, wodurch er den Grundstock für sein späteres Privatvermögen legte. Auch stammt wahrscheinlich aus dieser Zeit seine Bekanntschaft mit Jewgeni Prigoschin, der damals als vorbestrafter Krimineller in der St. Petersburger Glücksspielszene aktiv war – Putin war in der Stadtverwaltung u. a. auch mit der Regulierung des Glücksspiels befasst –, was man hier auch immer in der Praxis unter „Regulierung" verstehen mag. Nach Prigoschins Eigenaussage geschah das erste Zusammentreffen mit Putin erst 2001, unter edleren Umständen natürlich.

Parallel zu dieser Karriere in der St. Petersburger Stadtverwaltung war Putin auch parteipolitisch tätig – auf Regierungsseite. 1995 organisierte er die Petersburger Sektion der Partei „Unser Haus Russland", der liberalen Regierungspartei von Jelzins langjährigem Ministerpräsidenten Viktor Tschernomyrdin und war bis 1997 Leiter der Sektion.

Im Juni 1996 verlor Sobtschak die St. Petersburger Bürgermeisterwahlen und Putin musste mit ihm gehen. Er aktivierte seine Beziehungen in Moskauer Regierungskreise, die ihm die

Parteiarbeit verschafft hatte und wurde Stellvertretender Leiter der Vermögensverwaltung des Präsidialamtes. Dort war er für das ausländische Vermögen des russischen Staates zuständig und organisierte den Transfer ehemals sowjetischer Vermögenswerte und solcher der KPdSU nach Russland – auch wieder ein recht korruptionsträchtiger Posten, besonders im damaligen Russland.

Am 26. März 1997 ernannte ihn Präsident Boris Jelzin, der zwischenzeitlich auf ihn aufmerksam geworden war, zum Stellvertretenden Leiter des Präsidentenstabes und zugleich Leiter der Vermögensverwaltung. Danach begann ein kurzer aber steiler Aufstieg im Dienst Jelzins, was ihn 1998 an die Spitze des FSB brachte, die inländische Nachfolgeorganisation des KGB. Putin war nun Leiter seiner alten Organisation.

Am 9. August 1999 schließlich ernannte ihn Jelzin zum Ministerpräsident und verkündete, ihn als Nachfolger haben zu wollen. Obwohl Putin in den Interna des Moskauer Machtapparats einen steilen Aufstieg hingelegt hatte, war er in der Öffentlichkeit bis zu seiner Ernennung zum Regierungschef ein weitgehend Unbekannter gewesen. Russland und die Welt rätselten, warum Jelzin diesen relativen Nobody ohne wirkliche politische Verbindungen zum zweiten Mann im Staat gemacht hatte und ihn als Nachfolger wollte. Putin hatte sich das Image eines pragmatischen und seinen Vorgesetzten gegenüber loyalen Machers erarbeitet – die kleinen Schummeleien mit öffentlichen Mitteln waren in Jelzins Umgebung völlig normal, jeder, der sich nicht daran beteiligte, galt als Dummkopf. Der alternde, chronisch kranke und an den Folgen seines Alkoholismus leidende Jelzin brauchte einen loyalen, ihm verpflichteten Mann als Nachfolger im Präsidentenamt, der nach Jelzins Abtreten dafür sorgen sollte, dass es keine Behelligung von Jelzins Ruhestand durch Antikorruptionsstaatsanwälte oder ähnliches Geschmeiß geben würde. Putin enttäuschte seinen zeitweiligen Meister darin auch nicht: Am 31. Dezember 1999 trat Jelzin – für die Öffentlichkeit überraschend – zurück, Putin wurde verfassungsgemäß kommissarischer Präsident. Sein erstes Dekret, das er unterzeichnete, lautete „Über Garantien für den ehemaligen Präsidenten der Russischen Föderation und seine Familienangehörigen". Damit wurden mehrere laufende Ermittlungen wegen Korruption gegen Jelzin selbst wie enge Familienmitglieder niedergeschlagen. Als dann gewählter Präsident vergaß Putin in dieser Frage auch seine eigene Person nicht und sorgte für das Ende von Untersuchungen und Anklagen gegen sich selbst, wegen seiner Hinterzimmergeschäfte in der St. Petersburger Zeit.

Doch erst mussten ihn die Wähler noch als Präsidenten bestätigen. Russland hatte eine Verfassung.

Putin wurde als Jelzins farbloser Lakai gesehen und hatte gefährliche Gegenkandidaten für das Präsidentenamt. Die Gelegenheit, sich vor den Wählern noch in seiner Eigenschaft als Ministerpräsident zu profilieren, gab ihm der Zweite Tschetschenienkrieg.

Wie im vorigen Kapitel erwähnt, marschierten am 7. August 1999 Kampfverbände tschetschenischer Islamisten und ihrer arabischer Mitkämpfer im benachbarten, weiterhin auch faktisch zu Russland gehörigen Dagestan ein und wurden von russischen Truppen zurückgeschlagen. Parallel dazu explodierten Bomben in Wohnblöcken in mehreren russischen Städten, in Moskau, Buynaksk und Wolgodonsk. Mehr als 300 Todesopfer und über 1000 Verletzte waren die Folgen. Durch Russland ging ein Schock angesichts dieser Terroranschläge auf reine Wohngebiete. Die russische Regierung, also seit kurzem Wladimir Putin, beschuldigte die tschetschenischen Separatisten, was diese aber von sich wiesen. Bekenner gab es keine. Putin erklärte, den Tschetschenien-Konflikt jetzt militärisch lösen zu wollen, kündigte also den Waffenstillstand mit der offiziellen Führung der Separatisten auf. Am 1. Oktober marschierte die russische Armee mit starken Verbänden in Tschetschenien ein, unterstützt von prorussischen tschetschenischen Verbänden, die die radikalisierende Präsenz der Islamisten in ihrem Land offensichtlich satt hatten. Die Operation wurde durch die russische Luftwaffe unterstützt, die Grosny unter Bombardement nahm. Nach einer von Dezember 1999 bis Februar 2000 dauernden Belagerung wurde die Stadt von den Russen eingenommen. Die heftigen Kämpfe im weiteren Land dauerten bis April 2002. Beide Seiten gingen erbarmungslos auch gegen die Zivilbevölkerung vor, was internationalen Protest hervorrief. Seit 2002 kontrollierte Russland Tschetschenien wieder weitgehend, obwohl es in den entlegeneren Gebieten weiterhin aktive Rebellen gab. Zunächst wurde das Land unter die direkte Kontrolle des Innenministeriums gestellt, sein Status als Autonome Republik innerhalb Russlands ruhte sozusagen. Grosny und andere Städte des Landes waren weitgehend zerstört, eine Reihe von Regionen verwüstet. Ein Exodus gerade der besser Ausgebildeten setzte ein.

Das massive und vor allem im Unterschied zum Ersten Tschetschenienkrieg Jelzins schon von Beginn an militärisch erfolgreiche Vorgehen Putins in Tschetschenien trieben die Popularitätswerte des bis dahin farblosen Putin in die Höhe. Er gewann die Präsidentschaftswahlen am 26. März 2000 in der ersten Runde mit 53 % der Stimmen und wurde am 7. Mai als gewählter Präsident der Russischen Föderation inauguriert.

Schon vorher, noch als Ministerpräsident, war Putin ein politisches Bündnis mit der kurz zuvor zwecks Unterstützung der Regierung gegründeten Partei „Einheit" eingegangen, die ihn als Präsidentschaftskandidat unterstütze. 2001 vereinigte sich „Einheit" mit der Partei „Vaterland – Ganz Russland" zur Partei „Einiges Russland", bis heute die Regierungspartei Putins in der Duma schlechthin.

Die Serie von Bombenanschlägen auf Wohnblocks in russischen Städten im September 1999, für die in den folgenden Jahren eine Reihe von Tschetschenen von russischen Strafgerichten verurteilt wurde, hatte allerdings noch ein politisches Nachspiel. Am 22. September 1999, nach den anderen Anschlägen, wurden in einem Wohnblock in Ryazan weitere Zündvorrichtungen mit Sprengstoff entdeckt und entschärft. Die lokale Polizei verhaftete die drei Männer, die sie angebracht hatten. Sie stellten sich zur allgemeinen Überraschung als Agenten des FSB heraus. Nikolaj Patruschew, Putins Nachfolger als FSB-Direktor und ein alter Kollege von ihm aus KGB-Tagen – jetzt weiterhin eine der zentralen inneren Figuren von Putins Regime –, erklärte, es habe sich nur um eine Anti-Terror-Übung des FSB gehandelt und in den Sprengladungen sei nur Zucker gewesen. Das war paradox, da derselbe Patruschew kurz zuvor noch vor der Enttarnung seiner Agenten die Wachsamkeit der Ryazaner Polizei gegenüber Terroristen bejubelt hatte. Die Polizei musste die drei Verdächtigen aus ihrem Gewahrsam entlassen, eine weitere Untersuchung fand nicht statt. Das brachte nun natürlich die parlamentarische Opposition in der Duma sowie eine Reihe von Vertretern der unabhängigen Medien – beides hatte damals in Russland noch eine Position – auf die Idee, die vorherigen blutigen Anschläge könnten False-Flag-Operationen des FSB gewesen sein, um sie den Tschetschenen in die Schuhe zu schieben und dem neuen Mann in der Regierung und deklarierten Nachfolger Jelzins die Gelegenheit zu geben, den Waffenstillstand aufzukündigen und sich als der neue starke Mann Russlands profilieren zu können.

Im März 2000 kam aus den Reihen der Opposition ein Antrag, eine parlamentarische Untersuchungskommission einzurichten, um die Frage zu untersuchen. Die Duma-Mehrheit lehnte den Antrag jedoch ab. Darauf bildeten oppositionelle Abgeordnete eine eigene Kommission unter Leitung des Abgeordneten Sergej Kowalew. Diese Teilkommission der Duma sammelte Material und recherchierte, doch scheiterte die weitere Untersuchung daran, dass die Staatsorgane nicht kooperativ waren. Zwei Mitglieder dieser Kommission starben später unter ungeklärten Umständen, wahrscheinlich ermordet, ein dritter, der Jurist der Kommission, wurde verhaftet und saß vier Jahre wegen „Verrat von Staatsgeheimnissen" im Gefängnis. Der ehemalige FSB-Agent Alexander Litwinenko, der sich nach Großbritannien absetzte und den FSB für die Anschläge verantwortlich machte, wurde 2006 in London vergiftet.

Die Gerichtssitzungen, in denen die der Attentate beschuldigten Tschetschenen verurteilt wurden, fanden unter Ausschluss der Öffentlichkeit statt. Der größere Teil der Gerichtsakten wurde klassifiziert und ist uneinsehbar.

Am 7. Oktober 2006 – zufälligerweise Putins Geburtstag – wurde die Investigativjournalistin und Menschenrechtsaktivistin Anna Politkowskaja im Aufzug des Moskauer Apartmentblocks, in dem ihre Wohnung lag, erschossen aufgefunden. Politkowskaja hatte während des Krieges umfangreich aus Tschetschenien berichtet und war bereits mehrfach von Armeestellen und prorussischen Tschetschenen bedroht worden, darunter durch den bis heute bekannten Ramsan Kadyrow. In ihren Artikeln in der Nowaja Gazeta hatte sie sich auch mit der Frage der Wohnblockattentate im September 1999 beschäftigt. Der Mordfall wurde mehrfach gerichtlich aufgerollt, die Hintergründe des Mordes wurden bislang nicht geklärt.

Der russische militärische Sieg in Tschetschenien alleine reichte aber nicht. Das unruhige, bitterarme Land musste dauerhaft kontrolliert werden können, zudem waren die Rebellen ja nicht völlig geschlagen. Putin entschied sich, die Kontrolle über Tschetschenien einem zuverlässigen einheimischen Vasallen zu überlassen. Das Land wurde wieder eine Autonome Republik mit formalen Autonomierechten. Passenderweise sprachen sich bei einer im März 2003 abgehaltenen Volksbefragung nach offiziellen Angaben 95% der Bevölkerung für einen Verbleib der Region bei Russland aus. Putins Wahl für den Posten des Prokonsuls war Achmat Kadyrow, ein wichtiger Clanchef mit mafiösen Verbindungen und ehemaliger Separatistenanführer, der aber mit seinen Leuten auf die russische Seite gewechselt war. Am 5. Oktober 2003 wurde Kadyrow zum Präsidenten der Autonomen Republik Tschetschenien gewählt – die demokratische Qualität der Wahl entsprach wohl der der Volksbefragung ein halbes Jahr zuvor.

Als Reaktion auf diese Entwicklung intensivierten die weiterhin aktiven Rebellen ihre gewaltsame Opposition. Am 9. Mai 2004 wurde Präsident Kadyrow durch einen Bombenanschlag getötet. Nachfolger wurde sein Innenminister Alu Alchanow, ein tschetschenischer Politiker, der immer prorussisch gewesen war. Seine Wahl erfolgte mit 74% der Stimmen, Zweifel an der Korrektheit der Wahl waren aber auch hier angebracht.

Die bewaffneten Rebellen, insbesondere ihr islamistischer Teil, verlegte sich nun auf umfangreicheren Terror, auch außerhalb Tschetscheniens. Im Juni 2004 erfolgte eine Aktion gegen die autonome Nachbarrepublik Inguschetien und richtete ein Massaker unter russischem Militär- und Verwaltungspersonal wie auch Zivilisten an. Im August 2004 sprengten zwei tschetschenische Selbstmordattentäterinnen zwei russische Tupolew-Passagiermaschinen, 90 Tote waren das Ergebnis. Am 1. September stürmten tschetschenische Terroristen eine Schule in Beslan in der russischen Autonomen Republik Nordossetien-Alanien und nahmen mehr als 1100 Geiseln, zum größeren Teil Kinder, um die Entlassung tschetschenischer Gefangener und den Rückzug Russlands aus Tschetschenien zu erwirken. Nach erfolglosen Verhandlungen wurde die Schule von russischen Sicherheitskräften gestürmt, dabei wurde aber nicht nur der größere Teil der Geiselnehmer getötet, sondern auch über 300 der Geiseln. Die russischen Behörden kamen umfangreich in die Kritik, allerdings wirkte sich die Affäre für Präsident Putin selbst günstig aus, weil er prinzipiell Härte gegenüber den Erpressern gezeigt hatte. Auch diente die Affäre als Vorwand, die föderalen Strukturen Russland einzuengen und die Zentralisierung unter Kontrolle des Kreml voranzutreiben (s. weiter unten), da es Moskau gelang, die politische Verantwortung für das Desaster einseitig den regionalen Behörden zuzuschreiben. Bereits 2002, während der eigentliche Tschetschenienkrieg noch lief, hatten tschetschenische Terroristen eine ähnliche Geiselnahme in einem Moskauer Theater durchgeführt, hier waren nach der Befreiung 170 Tote zu beklagen gewesen. Obwohl die Ergebnisse beider Befreiungsaktionen problematisch waren, trug die grundsätzliche Härte und Entschlossenheit, die Putin zeigte, zu seiner wachsenden Popularität in breiteren Kreisen der russischen Bevölkerung bei.

Im Februar 2007 trat Alchanow von seinem Posten als tschetschenischer Autonomiepräsident zurück und wurde von Putin als russischer Vize-Justizminister nach Moskau geholt. Sein Nachfolger seit März 2007 bis heute ist Ramsan Achmatowitsch Kadyrow, der Sohn des 2004 ermordeten Achmat Kadyrow. Kadyrow war vorher bereits Premierminister gewesen. Formal sah die Amtseinsetzung Kadyrows so aus, dass Putin ihn als russischer Präsident zur Wahl vorgeschlagen hatte und ihn dann das tschetschenische Regionalparlament, dem Vorschlag folgend, wählte, was unter den Umständen der Entwicklung der russischen Innenpolitik seit den 2000ern natürlich auf eine Einsetzung von oben, durch Moskau herauslief. Dabei wurde Ramsan Kadyrow aber Schritt für Schritt von Putin eine Sonderposition zugestanden, wodurch Kadyrow kein gewöhnlicher Regionalgouverneur oder Autonomiepräsident innerhalb Russlands ist, sondern eher ein halb eigenständiger regionaler einheimischer Vasall des Kreml, mit Tschetschenien als seinem Feudalbesitz. Kadyrow verfügt recht umfangreich über das Staatseinkommen Tschetscheniens, darunter die Einnahmen aus der Erdölförderung in der Region, ergänzt durch Profite aus Schmier- und Schweigegeldern in Hinblick auf die in Tschetschenien grassierende Bandenkriminalität. Dennoch muss Kadyrows Regime noch zusätzlich aus Moskau finanziell alimentiert werden. Kadyrow verfügt über eine Art Privatarmee, die zum einen seine autoritäre Herrschaft im eigenen Land stützt und zum anderen die reguläre russische Armee bei der weiteren Bekämpfung der Rebellen weitgehend ersetzt hat – zum Vorteil für Moskau, denn Kadyrows Männer kennen Land und Leute natürlich viel besser. Da sind einmal die Kadyrowzi, die formal in die russische Nationalgarde integriert, aber faktisch ausschließlich Kadyrow gegenüber loyal sind und auch von ihm unterhalten werden. Dann gibt es die Achmat (benannt nach seinem Vater), die im engeren Sinne persönliche Garde sind.

Kadyrows Regime war von vornherein autoritär, sehr brutal und partiell kriminell und ist im Lauf der Zeit zunehmend autokratisch geworden. Ideologisch grenzt er sich einerseits vom radikalen Islamismus der zentralen Teile der Rebellen ab, fährt aber dennoch selbst zwecks Betonung der tschetschenischen kulturellen Eigenständigkeit einen äußerst konservativen religiösen Kurs. So wurden durch die von Kadyrow kontrollierte Gesetzgebung des Regionalparlaments Teile der Scharia in strikter Interpretation als geltendes Recht eingeführt, wodurch russisches Recht partiell außer Kraft gesetzt wurde. Kadyrow hat mehrfach – zum Unmut von Kreisen in Moskau – erklärt, dass die Scharia in Tschetschenien über dem russischen Recht stehe. So existiert in der Autonomen Republik Tschetschenien, wie der faktische Feudalbesitz Kadyrows formal weiterhin heißt, jetzt wieder die Polygamie als rechtsgültiges Konstrukt, Kadyrow selbst ist mit zwei Ehefrauen verheiratet. 2010 hat sich Kadyrow von „Präsident" in „Oberhaupt" Tschetscheniens umbenannt, um seiner Herrschaft einen „einheimischeren" und traditionellen Anstrich zu geben, im Gegensatz zu den Vorgaben der russischen Verfassung für Autonomieregionen.

Völlig unproblematisch ist Kadyrows Beziehung mit Moskau also nicht. Zudem stört er sich immer wieder an der weiteren Präsenz von russischen Sicherheitskräften in Tschetschenien, die direkt dem russischen Innenministerium unterstehen und die wohl über sein politisches Wohlverhalten im Sinne Moskaus wachen sollen. Aber noch brauch Putin Kadyrow als Prokonsul Tschetscheniens zwecks Anbindung eines für Moskau schwer direkt unter Kontrolle zu haltenden Gebietes. Und Putin kann Tschetschenien nicht aufgeben, obwohl dessen finanzielle Alimentierung für die russische Staatskasse ein Minus bedeutet, seine innerrussische Position als „starker Mann" im Dienste des Zusammenhalts des Mutterlandes hängt daran. Kadyrow wiederum braucht die Unterstützung aus Moskau, um sich in seinem Herrschaftsbesitz gegenüber den Rebellen und den unzufriedenen Teilen der Bevölkerung halten zu können.

Partielle Erfolge hatte Kadyrows Regime im ökonomischen Bereich aufzuweisen, wobei es allerdings primär um den Wiederaufbau nach fast eineinhalb Jahrzehnten Unruhe und Krieg ging. Hier spielten die Finanzspritzen aus Moskau eine große Rolle. Grosny und die anderen Städte wurden weitgehend wieder aufgebaut. Das Land ist weiterhin primär agrarisch geprägt kann sich jetzt aber im Unterschied zur Situation vor 20 Jahren wieder umfangreich selbst ernähren. Die Industrialisierung ist immer noch bescheiden. Das Erdölgeschäft ist das zentrale ökonomische und finanzielle Plus. Dennoch war noch 2014 der Staatshaushalt der Republik zu über 80% von Moskau alimentiert.

Neben den Anforderungen des Tschetschenienkonflikts, die sich ihm schon während seiner Monate als Ministerpräsident gestellt hatten, war das zentrale Problem Putins am Beginn seiner Präsidentschaft, dass er in den Strukturen der relativ liberalen öffentlichen russischen Politik der 1990er – und damit gerade auch der parlamentarischen Politik – nicht gut vernetzt war. Putin wurde von Jelzin als Außenseiter auf das Sprungbrett zur Macht gehoben und wohl gerade deshalb, weil er das war. Von seiner institutionellen Herkunft gehörte Putin zu den „Silowiki" (man könnte das ungefähr mit „Sicherheitler" übersetzen, es leitet sich vom russischen Wort für „Macht, Stärke" her). Es handelt sich hier begrifflich um einen Teil des sowjetischen Erbes Russlands, das Wort meint die zentrale Machtgruppe mit Zugriff auf die „harte" Macht von Militär und Geheimdiensten, also ein Klüngel aus hohen Militärs und Geheimdienst- oder Ex-Geheimdienstleuten. Diese aus dem Sowjetsystem ererbte Machtgruppe schien in den liberalen 1990ern ihre Macht verloren zu haben bzw. unter Kontrolle der zivilen Politik gekommen zu sein, unter Putin wurde sie aber wieder der zentrale Teil des Herrschaftsapparats, nun im Sinne der Stützung der persönlichen Macht des Präsidenten. Zu dieser Gruppe hatte Putin trotz seines Ausscheidens aus dem KGB und in seiner St. Petersburger Zeit immer Beziehungen, wenn auch verdeckte.

Putin gehört erkennbar auch von seiner persönlichen Prägung dazu. Von Haus aus eher ein stiller Bürokrat und effizienter Organisator, gut im Bereich der Vernetzung auf persönlicher Ebene (seine Männerfreundschaften auch mit westlichen Politikern – Gerhard Schröder, Silvio Berlusconi – sind berühmt). Öffentlichkeit liegt ihm weniger, er werkelt lieber im Stillen im Rahmen einer sehr kleinen Gruppe von Eingeweihten, mit den anderen lieber einzeln als im Team. Dementsprechend ist er kein guter Redner – anders als Gorbatschow oder Jelzin in seinen besseren Zeiten. Seine Ansprachen sind eintönig, sein Minenspiel reduziert. Definitiv kein charismatischer Magnet vor großen Menschenmengen, wirkt er in diesem Zusammenhang oft seltsam deplaziert. Überzeugender als vor Live-Publikum wirkt er bei Fernsehansprachen, bei denen er den souveränen Staatsmann hinter seinem Schreibtisch geben kann. Was sein öffentliches Profil angeht, hat er sich bis vor ca. zehn Jahren, als er noch jünger und fitter war, lieber als einsamer, übermaskuliner Führungswolf zelebriert: Putin beim Judo, Putin auf der Jagd, Putin beim Fischen, Putin beim Sport, gerne mit nacktem muskulösen Oberkörper, Putin zu Pferde, Putin auf dem Motorrad, mit oder ohne Motorradgang, Putin umgeben von hübschen Frauen aus seiner Jugendorganisation Naschi (mit Frauen im Bild kam seine nicht ganz so beeindruckende Körpergröße nicht so deutlich raus).

Verschiedene Gewährsleute und Kommentatoren – in Russland wie im Westen – haben seine Fähigkeit betont, das jeweilige Gegenüber in einem Gespräch für sich einzunehmen, indem er sich auf die individuellen Besonderheiten und Erwartungen des Gesprächspartners einstellt. Die amerikanische Journalistin und Russland-Spezialistin Julia Ioffe, die 2018 in einem längeren Gespräch vor der Kamera Putins Politik ausführlich analysiert hat, hat dort in diesem Zusammenhang zwei Anekdoten erzählt, die sie nach ihrer Aussage aus hochrangigen Washingtoner Regierungskreisen erfahren habe. Die eine bezieht sich auf ein Treffen Putins mit dem damaligen US-Präsidenten George W. Bush in den 2000ern. Putin habe gegenüber Bush auf ein kleines christliches Kreuzesanhängerchen aufmerksam gemacht, das er häufig um den Hals trägt. Dieses Kreuzchen sei ein Erbstück seiner Mutter und sein persönlicher Schutztalisman. Seine Mutter, die sehr fromm gewesen sei, habe ihn als Kind ohne Wissen des Vaters im sowjetischen Leningrad heimlich taufen lassen. Später, kurz vor ihrem Tod am Ende der 1990er, habe sie ihm dieses Kreuz zukommen lassen, das er bei einem Besuch in Israel in der Jerusalemer Grabeskirche habe weihen lassen. Und bei einem Brand in seiner Datscha, wo alles andere in Flammen aufgegangen sei, sei dieses Anhängerchen völlig unbeschadet geblieben. Seitdem trage er es. Der wiedergeborene evangelikale Christ Bush soll hin und weg gewesen sein und in Putin einen Geistesbruder erkannt haben.

Die andere Anekdote bezieht sich auf ein Treffen Putins mit Bushs zweitem Nachfolger Donald Trump. Dem kam Putin natürlich nicht mit frommen Geschichten. Zu diesem Treffen habe Putin eine Dolmetscherin mitgebracht (sein nicht so gutes Englisch), die eine ausgesucht schöne Frau gewesen sei. Die implizierte Reaktion Trumps kann man sich vorstellen, der selbsternannte Casanova Trump habe mehr Blicke für die schöne Russin als Ohren für die Worte seines – nicht ganz so schönen – russischen Amtskollegen gehabt. Darauf soll Putin so etwas ähnliches gesagt haben, wie „Tja, das sind die Privilegien eines russischen Präsidenten" und Trump sei vor Neid zerplatzt und habe Putin für einen Teufelskerl gehalten.

Was auch immer der Realitätsgehalt dieser beiden Geschichten sein mag – zumindest aber das Motiv seiner frühen heimlichen Taufe und die Geschichte des Kreuzesanhängers hat Putin dokumentiert im Kontext seiner Teilnahme an orthodoxen Gottesdiensten in Russland mehrfach zum Besten gegeben – so scheint Putin zwar kein begabter Kommunikator vor großem Publikum zu sein, doch dafür Begabungen im persönlichen Gespräch zu haben – von zentraler Bedeutung für internes Netzwerken.

Putin hat sich schon früh in seiner Präsidentschaft mit Mit-Silowiki umgeben, denen er damit wieder die Bedeutung verschaffte, die sie in der Sowjetunion vor Gorbatschow immer gehabt hatten. Teils brachte er sie in formale Macht- und Regierungspositionen, teils wurden sie seine engsten Berater im Umfeld des Präsidialamtes im Kreml. Dabei ist diese Gruppe bis heute eher öffentlichkeitsscheu, weswegen sie im Westen als Personen recht wenig zur Kenntnis genommen werden. Sie treten auch nur selten offen als Propagandisten auf, diese Rolle wird Medienleuten, einigen Wirtschaftsoligarchen und als Publizisten tätigen Ideologen wie z.B. dem bei uns besonders bekannten Alexander Dugin überlassen. So prominent diese Leute bei uns erscheinen mögen, sie haben erkennbar keinen Anteil an der inneren Macht und spielen kaum die Rolle von wirklichen Beratern. Sie sind Werkzeuge.

Auf diese Weise gelang es Putin schrittweise, den zentralen Teil der politischen Entscheidungen dem Zugriff der Öffentlichkeit und parlamentarischer Kontrolle zu entziehen und diese Politik sieht in ihrer Prozesshaftigkeit sehr zielgerichtet aus. Eine günstige Voraussetzung für diese von Putin vorangetriebene Entwicklung war die schon vorher starke Position des Präsidenten in der Verfassung, dank Jelzins Sieg im russischen Verfassungskonflikt 1993. Für die parlamentarische Fassade wurde die Partei „Einiges Russland" aufgepäppelt, die bis jetzt die Regierungspartei in der Duma schlechthin ist (in den Wahlen zur Duma 2021 erhielt sie 324 von insgesamt 450 Sitzen, damit kann Putin auch parlamentarisch jetzt tun und lassen, was er will, Verfassungsänderungen inklusive, zumal auch die anderen Parteien lediglich kontrollierte „Opposition" sind). Ideologisch-programmatisch ist die Partei nicht sehr profilstark, sie ist ausschließlich die Partei Putins und parlamentarische Mehrheitsbeschafferin. Lediglich die Spitze der Partei gehört in die innere Machtgruppe hinein: Anfangs im Rahmen eines Dreimännervorsitzes Sergej Schoigu, einer der Silowiki und bis Frühjahr 2024 Verteidigungsminister, 2008–2012 war es Putin selbst während seiner zweiten Zeit als Ministerpräsident, seit 2012 ist es Dmitri Medwedew, Putins „Schattenpräsident" 2008–2012, der allerdings seit 2012 einen beträchtlichen Machtverlust im System hinnehmen musste. Übrigens wurde durch Manipulationen am Wahlrecht erreicht, dass die bei Wahlen stärkste Partei – das ist durchgehend „Einiges Russland" – bei der Sitzverteilung überproportional bedacht wird. Putin braucht also nicht unbedingt riesige Prozentanteile für seine Partei bei den Parlamentswahlen, zumal die anderen Parteien nun ebenfalls unter Kontrolle sind. Damit herrscht ein gewisser Scheinpluralismus im Parlament.

Die einzige Machtgruppe, die sich dem Zugriff Putins noch eine Zeitlang sperrte, waren die im Kontext der radikalen Privatisierungspolitik Jelzins entstandenen „Oligarchen", also die monopolkapitalistischen Wirtschaftsbosse, die sich beträchtliche Teile der ehemaligen Staatswirtschaft unter den Nagel gerissen hatten und die unter Jelzin nur teilweise die Regierung unterstützt hatten, teilweise aber die Opposition, wobei einige von ihnen selbst politische Ambitionen entwickelt hatten. Ihr politischer Einfluss begründete sich primär auf ihre Finanzierungsmacht, mit der sie politische Parteien unterstützen konnten, wie auch ihre teilweise Kontrolle der öffentlichen Meinung durch ihre Medienimperien, gründete also auf der – zweckpervertierten – Bedeutung der öffentlichen und parlamentarischen Politik. Das Ende eigenständiger parlamentarischer Politik in Putins Russland bedeutete damit auch – paradoxerweise – das Ende der eigenständigen politischen Machtstellung der Oligarchen – was ein Grund ist, warum große Teile der russischen Bevölkerung der eigenständigen Machtrolle des Parlamentes nicht allzu sehr hinterhertrauern. In vielen russischen Köpfen ist der Komplex „parlamentarische Politik" nicht mit „Freiheit", sondern mit „Korruption" assoziiert. Das kann einiges erklären, wovor ein westlicher Betrachter der russischen Szenerie sonst verständnislos stehen mag.

Die eigenständige Macht der russischen Wirtschaftsoligarchen wurde im Wesentlichen auf zwei Arten gebrochen:

Erstens wurden unter Putin schon früh Teile der Privatisierung der Wirtschaft zurückgenommen oder zumindest relativiert, besonders in Kernbereichen von Finanzwelt, Industrieproduktion und v. a. im besonders für Russland zentralen Bereich der Energieressourcen. Die staatliche Beteiligung an wichtigen, sich in den Händen von Oligarchen befindenden Wirtschaftsunternehmen wurde ausgebaut, einige Unternehmen wurden wieder primär Staatsunternehmen mit nur noch Beteiligung von Oligarchen – Gazprom beim Erdgas, Rosneft beim Erdöl. Dadurch gewann der Staat zum einen die politische Kontrolle über strategisch wichtige Teile der Wirtschaft zurück, zum anderen erhöhte er seinen Anteil am Einkommen. Allerdings bedeutete das keine erneute Sozialisierung im kommunistischen Sinn, die weitere Bevölkerung hatte nichts davon. Der eigentlich ökonomische Betrieb und das Management blieben in den Händen der Oligarchen, die auch weiterhin umfangreich davon profitierten, ein wirklicher Ausbau der Wirtschaft zugunsten der Schaffung von Arbeitsplätzen fand auch unter Putin relativ wenig statt. Dafür müsste man die Monopole der Oligarchen und ihre Sonderbeziehung zum Staat völlig beseitigen, was aber nicht das politische Ziel ist. Die Oligarchen wurden so eine zweite, äußere Gruppe zur Stützung der Macht des Präsidenten. Sie sind seine politischen Gefolgsleute, die Oligarchen sein und ihre Privilegien behalten dürfen, so lange sie politisch loyal sind. Wer jetzt in Russland Oligarch ist oder zu einem aufsteigen darf – z.B. durch Zuschanzen lukrativer Staatsaufträge, wodurch Putins (ehemaliger) Spezl Jewgenij Prigoschin Oligarch geworden war – bestimmt der Präsident. Dabei bilden die Wirtschaftsoligarchen ein Gegengewicht gegen die Silowiki – Putin kann beide Gruppen bei Bedarf gegeneinander ausspielen – und sie sind nützlich, indem sie ihren Anteil an der Wirtschaft und an den Medien im Sinne des Autokraten steuern, ohne dass der Staat das tun muss. Ihre ökonomischen Privilegien sind ihre Machtdividende und binden sie an das System. Putin selbst ist in diesem Zusammenhang zu einem der reichsten Personen Russlands aufgestiegen, als eine Art von Obermafiaboss der Oligarchen kann er seinen Anteil erwarten und muss bloß die Hände aufhalten. Allerdings ist Putin hier sehr diskret und schickt für die Verwaltung der diversen, von ihm kontrollierten Vermögenswerte gerne Strohmänner und -Frauen aus seiner persönlichen Umgebung vor. Auch seine Exfrau Ljudmila und seine wahrscheinliche Geliebte seit 2008, Alina Kabajewa, sind ungewöhnlich reich geworden, ohne dass erklärlich wäre, durch welche eigene Tätigkeit.

Zusätzlich wurden im Zuge dieser ökonomischen Kontrollpolitik auch die ausländischen Vermögensanteile an russischen Unternehmen deutlich reduziert.

Zweitens wurden diejenigen Oligarchen, die sich dem Kontrollanspruch Putins nicht unterwerfen wollten, mit den Mitteln der Strafjustiz erledigt. Sie alle hatten genug Dreck am Stecken in Hinblick auf Korruption und Steuerhinterziehung, um das in vielen Fällen zu tun, ohne das Recht beugen zu müssen – was allerdings fallweise auch stattfand. Ein prominentes Beispiel ist Michail Chodorkowski, der schon früh in den 1990ern im Finanzbereich und im damals durchgängig privatisierten Erdölsektor hochgekommen war und auch über Medienmacht verfügte. Seine Parteispenden streute er gießkannenmäßig rechts und links, sein Ziel war, sich politischen Einfluss möglichst breit zu sichern. Mit Beginn von Putins Präsidentschaft stilisierte er sich zunehmend zum Kritiker von dessen autoritären Tendenzen und zum Anwalt der russischen Demokratie und trat mehrmals ganz offen vor Fernsehkameras gegen Putin auf. 2003 wurde er verhaftet, sein turbulenter Strafprozess wegen Unterschlagung und Steuerhinterziehung zog sich bis 2005 hin. Das Urteil lautete neun Jahre Straflager in Sibirien. Nach einem erneuten Prozess in Moskau, der zur Verlängerung der Haftstrafe führte, wurde Chodorkowski 2013 überraschend von Duma und Präsident begnadigt und durfte ins westliche Exil gehen, wo er jetzt mit seiner Familie in London lebt.

Man muss nicht allzu viel Mitleid mit Chodorkowski haben, um zu erkennen, dass der Prozess gegen ihn primär politischer Art war. Überhaupt wurden die Hunde von Staatsanwaltschaft und Steuerbehörde generell nur sehr partiell losgelassen. Die Oligarchen, die sich Putin unterwarfen, dürfen ihre Geschäfte ungestraft bis heute weiterbetreiben, sie sind eben politisch nützlich.

Das politisch-ökonomische System, das sich auf diese Weise entwickelte, hat als „Staatskapitalismus" gewisse Gemeinsamkeiten mit dem jetzigen chinesischen, ist allerdings ökonomisch weitaus weniger erfolgreich, zumal die Entwicklung einer eigenständig unternehmerisch tätigen Schicht unterhalb der Monopolebene der Oligarchen weitaus schmächtiger ausfiel als in China.

Im Laufe der späteren Entwicklung hat Putin auch einigen seiner engsten Silowiki Posten in Staatsunternehmen zugeschanzt und sie dadurch auch partiell zu Oligarchen gemacht – man spricht von dieser Gruppe jetzt gerne als von den „Silowarchen".

Putin half es, dass die Entwicklung der russischen Wirtschaft nach der Talsohle der 90er günstiger wurde. Der Agrarsektor regenerierte sich und begann sogar, Überschüsse zu erwirtschaften. Am günstigsten war die Entwicklung im Bereich des Erdöl- und Erdgasexports. Russland hatte – teilweise mit westlichem Kapital und Know-How – seine Förderanlagen modernisiert, saniert und ausgebaut, der Preisanstieg für Erdöl und Erdgas auf dem Weltmarkt spülte eine Menge zusätzliches Geld in die Kassen. Das Land stieg zu einem der Hauptexporteure energierelevanter Ressourcen auf. Dennoch hält sich die wirtschaftliche Erholung in Grenzen: Das monopolkapitalistische System der Oligarchen, durch das wenig in die Wirtschaft reinvestiert wird und durch das beträchtliche Vermögenswerte bis 2022 ins westliche Ausland abgeflossen und dort v.a. in sicheren Immobilien investiert worden sind – die Oligarchen trauen ihrem Staat weder dauerhafte Stabilität noch garantierte Sicherheit ihres Eigentums zu – ist eine zentrale Hemmschwelle. Der Staat ist weiterhin korrupt, da primär von oben her auf Loyalität geachtet wird und nicht auf Effizienz. Die Infrastruktur ist in größeren Bereichen des Landes außerhalb der Städte weiterhin mangelhaft, da das Zentrum in den Regionen abgreift, aber wenig zurückfließen lässt. Die Justiz ist politisch abhängig, das Rechtssystem unübersichtlich und wenig transparent. Die Lebensumstände der breiteren Bevölkerung haben sich im Schnitt ein Stück weit gebessert, doch viele Menschen leben weiterhin von der Hand in den Mund. Das Regime hat Elemente der Sozialfürsorge ausgeweitet, was es sich durch sein Energieexporteinkommen leisten kann, aber ohne dass eine nachhaltige und sich selbst tragende. wirtschaftliche Entwicklung in Gang gekommen wäre. Russland ist als Ergebnis des wirtschaftlichen Zusammenbruchs seit dem Ende der Sowjetunion weiterhin relativ unterindustrialisiert und muss vieles in diesem Bereich von außen einführen. In diesen Kontext fällt die jetzige Freiwilligenwerbung der russischen Armee nach den beträchtlichen Verlusten des Ukrainekrieges: Gerade in den provinziellen Regionen Russlands ist es für junge Männer trotz der Verlustrate in der Ukraine verführerisch, zur Armee zu gehen, da es sonst nicht viele Arbeitsangebote gibt.

Allerdings entstand in den 2000ern insbesondere in den großen Städten eine breitere wohlhabende Mittelschicht, was Russland jetzt ein sozial zwiespältiges Gesicht gibt: Eine großstädtische Gesellschaft, die sich im Lebensstil wenig von ihrer Parallele im Westen unterscheidet, tendenziell jünger, konsumorientiert und tendenziell politisch liberal (solange sie das noch offen zeigen konnte), nur, dass ihr Anteil an der Gesamtbevölkerung deutlich kleiner ist als im Westen. In den Kleinstädten und auf dem Land dagegen gibt es Gegenden, die so aussehen, als hieße der politische Führer immer noch Breschnew.

Ein wichtiger Punkt, was die Stimmung der Bevölkerung angeht, ist neben der Reputation Putins als Macher im Dienste eines starken Russland und eines gewissen Kaufs von Zustimmung durch kleine soziale Geschenke das Bild Putins als des Mannes, der auch im Inneren Ordnung geschaffen habe. Durch die politische Zähmung der Oligarchen wurde in beträchtlichem Maße die Verbindung der Oligarchen zum organisierten Verbrechen als Durchsetzungsmittel ihrer Konkurrenz und Einschüchterung ihrer Gegner eingegrenzt. Vordergründig gesehen – also aus Sicht des Durchschnittsbürgers – gibt es jetzt erkennbar weniger alltägliche Gewalt, das organisierte Verbrechen ist weitaus weniger sichtbar. Putin verkauft sich als der Mann, der Ordnung geschaffen hat. Wie groß die Erfolge der russischen Polizei und Justiz hier wirklich sind, ist umstritten. Es sieht so aus, als würde der russische Staat seit 2000 die organisierte Kriminalität prioritär nur da bekämpfen, wo sie ihn mit offener Straßengewalt und allzu offensichtlichen Verstößen gegen die Ordnung direkt herausfordert.

Wir werden die zeitlichen Etappen der politischen Entwicklung hier noch kurz nachvollziehen, bevor wir – in dieser Reihenfolge – zur Frage der Ideologie und der Propaganda des „Putinismus" kommen, um schließlich das Kapitel mit dem Versuch einer Gesamtcharakterisierung des Regimes abzuschließen.

Beginnen wir mit der Entwicklung der Ergebnisse der Präsidentschaftswahlen seit 2000 als Lackmustest für den zeitlichen Ausbau von Putins Herrschaftsposition:

2000, bei einer noch wenigstens grundsätzlich freien Wahl, hatte er ja 53 % der Stimmen bekommen. 2004 waren es schon 71,3 %, da hatte er bereits die Kontrolle über das Staatsfernsehen und eine Reihe der Sender und Zeitungen der Oligarchen auf seiner Seite. 2008, als aufgrund der in der Verfassung festgeschriebenen Begrenzung auf zwei Amtszeiten, Medwedew vorgeschickt werden musste, kam dieser auch auf 71,2 % 2012, das war Putin die Zweite, kam Putin „nur" auf 63,6 %, das war im Kontext der letzten wirklich breiteren Protestbewegung gegen ihn, 2018 (die Amtszeit des Präsidenten war von vier auf 6 Jahre verlängert worden) waren es 76,7 %. Die letzten Präsidentschaftswahlen haben mitten im Krieg im März 2024 stattgefunden, mit stattlichen 85,5 % für Putin. Die Gegenkandidaten sind jetzt nur noch „kontrollierte Opposition", wirklichen Oppositionellen wird die Kandidatur mit Formbegründungen verweigert. Die Wahlmanipulation ist massiv, im Vorfeld wie beim Wahlvorgang selbst.

Wichtig für die Charakterisierung des Systems ist, dass Putin bislang daran festgehalten hat, dass Russland grundsätzlich ein Verfassungsstaat sein soll, in dem gewählt wird. Die Verfassung und der politische Prozess werden kräftig manipuliert, aber ein gewisser Legalismus ist weiterhin Legitimität stiftend. Dabei ist es sogar von Vorteil, wenn der Präsident auf „nur" 70 % der Stimmen kommt. Schon das unterfüttert als deutliche Mehrheit seinen Anspruch, der vom russischen Volk breit gewünschte Anführer zu sein. Zusätzlich kann er vordergründig sagen: „Was wollen die Kritiker, eine Menge Russen wählen mich nicht, ich zwinge niemanden dazu mich zu wählen!" Dadurch verrät sich Putins Russland als eine Art moderne Diktatur 2.0 mit Scheinkonstitutionalismus. Stalin ist Steinzeit.

Während Putin in seinen ersten Jahren seine parlamentarische Grundlage mit „Einiges Russland" ausbaute, den Staats- und Militärapparat unter Kontrolle brachte, indem er seine Silowiki um sich scharte und die Oligarchen mit ihrer Wirtschafts- und Medienmacht teils erledigte, teils zu politischen Schoßhündchen machte, erfolgte auch eine formale Zentralisierung des Staatsapparats. Es begann ein Prozess, in dem die beträchtliche Eigenständigkeit der Regionen und Autonomen Gebiete, die die 90er Jahre gebracht hatten, wieder zugunsten der Zentralmacht des Kreml zurückgebaut wurde. Die Befugnisse der Regionalregierungen und -parlamente wurden gesetzlich eingeschränkt, die Gouverneure, die sich teilweise zu einer Art Regionalherrschern entwickelt hatten, wurden nicht mehr vom Volk, sondern auf Vorschlag Moskaus von den Parlamenten gewählt, was einer zentralistischen Einsetzung nahekam. Selbst für eine größere Zahl von Städten und Gemeinden – darunter Moskau und St. Petersburg – wurden nun Bürgermeister verstärkt eingesetzt. Vom Sonderfall Tschetschenien war schon die Rede gewesen. Zusätzlich war schon 2000 ein den Regionen und Autonomen Republiken übergeordnetes System von sieben Föderationskreisen geschaffen worden, denen vom Präsidenten ernannte „Generalbevollmächtigte" vorstehen. Damit wurde die schüchterne russische Demokratie – bei all ihren Schwächen – auf der unteren Ebene zuerst erledigt. Die Russische Föderation ist jetzt faktisch wieder so wenig föderativ wie es die Sowjetunion war. Dabei begrüßten Teile der Bevölkerung das durchaus, da eine Reihe der Regionalherren ihre Amtsmöglichkeiten zu umfangreicher Korruption genutzt hatten. In anderen Gebieten dagegen – wie in Tatarstan – ,wo die regionalen Mittel durchaus positiv zu den Zwecken der Allgemeinheit verwendet worden waren, floss jetzt wieder viel Geld nach Moskau, wo das neue Regime mit diesen Mitteln andere Prioritäten hat als die Regionen zu entwickeln – z.B. die Umstrukturierung der Armee und die Wiederaufrüstung, um Russland wieder zu dem zu machen, was es zu sein hat: eine Großmacht.

In Putins zweiter Amtszeit als Präsident wurde die Politik der Entföderalisierung zugunsten der Macht des Zentrums fortgesetzt. Ebenso ging die partielle Reverstaatlichung im Bereich strategisch wichtiger Wirtschaftsbereiche weiter. Die Macht des Regimes über die Medien – die staatlichen wie die von den nun loyalen Oligarchen kontrollierten – wurde ausgebaut. Die Fernsehberichterstattung wurde zunehmend regierungslastig und natürlich wurden primär Erfolge verkundet. Allerdings gab es in Russland noch lange, bis zum Kriegsbeginn 2022, Taschen unabhängiger Medien. Auch hat das Regime das Problem, das es das Internet schlecht kontrollieren kann. Und das Internet ist gerade für die neuen russischen städtischen Mittelschichten von großer Bedeutung, beruflich wie privat. Eine pauschale Abschaltung des Internetzugangs ist undenkbar. China hat hier andere Möglichkeiten, da das chinesische Regime dem größeren Teil seiner Bevölkerung tatsächlich den Zugang zu den meisten internationalen – also meistens westlichen – sozialen Medien gesperrt hat, aber für Ersatz durch spezifisch innerchinesische gesorgt hat – was funktioniert, zumal der chinesische Binnenmarkt dafür riesig ist. In diesem Kontext ist seit 2007 „Rostkomnadzor" aktiv, eine vom Kreml eingerichtete föderale Behörde mit der Aufgabe, die Medienberichterstattung wie auch Inhalte des Internets zu überwachen und teilweise zu zensieren, um „Falschinformation" zu verhindern.

Zusätzlich gab es weitere Veränderungen im Wahlrecht, um das Stimmenergebnis und die Sitzverteilung in der Duma zu Gunsten der Regierungspartei zu „verdichten".

Auch entwickelte sich jetzt ein Personenkult um Putin als den starken Mann, der Russland wieder zur Weltgeltung brachte, die Kriminalität, die Korruption und die Oligarchen bekämpfte und der gegenüber korrupten Provinzpolitikern und Parlamentariern der große überparteiliche wahre Freund des Volkes ist. Das ist die alte russische Vorstellung vom guten Zaren und den schlechten Bojaren. Putin betreibt solche Propaganda nicht selbst, er lässt sie v. a. durch Initiativen der kontrollierten Medien und „seiner" Oligarchen betreiben.

Der einzige direkte Schritt der russischen Regierung in diese Richtung war „Naschi" („die Unsrigen"), eine 2005 unmittelbar von der Regierung gegründete Jugendorganisation – unpatriotische Lästerer nannten sie die „Putinjugend". Naschi betrieb einen forcierten Personenkult um den Staatsführer, der auch mehrmals auf Naschi-Veranstaltungen Hof hielt. Sonst trat die Bewegung primär mit nationalistischen Aktionen in Erscheinung, gegen innere oppositionelle Stänkerer wie auch bei Bedarf vor ausländischen Botschaften und Konsulaten. Im Inneren der Organisation wurden nationalpatriotische Schulungskurse abgehalten, um die Jugend frühzeitig auf einen pro-Kreml-Kurs einzuordnen. Allerdings war die Zugehörigkeit freiwillig, es gab keinen Druck, der Organisation angehören zu müssen. Aber bereits seit 2008 wurde die Finanzierung von Naschi zurückgefahren, 2013 wurde Naschi aufgelöst. Anscheinend machte die Organisation kein gutes Bild, sie wirkte zu ultranationalistisch und „totalitär". Damals machte sich Putin noch Gedanken um sein Bild im Westen. Einige der ehemaligen Naschi-Funktionäre stiegen als Belohnung für geleistete Propagandadienste in den gehobenen Staatsapparat auf.

Die formale und fassadenhafte Einhaltung der russischen Verfassung brachte es mit sich, dass Putin nach zwei Amtszeiten für die Präsidentschaftswahlen nicht noch einmal kandidieren konnte. Dafür musste Dmitri Medwedew eintreten, ein alter Gefolgsmann Putins aus seiner Zeit in der St. Petersburger Stadtverwaltung und ehemaliges Aufsichtsratsmitglied bei Gazprom. D. h., Medwedew war eng an Putin gebunden, er besaß keine eigene Macht und gehörte weder zu den Oligarchen noch zum Kern der Silowiki. Putin ging dabei natürlich nicht in Rente, sondern wurde – zum zweiten Mal – Ministerpräsident und behielt die Fäden in der Hand. Putin war zudem schon kurz vorher Vorsitzender von „Einiges Russland" geworden. Westliche Illusionen, dass Medwedew, der sich wiederholt liberal und gegenüber dem Westen verbindlich geäußert hatte, sich zum wirklichen Staatsführer Russlands und liberalen Reformer mausern könnte, erledigten sich bald. Das Regime folgte weiterhin den seit 2000 gegebenen Entwicklungstendenzen.

Als Ministerpräsident kümmerte sich Putin besonders um die 2008 begonnene Reform von Polizei und Armee, die sog. Serdjukow-Reform, benannt nach dem damaligen Verteidigungsminister. Die Armee sollte kleiner werden und damit billiger, dabei aber effizienter und schlagkräftiger. Die Streitkräfte sollten von damals über 1.100.000 auf etwas unter einer Million reduziert werden, das Offizierkorps, das mit ca. 30 % der Mannschaftsstärke weit überbesetzt war, sollte auf die Hälfte, also 15 % reduziert werden. Der Anteil professioneller Zeit- und Berufssoldaten auch bei den Mannschaften sollte deutlich erhöht, der Anteil der Wehrpflichtigen dagegen deutlich reduziert werden. Das Unteroffizierskorps sollte durch bessere Ausbildung stärker professionalisiert werden, im Bereich Logistik und Versorgung wurde umfangreicher auf zivile Armeeverwaltung gesetzt. Die Kommandostruktur wurde gestrafft, zu guter Letzt sollte es der verbreiteten Korruption im Offizierskorps an den Kragen gehen. Wie erfolgreich diese Militärreform gewesen ist, blieb im Westen umstritten, die durchwachsene Performance der russischen Armee im Ukrainekrieg seit Februar 2022 scheint dem Erfolg der Reform kein glänzendes Zeugnis auszustellen.

Auch wurde verstärkt eine Politik der Stabilisierung der seit dem Zusammenbruch der Sowjetunion negativen Bevölkerungsentwicklung in Russland betrieben, v. a. durch Einführung einer russischen Version von Kindergeld, was aber misslang. Die russische Bevölkerung schrumpft weiter, die momentanen Kriegsverluste tragen das ihre dazu bei.

2011 gründete Putin als Regierungschef die „Allrussische Volksfront", ein Dachbündnis der Regierungspartei „Einiges Russland" mit verschiedenen anderen in der Duma vertretenen kleineren Parteien und Kreml-freundlichen Verbänden in der weiteren Gesellschaft. Dieser Dachverband verstärkt Putins Kontrolle auch über die anderen Fraktionen der Duma und reicht in weitere gesellschaftliche Milieus hinein. 2013, nach seiner erneuten Wahl zum Präsidenten, wurde er selbst der Vorsitzende der Volksfront.

Als Putin 2012 den Präsidentenposten wieder übernehmen konnte und Medwedew zum Ministerpräsidenten degradiert wurde (natürlich ein Ministerpräsident mit weitaus weniger Macht, als sie der Amtsinhaber 2008–2012 besessen hatte), war das Wahlergebnis nicht ganz so gut wie gewohnt (s. o.). Die sich auch in Russland seit 2008 wieder ungünstiger entwickelnde ökonomische Situation wie auch die Erkenntnis, dass der Mann an der Spitze ganz offensichtlich, koste es was es wolle, mit allen Tricks in seiner Position bleiben wollte, führte zu den letzten wirklich großen Massenprotesten aus der Bevölkerung. Diese Wahlen, wie auch die zur Duma, scheinen nun tatsächlich manipuliert gewesen zu sein, was die Opposition noch zusätzlich auf die Straße trieb. Die polizeiliche Repression war beträchtlich, was nun aber niemanden überraschen dürfte. Putin reagierte auf die Proteste u. a. damit, dass massive Gegenaufmärsche organisiert wurde, einer davon in Moskau soll bis zu 130.000 Teilnehmer gehabt haben. Teilnehmende an dieser pro-Regierungsdemonstration berichteten später, sie seien dafür bezahlt worden, von ihren Arbeitgebern zur Teilnahme gedrängt worden oder seien in dem Glauben gewiegt worden, es handele sich um ein Folk-Festival.

Es hatte schon früh gewaltsame Todesfälle gegeben, an kritischen Journalisten, aus der Reihe tanzenden Beamten und Parlamentariern, Dissidenten und russischen Exilanten im westlichen Ausland, bei denen der Verdacht aufgekommen war, die Regierung oder der FSB könnten dahinterstecken. Einige Beispiele waren oben im Zusammenhang mit dem Zweiten Tschetschenienkrieg gegeben worden. Vor dem Hintergrund recht alltäglicher Gewalt in Russland bis in die frühe Zeit Putins konnte man das aber noch eher übersehen. Wenn aber jetzt, nach dem Ende der politisch motivierten Oligarchen- und Mafiagewalt, politisch missliebige Leute im In- wie Ausland umgebracht wurden, fiel der Verdacht sehr eindeutig auf das Regime. Das hinderte das Regime aber nicht daran, solche Morde begehen zu lassen, gerade im Kontext des relativen Popularitätseinbruchs und des nochmaligen Aufbäumens der Opposition nach 2008 und später. Der prominenteste inländische Fall war der Mord an Boris Nemzow am 27. Februar 2015. Nemzow hatte einen Hintergrund als liberaler Reformpolitiker im Umkreis Jelzins. Anfangs war Nemzow durchaus ein Befürworter von Putins „Ordnungspolitik" gewesen, distanzierte sich dann aber vom zunehmend illiberalen Charakter des Regimes. 2008 gründete er zusammen mit anderen die Oppositionsbewegung „Solidarnost". Auf den Massenkundgebungen gegen die erneute Wahl Putins zum Präsidenten war er einer der Hauptredner. Nemzow war übrigens einer der wenigen Vertreter der liberalen russischen Opposition, der der nationalpatriotischen großrussischen Sicht auf das Verhältnis zu den Nachbarn Russlands entsagt und sich mit der orangenen Revolution sowie dem Maidan in der Ukraine solidarisch erklärt hatte. In einem Interview mit der ARD am 10. Dezember 2014 sagte Nemzow in Hinblick auf die russische Annexion der Krim über Putin u.a.: „Er hat sich die Krim genommen. Als Nächstes wird er Kiew nehmen, danach ist die Republik Moldau dran, dann Polen und die baltischen Staaten. Das ist ein Räuber. Er versteht nur die Sprache der Stärke, keine andere Sprache."

Zweieinhalb Monate später, am späten Abend des 27. Februar 2015, war Boris Nemzow in Begleitung seiner Freundin auf der Großen Moskwa-Brücke unterwegs, die in Sichtweite des Kreml liegt, und wurde in der Dunkelheit durch vier Schüsse in Hinterkopf und Rücken getötet. Seine schockierte Begleiterin blieb unverletzt und konnte keinerlei weiterführende Aussagen machen. Die Schuldigen, die die Justiz fand oder meinte gefunden zu haben, waren Tschetschenen.

Andererseits sorgte die Annexion der im russischen Nationalbild „urrussischen" Krim 2014 für eine Welle von patriotischer Begeisterung. Die propagandistischen Anstrengungen wurden hochgefahren, die Töne wurden nationalistischer, antiukrainisch und antiwestlich.

Auf verschiedenen Ebenen des Staatsapparats fanden Personalwechsel statt. Auf viele Stellen, die von den hergebrachten Bürokraten geräumt werden mussten, wurden jüngere Mitglieder der Geheimdienste gesetzt.

2016 wurde die Nationalgarde geschaffen, als Nachfolgerin der paramilitärischen Verbände des Innenministeriums, die in ihr aufgingen. Es handelt sich formal um eine paramilitärische Truppe mit speziellen Polizeiaufgaben. Für eine solche Truppe ist sie aber ungewöhnlich groß (170.000 – 180.000 Mann) und besitzt schweres Gerät bis hin zu Schützenpanzern, also vollmilitärische Ausstattung. Sie untersteht weder dem Innenministerium noch dem Verteidigungsministerium, sondern nur dem Präsidenten direkt. Kommandiert wird sie von Viktor Solotow, einem alten KGB-Kollegen Putins und längere Zeit einer seiner Leibwächter, also keinem Offizier aus dem regulären Militär- oder Polizeiapparat. Hier hat sich Putin eine Prätorianergarde geschaffen, die ihn vor Umsturzversuchen aus dem Apparat oder der Armee selbst schützen soll.

Nach diesen Maßnahmen, durch die sich Putin in seiner persönlichen Macht noch stärker eingrub, wurde er 2018 nach der ersten verfassungsmäßig verlängerten Amtszeit wiedergewählt. Der einzige gefährlichere Gegner, Alexej Nawalny, der nach der Ermordung Boris Nemzows die prominenteste Stimme der russischen Opposition geworden war, wurde durch rechtliche Manipulationen von der Gegenkandidatur ausgeschlossen. Mit Hilfe von zusätzlichen Manipulationen kam Putin wieder auf die altgewohnten über 70 % der Stimmen.

2020 wurde eine Verfassungsänderung durch die Duma gejagt, vom Verfassungsgericht für rechtens erklärt und durch Referendum bestätigt, die die Zahl von Putins Präsidentschaften auf Null zurückgesetzt hat und ihm theoretisch ermöglicht, bis 2036 im Amt zu bleiben. Im selben Jahr verabschiedete die Duma ein Immunitätsgesetz mit lebenslanger Immunität gegenüber Strafverfolgung für ehemalige russische Staatschefs, Putin kann also auch im Ruhestand niemals vor Gericht gezerrt werden, es sei denn es gibt eine Revolution oder einen Umsturz, der die Kontinuität des formalen Rechts zerreißt.

Seit 2021 saß der letzte prominente Vertreter der russischen Opposition, der Redner und Blogger Alexej Nawalny, in Russland in Haft, nachdem man bereits versucht hatte, ihn zu vergiften. Auch hier gab es noch einmal öffentliche Proteste. Im Februar 2024 ist er in dem sibirischen Straflager, in dem er unter zuletzt sehr isolierten Bedingungen interniert war, gestorben.

Im Rahmen der Pandemie 2020–2021 begab sich Putin in zunehmende Isolation. Aus dieser Zeit rühren die riesigen langen Tische mit Putin an einem Ende, seinen Gesprächspartnern am anderen. Putin scheint sich immer mehr von einem großen Teil seiner Umgebung zu isolieren, was in der Situation wohl einem alten Silowiki-Instinkt entspricht. Seit der Pandemie scheint er permanenten engen Kontakt nur noch mit einer kleinen Gruppe seiner engeren Umgebung aus Silowiki zu halten. Inweit Oligarchen, der weitere Regierungsapparat oder auch Leute wie (ehemals) Prigoschin oder Kadyrow permanenten Zugang zu ihm haben, ist unklar. Die Ereignisse von Prigoschins Revolte im Juni 2023 scheinen dagegen zu sprechen. Ebenso erklärt das, weshalb Prigoschin seinem Zorn auf die reguläre Militärführung in den Social Media Luft machen musste, anstatt damit zu Putin gehen zu können (s. später).

Zur Gruppe der Silowiki, die mit Sicherheit zum inneren Kern von Putins Herrschaft zählen, gehören Sergej Schoigu, bis Frühjahr 2024 Verteidigungsminister, jetzt im Nationalen Sicherheitsrat (von der ethnischen Herkunft her der einzige Nichtrusse der Gruppe), Nikolaj Patruschew, ehemaliger FSB-Chef und jetzt Sekretär des Nationalen Sicherheitsrats, Sergej Naryschkin, Chef des Auslandsgeheimdienstes, und Igor Setschin, Aufsichtsratsvorsitzender des Staatskonzerns Rosneft (damit ein „Silowarch"). Diese Leute und vielleicht noch einige wenige andere bilden den inneren Machtzirkel. Reich geworden sind sie auch, im Unterschied zu den Oligarchen sind sie aber von ihrer nationalen Mission ideologisch überzeugt und allesamt programmatische Hardliner. Teilweise kennen sie Putin noch aus KGB-Zeiten. Putin ist jetzt ihr absoluter Gefolgsherr und nicht mehr primus inter pares. Sergej Naryschkin wurde 2022 vor Beginn der Invasion von ihm vor laufender Kamera gedemütigt, als ihm als Chef des Auslandsgeheimdienstes ein bestimmtes Detail vorzeitig entschlüpft ist, das noch nicht die offizielle Linie war (Donezk und Luhansk zu Russland anstatt Unabhängigkeit, was damals die formale Linie war). Diese Gruppe steht und fällt mit Putin.

Bis zum Beginn des großen Ukraine-Krieges im Februar 2022 wurde der Rest der Opposition und unabhängiger Medien in Russland mundtot gemacht, die letzten Fassadenreste „gelenkter Demokratie" wurden abgeräumt, das System ist trotz seiner Scheinlegalität eine astreine Autokratie geworden. Massenprotest in Form von Demonstrationen war seit 2012 schwieriger und riskanter geworden, die letzten Kundgebungen dieser Art waren die rasch unterdrückten öffentlichen Proteste gegen die russische Invasion der Ukraine Ende Februar 2022. Seitdem ist das russische Publikum endgültig(?) in der politischen Apathie versunken, zudem im Laufe dieses Jahres 2022 mindestens eine Million potentiell regimekritischer Russen das Land verlassen haben – darunter überproportional viele Männer im wehrpflichtigen Alter und mit höherer beruflicher Qualifikation.

Wenn man diese Entwicklung von 2000 – 2021 Revue passieren lässt, dann kann man nur schwer verkennen, dass der Ausbau des Regimes ziemlich konsequent erfolgt ist und das in doppelter Hinsicht: Einmal, mit dem erkennbaren Ziel, das Regime insgesamt zum Herrn nicht nur innerhalb der Verfassung zu machen, sondern auch jenseits der Verfassung und zum Herrn über die Verfassung. Zum Zweiten mit dem Ziel, Putins Person selbst zum unbestrittenen Herrn über das von ihm errichtete System zu machen. Putin war von Anfang an wohl kaum der „lupenreine Demokrat", als der ihn damals sein deutscher Kumpel Gerhard

Schröder bezeichnet hat. Allerdings muss das nicht heißen, dass Putin von vornherein geplant hat, der astreine Autokrat zu werden, der er jetzt ist. Längere Zeit scheint er sich damit zufrieden gegeben zu haben, die Dinge grundsätzlich unbestritten und nicht herausforderbar im Griff zu haben, ohne die seit Ende der 1980er entstandene liberale russische Zivilgesellschaft völlig zu vernichten. Längere Zeit duldete das System noch Halbfreiheiten und hat bestimmte Elemente der gesellschaftlichen Beeinflussung auch wieder zurückgenommen (z.B. die Jugendorganisation Naschi). Die letzten unabhängigen Medien gab es bis Anfang 2022, auch existierten noch längere Zeit Reste unabhängiger Justiz, da wo die maßgeblichen Machtinteressen des Regimes nicht in Gefahr waren. Ein im Kern autoritäres System mit einem gewissen zivil aussehenden „Halbfreiheitsluxus" scheint in den 2000ern Putins Vorstellungen am ehesten entsprochen zu haben. In dieser Zeit sprach Putin selbst einmal von der „gelenkten Demokratie", so wie Ungarns Viktor Orban von der „illiberalen Demokratie" gesprochen hat. Allerdings scheint die noch einmal große Welle breiterer Opposition und breiteren Massenprotestes seit Putins erkennbar manipulierter Wiederwahl 2012 wie auch der seit 2014 durch die Ereignisse in der Ukraine offensichtliche Bruch mit dem Westen dafür gesorgt zu haben, die Schrauben noch enger anzudrehen und eine irgendwie funktionsfähige Opposition doch lieber ganz abzuwürgen. Zudem begann Putin sich nun stärker als vorher gegen mögliche Umsturzversuche aus dem eigenen Apparat abzusichern (Personalwechsel im Apparat, Nationalgarde). Seit dieser Zeit hat sich auch die Propaganda des Regimes und seiner Unterstützer in der russischen Medienöffentlichkeit drastisch verschärft, während zuvor die „harten" Äußerungen immer noch mit „mäßigenden" und „verbindlicheren" durchsetzt gewesen waren, gerade da, wo die Adressaten westliche waren.

Damit kommen wir jetzt zum Bereich „Ideologie und Propaganda". So klar und eindeutig Wladimir Putins Machtwille aus seinem Handeln heraustritt, in der Frage seiner programmatischen Botschaft war er anfangs von einer geradezu quallenhaften Unbestimmtheit. Das fiel schon den in- wie ausländischen Kommentatoren 1999/2000 auf. Die wichtigste parlamentarische Unterstützung seiner Herrschaft, das „Einige Russland", hat bis heute kein wirklich ausgearbeitetes Parteiprogramm, das der Rede wert wäre, außer dass man für das soziale, ökonomische und politische Wohl eines starken Russland eintritt. Wer hätte es gedacht …

Putin präsentierte sich von Anfang an als der starke Mann, den das krisengeschüttelte Russland der Jahrtausendwende benötigte, der Mann von law and order, ohne aber dabei genauer auszuführen, welchen politischen Kurs er in diesem Kontext einzuschlagen gedenke. Auch in ökonomischer Hinsicht verkündete Putin kein Programm außer dem Gemeinplatz, die Wirtschaft wieder ankurbeln zu wollen. Der Zweite Tschetschenienkrieg gab ihm die Gelegenheit, sich als der Mann der inneren Härte zu zeigen, der sich weder von Separatisten noch von Terroristen beeindrucken ließ. So hart und rücksichtslos Putin hier auch agierte – ob er für den Ausbruch des Krieges über eine False-Flag-Operation des FSB noch nachhelfen ließ (Bombenattentate auf Wohnblöcke) oder ob dahinter tatsächlich Tschetschenen standen, lassen wir hier offen – so ließ sich hier einwenden, dass es sich allgemein anerkannt um russisches Staatsterritorium handelte, die Niederschlagung der Separatisten somit eine innere Angelegenheit Russlands war.

In außenpolitischer Hinsicht trat Putin damals betont moderat und verbindlich auf, signalisierte, mit der bereits begonnenen NATO-Erweiterung nach Osten (s.u.) kein Problem zu haben und zeigte sogar Interesse an einem späteren NATO-Beitritt Russlands selbst – wie ernst das auch immer gemeint war oder nicht. Noch 2003 wurde der Russisch-Ukrainische Grenzvertrag als Ergänzung des Freundschaftsvertrags von 1997 abgeschlossen. 2001 sagte er den USA nach den Anschlägen vom 11. September Russlands volle Unterstützung und Solidarität im Krieg gegen den Terror zu – die russische Armee kämpfte in Tschetschenien selbst gegen Islamisten – und erlaubte amerikanischen Truppen die Nutzung russischen Territoriums für die Invasion Afghanistans – das Emirat der Taliban hatte die Unabhängigkeit Tschetscheniens in den 90er Jahren anerkannt. Kurz darauf hielt er im Deutschen Bundestag die damals berühmte Rede, die er zum größeren Teil auf Deutsch hielt und für die er stehende Ovationen erhielt. Putin äußerte damals übrigens auch, dass Russland kulturell natürlich europäisch sei – anknüpfend an Jelzin; von „Eurasien" war damals noch nicht die Rede.

Falls Putin tatsächlich 1993 im Kontext eines Autounfalls seiner Frau ein gläubiger Christ wurde, was er später im Kontext seiner sich entwickelnden Liebesaffäre mit der Russisch-Orthodoxen Kirche oft und gerne erzählte – heimliche frühe Taufe und Kreuzesanhängerchen als Geschenk seiner gläubigen Mutter inklusive – so zeigte er davon damals zunächst noch nichts. Sein öffentlich dokumentierter Besuch von Gottesdiensten begann erst später. Einen anderen Glauben hatte er damals aber garantiert bereits verloren – den an den Marxismus-Leninismus. Der Putin der 90er scheint ein sehr pragmatischer Karrierist gewesen zu sein, der versuchte, aus der ganzen Situation für sich – und seine Familie – das Beste zu machen, wie viele besser qualifizierte Russen dieser Zeit. Mit den wiedererstandenen Kommunisten der 1990er Jahre, die zeitweilig Jelzin große Probleme machten, hatte er nichts zu tun. Da, wo es noch eine Bindung an die Sowjetunion bei ihm gab, war sie patriotisch-russischer Art – die Sowjetunion als machtpolitische Wiedergängerin der imperialen und großrussischen Tradition des Zarenreiches. Obwohl der frühe Putin nicht dezidiert als nationalistischer Politiker auftrat – seine anfängliche Distanz zu Ultranationalisten wie Wladimir Schirinowski war so deutlich wie die zu den Kommunisten – setzte er hier doch schon früh einen Akzent, der vielen Russen entgegenkam: Die unter Jelzin eingeführte russische Hymne, für die es keinen Text gab, war nie fürchterlich populär gewesen. Am 30. Dezember 2000 wurde als Nationalhymne musikalisch wieder die sowjetische Hymne von 1942 eingeführt (die stalinsche Hymne), doch mit neuem, spezifisch patriotisch-russischen Text. Die Melodie war vertraut, sie ist musikalisch äußerst wirkungsvoll und nach Abzug der kommunistischen Konnotationen konnte sie für die erhabene Größe und Macht des russischen Mutterlandes stehen. Putin positionierte sich damit als „moderner" russischer Patriot, nicht als zaristischer Monarchist wie eine Reihe der Ultranationalisten der 90er Jahre. Mit der Orthodoxie als konservativem nationalen Motiv flirtete er ja damals auch noch nicht.

Für die Betrachtung der weiteren Entwicklung ist noch einmal daran zu erinnern, dass Putin lange Zeit Propaganda und ideologische Verkündigung eher indirekt machen ließ, als dass er sie selbst oder auch der engere formale Staatsapparat sie machte. Die radikaleren Statements, egal in welche Richtung, innen- wie außenpolitisch, fanden sich in den direkt wie indirekt kontrollierten Medien (Oligarchen) oder kamen aus seinem weiteren Umkreis bzw. aus von ihm letztendlich kontrollierten Verbänden (Naschi), waren also nicht als staatsoffiziell zu betrachten. Das gab Putin die Möglichkeit, selbst bei Bedarf als moderat dazustehen und so zu tun, als kontrolliere und billige er solche Aussagen nicht. Das Doppelspiel tritt klar hervor. Erst seit der innenpolitischen Vertrauenskrise 2012, verstärkt seit 2014 mit dem Ukraine-Konflikt und endgültig jetzt im Kontext des großen Krieges äußert auch Putin selbst vor laufender Kamera gelegentlich die ganz harten Dinge oder lässt das Medwedew machen oder – selten – einen der Silowiki (Nikolaj Patruschew bezeichnete 2021 die Ukrainer als „Nicht-Menschen"). Was er davon selbst ernsthaft glaubt oder nicht, bleibt sein Geheimnis, auch wenn anzunehmen ist, dass bei ihm im Lauf der Zeit auch bei seinen inneren Überzeugungen eine Radikalisierung stattgefunden hat.

Auf diese widersprüchliche Weise legte sich das russische Regime ein immer stärker dezidiert rechtsnationalistisches Profil zu, in Hinblick auf die innere Situation autoritär, sozial und kulturell betont konservativ, in Hinblick auf die Außenpolitik zunehmend revanchistisch, aggressiv, interventionistisch bis jetzt endgültig expansiv – obwohl wie häufig bei solchen Bewegungen die Rechtfertigung dafür defensiv auftritt: Die Nation muss stark auftreten, weil ihre Feinde bösartig, gefährlich und skrupellos sind und weil das, was sie sich zuschreibt, ihr von vornherein als ihr Erbteil zusteht und seine Erlangung deshalb kein Imperialismus ist. Imperialismus ist es dagegen, ihr das Recht abzusprechen, sich das zurückzuholen, was ihres ist. Sie hat das höhere Recht gegenüber jedem, der sich gegen sie stellt.

Die historische Bezugnahme dieser Ideologie ruht dabei auf zwei Säulen: auf der Erinnerung an die Sowjetunion als Gefäß großrussischer Einheit und imperialer Weltbedeutung zum Einen, zum anderen auf der Erinnerung an das Russische Reich der Zaren als europäischer und asiatischer Großmacht, verbunden mit der russischen Orthodoxie als religiösem Identitätsmarker und idealisierten Vorstellungen tiefgründiger und spiritueller russischer Kultur, die sogar Heilscharakter über Russland hinaus habe. Nichts davon ist eine Erfindung des jetzigen russischen Regimes oder überhaupt des jetzigen Russland. Die zugrundeliegenden Ideologeme gehen in dieser modernen Form alle auf das 19. Jh. zurück und sind noch nicht einmal spezifisch russisch. Sie wurzeln alle in gesamteuropäische Formen extremen romantisch-reaktionären Nationalismus, wie er sich quer durch Europa auf der Rechten in der zweiten Hälfte des 19. Jh. entwickelt hatte und wie er sich in den Faschismen der ersten Hälfte des 20.Jh. endgültig kristallisiert hat. Nur die konkreten kulturellen und historischen Bezüge im Detail sind natürlich spezifisch für die einzelnen Nationen. Alles ist altbekannt: Die radikale Aggressivität, die sich als Verteidigung gegen übelwollende Feinde rechtfertigt, dabei das Gefühl der Bevorrechtigung und des Sonderrechts gegenüber den anderen, was allerdings miteinander strikt gesehen im Widerspruch steht. Die große Gefahr, in der die am Boden liegende Nation schwebt, der heldenhafte Erlöser, der sie rettet. Und natürlich existierte das alles auch schon im maroden Russland Boris Jelzins, der Zusammenbruch des herkömmlichen Staates, sein innerer wie äußerer Machtverlust, das Ende seiner imperialen wie hegemonialen Herrschaft, die katastrophale ökonomische und soziale Situation für große Teile der Bevölkerung – das alles ließ Gruppen, die es in unterschiedlichen Mischungsverhältnissen vertraten, auch schon damals auftreten. Putin war zunächst sicherlich nicht Teil von so etwas, machte sich diese Dinge aber im Lauf der Zeit zunutze, bündelte sie und stellte sich an die Spitze. Dabei blieben die Bezüge aber lange widersprüchlich und mehrdeutig, Putin trat als der Anführer auf, der den Anspruch hat, allen seinen Russen etwas bedeuten zu wollen, um sich möglichst breit abzusichern. Wenn er schon von vornherein davon etwas geglaubt hat, dann dass die Macht des Staates nach innen wie nach außen wieder errichtet werden musste. Das einige und nach außen starke Russland dürfte sein zentrales eigenes Credo sein, das Grundcredo eines Geheimdienstmannes. Was das aber im Detail bedeuten sollte, besonders im Hinblick auf außen, dürfte ihm nicht unbedingt von vornherein klar gewesen sein: Die Außengrenzen der Sowjetunion? Die des Zarenreiches von 1914? Oder lediglich eine Art hegemonialer Kontrolle des postsowjetischen Umfelds unter Wahrung der formalen Unabhängigkeit der neuen Staaten? Sicher ist, dass er von Anfang an Wert darauf gelegt hat, dass sein Russland – und damit er selbst – von den USA und dem Westen insgesamt wieder als gleichberechtigt anerkannt und behandelt wird. „Der Westen" ist hier immer die Referenz – nur wer vom Westen respektiert oder gar gefürchtet wird, ist etwas wert. Ein seltsamer Widerspruch zu der Behauptung, man würde den Westen verachten.

Die sich im Milieu rund um das Regime entwickelnde „sowjetische" Schiene der nationalhistorischen Bezugnahme ist dabei simplerer Art, da es hier nur um die Sowjetunion als quasi-russischer Supermacht geht, inhaltlich ist hier für konservativen russischen Nationalismus natürlich nicht viel abzugreifen. Lenin und die frühen Bolschewiki fielen natürlich sowieso aus – viel zu kosmopolitisch-internationalistisch mit ihrer multinationalen Kulturpolitik der Korenisazija. Chruschtschow wiederum war der nationale Verräter, der die russische Krim an die Pseudonation der Ukrainer ausgeliefert hatte. Breschnew stand für bleierne Stagnation, Gorbatschow war der Loser, der die imperiale Machtstellung verspielt und alles in den Dreck gefahren hatte. Der georgische Ehrenrusse Stalin war der Mann, an den man sich halten konnte: Ausbau des Machtstaates nach innen und außen, industrielle und militärische Stärke, Härte auch gegenüber den inneren nationalen Feinden, bewundernswert starker Mann, Sieger im Großen Vaterländischen Krieg.

Jenseits der Sehnsucht nach dem starken Staat und dem starken Anführer erwies sich auf Dauer der nationalromantische Bezug auf das Zarenreich als inhaltlich ergiebiger – allerdings ohne Wunsch nach Wiedererrichtung der Monarchie – ein Zar Wladimir I., der aus einem St. Petersburger Arbeiterviertel stammt, wäre dann doch zu anachronistisch napoleonisch oder schlichtweg lächerlich.

Hier fand Putin selbst ein Vorbild, das er neben Stalin stellen konnte: Zar Alexander III., der Vater und Vorgänger des glücklosen letzten Zaren Nikolaus II., unter dessen Herrschaft (1881–94) die liberalere Reformpolitik seines Vaters Alexander II. beendet, die berüchtigte Ochrana, die zaristische Geheimpolizei, gegründet wurde, und überhaupt die allgemeine politische Repression erst so wirklich ausbrach. Der Autokrat sah nicht ein, wozu Russland so etwas Neumodisches wie eine Verfassung hätte brauchen sollen. Dabei begann die russische Monarchie unter diesem Zaren, sich gezielt mittels des propagandistischen Rückgriffs auf den großrussischen Nationalismus zu definieren. In der Ukraine wurde die russifizierende Kulturpolitik verschärft. Gleichzeitig aber war Alexander III. persönlich durchaus keine unsympathische Figur: Seine Ehe mit der dänischen Prinzessin Dagmar (als Zarin und nach ihrem Übertritt zur Orthodoxie Maria Fjodorowna) war ausgesprochen glücklich und von gegenseitiger Zuneigung geprägt, auch war er ein liebevoller Vater seiner Kinder und im persönlichen Umgang gewinnend. Also durchaus ein russischer Mann nach dem Geschmack Wladimir Putins – starker Mann im Staat, privat ein Gemütsmensch. Allerdings führte der Zar im Unterschied zum jetzigen russischen Herrscher keine Kriege.

Im November 2017 weihte Putin persönlich ein Denkmal Alexanders III. ein. Auf dem Sockel findet sich als Zitat ein Ausspruch des Zaren: „Russland hat nur zwei Verbündete: Seine Armee und seine Flotte". Das Denkmal steht im Liwadija-Park auf der Krim. Dort befindet sich der ehemalige Zarenpalast, in dem 1945 die Konferenz von Jalta stattfand.

Jenseits solcher personalen Bezüge zu speziellen historischen Vorbildfiguren – und darunter natürlich auch die „altrussischen" wie Großfürst Wladimir in der Kiewer Rus oder Alexander Newski im 13. Jh., später Iwan IV. oder Peter der Große (der letztere kann aber potentiell problematisch sein wegen seiner „Verwestlichung") – stammen alle oben angerissenen reaktionären romantischen Gedankensplitter, die in Putins Russland wieder zu Ehren gekommen sind, aus Motiven des großrussischen und panslawischen Nationalismus des späten Zarenreichs: Russland als Hort einer unverfälschten spirituellen Kultur, die von westlicher Dekadenz, westlichem Liberalismus und Materialismus freigehalten werden muss, seine besondere Rolle in diesem Zusammenhang zur Rettung sogar der ganzen Menschheit vor diesen unmenschlichen Kräften, seine Rolle als zivilisierende und ordnende imperiale Macht, die fremden Gegner und Neider, die Russland vernichten wollen, etc. Nur den im Zarenreich mit diesen Gedankenfiguren immer untrennbar verbundenen Antisemitismus hat Putin bislang wenigstens persönlich ausgespart, auch wenn verschiedene Figuren seiner engeren und weiteren Umgebung in dieser Frage nicht ganz so zimperlich waren und Putin sie nicht zur Ordnung gerufen hat. Antisemitismus liegt autoritär-nationalistischem Denken immer nahe, da das Bild der Juden von der europäischen und christlichen Tradition her gedanklich einfach zu sehr verankert ist als das angeblich feindselige Andere im Inneren, diejenigen, die zwar Teil der Gesellschaft, aber nicht Teil der Nation sein könnten. Älteren Ursprungs sind die Konzepte, die Russland zur Haupt- und Kernerbin der Kiewer Rus machen („Sammlung der russischen Erde", „russisch" hier = Rus), woraus sich der Führungsanspruch gegenüber „Kleinrussen" (Ukrainern) und „Weißrussen" ergibt, die in der nationalen Deutung dann einerseits Russen sind, andererseits dann aber auch nicht wieder ganz, da sie eine untergeordnete, lediglich bäuerlich-volkstümliche regionale Variante der russischen Kultur vertreten und für den nationalrussischen Geschmack ein bisschen zu lange unter der Herrschaft westlicher Katholiken gestanden hatten, also irgendwie „verfälscht" sind. Großnationaler Art ist auch das Konzept des „Russki Mir", der „russischen Welt", darunter versteht sich das Konzept des ethnisch-kulturellen Zusammenhangs der Russen in Russland mit den russischsprachigen Minderheiten außerhalb des Landes im postsowjetischen Raum – in einem weiteren Sinn zählen hierzu auch Belarussen und Ukrainer – woraus sich das Recht ergeben kann, in den entsprechenden Staaten zugunsten dieser „Volksrussen" einzugreifen.

In diesen Zusammenhang fällt die zunehmende Nähe zwischen Kirche und Staat, die sich unter Putin entwickelt hat und die er spätestens seit etwa 2010 stärker zelebriert, auch durch medienwirksame Kirchen- und Gottesdienstbesuche und häufigere öffentliche Treffen mit dem Patriarchen. Die russisch-orthodoxe Kirche hat unter Putin beträchtliche materielle Unterstützung erhalten, mit staatlicher Förderung sind eine Reihe neuer, großer und prächtiger Kirchen gebaut worden. Man fragt sich, woher in einem Land, in dem als Hinterlassenschaft des sowjetischen Atheismus weiterhin nicht unbeträchtliche Bevölkerungsteile niemals eine Kirche von innen sehen und dessen Bevölkerung schrumpft, die ganzen Gläubigen kommen sollen, die diese Kirchen füllen. Der Patriarch Kyrill, dem übrigens nachgesagt wird, in der Sowjetunion ein Informant des KGB innerhalb der Kirche gewesen zu sein (Silowiki im Bischofsornat?), dankt es dem frommen Präsidenten und steht auch außenpolitisch voll hinter seinem Kaiser. Als der ökumenische Patriarch von Konstantinopel – das symbolische Oberhaupt der ganzen Orthodoxie – 2018 die wiedervereinigte Orthodoxe Kirche der Ukraine als eigenständig gegenüber Moskau anerkannt hat, hat Moskau dem höchstrangigen orthodoxen Kleriker die Kirchengemeinschaft aufgekündigt – kirchenrechtlich gesprochen ein Schisma. 2022 war sich der Patriarch nicht zu schade, in einer Predigt von der Kanzel herab zu erklären, dass die russischen Soldaten, die in der Ukraine für das Mutterland kämpfen, dafür von Gott von ihren Sünden befreit würden. Dadurch hat Kyrill das Kunststück fertiggebracht, erstmalig eine orthodoxe Kreuzzugstheologie zu entwickeln. Und das auch noch gegenüber einem – im Prinzip – ebenfalls christlichen Gegner.

Ein Ausfluss dieser konservativ-religiösen Russentümelei und zugleich eine Absetzung gegen den dekadenten Westen ist der prononcierte Konservatismus im soziokulturellen Bereich, den der russische Staat unter Putin im Lauf der Zeit in den Bereichen Werteverkündung und Gesetzgebung entwickelt hat: konservative Familienideologie, reduktionistisches Frauenbild mit juristischem Rückbau des Schutzes der Ehefrauen vor häuslicher Gewalt, diskriminierender Umgang mit gleichgeschlechtlicher sexueller Orientierung. Dadurch wird ebenfalls das „wir" verstärkt, nach innen wie nach außen. „Wir", die traditionsorientierten Russen gegen die westliche Dekadenz und ihre inneren Nachahmer. Dabei ist das wahrscheinlich sogar der bei Teilen der Bevölkerung relevantere Teil als der eigentlich religiöse. Das sind übrigens die Dinge, die – zusammen mit dem Bild vom „starken Mann", der die Nation vor ihren Feinden und der kulturellen Überfremdung bewahrt – Putins Russland anschließbar machen für die westliche nationalistische Rechte, in Europa und in den USA. Putin ist der harte Kerl, den die westlichen Rechtsnationalisten auch gerne hätten. Russland steht damit nicht mehr für die Kommunistische Internationale, sondern für die paradox scheinende Internationale der Nationalisten, die unsere globalisierte Welt hervorgebracht hat. Die Feindseligkeit gegenüber den USA, die die europäische Rechte mit der europäischen Linken gemeinsam hat (wenn auch nicht aus ganz denselben Gründen) tut das Übrige.

Es gibt ein paar politisch rechte russische Intellektuelle der jüngeren Vergangenheit, die in großrussisch gesinnten Kreisen (und damit auch beim russischen Regime) jetzt wieder sehr in Mode gekommen sind und die auch Putin selbst hier und da gerne zustimmend erwähnt hat. Von den älteren ist das besonders Iwan Ilyin (1883–1954). Ilyin war von seiner Herkunft her ein zarentreuer russische Adliger, der vor der Revolution ins westliche Exil (Deutschland und später die Schweiz, wo er starb) flüchtete und sich einen Namen als intellektueller Vordenker der Weißen im Bürgerkrieg machte. Ilyins Denken war in den Grundzügen nationalromantisch autoritär und antiliberal-antiwestlich, mit starken Bezügen auf die Orthodoxie als mystischem Untergrund russischer Identität. Eine Art von russisch-christlichem Faschismus mit Querverbindung zum Denken der „konservativen Revolution" im westlichen Europa der Zwischenkriegszeit. Ilyin hoffte auf den baldigen Zusammenbruch der Sowjetunion, wonach Russland dann auf einer solchen Grundlage wieder zu sich selbst finden könnte. Die Eigenidentität der Ukraine lehnte er in großrussischer Tradition strikt ab: „Kleinrussland und Großrussland sind aneinander gebunden durch Glaube, historisches Schicksal, geographische Lage, Wirtschaft, Kultur und Politik." Ilyin applaudierte in den 20ern und 30ern dem italienischen Faschismus und dem deutschen Nationalsozialismus und sah beide Bewegungen als logisch aus der Ideologie der russischen Weißen hervorgegangen. Allerdings kritisierte er am westeuropäischen Faschismus seine rein säkular-nationale Ideologie, ohne Bezug auf die traditionelle christliche Religion, sowie den überspitzten Führerkult. Er stellte sich die für Russland ideale autoritäre Herrschaft eher traditionell monarchisch vor, als eine Art modernisiertes und ideologisch radikalisiertes Zarentum. Dass ein weitgehender Antisemitismus Teil von Ilyins Weltbild war, versteht sich von selbst. Die Vorstellung einer grundsätzlichen Russophobie im angeblich so andersartigen Westen ist nicht unwesentlich ihm zuzuschreiben. Dabei ist das Bild des Westens auch hier gespalten: Der Hass Ilyins galt dem liberal-kapitalistischen Westen wie auch dem Kommunismus, einem weiteren Spaltprodukt dieses Westens. Da wo der Westen selbst rechtsnationalistisch autoritär ist, ist er natürlich gut – und wird von der jetzigen russischen Führung umworben.

Ilyin, dessen Bücher in der Sowjetunion natürlich nicht erhältlich waren, ist jetzt einer der Lieblingsautoren russischer Rechtsnationalisten, die intellektuelle Ambitionen haben. 2005 wurden Ilyins sterbliche Überreste durch eine private Initiative aus der Schweiz nach Russland überführt und unter feierlicher Anteilnahme im Moskauer Donskoj-Kloster kirchlich beigesetzt. Unter den Gästen der Feierlichkeit befand sich der Präsident der Russischen Föderation, Wladimir Wladimirowitsch Putin. Putin hat in seine Reden verschiedentlich Ilyin-Zitate eingebaut.

Der gegenwärtig bedeutendste „Modephilosoph" dieser Richtung in Russland ist Alexander Dugin (geb. 1962). Dugin war schon in Sowjetzeiten ein rechtsnationalistischer Dissident mit faschistischen Tendenzen und musste sich daher eine Zeitlang seinen Unterhalt als Straßenkehrer verdienen. Dugin greift – u.a. auch auf Ilyin zurückgehend – verschiedene Züge dieser Denkrichtung auf, beschränkt sich dabei aber nicht auf russische Rechtsintellektuelle, sondern bezieht auch Westeuropäer dieser Richtung ein, ist also in dieser Hinsicht von seinen Denkbezügen her gesehen ziemlich paneuropäisch, auch wenn das Ganze natürlich mit ultranationalistischer russischer Soße übergossen und mit konservativ-christlich angehauchter Eschatologie gewürzt wird (der feindliche Westen als der „Antichrist"). Am relativ originellsten ist sein Konzept von „Eurasismus". Darunter versteht er Russlands zukünftige Rolle als Hegemonialmacht der ganzen eurasischen Landmasse, von Wladiwostok bis Lissabon, wie er sich einmal geäußert hat. Also ein großimperiales Projekt nicht unähnlich dem der Nazis, nur in umgekehrter geographischer Richtung durchgeführt. Dugin sind selbst die Sowjetunion und der Warschauer Pakt zu klein gewesen. Diese russische Herrschaft soll die Völker dieses Raumes von allen Dekadenzanflügen wie liberaler Demokratie, Materialismus etc. pepe reinigen und von der Kontrolle des amerikanischen Finanzimperialismus befreien. Zitat aus seiner Schrift „Eurasien über alles" von 2001: „Das eurasische Ideal ist der mächtige, leidenschaftliche, gesunde und schöne Mensch, und nicht der Kokainsüchtige, der Bastard aus weltlichen Diskos, der asoziale Kriminelle oder die Prostituierte". Als Deutscher hat man so etwas irgendwo schon einmal gehört.... Dugin pflegt enge Beziehungen zu verschiedenen Figuren der europäischen Rechten (darunter in die deutsche AfD hinein) als auch in die amerikanische Alt-Right-Bewegung. Steve Bannon ist ein großer Verehrer. Hilfreich dabei ist, dass er neben Englisch auch Deutsch und Französisch spricht. Seinen deutschen Verehrern kommt er gern mit der Verlockung, an dem zukünftigen russisch-eurasischen Großreich könnten die Deutschen als Partner beteiligt werden, gemeinsam seien Russen und Deutsche unschlagbar und könnten dem dekadent liberal-kapitalistischen Angelsachsentum die Stirn bieten. Dugin gibt sich bei seinen öffentlichen Rede- und Diskussionsauftritten gewöhnlich väterlich-intellektuell und ruhig-kultiviert, kann aber auch anders: 2014, im Kontext des Ausbruchs des Konflikts mit der Ukraine, äußerte er öffentlich und auf Kamera festgehalten: „Töten, töten und töten! Und ich sage das als Professor!"

Die Verbindung zwischen Dugin und dem Putin-Regime ist da, aber locker und widersprüchlich. Dugin und das Denken des Regimes und seiner Sympathisanten ergänzen und überschneiden sich, dennoch ist Dugin wohl kaum Putins Chefphilosoph oder gar Berater. Dmitri Medwedew, der sich nach seinem liberalen Anflug in der Zeit seiner Marionettenpräsidentschaft 2008–2012 in den letzten Jahren wiedergutmachend als rechtsnationalistischer Brandredner profiliert hat, hat sich ein paar Mal zustimmend auf Dugins Wladiwostok-Lissabon-Phantasie bezogen.

Dennoch hat Dugin die Professur für Soziologie an der Moskauer Lomonossow-Universität, die er seit 2010 innegehabt hatte, schon 2014 wieder verloren. Und zwar genau nach dem oben zitierten Gewaltaufruf, gegen den an die 10.000 Unterschreibende einer Petition protestiert hatten. Anscheinend war man im Kreml der Meinung, es sei besser auch im Hinblick auf das Ausland, sich von diesem allzu offenen Hassausbruch gegen die Ukraine zu distanzieren. Putin brauch keinen wild gewordenen Akademiker, der ihn rechts überholt. Putin hat neben seiner klar autoritären, nationalen und aggressiven Linie bis 2022 auch immer wieder das Bild des grundsätzlich pragmatischen und rationalen Machtpolitikers gepflegt, mit dem man letztendlich reden könne, was ihm viele im Westen bis vor kurzem auch abgenommen haben. Die Ideologie, die verkündet wurde bzw. die man hat verkünden lassen, bestand mehr aus verschiedenen eklektischen Versatzsplittern, zu denen auch Teile von Dugins Denken gehören, als dass sie aus einem konsequenten Guss gewesen wäre. Erst der Krieg 2022 und die Vorbereitung dazu haben die Propaganda des Regimes durchgehend radikalisiert.

Dugin selbst hat sich zwar schon früh grundsätzlich zur Unterstützung des Putischen Kurses bekannt, hat aber auch immer wieder Kritik an Putin geäußert, die darauf hinauslief, dass Putin zu vorsichtig und zu lau sei, nur ein Vorgänger des wahren Messias, der Russland erlösen werde. Putin also als eine Art Johannes der Täufer, der russische Christus dagegen muss sich noch finden.

In diesem Kontext gibt es Spekulationen, dass der Mord an Dugins Tochter Daria Dugina im Sommer 2022, für den die Polizei schnell ukrainische Schuldige ausfindig machte, eine Warnung des Regimes oder dem Regime nahestehender Kreise an Dugin sein könnte oder gar der Versuch solcher Kreise, ihn selbst zu beseitigen.

Ein letzter ideologischer Splitter, den das Putin-Regime gerne verwendet – und jedes Jahr zum 9. Mai aufs Neue zelebriert – ist der des grundsätzlichen russischen Antifaschismus. Diese Vorstellung entstammt nun wieder der sowjetischen Erbmasse, ist aber seit den 90ern in Russland zunehmend entsowjetisiert und nationalisiert worden. Bereits das stalinistische

Konzept des „Großen Vaterländischen Krieges" hatte ja das kommunistische Motiv des antifaschistischen Kampfes mit einem Element der nationalen russischen Erinnerung verbunden (der „Vaterländische Krieg" von 1812 gegen die napoleonische Invasion). In Putins Russland ist das endgültig in der öffentlichen Erinnerung ein Sieg spezifisch der russischen Nation geworden. Die alljährliche Zelebrierung dieses Sieges von 1945 mit großangelegter Militärparade – keine andere Siegermacht des Zweiten Weltkrieges hält das für nötig – ist der symbolische Garant, dass Russland eine antifaschistische Macht per se sei. Im Umkehrschluss ergibt sich daraus, dass die Feinde Russlands nur Faschisten sein können, wie sich das in der Ankündigung zeigt, die Ukraine „entnazifizieren" zu wollen.

Wie ist das Regime Wladimir Putins, so wie es sich bis 2021 entwickelt hat, insgesamt zu charakterisieren? Insbesondere seit dem Beginn der Ukraine-Krise 2014 und mit der zunehmenden innenpolitischen Verhärtung seit Putins Wiederwahl zum Präsidenten 2012 ist im Westen wie auch in den Resten der russischen Opposition verstärkt vom faschistischen Charakter des Regimes die Rede gewesen. Nun ist „Faschismus" in unserem Sprachgebrauch ein Begriff, der in erster Linie der extremen moralischen und politischen Verurteilung von Dingen und Zuständen dient, die vom politischen Standpunkt des Betrachters aus als politisch rechts eingestuft werden. Da wird dann sehr schnell jede Form autoritärer Herrschaft der Gegenwart, die ideologisch nicht „links" ist, als „faschistisch" bezeichnet, insbesondere, wenn sie dann auch noch außenpolitisch aggressiv auftritt und es geht leicht die analytische Trennschärfe des Faschismusbegriffs verloren.

In der Geschichts- und Politikwissenschaft dagegen meint „Faschismus" eine spezielle Form ideologisch rechts einzuordnender Herrschaft. Das historische Urbild – und Namensgeber – ist Mussolinis italienischer Faschismus, seine – bislang – äußerste Steigerung ist der deutsche Nationalsozialismus. Nach dieser wissenschaftlichen Definition ist der Faschismus ideologisch ein gesteigerter Ultranationalismus, der die eigene Nation quasi-mythologisch erhöht, ihr ein höheres Durchsetzungsrecht oder sogar Existenzrecht gegenüber anderen zuweist und sie im Inneren zu einer unteilbaren, illiberalen Volksgemeinschaft verdichtet. Dabei steht an der Spitze der Nation der „Führer", der aus der Mitte der Nation heraus aufgestiegen ist und die Personifikation ihres Willens darstellt. Dieser Führer ist zugleich der Erlöser, unter dessen Führung die Nation ihre inneren wie äußeren Feinde vernichtet und aus der Misere befreit wird, in die diese Feinde sie gebracht haben. Führer und Volk sind eins. Der Autoritarismus des Führers wird gedanklich im Volkswillen aufgelöst. Es wird eine Stimmung der permanenten nationalen Revolution und des permanenten Kampfes erzeugt, alles hat im Sinne des Regimes als politisch zu gelten: immer wachsam und allzeit bereit ist die Devise. Für die praktische Politik heißt das, dass der Führerstaat nicht nur nach außen aggressiv ist, sondern auch nach innen nicht nur die Feinde des Regimes – die echten wie die eingebildeten – unterdrückt bzw. vernichtet. Und es heißt, dass die ganze Bevölkerung im Sinne des Regimes tendenziell lückenlos durchorganisiert wird, mit Zwangsorganisationen mit Indoktrination bereits für Kinder und Jugendliche. Der Staat ist so nicht nur autoritär, sondern auch totalitär. Damit kann die Bevölkerung umfangreich für die Zwecke des Regimes mobilisiert werden. Die Bevölkerung wird Mittäterin und besteht nicht lediglich aus passiven Untertanen. Zusätzlich neigt ein solches Regime nicht nur zu aggressiver und brutaler Kriegführung nach außen, sondern auch zur Massengewalt nach innen gegen seine deklarierten Feinde, seine Spur ist buchstäblich mit Leichen gepflastert.

Die politische Modernität des Konzepts ist sofort erkennbar: Der Bezug auf Volk und Nation, die in reinen Populismus gewendete Volkssouveränität, der Führer als Ausdruck des Volkswillens und eben kein traditioneller Monarch von Gottes Gnaden mit einer in unterschiedlichen Ständen gruppierten passiv gehorchenden Untertanenschaft. Schließlich die tendenziell als in sich ganz modern als gleich gedachte Volksgemeinschaft, die sich nach außen aber umso radikaler abgrenzt – eine autoritäre Pervertierung des Gedankens der freien und gleichen Staatsbürgergesellschaft. Der Gedanke der permanenten Revolution ist der radikalen Linken entnommen. Die ganzen organisatorischen, kontrollierenden, erzieherischen, technologischen und militärischen Machtmittel des modernen bürokratischen Staates.

Allerdings gilt der totalitäre Teil auch für die ideologisch linken staatskommunistischen Regime der Moderne, obwohl hier die Ideologie prinzipiell von universaler Gleichheit und Freiheit ausgeht, nicht von einer Hierarchie der Völker oder gar „Rassen". In dieser linken Variante des Totalitarismus wird die allumfassende Kontrolle und Mobilisierung der Bevölkerung und die permanente Revolution, wie auch etwaige große Mordaktionen, durch das hohe moralische Ziel der vollkommenen Freiheit und Gleichheit und die Gefährdung der Revolution durch den inneren wie äußeren Klassenfeind gerechtfertigt. Außenpolitische Aggressivität dient hier vom theoretischen Anspruch her nicht der Verknechtung anderer, sondern ihrer Befreiung („Lediglich theoretischer Anspruch" muss man aber dazu sagen).

Wo stand Putins Russland bis zum Jahre 2021, vor dem Beginn des großen Ukraine-Kriegs, im Hinblick auf Totalitarismus oder gar Faschismus?

Der gedankliche Vergleich ergibt schnell, dass das jetzige russische Regime ideologisch immer wieder mit einigen der obengenannten faschistischen Dinge flirtet, ohne sich aber völlig mit ihnen gemein zu machen – in seinem Orbit gibt es ideologische Faschisten (Dugin und Konsorten), diese unterstützen Putin, ohne ihn aber wirklich als einen der Ihren zu betrachten. Das Regime ist ganz klar ideologisch rechtsnationalistisch und ist im Lauf der Zeit zunehmend autoritärer und außenpolitisch aggressiver geworden, morden hat es auch schon lassen. Dabei ist die Gewalt aber überschaubar geblieben – obwohl im Einzelfall brutal und mörderisch – und letztendlich zu selektiv, um von Massengewalt sprechen zu können. Seine Straflager ähneln eher denen des Zarenreichs als den Konzentrationslagern der Nazis (ich spreche bei diesem Vergleich von den Konzentrationslagern der Nazis in Deutschland seit 1933, nicht von den

Vernichtungslagern im Osten während des Krieges im Kontext des Holocausts, was noch einmal etwas anderes ist!) oder dem Gulag der stalinistischen Sowjetunion. Den großen Krieg hat Putin erst spät begonnen und es sieht so aus, als sei er als solcher geplant worden – man hat die Ukraine unter- und sich selbst überschätzt. Der russische Staat ist autoritär und immer wieder von willkürlicher Brutalität, doch totalitär ist er nicht. Dafür ist dieser Staat auch zu ineffizient und zu korrupt, totalitäre Regime benötigen effizientere und umfangreicher ausgebaute Staatsapparate – das nachmaoistische China ist strukturell totalitär geblieben. Von der Mehrzahl der russischen Bevölkerung dagegen wurde bis vor kurzem lediglich passiver Gehorsam erwartet, sie ist daher eher in unpolitische Apathie verfallen als permanent für die Zwecke des Regimes mobilisiert zu werden. Bis 2022/2023 sind weiterhin oppositionell gesinnte You-Tuber mit ihren Handykameras durch russische Städte gegangen und haben Leute auf der Straße nach ihrer Meinung zu problematischen Aspekten der Regierungspolitik befragt (auch zum Krieg gegen die Ukraine). Nur ein Teil der in diesen Videos Befragten hat im Sinne des Regimes geantwortet oder seine Parolen repetiert – in echter Gläubigkeit oder zum Schein. Eine häufige Reaktion der Befragten war der Rückzug auf das Unpolitische: „Ich kann dazu nichts sagen, ich kümmere mich nicht um Politik". Ein weiterer Teil hat seine Ablehnung der Regierungspolitik verklausuliert erkennen lassen: „Dazu kann ich nichts sagen und Du weißt, warum ich das besser nicht tue!" oder: „Darf ich auf so eine Frage überhaupt antworten?". Einige haben aber sogar noch im Krieg ihrem Unmut über die innere Politik oder über den Angriff auf das Nachbarland offen Ausdruck gegeben. Das ist das Resultat einer Situation, in dem erkennbar die Mehrheit ihren Staat fürchtet, aber die Furcht ist nicht so groß oder allumfassend, als dass nicht auch Dissidenz in direkter oder indirekter Form geäußert würde. Der Staat ist repressiv und willkürlich, aber man weiß dennoch, dass er nicht überall ist und von seinen Möglichkeiten her nicht überall sein kann – und dass er nicht immer gleichermaßen brutal ist. Man stelle sich so etwas im Berlin des Jahres 1938 vor – oder auch im Moskau derselben Zeit, vorausgesetzt, es hätte damals schon Handykameras und das Internet gegeben. Dort hätten wohl die Allermeisten – echt oder gespielt – entrüstet im Sinn des Regimes gesprochen, denn schon sich auf das Unpolitische zurückzuziehen hätte sie in einem wirklich totalitären System als „Laue" verdächtig gemacht. Und es hätte nicht lange gedauert, bis der Interviewer von Männern in Ledermänteln abgeführt worden wäre – gerufen von Leuten, die, wenn nicht unbedingt innerlich überzeugt regimetreu, doch Angst gehabt hätten, sich auch verdächtig zu machen, wenn sie die Polizei nicht rufen. Allerdings ist dazu noch zu bemerken, dass diese regimekritischen russischen You-Tuber das in englischer Sprache fürs internationale Publikum machen – wenn Russisch gesprochen wird, wird das mit englischen Untertiteln unterlegt. Die Kanäle richten sich damit aber gezielt ans internationale Publikum. Die Frage ist, ob der russische Staat auch so nachlässig bleiben würde, wenn das You-Tube-Kanäle wären, die sich spezifisch ans heimische russische Publikum wenden würden.

Auch ist das russische Regime zu sehr von mafiösem Charakter – v.a. im Hinblick auf die Oligarchen. Zu viele Leute hier machen auf der oberen Ebene mit, um sich schlichtweg zu bereichern und die angenehmen Seiten unkontrollierter Macht zu genießen. Das Ganze ist zu sehr auf die Bewahrung von Privilegien abgerichtet und zu wenig auf das Erreichen ehrgeiziger Ziele. Das stellt dann aber ein Problem dar, wenn der Anführer und seine enge Kerngruppe dann doch ehrgeizige Ziele über die Erhaltung des Regimes hinaus entwickeln – z. B. das untergegangene Russische Reich wiederherzustellen, um so in die Geschichtsbücher einzugehen. Dann stellt sich heraus, dass man mit einem Haufen korrupter Oligarchen als Unterstützer, einer mehrheitlich politisch apathischen Bevölkerung, die nur schwer wirklich mobilisiert werden kann und einer Armee, die selbst von Ineffizienz und Korruption angekränkelt ist, nicht gut aufgestellt ist für die Welteroberung.

In einem weiteren Kapitel werden wir einen Blick auf die Frage werfen, ob sich hier mit dem Beginn des großen Krieges im Februar 2022 etwas in Richtung Totalitarismus oder gar Faschismus verschoben hat.

4. Die Ukraine schert aus: Von der Orangenen Revolution 2004 bis zum Maidan 2014

In den 1990er Jahren wies die Situation in der Ukraine mit der in Russland grundsätzliche Gemeinsamkeiten auf. Die wirtschaftliche Situation war auf beiden Seiten der Grenze gleichermaßen schlecht, Einbruch der industriellen Produktion bei allerdings etwas günstigerer Entwicklung der ukrainischen Landwirtschaft, hohe Inflation. In beiden Fällen führten ökonomische Liberalisierung und Privatisierung in Kombination mit schwach ausgeprägter Tradition liberaler Verfassungsstaatlichkeit und leichter Korrumpierbarkeit von Politik und Staatsapparat zur Herausbildung einer Schicht monopolkapitalistischer Wirtschafts- und Finanzoligarchen – oft ehemalige Kader des aufgelösten sowjetischen Staates und der alten Staatspartei –, die sich mittels Korruption und Verfügung über Medienmacht (Zeitungen, Fernsehsender) auch politischen Einfluss quer durch das politische Spektrum verschafften. Da die Profite dieser Oligarchen durch ihre Monopolstellung in den jeweiligen Wirtschaftsbereichen und ihre Verfilzung mit dem Staat (Steuerbetrug, Begünstigung bei lukrativen Staatsaufträgen, u. a.) hoch waren, hatten sie nicht sehr viel Antrieb, in Wirtschaft und Infrastruktur der beiden Länder zu reinvestieren und so eine ökonomische Entwicklung anzustoßen, die auch zum Nutzen weiterer Bevölkerungskreise hätte sein können. Allerdings hatte Russland wenigstens seine – wachsenden – Einnahmen aus der zunehmenden Erschließung seiner Erdöl- und Erdgasvorkommen und dem Export dieser Energieträger zur Verfügung. Die Ukraine war in diesem Bereich noch nicht einmal autark, sondern stark auf russische Lieferungen angewiesen, die aber bis in die 2000er zu Preisen eingeführt wurden, die unter den üblichen Marktpreisen lagen. Im Kontext der relativ guten nachbarschaftlichen Beziehungen zwischen beiden Staaten hatte man es geschafft, die Reibungspunkte dieser Beziehungen vertraglich zu entschärfen

(Atomwaffen der Ukraine aus der sowjetischen Erbmasse, russische Schwarzmeerflotte auf der Krim, Grenzen).

Russland hatte allerdings ein paar zusätzliche Probleme, die aus seiner Vergangenheit im Zentrum zweier Imperien herrührten – des Zarenreichs und der Sowjetunion -, die die Ukraine als im Vergleich dazu peripherer und – bevölkerungsmäßig – mittelgroßer europäischer Staat nicht hatte. Die Ukraine hatte keine eigenständige Tradition militärischer Stärke und außenpolitischer Weltmachtstellung, ihre Armee war eher klein und – bis 2014 – schwach, es gab auch keinen mächtigen Sicherheits- und Geheimdienstapparat und damit auch keine machtbewusste interne Gruppe im Staatsapparat, die den russischen Silowiki vergleichbar gewesen wäre und die sich als die großen Verlierer hätten sehen können. Auch innere Konflikte gab es weniger: Der einzige größere innere Konflikt mit einer nationalen Minderheit, der mit der großen sich als russisch identifizierenden Bevölkerungsgruppe auf der Krim, schien durch die Gewährung des Autonomiestatus an die Krim gelöst worden zu sein. Alle anderen ethnischen Minderheiten waren so klein, dass selbst die ukrainischen Rechtsnationalisten sie leicht übersehen konnten. Kein noch so machtbewusster Präsident konnte versuchen sich auf eine Kombination aus Geheimdienstleuten, Militärs und Oligarchen gestützt zum autoritären Herrscher zu machen, wie das in den 2000ern in Russland geschah. Leonid Kutschma, der zweite ukrainische Staatspräsident, der dann doch gewisse autoritäre Ambitionen zeigte – damals zunächst noch nach dem Muster Lukaschenkos in Belarus – hatte zur Stützung seiner Macht außerhalb des legalen Rahmens der Verfassung nur die Gruppe von Oligarchen zur Verfügung, die zu seiner Unterstützung bereit waren. Viele Oligarchen waren das nicht, sondern unterstützten die Opposition, die allerdings dadurch ähnlich korrupt war wie der Präsident. Sicherheitsdienste und Militärs spielten als eigenständige politische Faktoren keine Rolle.

Anders als in Russland, wo die Sowjetunion nicht nur aus sozialen Gründen vermisst werden konnte (Verlust der sozialen Sicherheit für die große Unterschicht, Festhalten von Teilen der Bevölkerung am kommunistischen Gesellschaftsideal), sondern auch aus nationalen (Verlust der imperialen Position und der Weltmachtstellung), konnte in der Ukraine das Ende der UdSSR gerade im nationalen Bewusstsein als Sieg gefeiert werden. Auf dieser grundsätzlichen politischen Ebene scheint bereits in den 1990ern die große Mehrzahl der Ukrainer mit der neuen Situation der Unabhängigkeit sehr zufrieden gewesen zu sein, auch wenn die mentale Absetzung von Russland in dieser Zeit bei vielen noch nicht so betont wurde. Allerdings gab es das politische Motiv der sozioökonomisch begründeten Sowjetnostalgie in der Ukraine auch, 1993 wurde die auch in der Ukraine 1991 verbotene Kommunistische Partei in Donezk (Industrieregion!) wiedergegründet. In den 90er Jahren gelang es dieser neuen Kommunistischen Partei der Ukraine zeitweilig sogar, die stärkste parlamentarische Fraktion zu werden (bei den Parlamentswahlen 1998 25 % der Stimmen), doch gelang ihr niemals auch nur die Regierungsbeteiligung. Von daher stellte sie eine geringere an der Sowjetunion orientierte politische Bedrohung für das neue System dar als ihre Schwesterpartei in Russland. Folglicherweise – und anders als in Russland 1993 – gab es in der Ukraine auch keinen grundsätzlichen Konflikt zwischen Parlament und Präsident und um die Verfassungsordnung. Die politische Entwicklung der Ukraine in den 1990ern verlief glatter und weniger konfliktreich, wenn auch im Parlament oft lautstark. In den 2000ern ging der Stimmenanteil der Kommunisten bei den Wahlen deutlich zurück, da auch in der Ukraine in den 2000ern ein stärkeres Wirtschaftswachstum einsetzte und da die Kommunisten sich im Kontext der sich deutlich verschlechternden Beziehungen mit dem Russland Wladimir Putins durch ihre außenpolitisch prorussische Orientierung zunehmend ins politische Abseits stellten. Ein großer Teil ihrer Wähler und ihrer Mitglieder wechselten zur SPU, der ukrainischen Version der Sozialdemokratie, die politisch eine eindeutig nationalukrainische Position vertrat.

Wie in Russland und in vielen postsowjetischen und postkommunistischen Staaten entwickelte sich auch in der Ukraine aus dem Zusammenbruch der Sowjetunion heraus eine rechtsnationalistische und rechtsextreme Bewegung. In Russland war diese Bewegung in ihren verschiedenen, miteinander rivalisierenden Gruppen und Milieus zwar in den 90ern recht lautstark (Schirinowski), allerdings in der institutionalisierten parlamentarischen Politik nicht sehr erfolgreich. In den 2000ern bekam sie größere Bedeutung und eine Verbindung mit dem Kreml, allerdings sorgte die Anbindung an das sich entwickelnde Regime Putins auch dafür, dass sie damit eingebunden wurde und als eigenständiger Faktor wieder ausfiel. Auch sorgte die zwischen Ideologie und Pragmatismus lange Zeit hin und her schwankende Politik Putins mit breiter Einbindung und Kontrolle verschiedener politischer und gesellschaftlicher Kräfte dafür, dass das Regime sich nie so ganz und vollständig auf ultrarechte Positionen eingelassen hat – in der Außenpolitik mehr, in der Innenpolitik weniger. In der Ukraine war der Rechtsnationalismus in den 90ern weder propagandistisch noch parteipolitisch sehr erfolgreich. Die parlamentarische Repräsentation der extremen Rechten beschränkte sich auf wenige Sitze, zeitweilig gab es sie überhaupt nicht. Erst die Entwicklung seit 2005 und in den frühen 2010ern mit der Volksbewegung des Maidan und danach sollte der extremen Rechten – zeitweilig – eine größere Bedeutung verschaffen, allerdings nicht die große, die eine prorussische Position sich vorstellt (s.u.)

Die bedeutendste politische Organisation der extremen Rechten nach der Unabhängigkeit war der „Kongress Ukrainischer Nationalisten", eine Bewegung, die sich gezielt als die Nachfolgerin der OUN Stepan Banderas verstand. Die nationalukrainische extreme Rechte hat ihren Schwerpunkt bis heute im Westen des Landes, im sprachlich gesehen „ukrainischsten" Teil der Ukraine, wo ja auch in den 30ern des letzten Jahrhunderts die OUN gegründet worden war und bis zu ihrer endgültigen Zerschlagung 1953 operiert hatte.

Anders als in vielen Fällen, in denen eine längere Zeit untergeordnete Nationalität ihren eigenen Staat erhält und sich dann sehr schnell Konflikte mit den Nachbarn um die Grenzen ergeben (Geradezu die Normsituation im östlichen Europa nach 1918), ist die Ukraine mit festen, definierten und international – damals auch von Russland – anerkannten Grenzen in ihre Unabhängigkeit gekommen, den Grenzen, die sie als Ukrainische Sozialistische Sowjetrepublik gehabt hatte. Außerhalb des Ukrainischen Staatsgebiets gibt es keine größeren ethnisch ukrainischen Minderheiten, deren nationale Befreiung sich glühende Nationalisten zum Ziel setzen können – anders als nun wieder im russischen Fall. Außenpolitisch ist damit auch ukrainischer Rechtsnationalismus defensiv und vor allem um Abgrenzung von Russland bemüht, dem – in nationalistischer Sicht – herkömmlichen Unterdrücker der Nation, nachdem Polen seit 1939 in dieser Frage ausgefallen ist und es seit 1944ff. auch keine ukrainische Minderheit mehr auf der polnischen Seite gibt und keine polnische auf der ukrainischen. Aggressiv kann der ukrainische Nationalismus im Inneren sein, da wo es um diejenigen Teile der russischsprachigen Bevölkerung geht, die es mit Russland halten oder die dessen verdächtigt werden.

Mit dem Beginn von Putins Präsidentschaft in Russland aber begannen beide Staaten und Gesellschaften sich stärker auseinanderzuentwickeln, sowohl im Sinn der zunehmenden Unterschiede in ihrer jeweiligen inneren Entwicklung, als auch im Sinn des Verhältnisses zueinander. In Russland bildete sich nach dem politischen Polyzentrismus der 90er Jahre ein neues Machtzentrum mit zunehmend autoritären Ambitionen und politischen Praktiken, in der Ukraine blieb es bei einem grundsätzlich liberalen Verfassungsstaat – trotz beträchtlicher Schwächen und Lücken dieses Staates bis heute, die Politikwissenschaft spricht von „hybrider Demokratie" (der Begriff wird später erklärt). Die ukrainische Politik bewegte sich weiterhin im Dreieck Präsident/Regierung, Parlament und Wirtschaftsoligarchen, wobei die letzteren fortdauernd ihre politischen Verbindungen breit über das Parteienspektrum streuten und keine einheitliche Machtgruppe bildeten. Das Fehlen einer Gruppe wie der russischen Silowiki, auf die gestützt der Kern einer neuen autoritären Herrschaft hätte entstehen können, scheint hier wesentlich gewesen zu sein. Dementsprechend spielten sich politische Diskussionen auch weiterhin breit in der gesellschaftlichen und medialen Öffentlichkeit ab. Im letzteren Bereich verlief die Entwicklung in der Ukraine seit den frühen 2000ern sogar völlig konträr zu Russland.

Auch in Russland hatte breite öffentliche Anteilnahme an der Politik zunächst ihre Rolle gespielt. Auch hier fanden größere Teile der Bevölkerung seit der Liberalisierung unter Gorbatschow Geschmack daran, für ihre Interessen in Form von Massenbewegungen einzustehen. Die Volksbeteiligung an der Abwehr des im August 1991 erfolgten Putschversuchs der alten Kräfte zeigte auch das russische Volk in Bewegung. Ebenso die Demonstrationsbewegung für die Parlamentsmehrheit und gegen Jelzins Politik im Herbst 1993 zeigte das. Doch hier schon endete das in einer Niederlage, auch wenn Jelzin trotz seines rücksichtslosen Vorgehens keine autoritäre Herrschaft auf seinem Erfolg zu errichten versuchte. Die späteren russischen Oppositions- und Demonstrationsbewegungen gegen Putin waren dann alle von vornherein in einer fast chancenlosen Defensive, die zunehmende Entpolitisierung der russischen Bevölkerung griff um sich, so dass das jetzige Russland – obwohl weiterhin zwar ein höchst autoritärer, aber kein wirklich totalitärer Staat – sich in der breiteren Bevölkerung durch große politische Apathie auszeichnet.

Die politische Entwicklung der Ukraine verlief in den letzten 20 Jahren seit 2004 in dieser Frage absolut gegensätzlich zur russischen. Die ukrainische Bevölkerung politisierte sich zunehmend, was die Massenbewegung der Orangenen Revolution 2004 und des Euromaidan 2014 möglich machte und die ganze Entwicklung verstärkte, da beide Bewegungen erfolgreich waren. Damit entstand in der ukrainischen Politik ein weiterer Faktor, der die Bevölkerung in positiver Hinsicht enger mit ihrem Staat verband und der es ermöglicht hat, dass die Ukraine trotz der strukturellen Schwächen in Politik und Staatsapparat und trotz der Oligarchen und der von ihnen angestifteten und ausgenutzten Korruption sich im Februar 2022 fähig gezeigt hat, die russische Invasion zurückzuschlagen und dabei einen beträchtlichen patriotischen Zusammenhalt zu entwickeln, der die Kriegsanstrengung auf der ukrainischen Seite weiterhin trägt. Dabei hatte die sich herausbildende politische Mobilisierung größerer Teile der ukrainischen Bevölkerung, wie sie sich 2004 und 2014 in Massenbewegung offen zeigte, drei Stoßrichtungen:

1. Die Bewahrung der nationalen Unabhängigkeit und die Abwehr russischer Versuche der Einflussnahme auf die ukrainische Politik – abschreckendes Bild war das Beispiel von Belarus unter Lukaschenko. Zudem engere Anbindung an den Westen, um ein Gegengewicht gegen den Einfluss Russlands zu schaffen.
2. Der Widerstand gegen etwaige Versuche, auch in der Ukraine eine autoritäre Präsidialherrschaft zu errichten, also die Verteidigung der liberalen Verfassungsordnung.
3. Der Protest gegen die Wirtschaftsoligarchen, ihre illegale Selbstbereicherung, ihre politischen Manipulationen, die damit zusammenhängende Korruption von Politikern und Staatsapparat, damit zugleich Protest gegen die weiter dauernde schlechte Situation der Wirtschaft, deren weitere Entwicklung zugunsten auch der breiten Bevölkerung durch diese Strukturen aufgehalten wurde.

Nun hingen Punkte 1 und 2 eng zusammen, dadurch, dass ein ukrainischer Präsident, der sich Hoffnungen auf eine autoritäre Herrschaftsposition machte, sich politisch eng an Putins Russland anbinden musste, so wie es Alexander Lukaschenko in Belarus durch enge Anbindung an den großen Bruder in Moskau gelungen ist, sich dauerhaft in seiner Herrschaft einzuigeln. Punkt 3 beinhaltete aber einen faktischen inneren Widerspruch. Diese Stoßrichtung der ukrainischen Volksbewegung war grundsätzlich antioligarchisch, strebte also danach, die Verfilzung von Politik und Staat mit den Wirtschaftsoligarchen zu beseitigen. Gleichzeitig aber standen auch hinter den von den Demonstranten unterstützten Parteien und Kandidaten Oligarchen, auch Teile der Volksbewegung selbst wurden von Oligarchen finanziert oder durch die von Oligarchen kontrollierten Medien unterstützt. Die entsprechenden Oligarchen taten das, weil sie selbst keine autoritäre Präsidentenherrschaft unter der Hegemonie Russlands wollten und weil sie natürlich auch hofften, die gegen sie gerichteten Ziele der Volksbewegung durch „Unterwanderung" abbiegen zu können. Noch Wolodymyr Selenskyj, der jetzige Staatspräsident, der 2018 mit dem dezidierten Programm bei den Präsidentschaftswahlen angetreten war, den Einfluss der Oligarchen zurückzudrängen und die Korruption zu bekämpfen, wurde in seinem Wahlkampf u.a. von dem Oligarchen Ihor Solomojskyj unterstützt, als dessen Strohmann er von seinen Konkurrenten ums Amt dargestellt wurde. Die ukrainische Politik vollzog sich seit spätestens 2004 also in einem erweiterten Viereck Präsident/Regierung, Parlament, Oligarchen, Massenbewegungen bzw. breite Mobilisierung der Wählerschaft auch jenseits der Wahlen. Das Volk, das in Russland im Lauf desselben Zeitraums als politischer Faktor weitgehend ausgeschieden ist, bekam in der Ukraine eine wichtige, wenn auch vom Mobilisierungsgrad her schwankende Rolle.

Als Wladimir Putin 2000 endgültig russischer Präsident wurde, war das in der Ukraine seit 1994 Leonid Kutschma gewesen, der erst im Jahr davor für eine zweite Amtszeit wiedergewählt worden war. Auf der Ebene der Wirtschaftsoligarchen wurde Kutschma maßgeblich vom sog. Dnipropetrowsker Klan unterstützt, einem einflussreichen Netzwerk aus Großindustriellen und ehemaligen sowjetischen Funktionären mit Basis in den Industriegebieten des Ostens der Ukraine. Als im September 2000 der georgisch-ukrainische Journalist Heorhij Gongadse, der öffentlichkeitswirksam über die Verflechtungen rund um Kutschma recherchiert hatte, zuerst vermisst und dann unter mysteriösen Umständen ermordet aufgefunden wurde (die Leiche drastischerweise enthauptet), beschuldigten Oppositionspolitiker Kutschma, den Mord in Auftrag gegeben zu haben. 2001 wurde eine Tonaufnahme öffentlich, in der ein Gespräch zwischen Kutschma, dem Innenminister und dem Parlamentsvorsitzenden zu hören sein sollte, in dem es um das Verschwinden des Ermordeten ging. Infolge dieser sog. „Kassetten-Affäre" bildete sich in der Opposition die Initiative „Ukraine ohne Kutschma", Massenproteste forderten Kutschmas Rücktritt, mehrere Misstrauensabstimmungen in der Werchowna Rada gegen Kutschma scheiterten allerdings. Kutschma bestreitet die Mitschuld an dem Mord bis heute, ein Gerichtsverfahren gegen ihn nach seiner Präsidentschaft 2005 wurde aus Mangel an Beweisen eingestellt. Die besagte Tonkassette wurde vom Gericht nicht als gültiges Beweismittel zugelassen. Im Zusammenhang der Ermittlungen wollte die Staatsanwaltschaft Jurij Krawtschenko vernehmen, den ehemaligen Innenminister Kutschmas, der auf der Kassette mit zu hören sein soll. Bevor die Vernehmung stattfinden konnte, wurde auch Krawtschenko tot aufgefunden, mit zwei Schusswunden im Kopf. Neben der Leiche ein Abschiedsbrief, in dem der Tote seine Unschuld beteuerte und sich als Opfer der Intrigen Kutschmas und seiner Umgebung bezeichnete. Das Ganze blieb dubios, denn wie soll sich ein Selbstmörder zwei Schusswunden im Kopf beifügen? Schon der erste Schuss sollte ihn töten.

Kutschma wurde somit in seiner zweiten Präsidentschaft zunehmend umstritten, zudem warfen ihm die Opposition wie Teile der Öffentlichkeit Einschränkungen der Pressefreiheit vor.

Die schon früh sichtbare Tendenz Putins in Russland, parallel zur inneren Zentralisierung des Staates und der massiven Intervention gegen den tschetschenischen Separatismus ebenso außenpolitisch markanter im Sinne russischer Interessen auch in der Ukraine aufzutreten und die damit in der Ukraine zunehmend aufkommende Furcht vor dem mächtigen Nachbarn führte zu einer stärkeren Orientierung von Teilen der ukrainischen Politik nach Westen, um den besorgt betrachteten russischen Einfluss auszugleichen. Die begonnene Erweiterung der NATO nach Osten (s. späteres Kapitel) ließ die Idee aufkommen, sich ebenfalls durch einen NATO-Beitritt gegenüber Russland abzusichern. Der Wunsch nach weitergehender und nachhaltigerer wirtschaftlicher Entwicklung und nach der Entmachtung der Wirtschaftsoligarchen durch Schaffung einer breiteren ökonomischen Grundlage weckte das Interesse an engeren Wirtschaftsbeziehungen mit dem westlichen Europa und letztendlich einem Beitritt zur EU. Die Ukraine, die bis dahin ökonomisch im Rahmen der GUS (Gemeinschaft Unabhängiger Staaten, der reduzierte Schatten der Sowjetunion) primär mit Russland verbunden gewesen war, begann sich zusätzlich stärker nach Westen zu orientieren.

Vor diesem sich entwickelnden Hintergrund bereitete sich die Ukraine auf die Präsidentschaftswahlen im November 2004 vor. Leonid Kutschma hatte mit dem Gedanken gespielt, gegen die Verfassung ein drittes Mal als Kandidat anzutreten, gab diesen Plan aber angesichts der breiten Opposition gegen ihn in Folge der Kassetten-Affäre auf und unterstützte die Kandidatur seines Ministerpräsidenten Viktor Janukowytsch, also eines politischen Gefolgsmanns. Die Konstellation ähnelte damit der in Russland 1999, als der alternde und kranke Jelzin seinen Ministerpräsidenten Putin zum Nachfolger deklarierte, in der Hoffnung, durch diese Nachfolgeregelung auch nach dem Ausscheiden aus dem Amt gegen gerichtliche Verfolgung geschützt zu sein.

Janukowytsch entstammte demselben ostukrainischen Netzwerk wie Kutschma, er war zuvor Gouverneur der Oblast Donezk gewesen und war Ministerpräsident seit 2002. Passend zu diesem Hintergrund stand Janukowytsch, wie auch Kutschma, politisch und emotional Russland näher als dem Westen, unterstützte aber dennoch aus pragmatisch-ökonomischen Gründen eine mögliche künftige Zugehörigkeit der Ukraine zur EU, wenn auch nicht zur NATO. Interessanterweise genehmigte Janukowytschs Regierung die Teilnahme ukrainischer Truppen an der USA-geführten „Koalition der Willigen" gegen Saddam Husseins Irak. Die Widersprüchlichkeiten der ukrainischen Position zwischen Russland und dem Westen in dieser Zeit werden klar, auch bei einem grundsätzlich eher prorussischen Politiker. In der Werchowna Rada stützten sich Präsident und Ministerpräsident v.a. auf die „Partei der Regionen", die ihre Wählerbasis schwerpunktmäßig im Osten, im Süden und auf der Krim hatte – also in den Gebieten mit dem höchsten Bevölkerungsanteil an Sprechern des Russischen. Das Parteiprogramm forderte ein größeres Gewicht für die Regionen gegenüber Kiew und wollte das Russische als die zweite anerkannte Staats- und Verwaltungssprache.

Die tendenziell prorussische Ausrichtung des vom Präsidenten unterstützten Janukowytsch wurde für die breite Wählerschaft noch einmal herausgehoben, als im April 2004 Wladimir Putin einen offiziellen Besuch bei Präsident Kutschma machte und sich dort offen gegen einen Beitritt der Ukraine zur NATO aussprach. Es folgten noch ein solcher Besuch im September und einer im November: Putin machte mit dieser ungewöhnlichen Besuchshäufung kurz vor den Wahlen klar, wer sein Favorit als Nachfolger Kutschmas war.

Der aussichtsreichste Gegenkandidat für die Präsidentschaft war Viktor Juschtschenko, der vorher einmal Kutschmas Regierungschef gewesen war, sich aber mit Kutschma überworfen hatte und in die Opposition gegangen war. Seine Vergangenheit lag nicht auf regionaler Ebene, er war Finanzspezialist und als solcher in den 90ern Direktor der ukrainischen Zentralbank gewesen. Als Ministerpräsident hatte er sich mit einigen der mächtigen Oligarchen im Bereich Kohle und Gas angelegt. Seine Politik war die eines ökonomischen Reformers und Anti-Oligarchen, von daher pro-EU und pro-NATO.

Im Parlament war er der Anführer einer breiten Koalition von Oppositionsparteien unter dem Namen „Unsere Ukraine", ein Spektrum, das vom rechtsnationalistischen „Kongress Ukrainischer Nationalisten" über die bürgerliche Mitte bis Liberal reichte. Gemeinsamer Nenner war die Betonung der Eigenständigkeit der Ukraine gegenüber Russland, der Ausbau der Westbindung und die antioligarchische ökonomische Reform. Ebenfalls in Opposition, aber in widersprüchlichem Verhältnis zu „Unsere Ukraine" standen die Sozialisten (Sozialdemokraten), die Kommunisten und der „Parteienblock Julija Tymoschenko" (zu dessen charismatischer Anführerin s. u.).

Die Präsidentschaftswahlen 2004 standen damit stark unter dem Gegensatz „prowestlich" und „prorussisch". Einerseits die Forderung Juschtschenkos nach weitergehender ökonomischer Reform und Bekämpfung der Korruption, andererseits eine bislang regierende Richtung mit ihrem neuen Kandidaten Janukowytsch, hinter der die Industrie-, Gas- und Kohleoligarchen des Ostens standen und die die Position gerade der überproportional russischsprachigen Regionen gegenüber Kiew ausbauen wollte und die auf enge Beziehungen mit Russland setzte.

Im Juli 2004, also wenige Monate vor den angesetzten Wahlen, ging „Unsere Ukraine" unter Juschtschenko eine Koalition mit dem zweitstärksten Block von Oppositionsparteien ein, dem von Julija Tymoschenko geführten. Dabei wurde vereinbart, dass im Fall von Juschtschenkos Wahlsieg als Präsidentschaftskandidat Tymoschenko Ministerpräsidentin werden sollte.

Julija Hryhjan wurde 1960 in eine Nomenklatura-Familie in Dnipropetrowsk geboren, also ebenfalls im Osten, trotz ihrer späteren zeitweiligen Position als Heroine der ukrainischen Nationalbewegung war ihre Muttersprache Russisch. Sie studierte Wirtschaftswissenschaften und heiratete 1979 ihren Kommilitonen Oleksandr Tymoschenko. Nach dem Studium arbeitete sie als Wirtschaftsingenieurin in der Rüstungsindustrie in Dnipropetrowsk. In den Jahren der Perestroika unternahm sie mit ihrem Mann erste Schritte in die Marktwirtschaft mit einem Videoverleih, in den 90er Jahren gelang ihr ein kometenhafter wirtschaftlicher Aufstieg, im Öl-, dann im Gasgeschäft wurde sie dank – zweifelhafter – Verbindungen zur Politik eine erfolgreiche Wirtschaftskapitänin mit großem Privatvermögen. Kurz: Julija Tymoschenko war eine ostukrainische Oligarchin mit sowjetischem Funktionärshintergrund genauso wie die Oligarchengruppe hinter Kutschma, gegen die sie in den 2000ern politisch stand. Die Zwiespältigkeiten der ukrainischen Politik kamen gerade in ihrer Person deutlich heraus. Dennoch konnte sie sich als eine nationalukrainische Volkstribunin stilisieren, mit ihren folkloristisch angehauchten Kleidern und ihrer „altukrainischen" Frisur aus zusammengelegten Zopfflechten, der Stil, mit dem sie auch international bekannt wurde. Doch sollte ihre ökonomische Oligarchenvergangenheit sie letztendlich einholen. 1996 gelang ihr der Einstieg in die Politik mit einem Abgeordnetensitz im Parlament. Sie war Mitbegründerin der Partei „Vaterland", einer zentristisch-nationalukrainischen Partei, deren Vorsitzende sie bis heute ist. Von 1999–2001 war sie die Vize-Ministerpräsidentin Viktor Juschtschenkos unter Kutschmas zweiter Präsidentschaft, mit Aufgaben in der Überwachung und Reform des korrupten Energiesektors. Von der Sachmaterie her war sie dafür zweifellos durch ihren eigenen ökonomischen Aufstieg in diesem Bereich geeignet, allerdings konnte man sie leicht der Befangenheit verdächtigen. Die Sache endete auch nicht gut, 2001 warf Kutschma sie raus, es gab eine gerichtliche Untersuchung gegen sie und ihren Mann wegen korrupter Geschäftspraktiken in ihren eigenen vorherigen Geschäften. Der Präsident behauptete, er habe sie wegen ihrer Korruption aus dem Regierungsamt entlassen, sie behauptete, Kutschma habe sie gefeuert und würde sie nun verfolgen lassen, weil sie ernsthaft gegen die Korruption im Energiesektor habe vorgehen wollen. Trotz dieser Unklarheiten wurde sie im Parlament die charismatischste und populärste Anführerin der Opposition neben Viktor Juschtschenko.

Juschtschenko und Tymoschenko fuhrten ihre gemeinsame Wahlkampagne primär in Form von Großveranstaltungen vor breitem Publikum, weil die Regierung die Mehrzahl der Fernsehsender daran hinderte, der Opposition gleichen Raum zu geben. Janukowytsch dagegen hatte unbegrenzte Sendezeit und beschimpfte Juschtschenko u.a. als „Nazi". Mitten in der Kampagne erkrankte Juschtschenko schwer und wurde zu Untersuchung und Behandlung nach Wien ausgeflogen, wo die Diagnose auf akute Entzündung der Bauchspeicheldrüse lautete, hervorgerufen durch eine Vireninfektion und ungewöhnliche giftige Substanzen, darunter Dioxin, das 1000-fache der gewöhnlichen Konzentration im Körper. Nach seiner Genesung blieb sein Gesicht entstellt, gelblich, geschwollen, vernarbt. Juschtschenko erklärte, von Agenten der Regierung vergiftet worden zu sein. Bei einer späteren Untersuchung wurde der ehemalige Vizedirektor des ukrainischen Geheimdienstes verdächtigt, mit der Vergiftung zu tun zu haben, die ukrainische Staatsanwaltschaft gab an, der Mann habe sich nach

Russland abgesetzt und würde von dort nicht ausgeliefert werden, weil er auch die russische Staatsangehörigkeit besitze.

In der ersten Wahlrunde gelang es keinem Kandidaten, über 50 % der Stimmen zu bekommen, Janukowytsch lag bei 39,32 %, Juschtschenko bei 39,87 %, die beiden anderen Kandidaten weit abgeschlagen. Dabei hatte Janukowytsch seine Wählerbasis erwartbar im Osten und Süden, Juschtschenko – ebenso erwartbar – im Westen, Zentrum und Norden. Der historische Unterschied zwischen polnisch-litauisch-habsburgischer Ukraine und russischer Ukraine, der 2014 ebenso heraustreten sollte. Bereits nach dieser ersten unentschiedenen Wahlrunde kamen aus den Reihen der Opposition Vorwürfe von Wahlmanipulation zugunsten des Regierungskandidaten Janukowytsch auf. Beide Blöcke identifizierten sich über Farbsymbole (Bänder an der Kleidung): Janukowytsch blau, Juschtschenko orange.

Nach der Verfassung musste nun eine Stichwahl die Entscheidung zwischen den beiden stimmenmäßig führenden Kandidaten treffen. Sie fand am 21. November statt und ergab nach der offiziellen Bekanntgabe des Wahlergebnisses einen Sieg Janukowytschs mit einem Abstand von 11 % gegenüber Juschtschenko. Lokale und ausländische Wahlbeobachter kamen aber aufgrund der Auszählung lokaler und regionaler Ergebnisse vor Ort zu einem anderen Ergebnis, nach dem Juschtschenko der Sieger sein müsste. Die eh schon aufgeputschte Stimmung explodierte. Beginnend mit dem 22 November starteten in einer Reihe ukrainischer Städte umfangreiche Massenproteste von Anhängern Juschtschenkos. In Kiew versammelten sich auf dem Maidan Neschaleschnosti („Platz der Unabhängigkeit") mehrere Hunderttausend Menschen. Nach der Symbolfarbe der Opposition gingen diese Ereignisse als „Orangene Revolution" in die ukrainische Geschichte ein. In einer Reihe von west- und zentralukrainischen Städten, darunter Kiew und Lwiw, erklärte die Mehrheit des Stadtrats, das offizielle Ergebnis der Wahlen nicht anzuerkennen. Im Gegenzug drohten Vertreter von Stadtverwaltungen im Südosten, die Ukraine auseinanderzubrechen oder an der Verfassung vorbei die Autonomie auszurufen, falls der Sieg „ihres" Kandidaten Janukowytsch nicht anerkannt würde. Die „Generalprobe" für die Ereignisse 2014 wird deutlich. Auch gab es im Osten Demonstrationen für Janukowytsch. Als die zentrale Wahlkommission Janukowytschs Sieg anerkannte, reagierten die Anhänger Juschtschenkos mit einer Reihe von Streiks in verschiedenen Teilen des Landes. Am 1. Dezember stellte sich die Mehrheit des Parlaments auf die Seite Juschtschenkos und sprach der Regierung ihr Misstrauen aus, was Janukowytsch als Regierungschef aber nicht anerkannte. Am 3. Dezember sprach das Oberste Gericht der Ukraine ein Machtwort, um die politische Blockade aufzuheben: Das Gericht entschied, dass Wahlbetrug in solchem Umfang stattgefunden habe, dass die wirklichen Ergebnisse nicht mehr festzustellen seien. Es annullierte die Wahl und setzte für den 26. Dezember 2004 eine Wahlwiederholung an. Nach einigem Hin und Her akzeptierte auch Janukowytsch diese höchstrichterliche Entscheidung.

Die erneute Stichwahl am 26. Dezember wurde von lokalen und internationalen Beobachtern aufmerksam überwacht. Juschtschenko siegte mit 51,99 %, der unterlegene Janukowytsch erhielt 44,20 % der Stimmen. Letzterer versuchte, die Niederlage gerichtlich anzufechten, war aber damit erfolglos. Am 23. Januar 2005 wurde der Oppositionskandidat Juschtschenko in der Werchowna Rada in sein Amt eingeführt. Die „Orangene Revolution" hatte gewonnen. Dies ist der Punkt, an dem die innere Entwicklung der Ukraine von der in Russland definitiv abzuweichen begann. Die Wählerschaft blieb ein zentraler politischer Faktor und wusste, sich bei Bedarf auch in Massenbewegungen zu organisieren. Der Versuch, einen vom alten Präsidenten gewünschten Kandidaten mit Hilfe von Benachteiligungen der Opposition im Zugang zu Medienpräsenz und Wahlmanipulationen durchzubringen, war gescheitert. Die Reaktion in Moskau war ungnädig. „Farbrevolution" wurde in Putins Äußerungen ein Unwort.

Im Kontext der Orangenen Revolution gab es eine von der Werchowna Rada beschlossene Verfassungsänderung, die die bisherige rein präsidiale Verfassung zugunsten einer Aufwertung der Rolle des Ministerpräsidenten modifizierte. Die Regierungsbildung lief nun rein parlamentarisch, der Regierungschef wurde nicht mehr vom Präsidenten nominiert und von der Rada per Abstimmung bestätigt, sondern wurde von vornherein durch die Mehrheitsverhältnisse im Parlament bestimmt. Auch konnte der Präsident Regierungsmitglieder nicht mehr eigenständig entlassen, erhielt aber das Recht, unter bestimmten Voraussetzungen das Parlament aufzulösen. Allerdings traten diese Verfassungsmodifikationen erst 2006 in Kraft.

Dementsprechend konnte der neue Präsident Viktor Juschtschenko, wie in der Koalition vereinbart, Julija Tymoschenko noch unmittelbar zur Ministerpräsidentin nominieren.

Allerdings endete damit das Revolutionsmärchen und die harsche politische Realität setzte von neuem ein. Es sollte nicht lange dauern, bis sich die siegreiche Opposition selbst zerlegte, eingeholt von ihrer eigenen Vorgeschichte der Korruption und aufgerieben in interner Machtkonkurrenz. Die sechs Jahre der Präsidentschaft Viktor Juschtschenkos waren in reformpolitischer Hinsicht verlorene Jahre, an deren Ende Viktor Janukowytsch doch noch Präsident werden sollte. Auch ökonomisch kam die Ukraine in dieser Zeit nicht wesentlich voran. Am politisch gestützten Monopolkapitalismus der Oligarchen änderte sich nichts, im Unterschied zu Russland verfügte die Ukraine über kein Einkommen aus dem Erdöl- und Erdgasexport, sondern blieb in dieser Frage weiterhin von russischen Importen abhängig. Die globale Finanzkrise 2008 traf das Land umso härter. Die Details dieser Entwicklung sind konfus, widersprüchlich und bis heute vielfach umstritten.

Bereits in den Monaten nach dem Amtsantritt von Juschtschenko und Tymoschenko zeigte das politische Bündnis zwischen den beiden Risse, die im September 2005 zur überraschenden Entlassung Julija Tymoschenkos als Regierungschefin führten – nach nur einem knappen Dreivierteljahr im Amt. Beide überzogen sich gegenseitig publikumswirksam mit Schuldvorwürfen. Der Präsident warf Tymoschjenko vor, sie sei ihrer Aufgabe der Korruptionsbekämpfung nicht nur nicht nachgekommen, sondern habe sich sogar selbst in Korruption verwickeln lassen. Tymoschenko konterte, sie sei deshalb geschasst worden, weil sie effizienter gegen die Korruption vorgegangen sei, als es dem Präsidenten lieb gewesen sei – der frühere Konflikt von 2001 zwischen Kutschma und Tymoschenko als damaliger Vizeregierungschefin wiederholte sich. Nachfolger Tymoschenkos als Ministerpräsident wurde ein recht farbloser Wirtschaftsfachmann aus der Umgebung Juschtschenkos. Durch diese Affäre zerbrach auch das Bündnis zwischen den beiden parlamentarischen Blöcken, die jeweils hinter den beiden standen und die den Kern der politischen Opposition gegen Kutschma und Janukowytsch ausgemacht hatten. Allerdings stellte sich heraus, dass Tymoschenko im Urteil der Öffentlichkeit relativ besser wegkam, die Umfragewerte des Präsidenten brachen drastischer ein als die Tymoschenkos, was sich auch in den Ergebnissen der Parlamentswahlen 2006 abzeichnete. Aus diesen Wahlen ging „Unsere Ukraine", das Parteienbündnis hinter dem Präsidenten, nur als drittstärkste Kraft hervor. Die stärkste Fraktion wurde aber nicht Julija Tymoschenkos Block, sondern ausgerechnet Viktor Janukowytschs Partei der Regionen, wodurch Janukowytsch ein spektakuläres Comeback gelang. Aufgrund der nun in Kraft getretenen Verfassungsänderung, die die Regierungsbildung völlig in die Hand des Parlaments legte, wurde Janukowytsch von der Rada zum Regierungschef gewählt. Juschtschenko konnte nur hilflos zuschauen, wie die neue Parlamentsmehrheit ihm das Kuckucksei ins Nest legte, seinen Rivalen zum Ministerpräsidenten zu machen. Die politische Spitze der Ukraine näherte sich der Paralyse, Präsident und Regierungschef zogen an gegensätzlichen Strängen. Juschtschenko allerdings nutzte die gleichfalls neuen präsidialen Befugnisse, die die Verfassungsänderung zum Ausgleich geschaffen hatte und löste das Parlament auf, wodurch vorzeitig Neuwahlen ausgeschrieben werden mussten. Diese erfolgten im September 2007 und bestätigten Janukowytschs Partei der Regionen als stärkste Fraktion, allerdings legten in dieser Situation der Präsident und die bei ihm vorher in Ungnade gefallene Julija Tymoschenko ihren Konflikt bei und ihre Parteiblöcke koalierten, sodass Tymoschenko zum zweiten Mal Regierungschefin wurde, diesmal durch Parlamentswahl. Konstruktiver als beim ersten Mal ging es in dem Gespann Juschtschenko-Tymoschenko nun aber auch nicht zu: Die Regierungskoalition in der Werchowna Rada war wacklig, ihre parlamentarische Mehrheit gegenüber der Opposition nur geringfügig, damit war jede von der Regierung eingebrachte Gesetzgebungsinitiative ein Kampf mit ungewissem Ausgang. Präsident und Regierungschefin harmonierten bei der zweiten Auflage ihrer Zusammenarbeit auch nicht besser. Die aktivere und gestaltendere Politikerin war aber definitiv Tymoschenko, die auch außenpolitisch präsenter war.

Die größte Krise ihrer zweiten Amtszeit als Regierungschefin war der russisch-ukrainische Gasstreit, der im Winter 2008/2009 eskalierte und der das schwerste russisch-ukrainische Zerwürfnis bis dato bedeutete. Dieser Konflikt hatte allerdings eine Vorgeschichte. Wie schon vorher in der Sowjetunion blieb die Ukraine auch nach ihrer Unabhängigkeit auf Gaslieferungen aus Russland angewiesen, die längere Zeit zu günstigeren Preisen als auf dem freien Weltmarkt erfolgten. Zusätzlich liefen auch die russischen Gasverkäufe ins sonstige Europa überwiegend über Pipelines durch die Ukraine. Der spätere Bau der Pipelines durch die Ostsee (North Stream) war eine Reaktion auf die vorherige Situation, womit die Ukraine dann umgangen werden konnte. In den 2000ern waren die Hauptakteure in diesem Zusammenhang zwei staatliche Gesellschaften, die russische Gazprom und die ukrainische Naftohas, die in dem sich entwickelnden Konflikt zu den vordergründigen Kontrahenten wurden.

Die Versorgung der Ukraine mit vergünstigtem russischem Erdgas erfolgte im Wesentlichen in einer Art Tauschhandel: Für die Bereitstellung der Infrastruktur des Erdgastransits nach Westeuropa durfte die Ukraine nach einer festgelegten Quote einen Teil des Gases für ihre eigenen Zwecke abzapfen, zusätzliches Gas wurde von Naftohas nach dem ermäßigten Preis bezahlt. 2005 allerdings verdoppelte Gazprom den Fixpreis von 160 Dollar pro 1000 Kubikmeter Gas auf 230 Dollar pro 1000 Kubikmeter, allerdings bei einer höheren von Gazprom gezahlten Transitgebühr, wobei Naftohas – und damit die Ukraine – aber dennoch deutlich mehr zahlen musste. Gazprom begründete die Preiserhöhung mit der Anpassung an die üblichen Weltmarktpreise. Die ukrainische Seite akzeptierte das nicht und sah die einseitig festgesetzte Erhöhung als Bruch des letzten Vertrages von 2002 zwischen Gazprom und Naftohas, in dem die ermäßigten Fixpreise bis 2009 festgelegt worden waren.

Die beiden Präsidenten Putin und Juschtschenko schalteten sich ein. Putin argumentierte, dass durch die bisherige Preisermäßigung dem russischen Staat beträchtliche finanzielle Verluste auferlegt worden seien und dass der ukrainische Endverbraucher weniger zahle als der russische. Juschtschenko versuchte zu handeln und bot eine weniger drastische Preiserhöhung an sowie ukrainische Ausgleichslieferungen mit anderen Gütern. Da man sich nicht einig wurde, sperrte Russland zum 1. Januar 2006 die Gaslieferungen an die Ukraine, nur die Lieferungen ins weitere Europa gingen noch durch die ukrainischen Leitungen. Naftohas zweigte aber messbar weiterhin die ukrainische Transitquote davon ab, was weiter westlich zu Lieferengpässen führte und die EU alarmierte, die vermittelnd eingriff. Noch im Januar wurde ein neuer Vertrag abgeschlossen, der für fünf Jahre gültig sein sollte. Der Kompromiss war von geradezu byzantinischer Komplexität und denkbar wacklig: Gazprom bekam seine 230 Dollar pro 1000 Kubikmeter, dafür verkaufte es das Gas aber nicht direkt an Naftohas, sondern an den Zwischenhändler RosUkrEnergo, eine in der Schweiz ansässige Gesellschaft mit russischer und ukrainischer Beteiligung. Dieser Zwischenhändler mischte das teurere russische Gas mit deutlich billigerem turkmenischem Gas und verkaufte diese Mischung für den niedrigen Preis von 95 Dollar pro 1000 Kubikmeter an Naftohas. Dabei stand nun allerdings die ukrainische Seite durch die Vorkommnisse der Krise bedingt, gegenüber Gazprom mit etwa 900 Mio. Euro in der Kreide, eine Schuld, deren Rückzahlung zum Zeitpunkt kurz vor Beginn von Julija Tymoschenkos zweiter Amtszeit Ende 2007 immer noch ausstand. Auf Gazproms Drohung hin, den Gashahn erneut abzustellen, sorgte die ukrainische Regierung für die Begleichung der Schuld. Im Laufe des Winters 2007/2008 kam es zu Lieferausfällen von Gas aus Zentralasien, das billige turkmenische Gas konnte in die Kompromissmischung nicht eingespeist werden. Gazprom schlug zusätzliche Belieferung mit russischem Gas als Ersatz vor, allerdings zum vollen Preis. Die Ukrainer lehnten das ab, nahmen die Gazprom-Lieferungen aber notwendigerweise entgegen, wodurch sich aus russischer Sicht eine erneute Schuldsumme aufbaute. Im März 2008, kurz nach dem Beginn von Dmitri Medwedews Präsidentschaft in Russland, drosselte Gazprom die Lieferungen um 25 %, da die Ukraine die Rechnungen nicht vollständig beglichen habe. In der Ukraine führte das zu einem neuen Zerwürfnis zwischen Präsident Juschtschenko und Regierungschefin Tymoschenko, die sich gegenseitig öffentlich beschuldigten, beim Management der Krise versagt zu haben. Kurz darauf kürzte Gazprom die Gaslieferungen um weitere 25 %, also insgesamt nun um die Hälfte. Tymoschenko nahm die Sache jetzt allein in die Hand und verhandelte direkt mit Putin, ihrem neuen Kollegen als Regierungschef in Moskau. Ende April verkündete sie die vollständige Begleichung der Schulden durch die Ukraine in Anwesenheit ihres russischen Kollegen in Kiew. Doch blieb das ganze Zwischenhändlerkonstrukt mit seiner Anfälligkeit für Lieferungs- und Preisschwankungen das Dauerproblem. Die russische Seite behauptete weiter, dass die ukrainische Naftohas ihre Rechnungen bei dem Zwischenhändler RosUkrEnergo nicht vollständig zahle und unerlaubt Gas von den Transitlieferungen ins restliche Europa abzweige. Im November 2008 war von russischer Seite dabei von einer erneuten Schuld von 2,4 Milliarden US-Dollar die Rede. Naftohas dagegen sprach von „lediglich" 1,3 Milliarden Dollar. Da die Ukraine durch die Finanzkrise stark gebeutelt wurde, war die Schuldenrückzahlung noch nicht einmal möglich. Gazprom beharrte auf der Zahlungsforderung, sattelte noch Verzugsgebühren drauf und machte von der Begleichung die 2009 anstehende Verlängerung des Liefervertrags abhängig. Als der Vertrag auslief, stellte Gazprom die Lieferung am 1. Januar 2009 völlig ein. Wieder scheint Naftohas nach Europa gehendes Transitgas zum Ausgleich abgezapft zu haben (obwohl das bestritten wurde), jedenfalls kam es nun in verschiedenen europäischen Staaten zu deutlichen Versorgungsengpässen. Als Reaktion auf die ukrainische Gasentnahme sperrte Gazprom auch den Gastransit durch die Ukraine vollständig, was nun wiederum die EU auf die Bühne brachte. Gazprom forderte die internationale Überwachung der durch die Ukraine verlaufenden Pipelines, bevor man die Transitlieferungen wieder aufnehmen würde. Unter europäischem Druck stimmte die Ukraine zu, zusätzlich musste Tymoschenko den vollen Gaspreis akzeptieren. Allerdings waren auch die Russen an der baldigen Wiederaufnahme der Gaslieferungen ins weitere Europa interessiert, da die ganze Affäre auch für Russland beträchtlichen Einnahmeverlust bedeutete. Doch waren das Problem der ukrainischen Schulden gegenüber Russland, des ukrainischen Anspruchs an Vergütung für den Transit und vor allem das Problem der Gasversorgung der Ukraine weiterhin nicht zur Zufriedenheit beider Seiten gelöst. Das innenpolitische Chaos in der Ukraine wurde durch die Krise noch größer, umgekehrt hatte diese innenpolitische Krise eine Verhandlungslösung erschwert. Zudem sah sich nun Gazprom selbst mit Schadensersatzforderungen für die ausgefallenen Lieferungen von Seiten einiger der betroffenen europäischen Staaten konfrontiert und versuchte erst recht, diese Forderungen an die Ukraine weiterzugeben. Letztlich lief die Einigung Tymoschenkos mit Putin darauf hinaus, dass die dubiose Konstruktion des Zwischenhändler-Unternehmens aufgegeben wurde und die Ukraine von nun an einen deutlich höheren Preis zahlte, um wieder aus Russland beliefert zu werden.

Man fragt sich nun natürlich, inwieweit das russische Interesse der Angleichung des bis dahin vergünstigten Gaspreises an den Weltmarktpreis im Frühjahr 2005 mit all den Konfliktfolgen in den darauffolgenden Jahren tatsächlich rein finanziell motiviert war oder inwieweit die Motivation politischer Art war. Zu den vertraglichen und technischen Details – war Gazprom zu dieser Erhöhung vertraglich berechtigt, in welchem Umfang entnahm die Ukraine tatsächlich für die weitere Kundschaft in Europa bestimmtes Gas unerlaubt den Leitungen, inwieweit waren die aufeinanderfolgenden russischen Zahlungsforderungen von Schuldsummen berechtigt – ist die Informationslage lückenhaft. Die fassbare Literatur kommt in diesen Fragen zu widersprüchlichen Beurteilungen. Es ist aber auffällig, dass Gazprom genau im Frühjahr 2005 auf die Idee der Preiserhöhung kam, nachdem die Ukraine seit eineinhalb Jahrzehnten – erkennbar politisch gewollt – in dieser Frage großzügig behandelt worden war, zumal diese Bedingungen in dem 2002 geschlossenen Vertrag nochmals bestätigt worden waren – also bereits unter Putin. Und nun, nachdem in der Ukraine eine neue Führung an die Regierung gekommen war, die eine engere Anbindung des Landes an den Westen im Programm hatte und die sich mit Unterstützung einer breiten Demonstrationsbewegung gegen den Willen eines eher prorussischen alten Präsidenten und seines gescheiterten Nachfolgekandidaten durchgesetzt hatte, wurde die Gasschraube angezogen – zuerst durch Preiserhöhung und dann durch zeitweisen Lieferstopp. Wieso war den Russen das nicht schon 2002 bei den Vertragsverhandlungen eingefallen, wenn es ihnen nur um den finanziellen Aspekt gegangen wäre? Da war Putin auch schon Präsident gewesen. Von 2000- 2008 erfreute sich die russische Staatskasse der Dividende steigender Gaspreise und steigender Gasexporte generell, am Hungertuch musste der russische Staat nicht nagen. Der Verdacht lag bereits damals in der Ukraine wie international nahe, dass das sich in Russland nun eingrabende Regime Putins Druck auf eine pro-westliche ukrainische Führung wie auch auf die ukrainische Wählerschaft ausüben wollte, nicht mehr die falschen Leute zu wählen. Dass Putin den Erfolg der ukrainischen Demonstrationsbewegung 2004 nicht mochte, war sowieso klar.

Die einzige Frage, in der sich Präsident Juschtschenko und seine zweimalige Ministerpräsidentin Tymoschenko dauerhaft einig waren, war die Vertiefung der Westbindung der Ukraine mit dem längerfristigen Ziel des Beitritts zu EU und NATO. Die Idee war nicht völlig neu, bereits in den 1990ern war dieser Wunsch in Teilen der ukrainischen Politik geäußert worden. Dabei klang aber immer durch, dass damit kein feindseliges Abrücken von Russland gemeint sei, mit dem man ja auch unter Juschtschenkos Präsidentschaft weiterhin auch über die GUS verbunden blieb. Ebenso galten ja weiterhin die Verträge über die gegenseitige Freundschaft, die Grenzen und die Verpachtung des Flottenstützpunkts Sewastopol an Russland. Auch Juschtschenko mäßigte seine pro-westlichen Äußerungen immer wieder mit Hinweisen auf die ebenso wichtige Beziehung mit Russland. Die Ukraine schien an dem Kunststück zu basteln, einerseits an weiterhin guten Beziehungen mit Russland zu arbeiten – Rücksichtnahme auf die im Osten und Süden des Landes verbreitete kulturelle und sprachliche Verbundenheit mit Russland, Angewiesensein auf das russische Erdgas, enge Handelsbeziehungen, Vorsicht, das deutlich mächtigere Russland und seine Empfindlichkeiten nicht zu reizen -, andererseits sich zugleich dem Westen anzunähern – Furcht vor Russland, besonders nachdem im Nachbarland Putin Präsident geworden war und sich dort macht- und nationalpolitisch deutlich profilierte, der Wunsch, durch engere Beziehungen zur EU die eigene Wirtschaftsentwicklung fördern zu können.

Dabei kam bei dieser Annäherung an den Westen in der Präsidentschaft Juschtschenkos aber institutionell nicht allzu viel heraus: Gründe dafür waren die inneren Widersprüchlichkeiten der ukrainischen Politik, die durch die Skandale zunehmend geringer werdende Zustimmungsbasis der Regierung in Parlament und Bevölkerung, die Skepsis der EU, ob die Ukraine politisch und ökonomisch reif sei für einen Aufnahmeprozess, die Skepsis beim größeren Teil der NATO-Mitglieder bezüglich der russischen Reaktion auf die Ankündigung einer zukünftigen Aufnahme der Ukraine in die NATO. Auch die USA setzten in den 2000ern – unter Bush wie unter Obama – klar weiterhin grundsätzlich auf Ausgleich mit Russland (s. dazu späteres Kapitel), auch wenn die USA seit Bushs Präsidentschaft eine zukünftige NATO-Mitgliedschaft der Ukraine favorisierte.

Die formale Vertragsbeziehung zwischen der EU und der unabhängigen Ukraine hatte bereits 1994 mit dem Abkommen über Partnerschaft und Zusammenarbeit begonnen, in dem es um Handelserleichterungen ging. Ein solches Abkommen gab es auch mit Russland, beide Abkommen waren Ersatz für ein ähnliches Abkommen, das schon zuvor mit der UdSSR geschlossen worden war. Seitdem gab es permanent offizielle Kontakte und Konsultationen, die ganze Präsidentschaft Leonid Kutschmas hindurch. Kurz nach seinem Amtsantritt als Präsident führte Viktor Juschtschenko in Straßburg und dann in einer Rede vor dem Deutschen Bundestag sein Vorhaben aus, auf ein Assoziationsabkommen mit der EU hinzuarbeiten, was schließlich zur Mitgliedschaft führen sollte. Am 25. Februar 2005 wurden von der Ukraine und der EU ein bilateraler Aktionsplan unterzeichnet, der keine definitive Beitrittsperspektive bot, nach dem sich die Ukraine aber verpflichtete, als Voraussetzung für einen etwaigen Beitritt ihre Strukturen EU-Vorgaben anzupassen – Einhaltung der Menschenrechte, Konvergenz des Rechtssystems, marktwirtschaftliche Reformen, Stärkung der politischen Stabilität. In diesem Kontext trat die Ukraine 2008 der World Trade Organisation bei. Auch wurden weitere Gespräche über ein zukünftiges Assoziationsabkommen geführt, das aber bis zum Ende von Juschtschenkos Präsidentschaft nicht geschlossen wurde.

Im Verhältnis der Ukraine zur NATO verhielt es sich parallel. Auch hier erfolgte die erste formale Verbindung bereits früh, als die Ukraine in den 1992 den Euro-Atlantischen Partnerschaftsrat eintrat, ein Kooperationsgremium der NATO mit verschiedenen Nichtmitgliedern. Russland besaß längere Zeit eine ähnliche Verbindung mit der NATO (s. späteres Kapitel). 1997 wurden in der Ukraine die ersten Stimmen laut, die eine engere Anbindung an die NATO verlangten, nachdem es in Russland Äußerungen von Politikern gegeben hatte, der Flottenstützpunkt Sewastopol auf der Krim müsse russisch werden und nicht nur gepachtet. Eine damals durchgeführte Meinungsumfrage ergab, dass 37 % der ukrainischen Bevölkerung einen möglichen NATO-Beitritt befürworteten, 28 % waren dagegen, 34 % unentschlossen. 1997 wurde eine gemeinsame Beratungskommission der Ukraine und der NATO etabliert. Dabei oszillierte Präsident Kutschma in seinen Aussagen hin und her, die Ukraine wolle in Zukunft der NATO beitreten, dann wieder, das stünde nicht zur Debatte, man wolle nur engere Beziehungen zur NATO. Die Reaktionen von Seiten der NATO waren ähnlich unbestimmt, auch hier lief der Tenor lediglich auf Vertiefung der gegenseitigen Beziehungen hinaus. In der Ukraine wie im Westen warnten Stimmen vor einer möglichen Provokation Russlands durch Pläne einer allzu engen Verbindung. In seiner späten Zeit arbeitete Kutschma enger mit der NATO zusammen, v. a. mittels der ukrainischen Beteiligung an der „Koalition der Willigen" im Irak 2003.

Juschtschenko vertrat natürlich das Fernziel des NATO-Beitritts ganz offen, in Teilen der ukrainischen Politik und Öffentlichkeit verstärkte sich dieser Wunsch im Lauf der Jahre seit 2005 erkennbar, insbesondere befeuert vom russisch-ukrainischen Gaskonflikt. Beim ersten offiziellen Besuch Juschtschenkos als Präsident in Washington sprach sich der amerikanische Präsident Bush für einen zukünftigen NATO-Beitritt der Ukraine aus. Die Abschlusserklärung des Präsidententreffens unterstützte den Plan, intensive Gespräche zwecks Ingangsetzung eines Beitrittsverfahrens zu beginnen. Auf einem Treffen der Außenminister der NATO-Mitgliedsstaaten 2006 klang das ähnlich, ein Sprecher des russischen Außenministeriums reagierte u. a. mit folgenden Worten: „De facto sprechen wir hier über eine ernsthafte Verschiebung, die die Interessen Russlands beeinträchtigt und die beträchtlich erhöhte Finanzierung für die Neuorientierung unseres militärischen Potentials notwendig machen wird, wie auch die Reorganisation des Systems der militärisch-industriellen Beziehungen. Ebenso mögen Abkommen im Bereich der Rüstungskontrolle betroffen sein." So verklausuliert diese Botschaft daherkam, so klar war sie: „Wenn Ihr das macht, dann rüsten wir wieder auf und Rüstungskontrolle ist nicht mehr". Allerdings konnten die Russen weiterhin recht beruhigt sein, bis zum Zwischenspiel der Ministerpräsidentschaft Janukowytschs 2007/2008 tat sich nichts außer solchen Absichtserklärungen. Janukowytsch als zeitweiliger Regierungschef unterlief natürlich die präsidiale Politik auch in dieser Hinsicht. Nachdem Julija Tymoschenko wieder Regierungschefin geworden war, wurden die Pläne zur Annäherung an die NATO weiter verfolgt. Doch gab es beträchtlichen Widerstand aus den Reihen der Opposition, die dafür ein Referendum forderte. Da Meinungsumfragen eine klare Mehrheit zugunsten eines solchen Referendums über den möglichen NATO-Beitritt forderten, erklärte Tymoschenko, die NATO-Pläne würden nicht weiter verfolgt werden, solange die Mehrheit der Bevölkerung in dieser Frage nicht entschieden sei. Der amerikanische Präsident Bush blieb bei seiner grundsätzlichen Unterstützung des NATO-Beitritts der Ukraine, die beiden Präsidentschaftskandidaten bei den US-Wahlen 2008, Barack Obama und John McCain, schlossen sich an. Die russische Reaktion war natürlich weiterhin negativ, diesmal kam die Kritik von Präsident Putin selbst.

Auf dem Bukarester NATO-Gipfel im April 2008 einigte man sich, mit Rücksicht auf die russische Reaktion und die innere Situation der Ukraine, Beitrittsverhandlungen weder der Ukraine noch Georgien anzubieten – aus Georgien war ein solcher Wunsch auch vorgetragen worden –, ohne aber eine NATO-Mitgliedschaft für die Zukunft definitiv auszuschließen. Gegen die zustimmende Auffassung der USA und der osteuropäischen Neumitglieder der NATO hatten sich vor allem Deutschland und Frankreich gestellt. Vier Monate später erfolgte die russische Invasion Georgiens – wir werden das später noch diskutieren. Trotz dieser formalen Absage von Seiten der NATO wurden die Gespräche und die Abstimmungen über die bereits errichteten Konsultationsmechanismen weitergeführt. Man blieb in Kontakt.

Gegen Ende seiner Präsidentschaft traf Viktor Juschtschenko mehrere Entscheidungen auf der national-symbolischen Ebene, die in Teilen der Bevölkerung, in Russland, aber auch in der EU wie in Israel auf Kritik stießen: Er ehrte mehrere Mitglieder und Führungspersonen der in den 30er und 40er Jahren aktiven rechtsextremen OUN und der von ihr getragenen UPA postum als „Helden der Ukraine" – darunter den umstrittenen Stepan Bandera.

Im russisch-ukrainischen Gasstreit war die Verpachtung Sewastopols an Russland und die russische Schwarzmeerflotte von ukrainischer Seite erneut zum Politikum geworden. Juschtschenko erklärte, das entsprechende, 2017 ablaufende Abkommen sollte dann nicht mehr verlängert werden, was aus weiteren Kreisen in der Ukraine Unterstützung bekam, aber in Moskau nicht gut aufgenommen wurde.

Bei der ukrainischen Präsidentenwahl Anfang 2010 trat Viktor Juschtschenko gegen alle Wahrscheinlichkeit noch einmal an, auch Julija Tymoschenko kandidierte – Viktor Janukowytsch, zuletzt nur wieder Parlamentsabgeordneter an der Spitze seiner Partei der Regionen, war der dritte Kandidat. Die Konstellation von 2004 wiederholte sich, nur dass Tymoschenko nun selbst konkurrierende Präsidentschaftskandidatin war. Erwartungsgemäß schied Juschtschenko bereits im ersten Wahlgang aus. Bei der Stichwahl am 7. Februar 2010 gewann Janukowytsch mit 48,8 % knapp gegen Tymoschenko, die aus dem Desaster der fünf Jahre davor deutlich besser herausgekommen war als Juschtschenko. Am 25. Februar wurde er im Amt vereidigt und war damit doch noch Staatspräsident geworden. Janukowytsch ist für den Leser zwar schon so etwas wie ein Bekannter, dennoch aufgrund der Bedeutung seiner katastrophal endenden Präsidentschaft für die weitere Entwicklung hier noch ein paar Informationen zum Hintergrund seiner Person.

Viktor Janukowytsch wurde 1950 in der Oblast Donezk in eine Arbeiterfamilie geboren. Er arbeitete zunächst als Gasinstallateur, Schlosser und Mechaniker. Später gelang ihm aber der Bildungsaufstieg zum Ingenieur in den Bereichen Bergbau und Maschinenbau, mit einem weiteren Studium in Wirtschaftswissenschaften. Das ermöglichte ihm den Aufstieg in die sowjetische Funktionärsschicht. 20 Jahre lang war er in leitenden Funktionen in Donezker Industrieunternehmen tätig. Sein Einstieg in die Politik begann in der Regionalpolitik, 1997–2002 war er als Abgeordneter des Donezker Regionalparlaments und später als dessen Vorsitzender tätig. Von daher könnte sein plötzlicher Aufstieg zum ukrainischen Regierungschef 2002 überraschend scheinen, doch erklärt sich dieser Aufstieg aus seiner Zugehörigkeit zur Donezker Seilschaft Leonid Kutschmas.

Bald nach dem Amtsantritt als Präsident 2010 machte ihm das Oberste Gericht der Ukraine ein großes Geschenk, indem es die Verfassungsänderung von 2004 für verfassungswidrig erklärte – die Änderung war lediglich durch die Werchowna Rada erfolgt und nicht durch Referendum bestätigt worden. Damit wurde das politische System der Ukraine wieder rein präsidial, der Präsident suchte den Regierungschef aus, konnte ihn entlassen, nur musste ein Ministerpräsident durch das Parlament bestätigt werden. Der Präsident wurde wieder unbestrittenes Oberhaupt der Exekutive.

Parlamentarisch stützte sich Janukowytsch als Präsident auf eine Koalition seiner „Partei der Regionen", der Kommunistischen Partei und des „Block Lytvyn", einer zentristischen Allianz. Die wichtigste Oppositionskraft im Parlament war unter Janukowytschs Präsidentschaft der zunächst noch von Julija Tymoschenko angeführte Parteienblock.

Wie Leonid Kutschma stützte sich auch sein ehemaliger politischer Schützling Viktor Janukowytsch außerparlamentarisch auf ein Netzwerk von Oligarchen aus den heimischen Industriegebieten Donezk und Luhansk. Der Kern war eine Gruppe jüngerer Geschäftsleute, der sog. „Janukowytsch-Clan", darunter sein eigener Sohn, der in diesem Zusammenhang, wie auch sein Vater im Amt, zum schwerreichen Mann aufstieg – von 12 Milliarden Dollar ist die Rede. Auch kam die Mehrzahl der Minister in den unter Janukowytsch fungierenden Kabinetten aus dem Donbas, ebenso wurden Donbas-Leute auf verschiedenen Ebenen des Staatsapparats verteilt. Die Opposition und Enthüllungsjournalisten denunzierten die Präsidentschaft als „autoritäre Kleptokratie", rechneten dem Präsidenten Angriffe auf unabhängige Journalisten und weitere Beeinträchtigungen der Pressefreiheit an. Nach dem Sturz Janukowytschs 2014 und seiner Flucht nach Russland wurden in der Ukraine eine Reihe von Dokumenten sichergestellt, die die finanziellen Manipulationen des gestürzten Präsidenten und seines Oligarchen-"Clans" näher beleuchten. So erpressten die Angehörigen der hinter

Janukowytsch stehenden Oligarchengruppe Profitanteile von einer großen Anzahl ukrainischer Firmen als Schutzgeld, in einigen Fällen wurden Firmen, die sich weigerten zu zahlen, übernommen. Nach dem sechsjährigen Desaster der missglückten Reformer Juschtschenko und Tymoschenko kam die präsidiale Kleptokratie. Der umfangreiche Landsitz Meschirya außerhalb von Kiew – eigentlich als offizielle Landresidenz des Präsidenten im Staatseigentum – gelangte irgendwie in Janukowytschs persönlichen Besitz, er brachte dort seine Geliebte unter, nachdem seine Ehefrau als First Lady abgedankt hatte. Das Anwesen wurde zum luxuriösen Kitschpalast ausgebaut. Nach seinem Sturz dokumentierte die siegreiche Opposition den Luxus auf Staatskosten in Fotos, es fanden sich dort auch eine ganze Reihe weiterer aussagekräftiger Dokumente zu den finanziellen Machenschaften Janukowytschs und seiner Umgebung.

An innenpolitischer und ökonomischer Reform lief von daher nichts. Die Ukraine trat weiterhin auf der Stelle. In vielen Dingen äußerte sich Janukowytsch völlig widersprüchlich, einmal so, einmal wieder anders, um die verschiedenen Milieus der ukrainischen Gesellschaft gleichermaßen anzusprechen, ohne dass eine klare Linie gehalten wurde. So versuchte der Präsident, seine Popularität durch Aufstockung bestimmter Sozialleistungen zu stützen, die Staatsfinanzen gaben das aber nicht her – die Ukraine verfügte nicht über das Exporteinkommen durch Energieressourcen wie Russland, die Oligarchen, wie auch der Präsident selbst, vergriffen sich an öffentlichen Geldern –, deshalb mussten Sozialleistungen in anderen Bereichen dann wieder gekürzt werden.

Einer der wenigen systematischen Versuche, eine innenpolitische Linie zu verfolgen, war das 2012 mit einfacher Mehrheit durch die Werchowna Rada gebrachte „Gesetz über die regionalen Sprachen", demzufolge in Regionen, in denen mindestens 10 % der Bevölkerung eine andere Sprache als Ukrainisch spricht, diese Sprache als zweite offizielle Sprache verwendet werden sollte. In der Praxis bezog sich das natürlich primär auf das Russische im Osten und Süden, auch das Rumänische und das Ungarische in einigen Gegenden im Südwesten qualifizierten dafür. Die Regelung ist vernünftig und entspricht heutigen liberalen Standards, ist aber in der Ukraine für große Teile der Bevölkerung ein Politikum, da die ukrainische nationale Identität historisch bedingt das Problem hat, zu meinen, sich gerade vom Einfluss des Russischen freischwimmen zu müssen um die spät erlangte Eigenständigkeit zu festigen. Zudem war das Gesetz technisch gesehen eine Verfassungsänderung, hätte also nicht mit einfacher parlamentarischer Mehrheit beschlossen werden dürfen – was genau der Punkt war, wodurch die Regelung nach 2014 wieder zu Fall gebracht wurde.

Die international am meisten beachtete innere Affäre der Ukraine in den vier Jahren von Janukowytschs Präsidentschaft war der Prozess gegen die ehemalige Ministerpräsidentin und damalige Oppositionsführerin Julija Tymoschenko und das Drama um ihre daraus folgende Strafhaft und um die Haftbedingungen. Bereits im Dezember 2010 erhob die Staatsanwaltschaft Anklage gegen Tymoschenko wegen diverser Vorwürfe in Bezug auf ihre zweite Amtszeit als Regierungschefin seit 2007. Es ging um den Missbrauch öffentlicher Gelder, Betrug und Geldwäsche durch Untergebene wie verschiedene Ministerien und mit ihnen verbundene private Unternehmen. Im Mai 2011 wurde eine zweite Anklage wegen Amtsmissbrauchs im Zusammenhang mit der Aushandlung des Gasliefervertrags mit Russland im Jahr 2009 erhoben: Sie habe den Vertrag ohne Zustimmung des Kabinetts unterzeichnet, die vereinbarten Preise seien zu hoch und hätten die ukrainische Wirtschaft belastet. Damit wurde Tymoschenko letztlich angelastet, dass sie in der Notlage (völliger Lieferstopp) auf die ungünstigen Bedingungen eingegangen war, die Russland geboten hatte. Gegenüber dem ihm genehmen Janukowytsch war Putin dann großzügiger (s.u.), ein weiteres Indiz für die primär politische motivierte Position Russlands im Gasstreit. Die Beschuldigte und weitere Stimmen im In- und Ausland sahen hinter der Anklage den von Präsident Janukowytsch angestifteten Versuch, die parlamentarische Opposition zu enthaupten, die Vorwürfe seien haltlos und herbeigeholt. Tymoschenko reichte Ende Juni 2011 beim Europäischen Gerichtshof für Menschenrechte Beschwerde gegen ihre Strafverfolgung ein. Im August wurde sie in Untersuchungshaft genommen. Die EU und die Vereinigten Staaten kritisierten den Prozess als offensichtlich politisch motiviert und bezweifelten die Unabhängigkeit des Gerichts. Tymoschenko selbst beschimpfte ihren Richter als „Marionette", es kam zu üblen Szenen vor Gericht mit Handgreiflichkeiten. Im Oktober wurde sie schuldig gesprochen und zu sieben Jahren Haft verurteilt. Zusätzlich hatte sie für die der Ukraine durch den Gasvertrag entstandenen Verluste Schadenersatz in Höhe von 137 Mio. Euro zu leisten und durfte im Anschluss an die Haftstrafe drei Jahre keine öffentlichen Ämter bekleiden. Tymoschenko legte Berufung ein, das Berufungsgericht bestätigte aber das Urteil. Ende Dezember 2011 trat sie ihre Haft in einer Frauenhaftanstalt in Charkiw an. Parallel dazu wurde bekannt, dass zugleich in einer weiteren Sache gegen sie ermittelt wurde. Diesmal ging es um Dinge ihrer privaten Geschäftstätigkeit in ihrer Zeit als Chefin des Energiekonzerns EESU 1995–1997. Sie habe damals 295 Mio. Euro veruntreut, zudem wurde ihr die Verwicklung an dem Auftragsmord an einem Donezker Abgeordneten und Geschäftsmann und seiner Frau 1996 vorgeworfen. Ihr Ehemann, Oleksandr Tymoschenko, der damals ihr Geschäftspartner gewesen war, ging vorsorglich ins tschechische Exil, da er ebenfalls eine Anklage fürchtete.

In der Haft verschlechterte sich Tymoschenkos Gesundheitszustand drastisch. Tymoschenko beklagte sich über die Haftbedingungen und trat mehrfach in den Hungerstreik. Sie verweigerte die Behandlung durch ukrainische Ärzte, da sie fürchtete, absichtlich mit einer Hepatitis infiziert zu werden. Es erfolgte ein Zwangstransport in ein Charkiwer Krankenhaus zur Untersuchung, wobei sie nach ihrer Aussage geschlagen worden sei, was die Behörden natürlich dementierten. Sie forderte die Möglichkeit, nach Berlin ausgeflogen zu werden, um sich dort in der Charité behandeln zu lassen. Nach Druck von Seiten der EU und einigem Hin und Her ging die ukrainische Regierung auf den Kompromiss ein, sie könne von einem deutschen Arzt vor Ort in der Ukraine untersucht werden. Im Mai 2012 flog Lutz Harms, ein Neurologe der

Charité in die Ukraine, wo Tymoschenko unter seiner Begleitung in Charkiw in ein Krankenhaus verlegt wurde. Harms beschrieb die Haftbedingungen Tymoschenkos als „in den meisten europäischen Ländern unvorstellbar". Der in der Zwischenzeit vor einem Charkiwer Gericht eröffnete zweite Strafprozess gegen sie – wegen der Dinge in den 90ern – musste immer wieder vertagt werden, da die Angeklagte verhandlungsunfähig war, was sich bis ins Jahr 2013 erstreckte. Unter weiterem Druck der EU, eines Urteils des Europäischen Gerichtshofs für Menschenrechte zu ihren Gunsten und schließlich dem Eindruck der Massenproteste auf dem Maidan und im Kontext des politischen Umschwungs in Kiew am 21./22. Februar 2014 beschloss das Parlament im Februar 2014 ein Gesetz zur Freilassung Julija Tymoschenkos, am 22. Februar wurde sie aus der Haft entlassen, mitten in die politische Umwälzung hinein, und trat umjubelt in Kiew vor 100.000 Demonstranten auf dem Maidan auf.

Außenpolitisch war Janukowytsch tendenziell wie seit jeher prorussisch, passend zu seiner Herkunft aus dem Donbas und zu seiner dortigen Unterstützerbasis. Allerdings war seine Linie auch hier oft nicht eindeutig und gerade rhetorisch voller Widersprüchlichkeiten, eine Schaukelpolitik, die darauf hinauslief, Russland zufriedenzustellen, aber auch die Brücken zum Westen nicht abzubrechen. Die Linie – falls man das eine nennen will – war die einer formalen Neutralität, der aber die prorussischen Sympathien Janukowytsch ebenso widersprachen wie bestimmte positive Äußerungen Richtung Westen. Janukowytsch war irgendwie im Bett mit dem Westen und mit Russland zugleich, zeigte aber auch, dass das mit Russland Neigung war, mit dem Westen mehr Pflicht. Letztendlich zeigte sich das als ein Spagat, durch den er zu Fall kam.

Das begann schon mit seiner Amtseinführung im Februar 2010, als Janukowytsch den russischen Patriarchen Kyrill nach Kiew einlud. Der höchstrangige Kleriker der russischen Orthodoxie (der sich aber auch weiterhin ein Teil der Orthodoxen in der Ukraine zurechnete) leitete einen öffentlichen Gebetsgottesdienst im Kiewer Höhlenkloster, um danach als Gast an der Inauguration teilzunehmen. Der Sprecher des russischen Parlaments war auch anwesend, ebenso wie eine hochrangige Vertreterin der EU und der Sicherheitsberater des amerikanischen Präsidenten.

Das Hauptproblem, das sich außenpolitisch erst einmal stellte, dass aber auch innenpolitische und finanzielle Implikationen hatte, war der russisch-ukrainische Gasstreit, der erst 2009 durch die Verhandlungen Julija Tymoschenkos mit Wladimir Putin und die Vermittlung der EU notdürftig beigelegt worden war. Die Ukraine hatte sich dabei mit dem Zahlen des vollen Gaspreises arrangieren müssen, was ihre Finanzen schwer belastete – unter anderem daraus war ja Julija Tymoschenko der gerichtliche Strick gedreht worden. Janukowytsch wollte das revidieren und zugleich damit aber auch die angeschlagenen Beziehungen mit Russland wieder verbessern. Die aufgenommenen Neuverhandlungen führten zu einem schon im April 2010 in Charkiw von Janukowitsch und seinem russischen Amtskollegen Medwedew abgeschlossenen Vertrag, der den von 2009 zwischen Putin und Tymoschenko geschlossenen ersetzte, dem sog. Charkiw-Pakt bzw., im Russischen, den Charkow-Vereinbarungen. Russland stimmte darin einer Senkung des von der Ukraine zu zahlenden Gaspreises um 30 % zu, im Gegenzug wurde die Pacht des Stützpunktes der russischen Schwarzmeerflotte in Sewastopol ab dem Auslaufen des bisherigen Pachtvertrages 2017 um weitere 25 Jahre verlängert, mit der Option einer weiteren Verlängerung um fünf Jahre, also bis 2047. Zugleich wurde die von Russland an die Ukraine zu zahlende Pachtsumme erhöht. Ministerpräsident Wladimir Putin, der wahre Machthaber Russlands hinter Medwedew, äußerte sich hochzufrieden über die Vereinbarung, die Russland immer noch deutlich mehr Einnahmen aus dem Gasverkauf an die Ukraine sicherte als vor 2005 und zugleich die weitere Verfügungsgewalt über Sewastopol bis 2047. Auch wurde vom russischen Präsidenten wie vom russischen Regierungschef lobend erwähnt, dass die Beziehungen mit der Ukraine unter Janukowytsch wieder deutlich besser geworden seien als in den fünf Jahren zuvor. 2011 schloss die Ukraine ein Freihandelsabkommen mit der GUS, also vor allem mit Russland.

Im Juni 2010 beschloss das ukrainische Parlament ein Gesetz, das die Mitgliedschaft der Ukraine in einem Militärbündnis verbot, allerdings Kooperation mit solchen Bündnisblöcken zuließ. In Übereinstimmung damit erklärte Janukowytsch das ukrainische Interesse an einer zukünftigen NATO-Mitgliedschaft für beendet, beließ es aber bei den bisherigen gemeinsamen Kontakten und Konsultationen, inklusive gemeinsamer Übungen.

Das Verhältnis zur EU war komplizierter, zumal auch Janukowytsch klar war, dass engere ökonomische Anbindung der Ukraine an die EU für das Land vorteilhaft sein würde. Daher wurden die zuvor begonnenen Verhandlungen mit der EU über ein Assoziierungs- und Freihandelsabkommen fortgesetzt. Das führte zu einem Vertragstext, der als der weitreichendste bezeichnet wurde, den die EU jemals mit einem Nichtmitglied vereinbart hat. Der Strafprozess gegen Julija Tymoschenko und die Problematik ihrer Haftbedingungen führten dann allerdings zur zeitweiligen Aussetzung der Verhandlungen von Seiten der EU, das schon erarbeitete Abkommen wurde vorerst auf Eis gelegt. Dabei strebten aber Polen, die baltischen Staaten, die skandinavischen Länder und Großbritannien den Abschluss des Abkommens auf jeden Fall an, da sie die Ukraine für zu wichtig hielten und den Einfluss Russlands auf das Land eingrenzen wollten. Deutschland, Frankreich, Spanien und Italien dagegen waren die Bremser und Bedenkenträger, bei denen der Verdacht bestand, dass die menschenrechtliche Problematik der Haft Tymoschenkos mehr ein Vorwand war, um die wirtschaftlichen und politischen Beziehungen dieser EU-Staaten mit Russland nicht in Gefahr zu bringen. Jedenfalls gab es das ganze Jahr 2013 ein Hin und Her zwischen der EU und der Ukraine wegen der Menschenrechtslage im Kontext der Haft Tymoschenkos (sowie einiger ihrer ebenfalls verurteilten früheren Mitarbeiter) und des bereits erarbeiteten aber noch nicht abgeschlossenen Assoziationsabkommens.

Russland führte nun einen regelrechten Wettlauf mit der EU um die engere Anbindung der Ukraine, was auffallend war, da noch 2010 die Verlautbarungen des Kreml keinen Anstoß an dem geplanten Assoziationsabkommen genommen hatten. Zudem sah sich einseitig Russland in diesem Wettlauf, die EU dagegen tat nicht viel in dieser Frage. Als Putin 2012 – nun erneut Präsident – Kiew besuchte, erklärte Janukowytsch die grundsätzliche Bereitschaft, einer Zollunion mit der „Eurasischen Union", einem von Russland, Belarus und Kasachstan gebildeten Wirtschaftsraum, beizutreten. José Manuel Barroso, damals Präsident der EU-Kommission, erklärte dazu, ein Land könne nicht Mitglied der weitreichenden Freihandelszone der EU sein und zugleich Mitglied einer weiteren Zollunion. Die Ukraine müsse sich da schon entscheiden. Darauf ruderte Janukowytsch zurück und erklärte, ein zügiger Beitritt zur Zollunion mit Russland stehe nicht auf der Tagesordnung. Im Mai 2013 erklärte er, die Ukraine strebe nur den Beobachterstatus in der Zollunion an. Im August 2013 konterte Putin die EU-Einlassung mit der Erklärung, im Falle der Unterzeichnung des EU-Assoziationsabkommens werde Russland zu „Schutzmaßnahmen" greifen, in Form einer Verschärfung der russischen Importkontrollen für ukrainische Güter. Vorher schon hatte Russland die ukrainischen Importe beschränkt, nun sperrte es sie am 14. August ganz, was die ukrainische Wirtschaft von einem beträchtlichen Teil ihres Exporteinkommens abschnitt, da Russland immer noch der Haupthandelspartner der Ukraine war. Es war nun völlig klar geworden, dass die russische Seite die Ukraine von der weiteren Anbindung an die EU abhalten und das Land ökonomisch und zolltechnisch eng an seine Wirtschaftszone koppeln wollte. Druck in diese Richtung wurde im Laufe des Jahres 2013 immer offener ausgeübt. Die Sperrung der Einfuhr ukrainischer Waren fiel völlig ungeschminkt unter die Sparte „Erpressung". Auch wurde zwischendurch mit dem alten Schreckgespenst „Gaspreiserhöhung" gedroht, was aber nach der Einigung von 2010 vertragswidrig gewesen wäre.

Am 21. November 2013 beschloss die ukrainische Regierung nach monatelangem Tauziehen um die Haftentlassung Julija Tymoschenkos, das Abkommen mit der EU einzufrieren. Janukowytsch erklärte auf einem Treffen der EU-Verhandlungsgruppe in Vilnius, die Ukraine ändere ihren EU-Kurs grundsätzlich nicht, vor einem späteren Abschluss des Abkommens im folgenden Jahr müssten allerdings noch eine Reihe aktueller Probleme im Handel mit Russland gelöst werden. Dieses Aufschieben des Vertragsabschlusses, nun von der ukrainischen Seite, trug das Signum des Nachgebens gegenüber russischem Druck. Damit löste Janukowytsch die Ereignisfolge aus, die ihn stürzen sollte.

Zudem war die Finanzlage der Ukraine – durch den russischen Importstopp noch verschärft – katastrophal, das Land näherte sich dem Bankrott. Der ukrainische Ministerpräsident Mykola Azarov hatte angesichts der finanziellen Lage bei der EU um einen Kredit und Hilfsleistungen im Wert von 27 Milliarden US-Dollar gebeten, die EU war aber nur bereit, einen Kredit in Höhe von 838 Mio. Dollar zu gewähren und machte die Durchführung verschiedener gesetzlicher Reformen, ökonomische Reformmaßnahmen wie solche zur Verbesserung der menschenrechtlichen Situation zur Bedingung für die Kreditgewährung. Ein von der Ukraine beim IWF (Internationaler Währungsfont) nachgefragter Kredit bot zu ungünstige Bedingungen, als dass die Ukraine sie annehmen wollte. Damit hatte Janukowytsch zwei Gründe, den Vertragsabschluss auch von ukrainischer Seite aus vorerst auf Eis zu legen und sich Russland zuzuwenden: Die russischen Drohungen mit ihren gravierenden ökonomischen Konsequenzen und die aktuelle Finanzlage der Ukraine, für die das Hilfsangebot der EU ungenügend schien. Am 17. Dezember, bei einem Besuch Janukowytschs in Moskau, ließ Putin auf die Peitsche das Zuckerbrot folgen und bot der Ukraine einen Kredit in Höhe von 15 Milliarden Dollar an, zusätzlich sollte der Gaspreis um 33 % reduziert werden. Damit hatte Putin das Hilfsangebot der EU deutlich überboten, allerdings, nachdem der Kreml in nicht ganz unbeträchtlichem Maß zur miserablen Finanzsituation der Ukraine beigetragen hatte.

Die Situation, die sich der Ukraine Ende 2013 grundsätzlich stellte, war, dass Janukowytsch versucht hatte, die nach 1991 betriebene Neutralitätspolitik der engen Verbindung mit Russland und dem Westen zugleich wieder aufzunehmen, sich diese Politik aber zunehmend selbst zu widersprechen begann: schon die Zollunion, die mit der weiteren Anbindung an die von Russland geführte „Eurasische Union" verbunden gewesen wäre, war mit der mit dem geplanten Assoziierungsabkommen verbundenen Anbindung an die EU inhaltlich unvereinbar und umgekehrt. Die Ukraine musste sich entscheiden. Dabei war es Russland, das seit 2005 begonnen hatte, Druck auszuüben, um die Ukraine daran zu hindern, sich der EU – und der NATO – zu nähern oder gar anzuschließen. Zuerst im Kontext des Gasstreits, der erkennbar politische Hintergründe hatte, dann, als sich die Assoziierungpläne 2012/2013 der Vertragsreife näherten, durch Handelskrieg und teils offene, teils unterschwellige Drohungen (u. a. das Gaspreismotiv) – mehr dazu im späteren Kapitel im Kontext der allgemeinen Entwicklung im Dreieck Russland – Ukraine – Westen. Die EU übte dagegen keinen konsistenten Gegendruck aus, dazu war sie auch – wie gewöhnlich – innerlich zu uneinig. Grundsätzlich war die EU an dem Abschluss des Assoziationsabkommens interessiert, aber die Begeisterung dafür war in den einzelnen EU-Ländern unterschiedlich ausgeprägt. Die großen Bedenkenträger waren Deutschland und Frankreich, die EU-Staaten, denen enge und gute Beziehungen auch zu Russland am meisten am Herzen lagen – Deutschland war bereits von russischem Erdgas abhängig. Die osteuropäischen EU-Staaten – an der Spitze Polen und die drei baltischen Staaten – hätten die Ukraine am liebsten sofort als Vollmitglied aufgenommen und die Russen sollte ihrer Ansicht nach der Teufel holen. Das Ergebnis war, dass die EU der Ukraine als Vorbedingung für das Zustandekommen des Abkommens Auflagen machte: Juristische/menschenrechtliche (die Haft Julija Tymoschenkos war hier das Symbol) und solche im Bereich der Reform im ökonomischen Sektor. Im Hinblick auf die Förderung einer engeren Anbindung der Ukraine an die EU war das aber natürlich kontraproduktiv. Es gab damit für Janukowytsch – auch unabhängig von seiner schon durch seine politische Basis unter den Oligarchen der Ostukraine gegebene prorussische Neigung – Ende 2013 kein überzeugendes Gegenangebot von Seiten der EU, Putin bekam in Kiew den

Fuß in die Tür. Im Hinblick auf die NATO war die Situation nicht drängend, da Janukowytsch eine weitere Annäherung an die NATO ja schon 2010 auf Eis gelegt hatte und sich so in diesem engeren politisch-militärischen Bereich keine Zuspitzung westlich-russischer Konkurrenz um die Ukraine entwickelte. Die Amerikaner hatten schon in den 2000ern unter der Bush-Administration ihr Interesse an einer zukünftigen Aufnahme der Ukraine in die NATO offen bekundet, allerdings bestand hier innerhalb der europäischen NATO-Mitglieder die gleiche Spaltung wie innerhalb der Europäischen Union, wodurch die weitere Annäherung der Ukraine an die NATO auch innerhalb des Westens auf Hemmnisse traf. Doch ist aus verschiedenen Äußerungen Putin und seiner Umgebung erkennbar, dass die Russen beides – eine ukrainische NATO- und EU-Mitgliedschaft – untrennbar miteinander verbanden. Das eine war für sie nur das Vorspiel für das andere und beides galt spätestens seit den späteren 2000ern in Moskau als gleichermaßen nicht wünschenswert.

Auch die innere Situation der Ukraine im Hinblick auf die regionale Spaltung hatte sich in den Jahren von Janukowytschs Präsidentschaft zugespitzt. Der Donbas war seit dem 19. Jh. das Zentrum der industriellen Produktion des Landes gewesen und blieb es auch nach 1991. Das hatte sich – wie mehrfach erwähnt – auf sprachlicher Ebene zugunsten der überproportionalen Verbreitung der russischen Sprache in der Region und einer überproportional auch in ihrer Identität russischen Bevölkerung ausgewirkt. Seit 1991 war aber eine zusätzliche Konsequenz davon gewesen, dass die im Kontext der chaotischen und korrupten Privatisierungspolitik entstehende Oligarchenschicht in dieser Region eine starke Basis hatte und in beträchtlichem Maße aus der Region stammte und dort weiterhin ökonomisch und politisch verwurzelt war. Damit verfügten die Eliten der südöstlichen Ukraine über überproportionalen Machteinfluss in Kiew. Aus der Sicht der anderen Landesteile, besonders der im Zentrum und im Westen, wurde die nationale Politik vom korrupten Einfluss der im Donbas basierten tendenziell Russlandfreundlichen Oligarchennetzwerke dominiert und blockiert. Das war zum ersten Mal der Fall unter der Präsidentschaft Kutschmas 1994–2004 (der „Dnipropetrowsker Clan") und dann unter Janukowytsch („Janukowytsch-Clan" und weitere Netzwerke). Beide Präsidenten gehörten von vornherein selbst zu diesen Netzwerken und hatten genau dieselbe Herkunft. Damit war in weiten Kreisen der Opposition der Protest gegen Korruption, Oligarchendominanz, Blockade der wirtschaftlichen Entwicklung und autoritäre Tendenzen untrennbar verbunden mit Opposition gegen engere Anbindung an Russland und Verfolgung einer nationalen Sprachenpolitik zwecks Betonung und Festigung der eigenständigen ukrainischen Nationalität. Diese Gesichtspunkte – nationalukrainische Identität, Abgrenzung von Russland, Opposition gegen autoritäre Politik, Opposition gegen die übermächtig scheinende Dominanz der östlichen Oligarchie – ergänzten sich und verstärkten sich gegenseitig. Man versteht den Mainstream-Teil des ukrainischen Nationalismus nicht, wenn man von heutigen deutschen Voraussetzungen ausgeht, wo das liberal-progressiv gestimmte Publikum das nationale Motiv tendenziell unter Rechtsaußen-Verdacht stellt und der Wunsch nach Demokratie, Rechtsstaat, Selbstbestimmung der Gesellschaft auch nach außen, ökonomischer Entwicklung und „Antioligarchie" als etwas gesehen wird, was dem „Nationalen" geradezu konträr entgegengesetzt sei. Die enge Verbindung von Nation und Freiheit war aber im 19. Jh. lange Zeit selbstverständlich (die europäischen Revolutionen von 1848 sind ein schönes Beispiel), in der Ukraine und generell in Osteuropa ist das tendenziell immer noch so. Das Problem dabei ist aber eben immer, wie die Nation genau definiert wird, wer dazu gehört, wer nicht. Jedenfalls ergibt sich aus der Sicht der Mehrheit der Ukrainer die Position, dass Freiheit – nach innen wie außen -, Wohlstand und Rechtsstaat die besten Voraussetzungen hätten, wenn die Nation – idealiter – primär ihre ureigene Sprache verwenden würde, da sie dadurch gegenüber Russland auch in ihrer Identität gesichert sei. Bis 2014 war die ausschließlich russischsprachige Minderheit im Osten und Südosten nicht einfach schwach und gefährdet, Teile der Eliten dieser Regionen hatten in Kiew überproportionalen Einfluss, was die Mehrheit als ungerechte, korrupte und die Unabhängigkeit des Landes gefährdende Dominanz wahrnahm. Dabei hatte die einfache Bevölkerung im Osten von dieser zentralpolitischen Dominanz „ihrer" Eliten aber natürlich nicht viel. Die sich aus Korruption, oligarchischer Politik, ökonomischer Situation und Gefährdung der politischen Freiheit ergebenden Probleme betrafen sie genauso wie die Masse der Bevölkerung weiter westlich. Zugleich war sie aber auch in der Tendenz prorussischer, skeptischer im Hinblick auf Anbindung des Landes an den Westen, und neigte dazu, den sprachlichen Nationalisierungstendenzen der Westukraine zu misstrauen. Daraus ergab sich im Osten und im Süden des Landes eine eigentümliche Gespaltenheit in der Einstellung zur Protestbewegung und zu dem politischen Umsturz 2014.

Alle diese Faktoren waren auch schon 2004 bei der „Orangenen Revolution" wirksam gewesen. Doch hier war die Krise – mit Hilfe des Obersten Gerichts – durch legale Wahlen gelöst worden. Auch hatte Russland sich damals noch stärker zurückgehalten, die internationale Situation war entspannter. In den Jahren 2005–2009 war die zunächst siegreiche Opposition an der Reform des Landes gescheitert, das hatte zum Backlash 2010 geführt, als Janukowytsch sich als der Kandidat des ostukrainischen Netzwerks und Russlands doch noch durchsetzen konnte. Jetzt war die ganze Situation eskaliert, Russland drohte und machte Front gegen den Westen, die innere Krise war auf dem Höhepunkt, das Land gespalten wie nie. Janukowytsch hatte sich stärkere Kontrolle über die Exekutive und teilweise auch die Justiz verschafft, als Kutschma sie besessen hatte, Julija Tymoschenko war in ihrer Haft wieder zur Ikone der Opposition aufgestiegen. Janukowytschs eigenes Oligarchennetzwerk trat nun aber auch durch seine aggressive ökonomische Übernahmepolitik in Konkurrenz mit Teilen der früheren Unterstützer im Donbas, wodurch nun auch Teile der „östlichen" Oligarchie auf die Seite der Opposition überwechselten.

Für die sich erhebenden Massenproteste – in die ukrainische Erinnerung als „Euromaidan" eingegangen, der sich daraus ergebende Umsturz Ende Februar 2014 wird in der Ukraine als „Revolution der Würde" bezeichnet – waren zwei mediale Faktoren von besonderer Bedeutung: 1. Die Medien wurden nur zum Teil von der Regierung und den sie unterstützenden

Oligarchen gesteuert, auch hier spielten Fernsehsender eine Rolle, die oppositionsnahen Oligarchen gehörten oder frei finanziert waren. 2. Das Internet und die sozialen Medien hatten jetzt endgültig eine zentrale Funktion für Mobilisierung, Vernetzung und Organisation der Massenbewegung und der sich in ihr bildenden Gruppen.

Die Proteste begannen nach Janukowytschs Rückzug vom EU-Assoziationsabkommen in der Nacht vom 21. auf den 22. November, wie schon traditionell, auf dem Kiewer Maidan Nesaleschnosti, dem Platz der Unabhängigkeit, mit dem Protest von ca. 2000 Menschen gegen die Aussetzung des Abschlussprozesses des Abkommens mit der EU. Zwei oppositionelle Fernsehsender berichteten ausführlich und zustimmend darüber. In den folgenden Tagen schlossen sich mehrere Tausend Studenten und einige Vertreter der politischen Opposition den Protesten an. Am 24. November schwoll die Protestbewegung auf dem Maidan stark an, nach unterschiedlichen Berichten war die Rede von 50.000 bis 200.000 Menschen. Die Mehrzahl waren junge Leute in ihren 20er Jahren, ein beträchtlicher Teil reiste aus verschiedenen Teilen des Landes – besonders der Westukraine – nach Kiew an. Damit war die Größenordnung von 2004 erreicht. Nun bildeten sich auch Demonstrationsbewegungen in anderen Städten des Landes, selbst im Donbas und auf der Krim – auf der Krim besonders unter der tatarischen Bevölkerung. Allerdings bildeten sich im Donbas und im Süden auch Gegendemonstrationen zugunsten der Regierung und mit prorussischer Tendenz. Die Regierungspartei „Partei der Regionen" organisierte auch in weiteren Teilen des Landes Gegendemonstrationen, allerdings ist hier verschiedentlich bezeugt, dass die Demonstranten mit Geld angeworben wurden, die Rede war von 15 Euro pro Tag und Person – für nicht Wenige eine nicht unbeträchtliche Summe.

Obwohl die Proteste sich zunächst an der Aussetzung des Assoziationsplans mit der EU aufgehängt hatten, kamen schnell und erwartbar weitere Motive dazu: die Korruption, das Oligarchenproblem, die Ablehnung der russischen Erpressung, die wirtschaftliche Situation, die Forderung nach Freilassung Julija Tymoschenkos, die Forderung nach Wiederinkraftsetzung der Verfassungsänderungen von 2004, die das Oberste Gericht 2010 wieder kassiert hatte und die die Macht des Kabinetts und des Parlaments gegen die Macht des Präsidenten gestärkt hatten, schließlich die Forderung nach dem Ende von Janukowytschs Präsidentschaft. Dabei war das proeuropäische Motiv insgesamt gesehen das relativ schwächste, es wurde besonders stark im Westen des Landes laut. Nach einer Reihe von Meinungsumfragen unter den Demonstranten und der weiteren Bevölkerung – wie repräsentativ sie auch immer waren – ergab sich ein konfuses Bild, insgesamt unterstützte ein bedeutender Teil der Bevölkerung die Bewegung, ein ähnlich großer Anteil an skeptischen oder feindseligen Stimmen stand dagegen, eine größere unentschiedene Gruppe dazwischen. Im Lauf der Zeit, als die Gewalt eskalierte und das primär der staatlichen Seite zuzuschreiben war, bekamen die Unterstützer einen Überhang. Die Jüngeren waren mit deutlichem Übergewicht für die Demonstrationen, im Laufe der Zeit waren auch die mittleren Altersgruppen stärker für die Demonstrationen, bei den über 50-Jährigen dominierte das Anti. Im Osten und Süden war die Skepsis bis Ablehnung am größten, aber auch hier gab es nicht wenige Befürworter. Auch in der primär russischsprachigen Bevölkerung insgesamt dominierte das Dafür, wenn auch schwächer. An der aktiven Bewegung scheinen – zeitweise – etwa 15% der Gesamtbevölkerung teilgenommen zu haben, allerdings vertraten dabei natürlich nicht alle das ganze Spektrum der Forderungen. Die Bewegung war breit gefächert und genoss in weiten Kreisen der Bevölkerung beträchtliche Legitimität.

Die Protestbewegung wurde zur Dauereinrichtung. Auf dem Maidan bildete sich ein permanentes Lager mit Essens- und Getränkeangeboten, Rednerbühnen, Live-Musik, weiteren kulturellen Veranstaltungen, was alles zur „Revolutionsromantik" beitrug. Das Ganze wurde im Lauf der Zeit gut organisiert, verschiedene Organisationsgruppen bildeten sich, die auch gemeinsame Strukturen ausbildeten. Der Maidan wurde permanent – nicht ganz einfach mit einer Dauer von drei Monaten im Winter – wenn etwas an der Ukraine definitiv russisch ist, dann ist es der Winter. Dabei ging aber das gewöhnliche Leben in Kiew parallel dazu weiter, allerdings fuhr längere Zeit die Metro nicht, da die Regierung nicht wollte, dass der öffentliche Transport weitere Demonstrantenmassen herbeibringen könnte. In einigen Städten der Westukraine war das Leben außerhalb der Protestaktionen stärker beeinträchtigt, da dort auch umfangreichere Streiks stattfanden. Als der Protest permanent wurde, traten häufiger Oppositionspolitiker auf, wie z. B. Vitalij Klitschko, der spätere Bürgermeister von Kiew. Als dann im Dezember 2013 die Sache zwischen Demonstranten und Sicherheitskräften zu eskalieren begann, fanden sich auch Vertreter aus dem Westen ein, die öffentlich auftraten, sich mit den Demonstranten solidarisierten und die Entwicklung beobachteten: Aus Washington Victoria Nuland, eine hochrangige Vertreterin des amerikanischen State Department (Außenministerium), die uns später noch beschäftigen wird, aus Brüssel Catherine Ashton, die außen- und sicherheitspolitische Repräsentantin der EU. Natürlich waren die Regierungsäußerungen im Westen positiv, in Moskau ablehnend bis feindselig.

Zunächst war es zwischen Sicherheitskräften und Demonstranten ruhig geblieben, kleinere Zusammenstöße hatten sich entwickelt, als Teile der Protestierenden Anstalten gemacht hatten, Regierungseinrichtungen zu besetzen und mit Schlagstöcken und Tränengas zurückgetrieben worden waren. In der Nacht vom 30. November auf den 1. Dezember aber begann der erste Angriff der Polizei auf den Maidan, unter dem Vorwand, den Platz zwecks Aufstellung eines Weihnachtsbaums zu räumen. Einheiten der Berkut, einer paramilitärischen Sonderpolizeitruppe unter direktem Kommando des Innenministeriums, gingen dabei ziemlich hart vor, es gab etwa 80 Verletzte. Etwa 50 Demonstranten wurden von der Berkut in das St. Michaelskloster gejagt, wo sie belagert wurden. Am nächsten Tag versammelten sich bis zu 10.000 Protestierende vor dem Kloster, um es zu schützen. Weitere Neuankömmlinge aus dem Westen, v. a. Lwiw, kamen an. Es bildeten sich auf dem Maidan Selbstverteidigungseinheiten, die sich provisorische Schilde und Schlagstöcke bastelten. Die Oppositionsparteien Batkiwschtschyna („Vaterland", die Partei Julija Tymoschenkos), UDAR (die Partei Vitalij

Klitschkos) und Swoboda (die letztere rechtsnationalistisch) richteten zwecks Koordination eine „Zentrale des Nationalen Widerstandes" ein. Die Gesamtzahl der Demonstranten auf dem Maidan wuchs nun auf zeitweise über 500.000, wobei aber große Fluktuation herrschte. Die Opposition rief zum landesweiten Generalstreik auf, auf dem Maidan vergrößerte sich die Zeltstadt, das Kiewer Rathaus und das Haus der Gewerkschaften wurden besetzt, ohne dass die Polizei es noch verhindern konnte. Es bildete sich jetzt auch in Kiew ein „Antimaidan", gespeist aus Demonstranten, die von der Regierungspartei „Partei der Regionen" mit Bussen herangefahren wurden. Allerdings gingen diese Gegendemonstrationen nicht über einige 10.000 Teilnehmer hinaus. Im Marijinski Park in Kiew gab es zeitweilig ein Gegenzeltlager, das sich bis Weihnachten aber wieder aufgelöst hatte. Zusätzlich nahm die Polizei „Tituschki" in Sold, zivile Provokateure, die die Demonstranten unterwandern, Zwietracht säen und als „agents provocateurs" dienen sollten, um die Demonstranten wegen Straftaten dingfest machen zu können.

Angehörige des „Rechten Blocks" und verschiedener weiterer rechtsnationalistischer Gruppierungen unter den Demonstranten (s.u.) provozierten von sich aus Angriffe auf Polizisten und Regierungsgebäude. Petro Poroschenko, einer der führenden Abgeordneten der Opposition und einer der Wirtschaftsoligarchen auf Seiten der Protestbewegung (aktiv auch mit dem ihm gehörenden Fernsehsender) – der spätere Staatspräsident – rief zu friedlichem Verhalten auf, um den Behörden keinen Vorwand zu liefern.

Die folgenden Wochen brachten keine weitere Eskalation von Seiten der Demonstranten, Demonstranten und Polizei standen sich gegenüber. Verschiedene Versuche, den Maidan gewaltsam zu räumen, besonders am 11. Dezember, scheiterten alle. Ein Misstrauensvotum der Opposition gegen die Regierung Azarov im Parlament scheiterte. Präsident Janukwytsch traf zweimal mit Wladimir Putin zusammen, in Sotschi und in Moskau, dabei sagte Putin die umfangreiche finanzielle Unterstützung der Ukraine zu. Durch später sichergestellte Dokumente ist die umfangreiche Lieferung von polizeirelevantem Material – Schlagstöcke u.a. – bezeugt, es gibt verschiedene Berichte und Aussagen über Anwesenheit russischer Sondereinheiten auf Seiten der ukrainischen Sicherheitskräfte, was bei der Dokumentenlage aber kaum sicher verifiziert werden kann.

Am 16. Januar 2014 verschärfte die Regierung das Demonstrations- und Versammlungsrecht drastisch. Die Sicherheitskräfte versuchten nun, gestützt auf diese Verschärfung (u.a. Vermummungsverbot), härter durchzugreifen, was die wirkliche Eskalation herbeiführte. Es folgten eine Reihe von schweren Zusammenstößen auf und um den Maidan, es gab die ersten Toten. Demonstranten versuchten am 19. Januar, das Regierungsviertel und das Parlament zu stürmen. Auch in anderen Städten wurden Amtsgebäude besetzt. Die Regierung wurde unsicher, und ging auf Gespräche mit der parlamentarischen Opposition ein. Am 28. Januar traten der Ministerpräsident Mykola Asarov und das gesamte Kabinett zurück. Kurz darauf nahm die große Mehrheit der Werchowna Rada die erst kurz zuvor beschlossene Gesetzesverschärfung wieder zurück.

Im Februar eskalierte die Situation weiter. Der „Rechte Sektor", die rechtsnationalistische Fraktion unter den Demonstranten erklärte, über Schusswaffen zu verfügen und sie auch einsetzen zu wollen. Die Todesrate ging hoch, primär unter den Demonstranten, doch wurden auch Polizisten getötet. Die Demonstranten warfen Molotow-Cocktails. Seit dem 19. Februar griff die Polizei nicht nur zu Schlagstöcken und Tränengas – Wasserwerfer verboten sich in der winterlichen Kälte -, sondern es gab auch Scharfschützen, die gezielt mit scharfer Munition auf einzelne Protestierende schossen, um die Mehrheit in Panik zu versetzen, es kam zu gezielten Tötungen. Tituschki warfen Molotow-Cocktails auch von Regierungsseite. Im Westen der Ukraine begannen Polizisten, auf die Seite des Protests überzulaufen. Am 20 und 21. Februar kam die Eskalation auf den Höhepunkt: Die Mehrzahl der Toten und Verletzten fiel auf diese drei letzten Tage der Auseinandersetzung. In einem letzten Eskalationsschritt versuchte Janukowytsch, die Armee gegen den nicht endenden Massenprotest zu mobilisieren, dafür hatte er aber schon den vorherigen Stabschef feuern müssen, der das nicht tun wollte, sein Nachfolger wollte erst recht nicht. Einige Truppenverbände (v.a. Fallschirmjäger) wurden tatsächlich dafür nach Kiew geflogen, doch die Offiziere verweigerten den Befehl. Als der Präsident merkte, dass die Armee nicht bedingungslos hinter ihm stand, scheint das seinen Durchhaltewillen gebrochen zu haben. Seine Regierung hatte bereits das Weite gesucht, seine eigene Partei tat danach dasselbe.

Im Verlauf des Februar geriet die Regierungsfraktion parlamentarisch in die Minderheit, da die „Partei der Regionen" sich aufzulösen begann. Schrittweise trat ein großer Teil ihrer Abgeordneten auf die Seite der Opposition über. Der deutsche Außenminister Frank-Walter Steinmeier, der polnische Kollege Radoslaw Sikorski und der französische Kollege Laurent Fabius waren angereist, um zu vermitteln, Russland hatte Wladimir Lukin, den Menschenrechtsbeauftragten der Staatsduma geschickt. Präsident Janukowytsch erklärte in Anwesenheit der auswärtigen Abgesandten, auf die Forderungen der Opposition eingehen zu wollen. Am 21. Februar, parallel zu dem gewaltsamen Tumult nicht weit entfernt, wurde man sich einig:

1. Die Verfassung von 2004 mit der Festschreibung der parlamentarischen Regierungsbildung sollte wieder eingeführt werden.
2. Beginn der Arbeit an einer umfangreichen Verfassungsreform
3. Vorgezogene Präsidentschaftswahlen bis spätestens Dezember 2014. Eine neue Zentrale Wahlkommission, um zukünftig Wahlmanipulationen zu verhindern.
4. Untersuchung der jüngsten Gewaltakte
5. Keine Verhängung des Ausnahmezustandes. Deeskalation von beiden Seiten
6. Die Außenminister Frankreichs, Polens und Deutschlands wie der russische Repräsentant unterstützen alle Punkte.

Unterschrieben wurde das Abkommen von Janukowytsch, von Vertretern der Opposition und von den Vertretern der drei EU-Staaten. Der russische Vertreter weigerte sich, da er dazu nicht befugt sei. Teile der Demonstranten und verschiedene ihrer Organisationsgruppen lehnten die Vereinbarung ab, da sie weiterhin den sofortigen Rücktritt Janukowytschs forderten. Vitali Klitschko, der Führer der Mitte-Rechts orientierten Oppositionspartei UDAR, der das Papier mitunterzeichnet hatte und dabei Janukowytsch die Hand gegeben hatte, wurde auf dem Maidan mit Entrüstung empfangen. Das Parlament, in dem die Opposition jetzt die Mehrheit hatte, setzte die Verfassung von 2004 wieder in Kraft.

Am folgenden Tag, dem 22. Februar, war Präsident Viktor Janukowytsch nicht mehr in Kiew aufzufinden. Wie sich später herausstellte, hatte er seine Flucht bereits seit dem 19. Februar geplant. Er floh nach Charkiw, wo er auf lokale Unterstützung hoffte, danach in seine Heimat Donezk. Über die Krim begab er sich nach Russland, von wo er verkündete, keinerlei Vereinbarungen anzuerkennen, da er unter Druck zur Unterschrift genötigt worden sei. Auch betrachtete er sich weiter als der legitime Staatspräsident. Den Posten des Parlamentspräsidenten übernahm Oleksandr Turtschynow, ein Politiker von Julija Tymoschenkos Partei „Vaterland". Ein Sondergesetz des Parlaments hob Tymoschenkos Haft auf, noch am selben Tag sprach sie auf dem Maidan. Mit Hinweis auf die Notlage ohne anwesenden Präsidenten und ohne Regierung beschloss die Werchowna Rada mit 328 Stimmen die Absetzung Janukowytschs als Präsident. Es gab keine Gegenstimmen, da ein großer Teil der noch verbliebenen Regierungsfraktion des 450 Sitze zählenden Parlaments nicht erschienen war, diejenigen, die kamen und nicht mit „Ja" stimmen wollten, enthielten sich. Präsidentschaftswahlen wurden für den 25. Mai 2014 angesetzt. Interimspräsident wurde am 23. Februar Oleksandr Turtschynow. Polizei und Armee unterstellten sich dem Interimspräsidenten, damit war die Konfrontation mit der Protestbewegung beendet. Die „Revolution der Würde" war erfolgreich gewesen. Die Zahl der Todesopfer betrug über 100, dabei etwas mehr als 16 Angehörige der Sicherheitskräfte, Die Zahl der Verletzten betrug über 2500. Die meisten dieser Opfer forderte die Eskalation der letzten Tage, vom 18.–21. Februar.

Am 26. Februar gelang es der vorherigen Opposition, aus ihren Reihen eine neue Regierung zu bilden. Ministerpräsident wurde Arsenij Jazenjuk, ebenfalls Mitglied von „Vaterland", der wichtigsten der bisherigen Oppositionsparteien. In der Regierung waren Minister seiner eigenen Partei, mehrere führende Vertreter der Maidan-Bewegung sowie drei Minister der rechtsnationalen Swoboda, was in Europa mit Kritik bedacht und von Moskau mit dem Faschismusvorwurf quittiert wurde. Ebenfalls bedenklich von einem liberalen Gesichtspunkt her war, dass das Parlament mit Mehrheit das Regionalsprachengesetz Janukowytschs kippte, wodurch Ukrainisch wieder überall die alleinige Verwaltungssprache geworden wäre. Interimspräsident Turtschynow legte aber sein präsidentielles Veto ein, womit die Rücknahme des Gesetzes – vorerst – gestoppt wurde.

Die EU erkannte den neuen Präsidenten und die neue Regierung an, der größere Teil des Landes tat das ebenfalls. Regionalgouverneure und weitere Regionalpolitiker im Osten dagegen stellten die Legitimität der neuen Ordnung und des Parlamentes in Frage und sprachen von einem von der EU und den USA geförderten Staatsstreich, eine Version, die man sich in Moskau auch schnell zu eigen machte, wo man von einem vom Westen angestifteten Putsch unter Mithilfe ukrainischer Faschisten sprach. Und im Donbas und auf der Krim sollte der in Kiew erfolgte Umschwung Folgen haben, die bis heute andauern.

Die Kritik an den Ereignissen von November 2013 bis Februar 2014 und das Bestreiten der Legitimität der im späten Februar 2014 erfolgten politischen Umwälzung in der Ukraine – in Russland, in verschiedenen Milieus im Westen – bezieht sich vor allem auf folgende Punkte: 1. Die Maidanbewegung sei eine vom Westen angestiftete, organisierte und finanzierte Bewegung gewesen, durch die die Minderheit der ablehnend gestimmten Mehrheit ihren Willen aufgezwungen habe. Damit sei der Umsturz nicht nur illegal, sondern auch unter demokratischen Gesichtspunkten grundsätzlich illegitim gewesen. 2. Zentraler und maßgeblicher Kernteil dieser Bewegung seien rechtsradikale oder gar faschistische Gruppen gewesen, die die Gewalt selbst provoziert hätten. Dementsprechend seien sie dann auch in der neuen Regierung vertreten gewesen. Das Motiv der russischen Propaganda, die Ukraine sei seit 2014 faschistisch, hat hier seinen Kern. 3. Die Absetzung Janukowytschs im Februar 2014 sei illegal gewesen und habe gegen die ukrainische Verfassung verstoßen. Legaler und legitimer Staatspräsident sei daher weiterhin der – bis heute – in Russland lebende Janukowytsch gewesen.

1. **Die Maidanbewegung sei eine vom Westen angestiftete, organisierte und finanzierte Bewegung gewesen:** Es ist klar, dass sowohl die EU als Ganze wie die Regierungen ihrer einzelnen Mitgliedsstaaten mit der Maidanbewegung sympathisierten und Janukowytsch eher nicht mochten – Allerdings gab es vor allem in Deutschland und Frankreich auch Sorge um die Beziehungen mit Russland. Ebenso klar ist das für die amerikanische Administration (damals noch Barack Obama). Und wiederum klar ist, dass umgekehrt der russische Präsident und seine Regierung mit Janukowytsch sympathisierten und die ukrainische Protestbewegung nicht mochten. Das ist jeweils leicht nachzuvollziehen und wäre im gegenteiligen Fall auch verwunderlich gewesen. Das bloße Faktum von Sympathie und Antipathie beweist nichts im Hinblick auf Verursachung. Bemerkenswert ist, dass die Vertreter dreier Kernstaaten der EU – Deutschland, Polen und Frankreich – noch im Februar im Beisein eines russischen Vertreters versuchten, den Konflikt mit einem Kompromiss zu beenden, indem sie das Abkommen vom 21. Februar zwischen Janukowytsch und der Opposition vermittelten und mitunterzeichneten. Es war Janukowytsch, der sich am folgenden Tag entzog und später alles für ungültig erklärte, wodurch er den Parlamentsumsturz am 22. Februar provozierte und sogar notwendig machte. Der EU-Einfluss war hier zweifellos mäßigend, von einer drängenden EU-Aktion mit Absicht

eines Königssturzes in Kiew lässt sich nichts erkennen. Auch wenn dann Janukowytschs Flucht dem Kompromiss die Grundlage entzog, bevor die Demonstranten auf dem Maidan das tun konnten.

Die beiden Kernfiguren der prorussischen bzw. Antimaidankritik sind dabei die EU-Beauftragte Catherine Ashton und ihre amerikanische Kollegin Victoria Nuland. Beide reisten legal in die Ukraine ein – zweifellos mit Billigung der damaligen ukrainischen Regierung – beide hielten ein paar aufmunternde Reden auf dem Maidan, beide trafen mit ukrainischen Oppositionspolitikern zusammen wie auch mit der Gegenseite. Für Catherine Ashton ist es das dann auch schon, was man sehen kann. Dagegen ist Victoria Nuland, damals Unterstaatssekretärin im State Department mit Zuständigkeit für europäische und eurasische Angelegenheiten, in dieser Kritik das Postergirl finsterer amerikanischer Machenschaften. Während ihres Aufenthalts in Kiew hielt sie im Dezember 2013 eine Rede vor der US-Ukraine Foundation, in der sie u. a. äußerte, die Vereinigten Staaten hätten seit 1991 über 5 Milliarden für Programme zur Förderung der Demokratie ausgegeben. Die russische Regierung stürzte sich auf die Äußerung und deutete sie als Eingeständnis, die USA orchestrierten mit diesem Geld eine Revolution in der Ukraine. Die Unterstützung einer Reihe von zivilgesellschaftlichen Organisationen und Gruppen auch in der Ukraine seit dem Ende der Sowjetunion durch die amerikanischen Regierungen wie regierungsnahe und sonstige amerikanische Stiftungen, wie ebenso in Russland selbst ebenso wie in anderen postsowjetischen und postkommunistischen Ländern, ist wohl bekannt, vielfach dokumentiert und offen nachvollziehbar. Diese Dinge geschahen völlig offen und stellten kein verschwörerisches Handeln dar. Mit den Ereignissen von 2013/14 hat das nichts zu tun. Victoria Nuland hat nur etwas gesagt, was allgemein bekannt ist. Das Praliné des Nuland-Bashing ist etwas anderes. Am 4. Februar 2014 wurde auf YouTube ein Video von einem offensichtlich russischen Blogger veröffentlicht, in dem der Audiomitschnitt eines Telefongesprächs zu hören war, das Nuland am 28. Januar mit Geoffrey Pyatt, dem amerikanischen Botschafter in der Ukraine, geführt hatte. Zur Erinnerung: Das ukrainische Kabinett trat an diesem Tag zurück, die Position Janukowytschs fing an zu wanken, es begannen Gespräche mit der parlamentarischen Opposition, von deren Führungsfiguren Nuland nun einige kannte. Nuland und Pyatt diskutierten in diesem (offensichtlich von den Russen abgehörten und aufgenommenen) Gespräch, wer ihrer Meinung nach aus den Reihen der Opposition für Positionen in der nächsten Regierung in Frage kommen könnte, dabei wurden verschiedene Personen der ukrainischen Politik durchgehechelt. Nuland meinte, Arsenij Jazenjuk sei der Geeignetste für den Posten des Ministerpräsidenten, Vitalij Klitschko dagegen sei eher ungeeignet. Zusätzlich meinte sie, in Hinblick auf Vermittlung sollte sich besser die UNO einschalten, eher nicht die zögerliche europäische Union, wörtliches Zitat: „fuck the EU". Das letztere war nun zweifellos nicht nett gegenüber den europäischen Verbündeten, die dann auch indigniert reagierten. Allerdings muss man zu all dem bemerken, dass Mrs. Nuland mit ihren Äußerungen als eine recht erfahrene und kenntnisreiche Außenpolitikerin erscheint. Die oft unkoordinierte und widersprüchliche Außenpolitik der EU ist Legende, die UNO scheint wohl tatsächlich eine relativ bessere Performance bei solchen Vermittlungsbemühungen zu haben. An den Auslassungen zu den ukrainischen Politikern finde ich nichts Bemerkenswertes. Die in antiwestlichen Kreisen – in Russland wie sonst wo – beliebte Deutung des Gesprächs, hier hätten zwei hochrangige Vertreter des US-Imperialismus Entscheidungen getroffen, wer die demnächst dazugewonnene Bananenrepublik regieren dürfe, ist lachhaft. Dass das Ancien Régime Viktor Janukowytsch ins Wanken kam, konnte wohl jeder sehen, der sich damals auf der politischen Ebene in Kiew bewegte. Sich darüber zu unterhalten, wer jetzt wohl käme und wer da besser oder schlechter sei, gehört zum Beruf von Außenpolitikern. Und auch hier bewies Victoria Nuland Augenmaß: Dass Arsenij Jazenjuk den Posten des Übergangspremiers dann tatsächlich bekam, hing nicht mit einer Entscheidung der beiden Vertreter Washingtons vor Ort zusammen, sondern schlicht damit, dass er ein erfahrener Politiker der größten Oppositionspartei war, der bereits in den 2000ern, nach der „Orangenen Revolution", Regierungsposten innegehabt hatte. Klitschko war das nicht und seine Partei war deutlich schwächer als „Vaterland". Allerdings war Klitschko der ukrainische Lieblingskandidat vieler Politiker in der EU, besonders in Deutschland (wahrscheinlich der einzige Ukrainer, den viele in Deutschland kannten).

Ansonsten gibt es nichts, was die These unterfüttert, der Westen habe den Umschwung in der Ukraine gezielt herbeigeführt. Das ausschlaggebende Moment, das alles Weitere zur Folge hatte, war die Massenbewegung. Es ist erkennbar, dass sie sich von selbst bildete und organisierte, die führenden Politiker der Opposition sprangen erst später auf – anders als 2004, wo die Massenbewegung durch die Oppositionsparteien aufgerufen und organisiert worden war. Auch zeigen die Ereignisse im Februar 2014, dass die Oppositionspolitiker weiterhin die Demonstranten nicht unter Kontrolle hatten – das am 21. Februar von der Opposition mit Janukowytsch ausgehandelte Kompromissabkommen wurde von der erzürnten Menge auf dem Maidan in der Luft zerrissen, Klitschko als „Verräter" bezeichnet. Wenn noch nicht einmal die ukrainische Opposition die Menge kontrollierte, wie sollten das Brüssel oder Washington tun können? Wie organisiert und finanziert man zentral eine Bewegung, in der ein ständiges Kommen und Gehen herrscht und in der in der Fluktuation in Kiew alleine zeitweilig über 500.000 Menschen aktiv waren? Die Regierung organisierte bezahlte Gegendemonstrationen und heuerte die Schlägerbanden der Tituschki an – da kam man aber nur auf weitaus geringere Zahlen und hielt das nicht lange durch. Der Maidan und die vielen kleineren Parallelbewegungen im Land waren eine Grassroots-Bewegung, die sich über die Kommunikation in den Social Media gebildet hatte und deren Organisationsformen erkennbar im Lauf der ersten Woche entstanden sind. Anders als 2004 rief die politische Opposition die Menge nicht, die Massenresonanz lockte umgekehrt die politische Opposition auf den Plan. Nach dem Erfolg der

Bewegung und dem Sturz Janukowytschs hat die Mehrzahl der Bevölkerung der Ukraine bis heute nicht den Eindruck gemacht, dass sie über das Ergebnis fürchterlich unglücklich gewesen wäre. Da, wo man es war, bildete man die Minderheit. Und diese Minderheit im Osten und im Süden der Ukraine war es, die das Ergebnis so sehr nicht akzeptieren konnte, dass die russische Intervention hier ihre Chance bekam. Von einer amerikanischen Intervention konnte aber keine Rede sein.

Es gab allerdings einen Amerikaner, der bei den Ereignissen in der Ukraine eine nicht unwichtige Rolle spielte und dabei im Hintergrund tätig war. Er arbeitete aber für Viktor Janukowytsch und im Sinne Wladimir Putins. Paul Manafort war – bzw. ist – ein studierter Jurist, der schon in den 70er Jahren eine Karriere als Lobbyist, Spin-Doktor, Imageberater und Wahlkampfmanager begonnen hatte. Er war Wahlkampfmanager für mehrere republikanische US-Präsidenten, dann auch international im Dienst, als Imageberater und Public-Relations-Spezialist u.a. für die Diktatoren Ferdinand Marcos (Philippinen), Siad Barre (Somalia), für saudische Prinzen, für diverse Oligarchen in verschiedenen sowjetischen Nachfolgestaaten und schließlich in der Ukraine. Also ein Mann für diskrete Dinge. Seit den späteren 2000ern arbeitete er für Viktor Janukowytsch, leitete dessen Wahlkampagne 2009 und trug mit zu dessen Wahlsieg und politischem Comeback bei. Nach dem Umschwung 2014 wurden in der Villa des Generalstaatsanwalts Viktor Pschonka Dokumente sichergestellt, die über Jahre hinweg umfangreiche Zahlungen von prorussischen Oligarchen an Manafort bezeugten. Manafort verschwand beim Umsturz natürlich aus der Ukraine und seine Tätigkeit für Janukowytsch wurde gerichtlich untersucht. 2016 war Manafort zunächst Wahlkampfberater Donald Trumps, bis er wegen seiner Tätigkeit in der Ukraine von diesem Posten zurücktreten musste und durch Steve Bannon ersetzt wurde. Später während Trumps Präsidentschaft geriet er in Verdacht im Zusammenhang mit den Untersuchungen zu den russischen Verwicklungen in Trumps Wahl und versuchte auf Trump einzuwirken, ukrainische Untersuchungen zu seiner Rolle in Kiew zu blockieren. Der Rest von Manaforts „Laufbahn" ist nur von inneramerikanischer Bedeutung und muss uns hier nicht interessieren. War also in Wirklichkeit Janukowytsch der Mann Washingtons? Oder spielte Washington ein Doppelspiel? Und Moskau und Washington waren sich in Wirklichkeit einig und spielten beide nur Theater? Die Unsinnigkeiten solcher rein spekulativen Verschwörungstheorien, in denen bestimmte Einzelmotive verabsolutiert werden, treten ins Auge. Paul Manafort ist nichts als ein politischer Söldner, der seine Dienste jeder gut zahlenden Kundschaft angeboten hat.

2. **Zentraler und maßgeblicher Kernteil dieser Bewegung seien rechtsradikale oder gar faschistische Gruppen gewesen:** War diese Bewegung rechtsradikal? Welche Rolle spielten Rechtsradikale in der Bewegung und wie rechts waren sie? Rechtsnationalistisch? Rechtsautoritär? Xenophob? Antisemitisch? Russophob? Faschistisch? Es gab und gibt in der Ukraine natürlich Individuen und Gruppen, auf die das alles und noch mehr zutrifft,

nur, wo gäbe es sie nicht? Wie groß war ihr Anteil an den Demonstranten der Maidan-Bewegung 2013/2014, hatten sie eine Führungsrolle und welche dieser Züge trafen zu?

Die bedeutendste Rechtsaußen-Partei in der Ukraine in dieser Zeit war „Swoboda" (Freiheit"). Die Partei ging bis auf die 1990er Jahre zurück (unter anderem Namen). Sie hatte in den Wahlen zur Werchowna Rada immer unter 1 % der Stimmen gelegen, 2012, in den Parlamentswahlen in der Mitte der Präsidentschaft Janukowytschs, war sie auf 10,4 % gekommen und damit zum ersten Mal in die Rada eingezogen – mit 37 Abgeordneten. Sie war damit eine der bedeutenderen Oppositionsparteien. Mit Beginn der Proteste im November 2013 bildeten Swoboda, Vitalij Klitschkos UDAR und „Vaterland" (die Partei des späteren Übergangspremiers Jazenjuk und Julija Tymoschenkos) eine Allianz mit dem Ziel, den Rücktritt oder Sturz Janukowytschs herbeizuführen. Auch Swoboda hatte- wie die anderen Oppositionsparteien – Anhänger unter den Demonstranten. Nach dem Umschwung hatte Swoboda drei Minister in der Übergangsregierung, zusätzlich gehörte ihr der neue Generalstaatsanwalt an. Bei der vorgezogenen Parlamentswahl von 2014 fiel die Partei unter 5 % und erhielt deshalb nur 6 Direktmandate in der Rada. 2019 fiel sie auf 1 Direktmandat zurück. Dementsprechend war sie auch nur an der Übergangsregierung 2014 beteiligt, nach drei Monaten war sie wieder draußen.

In ihrem Programm spricht Swoboda von „Sozialnationalismus". Ihr Nationsbegriff ist ethnisch, so fordert sie die Einführung von Kategorien ethnischer Zugehörigkeit im Personalausweis, auch wenn sie offen keine Diskriminierung ethnischer Minderheitengruppen propagiert – die ethnische Zugehörigkeit amtlich im Ausweis festzuhalten war übrigens die Situation in der Sowjetunion gewesen. Sie fordert die Aufnahme eines Straftatbestands „Antiukrainische Tätigkeit" ins Strafrecht. Sie fordert die Abschaffung der Möglichkeit doppelter Staatsangehörigkeit und Null Einwanderung, außer von zurückkehrenden ethnischen Ukrainern – das ist ziemlich theoretisch, da die Ukraine nicht viel Einwanderung hat. Moralpolitisch ist sie gegen Tabak- und Alkoholwerbung, sowie Bestrafung von Propagierung von Drogenkonsum und „sexuellen Perversionen" (das letztere ist anti-LGBT). Swoboda fordert die Überführung strategisch wichtiger Unternehmen in Staateigentum und die Ersetzung von Importgütern durch heimische Produktion (das ist wohl das soziale am Nationalismus). Außenpolitisch ist die Partei anti-russisch, erstrebt den NATO-Beitritt der Ukraine (aber nicht in die „dekadente" EU), eine Bündnisachse mit anderen osteuropäischen Staaten (Polen, Baltikum) und den Status einer Atommacht für das Land. In der Außenbeurteilung gilt die Partei in Russland natürlich als Neo-Nazi-Partei und faschistisch, im Westen reicht die Einordnung von rechtsnational bis rechtsextrem. Antisemitismusvorwürfe hat die Partei immer bestritten, von jüdischen Vertretern in der Ukraine wurde sie in dieser Frage überwiegend in Schutz genommen, in Israel und sonst im westlichen Judentum kritisiert. Konkrete antisemitische Aktionen von Parteimitgliedern sind nicht bezeugt, eigentliche gewalsame Hassverbrechen sonst auch nicht, die Partei demonstriert allerdings öffentlich gegen Pride-Paraden. Nach Ausbruch der Kämpfe in der Ostukraine 2014 stellte Swoboda ein Freiwilligenbataillon, das Sitsch-Bataillon (nach der Zentralsiedlung der Saporoger Kosaken).

Die wichtigste rechte Bewegung auf dem Maidan war der „Rechte Sektor", ein Dachverband mehrerer rechter Gruppen, der sich in der ersten Zeit der Proteste bildete. Der Rechte Sektor stand von vornherein weiter rechts als Swoboda, sein Sprecher und späterer Parteichef Dmytro Jarosch bezeichnete Swoboda einmal als „zu liberal". Der Rechte Sektor war früh in die Selbstverteidigungsverbände der Protestbewegung eingebunden, dabei wirkten seine Mitglieder manchmal als Speerspitze der Eskalation von Seiten der Demonstranten, manchmal wirkte sich diese Einbindung aber auch so aus, dass die anderen den Rechten Sektor zurückhielten. Die Führung in der Bewegung hatte die Gruppe erkennbar nicht. Der Anteil der Rechten an den Demonstranten ist schwer zu bestimmen, es kann sich aber nur um einen kleinen Prozentsatz gehandelt haben. Jarosch selbst sprach von etwa 10.000 Mitgliedern seines Verbandes. Allerdings war er durch sein Auftreten und seine Lautstärke leicht erkennbar und war ein bevorzugtes und dankbares Objekt sowohl russischer wie westlicher Fernsehberichterstattung. An der Übergangsregierung war der Rechte Sektor nicht beteiligt, obwohl ihm ein Posten angeboten wurde. Auch weigerte er sich längere Zeit seine Waffen abzugeben, seine bewaffneten Gruppen aufzulösen oder der Nationalgarde zu unterstellen, in diesem Zusammenhang gab es mehrere Krawallaktionen gegen die Behörden. Als am 1. April 2014 alle paramilitärischen Gruppen durch einen Beschluss der Rada entwaffnet wurden, mussten die Sicherheitskräfte beim Rechten Sektor teilweise mit Gewalt vorgehen. Auch der Rechte Sektor gründete ein Freiwilligenbataillon für den Krieg in der Ostukraine. Daneben fiel er aber in den folgenden Jahren immer wieder durch gewaltsame und illegale Aktionen auf, die teils mit Bedrohung politischer Gegner, Widerstand gegen die Polizei, kriminellen Aktivitäten und Aktionen gegen LGBT-Veranstaltungen zu tun hatten. Gleichzeitig agierte der Verband seit März 2014 als politische Partei, ist damit aber nicht sehr erfolgreich gewesen. Die Partei gewann nie Listenplätze im Parlament, ggf. ein oder zwei Direktmandate.

Das Programm ist erwartungsgemäß radikaler als das der Swoboda. Es lehnt liberale und demokratische Werte explizit ab. Es ist Anti-EU, befürwortet allerdings eine sicherheitspolitische Anbindung an die USA und Großbritannien zwecks Absicherung der Unabhängigkeit der Ukraine. Allerdings hat sich auch der Rechte Sektor vom Antisemitismus distanziert und scheint sich in dieser Hinsicht auch nicht betätigt zu haben. Das Hauptziel ihrer „kulturpolitischen" Propaganda und von Bedrohungsaktivitäten sind Homosexuelle und allgemein LGBT.

Die weiteren Rechtsaußenbewegungen auf dem Maidan und danach sind so klein, dass sie kaum eine Rolle spielten. Weder war die Protestbewegung in ihrer großen Mehrheit rechts geprägt noch rechts geführt. Eine Reihe der Rechten unter den Demonstranten traten dabei nicht nur antirussisch, sondern auch antiwestlich auf, ganz besonders anti-EU (die EU wird als ökonomisch dominant und kulturpolitisch „dekadent" gesehen.). Auch danach spielte die radikale Rechte eine untergeordnete Rolle, ihre zeitweilige Prominenz, beruhend auf der Teilnahme der – relativ gemäßigten – Swoboda an der Übergangsregierung, die von der russischen Propaganda und westlichen Kritikern des Umschwungs in der Ukraine gerne aufgespießt wurde, war schnell vorbei, wie die späteren Wahlergebnisse zeigen. Am bedeutendsten für den weiteren Fortgang der Dinge waren die Rechtsbewegungen durch ihre Freiwilligeneinheiten im Krieg im Donbas, besonders am Anfang, als die reguläre ukrainische Armee dabei keine gute Figur machte.

3. **Die Absetzung Janukowytschs im Februar 2014 sei illegal gewesen:** Hier hat die Kritik einen formalen Punkt: Ja, der Umschwung im Februar 2014 war verfassungsrechtlich illegal, damit könnte man anstatt des abmildernden Wortes „Umschwung" auch härter „Umsturz" schreiben. Der springende Punkt ist folgender: Als das Parlament am 22. Februar nach der Flucht Janukowytschs mit seiner neuen Mehrheit von 328 Stimmen gegen keine Gegenstimme den geflohenen Präsidenten des Amtes enthob, war das ein Verstoß gegen die ukrainische Verfassung. In einem präsidialen System, in dem der Staatspräsident als Oberhaupt der Exekutive direkt vom Volk gewählt wird, kann das Parlament den Präsidenten nicht einfach mit einer Misstrauensabstimmung mit einfacher Mehrheit absetzen wie einen parlamentarisch gewählten Regierungschef. Präsidiale Verfassungen schreiben hier komplizierterte Amtsenthebungsverfahren vor, für die man eine qualifizierte Mehrheit braucht. Nach der ukrainischen Verfassung muss die Amtsenthebung des Präsidenten in Form einer Anklage wegen einer schweren Verfehlung gegen das Strafrecht oder das Staatsinteresse im Parlament vorgebracht werden. Das muss dann vor dem Parlament belegt werden, schließlich wird die Frage diskutiert, danach wird abgestimmt. Das Verfahren kann sich – korrekt durchgeführt – wie ein Strafprozess, dem es ähnelt, über Wochen oder gar Monate erstrecken. Bei der Abstimmung ist eine Vierfünftelmehrheit für die Absetzung nötig (dafür waren es am 22. Februar 2014 zu wenig Stimmen), schließlich muss das Oberste Gericht die Anklage gegen den Präsidenten noch einmal untersuchen und die Absetzung bestätigen. Es ist klar, dass das simple Schnellverfahren in der Werchowna Rada den verfassungsrechtlichen Vorgaben, die die für eine legale Amtsenthebung des Präsidenten notwendigen Bedingungen sehr hoch hängen, in keiner Weise entsprach. Das wussten die Abgeordneten auch. Sie argumentierten mit einer Notlage: Der Präsident war geflohen und hatte damit dem Kompromiss vom Tag zuvor die Grundlage entzogen, das Land war führerlos und ohne Regierung. Man kann das einen Staatsstreich des Parlaments nennen, allerdings ein Putsch, wie die russische Propaganda schnell meinte, war es nicht. Ein Putsch ist ein Staatsstreich der Armee oder unter Beteiligung der Armee. Von der Armee war hier hinten und vorne nichts zu sehen. Auch übernahm hier kein Mob aus bewaffneten Rechtsradikalen die Regierung, was mit dem Putschvorwurf wohl angedeutet werden sollte. Da die Ereigniskette,

die zu dem Sturz Janukowytschs führte, von einer Massenbewegung angestoßen worden war, kann man das auch noch mit Recht eine Revolution nennen, eine politische Revolution, die den Präsidenten vertrieb und den Weg freimachte für die provisorische Machtübernahme des Parlaments.

Die Frage nach der Legitimität des Vorgehens, also nach der politisch-moralischen Berechtigung oder gar Notwendigkeit, ist eine andere als die nach der formalen Legalität. Staatsstreiche, Putsche, Umstürze, Revolten, Revolutionen sind in der Regel illegal, gemessen am bis dahin geltenden Recht. Die Legitimität aber ist eine Frage der moralischen Beurteilung. Für Ludwig XVI war das, was 1789 begann, ganz klar illegal und illegitim, für die Revolutionäre dagegen war ihr Vorgehen zweifellos sehr legitim. Dass es aber zugleich nach den bisher geltenden Gesetzen der Monarchie auch illegal war, kümmerte sie wohl nicht groß. Ich kann das Gesetz brechen, dabei aber vor meinen moralischen Maßstäben ein reines Gewissen behalten. Das hängt von meinen moralischen Maßstäben und vom Inhalt des Gesetzes ab. Illegalität ist nicht per se ein moralisches Argument gegen etwas. Moral und Recht überschneiden sich, aber wo sie sich decken, wo nicht, ist eine Frage unterschiedlicher moralischer – und ggf. politischer – Beurteilung.

Das zentrale Ergebnisse des Umsturzes in der Ukraine im Februar 2014 – und ich nenne das hier jetzt formal Umsturz – war, wie die Zukunft zeigen sollte, das Ende des bisherigen überproportionalen politischen Einflusses von oligarchischen Netzwerken mit Basis in der Russland-freundlicheren Ostukraine. Was die Orangene Revolution von 2004 versucht hatte, aber letztendlich doch nicht zustande gebracht hatte, gelang hier in Folge einer noch einmal wesentlich breiteren und virulenteren Massenbewegung. Der Weg zu weiteren Reformprozessen war offen, das Land orientierte sich nach Westen. Allerdings folgten daraus auch Dinge, die die Mehrheit der Demonstranten und die parlamentarische Opposition wohl nicht beabsichtigt hatten: Es gab Widerstand gegen die neue Regierung in Teilen des Landes, Russland ging auf Konfrontationskurs, die Gebiete, deren Oligarchen bislang eine gewichtige Rolle in Kiew gespielt hatten, gingen der Ukraine verloren.

5. Der Konflikt 2014–2021: Die Krim und der Donbas

Die innere Entwicklung Russlands 2014–2021 mit dem endgültigen Ausbau von Putins Alleinherrschaft haben wir bereits behandelt. Im letzten Kapitel war es um die Ukraine in ihrer inneren Entwicklung von 2004 bis zum Umsturz 2014 gegangen. Jetzt wird es um die Ukraine 2014 bis 2021 gehen: Die innere Entwicklung unter den Präsidentschaften Poroschenko und Selenskyj, verschränkt mit der russischen Annexion der Krim und dem Krieg im Donbas. Russland wird auch hier notwendigerweise mit in die Betrachtung hineinspielen, die großen Linien des entstehenden Konflikts in seinen weiteren Zusammenhängen mit dem Westen werden dann später noch ausführlich betrachtet werden.

Der Startschuss für den Konflikt mit Russland, der nach dem ukrainischen Umsturz von 2014 folgte, fiel auf der Krim. Die Halbinsel ist im romantischen russischen Nationalgedanken ein besonderes Juwel in der Krone des russischen Mutterlandes. Nach einer Version der mittelalterlichen Überlieferung soll sich Wladimir I., Großfürst von Kiew, 988 in Chersonesos (heute Sewastopol) auf der Krim zur Taufe gebeugt haben, nicht in Kiew. Wie erwähnt, wurde die Krim im Zuge ihrer Eroberung und Annexion unter Katharina II. dichterisch und künstlerisch zur Wiege der klassisch-antiken und christlich-byzantinischen Bezüge des russischen Erbes hochgeschraubt, die Krim wurde so die russische „Wunschinsel" und später der beliebteste Ferienort der Russen. Die Übergabe der Krim an die Ukrainische Sowjetrepublik 1954 wurde stillschweigend an die Bedingung geknüpft, dass „Malorossija" („Kleinrussland" = die Ukraine) gegenüber der großrussischen Mutter auch weiterhin loyal bleiben würde. Zudem war die Krim für Putins Russland auch aus ganz pragmatischen Gründen begehrenswert: Die Krim war in den Jahren der ukrainischen Unabhängigkeit auch für westliche Touristen ein beliebtes Reiseziel geworden, der Tourismus nun Einnahmequelle Nr. 1, was die russische Annektion 2014 allerdings beendet hat. Die vollständige Kontrolle der Krim durch Russland hätte den Stationierungsort der russischen Schwarzmeerflotte strategisch und dauerhaft abgesichert, in Russland waren schon vorher Unzufriedenheiten mit dem umstrittenen Pachtkonstrukt laut geworden, umgekehrt hatten Russland-kritische Stimmen in der Ukraine das Ende dieses Konstrukts auch bereits gefordert. Zudem waren im Lauf der 2000er Jahre in den Gewässern rund um die Krim umfangreiche Gasvorkommen entdeckt worden. Sollte die Ukraine diese Vorkommen erschließen, wäre sie von den russischen Lieferungen unabhängig und könnte Russland als Erdgasexporteur in seinem ureigensten Geschäft Konkurrenz machen. Eine ganze Reihe von Gründen also für Wladimir Putin, im Frühjahr 2014 nach der Krim zu greifen, sobald sich abzeichnete, dass die ukrainische Opposition, gestützt auf die Protestbewegung des Euromaidan, Viktor Janukowytsch stürzen würde. In dem russischen Dokumentarfilm über den Anschluss der Krim „Auf dem Weg zum Mutterland", der im folgenden Jahr 2015 im russischen Fernsehen ausgestrahlt wurde, erzählt Putin selbst dem Interviewer, er habe noch in der Nacht von 22. auf 23. Februar 2014 (also kurz nach Janukowytschs Amtsenthebung), ein Treffen der russischen Sicherheitschefs anberaumt, um die Rettung Janukowytschs und die Rückkehr der Krim nach Russland zu diskutieren. Eine vom russischen Verteidigungsministerium ausgegebene Erinnerungsmedaille „Für die Rückkehr der Krim nach Russland" gibt die Daten 20. Februar bis 18. März 2014 für den Zeitraum dieses Prozesses. Putin war in der Tat schnell entschlossen. Alles was er noch brauchte, war eine Rechtfertigung. Schließlich hatte Russland in mehreren Abkommen die Grenzen der Ukraine anerkannt.

Wie bereits ausgeführt war die Krim seit den 90er Jahren eine Autonome Republik innerhalb der Ukraine gewesen. Faktisch war die Verwaltungssprache weitgehend Russisch, auch wenn das erst seit Janukowytschs Sprachgesetz offiziell anerkannt war. Hauptstadt der Autonomieregion war Simferopol, die Hafenstadt Sewastopol dagegen – stark geprägt durch die

Präsenz der russischen Schwarzmeerflotte – bildete eine Sonderverwaltungszone unter einem von Kiew ernannten Gouverneur. Nach dem letzten offiziellen ukrainischen Zensus von 2001 hatte die Krim knapp 2,5 Mio. Einwohner. 77 % waren russischsprachig, 11,4 % sprachen Krimtatarisch, 10,1 % Ukrainisch, der Rest fiel auf die kleinen Sprachen. Allerdings wurde auch nach nationaler Selbstidentifikation gefragt, dabei sprachen nur etwa 40 % der sich als Ukrainer Identifizierenden tatsächlich Ukrainisch, 60 % sprachen Russisch. Die sich als Russen identifizierenden Bewohner der Krim waren also nur ein Teil der russischsprachigen Bevölkerung, dennoch mit knapp 60 % die größte Gruppe (die ethnischen Ukrainer nach Selbstidentifikation waren etwa 24 % der Bevölkerung). Bei den verschiedenen Konflikten um die Autonomie in den 90ern war das Motiv des Separatismus auch immer wieder angeklungen (sowohl Separatismus zwecks Unabhängigkeit wie Separatismus mit dem Ziel des Anschlusses an Russland), der schließlich erreichte Autonomiekompromiss hatte das Problem aber weitgehend ausgetrocknet. Bei den letzten Regionalwahlen 2012 war die Separatistenpartei „Russische Einheit" nur auf 4 % der Stimmen gekommen, ihre Präsenz im Regionalparlament war dementsprechend minimal. Janukowytschs „Partei der Regionen" dominierte auch auf der Krim und stand für Bewahrung der Besonderheit der Krim, nicht für Separatismus oder Anschluss an Russland. Denn natürlich wollten auch Janukowytsch, seine Regierungspartei und das hinter Janukowytsch stehende Netzwerk östlicher Oligarchen keinen Anschluss ukrainischer Gebiete an Russland.

Auf der Krim war es bis in den Februar 2014 bemerkenswert ruhig geblieben, weder gab es bemerkenswerte pro- noch anti-Janukowytsch-Proteste.

Erst als in Kiew die Konfrontation zwischen Demonstranten und Sicherheitskräften eskalierte, erklärte der Stadtrat der Sonderverwaltungszone Sewastopol seine Unterstützung für Präsident Janukowytsch und forderte die konsequente Niederschlagung der Protestaktionen. In Simferopol gab es eine kleine Demonstration gegen den Maidan, während in Jalta eine ebenso kleine Gruppe pro-Maidan demonstrierte. Am Tag darauf, dem 20. Februar, erklärte Wladimir Konstantinow, der Sprecher des Regionalparlaments der Krim, bei einem Besuch in Moskau, eine Abtrennung der Krim von der Ukraine sei nicht ausgeschlossen, falls die Situation im Land sich weiter verschlechtere. Im Kontext der Wahlen 2012 hatte Konstantinow sich noch gegen einen Anschluss der Krim an Russland geäußert, aber diese Äußerung hatte er ja auch nicht in Moskau getan. Refat Tschubarow, das Oberhaupt des Rats der Krimtataren, fiel dieser Zusammenhang auch auf und er kritisierte, dadurch würden die Russen zum Eingreifen aufgerufen. Wenn man das auf der russischen Erinnerungsmedaille angegebene Datum des 20. Februar ernst nimmt, scheinen an diesem Tag die Vorbereitungen für das spätere Eingreifen Moskaus auf der Krim begonnen zu haben, also noch vor der Flucht Janukowytschs aus Kiew! Am 23. Februar, als der Regierungsumsturz in Kiew erfolgt war, fand in der Regionshauptstadt Simferopol eine überwiegend tatarische Demonstration von einigen tausend Personen zur Unterstützung der neuen pro-europäischen Interimsregierung statt. Die Demonstranten schwenkten ukrainische, tatarische und Europafahnen und verlangten den Rücktritt des Regionalparlaments, das zögerte, die neue Regierung in Kiew anzuerkennen. In Sewastopol reagierte eine noch größere pro-russische Demonstration mit Protest gegen die neue Regierung. Es wurde zur Bildung von Selbstverteidigungseinheiten aufgerufen, russische Fahnen wurden geschwenkt. In den folgenden Tagen wurden verschiedene russische Gruppen wie die nationalistischen Nachtwölfe und russische Neo-Kosaken auf der Krim gesehen. Es bildeten sich bewaffnete Gruppen – in der Nacht vom 22.-23. Februar hatte man sich in Moskau anscheinend zur Förderung separatistischer Bewegungen auf der Krim entschlossen. Am 24. Februar musste der von Janukowytsch ernannte alte Gouverneur der Sonderzone von Sewastopol, der die neue Regierung in Kiew anerkannt hatte, unter dem Druck von prorussischen Demonstranten zurücktreten, er wurde durch einen Russland-freundlichen Nachfolger ersetzt.

Am 25. und 26. Februar wurden zum ersten Mal russische Truppen bemerkt, die die Straße von Sewastopol nach Simferopol – die beiden großen Zentren der Krim – sicherten und entlang dieser Straße Checkpoints einrichteten, womit sie die ihnen im Pachtvertrag zugesicherten Kompetenzen deutlich überschritten. Sie trugen allerdings keine Hoheitszeichen, die russische Uniform und Ausrüstung waren dennoch unverkennbar. In Folge nannte man sie „Kleine Grüne Männchen" – Moskau stritt eine Zeitlang ab, es handele sich um seine Soldaten, man behauptete, es handele sich um einheimische Selbstverteidigungskräfte. Am 26. gab es in Simferopol Zusammenstöße zwischen pro- und antiukrainischen Demonstranten – die letzteren aus Sewastopol verstärkt. Der neue ukrainische Innenminister wies in einer Ansprache die Sicherheitsbehörden auf der Krim an, sich gegenüber prorussischen Demonstranten möglichst zurückzuhalten und sie nicht zu provozieren, um Russland keinen Vorwand zum Eingreifen zu bieten.

Es ist nun natürlich mangels verfügbarer Dokumente nicht eins zu eins klar, was hier genau von Moskau gesteuert war, was nicht. Dass es auf der Krim in der sich als russisch identifizierenden Bevölkerung Besorgnisse wegen des Umsturzes in Kiew und des Sturzes „ihres" Präsidenten Janukowytsch gab, ist klar. Dennoch legten sich die ukrainischen Behörden Zurückhaltung auf, auch von den „Faschisten" des Rechten Sektors war auf der Krim nichts zu sehen. Die Konfrontationen zwischen proukrainischen (häufig Krimtataren) und antiukrainischen Demonstranten blieben relativ friedlich – laut, aber nur ansatzweise gewalttätig. Russische Nationalistengruppen waren klar präsent, viele der angeblichen Selbstverteidigungseinheiten bestanden aus russischen Soldaten ohne Hoheitsabzeichen. Die „Tarnung" schien notwendig, damit Moskau behaupten konnte, die russische Bevölkerung der Krim sei in Gefahr und müsse sich schützen und Russland habe hier nichts in Gang gesetzt.

Der entscheidende Schlag kam am 27. Februar 2014. Anscheinend waren nun genug Truppen auf die Krim geschickt worden – über ukrainisches Gebiet im Südosten, die Russen hatten per Pachtvertrag das Recht, in Sewastopol zum Schutz ihrer Flotte bis zu 25.000 Mann zu stationieren, dafür stand ihnen eine Transitroute zu, wo sie sich beim Grenzübertritt vertragsmäßig eigentlich hätten identifizieren müssen. Am Nachmittag des 27. Februar besetzten etwa 100 „Grüne Männchen" das Gebäude des Regionalparlaments und das der Regionalregierung in Simferopol. Auch hier keine Hoheitszeichen, allerdings führten sie russische Fahnen mit sich, die sie hissten. Unter den wachsamen Augen der Bewaffneten hielt das Regionalparlament eine Notsitzung ab. Eine Reihe von Abgeordneten war bei der Abstimmung nicht anwesend (von den insgesamt 100 Abgeordneten waren etwa sechzig präsent), ihre Teilnahme und Stimmabgabe wurde aber später behauptet und verkündet. Außer den anwesenden Abgeordneten und der „Wachmannschaft" gab es keine Augenzeugen der Sitzung. Die bisherige Regionalregierung (die gar nicht anwesend war) wurde abgesetzt, neuer Regionalpräsident der Krim wurde der Vorsitzende der separatistischen Minderheitenpartei „Russische Einheit" namens Sergej Aksjonow, der uns gleich noch beschäftigen wird. Es wurde auch beschlossen, am 24. Mai ein Referendum über eine erweiterte Autonomie abzuhalten.

Der russische Militärgeheimdienstler Igor Girkin – auch er wird uns noch beschäftigen –, der nach eigener Aussage bei der Aktion im Regionalparlament dabei war, teilte später im russischen Fernsehen mit, die Parlamentarier der Krim hätten in ihrer Mehrheit durch das Auftauchen der Bewaffneten zu den Beschlüssen gezwungen werden müssen.

Am 28. Februar besetzten russische Truppen die beiden Flughäfen von Simferopol und Sewastopol, weitere Einheiten kamen per Lufttransport. Im Lauf der nächsten Tage besetzten die russischen Soldaten und ihre bewaffneten Sympathisanten die ganze Krim, die ukrainischen Militärgarnisonen auf der Halbinsel wurden belagert und ergaben sich demoralisiert. Eine große Zahl der ukrainischen Soldaten lief zu den Siegern über – sie kamen wohl aus der Region. Schließlich gab Moskau die Anwesenheit seiner Truppen zu: Verteidigungsminister Sergej Schoigu erklärte, die Aktion sei notwendig gewesen, um die Bevölkerung der Krim angesichts der krisenhaften Entwicklung in der Ukraine zu schützen. Die ukrainische Interimsregierung protestierte, die USA und Großbritannien beschuldigten Russland des Verstoßes gegen das Budapester Memorandum (beide Staaten waren Garantiemächte). Am 1. März übernahm der neue prorussische Regionalpräsident Sergej Aksjonow formal alle Sicherheitskräfte der Krim und bat offiziell den russischen Präsidenten um Hilfe bei der Aufrechterhaltung der Ordnung. Am 11. März 2014 erklärten das Regionalparlament der Krim und der Stadtrat der Sonderzone Sewastopol die Unabhängigkeit ihrer Gebiete von der Ukraine. Das Referendum darüber wurde vorgezogen, letztendlich fand es am 16. März statt. Das Ergebnis war von fast stalinistischer Eindeutigkeit: Der offiziellen Bekanntgabe der Ergebnisse zufolge nahmen 83 % der Wahlberechtigten teil, 95,5 % stimmten für die Unabhängigkeit und den Anschluss der Krim an Russland. Die Wahlfälschung ist mit Händen greifbar, es gibt glaubhafte Berichte über Ausschluss von Wahlberechtigten von der Wahl, die

„Grünen Männchen" standen vor den Wahllokalen. Die OSZE, sonst für internationale Wahlbeobachtung potentiell problematischer Abstimmungen zuständig, weigerte sich, Beobachter zu schicken. Russland lud eine Gruppe von Wahlbeobachtern ein, die weit rechts angesiedelten europäischen Parteien angehörten und die die Durchführung des Referendums für ordnungsgemäß erklärten.

Warum dieser Overkill mit 95,5 % Ja-Stimmen? Traute Putin der russischsprachigen Bevölkerung der Krim nicht ganz, die in den Jahren zuvor nicht viel nationalrussischen Fervor gezeigt hatte? War bei der Besetzung der Krim durch die nur oberflächlich „getarnte" russische Armee zu wenig Begeisterung ausgebrochen?

Am 17. März wurde die Unabhängigkeit der Krim und Sewastopols formal ausgerufen, das Parlament der Krim bat die Russische Föderation am 18. um Aufnahme (auf dieses Enddatum bezieht sich die o.g. russische Erinnerungsmedaille). Am 21. März stimmten die Duma und der Föderationsrat für den Vereinigungsvertrag, die Krim und Sewastopol wurden Regionen Russlands. Der Duma-Abgeordnete Ilja Ponomarew traute sich als einziger, dagegen zu stimmen. 2016 wurde er wegen „Unterschlagung" und „Pflichtverletzung" aus der Duma ausgeschlossen, er ging in die Ukraine ins Exil.

In Russland herrschte in breiten Kreisen der Bevölkerung echte Begeisterung. Die Jubeldemonstrationen in einer Reihe von Städten waren wohl nicht vom Regime organisiert. Putins Zustimmungsrate, die in den Jahren davor im Kontext seiner problematischen Wiederwahl zum Präsidenten und der Repression gegen die sich dagegen richtenden Proteste gelitten hatte, ging um 10 % hoch. Die Ukraine erkannte den ganzen Prozess natürlich nicht an, der Westen natürlich auch nicht, auch eine deutliche Mehrheit der UN-Mitgliedsstaaten verurteilte die Annexion der Krim durch Russland als völkerrechtswidrig. Am 31. März erklärte Russland den 2010 geschlossenen Charkiw-Pakt, der die Gaslieferungen an die Ukraine mit den russischen Pachtzahlungen für Sewastopol verbunden hatte, für nichtig. Der Pachtvertrag mit der Ukraine war jetzt natürlich unnötig geworden – Sewastopol war aus russischer Sicht nun russisch.

Wie ging die Geschichte auf der Krim weiter? Nach außen hin passierte bis zum 24. Februar 2022 nicht viel. Die russische Armee sperrte den Zugang zur Krim vom Festland her mit Zäunen und Sperren, Grenzverkehr gab es keinen. Die Ukrainer – voll und ganz im Donbas beschäftigt – machten keine Anstalten, die Krim militärisch zurückzugewinnen. Allerdings sperrte Kiew später die Energiezufuhr zur Krim, sowie die Wasserleitung, die in sowjetischer Zeit vom Festland auf die Krim gebaut worden war, was die Landwirtschaft der Halbinsel und die Wasserversorgung in Probleme brachte. Auch deshalb ist für Russland die Kontrolle auch des Festlands im Südosten der Ukraine wichtig, wenn es die Krim dauerhaft halten will.

Im Inneren der nun von Russland kontrollierten Krim wurde der am 27. Februar an die Spitze der Regionalregierung geputschte Sergej Aksjonow der Regionalgouverneur der neuen russischen Region Krim und ist es bis heute geblieben – 2019 wurde er wiedergewählt. Aksjonow war, wie gesagt, bis zum Februar 2014 der Vorsitzende einer kleinen prorussischen Splitterpartei, die 2012 nur 4% der Stimmen erhalten hatte – kaum eine Grundlage, um tatsächlich ohne äußere Einwirkung an die Spitze einer parlamentarischen Regierung gewählt zu werden. Sergej Aksjonow war ursprünglich ein ethnischer Russe aus Transnistrien (Moldawien), der 1989 auf die Krim gekommen war, um dort in Simferopol eine sowjetische Offiziersausbildung zu machen. Nach dem Ende der Sowjetunion kurz darauf brach er die militärische Ausbildung ab, da er den Eid auf die Ukraine nicht leisten wollte. Von 1993 an war er leitender Angestellter in verschiedenen Privatfirmen. Es existieren eine Reihe von Aussagen und Polizeidokumenten, die Aksjonow mit dem organisierten Verbrechen auf der Krim verbinden. So soll er hohe Positionen in zwei Verbrechersyndikaten der Krim innegehabt haben – unter dem Tarnnamen „Kobold". In diesem Zusammenhang fing er an, Waffen zu horten. Er gründete mehrere nationalrussische Vereinigungen und schließlich 2008 die separatistische Partei „Russische Einheit". Aksjonow hatte am 27. Februar 2014 am formalen Vorsitz des Regionalparlaments vorbei die politisch genehmen Abgeordneten zur Sitzung eingeladen, um sich unter dem Druck der versammelten Soldateska zum neuen Regionalchef wählen zu lassen. Der amtierende Regionalpräsident der Krim wurde daran gehindert, an der Sitzung teilzunehmen. In den russischen Regionalwahlen 2014, nach der Annexion, wurde Aksjonow im Regierungsamt bestätigt, jetzt als Mitglied von Putins Regierungspartei „Einiges Russland".

Der manipulative und repressive Beginn der russischen Annexion der Krim mündete in eine weitere solche Entwicklung. Die weitere Repression begann mit den Schikanen gegen alle noch verbliebenen Loyalisten der Ukraine, die ihre ukrainischen Pässe nicht gegen russische tauschen wollten. Sie wurden in großer Zahl festgenommen bzw. aus der Halbinsel deportiert und in die verbliebene Ukraine vertrieben. Ihr Immobilienbesitz wurde beschlagnahmt. Besonders traf es die Krimtataren, deren Sprache zwar formal als zweite offizielle Sprache der Krim anerkannt wurde, von denen aber dennoch im Verlauf der Jahre seit 2014 170.000 die Halbinsel verlassen haben – oft gegen ihren Willen. Für die erzwungenen Abgänger wurden nach offiziellen russischen Angaben an die 300.000 ethnische Russen auf der Krim angesiedelt, die wirkliche Zahl mag das Doppelte betragen. Damit fand auf der Krim ein Bevölkerungsaustausch und Besitzwechsel von stalinscher Größenordnung statt.

Die wirtschaftliche Situation der russischen Krim ist schlecht. Der Tourismus ist deutlich zurückgegangen, seitdem keine ukrainischen und westlichen Touristen mehr kommen. Die Landwirtschaft hat Probleme, da das Bewässerungswasser fehlt. Eine Reihe von Firmen haben ihren Besitzer gewechselt, Kundschaft ist weggebrochen. Russland muss die öffentlichen Löhne und Pensionen übernehmen. Erhöhungen von öffentlichen Gehältern und Sozialleistungen zwecks Förderung politischer Loyalität gegenüber Russland wurden durch den Kursverfall des Rubels mehr als aufgefressen. Der Kreml versucht, auf der Krim eine potemkinsche Fassade des Wohlstands aufrecht zu erhalten, um die „Verbesserungen" gegenüber der ukrainischen Zeit zu demonstrieren. Dafür müssen geplante Investitionen in andere Regionen Russlands auf die Krim umgeleitet werden. Das große Schauprojekt ist die Kertsch-Brücke, die 2018 fertiggestellt wurde, mit einem Straßenteil und einer Eisenbahnbrücke sowie einer Gaspipeline. Mit 19 km Länge ist sie die längste Brücke Europas und überspannt die Meerenge von Kertsch vom östlichen Teil der Krim zum russischen Festland. Seit 2022 ist sie als strategisch bedeutende Achse ein Ziel ukrainischer Sabotageaktionen bzw. ukrainischen Beschusses.

Die Krim wurde von der Ukraine in einem schnellen und massiven Schnitt abgetrennt. Kurz nach dem Umschwung in Kiew am 22. Februar begannen die – relativ bescheidenen und wenig gewalttätigen – Unruhen und Zusammenstöße zwischen proukrainischen und prorussischen Gruppen. Bereits am 27. Februar begann die russische Armee die Kontrolle zu übernehmen, die Regionalregierung wurde ausgetauscht. Und schon am 21. März erfolgte die Integration der Halbinsel in den russischen Staatsverband, womit Putin sehr gezielt Fakten schuf, denen die Übergangsregierung in Kiew politisch und militärisch nichts entgegen zu setzen hatte.

Der Donbas dagegen, im Osten des Landes gelegen, wurde zur klaffenden Wunde, in der der Krieg schwelte, der im Februar 2022 in die große Invasion münden sollte. Die Situation war hier unübersichtlicher, die Entwicklung verlief etwas langsamer, dann aber radikaler, das russische Eingreifen baute sich Schritt für Schritt auf und die russischen Ziele erschienen weniger eindeutig.

Der Donbas – bestehend aus den Oblasten Luhansk und Donezk ganz im Osten der Ukraine – ist herkömmlich der Teil der Ukraine außerhalb der Krim mit dem höchsten Anteil russischsprachiger und sich als russisch identifizierender Bevölkerung. Auch in den drei westlich bzw. nordwestlich davon gelegenen Bezirken Charkiv, Saporischja und Dnipro (alle im Wesentlichen östlich des Dnipro) ist dieser Bevölkerungsanteil noch höher als im Schnitt weiter westlich, wenn auch gegenüber dem Donbas geringer. Im Süden erstrecken sich – weiter nach Westen über den Dnipro hinaus und an die Krim anschließend – weitere Regionen mit den Zentren Cherson und Odessa, in denen die russischsprachige Bevölkerung stärker ist als sonst im Land. Allerdings ist sie nur in den beiden Bezirken des Donbas insgesamt die Mehrheit – sonst ist das nur auf der Krim so. Der Kernteil dieses ganzen Gürtels mit der Region Saporischja war im 16. und 17. Jh. das „Wilde Feld" gewesen, die ursprüngliche „Ukraine", das Gebiet der ukrainischsprachigen Saporoger Kosaken. Durch das Bündnis mit den Kosaken 1654 und das Zurückdrängen Polen-Litauens nach Westen über den Dnipro hatte das Zarenreich hier zuerst Fuß gefasst. Im 18. Jh. erfolgte die Eroberung des Südens von den Krimtataren und dem Osmanischen Reich. Mit der darauf erfolgenden agrarischen Wiederbesiedlung und der Gründung neuer Städte nannte man diesen ganzen östlichen und südlichen Teil der heutigen Ukraine nördlich der Krim „Neurussland" (Novorossija), ein Terminus, der seit 2014 von prorussischen Separatisten und Russland wieder aufgenommen wurde, um die Region als legitim russisch darzustellen. Der Donbas ist dabei der eigentliche Kern der ukrainischen Industrialisierung gewesen, was zur Bedeutung russischsprachiger Bevölkerung in den beiden Oblasten Luhansk und Donezk stark beigetragen hat. Zudem bedeutete das, dass die Region bis 2014 statistisch gesehen als Zentrum von Industrie, Bergbau und Gasförderung die wohlhabendste der Ukraine war, ihre politisch-ökonomische Elite – ein Netzwerk aus Politikern und Oligarchen – hatte überproportionalen Einfluss in Kiew. Die Partei der Regionen, die in der Region besonders stark verankert war, war unter Janukowytsch als Regierungspartei die stärkste Fraktion in der Werchowna Rada. Da die russischsprachige Bevölkerung besonders in den großen Industriezentren konzentriert war – außerhalb dieser Zentren dominierte auch hier das Ukrainische – war damit das russischsprachige Milieu der Ostukraine politisch und wirtschaftlich gut eingegraben und im Zentrum Kiew einflussreich. Die russischsprachige Bevölkerung der Region hatte damit eine starke Position und war definitiv keine kulturell und sprachlich gefährdete und diskriminierte Minderheit. Zwar hatte sich die ukrainische Politik bis 2012 der Gleichberechtigung des Russischen als offizieller Regionalsprache widersetzt, doch fand keine Unterdrückungspolitik gegenüber dem Russischen statt und faktisch war das Russische in den Zentren dennoch die dominierende Sprache: In den Regionalverwaltungen dominierten die russischsprachigen Eliten und da auch die Mehrzahl der unter sich Ukrainisch sprechenden Bevölkerung weiterhin oft Russisch konnte, war klar, in welcher Sprache beide Bevölkerungsgruppen meistens miteinander kommunizierten. Nach dem Zensus von 2001 hatte die Oblast Luhansk – der nördlichere der beiden Bezirke – eine Gesamtbevölkerung von etwa 4.800.000. Die sich russisch identifizierende Bevölkerung betrug 39 %, die sich ukrainisch identifizierende 58 %. Das Verhältnis der Sprachen zueinander dagegen war knapp 70 % Russisch und 30 % Ukrainisch. In der weiter südlich gelegenen Oblast Donezk betrug die sich als russisch identifizierende Bevölkerung 38,2 %, die sich als ukrainisch identifizierende 56,9 %. Bei der Sprachenverteilung fielen auf das Russische mehr als 70 %, auf das Ukrainische 24,1 %. Es fällt auf, dass zwar in beiden Oblasten das Russische als primär oder alleine gesprochene Sprache klar dominierte, dennoch besaßen die ethnischen Ukrainer (nach Selbstidentifikation) die Mehrheit, waren aber dennoch – statistisch gesehen – sozioökonomisch und politisch in einer untergeordneten Position. Die regionalen Verhältnisse waren damit dieselben wie seit dem späten Zarenreich, die ukrainische Unabhängigkeit hatte nicht viel daran geändert. Das Russische war im Donbas weiterhin die aus der imperialen Vergangenheit her die auch unter der sich als ukrainisch definierenden Bevölkerung dominierende Sprache.

Der Sturz Janukowytschs im Februar 2014, die neue Parlamentsmehrheit in Kiew und der Wechsel der Regierung beraubte den Osten der Ukraine seines herkömmlichen politischen Einflusses im Zentrum und das in einer Situation, in der Russland wesentlich stärker in der Ukraine involviert war als das bei dem ähnlichen politischen Wechsel 2004/2005 (Orangene Revolution) der Fall gewesen war. Was nun passierte, sollte das Gesicht der Region drastisch verändern.

Anders als auf der Krim hatte die Bevölkerung im Osten wesentlich stärker an den dramatischen Ereignissen in Kiew seit November 2013 teilgenommen. Auch in den Zentren des Ostens hatten sich Demonstrationszüge gebildet, die sich mit dem Maidan identifizierten und sich gegen das Ancien Régime Janukowytschs richteten. Allerdings hatten die Sicherheitskräfte hier zusätzlich eine oft größere Gruppe von pro-Janukowytsch-Demonstranten zur Seite. Der im Februar 2014 erfolgte Umschwung in Kiew drehte die Verhältnisse in der Region um. Die regierungsfreundlichen Bewegungen wurden zu regierungsfeindlichen, zusätzlich sorgten die klare russische Ablehnung der neuen Verhältnisse in der Ukraine, die Unterstützung des Westens für die neue Staatsführung und der proeuropäische Aspekt der siegreichen Maidan-Bewegung („Euromaidan") zusammen mit der Befürchtung, jetzt in der Schwächeposition zu sein, für eine stärker separatistische und prorussische Aufladung dieser Bewegungen. Die politischen Forderungen des Anti-Maidan-Protests reichten nun von der Forderung nach regionaler Autonomie – wie sie bislang nur die Krim besessen hatte – über die Unabhängigkeit der Region bis hin zum Anschluss an Russland. Zugleich wurde der Protest gegen die neuen politischen Verhältnisse in Kiew gewaltsam. Russland war von Anfang an involviert, zunächst durch Finanzierung, Waffenlieferung und organisatorische Unterstützung, dann durch Sendung irregulärer Kampfverbände von russischem Territorium aus, später auch zunehmend durch den Einsatz regulärer russischer Truppen, obwohl diese direkte militärische Unterstützung lange vom Kreml bestritten wurde. Flankiert wurde diese russische Unterstützung von einer Propaganda, die das neue Regime in Kiew als von Faschisten, Neonazis und „Banderisten" geführt darstellte, das einen Genozid an der russischen Bevölkerung der Region begehen wolle. Diese propagandistische Darstellung war völlig verzeichnet, da die drei Minister der „Swoboda" in der Interimsregierung noch lange keine faschistische Führung dieser Regierung ausmachten, da die Swoboda zwar rechtsnationalistisch war, aber durchaus weniger radikal als behauptet, da die vorgezogenen Wahlen von Mai 2014 die Rechtsnationalisten parlamentarisch marginalisierten und da selbst die von den Rechten aufgestellten Kampfverbände sich primär auf ihre militärischen Gegner – die Separatisten – konzentrierten und nicht darauf, Massaker unter der russischsprachigen Bevölkerung anzurichten. Zudem war „russischsprachig" auch für den glühendsten ukrainischen Nationalisten nicht gleichbedeutend mit „Feind", da ein großer Teil der russischsprachigen Bevölkerung ja auf der Seite Kiews war. Diese rechtsnationalen Kampfverbände waren selbst in beträchtlichem Maße russischsprachig, da sie häufig im Osten aufgestellt wurden und damit nicht unbedingt westukrainische „Banderisten" waren. Eindeutig konnte man den „Feind der ukrainischen Nation" nur erkennen, wenn er bewaffnet gegen einen kämpfte.

Die Ereignisse im Detail sind relativ gut abgedeckt durch Beobachtungen neutraler OSZE-Beobachter und Journalisten, die vor Ort Kamerareportagen durchführten. Man ist also nicht einseitig auf separatistische, russische oder ukrainische Informationsquellen angewiesen. Dabei ist hervorzuheben, dass nicht wenige der militanten Separatisten durchaus ähnlich radikale politische Hintergründe hatten wie die ukrainischen Freiwilligenbataillone, die von ihnen als „Faschisten" beschimpft wurden – nur war der radikale Nationalismus hier natürlich russisch und panslawisch. Zudem waren die gewaltsamen Separatisten mit russischen Neuankömmlingen ähnlicher ideologischer Ausrichtung durchsetzt und teilweise geführt. Eine Reihe der Anführer der Separatisten hatten kriminellen Hintergrund – Sergej Aksanow auf der Krim lässt grüßen -, auch der politische Charakter der russischen, russisch-neukosakischen und tschetschenischen Abenteurer, die auf Seiten der Separatisten eine wichtige Rolle spielten, ist nicht unbedingt erhebender als der der nationalukrainischen „Faschisten", die sich in den ukrainischen Freiwilligenbataillonen dagegen formierten. Der weitaus größere Teil der Bevölkerung des Donbas – egal welcher politischen Identifikation – scheint sich herausgehalten zu haben, zumal die proukrainischen Demonstrationen schnell endeten – sie wurden zu gefährlich, da die Separatisten tatsächlich Leute umbrachten, die ihnen politisch nicht genehm waren. Dass diese relativ kleinen Gruppen militanter Separatisten dennoch der ukrainischen Armee und den Freiwilligenbataillonen gefährlich gewesen zu sein scheinen, ist eben genau das, ein Schein. Denn auch hier tauchten die ominösen „Grünen Männchen", sprich russische Soldaten, auf und erwiesen sich der ukrainischen Seite als mehr als gewachsen. Die Separatisten waren lediglich das politische Feigenblatt des Kreml, eine breite Volksbewegung waren sie nicht. Kritisch gegenüber der neuen Regierung in Kiew eingestellt zu sein, war für viele wohl nicht dasselbe wie radikal separatistisch oder prorussisch zu sein und wirklich kämpfen zu wollen – welche Rolle das Geld beim „Erwecken" der radikalen Separatisten gespielt hatte, lassen wir mal offen. Um das zu beurteilen, bräuchte man die Moskauer Archive und Dokumente zur Tätigkeit prorussischer Oligarchen in der Region. Allerdings hielt der Kreml hier im Donbas das Spiel der offiziellen Nichteinmischung zu lange aufrecht, um militärisch wirklich entscheidend siegen zu können, die Ukraine konnte die Front letztendlich stabilisieren. Wäre Putin damals mit offenem Visier und ernsthaft im Donbas durchmarschiert, hätte er 2014 Kiew tatsächlich erreichen können.

Die genauen Details der Entwicklung, die zu den beiden Separatistenrepubliken führte, die im Donbas ausgerufen wurden, sind konfus, da anders als auf der Krim die russische Armee selbst ihre Präsenz erst schrittweise hochfuhr und die Entwicklung vor 2022 nicht in eine eindeutige offizielle Übernahme der Gebiete durch Russland mündete. Die Führungsfiguren, die die Separatisten anführten, waren alle zweit- bis drittrangig. Zum Teil nachgeordnete Lokalpolitiker von Janukowytschs Partei der Regionen, zum Teil Angehörige radikaler Splitterbewegungen, zum Teil lokale Mafiosi, zum Teil schließlich Abenteurer aus Russland, unter der Hand vom Kreml geschickt oder eigenständig aktiv. Niemand von den herkömmlichen Führungsfiguren der Ostukraine gab sich dafür her, zumal nicht wenige von diesen angesichts des von Russland gesteuerten Separatismus ihren Frieden mit Kiew machten. Einige der in der Region basierten Wirtschaftsoligarchen finanzierten – wahrscheinlich in Absprache mit Moskau – aus dem Hintergrund, andere Oligarchen liefen auf die Kiewer Seite über. Im weiteren Verlauf wechselte das Führungspersonal bei den Separatisten ein paarmal – auch die politischen Strukturen folgten einem Mafiamuster. Umstürze geschahen mehrfach, sei es aufgrund von Machtkämpfen, sei es, weil der Kreml eingriff und das Personal rotieren ließ. Die beiden „Volksrepubliken", die sich bildeten – Luhansk und Donezk – umfassten schließlich nur jeweils den südlichen Teil der gleichnamigen Regierungsbezirke mit den gleichnamigen städtischen Zentren, der jeweils nördliche Teil konnte von den Ukrainern früh militärisch gesichert werden, ohne dass die Bevölkerung vor Ort dagegen Einspruch erhob.

Das Ganze begann ernsthaft etwas später als auf der Krim, man scheint hier in Moskau noch gezögert zu haben. Im Laufe des März 2014 kam es in der Region zu einer Reihe von Zusammenstößen zwischen pro-Kiew und anti-Kiew-Demonstranten, einige davon gewaltsam. Da aber ein Teil der lokalen Polizei die anti-Kiew-Seite schützte und unterstützte, gingen die ukrainischen Loyalisten besser nicht mehr offen auf die Straße. Im Laufe des März und des April hatten sich in der Region verschiedene bewaffnete Kampfgruppen gebildet, die äußerst gewaltbereit, aber recht klein waren. Lediglich mehrere hundert Bewaffnete war die Regel. Diese Gruppen stürmten in Donezk und Luhansk sowie an weiteren Orten die Regional- und Lokalverwaltung, teils geduldet von der lokalen Polizei, teils mit Gewalt und übernahmen vor Ort die Kontrolle. Die Gründung beider Volksrepubliken ging dabei recht chaotisch vor sich. Die Führungsgruppen der bewaffneten Separatisten, ergänzt durch Unterstützer aus der Regionalverwaltung und Beauftragte Moskaus, bildeten Versammlungen, die ohne von irgend jemandem gewählt zu sein, diese Separatistenstaaten ausriefen. Das mit der Wahl und den bestätigenden Referenden wurde im weiteren Verlauf des Jahres nachgeholt, allerdings war die Wahlbeteiligung jeweils klein, die bekanntgegebenen Abstimmungsergebnisse waren so phantastisch wie auf der Krim, niemand beobachtete und kontrollierte die Wahlvorgänge. Kiew erkannte das alles natürlich nicht an. Wer sich allzu offen dagegen stellte, konnte leicht verschwinden. In Gebieten, die die Ukrainer später zurückgewannen, fanden sich eine Reihe von Massengräbern von bis zu mehreren hundert Opfern. Neutrale OSZE-Beobachter registrierten, dass nur der kleinere Teil solcher Gewalt auf das Konto ukrainischer Spezialverbände oder Freiwilligenformationen ging (dazu noch weiter unten), der größere ging auf das Konto der Separatisten, die oft nichts anderes waren als Politkriminelle – und das „Polit-" kann man in einigen Fällen auch weglassen.

Was die direkten Vertreter des Kreml angeht, so wollen wir hier nur einen – pars pro toto – näher ins Auge nehmen. Es handelt sich um Igor Wsewolodowitsch Girkin, der uns schon auf der Krim kurz begegnet ist. Girkin wurde 1970 in Moskau geboren, es ist von einem Geschichtsstudium die Rede, allerdings ist nichts über einen akademischen Abschluss bekannt. Doch verrät Girkin in dem, was er geschrieben hat, durchaus historische Kenntnisse, wenn auch mit einer sehr ultranationalistischen russischen Färbung. Die ganze Kladde: Großrussland, Russki Mir, Ukraine als Malorossija, romantische Zarentümelei, die Identifikation mit den Weißen im Bürgerkrieg, etc. Einer der Leute, für die Putin zu zögerlich, zu lasch und nicht radikal genug ist. Nicht unintelligent, aber politisch fehlgeleitet, ein Narziss und Wichtigtuer, der um der Wichtigtuerei willen immer wieder Dinge laut äußert, die seine Auftraggeber wohl lieber verdeckt gehalten hätten. Nicht unbedingt ein Massenschlächter aus Prinzip, aber bei der Verfolgung seiner patriotischen Ziele Leichen einkalkulierend. Nach eigenen Angaben sei er bis 2013 beim russischen FSB gewesen, nüchternere Informationsquellen geben an, er sei eher beim GRU gewesen, dem militärischen Geheimdienst der russischen Streitkräfte, im Rang eines Obersten. Girkin ist ein altgedienter Veteran des Russki Mir-Gedankens: Teilnahme an beiden Tschetschenienkriegen, Transnistrien, im Ex-Jugoslawienkrieg in den 90ern auf serbischer Seite – dort Verdacht der Teilnahme an Massakern in Bosnien. Im Februar 2014 war er mit der russischen Speerspitze auf der Krim und war nach eigenen Angaben dabei, wie die Abgeordneten des Regionalparlaments unter militärischer Bedrohung zusammengetrommelt wurden, um die Regionalregierung auszutauschen und den ersten Schritt zum Anschluss an Russland zu machen. Über sein Agieren auf der Krim wie über das Folgende im Donbas hat Girkin immer wieder vor Fernsehkameras, im Internet und gedruckt freizügig geredet, wobei er aber gelegentlich seine persönliche Rolle übertrieben haben mag. In den Donbas kam Girkin mit einer kleinen Freiwilligentruppe, die nur über wenig lokale Unterstützung verfügt habe. Girkin beschwerte sich hier über die Trägheit der Leute im Donbas, die keine Lust auf Aufstand gehabt hätten, er habe den Krieg lostreten müssen. Einer der frühen Wortführer der prorussischen Rebellen im Donbas hat das sogar bestätigt – später, nachdem er selbst im inneren Machtkampf unterlegen war und nach Russland hatte ausweichen müssen. Girkin gab die persönliche Teilnahme oder Mitwirkung an einer Reihe von Morden an ukrainischen Loyalisten zu und meinte, das sei notwendig gewesen, da es Feinde gewesen seien. Ab 26. April war Girkin der militärische Kommandeur der Volksrepublik Donezk im Auftrag des politischen Anführers der Republik und beklagte sich in diesem Kontext erneut, man habe noch nicht einmal 1000 Männer finden können, die bereit gewesen wären, sich den vorrückenden Ukrainern entgegenzustellen. Erst das dann massiver werdende Eingreifen der russischen Armee rettete die Lage. Von daher konnte Girkin im August 2014 von seinem Posten in Donezk zurücktreten und nach Russland zurückkehren. Allerdings wartet in den Niederlanden eine hohe Gefängnisstrafe auf ihn, da ein niederländisches Strafgericht ihn für schuldig befand, die übergeordnete Verantwortung für den Abschuss der Boeing 747 der Malaysia Airlines am 17. Juli 2014 gehabt zu haben. Die Passagiermaschine war auf dem Flug von Amsterdam nach Kuala Lumpur gewesen und von einer Rakete aus russischer Lieferung abgeschossen worden. Keiner der 298 Menschen an Bord überlebte den Absturz. Möglicherweise hatten die Separatisten das Flugzeug mit einer ukrainischen Transportmaschine verwechselt. Falls der Abschuss der Passagiermaschine eine absichtliche False Flag-Operation gewesen sein sollte, die man den Ukrainern in die Schuhe schieben wollte – die Separatisten und der Kreml erhoben diese Beschuldigung in umgekehrter Richtung – , dann hatte man zu viele eigene Spuren hinterlassen.

Nach seiner Rückkehr ins Mutterland nahm Geschichtspatriot Igor Girkin im Kloster Walaam in Russisch-Karelien an einem ebenso patriotischen Treffen mit Alexander Dugin –

dem Stern der neurussischen Philosophie – und Konstantin Malofejew teil. Malofejew ist einer der schwerreichsten russischen Oligarchen, großer Freund und Förderer der orthodoxen Kirche, nach eigenen Angaben „orthodoxer Monarchist", großer Förderer von allem, was mit „Neurussland" zu tun hat, also auch finanzieller Unterstützer der Separatisten im Donbas. Girkin trat im Folgenden in Russland als öffentlicher Kritiker der Politik seiner Regierung in „Neurussland" auf: Donezk und Lugansk (russisch für Luhansk) müssten sofort an Russland angegliedert werden, im Donbas kämpfe weitgehend nur die russische Armee, der Mangel an patriotischen und kampfwilligen Neurussen sei beklagenswert, die Beauftragten des Kreml hätten den Donbas ausgeraubt und seien „Banditen", die Fachkräfte der Region seien zwangsweise nach Russland gebracht worden. Im Frühjahr 2019 bot Girkin seine Ehrenmedaille „Für die Rückholung der Krim" wegen „finanzieller Probleme" im Internet zum Kauf an. Konstantin Malofejew förderte wohl nicht genug. Nachdem der im Februar 2022 begonnene große Krieg nicht so lief, wie er auch aus Sicht Girkins hätte laufen sollen, reihte sich Girkin in die Reihe russischer Militärblogger ein, die in ihren Videos Fundamentalkritik von rechts üben: Vorwürfe der Unfähigkeit, Schlamperei, Korruption gegenüber der Militärführung, Verteidigungsminister Schoigu gehöre erschossen, Forderung des Einsatzes taktischer Nuklearwaffen, um „20 Millionen Flüchtlinge nach Europa zu treiben". Russland habe durch das Versagen seiner Führer schon längst verloren. Schließlich wurde er so mutig – oder so dumm – auch Putin selbst zu attackieren. Nach Prigoschins Wagner-Revolte im Juni 2023 erklärte er, seit 23 Jahren stehe ein „Nichts" an der Spitze des Staates, „feiger Nichtskönner" käme noch dazu. Der Beschimpfte zog die Reißleine, am 21. Juli 2023 wurde Igor Girkin in Moskau in Haft genommen und wegen „Extremismus" unter Anklage gestellt. Fast kann man Wladimir Wladimirowitsch Putin verstehen …

Wir müssen jetzt erst einmal einen Sprung auf die ukrainische Seite machen. Bereits am 25. Februar 2014 wurde der Termin für die vorgezogenen Präsidentenwahlen für den 25. Mai bekanntgegeben. Kandidaten gab es eine Reihe: Petro Poroschenko, der spätere Sieger (s.u.), Julija Tymoschenko, die gerade aus der Haft entlassene Ikone der Orangenen Revolution, eine Reihe weiterer ehemaliger Oppositionspolitiker, darunter auch Dmitry Jarosch, der Parteichef des „Rechten Sektors". Mit Mychajlo Dobkin trat auch ein Politiker der geschrumpften „Partei der Regionen" an, der ehemaligen Regierungspartei, der die Ukraine mit Rücksicht auf den Osten in einen föderalen Staat verwandeln wollte. Die Wahlbeteiligung am 25. Mai lag mit 59,7 % überraschend niedrig. Dabei ist aber zu berücksichtigen, dass das der Prozentanteil der gesamten wahlberechtigten Bevölkerung war, inklusive der Kampfgebiete im Osten und der russisch annektierten Krim. Im Donbas störten die Separatisten den Ablauf der Wahl umfangreich, es existieren Kameraaufnahmen, auf denen Bewaffnete Wahlwillige vertreiben und die Urnen mit Müll füllen.

Das Ergebnis war eindeutig: Poroschenko siegte im ersten Wahlgang mit 54,7 % der abgegebenen Stimmen. Zweite war Julija Tymoschenko mit 12,8 %, die damit ihr zweites politisches Comeback verpasste. Kein anderer Kandidat kam an 10% heran. Am 7. Juni 2014 trat Poroschenko das Präsidentenamt an. Die Regierung Jazenjuk blieb vorerst im Amt, da die Parlamentswahlen erst im Herbst erfolgen sollten.

Petro Poroschenko wurde 1965 als Sohn eines Ingenieurs und Fabrikleiters in der Nähe von Odessa geboren, entstammte also der sowjetischen Nomenklatura. 1982–1989 studierte er in Kiew Ökonomie, dazwischen leistete er seinen Wehrdienst in der sowjetischen Armee. Nach seinem Studienabschluss arbeitete Poroschenko zunächst im akademischen Betrieb in Kiew, 2002 promovierte er im Bereich Wirtschaftsrecht in Odessa. Zugleich stieg er aber – wohl gefördert durch seine ererbten Verbindungen in die ehemalige Funktionärsschicht – schon von Beginn der 90er an in die neue freie Wirtschaft ein. Er machte in Süsswaren, Konfekt und Pralinen und gründete 1996 den einschlägigen Konzern „Roschen", der dann in der Ukraine und den weiteren GUS-Staaten zu den Marktführern gehörte. Bekannt wurde er als „Schokoladenkönig" und „Zuckerbaron". Daneben tummelte er sich auch im Finanzbereich und beteiligte sich in der Rüstungsindustrie. Größere Landwirtschaftsbetriebe, Automobilunternehmen, Taxi-Unternehmen, Versicherungsbeteiligungen folgten. Sein Vater war dabei der Geschäftsführer der Familienunternehmen. Daneben kontrollierte Poroschenko auch eine Mediengruppe mit Fernseh- und Radiosendern. Petro Poroschenko ist ein postsowjetischer Oligarch, wie er im Buche steht. Im Präsidentschaftswahlkampf hatte Poroschenko zugesagt, im Falle eines Sieges sein Firmenimperium abzustoßen, um als Amtsträger unbelastet zu sein. Dieses Versprechen brach er unter Scheinausreden. Mit der Veröffentlichung der sog. Panama Papers kam heraus, dass Poroschenko als Präsident Teile seines Vermögens in Form verschiedener Schein- und Briefkastenfirmen ins Ausland transferierte, wahrscheinlich, um dem ukrainischen Fiskus Vermögenswerte zu entziehen, die sonst hätten versteuert werden müssen. Die zuständige Staatsanwaltschaft sah dennoch keinen Handlungsbedarf, obwohl er Amtsträger war. Es sah also so aus, als habe sich das ukrainische Korruptionsrad lediglich weitergedreht, nur dass der korrupte Amtsträger jetzt nicht mehr der „Ostmafia" entstammte. Es ist klar, dass die Wahl eines Mannes wie Poroschenko zum Präsidenten dem Ruf der Ukraine nach dem Umschwung von 2014 nicht unbedingt genützt hat und der russischen Propaganda beträchtlichen Auftrieb gab.

Poroschenkos politische Anfänge waren dementsprechend schillernd und rochen nach Opportunismus. Nach Anfängen bei der sozialdemokratischen Linken und kurzem Flirt mit der „Partei der Regionen" gründete er nach mehreren Zwischenschritten eine eigene Partei, die wirtschaftsliberale Mitte-Rechts Partei „Solidarität", später „Europäische Solidarität", nach kleinen Anfängen verschmolz sie mit Vitalij Klitschkos UDAR und wurde unter Poroschenkos Präsidentschaft zu einer der beiden bedeutendsten Regierungsparteien. Als Abgeordneter vertritt Poroschenko bis heute einen zentralukrainischen Wahlkreis. Seit 2005 war er definitiv ein Unterstützer Juschtschenkos im Parlament und war zeitweilig Mitglied des Nationalbankrates. Poroschenko gehörte damit zu den Oligarchen, die gegen Janukowytsch und die Dominanz des konkurrierenden östlichen Oligarchennetzwerks standen. 2009/10 war er kurz

Außenminister im zweiten Kabinett Tymoschenko. Von März bis Dezember 2012 flirtete er nochmal mit der anderen Seite, als er unter Janukowytsch in der Regierung Asarow Wirtschaftsminister war. Wahrscheinlich wollte Janukowytsch im Kontext seines Schaukelkurses und der EU-Verhandlungen einen Wirtschaftsminister, der gut mit der EU konnte.

Im Laufe des Jahres 2013 begann der von Poroschenko kontrollierte 5. Kanal zunehmend kritisch über Janukowytsch zu berichten und nach Formierung der Protestbewegung im November 2013 unterstützte der Sender die Maidan-Bewegung massiv. Poroschenko selbst stellte sich offen gegen Janukowytsch und rief die Opposition zur Einheit auf. Er war Gründungsmitglied des am 22. Dezember 2013 gegründeten Maidan-Rates, eines Zusammenschlusses mehrerer Oppositionsparteien, Parteiloser und von einigen der Organisationen, die sich während der Proteste gebildet hatten. Poroschenko gelang es dadurch, eines der bekanntesten Gesichter der parlamentarischen Opposition in Solidarität mit dem Maidan zu werden. Finanzielle Unterstützung der Protestbewegung trug beträchtlich zu seiner Popularität bei und bereitete den Weg für seine Wahl vor.

Am 31. März erklärte er im Fernsehen, als Präsidentschaftskandidat stehe er für Kompromisse mit Russland, außer im Hinblick auf die Annexion der Krim, er stehe zum Assoziierungsabkommen mit der EU – das war am 21. März schließlich von beiden Seiten unterschrieben worden – , er stehe für eine Vollmitgliedschaft der Ukraine in der EU und er lehne eine Föderalisierung des Staates ab. Seine erste Auslandsreise führte im Juni 2014 – noch als nur designierter Präsident – konsequent nach Westen. In Warschau traf er u.a. den amerikanischen Präsidenten Obama, in Berlin die deutsche Kanzlerin Merkel. Am 6. Juni besuchte er die Gedenkfeier zum 70. Jahrestag der alliierten Landung in der Normandie, wo er u.a. auch mit seinem russischen Kollegen Putin zusammentraf. Danach ging es zurück nach Kiew zum offiziellen Amtsantritt.

Da es nach dem Umschwung vom Februar geraten schien, die Parlamentswahlen vorzuziehen, löste Poroschenko als Präsident die Rada auf. Die Parlamentswahlen am 26. Oktober 2014 ergaben ein völlig neues Parlament mit einer umgestalteten Parteienlandschaft: Die stärkste Partei war mit 22,1 % der Stimmen die „Volksfront" des Regierungschef Arsenij Jazenjuk, ein neues Bündnis zentraler Teile der vorigen pro-europäischen Opposition. Direkt danach kam mit 21,8 % Poroschenkos eigener „Block Petro Poroschenko", in dem im Kern die „Solidarität" steckte. Die „Selbsthilfe", eine christlich konservative Partei mit Schwerpunkt in der Westukraine kam mit 11,0 % danach. Der „Oppositionsblock" erbte die Hauptpositionen der alten „Partei der Regionen" und kam auf 9,4 %, damit war diese Partei gegenüber den Wahlen 2012 die große Verliererin. Die „Radikale Partei" landete bei 7,4 %, rechtspopulistisch, antioligarchisch und für einen harten Kurs gegenüber den Separatisten im Donbas. Julija Tymoschenkos „Vaterland" war mit nur 5,7 % eine weitere große Verliererin. Die eigentlichen Rechtsparteien, Swoboda und Rechter Sektor landeten unter 5 %, ebenso die Kommunisten. Das Schwergewicht in der Rada lag somit auf pro-europäischen, zentristischen bis konservativen Parteien, die radikale Rechte fiel parlamentarisch weitgehend aus, aber auch die eigentliche Linke war marginal. Ebenso hatte die tendenziell russlandfreundliche Bewegung mit Schwerpunkt im Osten massiv verloren. Jazenjuk konnte eine weitere Regierung bilden, Poroschenko besaß eine stabile parlamentarische Grundlage für seine Präsidentschaft.

Der neue Präsident war ebenso ein Wirtschaftsoligarch wie Janukowytsch, nur mit anderer politischer Orientierung und anderer regionaler Basis. Das sorgte bei den in- wie ausländischen Skeptikern gegenüber dem Umsturz im Februar 2014 für heftige Kritik. Auch dürfte seine recht offensichtliche Steuerhinterziehung, die er auch weiterhin als Präsident betrieb, dazu beigetragen haben, dass ihm bei den Präsidentschaftswahlen 2018 der Sprung in eine zweite Amtszeit nicht gelang. Doch war Poroschenko damit nicht so wirklich ein Wiedergänger Janukowytschs, nur auf pro-europäisch. Er hatte sein Vermögen lange vor seiner Präsidentschaft gemacht, auch die kritischsten Augen konnten nicht registrieren, dass er sein Amt jenseits der Steuerhinterziehung für weitere Bereicherung missbrauchte. Auch hielt er sich klar an die Spielregeln der Verfassung und versuchte nicht, eine autoritäre Herrschaftsposition gegen die Verfassung und an der Verfassung vorbei zu gewinnen. Zwar ist die Ukraine auch unter seiner Präsidentschaft nicht zu einem vorbildlichen Rechtsstaat geworden, in dem die Korruption des Staatsapparates drastisch reduziert worden wäre und in dem Teile der Sicherheitskräfte nicht immer wieder rechtswidrig gehandelt hätten. Gleichwohl hat der durchsetzungsstarke Politiker Poroschenko, gestützt auf Regierungen, mit denen er konstruktiv zusammenarbeitete, innenpolitisch einiges erreicht, was eine erkennbare Verbesserung darstellt, wenn auch mit Fragwürdigkeiten verbunden.

Poroschenko hatte zwar einer weitergehenden Föderalisierung der Ukraine eine Absage erteilt, im Juli 2015 aber gab es ein Gesetz zur Dezentralisierung, das die Position der Kommunen deutlich stärkte, und ihnen größere Eigenverfügung über ihre Steuereinnahmen gab. Das wurde von großer Bedeutung, da die Effektivität der Kommunalverwaltungen deutlich zunahm. In der jetzigen Kriegssituation verfügen häufig die Kommunalverwaltungen über das größte Vertrauen der Bevölkerung und sie können die ihnen zur Verfügung stehenden Gelder effizient einsetzen. Obwohl Poroschenko in Sachen Korruptionsverzicht selbst nicht das leuchtendste Beispiel war, scheint die Korruption unter seiner Präsidentschaft ein Stück weit zurückgegangen zu sein, mittels neuer Strafverfolgungsbehörden mit erweiterten Befugnissen und der Einrichtung eines speziellen Gerichtshofs.

In nationalsymbolischer Hinsicht betonte Poroschenko – wie zu erwarten – die Spezifika ukrainischer Identität und des nationalen Geschichtsbildes mit seinen charakteristischen Ausblendungen. Natürlich ging es u.a. mal wieder um Stepan Bandera und andere Führungsfiguren der OUN, was die – ebenso erwartbaren – Reaktionen aus Moskau und den beiden Marionettenrepubliken im Donbas hervorrief. Unter Poroschenko wurde eine größere Zahl von noch stehenden Statuen Lenins und anderer Sowjetgrößen abgeräumt, entsprechend benannte Straßen und Plätze wurden umbenannt. Man nannte das „Entkommunisierung". Es sei noch einmal daran erinnert, dass in der Ukraine die Erinnerung an die Sowjetunion als „antinational" negativ besetzt ist, in Russland ist es eher umgekehrt. In der Ukraine steht die Sowjetunion für die Unterdrückung nicht nur im allgemeinen Sinn, sondern auch für die Unterdrückung spezifisch der Nation. In Russland steht sie bei vielen für die glorreiche Erinnerung an die Größe und Macht der Nation, ein Aspekt, den linke Verehrer der Sowjetunion im Westen leicht übersehen. „Links" ist die russische Sowjetnostalgie nicht unbedingt.

Ein weiteres Gesetz stärkte die Position des Ukrainischen als Staatssprache. Das ergab sich daraus, dass 2016 das Oberste Gericht Janukowytschs Regionalsprachengesetz von 2012 schließlich doch als verfassungswidrig gekippt hatte. Das neue Gesetz bestätigte zwar den grundsätzlichen Schutz aller anderen Sprachen (die ukrainische Verfassung erklärt das Ukrainische zur alleinigen Staatssprache, schützt aber in Artikel 10 die anderen Sprachen in ihrem Bestand), doch sollte die Rolle des Ukrainischen in den Medien und im Unterricht auf allen Ebenen gestärkt werden. Hinter diesen Dingen steckt natürlich immer die Angst vor der weiterhin großen faktischen Rolle des Russischen und seiner historischen Rolle als imperialer Dominanzsprache. Und bei solchen Dingen kommt die Kritik nicht nur aus Russland, sondern auch aus der EU.

Kurz gesagt: Egal, was man von Poroschenko im Detail als Präsident halten mag. Innenpolitisch war die Situation unter seiner Präsidentschaft so stabil wie seit Leonid Kutschmas erster Präsidentschaft in den 1990ern nicht mehr und ohne dass das mit einem autoritären Ausbau präsidialer Herrschaft verbunden war. Die Institutionen des Verfassungsstaates funktionierten oft holprig, aber sie funktionierten. Das sollte sich unter seinem Nachfolger Selenskyj fortsetzen, bis der große Krieg 2022 auch im Inneren die Situation völlig änderte. Symbolisch-propagandistisch fuhr Poroschenko – auch als Reaktion auf den Krieg im Donbas – einen dezidiert nationalistischen Kurs, was ebenfalls bei den Kritikern der neuen Ukraine im Westen mit Missfallen vermerkt wurde und Putins Propaganda, in Kiew regierten jetzt Nazis und Faschisten, erleichterte.

Bevor wir zu Selenskyjs Präsidentschaft kommen, springen wir zurück in den Osten der Ukraine, zum Krieg im Donbas. Poroschenko nahm hier trotz seiner nationalen Rhetorik faktisch eine Zwischenposition ein. In Distanz zu den Scharfmachern auf der Rechten äußerte er sich wiederholt moderat in Bezug auf die nicht-gewaltsamen Unterstützer anti-ukrainischer Tendenzen im Osten und stellte im Falle des ukrainischen Sieges umfangreiche Amnestie in Aussicht, trat aber gegenüber dem Kern der Separatisten härter auf, obwohl er zeitweilig durch die Situation gezwungen war, mit ihnen zu verhandeln. Grundsätzlich verfolgte er natürlich das Ziel der Rückgewinnung des ganzen Donbas und der Krim – auch wenn das im ersteren Fall schwierig war, im letzteren so gut wie unmöglich.

Nach Ausbruch der Unruhen und dann der Kämpfe im Donbas im März und April 2014 war es den ukrainischen Streitkräften zunächst noch gelungen, die Ausbreitung der ebenfalls militärisch schwachen Separatisten unter Kontrolle zu halten und sogar einige Positionen zurückzugewinnen. Als aber im Lauf der folgenden Wochen und Monate – besonders seit August 2014 – die russische Armee immer massiver auf Seiten der Separatisten eingriff, und das auch mit Panzern und Artillerie – der Einsatz der russischen Luftwaffe wäre zu offenkundig gewesen, da der Kreml ja weiterhin gegenüber der Welt darauf beharrte, mit dem Konflikt in der Ostukraine direkt nichts zu tun zu haben – da kam die ukrainische Armee in Bedrängnis. Über die Jahre hinweg heruntergefahren, unterfinanziert, schlecht ausgebildet, demotiviert, hatte sie den Russen wenig entgegenzusetzen. Was die militärische Position der Ukraine rettete und die Front innerhalb der beiden Regierungsbezirke stabilisierte, war der Einsatz einer größeren Zahl von besser, weil privat, finanzierten und besser motivierten Freiwilligenverbänden. Diese Verbände haben bis heute auch im Westen keinen guten Ruf, da der Vorwurf des „Faschismus" an ihnen hängt. Doch war nur der kleinere Teil dieser Verbände auf der extremen Rechten gebildet worden, eine Reihe von Bewegungen und Parteien mit breiterem Spektrum stellten solche Verbände auf, auch Oligarchen taten das, darunter Julija Tymoschenko und Petro Poroschenko selbst. Zusätzlich formierten sich auch Gruppen aus der pro-ukrainischen Bevölkerung des Donbas zu solchen Verbänden. Im April 2014 legalisierte das Interims-Innenministerium solche paramilitärischen Verbände aus purer militärischer Notwendigkeit. Seit dem Herbst 2014 dann begann der Staat, diese Verbände Schritt für Schritt in reguläre Einheiten unter regulärem Kommando umzuwandeln und einen Teil der Finanzierung zu übernehmen. Umstritten ist dabei, inwieweit sich der Charakter der ursprünglich rechtsradikal geprägten Einheiten wie z.B. des berüchtigten Asow-Bataillons oder später -Regiments in diesem Prozess der Regularisierung „normalisiert" hat oder nicht. Gerade für Asow ist das in geradezu absurder Weise bis heute umstritten. In der Nazi-Symbolik, im Auftreten, im politischen Hintergrund vieler Kämpfer und des Gründers war Asow in seinem Ursprung klar rechtsradikal, dabei aber überwiegend russischsprachig, anfangs von einem jüdischen Oligarchen finanziert, später gab es auch jüdische Mitglieder in der Truppe. Auch hier finden wir das Motiv, dem wir schon in Verbindung mit dem Rechten Sektor und Swoboda begegnet sind, dass ukrainische Rechtsradikale immer wieder dazu neigen, sich öffentlich vom Antisemitismus zu distanzieren. Ob sie dabei tatsächlich nicht antisemitisch sind, ist eine andere Frage. Nach Ansicht der einen hat sich Asow als reguläre Armeeeinheit entradikalisiert, nach Ansicht der anderen besteht Asow weiterhin aus Wölfen im Schafspelz. Mordaktionen an ideologischen Gegnern, Plünderungen und Vergewaltigungen von Asow und anderen solchen ukrainischen Freiwilligenverbänden 2014/2015 sind sicher dokumentiert, für später ist das aber nicht mehr so klar, wie die Gegenseite behauptet. Es sei hier nochmal daran erinnert, dass gerade die Gegenseite mit dem Charakter und dem Handeln vieler Separatistenverbände im Donbass mit solchen Vorwürfen Steine aus dem Glashaus wirft. Trotz der Kriegsverbrechen, die einige der ukrainischen Freiwilligenbataillone klar begingen, ist ihre Hauptrolle 2014/15 primär militärisch begründet, da diese Verbände in dieser frühen Zeit des Konflikts in der Ostukraine einen maßgeblichen Anteil daran hatten, dass die ukrainische Armee sich gegen die Separatisten und die russische Armee halten konnte.

Außerhalb der Ostukraine im engeren Sinn war im Frühjahr 2014 eine Kiew-feindliche Bewegung am stärksten in Charkiw, der zweitgrößten Stadt der Ukraine und mit ihrer Lage nordwestlich des Donbas und nahe der russischen Grenze herkömmlich überwiegend russischsprachig, sowie in Odessa, der westlichsten Stadt der Ukraine mit großer russischsprachiger Bevölkerung und Teil des Gebiets der „Novorossija". In Charkiw war der Konflikt zwischen der Pro-Kiew-Bewegung und der Anti-Kiew-Bewegung recht schnell zugunsten der ersteren entschieden, ohne dass es zu ernsthaften Auseinandersetzungen kam. Im südukrainischen Odessa dagegen kam es im Mai 2014, parallel zur Ausdehnung der Kämpfe im Donbas, zu Ereignissen, die in der russischen und prorussischen Sichtweise bis heute eine zentrale Rolle spielen. Es handelte sich um eine Reihe teils gewaltsamer Auseinandersetzungen zwischen pro- Kiew und anti-Kiew-Demonstranten, die am 2. Mai 2014, also noch vor den ukrainischen Präsidentenwahlen, in ein Ereignis mündeten, in dessen Rahmen 48 Menschen auf der anti-Kiew-Seite grausam zu Tode kamen. Das Ereignis wird in Russland wie auch besonders der Moskau-freundlichen westlichen Linken gerne als ein Massaker oder gar als ein Pogrom bezeichnet, das ukrainische Faschisten und Nazis an der friedlichen russischen Bevölkerung Odessas – oder gar spezifisch an Linken – begangen hätten. Dabei bewegt sich die ideologisch bzw. propagandistisch begründete Fehlwahrnehmung der Katastrophe vom 2. Mai 2014 auf zwei Ebenen: Auf der Ebene des Charakters und der Zusammensetzung der jeweiligen Kontrahentengruppen und auf der Ebene der Geschehnisse selbst. Den Hauptvorwurf, den man der Ukraine – den ukrainischen Behörden vor Ort und in Kiew – machen kann und muss, ist der der sehr partiellen strafrechtlichen und gerichtlichen Aufarbeitung und Aufklärung der Ereignisse von 2014 bis heute (dazu weiter unten). Trotz der mangelhaften behördlichen Untersuchung der Ereignisse fehlt es nicht an grundsätzlich zuverlässigen Daten und Erkenntnissen, aufgrund derer eine nüchterne Rekonstruktion des Geschehens möglich ist. Da die Ereignisse in Odessa eine längere Vorgeschichte hatten, gab es in der Stadt Beobachter der OSZE (daher später ein kritischer Bericht des Europarats) sowie eine Reihe von Journalistenteams vor Ort und es existiert Bild- und Filmmaterial auch von privaten Handykameras. Bald nach den Geschehnissen formierte sich angesichts der Untätigkeit der Behörden eine lokale Bürgerinitiative, die „Gruppe 2. Mai", die sich aus unabhängigen Journalisten, Bloggern und Ärzten zusammensetzte, und der Angehörige beider politischer Seiten angehörten. 20 Monate lang befragte die Gruppe Augenzeugen beider Seiten und weitere Zeugen, stellte Bild- und Filmmaterial sicher, zog Dokumente heran, die öffentlich greifbar waren. Ihr Abschlussbericht ist die bislang gründlichste Untersuchung der Katastrophe und bestätigt das Bild vom gezielten Massaker nicht, vermerkt aber das Versagen und die Verschleierungspolitik der Behörden.

Bald nach dem Umsturz in Kiew am 22. Februar formierte sich auch im überwiegend russischsprachigen Odessa eine Protestbewegung gegen die neue Interimsregierung der Ukraine und die Ergebnisse des von der Protestbewegung des Maidan angestoßenen politischen Umschwungs. Dabei ist aber natürlich auch hier nicht einfach von einer Gleichsetzung von „russischsprachig" mit „russisch" auszugehen. Viele der „pro-russischen" Demonstranten wollten zur Absicherung gegen ein nun nicht mehr von Russlandfreundlichen Kräften dominiertes Zentrum eine Föderalisierung des Staates oder Autonomierechte für den Osten und Süden, aber nicht unbedingt die Unabhängigkeit oder den Anschluss an Russland. Andere aber dachten tatsächlich nationalrussisch und unter diesen gab es rechtsnationalistische Gruppen, wie z.B. die vor Ort formierte „Odesskaya Druschina" („Odessaer Gefolgschaft"). Diese Gruppen waren in ihrer Ideologie erkennbar das prorussische Gegenstück zu den ukrainischen Rechtsnationlisten auf der anderen Seite – so einfach „verfolgte" russische Bevölkerung waren gerade sie wohl kaum. Es gibt eine Reihe von Indizien, dass hinter solchen Gruppen auch hier – wie im Donbas – finanziell Russland stand. Allerdings war direkte Förderung mit Waffen und logistische Unterstützung hier geographisch gegeben nicht möglich. Auch auf der pro-ukrainischen bzw. pro-Kiew-Seite gab es ein breites Spektrum von gemäßigt bis ganz rechts – der Rechte Sektor war mit aus Kiew angereisten Aktivisten vertreten. Als sich im Lauf der Monate Februar, März und April die Konfrontationen verschärften und immer wieder gewaltsam wurden, fingen bei den Aktivisten auf beiden Seiten die Radikalen an, mit ihren gewaltsamen Aktionen zu dominieren.

Am 26. Januar – also vor dem Umschwung und während der Massenproteste in Kiew – hatten etwa 2.000 Pro-Maidan-Aktivisten in Odessa versucht, auf das Gebäude der Regionalverwaltung zu marschieren, wurden aber durch Anti-Maidan-Aktivisten zurückgeschlagen, die damit die Polizei unterstützten. Am 19. Februar wurde eine Pro-Maidan-Demonstration von einer Gruppe von Maskenträgern mit Baseballschlägern angegriffen. Nachdem in Kiew am 22. Februar erfolgten Umsturz drehten sich die Dinge um: Die regierungsfeindliche Seite wurde die regierungsfreundliche und umgekehrt. Dabei wurde die Anti-Kiew-Seite erkennbar immer wieder von Teilen der lokalen Polizei unterstützt, die der neuen Kiewer Regierung ihre Gefolgschaft versagten. Der Staatsapparat vor Ort war also keineswegs unbedingt darauf aus, jetzt „Russen" niederzuknüppeln. Am 3. März versuchten nun die Aktivisten der Anti-Kiew-Seite, das Gebäude der Regionalverwaltung einzunehmen, was allerdings nicht gelang. Es wurde eine russische Fahne gehisst und die Gründung einer „Autonomen Republik Odessa" verlangt- alternativ auch „Autonome Republik Novorossija". Die Mehrheit des Regionalparlaments beschloss eine Resolution, in der Separatismus abgelehnt wurde. Die Demonstrationen beider Seiten gingen den ganzen März durch weiter. Am 30. März wurde in Odessa der aus Russland eingesickerte Ultranationalist Anton Rajewski aufgegriffen, eine schillernde Figur zwischen Neonazi und „Orthodoxem Monarchisten" – eine Art Igor Girkin ohne Militärhintergrund. Bei Rajeweski fand sich Propagandamaterial, in dem zur „Vernichtung von Ukrainern und Juden" in der Region aufgerufen wurde. Rajewski wurde abgeschoben und kämpfte später bei den Separatisten im Donbas. Am 25. April warfen Unbekannte eine Handgranate auf einen Polizeiposten – 7 Verletzte waren das Ergebnis.

Bereits im Laufe des Januar hatte sich im Park am Kulikowo-Platz innerhalb der Stadt ein permanentes Zeltlager von Anti-Kiew-Aktivisten (zunächst noch pro-Janukowytsch-Aktivisten) gebildet, das als zentraler Stützpunkt für die Aktionen dieses Lagers diente. Am Abend des 2. Mai sollte weiter östlich im Stadion ein Fußballspiel zwischen einem lokalen Club und einer Mannschaft aus Charkiw stattfinden. Am frühen Nachmittag um 14.00 formierte sich in der Nähe eine pro-Kiew orientierte Massenversammlung von ca. 1.500 Menschen, bestehend aus Fußballfans, Angehörigen des Rechten Sektors und gewöhnlichen Demonstranten. Gemeinsame Märsche von Fußballfans beider Mannschaften vor dem Spiel sind in der Ukraine üblich, hier wurde das zusätzlich politisch aufgeladen und zog damit weiteres Publikum an. Der harte Kern der Demonstranten war mit Schilden und Schlagstöcken bewaffnet. Es wurde die ukrainische Nationalhymne gesungen, gerufen wurde „Odessa, Charkiw, Ukraine", Lieder gegen Wladimir Putin wurden gesungen (russischsprachig, der Mehrheitssprache beider Städte entsprechend). Unterwegs wurde der Zug durch mehrere hundert anti-Kiew-Aktivisten angegriffen, bewaffnet ebenfalls mit Knüppeln aber auch mit Schusswaffen – teils Luftgewehren aber auch richtige Gewehre sind gesichert. Polizei war anwesend, griff aber nicht ein. Es entwickelte sich ein längerer Kampf, in dem sich beide Gruppen hin und her jagten, beide durch weitere Neuankömmlinge verstärkt. Knüppel, Stangen, Äxte kamen zum Einsatz. Ein Schuss aus einem automatischen Gewehr tötete einen pro-Kiew Demonstranten, was nun auch Schusswaffen auf der anderen Seite herbeibrachte. Videoaufnahmen legen nahe, dass einige Polizisten die anti-Kiew-Seite deckten. Es gab weitere Tote, nun auch auf der anderen Seite.

In den Social Media rief die pro-Kiew-Seite weitere Unterstützung herbei, wodurch es ihr gelang, die Gegenseite auf ihr Zeltlager zurückzutreiben. Der größere Teil der pro-russischen/anti-Kiew-Seite floh, ein kleinerer Teil flüchtete in das am Kulikowo-Platz gelegene Gewerkschaftshaus und verschanzte sich dort. Dabei nahmen sie Material zur Herstellung von Molotow-Cocktails und Brandbomben mit. Die Angreifer besaßen das auch, zündeten das verlassene Zeltlager an und begannen, das fünfstöckige Gebäude zu belagern. Dabei bezogen die Belagerten Position in den oberen Stockwerken, schossen zum Teil auf die Belagerer (es gab Verwundete) und warfen von oben mit Brandbomben und Molotow-Cocktails. Die Belagerer zahlten mit gleicher Münze zurück, konnten von unten aber nur die Eingangshalle in Brand setzen, was nicht entscheidend für das Folgende war. Die Belagerten hantierten ungeschickt mit ihren Brandgeschossen, es fing auch in den oberen Geschossen an zu brennen. Die spätere Untersuchung des Gebäudes durch die Gruppe 2. Mai ergab, dass es in den oberen Geschossen mehrere eigenständige Brandherde gab, die nicht durch Würfe von unten entzündet worden sein konnten. Der Zugeffekt durch das Treppenhaus und die geöffneten Fenster setzte bald das ganze Gebäude in Brand. Mehrere Menschen stürzten in den Tod bei dem Versuch, sich durch

Sprung zu retten. Es gibt aber auch eine Videoaufnahme, auf der einige der Belagerer improvisierte Leitern ansetzen, um den Eingeschlossenen zu helfen. Insgesamt starben an diesem Tag 48 Menschen – die vorher Erschossenen eingerechnet – die meisten durch das Feuer im Haus bzw. die Kohlenmonoxid-Vergiftung. Polizei und Feuerwehr erschienen erst nach einer Dreiviertelstunde, obwohl der Ort mitten in der Stadt liegt. Verhaftet wurden überwiegend Anti-Kiew-Aktivisten, die der anderen Seite wurden bald freigelassen, Anklagen gab es nur gegen die Seite mit den meisten Opfern. Diese Parteinahme der Behörden ist eklatant. Offensichtlich wurde die Polizei hier erst einmal personell ausgetauscht, da die Beamten davor eher parteiisch für die andere Seite gewesen zu sein scheinen.

Die ganze Affäre wirft bis heute kein gutes Licht auf die ukrainische Strafverfolgung und hat der Reputation der Nach-Maidan-Ukraine schwer geschadet. Anscheinend war das Interesse zu groß, die Niederlage der prorussischen Seite gerade vor dem Hintergrund der weitergehenden Kämpfe im Donbas als Sieg über einen ähnlichen Versuch von Separatismus in Odessa zu feiern und die Hintergründe der verspäteten Reaktion von Polizei und Feuerwehr zu verschleiern.

Dennoch kann von einem kaltblütigen Massaker oder gar Pogrom ukrainischer „Faschisten" an wehrlosen russischen Opfern keine Rede sein. Unter diesen Opfern gab es mindestens so viele „Faschisten" und mindestens so viele bewaffnete Gewaltbereite. Die Katastrophe war der traurige Höhepunkt einer mehrwöchigen Konfliktspirale, die von beiden Seiten angetrieben worden war. Die Polizei hat sich dabei weder davor, noch danach mit Ruhm bekleckert, die Justiz auch nicht.

So gespalten Odessa damals zu sein schien, so patriotisch ukrainisch ist es jetzt – ebenso wie Charkiw. Der Krieg im Donbas und die russische Invasion im Februar 2022 haben pro-russische Positionen auch hier unbeliebt werden lassen. Dabei sind beide Städte weiterhin überwiegend russischsprachig.

Nach seinem Amtsantritt als Präsident im Sommer 2014, unter dem Eindruck der für die Ukraine ungünstigen militärischen Lage im Donbas, bemühte sich Petro Poroschenko mit Unterstützung der OSZE, den Konflikt mittels Verhandlungen und Zugeständnissen in den Griff zu kriegen. Die Separatisten sollten dazu bewogen werden, ihren von Russland gestützten Unabhängigkeitskampf aufzugeben, indem sie Amnestieangebote und Autonomiegarantien erhalten sollten. Die „Organisation für Sicherheit und Zusammenarbeit in Europa", hervorgegangen aus der Entspannungspolitik der 70er Jahre (damals noch KSZE = „Konferenz"), umfasst als Mietgliedstaaten alle Staaten Europas, die Nachfolgestaaten der Sowjetunion, die USA und Kanada. Die Verhandlungen wurden von der trilateralen Kontaktgruppe, bestehend aus Vertretern der Ukraine, der OSZE und Russlands, unter Beteiligung von Vertretern der Separatisten im Donbas geführt. Russland trat dabei mit als Vermittler auf, nicht als Konfliktpartei, so als gäbe es keine russischen Truppen im Donbas. Am 5. September 2014 wurde in Minsk – der belarussischen Hauptstadt – das Abschlussprotokoll der Verhandlungen unterzeichnet, daher „Minsker Protokoll" genannt. Für die Ukraine unterzeichnete der ehemalige Präsident Leonid Kutschma, von Poroschenko zum Verhandlungsführer ernannt. Alexander Sachartschenko, Oberhaupt der Volksrepublik Donezk und Igor Plotnizki, der Luhansker Kollege, unterzeichneten beide. Für Russland unterzeichnete Michail Surabow, der Botschafter der Russischen Föderation in Kiew, für die OSZE unterzeichnete Heidi Tagliavini, eine Schweizer Diplomatin. Das Protokoll bestand aus 12 Punkten, die sich kurz folgendermaßen zusammenfassen lassen: Unverzügliche Unterbrechung der Kampfhandlungen auf beiden Seiten; Überprüfung der Waffenruhe durch die OSZE; die Ukraine soll an einem Autonomiegesetz für Donezk und Luhansk arbeiten; Befreiung aller Geiseln und Gefangenen; ukrainische Amnestie für die Separatisten; Verbesserung der humanitären Situation im Donbas; Auflösung aller ungesetzlichen Kampfverbände; Beginn von Maßnahmen zum ökonomischen Wiederaufbau.

Bereits am 28. September flammten die Kämpfe wieder auf, als die Separatisten einen Angriff auf den Donezker Flughafen starteten, den die ukrainische Seite sich vor dem Abschluss des Abkommens wieder gesichert hatte. Auch bekamen die Beobachter der OSZE keinen freien Zugang zu den beiden „Volksrepubliken". Die Separatisten – und Russland – waren wohl der Meinung, man könne sich noch mehr Gebiete sichern. Dass Putin dennoch die Ukraine des Waffenstillstandsbruchs bezichtigte, kann wohl kaum überraschen. Dementsprechend sah sich Poroschenko gerechtfertigt, auch seinerseits keine Autonomie- und Amnestiegesetzgebung in Gang zu bringen. Die Kämpfe flammten entlang der ganzen Frontlinie wieder auf.

Im Februar 2015 nahm das EU-Duo Angela Merkel und Francois Hollande – damals Frankreichs Staatspräsident – die Sache in die Hand, da man gerne die Verhängung weiterer Sanktionen gegen Russland, die Krim und die Separatisten vermeiden wollte und hoffte, man könne Putin überzeugen, im Donbas Ruhe zu geben. Am 11. und 12. Februar fand der Krisengipfel wieder in Minsk statt: Merkel, Hollande, Poroschenko, Putin verhandelten in Chefsache. Die OSZE war dabei, die Außenminister, zwei Vertreter der „Volksrepubliken" waren auch gekommen – zwei andere, die Verhältnisse dort blieben unübersichtlich. Bei der Unterzeichnung fehlten sie – so wichtig waren sie wohl auch nicht. Im Kern wurde das Minsker Protokoll auf höherer Verhandlungsebene bestätigt, ergänzt und erweitert. Die Fiktion, Russland sei nicht Partei, sondern ebenfalls Vermittler, wurde beibehalten. Drei Tage nach dem diesmaligen Inkrafttreten des Waffenstillstandes am 15. Februar wurde er schon wieder gebrochen und wieder von der gleichen Seite. Separatistenverbände und russische Truppen traten zum Sturm auf die von den Ukrainern gehaltene Stadt Delzabewe an, einen wichtigen Eisenbahnknotenpunkt. Das Vorgehen hatte Methode: Die russische Seite zeigte vordergründig guten Willen und beschuldigte nach dem fait accompli die ukrainische Seite, die sich dann auch keine Mühe mehr gab, selbst irgendetwas zu halten. Dass dieses Minsk II genannte Abkommen kurz darauf von den Vereinten Nationen zum Inhalt einer Resolution gemacht wurde, also höchste völkerrechtliche Verbindlichkeit bekam, nützte dann auch nichts mehr. Bis 2020 wurden 29 Waffenstillstandsabkommen geschlossen, von denen keines hielt. Das Grundproblem war, dass die Ukrainer zuerst Waffenruhe und Entwaffnung der Separatisten wollten, bevor sie Reformen und Autonomie zustimmten, die andere Seite aber das Umgekehrte. Erst von September 2015 an, als Russland in Syrien militärisch aktiv wurde und die finanzielle und logistische Unterstützung der Ukraine durch die USA Ergebnisse zu zeitigen begann – von 2014–2021 halfen die Amerikaner mit 2,5 Milliarden Dollar, Lieferung von Waffen und Ausrüstung sowie Ausbildung, um die schwache ukrainische Armee aufzupäppeln – beruhigte sich der Krieg entlang fest gewordener Frontlinien und köchelte auf geringer Intensität weiter, in Form von Artillerieduellen und gelegentlichen Grabenkämpfen.

Nach einem umfangreichen Bericht der Vereinten Nationen sind in dem Krieg im Donbas zwischen April 2014 und Dezember 2021 14.000–14.500 Menschen umgekommen: ca. 3.400 zivile Opfer, 4.400 gefallene ukrainische Soldaten, ca. 6.500 Separatistenkämpfer und 400–500 russische Soldaten. Die große Mehrzahl dieser Opfer starb im ersten Jahr des Konflikts, danach gingen die Zahlen deutlich zurück. Klar ist, dass entgegen der russischen Propaganda von einem Massaker an der Zivilbevölkerung durch die ukrainischen Streitkräfte keine Rede sein kann. Die zivilen Opfer sind gegenüber den militärischen in der Unterzahl, sie dürften durch die Kampfhandlungen von beiden Seiten als „Kollateralschaden" getötet worden sein. Absurd ist, dass die von den UN eruierte Gesamtzahl von 14.000 Toten auf beiden Seiten im Internet immer wieder dafür genommen wird, um zu behaupten, so viele Bewohner des Donbas hätten die Ukrainer ermordet.

Ein weiteres Ergebnis dieser Jahre eines zermürbenden Kleinkrieges war die hohe Zahl von Flüchtenden. Im Donbas flohen etwa 2 Mio. Menschen. Etwa ein Drittel dieser Flüchtlinge ging aus den Separatistengebieten in den ukrainisch gebliebenen Teil der Region, ein weiteres Drittel floh in weitere Teile der Ukraine, das letzte Drittel floh nach Russland, wobei ein Teil davon später versuchte, Russland in Richtung EU zu verlassen – auf diese Weise sahen sich Estland, Lettland und Litauen mit Flüchtlingen aus dem Donbas konfrontiert. Der Donbas wurde eine Ruine der Industrielandschaft, die er bis 2014 gewesen war. Der Krieg im Osten bewirkte ein deutliches Absinken prorussischer Sympathien unter der russischsprachigen Bevölkerung der Ukraine. Putin verspielte das moralische Kapital, das Russland unter seinen „Landsleuten" in der Ukraine bis 2014 gehabt hatte. Die Stimmung in der Ukraine wurde mit deutlicher Mehrheit prowestlich.

Zum Abschluss des Kapitels fehlt noch die Betrachtung der inneren Situation der Ukraine unter der Präsidentschaft Wolodymyr Selenskyjs bis 2021.

Wolodymyr Oleksandrowytsch Selenskyj wurde 1978 in Krywyj Rih geboren, der zweitgrößten Stadt der Oblast Dnipropetrowsk nach Dnipro selbst. Also vordergründig gesehen ein weiterer Präsident aus dem Industriequartier der südöstlichen Ukraine und primär russischsprachig. Seine Eltern sind Akademiker, die Familie ist jüdischer Herkunft, allerdings in der sowjetischen Prägung, also nicht religiös. Selenskyj selbst hat seine jüdische Herkunft niemals verborgen, aber auch nie betont. Seine Frau Olena ist Nichtjüdin, die beiden Kinder sind getauft. Selenskyjs Großvater war im Zweiten Weltkrieg Offizier in der Sowjetischen Armee, dessen Brüder und sein Vater wurden im Holocaust ermordet. Nach seinem Abitur 1995 absolvierte Selenskyj ein Jurastudium in Kiew, gründete aber nebenher schon 1997 mit alten Freunden eine Kabarettgruppe namens Kwartal 95 (95. Wohnblock, sein Wohnviertel in seiner Heimatstadt), mit der er mehrere Jahre von Moskau aus durch Russland und die Staaten der ehemaligen Sowjetunion tourte. 2003 heiratete er seine Frau Olena, die ebenfalls aus Krywyj Rih stammt und auch Mitglied der Komikergruppe war – sie schrieb viele der Texte. 2006 wurde er in der gesamten Ukraine bekannt, als er in der ukrainischen Version der US-Tanz-Castingshow „Dancing with the Stars" auftrat. Selenskyj, seine Freunde und seine Frau machten die Komikergruppe zur Produktionsfirma „Studio Kwartal 95", mit der die Gruppe sich selbst produzierte – Filme, Sketche, Serien in russischer Sprache. Selenskyj wurde in der Ukraine und in Russland populär. Zusammen mit dem russischen Komiker Maxim Galki moderierte er 2013 und 2014 die Neujahrsshow des russischen Staatssenders Rossija 1, was ihm auch in Russland zu Fernsehprominenz verhalf. Als drei Monate später die Krim von Russland annektiert wurde, protestierte Selenskyj dagegen, was seine Karriere im russischen Fernsehen beendete und später auch seine Filme und Serien für die russischen Kanäle tabu machte. Als Revanche thematisierte Kwartal 95 Putins in Russland für die Berichterstattung tabuisierte Beziehung zu Alina Kabajewa in einem Sketch, in dem Selenskyj die Rolle Kabajewas übernahm.

Selenskyjs größter Publikumserfolg, der dann den Weg in seine überraschende politische Karriere ebnete, war eine satirische Fernsehserie namens „Diener des Volkes", die von 2015–2019 ausgestrahlt wurde. In dieser Serie spielte Selenskyj den Geschichtslehrer Wassilyj Petrowytsch Holoborodko, dessen Schüler eine von ihnen aufgenommene Schimpfkanonade ihres Lehrers über die Korruption der ukrainischen Politik ins Netz stellen. Die Aufnahme geht viral, Holoborodko wird über Nacht ohne sein Wissen populär, seine Schüler melden ihn für die Präsidentschaftswahlen an. Sie betreiben Wahlkampf in den Social Media, finanzieren die Kampagne mittels Crowdfunding und so wird ihr Lehrer unverhofft zum Präsidenten gewählt. Als ehrlich bleibender Staatschef räumt er den ukrainischen Augiasstall aus. Der mittlere Teil der Handlung sollte Realität werden, allerdings war Selenskyj vor seiner Präsidentschaft kein schlecht bezahlter Lehrer und der ukrainische Augiasstall weist immer noch eine Menge an Mist auf. Dennoch ist Selenskyj auch kein schwerreicher Oligarch, wie es gerne durch das Internet geistert. Eine seriöse Quelle – das amerikanische Wirtschaftsmagazin Forbes – schätzt das Vermögen Selenskyjs und seiner Frau auf 20–30 Mio. US-Dollar. Zweifellos ist er damit alles andere als arm, aber von hunderten von Millionen oder gar Milliarden kann keine Rede sein. Auch haben die Selenskyjs ihr Vermögen nicht auf Oligarchenart gemacht, sondern mit ihrer Produktionsfirma und der Vermarktung der satirischen und komischen Produktionen ihrer Gruppe Kwartal 95, in der Selenskyj der tragende Darsteller war. Selenskyj wurde als Show- und Unterhaltungsgröße reich, sein Reichtum verlieh ihm nie politische Macht. Problematisch für seine spätere Rolle als Präsident war allerdings, dass – auch hier durch das Leaking der Panama Papers – herauskam, dass auch seine Frau und er mittels Offshore-Unternehmen Gelder am ukrainischen Fiskus vorbeijongliert hatten, was er damit rechtfertigte, dass das unter der repressiven und korrupten Präsidentschaft Janukowytschs notwendig gewesen sei. Das klingt nach billiger Ausrede, doch ist Selenskyj damit für herkömmliche ukrainische – und russische – Verhältnisse ein eher kleiner Fisch im großen Teich der Korruption gewesen, zudem zeitlich vor seiner Präsidentschaft. Schwerwiegender war ein anderer Vorwurf, den ihm längere Zeit seine politischen Gegner und Konkurrenten machten: Er sei zwar selbst kein Oligarch, aber als Präsidentschaftskandidat lediglich die vorgeschobene Marionette eines der reichsten und mächtigsten Oligarchen der Ukraine: Ihor Kolomoyskyj. Kolomojskyj ist – wie Selenskyj – Jude, allerdings – anders als Selenskyj – auch religiös praktizierend und war lange in der jüdischen Gemeinde seiner Heimatstadt Dnipro auch als Stifter aktiv. Die zeitweilige Verbindung Selenskyjs mit Kolomojskyj, beide reiche Juden – der eine mäßig reich, der andere tatsächlich Milliardär -, beide aus derselben Gegend, war und ist der Propagandatraum aller antisemitischen Verschwörungstheoretiker, ob rechts oder links gestrickt. In diesen Kreisen wurde die Präsidentschaft Selenskyjs als Unterwerfung der Ukraine unter die Kontrolle des „internationalen (jüdischen) Finanzkapitals" dargestellt. Wie viele ukrainische Oligarchen begann Kolomojskyj als sowjetischer Funktionärstechnokrat in der Industrie der Ostukraine und stieg auf die bekannte Art in den 1990ern zum mächtigen Magnaten im Bereich Finanzen, Stahl, Öl, Chemie und Nahrungsmitteln auf. Die Rede ist von 6,5 Milliarden US-Dollar an Vermögen, womit er längere Zeit der drittreichste Ukrainer war. Wie es sich für einen ordentlichen postsowjetischen Oligarchen gehört, legte er sich auch die Beteiligung an Fernsehsendern zu. Politisch stand er gegen die Oligarchenkonkurrenz, die hinter Janukowytschs Partei der Regionen stand und unterstützte längere Zeit Julija Tymoschenko, weshalb er unter Janukowytschs Präsidentschaft bis 2014 in der Schweiz lebte. 2014 machte der Übergangspräsident Oleksandr Turtschynow ihn zum Gouverneur seiner Heimatoblast Dnipropetrowsk. In dem ausbrechenden Konflikt im Donbas finanzierte Kolomojskyj mehrere Freiwilligenbataillone, darunter auch Asow. Diese patriotischen Investitionen bewahrten ihn aber nicht an umfangreicher in- und ausländischer Kritik wegen einer Reihe von Unregelmäßigkeiten und Rechtsbrüchen, auch mit Hilfe angeheuerter Schläger. Als Präsident Poroschenkos Regierung 2015 antioligarchische Gesetze durch das Parlament brachte, die Kolomojskyjs Kontrolle über den größten ukrainischen Öl- und Gasförderer UkrNafta beschnitten, ließ dieser seine bewaffneten Privatverbände die Firmenzentralen besetzen. Kolomojskyj drohte, im Falle seiner Absetzung als Gouverneur durch Poroschenko das von ihm weiterhin finanzierte Regiment Dnepr zu seiner Unterstützung herbeizuholen. Dennoch verlor er im März 2015 seinen Gouverneursposten und lebte zeitweilig im politischen

Exil in der Schweiz und in Israel – illegalerweise besaß er neben der ukrainischen noch die israelische und die zypriotische Staatsangehörigkeit, die doppelte Staatsangehörigkeit gibt es im ukrainischen Recht eigentlich nicht er selbst bemerkte dazu einmal zynisch, die dreifache sei aber nicht verboten. 2016 wurde seine Privatbank verstaatlicht. Die russische Justiz hat ihn wegen der Finanzierung der Freiwilligenbataillone im Visier, seit 2021 ist er auch in den USA persona non grata. Prozesse wegen Geldwäsche drohen in der Schweiz und in Großbritannien. Also ein äußerst problematischer Oligarch.

Die Verbindung Kolomojskyjs mit Selenskyj ergab sich dadurch, dass der Fernsehkanal 1+1, auf dem u. a. auch die Erfolgsserie „Diener des Volkes" lief, zum größeren Teil von dem Oligarchen kontrolliert wurde. Kolomojskyj wollte sich aus dem Exil an Poroschenko politisch rächen und unterstützte deshalb den politischen Herausforderer des amtierenden Präsidenten. Selenskyj verkündete seine Kandidatur für die Präsidentschaft am Silvesterabend 2018 auf dem Kanal. Auch besuchte Selenskyj seit 2017 den Oligarchen in seinem Exil in Genf und in Tel Aviv eine Reihe von Malen. Kolomojskyj hatte seine Motive und Selenskyj nahm die Unterstützung des Oligarchen wohl dankend an.

Dennoch ist die Wahl Selenskyjs zum Präsidenten damit keineswegs das Ergebnis einer jüdischen Kabale und einfach durch Kolomojskyjs Geld erkauft. Die Gründe für Selenskyjs – scheinbar überraschenden – Erfolg sind leicht zu erkennen. Poroschenkos Wahlerfolg 2014 war auf seine Popularität vermittels seiner öffentlichkeitswirksamen Unterstützung des Maidan zurückzuführen gewesen. Doch ein Oligarch der herkömmlichen Sorte war auf Dauer als Präsident einer erneuerten und zu reformierenden Ukraine nicht glaubhaft. Im Laufe seiner Präsidentschaft brach seine Beliebtheit deutlich ein. Ebenso ging es anderen Politikern der reformorientierten und prowestlichen Richtung wie Julija Tymoschenko. Sie hatten ihren Kredit beim Publikum verspielt. Selenskyj war ein persönlich trotz seiner Verbindung zu Kolomojskyj unbelasteter Newcomer, der zudem als Komiker und Schauspieler beliebt und prominent war, kein Mann der alten, korrupten Garde zu beiden Seiten der herkömmlichen innenpolitischen Teilungslinie. Als Präsident sollte er sich von Kolomojskyjs Einfluss freischwimmen.

Bereits im März 2018 hatten Mitglieder der Produktionsfirma Studio Kvartal 95 eine politische Partei namens „Diener des Volkes" (der Name der Serie) registrieren lassen. Selenskyj rangierte schon früh bei Meinungsumfragen für zukünftige Präsidentschaftskandidaten weit oben, was ihn wohl dann am Ende des Jahres zur Verkündung seiner Kandidatur motivierte.

Seine Wahlkampagne spielte sich weitgehend im Internet ab, in den Social Media und in You Tube-Clips, in den herkömmlichen Medien trat er nur selten auf (wie die Hauptfigur seiner Serie). Anstelle von Wahlreden absolvierte er mit seiner Gruppe Auftritte als Stand-Up-Comedian im ganzen Land. Ein eigentliches Wahlprogramm legte er nicht vor, der Tenor war Antikorruption, Antioligarchie, Unverbrauchtheit. Konkreter benannte er die Reform des Justizsystems als Rechtsrahmen für eine Freisetzung der Dynamik der Privatwirtschaft, eine Mischung aus Reform der Institutionen und wirtschaftsliberaler Position. Außenpolitisch trat er versöhnlich auf und verkündete, er würde sich bemühen, den andauernden Konflikt im Donbas friedlich zu lösen.

Poroschenko versuchte, die nationalistische Schiene gegen den Konkurrenten zu fahren und ihn als Russland-freundlich zu brandmarken – was jetzt im Nachhinein besonders amüsant klingt. Auch für das Motiv der jüdischen Verschwörung war man sich in der Umgebung des Altpräsidenten nicht zu schade. Selenskyj wurde u. a. von Rechtsradikalen verbal bedroht.

Bereits im ersten Wahlgang am 31. März 2019 führte Selenskyj mit 30,24 % der Stimmen, Poroschenko folgte mit nur 15,95 %, Julija Tymoschenko, die es noch einmal versuchte, bekam 13,4 %. Der Rest der Kandidaten war abgeschlagen. Bei der Stichwahl am 21. April gewann Selenskyj gegen den Amtsinhaber endgültig mit 73 % gegen 25 %, am 20. Mai 2019 trat er das Amt an. Als erstes löste er das Parlament auf und Neuwahlen wurden ausgeschrieben. Die vorgezogenen Parlamentswahlen fanden am 21. Juli statt. Die Wahlbeteiligung war nicht hoch, sie lag bei 49,8 % (allerdings auch hier wieder die „toten" Wahlkreise im Donbas und auf der Krim). Selenskyjs neue Partei „Diener des Volkes", tendenziell wirtschaftsliberal und zentristisch, errang mit 43 % und 254 von 424 Sitzen die absolute Mehrheit und konnte zum ersten Mal in der Geschichte der Ukraine eine Alleinregierung bilden – eigentlich hat die Werchowna Rada 450 Sitze, die Differenz besteht aus den „nichtaktiven" Wahlkreisen in den von Russland seit 2014 kontrollierten Gebieten. Die „Oppositionsplattform", eine offen prorussische Partei, bekam 13,1 %. Julija Tymoschenkos „Vaterland" nur 8,2 %. Die „Europäische Solidarität", die Partei des frischgebackenen Ex-Präsidenten Poroschenko kam auf 8,1 %. Die „Stimme", eine liberale Partei, kam auf 5,8 %. Alle anderen Parteien – links wie rechts – verfehlten die 5 %-Hürde. Diese Werchowna Rada – sie ist immer noch die jetzige – ist noch stärker zentristisch geprägt als die davor von 2014–2019. Irgendwie sind in der Ukraine alle Parteien wirtschaftsliberal – die ukrainische Wählerschaft hofft auf den erfolgreichen ökonomischen Durchbruch mittels wirtschaftsfördernder, aber nicht korrupter Politik, dabei geben sich die Parteien aber zugleich sozial – angesichts der Zahl der weiterhin Armen ebenfalls ein Muss. Patriotismus spielt eine große Rolle, aber eher konservativ-national als rechtsnationalistisch. Außenpolitisch zeichnet sich klar die Front „pro-westlich" gegen „pro-russisch" ab, dabei ist „pro-russisch" schon vor dem jetzigen großen Krieg vor dem Hintergrund des Konflikts im Donbas die klare Minderheit gewesen. Die Zeiten Kutschmas und Janukowytschs sind Geschichte, Kutschma selbst äußert sich jetzt äußerst enttäuscht über Wladimir Putin und wurde von Selenskyj noch einmal zum Unterhändler mit Russland ernannt, da er früher mit Putin gut gekonnt hatte.

Zum Regierungschef wählte die neue Rada Oleksyj Honscharuk, ein Mitglied der Präsidentenpartei. Ein großer Teil der Minister besteht aus neuen Leuten, einige von ihnen parteilos. Im Januar 2020 folgte ihm der Vizepremier Denys Schmyal.

Im präsidialen Stab umgab und umgibt sich Selenskyi vor allem mit persönlichen Vertrauten – ebenfalls wie die fiktive Hauptfigur in der Fernsehserie – aus der Gruppe Kwartal 95. Problematisch war anfangs die Ernennung von Andrij Bohdan, des ehemaligen Anwalts von Ihor Kolomojskyj, zum Chef des Präsidentenstabes. Aufgrund wachsender öffentlicher Kritik an dieser Besetzung und im Zuge von Selenskyjs Distanzierung von Kolomojskyj wurde Bohdan im Februar 2020 durch Andrij Yermak ersetzt, einen Freund Selenskyjs aus dem Unterhaltungsbereich.

Das Signal, das die Präsidentenwahl 2019 setzte, war auf sehr postsowjetische Weise zwiespältig: Gefördert und finanziert von einem der bedenklichsten Oligarchen – wozu es im herkömmlichen politischen System der Ukraine aber wohl kaum eine Alternative gegeben hätte, da die Wahlkampffinanzierung durch reines Crowdfunding wie in der Fernsehserie utopisch gewesen wäre – umgab sich der neue Präsident zugleich mit einer neuen und unverbrauchten Mannschaft – die allerdings zum großen Teil weder erfahren noch auch unbedingt immer von Anfang an sachkundig war. Zusätzlich wechselte Selenskyj die Gouverneure von 20 der 24 Oblaste der Ukraine aus.

Wolodymyr Selenskyj zeigte durchaus, dass er mit dem Kampf gegen die Oligarchen ernst machen wollte. Eine Reihe von führenden Oligarchen – darunter auch sein ehemaliger Gönner Kolomojskyi – verlor durch gesetzliche Re-Verstaatlichungenn einen Teil ihres Vermögens, das Anti-Oligarchen-Gesetz von 2021 führte ein Oligarchenregister ein, in dem Personen vermerkt sind, die ein Vermögen von mindestens 80 Mio. Dollar besitzen, ein Monopol in mindestens einem Wirtschaftsbereich innehaben, politischen Einfluss besitzen, und über Medienkontrolle verfügen. Sie dürfen keine Parteienfinanzierung betreiben, keine Wahlämter bekleiden, dürfen sich nicht an Privatisierungen von Staatsbetrieben beteiligen und müssen eine spezielle Steuererklärung abgeben. Natürlich gab es Widerstand, Selenskyj wurde von seinen politischen Gegnern mehrfach beschuldigt, das Vorgehen gegen die Oligarchen zur Steigerung der Macht des Präsidenten zu missbrauchen. Auch gab es in diesem Kontext Gesetze zur Regulierung der Medienlandschaft. Eine größere Zahl der in der Ukraine immer noch existierenden Staatsbetriebe wurde auf breiterer Grundlage privatisiert. Eine Deregulierung der bislang recht strikten Regelungen über den Verkauf agrarisch genutzten Landes – Reste der sowjetischen Landordnung – liberalisierte den Verkauf von Land und festigte das Eigentumsrecht der Besitzer. Es gab aber auch breiten Protest dagegen, da Kritiker befürchteten, ausländische Konzerne könnten sich so ukrainisches Land im Übermaß aneignen.

Kulturpolitisch äußerte sich Selenskyj deutlich gemäßigter als Poroschenko: Er wollte die weitere Förderung der ukrainischen Staatssprache lieber mit ermutigenden Mitteln, nicht gesetzlich erreichen. Auch machte er deutliche Abstriche von der oft nationalistischen Rhetorik und Symbolik seines Vorgängers.

Außenpolitisch betrieb Selenskyj – wie sein Vorgänger Poroschenko – eine Politik der weiteren Annäherung an EU und Nato – die völlige Umsetzung der Vereinbarungen des 2014 unterschriebenen Assoziationsabkommens stand immer noch aus, da die Ukraine weiterhin eine Reihe der gesetzlichen Reformauflagen nicht erfüllte.

Ein zentrales Wahlversprechen Selenskyjs war die Beendigung des Konflikts im Donbas gewesen. Er ernannte Ex-Präsident Kutschma zum Unterhändler und telefonierte im Juli 2019 direkt mit Putin, wobei ein Gefangenenaustausch vereinbart wurde. Im Oktober 2019 gelang man zu einem provisorischen Übereinkommen mit den Separatisten, wonach Selenskyj Wahlen im Donbas zustimmte, dafür sollte Russland seine – immer noch ohne Hoheitszeichen operierenden – Truppen abziehen. Im Dezember 2019 wurden unter Vermittlung Deutschlands und Frankreichs weitere Verhandlungen mit Russland aufgenommen, Selenskyj und Putin trafen sich persönlich, ein Waffenstillstand wurde verkündet. Er hielt so wenig wie alle vorherigen. Auch im Inneren wurde Selenskyj für diese Bemühungen kritisiert, besonders bei den Rechten, die in den Verhandlungsbemühungen Verrat sahen.

Positiv war die ökonomische Entwicklung, da sich die ukrainische Wirtschaft seit 2016 wieder erholte – allerdings sorgte die Pandemie 2020 für einen erneuten Einbruch und danach kam der große Krieg.

6. Der große Zusammenhang: Russland, die Ukraine und der Westen 2000–2021

Am 21. November 1990 – die Sowjetunion unter Gorbatschows Führung existierte noch – wurde in Paris die sog. „Charta von Paris" unterschrieben, als Schlussdokument der KSZE-Sondergipfelkonferenz von 32 europäischen Ländern – darunter die Sowjetunion – sowie der USA und Kanada. Die versammelten Staats- und Regierungschefs erklärten in dem Dokument feierlich das Ende der Spaltung Europas, verpflichteten sich zu Demokratie und Förderung der freien Marktwirtschaft, zur Einhaltung der Menschenrechte und der bürgerlichen Grundfreiheiten, sowie zur gewaltlosen Beilegung von Konflikten. In der feierlichen Präambel hieß es:

„Wir, die Staats- und Regierungschefs der Teilnehmerstaaten der Konferenz über Sicherheit und Zusammenarbeit in Europa, sind in einer Zeit tiefgreifenden Wandels und historischer Erwartungen in Paris zusammengetreten. Das Zeitalter der Konfrontation und der Teilung Europas ist zu Ende gegangen. Wir erklären, dass sich unsere Beziehungen künftig auf Achtung und Zusammenarbeit gründen werden. Europa befreit sich vom Erbe der Vergangenheit. Durch den Mut von Männern und Frauen, die Willensstärke der Völker und die Kraft der Ideen der Schlussakte von Helsinki bricht in Europa ein neues Zeitalter der Demokratie, des Friedens und der Einheit an."

Am 27. Mai 1997 wurde – ebenfalls in Paris – die Nato-Russland-Grundakte unterzeichnet, offiziell „Grundakte über gegenseitige Beziehungen, Zusammenarbeit und Sicherheit zwischen der Nato und der Russischen Föderation." Auch dieses gemeinsame Dokument der Nato und – jetzt – Boris Jelzins Russland war im Kern eine Willenserklärung ähnlicher Art: Verzicht auf Androhung oder Anwendung von Gewalt, Respektierung der Unabhängigkeit, Souveränität und territorialen Unversehrtheit gegenseitig wie die anderer Staaten, weiterer Ausbau der Rüstungskontrolle. Die Nato verzichtete auf die Stationierung von Atomwaffen in den demnächst dazukommenden neuen Nato-Mitgliedern im östlichen Europa. Zusätzlich wurde die Stationierung zusätzlicher Truppen auf dem Territorium der neuen Nato-Mitglieder begrenzt, es sei denn – und das ist für das Weitere wichtig – im Fall von Verstärkungen im Rahmen der Verteidigung gegen eine Aggressionsdrohung. Russland erkannte damit implizit die bevorstehende Osterweiterung der Nato an, die Nato garantierte Russland dabei seine Sicherheit. Zwecks permanenter gegenseitiger Konsultation wurde der Nato-Russland-Rat geschaffen. Dafür schickte Russland einen ständigen Abgesandten im Botschafterrang zur Nato. Zusätzlich wurde ein erweiterter, von Fall zu Fall einzuberufender Konsultationsrat eingerichtet. Als Ausdruck einer ersten Krise zwischen den Vertragspartnern zog Russland im März 1999 – noch Jelzin – im Zuge des Kosovo-Kriegs seinen Vertreter zurück, erst im Februar 2000 – Putin – wurde er wieder entsandt. Im Zusammenhang des Georgienkonflikts beschlossen die Nato-Außenminister im August 2008, die Arbeit des Rats fürs Erste auszusetzen. Nachdem die neue amerikanische Administration unter Barack Obama einen Neuanfang („Reset") der Beziehungen mit Russland angekündigt hatte, wurde im März 2009 die Wiederaufnahme der Konsultationen beschlossen. Im September 2014 – nachdem erkennbar die russische Armee im Donbas eingegriffen hatte – beschlossen die Staats- und Regierungschefs der Nato, die praktische militärische und zivile Zusammenarbeit mit Russland wegen der Annexion der Krim auszusetzen. Erst 2016 tagte der Nato-Russland-Rat wieder. Mit der weiteren Zuspitzung der Krise in der Ukraine entsandte Russland seit 2018 keinen ständigen Abgesandten mehr. Am 12. Januar 2022 traf sich der Rat ein letztes Mal, zwecks der Erörterung der russischen Bedrohung der Ukraine und eines Dialogs über mögliche Sicherheitsgarantien für Russland im Fall der Aufnahme der Ukraine in die Nato. Es kam zu keiner Einigung, die Differenzen waren zu groß. Am 17. Februar 2022, eine Woche vor der russischen Invasion der Ukraine, erklärte der russische Außenminister Sergej Lawrow, Russland könne sich an keinen weiteren Gesprächen beteiligen.

Wie war es zu der Entwicklung gekommen, die von der Verständigungspolitik der 1990er zu der finalen Krise von 2021/22 führte?

- **These 1:** Hatte die aggressive Außenpolitik von Putins Russland gezielt dazu geführt und waren versöhnliche Momente von russischer Seite seit 2000 nur irreführender Schein gewesen?

- **These 2:** War es die Nato, die entgegen ihrer Bekundungen in den 90ern Russland durch ihre schrittweise Ausdehnung und ihre Umwerbung der Ukraine bedrohte, wodurch Russland mit Gegenaggression reagieren musste?
- **These 3:** Oder liegt die Wahrheit irgendwo in der Mitte und beide Seiten agierten immer wieder unverantwortlich, so dass das gegenseitige Vertrauen verlorenging und sich die Krise aufschaukelte und zuspitzte? Welche Rolle kam der Ukraine in diesem Zusammenhang zu?

Ich möchte gleich zu Anfang bemerken, dass ich hier für eine Kombination aus These 1 und These 3 argumentieren werde. Russland trägt die Hauptverantwortung und war insgesamt gesehen der treibende Part, doch trägt die Nato-Seite eine gewisse, aber schwer genau abschätzbare Nebenverantwortung, die Ukraine spielte kaum eine von sich aus aggressive Rolle, sie reagierte primär auf das Agieren Russlands, gegenüber der Ukraine selbst wie gegenüber anderen Staaten (Georgien). Ich werde das im Folgenden begründen und dabei auch zusätzlich zur Nato das Agieren der EU einbeziehen. Des Weiteren: Das gilt für den Gesamtprozess von 2000–2022, aber nicht für die beiden zentralen Ereignisdetails. Die politische und militärische Reaktion Russlands auf den Umsturz in der Ukraine 2014 sowie der Großangriff im Februar 2022 waren unprovoziert und unangemessen, die Begründungen vorgeschoben, dramatisiert und in sich widersprüchlich. Überhaupt sind, wie ich versuchen werde darzulegen, die legitimatorischen Begründungen der russischen Seite auch da, wo sie politisch nachvollziehbar sind, immer wieder verquickt mit Elementen, die mit den Grundübereinkünften der 1990er Jahre schon grundsätzlich inhaltlich nicht vereinbar sind und die mit russischen Motivationen zu tun haben, die nicht bloß reaktiver Art sind. Die Verantwortung des Westens – und es geht hier eher um die Nato als die EU – dagegen erscheint mir eher situativer Art, manchmal war der Westen zu unsensibel gegenüber Russland, manchmal zu nachsichtig. Ich werde dafür argumentieren, dass der Westen gegenüber Russland eigentlich überhaupt keine zusammenhängende Agenda hatte, was vielleicht seine größte Unterlassung war. Dabei waren – insgesamt gesehen – die Amerikaner eher die Falken, die Europäer eher die Tauben – was wohl niemanden überrascht.

Fangen wir mit dem roten Faden an, der die Zeit von 2000 bis heute personell verbindet: Die Person Wladimir Putins als Präsident der Russischen Föderation, bereits früh mit einer Herrschaftsposition ausgestattet, der sich innenpolitisch wenig entgegenstellen konnte. Seit 2000 ist Putin der primäre Entscheider in Russland. In dieser Zeit gab es vier ziemlich unterschiedliche amerikanische Präsidenten, sechs unterschiedliche ukrainische Präsidenten, die Regierungswechsel der anderen Nato – bzw. EU-Staaten brauchen wir gar nicht alle zu zählen. Wenn damit in diesen 23 Jahren ein Staat personelle Kontinuität an der Spitze mit gleichzeitig gegebener großer zentraler Entscheidungsmacht der Führung aufzuweisen hat, dann ist es Russland. Das beweist aber natürlich noch nicht aus sich heraus, dass die besagte Person die ganze Zeit einen großen düsteren Plan gehabt habe, der unabhängig vom Agieren der Anderen verfolgt wurde. Wir stehen hier vor demselben Quellenproblem wie im Hinblick auf Putins Ausgestaltung seiner inneren Herrschaft. Wir können nicht in seinen Kopf schauen, noch verfügen wir unter den Umständen über wirklich enges dokumentarisches Material aus dem inneren Bereich russischer Entscheidungsfindung. Wir können auch hier nur auf das Agieren Russlands achten, wie auf Äußerungen, die in der Mehrzahl der Fälle von vornherein für die Öffentlichkeit bestimmt waren, für die innerrussische wie die allgemeine. Dabei ist es wichtig, Widersprüche zwischen diesen Äußerungen genau zu vermerken. Gerade solche Widersprüche können indirekt weitere Schlüsse im Hinblick auf die innere Motivation der russischen Führung ermöglichen.

Es gibt hier grundsätzlich zwei unterschiedliche Linien von Motiven wie Äußerungen der russischen Spitze (auch enge Vertraute wie Medwedew einbegriffen), die sich beide gegenseitig widersprechen. Dabei geht die eine, die eigentlich ideologische, auf bis ins Zarenreich zurückreichende Prägungen der russischen politischen und nationalen Identität zurück. Wir sind ihnen schon häufig begegnet, sie tauchten auch gelegentlich unter Jelzin in den 1990ern auf, wenn auch sehr zurückgenommen und damals oft in Opposition zur Führung stehend:

1. Russland hat in seinem Selbstbild den Anspruch, eine große, ja, imperiale Macht zu sein, d.h., Macht auch über seine eigentlichen Grenzen hinaus auszuüben. Die russische Nation hat sich im Rahmen eines sich seit dem 16. Jh. in verschiedenen Schritten erweiternden Imperiums gebildet und wurde in ihrem Selbstbild davon geprägt. Wenn diese imperiale Position verlorengeht – was im 20. Jh. zweimal geschehen ist – dann muss nach dieser Vorstellung ein national denkender russischer Politiker versuchen, der Nation dieses ihr Recht wieder zu verschaffen und die Großmachtposition Russlands wieder herstellen. Das kann dann ein zentraler Teil seiner Legitimation gegenüber seinen russischen „Untertanen" werden. Es muss natürlich nicht unbedingt der Fall sein, dass das geschieht, auch die russische Geschichte ist prinzipiell offen und in den 90er Jahren gab es eine Chance, aus diesem Muster auszusteigen. Aber das Motiv zieht sich unter Putin dann wieder durch, es ist meines Erachtens eine Art Angebot von ablenkender „Ersatzbefriedigung" für die „Untertanen", denen Putin auch wegen der Struktur seines Regimes weder den Massenwohlstand noch die politische Freiheit bieten kann.
2. Dabei gibt es eine entgegensprechende Neigung, sich dieses eigentlich aggressive Motiv defensiv zu rechtfertigen. Die Anderen sind übelwollend – aus Hass gegenüber dem großen Russland oder aus Neid gegenüber seiner Kultur und Tradition oder weil sie schon grundsätzlich aggressive Imperialisten seien. Also brauch Russland seinen imperialen Raum auch aus Sicherheitsgründen, sonst fallen die polnischen Adligen, die schwedischen Könige, die Napoleons und die Hitlers über es her. Zusätzlich neigt diese Sichtweise auch heute immer noch dazu, die vergangene imperiale Herrschaft Russlands als „zivilisierend" zu rechtfertigen. Hässlicher Kolonialismus ist in dieser Sicht

eine westliche Sache, der eigene Imperialismus war immer gerechtfertigt und gut. So fällt z. B. russischen Betrachtern die Parallele zwischen der Kolonisierung Sibiriens vom 16.-18. Jh. und derjenigen Nordamerikas vom 17.-19. Jh. nicht gerne auf. Oder die zwischen der russischen Eroberung Zentralasiens und des Kaukasus im 19. Jh. und der britischen Eroberung Indiens im 18. u. 19. Jh.

3. Im Rahmen dieser imperialen Grundvorstellung kommt den beiden ebenfalls ostslawische Sprachen sprechenden Nachbarvölkern der Belarussen und der Ukrainer eine besondere Bedeutung zu: Beide stammen ursprünglich auch aus der Tradition der Kiewer Rus, als deren Haupterbe sich Russland begreift (daher der Volksname „Russen" und der Landesname „Russland"). Diese beiden Volksgruppen haben im nationalrussischen Weltbild eine etwas schillernde Position. Wohlwollender kann man sie als enge „Brudervölker" begreifen, härter als eine andere Art von Russen, eben „Weissrussen" und „Kleinrussen". Da wo sie anders sind und sein wollen, ist das entweder das Ergebnis „westlicher" Verführung oder Ausdruck der „Tatsache", dass ihre Sonderkultur nur eine minderwertige und untergeordnete Bauernvariante der echten „hochrussischen" Kultur sei. Kurz: Sie sind in dieser Sichtweise keine eigenständigen Nationen mit echtem eigenen Willen. Russland weist ihnen ihre Position zu: Wenn sie kooperativ sind, fällt sie großzügiger aus, wenn nicht, müssen sie damit rechnen, Russlands Macht zu spüren. Der Ukraine kommt in diesem Bild eine besondere Rolle zu, da Kiew ja auch von den Russen als ihr „Urzentrum" betrachtet wird, national wie religiös. Ich nenne das hier das „Russki Mir-Motiv Nr. 1" („Russische Welt"). Im Hinblick auf Belarus hatte sich schon Jelzin an einer durch Vertrag herbeigeführten Union zwischen beiden Staaten versucht, was unter Putin ausgebaut wurde. Das tatsächliche Durchführung des Unionsprojekts scheiterte allerdings bislang daran, dass der belarussische Herrscher Lukaschenko zwar die enge Anbindung an Russland zwecks innenpolitischen Machterhalts braucht, aber gleichzeitig die eigenständige Herrschaft über sein Land nicht aufgeben und nicht lediglich zum Statthalter des Kreml herabsinken will.

4. Das „Russki Mir-Motiv Nr. 2" bezieht sich auf die russischen und russischsprachigen Minderheiten außerhalb Russlands, die es dank des Russischen Reiches und der Sowjetunion in verschiedenen Ländern gibt – dabei wird aus russischer Sicht der feine Unterschied zwischen „russisch" und „russischsprachig" natürlich nicht gemacht: in der Ukraine, in Belarus, in den drei baltischen Staaten, in Moldawien (Transnistrien), in Kasachstan. Diese „russischen" Minderheiten (von denen sich einige selbst tatsächlich als Russen sehen, andere nicht) stehen aus der Sicht Moskaus unter dem besonderen Schutz Russlands, was Interventionen zu ihren Gunsten – oder was als solches behauptet wird – leicht rechtfertigt, selbst wenn dabei die Souveränität der betreffenden Staaten verletzt wird. Auch hier war bereits Jelzin tätig geworden, als 1992 eine russische Armee unter dem damals bei Patrioten beliebten General Alexander Lebed nach Transnistrien geschickt wurde, um die russischen Separatisten dort gegen die Armee des unabhängig gewordenen Moldau zu schützen.

Putin und seine Umgebung haben alle diese nationalistischen Motive schon früh offen geäußert, allerdings längere Zeit primär vor dem eigenen russischen Publikum. Erst seit 2014 wurden diese Dinge auch offener nach außen vorgetragen, seit 2021/2022 ist die russische Propaganda in alle Richtungen ungeniert voll davon. Erst noch im Februar 2024, hat Dmitri Medwedew, dessen wichtigster Posten jetzt der des Vizevorsitzenden des Nationalen Sicherheitsrates ist, wieder in Bezug auf die Ukraine nachgelegt (Ukraine kein Staat, Ukrainisch ein russischer „Bastarddialekt", die Ukrainer sind Russen oder gar nicht, Drohung mit Atomwaffen, falls die Ukraine konventionell siegen sollte). Auch hat die russische Führung Putins schon früh Ideologen nicht nur geduldet, sondern auch unterstützt und gefördert, die solches und noch weit Radikaleres geäußert haben und äußern.

Die andere Begründungslinie für aggressive Außenpolitik, pragmatischer und nach internationalen Kriterien moralischer daherkommend, ist die der Bedrohung des friedliebenden Russlands von Außen, alle aggressiv scheinenden Aktionen Russlands werden dementsprechend als gerechtfertigte Schutzreaktionen verargumentiert. Diese Linie wirkt besonders gegenüber dem „globalen Süden", da sich Russland hier als antiimperialistisch und antikolonial darstellen kann – der gedachte gemeinsame Gegner ist „der Westen". Aber auch in Teilen des westlichen Publikums kann sie wirken: bei der antiimperialistischen und antiamerikanischen Linken, bei der oft ebenso antiamerikanischen Rechten (die Gründe für den Antiamerikanismus sind hier weniger moralisch als national), und heutzutage auch bei der amerikanischen Rechten, die dem „liberalen Establishment" in Washington nicht traut. Zentral ist hier natürlich das Argumentationsmotiv der gezielten Bedrohung der russischen Sicherheit durch die Osterweiterung von Nato und EU seit dem Ende der 1990er Jahre, dann die Ausnutzung der Schwäche Russlands durch den aggressiven Westen unter dem debilen Jelzin, generell alle Aggressivitäten des Westens irgendwo in der Welt – Kosovo/Serbien, Afghanistan, Irak, Libyen (Sturz Gaddafis).

Dabei ist aber zweierlei zu bemerken: Der frühe Putin hat zunächst die sich dem Westen gegenüber verbindlich gebende außenpolitische Linie Jelzins weitergefahren, im Handeln wie verbal. Als er dann in seiner berühmt gewordenen Rede auf der Münchener Sicherheitskonferenz 2007 das Streben der USA nach „monopolarer Weltherrschaft" anklagte und die inzwischen erfolgte Osterweiterung von Nato und EU als Bruch von einst 1990 Gorbatschow gegebenen gegenteiligen Garantien geißelte (dazu weiter unten in der Abteilung „Westen"), da schlug das bei seinem westlichen Publikum wie eine unerwartete Bombe ein. Bislang hatte weder er noch jemand aus seinem Kreis dem Westen diese Vorhaltungen gemacht. Warum hatten die Russen vorher nie was gesagt? Bislang schien ihnen die Osterweiterung doch recht gewesen zu sein? Wieso hatten sie 1997 der Nato-Russland-Akte zugestimmt? War das Putin erst jetzt aufgefallen? Hatte sich Putins Bild des Westens in den Jahren davor unter dem Eindruck der aggressiven ideologisch geprägten Außenpolitik von George W. Bush verdüstert? Hatte die Ukraine etwas damit zu tun, die seit 2005 unter Juschtschenko deutlichere Fühler in Richtung Nato und EU ausgestreckt hatte? Seitdem ist dieses Anklagemotiv aus der Rhetorik russischer Außenpolitik nicht mehr verschwunden, es erklomm 2014 einen ersten Höhepunkt, jetzt, im weiteren Verlauf des Krieges, ist sogar das anfänglich von Putin ganz besonders vorgebrachte Motiv der „Entnazifizierung" der Ukraine an Bedeutung hinter die antiwestliche Propaganda zurückgefallen, wird der Krieg jetzt stärker als einer gegen den aggressiven Westen geführter dargestellt. Die großrussisch-imperiale Propaganda Putins besonders fürs eigene Publikum kam zuerst, das vor internationaler Öffentlichkeit vorgebrachte moralische Anklagemotiv gegenüber dem Westen aber erst später.

Die andere Bemerkung in diesem Zusammenhang betrifft den logischen Widerspruch zwischen beiden Begründungslinien für außenpolitisches Handeln: Wenn Russland ein grundsätzliches historisches Recht auf „sein" Imperium hat, wenn es überhaupt von seiner Identität her eine Großmacht sein muss und sich ein von ihm dominiertes Umfeld zuschreiben darf, wenn die Ukraine keine eigene Nation aus eigenem Recht ist, wozu dann noch das moralische Motiv des gerechtfertigten Selbstschutzes gegenüber dem Westen? Der Verdacht könnte sich aufdrängen, dieses moralische Motiv könnte vorgeschoben sein, da es beim internationalen Publikum besser ankommt – die Ideologie des großrussischen Imperialismus tut das natürlich nicht. Und wenn umgekehrt Russlands Angst echt und gerechtfertigt ist, warum schadet man dann der eigenen moralischen Argumentation, wenn man sich zugleich auch noch nationalideologisch gibt? Auch dieser Widerspruch ist jetzt im Krieg in der russischen Propaganda auf seinen Höhepunkt gekommen und gibt ihr ihre verstörende Gebrochenheit. Glauben die Russen das Eine oder das Andere, oder beides zugleich? Putin galt im Westen einmal als riskant, aber nüchtern kalkulierender Pokerspieler. Jetzt könnte man Zweifel an der Berechenbarkeit und Zurechnungsfähigkeit der russischen Führung haben, wenn man das ganze widersprüchliche Spektrum ihrer und der von ihr angeheizten Propaganda auf sich einwirken lässt. Es gibt hier eine im Lauf der Jahre erfolgte Zuspitzung. Ist sie das Ergebnis einer inneren Entwicklungslogik oder reagiert sie auf eine im Lauf derselben Jahre zunehmende westliche Feindseligkeit gegenüber Russland? Selbst, wenn das letztere zutreffen sollte, gesund ist die russische Reaktion nicht, weder in Worten, noch in Taten.

Kommen wir von den Worten, den Begründungen, der Ideologie, zu den Taten, der praktisch verfolgten Außenpolitik. Hier gibt es von vornherein eine Linie und sie ist weitgehend und schon früh aggressiv. Putin hat sich von Anfang an mit dem Zweiten Tschetschenischen Krieg als Mann der patriotischen Tat eingeführt, der sich nicht die Butter vom Brot nehmen lässt. Allerdings liegt Tschetschenien innerhalb der international anerkannten Grenzen der Russischen Föderation, der Krieg stellte damit die russische Souveränität über ein Separatistengebiet wieder her, auch wenn das russische Vorgehen äußerst brutal war. Die Linie setzt sich dann aber nach außen hin fort mit dem „Gaskrieg" gegen die Ukraine 2005–2009, als es dort einen Präsidenten und eine Regierung gab, die nicht so wollten wie Putin (zur Ukraine als handelndem Faktor in diesem Komplex weiter unten). 2008 folgte Georgien, das nach einem Regierungs- und Politikwechsel als unmittelbarer Nachbarstaat auch anders wollte als Russland – die Rolle der „unterdrückten" russischen Minderheit, der geholfen werden musste, spielten hier mangels einer solchen die Osseten und Abchasen. Dann sprang Putin zur Ukraine zurück, wo Janukowytsch seine Schaukelpolitik betrieb. Putin erinnerte ihn durch Erpressung mittels Handelsembargo daran, wo seine Futterkrippe stehen sollte. Nach Janukowytschs Sturz, als die Ukraine nach Westen wegdriftete, erfolgte Ukrainekrieg Teil eins. Dann folgte seit 2015 Syrien, später Libyen, Sudan, Mali, Zentralafrika, jetzt Niger. Diese nahöstlichen und afrikanischen Dinge haben entgegen eines weitverbreiteten politischen Aberglaubens mit dem Westen nicht viel zu tun. Sie dienen zum Einen der Wiederherstellung russischer Einflussstellung in Nachfolge der Sowjetunion, sind also imperiale Projekte aus sich selbst heraus, zum anderen sind sie lukrativ: Es geht um Erdöl, Gold, Uran und noch ein paar andere praktische Dinge. Nicht dass es dem Westen um solche Ressourcen nicht auch ginge – in Westafrika spucken die russischen Aktivitäten Frankreich in die Suppe – und auch die Chinesen können das inzwischen ganz gut, wenn auch bislang nicht mit Einsatz kriegerischer Gewalt. Und wahrscheinlich rechtfertigt sich Putin vor sich selbst damit, dass westliche Staaten hier und dort direkt oder indirekt interveniert haben, falls er diese Rechtfertigung überhaupt braucht. Jedenfalls meldet Putins Russland damit sein imperiales Comeback an, wo einst auch die Sowjetunion aktiv war – in Syrien kommt dabei imperial-strategisches, Ressourcen-orientiertes und sowjetnostalgisches Interesse besonders zusammen.

Putin hat sich für solche Spezialaktionen seit 2012 ein spezielles Instrument geschaffen. Hier müssen wir einen Einschub vornehmen, und ein paar Dinge über den 2023 nicht so überraschend verstorbenen **Jewgeni Wiktorowitsch Prigoschin** sagen, den wir bislang sträflich vernachlässigt haben. Prigoschin wurde ebenso wie Putin in Leningrad geboren, allerdings erst 1961, also neun Jahre später. Auch Prigoschin wurde nicht auf Rosen gebettet geboren, machte aus seinem Leben als junger Mann allerdings weitaus weniger als Putin. 1979 wurde er wegen Diebstahls zu einer Bewährungsstrafe verurteilt, zwei Jahre später waren es 13 Jahre Haft wegen Raubüberfalls und weiterer Delikte. Nach 9 Jahren Haft wurde er 1990 vorzeitig entlassen. In den 1990ern blieb Prigoschin in seiner inzwischen wieder St. Petersburg heißenden Heimatstadt und war in der Glücksspielszene aktiv. Hier traf er wahrscheinlich auf Putin, der in dieser Zeit im Rahmen seiner Amtstätigkeit für die Petersburger Stadtverwaltung unter Bürgermeister Sobtschak u.a. eine Kommission zur Regulierung des Glücksspiels leitete – wir erinnern uns. Mit dieser Bekanntschaft sollte der bislang nicht besonders erfolgreiche Prigoschin sein Glück machen, zumal sein neuer Freund nicht allzu lange danach in den Moskauer Kreml einziehen sollte. Er eröffnete mehrere gehobene Restaurants in St. Petersburg, 2001 bewirtete er den neuen Staatspräsidenten und seinen französischen Kollegen Jacques Chirac in einem dieser Lokale – ein Foto zeigt den stolzen Prigoschin beim Weinausschank. Nach seiner eigenen Aussage soll er Putin erst bei dieser Gelegenheit kennengelernt haben – das ist natürlich die noblere Version. Mit einer Kette von Schnellrestaurants hatte Prigoschin weniger Erfolg. Wirklich reich wurde er aber dann mit dem Essenslieferanten Konkord: Er belieferte staatliche und kommunale Einrichtungen, Schulen, Kindergärten, Krankenhäuser, Gefängnisse, die Streitkräfte – Preisfrage: wie kommt man in Russland an lukrative Staatsaufträge? Auch durfte er Staatsbankette ausrichten, was ihm den Spitznamen „Putins Koch" verschaffte. In den 2010ern wurde Prigoschin für die russische Führung wirklich wichtig. Aus Putins Koch wurde Putins Internet-Propagandist und Putins Söldnerführer. Prigoschin zog ein Netzwerk von Trollfarmen bzw. -firmen auf, die Internetpropaganda für die russische Sache betrieben und auch für Hackeraktionen zuständig waren – auch wenn es weiterhin Zweifel geben mag, ob Russland 2016 tatsächlich in den Ablauf der amerikanischen Präsidentschaftswahlen eingegriffen hat und wenn ja, in welchem Umfang, Prigoschin hat sich 2022 stolz damit gebrüstet, nachdem er aus der relativen Verborgenheit davor als Wagner-Chef an die Öffentlichkeit getreten war.

Etwa 2012 wurde die als Privatfirma Prigoschins aufgezogene „Gruppe Wagner" gegründet. Militärischer Anführer und Sachverständiger unter der geschäftlichen Oberleitung Prigoschins war wohl von Anfang bis Ende Dmitri Utkin, ein ehemaliger Offizier der russischen Armee und bekennender Neonazi (daher der Name der Truppe, Richard Wagner als der Lieblingskomponist Hitlers). Utkin wurde 2016 von Putin mit dem Tapferkeitsorden ausgezeichnet, ein Foto davon existiert – wahrscheinlich gibt's den im Kreml nur für russische Nazis, nicht für ukrainische. Natürlich brauchte Prigoschin für den Aufbau und die militärische Leitung der Truppe einen erfahrenen Kämpfer, schließlich konnte Prigoschin selbst genauso wenig kämpfen wie er kochen oder sich in Computersysteme einhacken konnte. Dabei hieß die Truppe anfangs „Slawisches Korps", unter diesem Namen kämpfte sie 2014 im Donbas. Seit 2015 wurde sie in Syrien eingesetzt, später in Libyen und den anderen afrikanischen Schauplätzen. Das ursprüngliche Wagner vor 2022 war dabei eine hochprofessionelle Truppe von nur wenigen hundert bis später etwa 1000 und dann etwa 6000 Kämpfern, überwiegend ehemalige russische Soldaten, einige Ausländer darunter. Nur zahlte Wagner eben besser als die reguläre Armee. Das Geschäftsmodell sah dabei so aus, dass die formalen Auftraggeber – der jeweilige Machthaber vor Ort, für den man kämpfte wie z.B. Baschar al-Assad in Syrien – die Firma mit Gewinnanteilen von Ölquellen etc. bezahlte, die von der Truppe zurückerobert oder gesichert worden waren. Damit fuhr Wagner als Firma Gewinn ein. Auf diese Weise konnte die russische Staatsführung eine zuverlässige und schlagkräftige Truppe außerhalb des eigenen Staatsgebiets einsetzen, ohne damit formal etwas zu tun zu haben. Auch gab es im Unterschied zu regulären Soldaten den Familienangehörigen von Gefallenen gegenüber nichts zu erklären. Formal existierte Wagner auch nicht, da das russische Recht jede Art von Privattruppe strikt verbietet. Der Kreml hat bis 2022 die Existenz der Gruppe bestritten, Prigoschin selbst hat sich erst nach Beginn des großen Ukraine-Krieges offen als Wagner-Chef geoutet. Es wird immer wieder der Vergleich mit dem amerikanischen Blackwater gezogen – seit 2009 hat Blackwater seinen Namen mehrfach gewechselt, nachdem er im Irak einen schlechten Klang bekommen hatte, ich behalte ihn der Bequemlichkeit halber hier aber bei. Dabei existiert Blackwater aber völlig legal, es arbeitet für jeden, der zahlt, ob im amerikanischen Interesse oder nicht. Wo Blackwater im Dienst des Pentagon stand, gab es einen regulären Vertrag. Blackwater ist eine echte Söldnerfirma. Wagner dagegen war eine privat aufgezogene Sondertruppe des Kreml, die auch nur dort tätig wurde, wo der Kreml sie in eigenem Interesse hinvermittelte. Dabei unterstand Wagner aber nur dem Kreml direkt, nicht dem Verteidigungsministerium. Im Laufe des Ukrainekrieges 2022 hat Wagner dann aber als Teil einer massiven russischen Armee seinen Charakter und seine Größe stark verändert (s. später), nur die Wagnerverbände out of area in Afrika (z.B. jetzt auch im Sudan) dürften noch wie gehabt funktionieren, in kleineren Gruppen, die ziemlich dezentralisiert operieren und deren Einsatz weiterhin Profite bringt. Allerdings gibt es bislang keine sicheren Indizien, wer nach dem Tod Prigoschins die Reste der Truppe übernommen hat. Die Wagner-Verbände in der Ukraine scheinen in die reguläre Armee integriert worden zu sein.

Ein wichtiger Teil der Außenpolitik Putins generell war schon früh die Wiederkehr Russlands auf der großen internationalen Weltbühne in Nachfolge der Sowjetunion, unternommen mit diplomatischen und ökonomischen Mitteln neben den Aktionen Wagners v.a. in Syrien und Afrika. Russlands zunehmende Erdöl- und Erdgasexporte wurden wichtig für die wachsenden Volkswirtschaften der sich rapide entwickelnden Schwellenländer China und Indien, beide Staaten wurden wichtige Handelspartner Russlands neben den postsowjetischen Staaten in Zentralasien, dem Kaukasus und der Ukraine und neben dem Westen. Jetzt, nach dem endgültigen Ende auch der ökonomischen Beziehungen Russlands mit dem Westen und der Ukraine, gehören China und Indien zu den Haupthandelspartnern Russlands. Allerdings sind China und Indien nicht wirkliche „Freunde" Russlands. Alle drei Staaten haben ihre eigenen Gesichtspunkte, nicht mit dem Westen überein zu stimmen, aber Indien und China sind beide dennoch weiterhin an engen politischen und ökonomischen Verbindungen auch mit dem Westen interessiert und müssen es sein. Zudem sind Indien und China miteinander spinnefeind – es gibt einen schwelenden Grenzkonflikt im Himalaja, China unterstützt Pakistan, Indiens Erzfeind. China wiederum konkurriert auch mit Russland selbst: ökonomisch und in Fragen des politischen Einflusses in Zentralasien, also in Russlands eigenem postsowjetischen Hinterhof, im Kontext des chinesischen „Neuen-Seidenstraßen"-Projekts. Zugleich hat man im Peking nicht vergessen, dass das kaiserliche Russland dem kaiserlichen China 1860 die äußere Mandschurei entrissen hat (Wladiwostok hatte davor den chines. Namen Haishenwai getragen), auch könnten weitere Teile des asiatischen Russlands mit ihren Rohstoffvorkommen für chinesische Begehrlichkeiten interessant sein. Um wirklich gute Freunde handelt es sich nicht, die Beziehungen sind sehr pragmatisch-opportunistischer Art. Auch im engeren geographischen Kontext ist Russland nicht wirklich der neu erstarkte Nachfolger der Sowjetunion geworden, der über ein Netzwerk zuverlässiger Verbündeter und treuer Vasallen verfügt: Die Gemeinschaft Unabhängiger Staaten (GUS), die als eine Art Staatenbund zwecks politischer, ökonomischer und sicherheitspolitischer Operation aller postsowjetischen Staaten gedacht gewesen war, ist im Lauf der Zeit ein Schatten ihrer selbst geworden und jetzt so unwichtig wie etwa die Arabische Liga oder die Afrikanische Union. Die drei baltischen Staaten Estland, Lettland, Litauen hielten sich von vornherein fern. Zu den drei Gründungsmitgliedern Russland, Belarus und Ukraine (Belowescher Vereinbarungen Dezember 1991) kamen dann noch dazu Aserbaidschan, Armenien, Kasachstan, Kirgistan, Moldau, Tadschikistan, Turkmenistan, Usbekistan und schließlich Georgien, also 12 der ehemals 15 Sowjetrepubliken. Im Kontext des Konfliktes mit Russland 2008 trat Georgien aus, 2014 zog sich die Ukraine aus der GUS zurück, ohne aber voll formal auszutreten, im Mai 2023 kündigte die Republik Moldau ihren Austritt an, mit der Begründung, die Gemeinschaft sei nutzlos, da nun eines der Gründungsmitglieder – die Russische Föderation – ein anderes Gründungsmitglied – die Ukraine – überfallen habe, da die Gemeinschaft bei der Lösung des Transnistrienkonflikts nicht hilfreich gewesen sei und da sie auch kein Mitglied vor russischer Gaspreiserpressung schütze.

Als Ersatz für die GUS baute Putin im engeren Umfeld die „Eurasische Wirtschaftsunion" auf, als eine Art Konkurrenzunternehmen zur EU gedacht, mit Binnenmarkt und Zollunion. Die formale Gründung erfolgte zum 1. Januar 2015, davor gab es die lockerere „Eurasische Wirtschaftsgemeinschaft". Gründungsmitglieder sind Russland, Belarus und Kasachstan, Armenien und Kirgistan kamen noch dazu. Das ist schon von vornherein ein begrenzter Raum, keines der Mitglieder ist ein wirkliches ökonomisches Schwergewicht. Selbst Belarus und Kasachstan distanzieren sich trotz enger Anbindung in einzelnen Fragen immer wieder von Moskau, um nicht zu sehr in Abhängigkeit zu geraten.

Russland hat unter Putin wieder deutlich an internationaler Statur zugelegt, an die Sowjetunion kann es dabei aber doch nicht anknüpfen. Industriell ist es zu schwach und zu abhängig von Waren- und Güterimporten, insbesondere bei Hochtechnologiegütern. Sein Kapitalüberschuss ist bescheiden, die übergroßen Streitkräfte und das investitionsfeindliche Oligarchensystem schlucken zu viele Überschüsse. Dabei sind Staat und – wie sich gezeigt hat – Armee ineffizient. Lediglich sein Status als großer Energieressourcenexporteur und seine Atomwaffen machen Russland zu mehr als bloß einer Regionalmacht. Es gibt hier mehr Schein als Sein, was ein Problem ist, wenn man sich in der Nachfolge der Supermacht Sowjetunion sieht und den Anspruch vorbringt, auch so behandelt zu werden. Putins Russland hat sich schon länger darüber beklagt, vom Westen nicht ernstgenommen und als gleichrangig behandelt zu werden – das ist in beträchtlichem Maße zutreffend gewesen, diese Ehre lässt der Westen realistischerweise viel eher China zukommen – zugleich beklagte es sich mindestens seit 2007 und definitiv seit 2014 aber auch darüber, vom Westen gezielt in seinem eigenen Umfeld bedroht zu werden. Wozu sollte der Westen das tun, wenn er Russland nicht ernst nimmt? Selbst die russische Propaganda hat vor 2022 nicht behauptet, der Westen wolle Russland selbst besetzen, zerschlagen oder ihm seine Ressourcenvorkommen wegnehmen – das letztere könnten im Fall großer Schwäche Russlands schon eher die chinesischen „Freunde" versuchen wollen. Also: Wenn der Westen Russland als Bedrohung für seine Interessen nicht ernst genommen hat und keine Anstalten gemacht hat, Russland zu zerschlagen oder zu besetzen, warum sollte er es bedrohen wollen? Aber jetzt, ab Februar 2022, könnte man Gründe finden. Und: Hat der Westen Russland tatsächlich bedroht, sei es in der Ukraine, sei es in Georgien? Hat der Westen in der einen oder anderen Weise Putins zunehmend aggressiven Kurs selbst provoziert?

Nun gibt es „den Westen" natürlich nicht in dem Sinne, in dem es die Russische Föderation gibt. Und selbst der amerikanische Präsident hat nicht die Position Putins in Russland, weder in den USA selbst noch innerhalb der Nato. Zudem gibt es den Unterschied zwischen Nato und EU, was beides auch in Europa nicht deckungsgleich ist bzw. war: Österreich ist Mitglied der EU, aber nicht der Nato, für Finnland und Schweden galt bis vor kurzem dasselbe, Island, Norwegen und jetzt auch Großbritannien sind umgekehrt Nato-Mitglieder, aber nicht in der EU. Wenn man nun die Nato-Länder und die EU-Länder alle zusammen als „den Westen" definiert, dann gibt es hier mehrere recht unterschiedliche Interessengruppen, die in den letzten 20 Jahren auch ziemlich unterschiedliche grundsätzliche Positionen gegenüber Russland bezogen haben: Da gibt es zum einen die USA (Kanada als das andere nordamerikanische Nato-Mitglied hat hier keine spezifisch eigenen Interessen), dann gibt es die Europäer, von denen die meisten Mitglied beider zwischenstaatlichen Organisationen sind. In EU-Europa gibt es als harten Kern Frankreich und Deutschland, beide mit herkömmlich starken Interessen auch guter Beziehungen zu Russland und damit klar die „Tauben". Spanien und Italien hängen hier mit dran. Großbritannien neigt dagegen auch in dieser Frage eher den USA zu. Unter den neuen EU- und Nato-Mitgliedern sind Polen, die baltischen Staaten und Tschechien die europäischen „Falken" in Hinblick auf Russland, die historischen Gründe dafür sind evident. Die nordischen Staaten Finnland, Schweden und Norwegen tendieren herkömmlich auch in diese Richtung, wenn auch weniger stark – historisch gesehen teils russische Untertanen (Finnland), teils Machtkonkurrenten Russlands im baltischen Raum (besonders Schweden). Wichtig ist, dass die Europäer immer die Mitgliedschaft in der Nato und die in der EU konzeptionell strikt voneinander getrennt haben – das eine ein Militärbündnis von großem strategischen und machtpolitischen Gewicht, das andere eine im Kern ökonomische Interessengemeinschaft mit im Lauf der Zeit stärker ausgebauten Elementen auch politischer Zusammenarbeit, aber grundsätzlich ziviler Art. Von dort her hat man in Europa oft nicht begriffen, was Russland gegen eine Anbindung z.B. der Ukraine an die EU haben sollte. Im russischen Bild der Dinge wurden aber Nato und EU mehr oder weniger gleichgesetzt und die Expansion von beidem konnte gleichermaßen als bedrohlich dargestellt werden. Vor dem Hintergrund all dieser Differenzierungen konnte aber schon daher keine Rede sein von einer gleichmäßigen, systematisch betriebenen Aggressionspolitik gegenüber Russland von Seiten eines homogenen „Westens". Auch ist dieser Westen, anders als es das russische Bild der Dinge gerne will, keineswegs ein erweitertes Herrschaftsgebiet der Vereinigten Staaten von Amerika, wie das für den Bezug der UdSSR zu den Staaten des Warschauer Pakts der Fall war. Hier projiziert Russland die Rolle der früheren Sowjetunion im Rahmen der von ihr geführten Allianz auf die USA. Was man in Washington will, will man in Europa noch lange nicht, bzw. einige Europäer wollen ggf., andere nicht, wieder andere wollen sich besonders überzeugen lassen. Die USA sind die Führungs- und Hegemonialmacht des Westens durch ihre überragende politische, militärische und teils auch ökonomische Position – das letztere ist aber schon relativ, da Europa zusammengelegt von ähnlichem ökonomischen Gewicht ist. Die Europäer werden von den USA in weltpolitischen Dingen geführt, da wo sie es selbst wollen und wo sie sich nicht selbst zusammenraufen können – also häufiger, aber grundsätzlich mit ihrer Zustimmung. Die besonders in der Linken verbreitete vulgär-antiimperialistische Vorstellung, die europäischen Staaten seien „Kolonien" der USA, hält keiner Prüfung stand. Allein schon aus geostrategischen und politisch-militärischen Gründen wären militärische Interventionen der USA in Europa ohne Zustimmung der Betroffenen im Stile Irak – oder im Stile der Sowjetunion gegenüber illoyalen Vasallen wie Ungarn 1956 oder Tchechoslowakei 1968 – völlig unmöglich. Übrigens haben die USA weder in Europa noch anderswo jemals formale Verbündete militärisch niedergeknüppelt. Die Sowjetunion hat das getan, Putins Russland ebenfalls: Georgien 2008 und die Ukraine 2014 waren Mitglieder der GUS. Zusätzlich sind beide Staaten Mitglied der OSZE, stehen also unter dem besonderen Schutz der entsprechenden Vereinbarungen in Hinblick auf Unversehrtheit von Souveränität und Grenzen, Russland hat auch das mitunterschrieben. Schon von daher gilt kein „die Amerikaner haben aber auch…". Vietnam, Irak, Afghanistan, Grenada, Panama usw. fallen damit nicht in unsere nähere Betrachtung und wir können uns ersparen, diese Fälle amerikanischer – oder westlicher – militärischer Intervention diskutieren zu müssen. Es geht um Europa und um den spezifischen Vertragsraum der OSZE-Vereinbarungen. Ebenso geht es um die Vertragsverhältnisse zwischen der Russischen Föderation einerseits, Georgien und der Ukraine andererseits. Deshalb werden wir uns im Verlauf der weiteren Diskussion auf diese beiden konkreten Fälle beschränken. Transnistrien bzw. Moldawien könnte man von daher mit hineinnehmen, allerdings haben die Amerikaner damit praktisch nichts zu tun – Russland umso mehr -, auch die EU ist hier nur mäßig involviert gewesen (indirekt über Rumänien, da die Bevölkerungsmehrheit in Moldawien ebenfalls Rumänisch spricht), zumal Moldawien gerade auch wegen der Situation in Transnistrien weiterhin kein Mitglied der Union ist.

Man sollte sich überhaupt methodisch hüten, eine angeblich grundsätzliche Aggressivität des Westens und besonders der USA gegenüber Russland aus dem Glaubenssatz abzuleiten, der Westen – und besonders die USA – sei als kapitalistisch organisiertes Konglomerat prinzipiell immer und überall global gleichermaßen aggressiv, expansionistisch und manipulativ. Wir können uns diese allgemeine Diskussion sparen, wir werden das ausschließlich für das europäische Umfeld Russlands diskutieren. Der Rest der Welt ist dafür irrelevant, genauso wie die russische Intervention in – sagen wir – Syrien für unsere Frage irrelevant ist. Putin könnte in Syrien oder anderswo so unprovoziert aggressiv wie nur möglich gehandelt haben oder nicht, es geht um die Ukraine (und auch um Georgien, weil der Fall große Ähnlichkeiten aufweist und ebenfalls in die unmittelbare Nachbarschaft Russlands gehört).

Zunächst noch eine grundsätzliche Betrachtung der Position der USA im globalen wie im europäischen Zusammenhang: Die Vereinigten Staaten sind seit Niedergang und Ende der Sowjetunion die einzige verbliebene wirkliche Supermacht, politisch, ökonomisch, militärisch. Das verschafft ihnen aber nicht die Weltherrschaft, in der jetzigen multipolaren Welt schon gar nicht. Der Staat, der als potentiell rivalisierende Macht ihnen relativ (sehr relativ!) am Nächsten kommt, ist zur großen Enttäuschung Putins aber nicht Russland, sondern China. In Washington ging es schon länger großstrategisch primär um die Eindämmung Chinas, nicht um die der Möchtegern-Weltmacht Russland. Hätte Russland nicht seit 2014 begonnen, den Gang zur Eskalation in Osteuropa hochzuschalten, wäre das auch so geblieben. Die republikanische Opposition gegen Joe Biden argumentiert u. a. genau in diese Richtung, die jetzige Konzentration auf die Unterstützung der Ukraine sei nicht im amerikanischen Interesse, da dadurch das viel gefährlichere China aus dem Blick geriete. In dieser Sichtweise gehen die Ukraine und Russland primär die Europäer an. Und wenn die sich nicht von alleine auf die Reihe bekommen, dann haben sie eben Pech gehabt.

Nun will die Supermacht USA das natürlich bleiben – in der bisherigen Geschichte hat noch keine Großmacht wirklich freiwillig auf ihre Position verzichtet, auch Gorbatschows Sowjetunion ist erst durch die Umstände dazu gezwungen worden. Gorbatschow hätte das System nur erhalten können, wenn seine Reformen es so umgewandelt hätten, dass es auch ohne Anwendung von Gewalt zu halten gewesen wäre oder wenn er den großen Krieg entfesselt hätte. Er wäre schon gerne Präsident einer reformierten Sowjetunion geblieben, mit den Mitgliedern des Warschauer Paktes als freiwilligen Verbündeten wie in der Nato. Die Geschichte lief anders.

Mit dem Aufstieg zur Supermacht im Gefolge des Zweiten Weltkriegs haben sich die USA ihren berühmt-berüchtigten militärisch-industriellen Komplex zugelegt, ihre großen permanenten Streitkräfte, ihre Geheimdienste und einen bürokratischen Apparat auf Bundesebene, der mit diesen Dingen befasst ist. Durch diese Lage bedingt gibt es natürlich spezifische Verbandsinteressen innerhalb der USA, die ein Eigeninteresse an der Beibehaltung des Supermachtstatus haben – die Beamten und Militärs wollen nicht arbeitslos und bedeutungslos werden, die in Jahrzehnten hochgezüchteten Rüstungsfirmen wollen ihren Profit. Apparate entwickeln ihr Eigengewicht. Damit wäre es natürlich für jeden US-Präsidenten schwierig, eine rein passive oder gar isolationistische Außenpolitik zu treiben. Der Apparat drängt auf aktive Außenpolitik. Andererseits ist das breite amerikanische Wählerpublikum an äußeren Dingen ziemlich desinteressiert und verdrängt dadurch den Status ihres Landes als globaler Supermacht weitgehend aus seinem Bewusstsein. In amerikanischen Wahlen – Kongress- wie Präsidentschaftswahlen – geht es schwerpunktmäßig um innenpolitische Dinge, insbesondere solche der inneren Wirtschafts- und Steuerpolitik, wenig um Außen- oder Sicherheitspolitik. Hier unterscheiden sich die USA kaum von irgendeinem Staat Europas. Gleichzeitig ist für einen Teil der politischen Klasse der USA auf Bundesebene immer Wahlkampf, da ein Teil der Kongressabgeordneten alle zwei Jahre neu gewählt wird (parallel zu den Präsidentschaftswahlen und in den Midterms). Damit muss ein amerikanischer Präsident permanent auf die Interessen der Abgeordneten seiner Partei achten, für die es in der Mehrzahl der Fälle um Innenpolitik geht. Das kann seine außenpolitischen Optionen beträchtlich beschränken und ist eine strukturelle Gegebenheit, die amerikanische Außenpolitik wiederum „zögerlich" machen kann. Der Präsident ist damit zwischen zwei potentiell widerstreitenden strukturellen Getriebenheiten aufgehängt: Die eine (der außenpolitisch-militärische Apparat) drängt auf aktive Außenpolitik, die andere (die parlamentarische Innenpolitik) wirkt sich immer wieder bremsend aus. Dennoch haben amerikanische Präsidenten kraft ihrer starken verfassungsmäßigen Amtsposition als „Wahlkönige für vier Jahre" auch wieder beträchtliche Freiräume, der Außenpolitik einen eigenen Stempel aufzudrücken, aber eben nur für vier bzw. acht Jahre. Der Nachfolger kann das schon wieder ganz anders machen. George W. Bush (2000–2008) mit seiner aggressiven Außenpolitik, teils mit pragmatischem, teils aber auch mit explizit ideologischem Hintergrund, gegenüber Russland längere Zeit aber eher desinteressiert, mit zeitweilig guter persönlicher Chemie mit Putin (damals war Putin nach außen noch auf seinem „Westverbindungs-Trip"), Barack Obama mit einem deutlich verbindlicheren Stil („Reset" gegenüber Russland), in der Sache aber konsistenter gegenüber Putin und ohne gute persönlicher Chemie mit dem russischen Kollegen, Donald Trump, der auch außenpolitisch keine wirkliche Linie hatte und schwankte, ob der „Teufelskerl" Putin sein Kumpel oder sein Rivale war, dem man die Faust zeigen musste, schließlich Joe Biden mit der Rückkehr der Linie Obamas, außenpolitisch angetreten gegen China, aber durch die Entwicklung der Umstände – und die russische Politik – zum transatlantischen Gegenspieler Putins geworden.

Repetieren wir kurz die Hauptlinie der russischen und prorussischen Vorwürfe gegenüber dem Westen und besonders den USA, bevor wir diese Vorwürfe konkret diskutieren:

1. Der Westen tat in den 1990ern nur vordergründig auf Entspannung und Ende des Kalten Krieges, in Wirklichkeit wurde der Kalte Krieg gegen Russland als Nachfolgestaat der Sowjetunion weiterbetrieben: Die Nato (und die EU in braver Gefolgschaft) rückte entgegen der gegebenen Garantien Schritt für Schritt mittels der Osterweiterung immer näher an Russland heran, um es dann letztendlich direkt an seinen Grenzen bedrohen zu können. Russland außenpolitische Aggressivität entwickelte sich als legitime Reaktion darauf.
2. Bereits im Fall Georgiens hatte der Westen versucht, Russland in die Falle zu locken: Er hatte mit massiver finanzieller Unterstützung 2003 die „Rosenrevolution" losgetreten, die

im Land eine prowestliche Regierung an die Macht brachte. Die wurde mit zukünftiger Nato- und EU-Mitgliedschaft zu antirussischen militärischen Aktionen und zum Versuch des Genozids an Abchasen und Osseten verlockt, worauf Russland eingreifen und die Ordnung im Kaukasus wie auch die Unversehrtheit seines Grenzvorfeldes wiederherstellen musste.

3. Schon 2004/2005 hatte der Westen das auch in der Ukraine versucht („Orangene Revolution").

4. Da das aufgrund der Unfähigkeit und Zerstrittenheit der dabei herausgekommenen ukrainischen Führung aber nicht erfolgreich war, kam die zweite westliche Intervention in der Ukraine 2013/2014: Es wurde die „Maidan-Revolution" angezettelt, wodurch in der Ukraine prowestliche Faschisten an die Macht kamen. Diese drohten mit Genozid an der russischen Minderheit und es bestand die Gefahr, dass die Ukraine nun wirklich zur antirussischen Raketenabschussrampe wurde. Russland griff solidarisch ein und holte sich dabei die ihm sowieso rechtmäßig gehörende Krim zurück.

5. Schließlich rüstete der Westen die faschistische Ukraine massiv auf, so dass diese 2021 drohte, den Donbas unter großen Massakern zurückzugewinnen und sich an den Russen dort zu rächen. Deshalb musste Putin im Februar 2022 zu seiner militärischen Spezialoperation greifen, um die Ukraine vom Faschismus und von westlicher Manipulation zu befreien. Innerwestliche Kritiker der westlichen Unterstützungspolitik gegenüber der Ukraine sehen das gerne in der Variante, dass Putin hier dem provozierenden Westen in die Falle gegangen sei, um Russland mittels der vom Westen künstlich aufgepumpten Ukraine zu schwächen. Damit doppelt zynisch: Gegenüber Russland und gegenüber der die Kriegsopfer tragenden Ukraine, die in diesem Stellvertreterkrieg das Bauernopfer abgibt.

Punkt 5 werden wir erst im nächsten Kapitel diskutieren, wo es um den Großen Krieg, den aktuellen, gehen wird.

Es fällt an diesem Bild der Dinge auf, dass den kleineren Akteuren (Ukraine, Georgien, die neuen Mitglieder von Nato und EU im östlichen und südöstlichen Europa) dabei keine eigenständige Agency, kein eigenständiger Wille zugewiesen wird – und wo das begrenzt geschieht, da kann dieser Wille nur „faschistisch" sein. Diese Akteure sind somit eigentlich keine wirklichen, sondern lediglich Marionetten eines quasi allmächtigen und als homogene Einheit gedachten Westens. Von daher begreift dieses Bild der Dinge auch nicht, welche eigenständigen Motivationen diese „Kleinen" hier möglicherweise hatten. Wenn es den manipulativen und russophoben Westen nicht gäbe und wenn es keine osteuropäischen Faschisten gäbe – wenn also alles mit rechten Dingen zuginge – dann müssten hier eigentlich alle enge Freunde des großen Russlands sein. Wir können deshalb im Folgenden nicht allein auf den Westen achten, sondern müssen die Betrachtung dieser „Kleinen" immer miteinbeziehen.

Fangen wir mit der Frage der Osterweiterung von Nato und EU nach 1991 an, und zwar in der Diskussion zunächst im Hinblick auf die bislang tatsächlich aufgenommenen Staaten – also ohne Georgien und die Ukraine.

Für die EU sind das:
- 1995: Österreich, Schweden und Finnland
- 2004: Estland, Lettland, Litauen, Malta, Polen, Slowenien, Slowakei, Tschechische Republik, Ungarn, Zypern
- 2007: Bulgarien und Rumänien
- 2013: Kroatien.

Beitrittsverhandlungen werden geführt mit der Türkei (seit 2005, allerdings seit einiger Zeit weitgehend ruhend), Montenegro (seit 2012), Serbien (seit 2014), Albanien und Nordmazedonien (seit 2022). Moldau und die Ukraine sind seit Neuestem Beitrittskandidaten (noch keine Verhandlungen). Bosnien und Herzegowina, Kosovo und Georgien sind potentielle Beitrittskandidaten.

Für die Nato sind das:
- 1999: Polen, Tschechische Republik, Ungarn
- 2004: Estland, Lettland, Litauen, Bulgarien, Rumänien, Slowakei, Slowenien
- 2009: Albanien, Kroatien
- 2017: Montenegro
- 2020: Nordmazedonien
- 2023: Finnland

Kandidaten und Interessenten (man meldet sein Interesse an Aufnahme bei der Nato an) sind: Bosnien-Herzegowina (seit 2008), Serbien (seit 2007), Ukraine und Georgien (seit den 2000ern, allerdings wechselnd), Aserbaidschan, Armenien, Kasachstan, Moldau, Irland, Malta, Schweiz u. a. haben ein Kooperationsverhältnis mit der Nato, Russland hatte dieses Verhältnis zur Nato bis 2014/2021 auch (Nato-Russland-Rat). Schweden ist im Beitrittsprozess. Grundsätzlich fährt die Nato bei Neubeitritten nach dem Prinzip, dass keine Staaten aufgenommen werden, die sich bereits in einem militärischen Konflikt befinden oder die offene Konflikte mit Nachbarn haben (Grenzkonflikte, Separatismusprobleme). Die Nato möchte keine Beitrittskandidaten, die bereits Instabilität miteinbringen.

Wichtig in unserem Zusammenhang sind die Fälle Schweden und Finnland: Beide seit 1995 Mitglieder der EU, haben sie aber bis 2022 eine dezidierte politisch-militärische Neutralitätspolitik betrieben und bis dahin keinerlei Interesse an der Aufnahme in die Nato gezeigt. Beide wären aber schon immer von zentraler Bedeutung gewesen, hätte die Nato ernsthaft eine Politik betrieben, Russland auch von Nordwesten her zu bedrohen. Was für eine strategische Lücke, die der Nato-Imperialismus hier offen gelassen hat! Warum gab es hier keinen Druck von Seiten der Nato oder Manipulationen von Seiten Washingtons, um beide Staaten in die Nato zu bringen? Seltsamerweise ist noch kein Nato-Kritiker auf die Idee gekommen, das zu behaupten. Es scheint also doch sehr von den einzelnen Staaten selbst abzuhängen, ob sie der Nato beitreten wollen oder nicht.

Die Motive, die ein Staat hat, der Europäischen Union beizutreten, sind in unserem Zusammenhang unproblematisch: Wie auch wieder die Beispiele Schweden und Finnland zeigen, bedeutet die EU-Mitgliedschaft nicht unbedingt eine politisch-militärstrategische Option. Die Motivation ist primär ökonomisch und vielleicht auch kulturell-gesellschaftlich: Teilnahme am Binnenmarkt und an der Zollunion und die damit erhoffte ökonomische Entwicklung, Hoffnung auf Stärkung liberal-konstitutioneller politischer Strukturen, zivilgesellschaftliche Verbesserungen. Von daher war die Assoziation an die EU für die Ukraine auch unter Präsidenten wie Kutschma und Janukowitsch interessant, die damit definitiv keine antirussischen Motive verbanden und die die EU-Mitgliedschaft nicht als inkompatibel mit weiterhin guten Beziehungen mit Russland gesehen haben. Es war Russland, das spätestens seit 2010 anfing, das so zu sehen und von daher massiven Druck auf Janukowytsch in dieser Frage auszuüben.

Wie war das aber mit dem Nato-Beitritt? Beginnen wir mit der Vorgeschichte der ersten Nato-Erweiterung 1999. Im Laufe des Jahres 1991 hatte sich der Warschauer Pakt aufgelöst, im März militärisch, im Juli dann auch politisch. Danach folgte im August der Putschversuch gegen Gorbatschow und in Konsequenz im Dezember die Auflösung der Sowjetunion.

Bereits im Februar 1991 bildeten Polen, Ungarn und die Tschechoslowakei die sog. Visegrad-Gruppe, benannt nach dem Verhandlungsort, der im Donauknie liegenden ungarischen Stadt. Nach der Auflösung der Tschechoslowakei Anfang 1993 besteht die Gruppe bis heute aus den vier Staaten Polen, Ungarn, Tschechien und Slowakei (auch V4 genannt). Die Gruppe formierte sich mit dem Ziel ökonomischer, politischer, kultureller (gegenseitige Verständigung bzgl. nationaler Minderheiten) und auch sicherheitspolitischer Kooperation in dem als unsicher empfundenen Raum Ostmitteleuropas. Eines der gemeinsamen Interessen war von vornherein der Beitritt zu Nato und EU. Bereits im Herbst 1991 erklärte die Gruppe, dass ihre Mitgliedsstaaten den Nato-Beitritt anstrebten – da existierte die Sowjetunion formal noch. Die Reaktion im Westen auf diesen von der V4 vorgebrachten Aufnahmewunsch war verhalten bis skeptisch, in Europa wie in Washington: Rücksicht auf eine möglicherweise negative russische Reaktion, Skepsis in Hinblick auf die politische und ökonomische Stabilität der betreffenden Staaten, Furcht vor möglichen Instabilitäten in Hinblick auf Grenzen und Position nationaler Minderheiten, Zweifel an der militärischen Leistungsfähigkeit der Streitkräfte der vier Staaten und ihrer Kompatibilität mit Nato-Strukturen. Spezifisch in Washington war die Stimmung im Außenministerium (State Department) längere Zeit gespalten – teils dafür, teils dagegen – im Verteidigungsministerium (Pentagon) war sie zunächst durchgehend dagegen, man fürchtete hier die Kosten. Wer angesichts dieser westlichen Skepsis behauptet, der Westen habe von Beginn an und von sich aus auf eine Osterweiterung der Nato gedrängt und die betreffenden Staaten da irgendwie hineinmanipuliert, der lebt in einem anderen historischen Universum. Der maßgebliche aktive Faktor war das Drängen der Visegrad-Staaten, die wiederholt begründeten, warum sie nicht nur in die EU wollten (der ökonomisch-politische Gesichtspunkt), sondern unbedingt auch in die Nato: Sie wollten mit der ihnen verhassten Ostblock-Vergangenheit brechen und sie fürchteten weiterhin Russland: Auch das Russland Jelzins war im postsowjetischen Raum früh mit militärischer Intervention unterwegs, bereits 1992 gegen Moldau in Transnistrien und 1992/93 gegen Georgien in Abchasien. Die 1993 von Jelzin mit gewaltsamen Mitteln zu seinen Gunsten gelöste russische Verfassungskrise ließ für die skeptischen Nachbarn in Osteuropa nichts Gutes für die weitere innere Entwicklung Russlands ahnen. Russland ist für die Nationen Osteuropas mehrheitlich die verhasste und gefürchtete ehemalige imperiale Macht, was die linken und rechten Kritiker der Vereinigten Staaten bei uns nicht verstehen. Für diese Kritiker sind wir selbst (die Westeuropäer), die Amerikaner und die Russen wichtig, die kleineren Völker Osteuropas existieren in ihrem Weltbild nur als manipulierte Schachfiguren. Genau das waren sie auch unter der sowjetischen Hegemonie gewesen, aber zum Erstaunen unserer Amerikakritiker sehen sie in der Zugehörigkeit zum Westen die Lösung des Problems. Die Mitglieder der Visegrad-Gruppe legten etwaige Minderheiten- und Grenzstreitigkeiten untereinander bei, koordinierten ihre Anstrengungen beim Ausbau liberaler, demokratischer und marktwirtschaftlicher Institutionen, um sich für die Aufnahme in die EU und die Nato möglichst kompatibel zu machen. Auch erhofften sie sich von dieser Aufnahme die weitere Stützung dieser Reformprozesse. Gemeinsam warben sie bei Nato und EU für ihre spätere Aufnahme. Intern wurde Parteien abgewählt, die gegen den Nato-Beitritt des betreffenden Staates waren, Meinungsumfragen ergaben deutliche Mehrheiten für den Beitritt, in Ungarn sprachen sich 1997 in einem Referendum 85,5 % der Abstimmenden dafür aus.

Nun stimmte die Nato-Seite diesem Ansinnen letztlich nicht lediglich aus Gutmütigkeit zu oder weil man von den beständigen Bewerbungsinitiativen der Visegrad-Staaten genervt war und man sich durch die Aufnahme Ruhe verschaffen wollte. So wie sich die EU von ihrer Osterweiterung die Vergrößerung ihres Wirtschaftsraums und die politische und ökonomische Stabilisierung des östlichen Europa versprach, so setzten sich im Laufe der 1990er Jahre in der Nato allgemein wie in Washington speziell die Gesichtspunkte durch, die Erweiterung der Nato würde einen im Osten Europas existierenden Raum der Instabilität beseitigen, sie würde für friedliche Beziehungen auch zwischen den dortigen Staaten sorgen und sie würde einem möglicherweise wieder autoritär werdenden Russland das imperiale Vorfeld für erneute Expansionsbestrebungen nehmen. Diese Dinge wurden zwischen Nato-Regierungen und in Nato-Stäben offen diskutiert, es gab die entsprechenden offenen Verlautbarungen und Meinungsäußerungen Einzelner. Wer hier die verdeckt operierende antirussische Verschwörung wittert, bewegt sich ebenfalls in einem alternativen historischen Universum.

So war der seit 1993 amtierende US-Präsident Bill Clinton zuerst eher skeptisch in Hinblick auf eine Vollmitgliedschaft der osteuropäischen Staaten in der Nato, er orientierte sich zunächst an der Alternative lockererer Anbindung mittels einzelner Sicherheitspartnerschaften. In den Nachwahlen des amerikanischen Kongresses 1994 legten die Republikaner aber ordentlich zu, der Demokrat Clinton musste sich darauf einstellen. Auch die Mehrzahl der Demokraten schwangen unter dem Druck dieser innenpolitischen Entwicklung – die im Kongress erfolgte, nicht im Staatsapparat! – zur Position der Nato-Erweiterung um. 1996 trat Clinton innerhalb der Nato-Konsultation wie in öffentlichen Auftritten markant für den Nato-Beitritt ehemaliger Warschauer-Pakt-Mitglieder oder auch Sowjetrepubliken ein. Die Nato schuf Institutionen, um Bewerbungswillige – oder auch nur kooperationswillige Staaten – einzubinden, kollektiv war das der Euro-Atlantische Partnerschaftsrat, jeweils spezifisch die mit einzelnen Staaten abgeschlossene „Partnerschaft für den Frieden".

Auf dem Madrider Nato-Gipfel 1997 wurden Polen, Tschechien und Ungarn formal zum Beginn von Aufnahmeverhandlungen eingeladen, sie bekamen somit formalen Kandidatenstatus. Der vierte Visegrad-Staat Slowakei wurde zunächst noch nicht mit diesem Status bedacht, da es in der Slowakei damals innenpolitische Probleme gab, die den rechtsstaatlichen Charakter der Slowakei zeitweilig mit einem Fragezeichen versahen. Über Rumänien als Beitrittskandidat wurde in Madrid diskutiert (Frankreich sprach sich dafür aus), ebenso Slowenien (hier war Italien der Fürsprecher). Es gab aber im Bündnis wie in Washington weiterhin Skepsis bezüglich der Erweiterung der Nato mit Hinweis auf die Kosten, und mit der Begründung ihrer Unnötigkeit, da Russland damals keine maßgebliche Bedrohung für seine osteuropäischen Nachbarn gebildet habe. Trotz dieser kritischen Einwürfe aus dem Bündnis selbst traten Polen, Ungarn und die Tschechische Republik 1999 der Nato bei (der EU dann 2004).

Ermutigt durch den Erfolg der Visegrad-Gruppe bei ihren Beitritts- und Verhandlungsbemühungen bildete sich eine weitere solche Bewerbungs- und Kooperationsgruppe von Staaten: Die Vilnius-Gruppe, bestehend aus Estland, Lettland, Litauen, Albanien, Bulgarien, Nordmakedonien, Rumänien, Slowenien, Kroatien und der – bei der ersten Runde übergangenen – Slowakei. Der formale Nato-Beitritt von Estland, Lettland, Litauen, Rumänien, Bulgarien, Slowenien und der Slowakei erfolgte 2004, damit gehörten nun drei ehemalige Sowjetrepubliken zur Nato (und zur EU – die drei baltischen Staaten), die Nato grenzte damit an Russland. Die weiteren Neuzugänge zur Nato bis 2022/23 betreffen alle auf dem Balkan liegende Staaten, was uns hier nicht weiter interessieren muss. Zu den beiden Beitrittswilligen Ukraine und Georgien s. weiter unten.

Was meinten denn nun zu all dem die Russen und wurde auf sie hier wirklich keine Rücksicht genommen? Es gab ja interne Kritiker im Westen selbst, die schon früh auf mögliche negative Folgen einer Nato-Erweiterung für die Entwicklung der Beziehungen mit Russland hingewiesen hatten.

Der formale völkerrechtliche Ausgangspunkt für die weitere Entwicklung des Ost-West-Verhältnisses beim Ende der Sowjetunion ist der sog. „Zwei-plus-Vier-Vertrag" vom 12. September 1990, dessen Abschluss die deutsche Wiedervereinigung wenige Wochen später, am 3.10.1990, ermöglichte. Formal heißt das Vertragswerk „Vertrag über die abschließende Regelung in Bezug auf Deutschland", auch kurz intern deutsch „Regelungsvertrag". Der Regelungsvertrag ist ein Staatsvertrag zwischen der Bundesrepublik, der DDR, den Vereinigten Staaten, Großbritannien, Frankreich und der Sowjetunion, durch den anstelle eines Friedensabkommens zwecks formaler Beendigung des 2. Weltkriegs alle Regelungen der Nachkriegszeit aufgehoben und das Verhältnis Deutschlands zu den ehemaligen Siegermächten und seinen Nachbarn definitiv geregelt wurde. Der alliierte Kontrollrat wurde aufgelöst, die letzten Besatzungsvorbehalte aufgehoben, Deutschland bekam seine vollständige Souveränität zurück und konnte sich von daher vereinigen. Im Gegenzug erkannte Deutschland endgültig seine Grenzen an, die das Ende des Zweiten Weltkrieges geschaffen hatte, insbesondere die Oder-Neisse-Grenze gegenüber Polen und verzichtete damit völkerrechtsbindend auf seine früheren Territorien östlich dieser Linie – das letztere wurde bald darauf auch in einem speziellen deutsch-polnischen Vertrag geregelt. Deutschland erklärte seinen dauernden Verzicht auf atomare, biologische und chemische Waffen, die Bundeswehr wurde auf 370.000 Mann reduziert. Die in der DDR stationierten sowjetischen Truppen sollten bis 1994 abgezogen werden. Auf dem Gebiet der – ehemaligen – DDR dürfen auch im Rahmen der Nato keine Atomwaffen stationiert werden, zugleich gab es die Zusicherung an die – damals noch existierende – Sowjetunion, auf dem Gebiet Ostdeutschlands keine ausländischen Nato-Truppen zu stationieren – in der Tat ist auf dem Gebiet der neuen Bundesländer bis heute lediglich die Bundeswehr präsent. Die Amerikaner sind weiterhin da, wo sie zuvor auch waren: In der Pfalz, in Württemberg, in Bayern, nur seit 1990 nicht mehr als Besatzungsmacht, sondern ausschließlich im Rahmen der Nato. Die Briten und die Franzosen zogen ihre Verbände ganz aus Deutschland ab.

Zugleich wurde 1990 ein Vertrag zur konventionellen Abrüstung und konventionellen Rüstungskontrolle mit der Sowjetunion geschlossen (im atomaren Bereich war das schon vorher geschehen), nach dem Zusammenbruch der Union gab es sofort formale Kontakte und Kooperation zwischen der Nato und der neuen Russischen Föderation im Rahmen des Nordatlantischen Kooperationsrates (später Euro-Atlantischer Kooperationsrat). 1994 trat Russland dem Nato-Programm „Partnerschaft für den Frieden bei". Russland wurde definitiv nicht links liegen gelassen. Es gab sogar Stimmen in Moskau und im Westen, Russland könne langfristig selbst Nato und EU beitreten. Allerdings waren dafür auch in den 1990ern die Aufnahmevoraussetzungen in Russland nicht gegeben: innere Instabilität, das tschetschenische Separatismusproblem, Konflikte mit anderen postsowjetischen Staaten (Georgien, Moldau), die interne Rollenschizophrenie Russlands zwischen den Polen „imperiale Großmacht" einerseits und „großer, auch europäischer Staat unter anderen solchen Staaten" andererseits. Das Russland Jelzins hatte dann sehr schnell zu viele weitere Handicaps, um ernsthaft als Nato- oder EU-Aspirant gelten zu können. Russland gründete 1994 seine alternative postsowjetische Bündnisorganisation, die CSTO, mit Belarus, Armenien, Kasachstan, Kirgistan und Tadschikistan. Im selben Jahr wurde von Russland, den USA und Großbritannien das schon erwähnte Budapester Memorandum unterzeichnet, in dem Belarus, Kasachstan und die Ukraine im Austausch der Ablieferung ihrer sowjetischen Atomwaffen an Russland die territoriale Unversehrtheit und umfassende Sicherheit vor Gewaltanwendung zugesichert wurde.

Als die Forderungen osteuropäischer Staaten nach Aufnahme in die Nato lauter wurde und die westliche Politik anfing, darauf einzugehen, wurde in Russland schon bald Kritik an einer möglichen Osterweiterung der Nato laut: Die Russische Föderation entwickelte seit 1993/94 eine Sicherheitsdoktrin, nach der das Gebiet der ehemaligen Sowjetrepubliken als „Nahes Ausland" definiert wurde, ein Gebiet, in dem Russland besondere Sicherheitsinteressen habe – was nun wieder die Ängste der Nachbarn noch verstärkte und sie noch mehr in Richtung Westintegration trieb. Zugleich äußerte Boris Jelzin selbst, für ihn schlössen die Regelungen des 2+4-Vertrags und die im Zuge und im Umfeld dieser Verhandlung von westlicher Seite getätigten Aussagen eine Osterweiterung der Nato aus – der Westen habe somit wenigstens implizite bzw. mündliche Garantien gegeben, das nicht zu betreiben. Putin und andere führende russische Politiker und Kommentatoren bliesen seit 2007 ins gleiche Horn – allerdings, um es zu wiederholen – erst seit 2007!

Zunächst einmal: Rechtsformal ist weder der Sowjetunion 1990 noch der Russischen Föderation etwas zugestanden worden. Weder Gorbatschow, noch sein Außenminister Schewardnardse noch Jelzin oder einer seiner Außenminister haben beim Abschluss egal welcher Verträge mit der westlichen Seite jemals irgendwelche formale Garantien in dieser Hinsicht verlangt. Es geht um völlig unverbindliche Meinungsäußerungen einzelner Politiker (Bundesaußenminister Genscher, britischer Außenminister Douglas Hurd, amerikanischer Außenminister James Baker), die sich damals dafür aussprachen, dass es gut wäre, der Sowjetunion eine solche Garantie formal zu geben, was dann aber nicht weiterverfolgt wurde, zumal die andere Seite nicht darauf beharrte. Gorbatschow selbst hat sich im Laufe seines späteren Lebens widersprüchlich geäußert, einmal meinte er, solche mündlichen Zusagen seien ihm gegenüber gemacht worden, später wieder stritt er das ab und bezeichnete es als Propaganda Putins.

Zudem äußerte sich auch die russische Politik der 1990er Jahre hier widersprüchlich: Derselbe Jelzin, der der Meinung sein konnte, die sich abzeichnende Osterweiterung der Nato (Visegrad-Gruppe) berücksichtige nicht die Sicherheitsinteressen Russlands und widerspräche dem Geist des „Regelungsvertrags" von 1990 und damals gemachten mündlichen Zusagen, konnte auch wieder so agieren, als bestünden diese russischen Vorbehalte gar nicht. Ende 1993, bei einem Staatsbesuch in Warschau, formulierte Jelzin in einer gemeinsamen Erklärung mit seinem polnischen Amtskollegen Lech Walesa, Russland billige die Aufnahmebemühungen Polens und seiner Mit-Visegrader für eine Nato-Mitgliedschaft. Allerdings gab es dazu zu Hause bei den nationalistischen und kommunistischen Teilen der Opposition und auch aus Jelzins eigenem Apparat Empörung, was einiges erklärt, warum Jelzin im Lauf der Jahre sich einmal so, dann wieder so äußerte.

1997 aber stimmte er mit Abschluss der am Anfang des Kapitels genauer behandelten Nato-Russland-Grundakte der Osterweiterung der Nato explizit zu, dafür bekam Russland die Garantie, dass die Nato auf dem Gebiet der neuen Mitglieder keine offensiven atomaren oder konventionellen Kapazitäten aufbauen werde (s.o.) – woran sich die Nato bis 2014 auch gehalten hat, danach hat der Aufbau einer russischen Drohkulisse sie nach dem Regelungswerk selbst berechtigt, den militärischen Schutz der Grenzstaaten zu verstärken –, zusätzlich wurde ein Mechanismus permanenter Konsultation auf höchster diplomatischer Ebene geschaffen. Es ist klar, dass die Nato Russland nicht für fähig und geeignet sah, einer gemeinsamen Bündnis- und Sicherheitsarchitektur beizutreten, aber Russland dafür Sicherheits- und Entspannungsgarantien gab. Und Russland ging darauf ein, was der Grund ist, dass Putin selbst vor seiner Münchner Rede 2007 keinerlei offene Klagen wegen der Nato-Expansion erhoben hat – Russland hatte ihr vertragsverbindlich zugestimmt und dafür auch etwas bekommen, auch wenn Putin das später anders sehen wollte.

Putin säuselte bis 2007 sogar ganz beträchtlich westfreundlich, vom Bruch irgendwelcher Garantien, die Gorbatschow gemacht worden seien, war nicht die Rede. Strategische Unerfahrenheit des neuen Präsidenten, dem noch nicht klar war, wie sehr sich Jelzin vom Westen hatte über den Tisch ziehen lassen? Oder strategisches Kalkül, sich noch nicht mit dem Westen anlegen zu wollen, solange er noch nicht fest genug im Sattel saß und Russland noch nicht bereit war? Oder geschah in der Zeit zwischen 2000 und 2007 von der westlichen Seite etwas, das Putin zum Umdenken brachte? Als 2004 Estland, Lettland, Litauen zusammen mit den anderen Kandidaten der Vilnius-Gruppe der Nato beitraten, gab es eine formale Gratulation aus Moskau, von Ängsten wegen der Ausdehnung der Nato nun bis an die russische Grenze keine Spur. Im Januar 2005 gestand der russische Außenminister Sergej Lawrow (bereits derselbe!) in einem Interview mit dem „Handelsblatt" der Ukraine und Georgien zu, der Nato beizutreten: „Das ist deren Wahl. Wir achten das Recht jedes Staates, – unsere Nachbarn eingeschlossen -, sich seine Partner selbst zu wählen, selbst zu entscheiden, welcher Organisation sie beitreten zu wollen". In einem Interview mit der BBC 2000, kurz nach Beginn seiner Präsidentschaft, hatte Putin gesagt, er könne einen Beitritt Russlands zur Nato nicht ausschließen, „wenn und sobald Russlands Ansichten als gleichberechtigter Partner berücksichtigt werden". Was heißt das? Gleichrangigkeit Russlands in der Nato mit den USA, so dass die Nato zwei Führungsmächte hätte? Er setzte hinzu, dass es ihm schwerfalle, sich die Nato als Feind vorzustellen: „Russland ist ein Teil der europäischen Kultur. Und ich kann mir mein eigenes Land nicht isoliert von Europa und dem, was wir oft die zivilisierte Welt nennen, vorstellen". Der Putin welches Paralleluniversums war denn das? Allerdings ganz so zurückhaltend und ohne auf die besonderen Ansprüche Russlands als Großmacht zu pochen, ging es bei Putin damals auch schon nicht: Nach Aussage des damaligen Nato-Generalsekretärs George Robertson soll Putin bald nach seinem Amtsantritt im persönlichen Gespräch gefragt haben, wann die Nato Russland ein Beitrittsangebot machen werde. Darauf habe Robertson geantwortet, üblicherweise stellen Interessenten bei der Nato einen Beitrittsantrag. Darauf soll Putin gesagt haben: „Nun, wir stellen uns nicht in eine Warteschlange mit Ländern, die unwichtig sind". Dmitri Medwedew machte in seiner Zeit als Präsident der Russischen Föderation die abschließende Bemerkung zum Thema „Russland als mögliches Nato-Mitglied", indem er meinte, eine Macht wie Russland trete keinem anderen Militärbündnis bei, sie sammle andere Staaten als Verbündete um sich. Das ist doch das vertraute Russland, das man im östlichen Europa historisch kennt.

In praktisch-politischer Hinsicht kooperierte Putin nach dem 11. September 2001 und im Kontext der Intervention der Nato in Afghanistan eng mit den Amerikanern zusammen, schon vorher – 2000 – hatte er die aktive Kooperation mit der Nato im gemeinsamen Ratsgremium wieder aufgenommen, die Jelzin 1999 zeitweilig aus Protest gegen die Bombardierung Serbiens im Kontext der Kosovo-Krise ausgesetzt hatte. George W. Bush hatte auch von daher längere Zeit einen positiven Blick auf Putin, sein Vorgänger Clinton dagegen äußerte sich skeptisch angesichts von Putins autoritärem Kurs im Inneren.

Die Frage, ob Putin vor 2007 zu naiv gewesen sei, um das später von ihm postulierte Einkreisungsspiel des Westens zu durchschauen, war natürlich scherzhaft gemeint. Putin ist zu klug, um jemals naiv gewesen sein zu können. Bleiben die beiden anderen Möglichkeiten: Theaterspiel, bevor man sich stark genug fühlte, die in der nationalen inneren Propaganda implizierte aggressive Außenpolitik offen aufzunehmen und in Konfrontation zum Westen zu gehen? Oder hatte der Westen nun etwas getan? Welche Teufelei hatte der Westen gegenüber legitimen russischen Interessen zwischen 2000 und 2007 begangen, oder, enger, zwischen 2005 und 2007, da 2005 ja Außenminister Lawrow noch so klang, als sei es egal, wenn Georgien und die Ukraine sich der Nato anschließen würden?

Kommen wir nun zu den beiden konkreten Konfliktpunkten Georgien und Ukraine – das ukrainisch-russische Verhältnis von 2003 – 2014 hatten wir zwar schon detaillierter behandelt, wir werden es hier aber noch einmal unter Einbeziehung des Westens systematischer aufrollen. Dabei wird sich zeigen, dass die Ukraine und Georgien in ihrem Bezug zu Russland Parallelfälle darstellen und in diesem Kontext auch untereinander Beziehungen haben, auch wenn das hier bislang nicht zur Sprache gekommen ist.

Wie wir gesehen haben, war Georgien nicht ganz friedlich aus der Sowjetunion herausgekommen, denn im April 1989 hatte die sowjetische Armee georgische Demonstrationen in Tiflis blutig niedergeschlagen, was auf georgischer Seite die Einstellung vieler Georgier zur Russischen Föderation als Nachfolgestaat der Sowjetunion problematisch erscheinen ließ. Auch Georgien war 1917 im Gefolge der Russischen Revolution bereits einmal unabhängig geworden.

Die zweite Unabhängigkeit kam schon im April 1991, also ähnlich früh wie im Baltikum. Georgien schleppte von vornherein zwei Minderheitenprobleme in seine Unabhängigkeit: Im Nordwesten seines Staatsterritoriums liegt Abchasien, im Norden, schon am Nordhang des Kaukasus – und damit geographisch bereits in Europa – liegt Süd-Ossetien. Beide Regionen waren nach dem sowjetischen Pseudo-Autonomiekonstrukt autonome Republiken innerhalb der Georgischen Sowjetrepublik gewesen. Das nördlich an Süd-Ossetien angrenzende Nord-Ossetien ist weiterhin eine autonome Republik innerhalb der Russischen Föderation, also russisches Staatsgebiet. Die Volksgruppe der Osseten ist damit zwischen Russland und Georgien aufgeteilt, ein Konstrukt, das von vornherein konfliktträchtig war, zumal bereits der unabhängige georgische Staat von 1917 ff. im Konflikt mit beiden Minderheiten gewesen war. Abchasisch ist eine kaukasische Sprache (so wie Georgisch auch), Ossetisch dagegen gehört wie Kurdisch und Persisch zu den iranischen Sprachen, ist also indoeuropäisch. Beide Völker, Abchasen und Osseten, sind mehrheitlich orthodoxe Christen (wie die Georgier), es gibt aber in beiden Volksgruppen jeweils eine muslimische Minderheit. Schon von Anfang an formierte sich unter Abchasen und (Süd-)Osseten eine Unabhängigkeitsbewegung gegen Georgien (wie auch schon 1918), verstärkt wurde das dadurch, dass Georgien schon bald auch in seinem Zentrum in politische Instabilität schlitterte: In einem blutigen Putsch und darauffolgenden Bürgerkrieg wurde im Dezember 1991/Januar 1992 der erste Staatspräsident Zviad Gamsakhurdia gestürzt. Der Bürgerkrieg dauerte bis 1994 und wurde zwischen verschiedenen Teilen der Streitkräfte und nationalistischen paramilitärischen Verbänden ausgetragen. In dieser Situation gewannen die abchasischen und ossetischen Separatisten ihre Quasi-Unabhängigkeit. Unterstützt wurden sie dabei durch das nördlich direkt angrenzende Russland, das sich schon hier unter Jelzin das Recht zuschrieb, Dinge in seinem unmittelbaren Grenzvorfeld zu seinen Gunsten zu regeln – die Abchasen und Osseten waren deutlich Russland freundlicher als alle georgischen Gruppen in Tbilisi. Unter dem Deckmantel russischer Truppen vertrieben die Abchasen rund 250.000 ethnische Georgier aus der Region, auch aus Südossetien mussten rund 25.000 Georgier fliehen, als sich auch dort die Separatisten mit russischer Unterstützung durchsetzten und Georgien durch seinen internen Krieg gelähmt war. Erst Eduard Schewardnadse, dem ehemaligen sowjetischen Außenminister unter Gorbatschow, gelang es, 1995 allgemein anerkannt zum Präsidenten gewählt zu werden und den Bürgerkrieg beizulegen. Bis auf kleine Teile hatte Georgien die Kontrolle über beide Minderheitenregionen verloren. Die Präsenz der russischen Armee dort machte jeden realistischen Versuch, die Gebiete militärisch zurückzugewinnen, utopisch. Formal wurde die GUS aktiv und erklärte die in beiden Gebieten stationierten russischen Einheiten zu Friedenstruppen, um weitere Konflikte zu verhindern. In dieser Situation tauchte in der georgischen Politik in den späteren 1990ern zum ersten Mal die Vorstellung auf, sich gegenüber Russland mit einem Nato-Beitritt abzusichern und zum Zweck ökonomischer Entwicklung und zur politischen Flankierung einer solchen Westbindung auch den EU-Beitritt anzustreben.

Schewardnadse gelang 2000 die Wiederwahl als Präsident, kam dann aber in massive innenpolitische Probleme. Auch hier spielte die wachsende Opposition gegen die verbreitete Korruption eine Rolle, ebenso die auf der Stelle tretende wirtschaftliche Entwicklung und auch der ungelöste Konflikt mit den Abchasen und Osseten und dem hinter ihnen stehenden Russland. Seit 2000 begann die hinter Schewardnadse stehende politische Elite sich aufzulösen und zur Opposition überzuwechseln: Parlamentsabgeordnete der Regierungspartei, dann auch Minister, darunter der Justizminister Micheil Saakaschwili, der eine neue Oppositionspartei gründete. In den Kommunal- und Regionalwahlen von 2002 ging die Regierungspartei förmlich unter. Schewardnadse versuchte nun, mit den Resten der Partei als Basis eine neue ihn stützende Regierungskoalition zu sammeln, allerdings gingen nun auch seine eigenen Umfragewerte in den Keller. Seit 2000 bildeten sich in Georgien in Parallele zum sich desintegrierenden alten Parteiensystem eine Reihe von Nichtregierungsorganisationen, die sich größere Transparenz, Stärkung der Freiheitsrechte, Verbesserung der menschenrechtlichen Situation und Aufdeckung der Korruption auf die Fahne geschrieben hatten und mehrheitlich zwecks Unterstützung dieser Aspirationen pro-europäisch ausgerichtet waren. Eine große Sorge dieser Organisationen und von größeren Teilen der Öffentlichkeit war, Schewardnadse könne für die 2003 anstehenden Parlamentswahlen zu illegalen Mitteln der Wahlbeeinflussung und Wahlfälschung greifen. Dabei waren die NGOs in beträchtlichem Maße von außen finanziert, natürlich aus dem Westen.

Hier könnten manche schon wieder hellhörig werden, wenn sie nur „Westen" hören. Wer ist bei so etwas der „Westen"? Der „Westen", der solche zivilgesellschaftlich orientierten NGOs mitfinanziert ist nur partiell der staatsoffizielle Westen, die USA, die EU, einzelne westliche Regierungen. Zum größeren Teil ist es der zivilgesellschaftliche Westen, der durch seine Stiftungen und Spendenaufrufe diese Dinge finanziert. Wenn man also hierzulande zur wohlhabenden und qualifiziert tätigen Mittelschicht gehört, sich politisch als links-liberal-progressiv positioniert und man ein politisch-programmatisches Interesse daran hat, auch anderswo zivilgesellschaftliche Entwicklung zu unterstützen und in dieser Hinsicht an Organisationen spendet, dann kann man sich eigentlich schlecht zugleich aus einer im selben politisch-kulturellen Milieu verbreiteten antiimperialistischen Skepsis heraus negativ darüber auslassen, dass dadurch indirekt politische Bewegungen anderswo unterstützt werden, die einen Regimewechsel herbeiführen helfen, den man dann auf dieser anderen Ebene der Betrachtung wieder als imperialistischen Eingriff in die inneren Verhältnisse eines anderen Landes sehen möchte. Hier beißen sich die beiden Denkrichtungen unseres westlichen moralischen Universalismus gegenseitig in den Schwanz: Das Prinzip universaler Förderung von zivilgesellschaftlicher Freiheitlichkeit einerseits und die andere Hälfte des Liberalismus, die Einmischung in fremde Angelegenheiten perhorresziert. Was will man? Eine Welt, in der alle global bis hin zu z.B. der Positionierung zu LGBT liberal-progressive Normen vertreten oder eine, wo jeder das Seine macht, unabhängig von äußerem Einfluss? Ein weiterer Punkt hier ist, dass Eduard Schewardnadse keineswegs irgendwo im Westen als „prorussisch" missliebig war. Im Gegenteil: Als ehemaliger enger Weggefährte Gorbatschows und dann nach dem Ende der Sowjetunion georgischer Patriot war er von vornherein mit dem

Russland Jelzins über Kreuz, zu Putin hatte er überhaupt kein Verhältnis. Auch unter seiner Präsidentschaft stand Georgien in Hinblick auf Abchasien und Süd-Ossetien gegen Russland. Weder aus der Sicht der georgischen Opposition, noch des offiziellen Westens war Schewardnadse ein Präsident, der wegen „Russlandfreundlichkeit" gestürzt werden musste. Die Opposition gegen ihn entwickelte sich aus inneren Unzufriedenheiten, erst dadurch entstanden die georgischen NGOs, die dann nach Finanzierung aus dem Westen suchten, ob staatlich oder zivilgesellschaftlich. Auch dass der Regierung Schewardnadses dann die offizielle Finanzhilfe von westlicher Seite gekürzt wurde (alle postsowjetischen Staaten inklusive Russland hatten sie in den 90ern erhalten) und der Internationale Währungsfonds die Bedingungen für weitere Kredite höher hängte, hat kaum mit westlicher Manipulation zu tun. Auch die westlichen „Ratten" verließen das sinkende Schiff, niemand investiert mehr in eine Führung, die aus inneren Gründen massiv an Unterstützung verliert, man orientiert sich auf das Neue hin, in der Hoffnung, dieses Neue ist dann im Land beliebter, fähiger und stabiler. Vielen vulgär-antiimperialistischen Vorstellungen vom „bösen Westen" fehlt es am grundlegenden Verständnis, wie Staaten funktionieren, wie internationale Beziehungen funktionieren, wie wirtschaftliche Interessen wirklich funktionieren. Zudem ist es überraschend, wie viele Leute bei uns, die eigentlich den „Willen des Volkes" hochhalten, dazu neigen, diesem Volkswillen anderswo authentische Legitimität abzusprechen, wenn er sich auch nur irgendwie „prowestlich" äußert. Und dass sie mit ihren Einstellungen, ihrem Handeln, ihren Vorlieben und ihren Kritikpunkten selbst zutiefst Teil dieses Westens sind – und häufig zu den Wohlhabenden gehören – macht die Sache noch unreflektierter. Wenn das schlechtes Gewissen wegen des eigenen Privilegiertseins ist, dann ist es ein fehlgeleitetes schlechtes Gewissen. Und bei der Rechten, die jetzt auch gerne auf den Zug des unreflektierten Antiimperialismus aufspringt, ist es wohl das verbreitete Ressentiment, von einem linksliberalen „Mainstream" dominiert zu werden, hinter dem ihre Regierungen, die EU und Washington stünden – falls der amerikanische Präsident nicht gerade Donald Trump heißt. Das Russland Putins gibt hier den bewunderten Gegenpart.

So oder so wurden die NGOs in Georgien wichtig für die Organisation der sich entwickelnden Massenproteste im Land. In der „Orangenen Revolution" in der Ukraine 2004 sollten diese Rolle die etablierten Oppositionsparteien spielen, im ukrainischen Euromaidan 2013/2014 dann die Selbstvernetzung über die Social Media und die Selbstorganisation auf dem Maidan. Eine wichtige Rolle für die Kommunikation der Protestbewegung spielte der unabhängige Fernsehsender Rustavi-2, die Regierung versuchte, ihn auszuschalten, was nicht gelang.

Die Parlamentswahlen vom 2. November 2003 waren der Auslöser. Die Parallele zu den Präsidentschaftswahlen in der Ukraine im Jahr darauf ist eklatant: Die von der OSZE geschickten unabhängigen Wahlbeobachter stellten fest, dass die Durchführung der Wahl den geforderten demokratischen Standards nicht entsprach. Eine bürgerrechtlich motivierte Parallelzählung ergab, dass entgegen der offiziellen Verlautbarung das Wahlbündnis der Opposition unter Micheil Saakaschwili klar gewonnen hatte. Mitte November begannen massive Protestdemonstrationen in Tbilisi und einer Reihe weiterer Städte Georgiens. Der Höhepunkt kam am 22. November, als das neugewählte, aber von der Opposition nicht anerkannte, Parlament eröffnet werden sollte. Gruppen von Protestierenden, Saakaschwili an der Spitze, stürmten mit Rosen in der Hand den Parlamentssaal – daher „Rosenrevolution". Präsident Schewardnadse wurde von seinen Leibwächtern evakuiert. Er rief den Notstand aus und mobilisierte Polizeieinheiten und solche der Armee. Die Armee versagte ihm den Gehorsam. Am Abend des folgenden Tages – 23. November – traf sich Schewardnadse zu Verhandlungen mit den Oppositionsführern Saakaschwili und Zurab Zhvania, arrangiert wurde das Treffen vom russischen Außenminister Igor Iwanow. Als Ergebnis des Treffens verkündete der Präsident seinen Rücktritt. Mehr als 50.000 Demonstranten feierten den Sieg in den Straßen von Tbilisi die ganze Nacht durch. Der Oberste Gerichtshof annullierte die Parlamentswahlen, ein Interimspräsident übernahm provisorisch die Führung. Die jetzt notwendigen Präsidentschaftswahlen fanden am 4. Januar 2004 statt. Mit sagenhaften 96,2 % der Stimmen wurde Saakaschwili neuer Präsident. Am 28. März wurden die Parlamentswahlen wiederholt, mit erwartbarer deutlicher Mehrheit der bisherigen Opposition im neuen Parlament. Eine Reihe von Antikorruptionsmaßnahmen wie auch ökonomischer Reformen wurden durchgeführt, obwohl Saakaschwili später selbst in Korruptionsverdacht kam. Die weitere innere Entwicklung Georgiens bis heute muss uns hier nicht interessieren, bemerkenswert ist nur, dass Georgien 2012 als Ergebnis einer Verfassungsänderung von einem präsidialen System zu einer parlamentarischen Regierungsweise wechselte, mit einem lediglich zeremoniellen Staatspräsidenten und einer vollkommen vom Parlament gewählten Regierung, was in der Region ein konstitutionelles Unikum ist, sich dabei aber klar die Verfassung der Mehrzahl der Staaten Europas zum Vorbild nimmt. Die Absage Georgiens an ein politisches System, das unter postsowjetischen Gesichtspunkten von Korruption und Oligarchie leicht zu einer autoritär regierenden Präsidentschaft führen kann, ist deutlich.

Zurück zum Konflikt zwischen Georgien auf der einen Seite, den abchasischen und süd-ossetischen Separatisten mit Russland im Hintergrund auf der anderen. Die ganze Region – Transkaukasien genannt – ist die südliche Pufferzone zwischen Russland und dem Vorderen Orient. Die Türkei und der Iran grenzen an die Region. Damit ist die Region gerade für das „imperiale" Russland Putins von strategischer Bedeutung. Zudem besitzt sie Erdölvorkommen auch außerhalb Aserbaidschans. Durch Georgien führt die Baku-Tbilisi-Ceyhan-Pipeline, die die Türkei und damit auch den Weltmarkt mit aserbaidschanischem Erdöl versorgt, ohne dabei über russisches oder iranisches Territorium zu verlaufen. Seit den frühen 1990ern bildete die russische Unterstützung für die Separatistenregionen und die russische Militärpräsenz dort ein Druckmittel für das Wohlverhalten georgischer Regierungen gegenüber Russland. Eduard Schewardnadse hatte mehrfach die Russen beschuldigt, Attentatsversuche gegen ihn organisiert zu haben. Der Kreml stützte die faktisch unabhängigen Regierungen der beiden Separatistenstaaten, die er kontrollierte – und weiterhin kontrolliert.

Seit 2002 verteilte Moskau russische Pässe an eine größere Zahl von Abchasen und Osseten, also an Personen, die international gesehen weiterhin georgische Staatsangehörige waren und das auf völkerrechtlich gesehen georgischem Territorium. Russland begann sich seine von ihm zu schützende „russische" Bevölkerungsgruppe zu schaffen. Im Donbas fand übrigens von 2014–2021 dasselbe statt.

Der von der Rosenrevolution 2003/2004 geschaffene Regierungswechsel in Georgien (Putin sollte diese „Farbrevolutionen" noch hassen) verschärfte die Konfrontation, da der neue Präsident Saakaschwili außenpolitisch einen dezidiert prowestlicheren Kurs einschlug, als das der in dieser Frage vorsichtigere Schewardnadse getan hatte. Georgien meldete nun definitiv Interesse an Mitgliedschaft in EU und Nato an, um seine ökonomische Entwicklung in Gang zu bringen, den Prozess der Korruptionsbekämpfung und der Ausgestaltung der politischen Institutionen zu stützen und äußeren Rückhalt gegenüber der bedrohlichen Position Russlands zu finden, das in Georgien einen Fuß in der Tür hatte. In George W. Bush, dem damaligen US-Präsidenten, fand Georgien auch schnell einen Fürsprecher für die Zuweisung des Kandidatenstatus für die Nato-Mitgliedschaft- dabei spielte die o.g. versorgungsstrategisch wichtige Pipeline zweifellos ihre Rolle. Auf dem Nato-Gipfel in Bukarest im April 2008 warb Bush für die Zuweisung eines MAP (Membership Action Plan, das ist eine Art von Kandidatenstatus für die Nato) an Georgien und die Ukraine. Deutschland und Frankreich sprachen sich aber mit Hinweis auf die damit verbundene Provokation Russlands dagegen aus – in der Nato muss die Zustimmung auch selbst nur für den Beginn eines Aufnahmeprozesses einstimmig sein. Zudem war Präsident Putin in Bukarest anwesend und protestierte offen gegen eine solche Entscheidung – seit seiner Münchner Rede vom Jahr davor fuhr Putin diese Politik jetzt ganz offen und hatte da ja auch plötzlich entdeckt, dass die Nato angeblich seit 1990 immer etwas ganz anderes versprochen habe. Die Nato aber hatte ihre innere Diskussion immer offen gehalten – und war zunächst sehr zögerlich in Hinblick auf die Osterweiterung gewesen – und Russland war gefragt worden und hatte 1997 Sicherheitsgarantien erhalten.

Frankreich und Deutschland konnten sich als Nato-Mitglieder weigern, der Ukraine und Georgien den Kandidatenstatus für die Nato zuzubilligen und damit den Prozess blockieren, ohne dass Washington etwas dagegen tun konnte. Kurz darauf wurde Georgien von Russland massiv überfallen, obwohl es rechtstechnisch mit ihm als Teil der GUS im Bündnis war. Es ist klar, wessen Verbündeter man wohl besser ist, wenn einem auch an seiner Eigenständigkeit innerhalb eines Bündnissystems gelegen ist.

Am 16. April 2008 erkannte Russland die beiden selbsternannten Separatistenrepubliken im Kaukasus formal an, dabei wurde ausdrücklich auf die kurz zuvor erfolgte Unabhängigkeitserklärung des Kosovo von Serbien verwiesen. Die russischen Truppen, die in Süd-Ossetien standen, etwa 3000 Mann, hatten dabei formal anerkannt den Status von Friedenstruppen der GUS, die beide Parteien auseinanderhalten sollten – was sich für das Folgende als praktisch erwies. Am 15. Mai brachte Georgien in der Generalversammlung der UN den Antrag für eine Resolution ein, derzufolge alle Flüchtlinge nach Abchasien zurückkehren dürften – also primär ethnische Georgier. Die Resolution ging durch, Russland protestierte – praktisch richtete sie natürlich nichts aus. In den folgenden Monaten stiegen die Spannungen in der Region, es gab mehrere Vorfälle, für die Georgien Russland und die Separatisten beschuldigte, darunter das Eindringen russischer Kampfflugzeuge in georgischen Luftraum.

Am 1. August um 8.00 morgens verwundete eine Bombe Angehörige einer georgischen Polizeipatrouille in der Nähe der Waffenstillstandslinie. Georgische Scharfschützen reagierten, indem sie die Separatistenstellungen unter Feuer nahmen, es gab Tote und Verwundete. Separatistenverbände nahmen georgische Dörfer unter Mörserbeschuss, die Georgier feuerten ebenso zurück. In den folgenden Tagen setzte sich das fort, der Waffenstillstand brach zusammen. Am 3. August traf sich der russische Vizeverteidigungsminister mit den Separatisten. In regierungsnahen russischen Medien wurde angekündigt, dass jetzt die Zeit sei, mit Verstärkungen in Süd-Ossetien einzugreifen. Die Rede war von Verstärkungen aus dem russischen Nord-Ossetien und von russischen Freiwilligen (von „Donkosaken" war die Rede). Die Separatisten evakuierten etwa 20.000 Zivilisten aus der späteren Kampfzone nach Norden auf russisches Gebiet. Gegenüber der sich aufbauenden Bedrohung verlegte die georgische Armee Verstärkungen aus dem Inneren des Landes an die Front, darunter Panzer und Artillerie. Am Abend des 6. August versuchte Präsident Saakaschwili telefonisch zu Medwedew durchzukommen (seit kurzem russischer Präsident), das russische Außenministerium blockierte den Versuch mit dem Hinweis, die Zeit für Verhandlungen auf Präsidentenebene sei noch nicht gekommen. Am Abend des 7. August ordnete der georgische Präsident eine Feuerpause seiner Truppen an mit der Anweisung, nicht zurückzuschießen. Das funktionierte nicht, da die Separatisten weiter feuerten und ihr Mörserfeuer noch ausdehnten, so dass nun auf der georgischen Seite Zivilisten flohen. Nach alldem sieht es so aus, dass Russland die Separatisten ermutigte, um eine massive georgische Reaktion zu provozieren, die den Anlass bot, selbst einzugreifen. Es gibt glaubwürdige Berichte, dass zu diesem Zeitpunkt bereits russische Kampftruppen mit schweren Waffen – also zusätzlich zu den Friedenstruppen – auf dem Weg durch den Roki-Tunnel nach Süd-Ossetien waren. Letztlich waren es dann etwa 60.000 Mann gegen etwa 11.000 georgische Soldaten. Eine Großoperation, die man auch gerade angesichts der schwierigen Verkehrsumstände in der Region nicht ohne längere Vorbereitung durchführt und die erkennbar schon länger geplant war. Als es den Georgiern klar wurde, dass ein massiver Angriff der russischen Armee drohte, versuchten sie in einer Gegenoffensive zu verhindern, dass weitere russische Truppenverbände durch den Tunnel kamen, was aber nicht gelang. Die russischen „Friedenstruppen" eröffneten dabei auch das Feuer, obwohl die Georgier ihnen angeboten hatten, sie im Fall ihrer weiteren Neutralität nicht anzugreifen. Am 8. August war der Kampf der beiden regulären Armeen in vollem Gang. Wie unter diesem Kräfteverhältnis zu erwarten, wurden die Georgier aus Süd-Ossetien herausgedrängt, zurück auf ihr Kerngebiet. Gleichzeitig griffen Schiffe der russischen Schwarzmeerflotte georgische Häfen an, was in der Ukraine für Empörung sorgte, da diese Angriffe natürlich von Sewastopol aus erfolgten, also von ukrainischem Territorium. Die Russen stießen, unterstützt von ihrer überlegenen Luftwaffe, auf georgisches Kerngebiet vor, die russische Luftwaffe bombardierte Ziele in Tbilisi und Umgebung. Im Ergebnis erweiterte die russische Operation die Kontrolle über ganz Süd-Ossetien, die georgische Position war nachhaltig geschwächt. Weitere georgische Bevölkerung war ins Kernland vertrieben worden.

Am 12. August verkündete Präsident Medwedew, die „Operation zur Erzwingung des Friedens" sei nun beendet. Der Waffenstillstand wurde von Nicolas Sarkozy vermittelt, der als französischer Staatspräsident damals das rotierende EU-Ratspräsidium innehatte. Am 17. August begann Russland, den größeren Teil seiner Truppen wieder auf sein Gebiet zurückzuziehen, allerdings blieb bis heute eine starke militärische Sicherung der beiden Separatistenstaaten zurück, die jetzt auch diplomatisch von Russland vollständig anerkannt wurden. Russlands Fuß in der transkaukasischen Tür hatte jetzt festeren Tritt, der Türspalt war größer geworden, Georgien hatte seine Lektion gelernt, was passierte, wenn man versuchte, als Nachbar Russlands dem russischen Einfluss zu entkommen und Hilfe von außen zu suchen. Zugleich war auch sichergestellt, dass die Nato Georgien nicht aufnehmen würde, solange es diesen Konflikt gibt und Georgien die Unabhängigkeit Süd-Ossetiens nicht anerkennt. Warum Georgien trotz beträchtlicher Sympathie im Land für die Sache der Ukraine sich jetzt so ruhig und auf Regierungsebene scheinbar pro-russisch verhält, sollte klar geworden sein.

Es wird gerne vorgebracht, wie sich wohl die USA verhielten, wenn Mexiko als unmittelbarer Nachbar Anstalten machen würde, sich dem Bündnis mit einer rivalisierenden Großmacht anzunähern. Die Antwort ist wahrscheinlich: Ähnlich. Dabei wird aber wieder ein wesentlicher Unterschied übersehen: Mexiko hat keinen Grund, sich von den Vereinigten Staaten militärisch bedroht zu sehen und allen Grund, die ökonomischen Beziehungen zum nördlichen Nachbarn so eng wie möglich zu gestalten. Die Vereinigten Staaten haben zu ihren beiden unmittelbaren Landnachbarn gute Beziehungen und keine Motivation, das zu ändern. Das als feindselig gesehene Kuba wird weiterhin ökonomisch blockiert – dafür sorgt u.a. die exilkubanische Lobby in den USA -, doch haben die USA seit dem Zusammenbruch der Sowjetunion als Schutzmacht Kubas versucht, Kuba militärisch anzugreifen?

Russland hat gegenüber seinen Nachbarn Kontroll- und Sicherheitsansprüche, die diese Nachbarn regelrecht in die Arme anderer treiben. Außer dem Angebot günstiger Belieferung mit Erdöl und Erdgas und Waffenlieferungen hat Putins Russland nichts zu bieten, was gerade breitere Bevölkerungskreise in den Nachbarstaaten locken könnte, es mit Russland zu halten. Ökonomisch hält man es lieber mit dem Westen, das wird als entwicklungsträchtiger gesehen. Politisch ist das jetzige Russland mit seiner Mischung aus oligarchischer Kleptokratie und Silowiki-Herrschaft gerade dasjenige Modell, dem man entkommen will. Umgekehrt ist für Putin jede Form politischer Massenbewegung, die auf Eigenständigkeit, rechtsstaatliche Verhältnisse und Machtkontrolle drängt, ein rotes Tuch. Was gibt das auch für ein Beispiel für die russische Bevölkerung? In Belarus und in Kasachstan haben sich solche Protestbewegungen auch gezeigt. Aber diese Nachbarländer sind nach wie vor fest in der Hand von Machthabern, die sich mit Unterstützung des Kreml halten, auch wenn diese Machthaber dem Kreml nicht uneingeschränkt jeden Wunsch erfüllen, weil sie auch nach außen etwas von ihrer eigenen Machtposition erhalten wollen. Von den Ereignissen in Georgien her gesehen erhält auch die Entwicklung zwischen Russland und der Ukraine noch einmal schärfere Konturen.

Wir teilen die Betrachtung der Entwicklung im Dreieck Ukraine – Russland – Westen (EU und Nato) in vier Phasen auf: 1991–2004 (Krawtschuk, Kutschma), 2005–2009 (Juschtschenko), 2010–2013/14 (Janukowytsch) und 2014–2021 (Interimsphase, Poroschenko, Selenskyj).

1991–2004: Bereits 1993, unter Präsident Krawtschuk erklärte die ukrainische Regierung, die zukünftige Integration der Ukraine in die EU sei ein zentrales Ziel der Außenpolitik. Damit reihte sich die Ukraine schon früh in die Reihe der postkommunistischen Staaten ein, die aus dem Gesichtspunkt der Förderung ökonomischer, politischer und zivilgesellschaftlicher Strukturen heraus in die EU strebten. Die alleinige ökonomische und politische Verbindung mit Russland schien auch der früheren unabhängigen Ukraine unter ihren „prorussischen" Regierungen bis 2004 nicht ausreichend zu sein. Im folgenden Jahr 1994 wurden die Beziehungen zur EU formalisiert: Ein „Abkommen über Partnerschaft und Zusammenarbeit" wurde geschlossen, wodurch es regelmäßige Treffen gab, auf denen über Förderung der ökonomischen und politischen Beziehungen gesprochen wurde. Von EU-Seite verlangte ein solcher Vertrag vom jeweiligen Staat Reformen bzgl. Förderung der freien Marktwirtschaft wie Verbesserungen im Bereich Menschenrechte, Bürgerrechte und demokratischer Strukturen. Unter Leonid Kutschma wurde das ukrainische Interesse an einer engeren Verbindung mit der EU deutlicher: Kutschma sprach davon, die Ukraine könne 2003–2004 mit der EU ein Assoziationsabkommen schließen und würde 2007–2011 alle Vorbedingungen für eine Mitgliedschaft erfüllen. Die EU sah das deutlich verhaltener: Der EU-Kommissar Günter Verheugen, zuständig für die Erweiterung der Union, erklärte 2000, eine „europäische Perspektive" für die Ukraine müsse innerhalb der nächsten 10–20 Jahre nicht unbedingt die Mitgliedschaft beinhalten. Die EU war bereits voll beschäftigt mit den anderen Erweiterungskandidaten und dem bereits stattfindenden Prozess der Integration der tatsächlichen Neumitglieder. Auch gab die Ukraine dieser Zeit aus Sicht der EU kein allzu günstiges Bild ab: Korruption, Unregelmäßigkeiten im politischen Prozess, das Oligarchenproblem, Lücken in der Rechtsstaatlichkeit, etc. Sie galt noch lange nicht als EU-kompatibel. Zudem hätte ein engeres Vertragsverhältnis die Abschaffung der Visumspflicht für Ukrainer in EU-Staaten bedeutet. Die ukrainische Auswanderung nach Westen war auf ihrem Höhepunkt, man fürchtete gerade in den wohlhabendsten EU-Staaten eine ukrainische Masseneinwanderung. Lediglich die osteuropäischen Neumitglieder wie Polen standen dem ukrainischen Anliegen günstiger gegenüber. Und bei einigen der etablierten EU-Staaten – Deutschland an der Spitze – gab es Sorge um eine Gefährdung der Beziehung zu Russland. Also passierte bis 2004 nicht viel. Die EU überschlug sich im Hinblick auf die Aufnahmechancen der Ukraine nicht.

Das ukrainische Interesse an einer engen Beziehung der Nato begann sogar noch früher. 1992 wurde die Ukraine Mitglied des Nordatlantischen Kooperationrates, später Euro-Atlantischer Kooperationsrat genannt – so wie Russland das auch war. Im selben Jahr eröffnete die Ukraine eine ständige Vertretung bei der Nato in Brüssel. 1994 trat die Ukraine einer engeren Kooperation mit der Nato bei, in Form der „Partnerschaft für den Frieden", sie war der erste postsowjetische Staat, der das tat. Dabei wurde aber in die ukrainische Verfassung von 1996 das Prinzip der politischen und militärischen Neutralität hineingeschrieben. Die Ukraine wollte sich gegenüber Russland und der Nato gleichermaßen mit positiven Beziehungen absichern. 1997, im Jahr der Nato-Russland-Grundakte, wurde auch eine permanente Nato-Ukraine-Kommission etabliert. Es war der besonders auf gute Beziehungen auch zu Russland bedachte Leonid Kutschma, der 2002 etwas überraschend erklärte, die Ukraine wolle Mitglied der Nato werden und der 2003 ukrainische Truppen im Rahmen der „Koalition der Willigen" in den Irak schickte. Allerdings nahm Kutschma im Juli 2004 seine frühere Aussage wieder zurück – nach einem Treffen der Nato-Ukraine-Kommission – und verkündete, die Mitgliedschaft der Ukraine in der Nato sei nicht länger das Ziel, lediglich „eine bedeutende Vertiefung der Beziehung mit der Nato und der Europäischen Union als Garanten der Sicherheit und Stabilität in Europa". Was war passiert? War die Reaktion der Nato auf Kutschmas Beitrittswunsch nicht warm genug gewesen oder hatte es hier einen internen Protest des neuen starken Mannes in Moskau gegeben?

Anders als Georgien, schien es die Ukraine in den 90er Jahren geschafft zu haben, die möglichen Konfliktpunkte mit Russland auszuräumen: Man einigte sich über einen Pachtvertrag, der die Krim ukrainisch beließ, aber Russland die Nutzung seiner Flottenstützpunkte ermöglichte, die sowjetische Schwarzmeerflotte fiel dabei überwiegend an Russland. Durch Gewährung eines großzügigen Autonomiestatus an die Krim wurde das Separatismuspotential der russischsprachigen Bevölkerung der Krim gesenkt. Der Donbas spielte noch keine Rolle im Bezug der Ukraine zu Russland. Solange die Ukraine politisch von Eliten und Oligarchen aus dem Osten dominiert wurde, die auf enge Beziehungen mit Russland setzten, setzte man auf gleichermaßen gute Beziehungen zu beiden Seiten. Dabei war aber klar, dass eine EU-Mitgliedschaft ökonomisch und entwicklungspolitisch wesentlich mehr bot als eine enge Beziehung mit Russland allein. Zudem war das Russland der 90er Jahre zu instabil und bereits zu sehr in problematische Abenteuer verwickelt (Transnistrien, Georgien, das interne massive Problem in Tschetschenien), als dass man sich mit einer rein prorussischen

Anbindung gesichert fühlen konnte. Der Westen schien langfristig der klar verlässlichere, transparentere und vor allem stabilere und zurückhaltendere Partner zu sein. Und das erkennbar auch schon aus der Sicht eines Leonid Kutschma. Zudem hörte man auch schon in den 90ern aus Russland Statements radikaler Nationalisten bezüglich der Ukraine und besonders in Hinblick auf die Krim, die auch einer noch so russlandfreundlichen ukrainischen Führung Sorgenfalten auf die Stirn treiben mussten. Und bereits Jelzin hatte zur Drohung mit der Erhöhung der Gaspreise gegriffen, um die Verhandlungen über den Status von Sewastopol und der Schwarzmeerflotte zu russischen Gunsten zu beeinflussen. Russland mochte für die Regierungspolitik in Kiew und für Teile der öffentlichen Meinung im Osten und Südosten der Ukraine als Freund erscheinen, aber als schwieriger Freund mit Neigungen zur Erpressung. Der spätere Riss war potentiell bereits da. Erkennbar ist aber auch, dass die Ukraine nicht aktiv vom Westen „verführt" wurde, eine russlandfeindliche Haltung einzunehmen. Weder EU noch Nato überschlugen sich, die Ukraine möglichst bald aufzunehmen.

2005–2009: Unter der Präsidentschaft Juschtschenkos nach der „Orangenen Revolution" verschob sich die offizielle Position klar zugunsten des Westens – besonders unter den beiden Regierungen Julija Tymoschenkos. Und auch jetzt ging die Iniative von Kiew aus. Trotz der gezielt europafreundlichen Programmatik Juschtschenkos und Tymoschenkos änderte sich aber in der faktischen Beziehung zur EU wenig: Brüssel wie auch die Position der wichtigsten EU-Staaten blieb eher skeptisch, die Ukraine bot unter der Präsidentschaft Juschtschenkos ein zu ungünstiges Bild, der innere Reformprozess kam – auch bedingt durch die Streitereien zwischen Präsident und Ministerpräsidentin – kaum voran. Man begann mit Vorverhandlungen über ein Assoziations- und Freihandelsabkommen, als 2009/10 Viktor Janukowytsch Präsident wurde und die „Post-Orangene-Revolutionsphase" beendet war, war man nicht weit gekommen. Auf der Ebene der Beziehungen zur Nato gab es größere Veränderungen, weil hier nicht nur die ukrainischen Aspirationen jetzt deutlicher wurden – die feindselige Einstellung Putins gegenüber den Veränderungen in der Ukraine im Kontext der Protestbewegung 2004 war zu offensichtlich, die Gaspreiserpressung durch Russland seit 2005 zu eindeutig –, sondern auch weil es jetzt innerhalb des Westens einen klaren Fürsprecher für die letztendliche Nato-Mitgliedschaft der Ukraine – wie Georgiens – gab: Den amerikanischen Präsidenten George W. Bush. Denselben, der in dieser Zeit als Reaktion auf den 11. September 2001 eine explizit aggressive und sehr ideologische Außenpolitik betrieb, mit Neigungen zu Alleingängen unabhängig von den anderen Bündnispartnern und ohne Rücksicht auf die Vereinten Nationen. Innerhalb der Nato wurde das vor allem von den Neumitgliedern Polen, Ungarn, der Slowakei und den baltischen Staaten unterstützt, die skeptischen Bremser saßen wie gewöhnlich in Westeuropa. So kam es zu der Szene auf dem Bukarester Nato-Gipfel, wo der Antrag der Ukraine, durch Gewährung eines MAP (Membership Action Program) den Kandidatenstatus für die Nato-Mitgliedschaft zu erhalten, vor allem durch Deutschland und Frankreich blockiert wurde. Russland, das sei 2007 offen gegen eine mögliche Nato-Mitgliedschaft der

Ukraine aufgetreten war, zeigte sich befriedigt. Präsident Medwedew erklärte, die Vernunft habe gesiegt. Nur dennoch ist es nicht so einfach, dass in dieser Phase das gegenüber der Ukraine zunächst noch friedlich gesinnte Russland zum ersten Mal massiv durch den antirussischen ukrainischen Aktionismus und durch das Eingehen des US-Imperialismus darauf provoziert und gefährdet worden sei. Putin hatte von vornherein mit der Gaslieferungssache massiven Druck auf eine jetzt westfreundliche ukrainische Führung ausgeübt, Russland nutzte die Schwarzmeerflotte zwecks Druck auf das ungehorsame Georgien und die innere autoritäre Entwicklung des Landes unter Putin mit dem damit einhergehenden Hochschalten nationalistischer Rhetorik war für Kiew wenig vertrauenserweckend. Was auch immer Präsident Bush ganz genau dazu bewegt hat, die ukrainischen Vorstellungen eines baldigen Aufnahmeprozesses in die Nato massiv zu unterstützen, hier bewies sich der amerikanische „Imperialismus" gegenüber seiner europäischen „Gefolgschaft" wenig durchsetzungsfähig. Russland hatte nun aber seinerseits Farbe bekannt, was seine Wirkung auf den Westen in der kommenden Zeit nicht verfehlen sollte.

2010–2013/14: Präsident Janukowytsch fror wie erwartet eine weitere Intensivierung der ukrainischen Beziehungen zur Nato ein, auch das Projekt der Mitgliedschaft sollte nicht mehr verfolgt werden. Gegenüber Russland signalisierte Janukowytsch, die Ukraine werde neutral bleiben, mit gleichermaßen engen Beziehungen zu beiden Seiten. Auch von westlicher Seite erfolgte hier nichts mehr. Barack Obama hatte im Präsidentschaftswahlkampf zwar auch seine Unterstützung für einer zukünftige Nato-Mitgliedschaft der Ukraine erklärt, als amtierender Präsident hielt er sich aber in dieser Frage zurück und brach auch hier mit der Politik seines Vorgängers. Obama verkündete den „Reset" der Beziehungen zu Russland, ein versöhnlicher Neuanfang, nachdem die Spannungen zwischen den USA und Russland unter seinem Vorgänger wieder deutlich zugenommen hatten.

Anders im Hinblick auf die EU: Das Assoziationsabkommen war auch für die Ukraine Janukowytschs sehr interessant, zumal der Präsident zu glauben schien, dass diese weitere Annäherung der Ukraine an den europäischen Teil des Westens keinen Unmut in Moskau erwecken würde. In den Verhandlungen wurde das Abkommen mit der EU zur Unterschriftsreife gebracht. Dabei signalisierte Janukowytsch zum Ausgleich nach Moskau auch den Willen zu einer engeren ökonomische Anbindung an die spätere, von Russland geführte Eurasische Union. Dass das entworfene Assoziationsabkommen dennoch zunächst nicht unterschrieben wurde, lag an der EU und ihren Auflagen in Hinblick auf Rechtsstaatlichkeit, wo Janukowytschs Ukraine ihre Defizite hatte. Verborgen scheinen darunter auch Befürchtungen gerade Deutschlands und Frankreichs in Bezug auf Russland gelegen zu haben. Man verhandelte darüber, Verbesserungen wurden von ukrainischer Seite zugesagt. Nun legte aber Putin – seit 2012 wieder Präsident der Russischen Föderation – seine Karten offen. Russland stellte das 2010 abgeschlossene Abkommen über die Gaslieferungen und den Gaspreis in Frage und verfügte den die Ukraine sehr schädigenden Einfuhrstopp ukrainischer Waren nach Russland. Die Erpressung war eindeutig und das auch noch gegenüber einem tendenziell russlandfreundlichen ukrainischen Präsidenten. Janukowytschs erschrockener Rückzieher löste den Massenprotest auf dem Maidan aus, der zu seinem Sturz führte. Der politische Umschwung in der Ukraine brachte die Opposition an die Regierung, die dezidiert EU-freundlich war – das Assoziationsabkommen wurde unterschrieben. Als Antwort erfolgte die Besetzung und Annexion der Krim und das russische Anfachen des Separatismus im Donbas, danach der Eintritt russischer Truppen in den neuen Krieg im Osten der Ukraine. Wodurch war Russland in seinen Sicherheitsinteressen so provoziert worden? Es ist evident, dass nun jede Annäherung der Ukraine an den Westen unerwünscht war, unabhängig von der Frage, was der Westen tatsächlich tat. Auch war es für Putins Regime schwierig, einer Volksbewegung Legitimität zuzugestehen. Von daher wurde die Ukraine jetzt ganz offen als faschistisch verhetzt, der Maidan hatte als eine westliche Verschwörung zu gelten, obwohl Russland den Umschwung in der Ukraine indirekt selbst provoziert hatte. Die russische Politik hatte sich ihren Buhmann selbst geschaffen.

2014–2021: Man kann diesen Schlussabschnitt überraschend kurz halten: Von der Seite der neuen Ukraine her – nach dem Umschwung, nach dem Ende des überproportionalen „östlichen" „prorussischen" Einflusses in der ukrainischen Innenpolitik und unter dem Eindruck des Verlusts der Krim und des Krieges im Donbas – war nun klar, wer Freund und wer Feind war. Im Dezember 2014 erließ die Werchowna Rada ein Gesetz, in dem die bisherige ukrainische Politik des „Non-Alignment" aufgehoben wurde – unter heftigem Protest Russlands natürlich. Man hoffte auf eine möglichst baldige Integration in Nato und EU, Poroschenko und dann Selenskyj kamen immer wieder darauf zurück. Von Seiten des Westens war das aber weiterhin nicht so eindeutig: Man protestierte gegen die russischen Aktionen, die ersten – nicht sehr umfangreichen – Sanktionen wurden verhängt. Die Nato – und spezifisch die USA – gaben umfangreiche finanzielle Unterstützung zwecks militärischer Aufrüstung der Ukraine, amerikanische Ausbilder nahmen sich der ukrainischen Armee an. Damit begann schon die Administration Obama, Donald Trump setzte das fort und stockte die finanzielle Unterstützung sogar noch auf. Die ukraineskeptischen amerikanischen Trump-Verehrer haben da ein kurzes Gedächtnis. Diese Unterstützung war wesentlich für die Stabilisierung der ukrainischen Front im Osten und hat – im Nachhinein gesehen – Beträchtliches dazu beigetragen, dass die russische Armee die Ukraine 2022 nicht wie geplant überrennen konnte. Dennoch blieben Nato und EU skeptisch gegenüber weiteren Schritten in Hinblick auf Mitgliedschaft in beiden Organisationen. Mit dem laufenden Krieg im Donbas und der Situation auf der Krim war klar, dass die Ukraine nicht sobald würde aufgenommen werden können. Auch schien die innere Situation der Ukraine in Hinblick auf Reformen nicht weit genug zu sein. Besonders in Europa – wieder Deutschland und Frankreich an der Spitze – blieb man skeptisch. Angela Merkel trieb trotz verbaler Solidarisierung mit der Ukraine faktisch weiterhin Appeasement gegenüber Russland. Die russischen Gasexporte nach Deutschland gingen seit 2014 noch einmal deutlich hoch. Bei den Verhandlungen über Minsk II wurde Russland der Status eines neutralen Mitverhandlers gewährt, obwohl es erkennbar Partei war. Es kam auch nicht viel dabei in der Praxis heraus, da Russland und die Separatisten nicht deeskalierten und die Ukraine nicht bereit war, irgendwelche Maßnahmen zwecks Autonomieregelung für den Donbas zu ergreifen, bevor Russland nicht draußen war und die Separatisten die Waffen niederlegten. Die Ukraine wollte ihre Territorien zurück, Russland wollte den Fuß ebenso in der Tür der Ukraine behalten, wie in Georgien. Die EU war wieder einmal erkennbar uneins. 2014–2021 zeigte der Westen noch einmal deutlich, dass er eben keine Einheit unter der Herrschaft der USA ist.

Was ziehen wir nun aus alldem für das Schlussfazit des Kapitels? Aus meiner Sicht ist klar, dass Russland die Hauptverantwortung der Entwicklung 2000–2021 trägt und die maßgeblichen Handlungsakzente gesetzt hat, die Ukraine wie der Westen reagierten primär darauf. Die imperiale Linie russischer Außenpolitik und russischer nationaler Prägung ist eine zentrale Konstante seit dem Zarenreich. Wladimir Putin setzt den „großrussischen" Gedanken gezielt zur Legitimation seiner Herrschaft ein, wie das auch die Zaren getan haben. Auch die Sowjetunion machte sich diese nationale Dynamik zunutze, zusätzlich ergänzt durch das Motiv der expansiven Förderung der proletarischen Weltrevolution. Für jeden russischen Herrscher, der autoritär regieren will, aber seiner Bevölkerung innenpolitisch nicht viel zu bieten hat, ist die Versuchung da, mit „starker" Außenpolitik innenpolitische Punkte zu machen. Zusätzlich mag man sich auch einbilden, umfangreiche Vorfeldsicherung zu benötigen, da ein Dieb auch alle anderen für potentielle Diebe hält. Insofern würde ich Putin zubilligen, seiner „Einkreisungsrhetorik" auch selbst zu glauben, egal, ob es eine reale Bedrohung gibt oder nicht. Autonome Entwicklungen im Umfeld sind unerwünscht, sie könnten die eigenen Untertanen auf falsche Gedanken bringen. Um Ressourcen und Projektionsplattformen für Weltmachtpolitik geht es natürlich auch. Zudem hat dabei die russische Außenpolitik – auch noch anfangs unter Putin – den Westen im Glauben gelassen, es sei mit der Ausdehnung von EU und Nato nach Osten schon in Ordnung. Das hätte es auch sein können, wenn Putins Russland nicht erkennbar hätte mehr wollen, als bloß eine Macht unter anderen Mächten zu sein. Für eine Sicherheitspolitik, die anstelle der Nato eine gesamteuropäische Sicherheitsarchitektur mit Einschluss Russlands geschaffen hätte, war Russland in den 1990ern zu instabil und widersprüchlich, seit Putin zunehmend zu verunsichernd in seiner Politik gerade in Europa. Dabei haben die Osteuropäer das als unmittelbar Russland Ausgesetzte schon früher so empfunden als die Zentren im Westen und von daher von ihrer Seite zum Run auf Nato und EU angesetzt. Im Westen war man der Meinung, Russland mit den Zugeständnissen der Nato-Russland-Akte von 1997 genug eingebunden und berücksichtigt zu haben. Aus der Sicht des Westens und vor allem der betreffenden osteuropäischen Staaten gab es keine Alternative, um den postkommunistischen Raum produktiv zu ordnen. Westlicher Fehler in Hinblick auf Provokation Russlands mag das unangemessene Vorpreschen der USA unter Bush in Hinblick auf die Nato-Mitgliedschaft der Ukraine und Georgiens gewesen sein, allerdings kann man sich fragen, ob die Aufnahme von Beitrittsverhandlungen die Ereignisse in Georgien 2008 und in der Ukraine 2014 verhindert hätte oder nicht. Die europäischen Verbündeten haben das aber jedenfalls korrigiert. Überhaupt scheint die

Politik dieses Präsidenten besonders gegenüber dem Irak Putin den inneren psychologischen Freibrief verschafft zu haben, so etwas nun auch im engeren Umkreis tun zu können. Man kann spekulieren, ob nicht noch mehr Vorsicht gegenüber Russland klugerweise angebracht gewesen wäre – in doppelter Hinsicht, in Hinblick auf die Aufnahmebestrebungen der Osteuropäer zuerst und später – Georgien 2008 und Ukraine 2014 – im Hinblick auf eine einheitlichere und in der Sache härtere Abschreckungspolitik. Der Westen hat Russland nämlich auch wieder nicht ernst genug genommen und seine Ambitionen unterschätzt. Wie groß der westliche Reaktionsfehler hier ausfällt, hängt davon ab, für wie groß man die russischen Eigenambitionen einschätzt.

Machen wir zum Schluss des Kapitels ein Gedankenexperiment in alternativer Geschichte: Was sich realistischerweise nicht wegdenken lässt, ist der Drang der ehemals kommunistischen Staaten nach Westen, denn der ist erkennbar unabhängig von Förderung oder Nichtförderung durch den Westen. Nehmen wir aber an, der Westen hätte darauf nicht reagiert, weder auf EU-, noch auf Nato-Ebene, sondern hätte sich ganz auf möglichst gute Beziehungen mit Russland konzentriert. Es hätte dann allerdings trotzdem eine Orangene Revolution in der Ukraine gegeben. 2013/2014 wäre zunächst nichts passiert, da kein EU-Assoziationsabkommen im Raum gehangen wäre. Wäre nun Janukowytsch weiter Präsident geblieben und möglicherweise sogar 2015 wiedergewählt worden, hätte Putin die Ukraine so in der Tasche gehabt wie Belarus und versuchen können, die Krim schrittweise von der völlig abhängigen Ukraine zu erpressen. Russland wäre kampflos und mühelos auf dem Weg gewesen, seine Hegemonie über Teile Osteuropas wieder zu errichten. Wahrscheinlicher ist aber, etwas später wäre es trotzdem zum Widerstand gegen Janukowytsch gekommen – sein innerukrainisches Sündenregister war aus der Sicht großer Teile der Bevölkerung zu groß. Spätestens im Kontext der Präsidentschaftswahlen 2015 wäre es wohl zu derselben Massenbewegung gekommen. Der Umschwung in der Ukraine hätte dann auch so stattgefunden. Russland hätte interveniert, auf der Krim und im Donbas, es hätte jetzt aber gegenüber einer vom Westen nicht unterstützten Ukraine bis Kiew durchmarschieren können, um Janukowytsch wieder in sein Präsidentenamt einzusetzen. Rechtfertigung wäre der „genozidale Faschismus" des ukrainischen Nationalismus gewesen, der Westen als Buhmann wäre freilich ausgefallen. Das Ergebnis wäre das Gleiche gewesen, wie gerade schon beschrieben – eine Ukraine ohne Eigenständigkeit und Entwicklungsperspektive -, nur in diesem Fall mit – relativ begrenztem – Blutvergießen. Um kein Missverständnis aufkommen zu lassen: Putin ist kein Dschingis Khan, der möglichst viele Feinde töten und Schädelpyramiden vor den Toren verwüsteter Städte aufrichten möchte. Und anders als Hitler ist er weder auf radikale großflächige Eroberung kontinentalen Ausmaßes oder systematischen Massenmord aus. Ich denke nicht, dass er die Wladiwostok-Lissabon-Phantasien eines Alexander Dugin für realistisch hält. In dieser Frage denkt er „ökonomisch". Möglichst viel Erfolg mit möglichst geringem Einsatz und Risiko. Und wenn es kampflos geht, umso besser. Nur sollte er sich dabei 2022 verkalkulieren.

VIII. Der Große Krieg seit 2022

1. Die Ukraine als Schlachtfeld – Ereignisse und Entwicklungen

Im Jahr 2021 konnte es noch so aussehen, als sei der bereits seit sieben Jahre laufende Krieg im Donbas einer der zahlreichen bewaffneten Konflikte auf dem Globus, in dem sich die beiden Seiten zwar weiterhin unversöhnlich gegenüberstanden und unfähig zur Einigung waren, in dem aber auch nicht mehr viel passierte und der als „low intensity conflict" aus der den Laien immer etwas zynisch anmutenden Fernschau der Politikwissenschaftler oder Historiker als unter Kontrolle gelten konnte, so wie das jetzt der syrische Bürgerkrieg zu sein scheint oder der Konflikt in Georgien. Das Ungewöhnliche war nur, dass er in Osteuropa stattfand, nicht weit von uns entfernt und dass dementsprechend hinter der einen Kriegspartei die Russische Föderation, hinter der anderen der Westen – bzw. – damals im Hinblick auf finanzielle, logistische und organisatorische Unterstützung noch weitgehend alleine – die USA standen. Dass beide Staaten die beiden größten Atommächte sind, konnte besorgt machen aber auch schnell wieder verdrängt werden, da ja nichts wesentliches mehr zu passieren schien. Vielen Zeitgenossen war nach dem 24. Februar 2022 deshalb nicht wirklich klar, dass die Ukraine bereits seit 8 Jahren im Krieg gewesen war. Überhaupt war die Ukraine weiterhin wenig auf dem Schirm des hiesigen Durchschnittsbürgers. Eines dieser Länder in Osteuropa mit hoher Position auf den Korruptionsindizes, politisch instabil, immer noch assoziiert mit gekauften Bräuten und Prostitution – obwohl das nicht mehr ganz so zutraf wie noch in den 2000ern. Die Medienberichterstattung war gemischt. Auch in den öffentlich-rechtlichen Sendern und den etablierten Printmedien fand sich viel über ukrainische Rechtsextreme mit gewissen Untertönen, ob die russischen Behauptungen zum Thema nicht irgendwie recht haben könnten und Russland nicht einen Punkt habe, wenn es im Donbas aktiv war. Wolodymyr Selenskyj war nur mäßig bekannt und wurde oft als der bereits halb gescheiterte Möchtegernreformer dargestellt, ein ehemaliger Schauspieler und Komiker halt, der sich übernommen hatte oder selbst korrupt war.

Wie kam es zu dem massiven russischen Angriff 2022? Was bewog den Präsidenten der russischen Föderation dazu, den vor sich hin plätschernden Konflikt dermaßen zu eskalieren? Welche Rolle spielte die Ukraine dabei, welche der Westen?

Putin hatte den Krieg im Donbas bis 2021 ähnlich nonchalant nebenbei gehandhabt, wie lange Zeit den Konflikt in Georgien in den 2000ern. Von 2015 – 2020 war Russland militärisch in Syrien stärker involviert gewesen als im Donbas, zugleich hatte die sich permanent vergrößernde Gruppe Wagner im Auftrag des Kreml ihre Aktionsareale in Afrika gesucht. Gleichzeitig hatte das russische Regime Schritt für Schritt seine innere Machtposition ausgebaut, die organisierte Opposition weitgehend zerschlagen, den Spielraum unabhängiger Berichterstattung in den etablierten Medien bis auf kleine Reste ausgewischt – das Fernsehen ist in Russland immer noch von sehr großer Bedeutung, da die älteren Generationen das Internet als alternative Informationsquelle wenig nutzen. Von daher gibt es erkennbar in den älteren Bevölkerungsgruppen eine größere „Kremltreue" als in den jüngeren, zumal viele der Älteren noch von ihrer Jugend in der Sowjetunion her geprägt sind und da hatte man dem Fernsehen zu glauben.

Wie es in autoritären Herrschaftsformen generell der Fall ist, entscheidet der zentrale Machthaber selbst, wen er zu entscheidenden Beratungen heranzieht oder wen er konsultiert, d.h., wer tatsächlich Anteil an der Entscheidungsmacht hat. Das kann eine eng begrenzte interne Gruppe innerhalb der formalen Regierungsstruktur sein, es können persönliche Vertraute außerhalb der formalen Struktur sein oder eine Kombination aus beiden. Das bedeutet, nur weil jemand ein hoher Amtsträger wie z.B. ein Minister im Kabinett ist, muss er nicht wirklich zu den zentralen Entscheidungen herangezogen werden und über die eigentlichen Interna Bescheid wissen. Er mag lediglich ein passiver Erfüllungsgehilfe sein. Putin hat sich schon von vornherein mit einem engen Kreis von Leuten umgeben, die er alleine ins Vertrauen gezogen hat, überwiegend mit seinem eigenen Hintergrund als „Silowiki", also wichtigen Figuren aus den Geheimdiensten und den Spitzen der Armee. Der größere Teil des formalen Regierungspersonals gehörte nie dazu, die Oligarchen auch nicht. Selbst ein Prigoschin oder ein Kadyrow dürften niemals wirklich zu dieser Kerngruppe um Putin gehört haben, ihre Rolle ist im Westen gerne überschätzt worden. Hätte Prigoschin in diesen engsten Kreis von faktischen Entscheidungsträgern gehört, wäre seine Versuch einer Revolte im Juni 2023 unnötig gewesen. Er hätte seine Anliegen auch intern bei Putin direkt durchsetzen können. Diese Revolte war die Aktion eines Außenseiters, wenn auch eines wichtigen Außenseiters. Die Pandemie 2020–2023 hatte diese Situation noch verschärft: Putin zog sich noch weiter in seinen engsten Umkreis zurück, die absurd wirkenden Szenen mit Putin an einem Ende eines langen Konferenztisches und seinen Gesprächspartnern am anderen Ende sind Ausdruck davon. Hier wird schon optisch jede kollegiale Gemeinschaftlichkeit mit dem weiteren Umkreis verneint. Einige der wichtigen Silowiki waren oben bereits genannt worden. Zwei zentrale Vertrauensfiguren, die zweifellos bei der Entscheidung, den Angriff auf die Ukraine zu beginnen, mitgewirkt haben, waren der Verteidigungsminister Sergej Shoigu, ursprünglich ein Offizier im Rahmen des russischen Zivilschutzes, der innerhalb von Putins Regierungspartei „Einiges Russland" auch politisch aktiv wurde, und Nikolai Patruschew, ein alter Geheimdienstmann, Direktor des FSB 1999–2008 (Nachfolger Putins in dieser Funktion) und Mitglied des Nationalen Sicherheitsrats, ein ausgesprochen radikaler nationalistischer und post-sowjetischer Hardliner mit Neigung zu antiwestlichen Verschwörungstheorien.

Auf der anderen Seite hatte Wolodymyr Selenskyj 2019 seine Präsidentschaft mit einem hohen Stimmenanteil und dann auch deutlicher Mehrheit im Parlament angetreten – die Enttäuschung der Wählerschaft über seinen Vorgänger Poroschenko und die herkömmliche politische Klasse hatte dem politischen Außenseiter den deutlichen Sieg beschert. Dementsprechend hoch waren die Erwartungen unter Selenskyjs Wählern. Zwei Jahre später allerdings waren seine Zustimmungswerte erkennbar gefallen, auch wenn sie sich weiterhin bei über 30 % hielten. Selenskyj machte durchaus ernst mit der Korruptionsbekämpfung und distanzierte sich erkennbar von seinen eigenen Unterstützern in der Wirtschaftsoligarchie. Zudem stand er auch unter Erwartungsdruck von Seiten des Westens – die Ukraine sollte EU- und Nato-kompatibel werden und demonstrieren, dass sie die westliche Unterstützung auch verdiente. Allerdings agierte Selenskyj manchmal so drastisch undiplomatisch, so dass ihm autoritäre Methoden vorgeworfen wurden – wenn auch häufig von genau den im Antikorruptionskampf getroffenen Hunden -, andererseits schien er auch wieder zu inkonsequent zu sein. Seine Unerfahrenheit und die eines großen Teils seiner Mannschaft zeigte sich. Sein angekündigtes Ziel, den Konflikt im Donbas friedlich zu beenden, versandete – die nationalistische Opposition warf ihm „Verrat" vor, die andere Seite des Konflikts zeigte kein ernsthaftes Interesse an einer Einigung – Putin wollte erkennbar seinen Fuß in der ukrainischen Tür behalten, die Separatisten hingen an ihrer neugewonnenen Bedeutung und trauten Selenskyjs Versprechungen einer Amnestie nicht. Und natürlich stand auch für Selenskyj der Verzicht auf den Donbas und die Krim außer Frage. Die westliche – im Wesentlichen amerikanische – Unterstützung hatte die ukrainische Armee in Stande gesetzt, die Separatisten trotz ihrer russischen Unterstützung einzudämmen, sie aber nicht stark genug gemacht, der russischen Armee in einem Angriff zwecks Rückgewinnung des Donbas entgegenzutreten. Ein ukrainischer Großangriff auf den Donbas drohte definitiv nicht.

Die Nato hatte seit 2014 schrittweise ihre Truppenpräsenz in denjenigen Mitgliedsstaaten erhöht, die in der sich anspannenden Situation als potentielle Frontstaaten zu Russland und seinem Satelliten Belarus gelten konnten – besonders Polen, Litauen, Lettland, Estland. Es handelte sich um eine Aufstockung um jeweils mehrere tausend Mann, überwiegend mobile Eingreifverbände, die in einem Rotationsverfahren dorthin verlegt wurden und die jeweiligen nationalen Armeen verstärkten. Das begründete die Nato mit dem Hinweis auf den entsprechende Passus der Nato-Russland-Grundakte von 1997, der die Überschreitung der dort für die neuen Nato-Mitglieder festgelegten Obergrenzen für auswärtige Nato-Verbände im Falle einer Bedrohungssituation erlaubt. Die erhöhte Truppenstärke sollte der Abschreckung eines möglichen Angriffs dienen, war aber definitiv nicht genug für eine offensive Bedrohung. Vor allem sollte das den besorgten Frontstaaten zur Beruhigung dienen, dass die Nato-Verbündeten im Ernstfall hinter ihnen stehen würden. Die Spannung hier verstärkte sich, als in der zweiten Jahreshälfte 2020 sich auch in Belarus Massenproteste entwickelten – es ging um die erkennbar manipulierte Wiederwahl Lukaschenkos als Präsident – und diese Proteste gewaltsam unterdrückt wurden, die Opposition wich ins Exil aus oder füllte die Straflager. Die russische und belarussische Beschuldigung des Westens, er habe das angestiftet, erfolgte routinegemäß.

Kurz: Seit 2014 baute sich mitten in Osteuropa eine Art von neuem Kalten Krieg auf, der aber vom weiteren Publikum in Westeuropa wenig zur Kenntnis genommen wurde und auch die politische Klasse hoffte darauf, Putin würde letztendlich wieder vernünftig werden, wenn man nur weiter freundlich mit ihm war und weiter Handel mit ihm trieb. Ganz ehrlich gefragt: Wer von den Lesern hat vor dem 24. Februar 2022 in wirklicher Besorgnis wegen all dem gelebt?

In diese gefährliche, aber nicht unlösbar scheinende Situation wurde seit Frühjahr 2021 von russischer Seite eine neue Eskalationsdynamik hineingebracht: Ende März/Anfang April 2021 meldete die Ukraine nach ihren geheimdienstlichen Aufklärungsberichten umfangreiche Konzentrationen russischer Truppen auf der Krim und entlang der ukrainisch-russischen Grenze, die Rede war von 85.000 Mann. Amerikanische Berichte – gestützt auf Satellitenobservation – bestätigten das. Das war die größte Konzentration russischer Truppen an den Grenzen der Ukraine seit 2014/2015. Im Lauf der folgenden Monate wurde das Bild immer deutlicher, die Truppenkonzentrationen steigerten sich auf etwa 100.000 Mann. Im Herbst erfolgte eine weitere Welle von Truppenkonzentration, im Dezember des Jahres waren es an die 180.000 Mann, die im Süden (Krim), Osten und Nordosten der Ukraine Stellung bezogen. Im Februar 2022 standen auch in Belarus, an der nördlichen Grenze der Ukraine, zusätzliche 30.000 Mann russischer Truppen, angeblich für ein Manöver im Verbund mit den belarussischen Verbündeten, wie offiziell aus Moskau verlautbart wurde. In der zweiten Jahreshälfte 2021 begannen die Verbände der beiden von Russland gestützten Separatistenrepubliken Donezk und Luhansk den ohnehin brüchigen Waffenstillstand immer massiver mit Mörser- und Artilleriefeuer zu brechen.

Zugleich steigerte sich die offiziöse antiukrainische und antiwestliche Propaganda im russischen Staatsfernsehen und in Meinungsbeiträgen führungsnaher russischer Kommentatoren. Im Juli 2021 wurde auf der Website des russischen Präsidialamtes in russischer, ukrainischer und englischer Sprache ein umfangreicher Aufsatz mit historisch-politischem Inhalt veröffentlicht. Er trägt den Titel „Zur historischen Einheit von Russen und Ukrainern", als Autor firmiert ganz offiziell Wladimir Wladimirowitsch Putin, Präsident der Russischen Föderation. Danach gab es ein Interview, in dem der frischgebackene Historiker Putin fachliche Nachfragen beantwortete. Der Essay ist im ersten Teil ein längerer Aufguss des nationalrussischen Geschichtsbildes, so wie es seit dem 19. Jh. vertreten wird: Russen, Ukrainer und Belarussen seien gemeinsam ein Volk und gehörten zur „dreieinigen russischen Nation". Natürlich wird die Kiewer Rus als gemeinsame historische Grundlage beschworen, mit Moskau als dem legitimen Zentrum für alles in der Nachfolge Kiews. Die Unterschiede zwischen Ukrainern und Russen, die sich dieser Grundtatsache scheinbar widersprechend im Lauf der späteren Jahrhunderte entwickelt haben – was auch Putin nicht leugnen kann -, seien alle das Resultat manipulativer westlicher Mächte, um die russische Einheit aufzubrechen: Polen-Litauen, das Habsburgerreich bis hin zur Europäischen Union und den Vereinigten Staaten. Sie alle hätten den Ukrainern den Floh ins Ohr gesetzt, eine eigenständige Nation zu sein. Unter den westlichen Einflüsterungen würden die so verhetzten Ukrainer jetzt versuchen, die weiterhin russische Bevölkerung im Osten der Ukraine mittels eines erzwungenen Identitätswechsels ebenfalls umzuziehen. Letztendlich alles der Versuch des Westens, die gesamtrussische Nation zu spalten und Russland zu vernichten. Dabei seien die Ukrainer aber in Wahrheit ein Teil Russlands und existierten als eigenständiger Staat und eigenständige Volksgruppe nicht. Danach geht der Essay zu zeitgeschichtlichen und aktuellen Dingen über: Russland habe großzügigerweise 1991 die Eigenständigkeit der Ukraine anerkannt und das Land mit Milliardensubventionen im Energiebereich unterstützt. Dabei schwieg man nobel zum Verlust großrussischer Gebiete (gemeint sind „Novorossija" im Osten und Südosten der Ukraine und die Krim). Doch geschah dies unter der Voraussetzung der weiteren freundschaftlichen Beziehung, der Gleichberechtigung der ethnischen Russen in der Ukraine und der Blockfreiheit des Landes – man achte hier wieder auf die innere Widersprüchlichkeit der großrussischen Konzeption: Einerseits seien Russen und Ukrainer eins, andererseits gibt es in der Ukraine einen Unterschied zwischen Ukrainern und „ethnischen Russen". Der Essay fährt fort: Jetzt aber werde die Ukraine gegen Russland instrumentalisiert, obwohl sie auf historisch russischem Gebiet läge. Ihre Grenzen seien das Produkt äußerer Manipulation wie von Fehlentscheidungen und willkürlicher Grenzziehungen der Sowjetunion, wodurch die Interessen der russischen Nation missachtet worden seien. Dabei wirkten jetzt die westliche Verschwörung und die „Anhänger von Bandera" (also die ukrainischen Faschisten) zusammen gegen Russland. Ziel sei, die Ukraine in ein „Sprungbrett gegen Russland" zu verwandeln. Die Botschaft lautet kurz: Die Ukraine hat kein legitimes Recht auf Eigenständigkeit, wenn, dann nur von Russlands Gnaden und zu Russlands Bedingungen. Es ist undenkbar, dass die Ukraine einen Eigenwillen hat und eine eigene Identität entwickelt hat, ein solcher Eigenwille ist per definitionem „Faschismus" und ein Kunstprodukt westlicher Manipulation. Man könnte hier viel sagen, doch ist das alles schon in den ganzen vorherigen Kapiteln geschehen, hier nur noch einmal eine kurze Erinnerung: Beim Unabhängigkeitsreferendum 1991 hat auch die deutliche Mehrheit der „ethnischen Russen" im Osten und Süden des Landes für die Unabhängigkeit der Ukraine gestimmt. Die Leute waren gefragt worden.

Das war definitiv keine Verlautbarung einer politischen Führung, die in einer Spannungssituation deeskalieren möchte, genauso wenig, wie das massive Zusammenziehen von Truppenverbänden das auf der praktischen Ebene war. Die ukrainische und westliche und auch teilweise internationale Reaktion gegenüber der militärischen wie der propagandistischen Provokation war klar und eindeutig, wir können sie übergehen. Russland stritt aber weiterhin ab, einen Angriff zu planen.

Die sich aufbauende militärische und propagandistische Drohung gegenüber der Ukraine wurde im Westen gekontert, indem die finanzielle Unterstützung der Ukraine von den Amerikaner hochgefahren wurde, jetzt wurden auch im größeren Maßstab von Seiten der USA und Großbritanniens Waffen und Ausrüstung geliefert, allerdings vorerst nur leichte Waffen und Transportgerät.

Am 17. Dezember 2021 übersandte das russische Außenministerium den Vereinigten Staaten, der Nato und der OSZE ein Dossier von Dokumenten, in denen die russische Seite Forderungen präsentierte, die auf ein Ultimatum gegenüber der Ukraine und der Nato hinausliefen.

- Eine bindende Garantie der Nato, in Zukunft keine neuen Mitglieder aufzunehmen, ganz spezifisch die Ukraine und Georgien nicht und keine weiteren Truppen und Waffensysteme in den bereits bestehenden Nato-Mitgliedstaaten zu stationieren.
- Eine Revision der Nato-Russland-Grundakte von 1997 und Rückzug der Nato-Infrastruktur und militärischer Kräfte aus den Territorien der früheren Sowjetunion (primär die baltischen Mitgliedsstaaten der Nato, daneben auch die Ausbilder in der Ukraine)
- Eine Anerkennung der besonderen russischen Interessen und der russischen Rolle für Sicherheit und Stabilität im postsowjetischen Raum (das „Nahe Ausland" als imperiales Vorfeld der russischen Sicherheitsdoktrin, auch wieder spezifisch gemeint Baltikum, Ukraine und Georgien) und die Respektierung der russischen Souveränität und territorialen Integrität, auch über die Krim und den Donbas.
- Ein Moratorium der Aufstellung von Mittelstrecken- und Kurzstreckenraketen in Europa und Beginn eines neuen Dialogs über strategische Stabilität und Rüstungskontrolle.
- Eine Reform der OSZE, um sie repräsentativer, inklusiver und effizienter in Hinblick auf Konfliktmanagement zu machen

Die ersten beiden Forderungen hätten den Bruch der Sicherheitsgarantien der Nato gegenüber ihren Neumitgliedern und der Ukraine bedeutet. Forderung drei lief auf die Anerkennung der geforderten Hegemonierechte Russlands über sein Umfeld hinaus (deswegen war hier in meiner Formulierung von „postsowjetisch" die Rede). Punkt vier und fünf waren im Prinzip vernünftige Vorschläge für die Zukunft, man überbringt solche Vorschläge aber nicht als Forderungen auf der Spitze eines Schwertes.

USA, Nato und OSZE reagierten – wie zu erwarten – ablehnend: Es wurde auf die sich aufbauende militärische Drohkulisse Russlands entlang der Grenzen der Ukraine hingewiesen, durch die Integrität und Souveränität des Landes bedroht seien. Die Nato unterstrich, sich gegen jeden Angriff verteidigen zu wollen. Es wurde weiterer diplomatischer Austausch und Verhandlungen angeboten, um die Krise friedlich zu lösen. Solche Gespräche fanden dann auch statt. US-Präsident Joe Biden und Putin telefonierten noch im Dezember zweimal miteinander, man vereinbarte ein Zusammenkommen des Nato-Russland-Rats im Januar 2022 (das 1997 eingerichtete Konsultationsgremium), nachdem der Rat seit 2016 nicht mehr getagt hatte. Am 12. Januar fand das Treffen statt: Die Nato lehnte die russische Forderung nach Rückzug auf die Situation von 1997 ab, ebenso die Forderung, die Ukraine und Georgien definitiv nicht aufzunehmen. Auch lehnte sie ein Recht Russlands ab, einen Kontrollanspruch über seine Nachbarn zu erheben. Das Gegenangebot war, in der Ukraine keine Offensivwaffen zu stationieren. Auch in der Frage der Rüstungskontrolle und in der verbesserten Transparenz von Überwachungs- und Kontrollmechanismen kam man Russland entgegen. Das reichte der russischen Seite nicht. Zudem war Russland zu keiner Deeskalation seiner Truppenzusammenballung bereit. Auch Verhandlungen im Rahmen der OSZE und des sog. „Normandie-Formats" (eine quadrilaterale Kontaktgruppe basierend auf den Minsker Vereinbarungen: Frankreich, Deutschland, Russland, Ukraine) brachten keinen Kompromiss. Ein Schnellbesuch von Bundeskanzler Olaf Scholz in Moskau bei Putin ergab außer den Austausch diplomatischer Höflichkeiten ebenfalls keine tragbaren Ergebnisse. Scholz unternahm noch einen aus heutiger Sicht etwas peinlichen Versuch, eine Einigung zu erzielen, indem er Selenskyj bat, die Neutralität zu erklären und auf den NATO-Beitrittswunsch zu verzichten (was eine Verfassungsänderung erfordert hätte, da das Ziel der NATO-Mitgliedschaft inzwischen in der ukrainischen Verfassung verankert war). Selenskyj antwortete nur trocken, er könne Putin ja nun in dieser Frage schlecht trauen. Der französische Präsident Emanuel Macron reiste ebenfalls nach Moskau und richtete auch nichts aus. Damit hatten die beiden großen europäischen Staaten, die mit Russland am besten konnten, ihr diplomatisches Pulver verschossen.

Hätte die Nato auf die russischen Forderungen vom Dezember 2021 eingehen sollen? Was hätte das bedeutet? Es hätte bedeutet, den russischen Anspruch auf besondere Kontrollrechte in Bezug auf das „Nahe Ausland" anzuerkennen. Es hätte bedeutet, die neuen Nato-Mitglieder aufzugeben, die Schutzzusagen gegenüber der Ukraine zu brechen, Erpressungsdruck westlicherseits auf die Ukraine auszuüben, auf Krim und Donbas zu verzichten. Und das im Angesicht offener Erpressung mit militärischer Bedrohung und gegenüber einer Macht, die bereits 2008 in Georgien und 2014 in der Ukraine unprovoziert einen Nachbarn überfallen hatte. Und die nun endgültig propagandistisch klar machte, dass die Ukraine keine eigenständige Existenzberechtigung habe. Es hätte bedeutet, Osteuropa Russland auszuliefern, mit dem Schaden dann auch für die Sicherheit Westeuropas selbst, und für die USA die Mehranstrengung zum Schutz der europäischen Verbündeten. „Das Leben ist der Güter höchstes nicht" heißt es in Schillers Drama „Die Räuber". Kann der Preis für den Frieden zu hoch sein oder ist der Friede immer das Höchste? Mit der Beantwortung dieser Frage steht und fällt hier alles. Die Ukraine hat diese Frage dann kurz darauf in ihrem Sinne beantwortet. Auch bestand die Möglichkeit, die russische Drohkulisse hätte ein Bluff sein können. Wäre Putin realistischer informiert gewesen über den ukrainischen Kampfwillen und die ukrainische Kampffähigkeit – allerdings war hier auch der Westen skeptisch – hätte er die Sache wahrscheinlich abgebrochen.

Hätte Putin alles bekommen, was er wollte – egal wie völkerrechtswidrig, moralisch und politisch problematisch und auch für die Sicherheitsinteressen des Westens und besonders Europas gefährlich, hätte er sich dann dauerhaft zufrieden gegeben mit seinem Neu-Zarenreich in Osteuropa? Das hängt nun davon ab, wie man den Charakter des russischen Regimes einschätzt. Ich jedenfalls würde lieber nichts darauf wetten wollen.

Der massive russische Aufmarsch im Laufe des Jahres war – entgegen den russischen Behauptungen – durch nichts provoziert worden, weder von der NATO noch von der Ukraine im Donbas. Hoffte Putin, mit der Erpressung durchzukommen? Wann hieß es bei ihm „der Würfel ist gefallen" für den Beginn der Invasion? Und warum jetzt, warum nicht schon 2014, warum nicht irgendwann dazwischen? Darüber kann bei der Informationslage letztendlich nur spekuliert werden. Versuchen wir es.

2014, nach dem Umschwung durch den Maidan, war die Ukraine politisch und militärisch schwach. Aber auch die russischen Streitkräfte durchliefen noch ihre umfassenden Reformprozess, von dem schon gesprochen worden war. Auch schien der Westen zur Zeit der Präsidentschaft Obamas eine relativ harmonische Einheit zu sein. Ebenso hatte Putin immer noch mit größerer innerer Unzufriedenheit und einer aktiven liberalen Opposition zu tun, die mediale Meinung war noch nicht völlig gleichgeschaltet worden. Im folgenden Jahr begann Russlands Engagement in Syrien, was die Kapazitäten für einen großen Überfall auf die Ukraine begrenzte. Allerdings je länger Putin wartete mit seinem Wunsch ganz „Neurussland" zurückzugewinnen und die Ukraine unter Kontrolle zu bekommen, je stärker würde sie durch die westliche Militär- und Aufbauhilfe werden. 2021 war das russische Engagement in Syrien wieder bis auf einen Rest zurückgefahren, die Ukraine schien immer noch schwach genug zu sein – mit einem jungen und unerfahrenen Präsidenten an der Spitze – und jetzt schien auch der Westen in keinem guten Zustand zu sein, um Einigkeit zu zeigen: Die vier Jahre der Präsidentschaft Trump hatten die USA zutiefst gespalten, die Pandemie hatte das ihrige dazu beigetragen, durch den Westen generell gab es einen Kulturkrieg in Hinblick auf „political correctness", wachsende Gruppen misstrauten dem parlamentarischen Regierungssystem und dem politischen Establishment, Deutschland war so abhängig von russischem Gas wie nie zuvor, im Jahr zuvor hatten sich die Amerikaner mit Schimpf und Schande aus Afghanistan zurückgezogen. Mit dem Regierungswechsel von Merkel zu Scholz war in Deutschland eine erfahrene Regierungschefin durch einen unerfahrenen Kanzler an der Spitze einer möglicherweise wackligen Koalition ersetzt worden. Der Brexit hatte den europäischen Gedanken geschwächt. China hatte sich unter Xi Jin Ping zum konfrontationsbereiten Rivalen der USA entwickelt und war damit ein potentieller Verbündeter. Kurz: Der Westen erschien in der Krise. Jetzt oder nie!

Am Abend des 21. Februar 2022 hielt Putin eine fast einstündige Fernsehansprache an das nationale Publikum (sie findet sich wie alle seine anderen Reden auch in englischer Übersetzung auf der Website des russischen Präsidialamtes – sehr empfehlenswert für den interessierten Leser). Sie begann fast im Shakespeare-Stil mit der Anrede „Bürger Russlands, Freunde!" Und sie richtete sich ausdrücklich auch an unsere „Mitbürger in der Ukraine". Die Rede begann mit einer dramatischen Beschwörung der Situation in der Ukraine und im Donbas. Danach folgte der ältere historische Teil des Essays vom Juni 2021 in Kurzfassung fürs historisch weniger gebildete Publikum (Ukraine und Russland eins, etc.). Der ausführliche Teil beginnt hier mit dem Jahr 1917, allerdings hört man von der unabhängigen Ukrainischen Volksrepublik 1917/18 nichts. Dafür sind es hier die Bolschewiki, besonders Lenin, die – aus dem Nichts heraus – die Ukraine als Sowjetrepublik gründen. Dabei wurde die Bevölkerung beider Sprachen nicht gefragt, ob es da eine von Russland getrennte Republik geben sollte. Stalin fügte diesem künstlichen Gebilde dann noch Teile dazu, die vorher zu Polen, Rumänien und Ungarn gehört hatten, schließlich fügte Chruschtschow die Krim dazu. Dann stellt Putin die Frage: Warum machten die Bolschewiki so russlandfeindliche Dinge? Nun, zum einen waren sie unpatriotische gottlose Kommunisten (sofern sie überhaupt Russen waren), zum anderen wollten sie sich bei den Nationalisten beliebt machen (gemeint sind die der anderen Volksgruppen), um ihre Herrschaft zu festigen – hier fragt man sich schon: Wenn es eigentlich keine ukrainische Nation gab, wo nahmen die Bolschewiki so plötzlich ukrainische Nationalisten her? Putin führt den Gedanken noch ein gutes Stück weiter aus, um dann dazu zu kommen, dass mit dem Niedergang und Ende der Sowjetunion die künstliche Nationalitätenkonstruktion der Bolschewiki das russische Mutterland auseinanderbrechen ließ. Nun wollten die ganzen von den Bolschewiki kreierten Pseudonationen alle ihre eigenen Staaten, wodurch Russland urrussisches Land und viel russische Bevölkerung verloren ging. Das betrieben die „nationalen" Eliten natürlich nicht zum Nutzen ihrer „Völker", sondern um sich selbst zu bereichern. Es folgt das schon bekannte Moment der selbstlosen Großzügigkeit Russlands und der Undankbarkeit der Ukraine seit 1991. Die parasitäre Führung der Ukraine und die parasitären ukrainischen Oligarchen (diese Kritik steht einem russischen Präsidenten, der sich seine eigenen Oligarchen hält, nicht gut an) spielten auch noch Russland und den Westen gegeneinander aus, um von beiden Seiten abzusahnen. Dabei negierten und leugneten sie alle historischen und kulturellen Verbindungen mit ihren russischen Ursprüngen (rus=russisch) und verfielen in Russophobie und Nazitum. Dabei zeigte die Ukraine, dass sie ja nur ein Pseudostaat war, da die Ukrainer nie zuvor einen Staat gehabt hatten. Dann kam der von außen angestiftete Putsch von 2014, der die ukrainischen Nazis endgültig an die Macht brachte. Darauf ein längerer Abschnitt über die katastrophale Situation der ukrainischen Wirtschaft und Chaos und Korruption im Staatsapparat. Und wer präsidiert dem ukrainischen Pandämonium? Die Vereinigten Staaten! Es folgte die Geschichte der kulturellen und sprachlichen Unterdrückung alles Russischsprachigen. Keine bürgerlichen Freiheiten, keine Meinungsfreiheit in der Ukraine! Zerstörung und Verfolgung der orthodoxen Kirche! Auf der von Russland bereits befreiten Krim unterstütze man zusammen mit westlichen Agenten den islamischen Fundamentalismus (gemeint sind die Krimtataren).

Danach wurde es ganz aktuell: Im März 2021 habe die Ukraine eine neue militärische Strategie angenommen (zeitlich der Beginn des russischen Truppenaufmarschs!). Die „fremden Staaten" (Originalformulierung Putins, gemeint sind die westlichen Staaten) sollen dazu gebracht werden, Russland anzugreifen, auf der Krim und im Donbas sollen Terroristengruppen gebildet werden. Die Ukraine will sich Atomwaffen verschaffen und könnte es auch durch die aus der Sowjetzeit ererbten Installationen.

War bis dahin in der Ansprache die Ukraine der Hauptschuldige gewesen und die „fremden Mächte" nur die Helfershelfer, so dreht sich das im weiteren Verlauf der Ansprache um. Amerikanische Unterstützung und Ausbilder für die Ukraine, die Amerikaner kontrollieren die ukrainischen Streitkräfte inzwischen ganz direkt (Widerspruch mit dem Abschnitt davor, wedelt jetzt der Hund mit dem Schwanz oder der Schwanz mit dem Hund?). Unter dem Vorwand gemeinsamer Manöver permanente Präsenz von Nato-Truppen in der Ukraine. Ausbau von Flugfeldern, um Nato-Truppen schnell in der Ukraine landen zu können. Es folgten weitere Ausführungen, wie der Westen die Ukraine zur Bastion machen möchte, um Russland zu bedrohen und letztlich anzugreifen. Dann kam das Motiv der gebrochenen Versprechen des Westens, die Nato nicht auszudehnen, was der zentrale rote Faden der Aggressivität sei, der die bösen Absichten des Westens beweise. Ein kleiner Rippenschlag gegen die osteuropäischen Staaten (Polen etc.), die mit ihrer blinden Russophobie und ihrer Fehlinterpretation der Geschichte die westliche Aggressivität noch anfachen. Letztendlich wollen sie alle das unabhängige und starke Russland nicht. Es folgte ein längerer Abschnitt über mögliche zukünftige Bedrohungen durch Mittel- und Kurzstreckenraketen von den neuen Nato-Staaten und der Ukraine aus, besonders, wenn letztere tatsächlich in die Nato käme. Dann die willkürliche Ablehnung der gerechtfertigten russischen Forderungen im Dezember kurz davor durch die Nato. Putin wiederholte die russischen Forderungen hier kurz. Die Folgerung ist: Russland hat nun jedes Recht, für seine Sicherheit zu sorgen. Im Hinblick auf den Donbas klagte Putin den vielfachen Bruch des Minsker Abkommens durch die Ukraine an und beschuldigte Kiew, in Kürze einen Blitzkrieg im Donbas führen zu wollen, so wie der „Neanderthal-Nazismus" der Ukraine (Original Putin) schon in den acht Jahren zuvor mit Artilleriebombardements, Raketenbeschuss und Drohnenattacken die Zivilbevölkerung dort terrorisiert habe. Putin zog nun die logische Konsequenz und sprach an dieser Stelle am Ende der Rede die formale Anerkennung der Volksrepublik Donezk und der Volksrepublik Luhansk aus, mit der Bitte an das russische Parlament, diese Anerkennung zu ratifizieren. Es folgte noch eine Aufforderung an die Ukraine, die Feindseligkeiten im Donbas sofort einzustellen, andernfalls würde die Verantwortung für die daraus folgenden Konsequenzen gänzlich beim ukrainischen Regime liegen. Die Rede schloss mit einem Ausdruck des Vertrauens auf die Unterstützung der Bürger Russlands und der patriotischen Streitkräfte des Landes.

Es gibt Politikerreden, die sind durchgehend gelogen, solche, die ungewöhnlich wahrhaftig sind und solche, die sind in den grundsätzlichen Dingen (subjektiv) wahrhaftig, aber mit (bewussten) Lügen im Detail durchsetzt. Diese Rede Putins vom 21. Februar 2022 scheint mir der letzteren Art zu sein. Die grundsätzlichen Dinge entsprechen wohl tatsächlich Putins Überzeugung und seinem Weltbild, seiner Art, die Dinge zu sehen: Die Einheit von Russen und Ukrainern, die „Künstlichkeit" ukrainischer Nationalität (egal ob von westlichen Mächten geschaffen oder den Bolschewiki), die Wegerklärung ukrainischer nationaler Identität als „Nazismus", die Überzeugung vom unbedingten Recht Russlands in seinem Umfeld, das Bild des bedrohlichen und lügnerischen Westens, der letztlich aus Neid und Hass den Untergang

Russlands plane. Doch auch Putin wird klar gewesen sein, dass es primär seine eigene Armee und ihre separatistischen Verbündeten waren (die aber auch zum Teil Russen aus Russland waren), die das Minsker Abkommen wiederholt gebrochen hatten, dass der Konflikt seit 2015 ziemlich auf Sparflamme gelaufen war und von Massakern an der Bevölkerung durch die Ukrainer keine Rede sein konnte, dass die Eskalation im Donbas in den Monaten davor auf das Konto seiner Leute ging, dass von Seiten des Westens und der Ukraine nichts geschehen war, das das Zusammenziehen von fast 200.000 Mann russischer Truppen an der ukrainischen Grenze rechtfertigte, und noch andere Dinge mehr. Die Jesuiten der Frühen Neuzeit nannten so etwas in ihrem Latein eine „pia fraus", eine „fromme Lüge", d.h. eine Lüge, die moralisch gerechtfertigt ist, weil sie der Förderung der guten Sache dient. Allerdings würde ich dazu bemerken, dass das, was Wladimir Putin glaubt, seine subjektive Wahrheit sein mag, dass aber der weitaus größere Teil davon meiner Ansicht nach Selbstbetrug ist. Leider ein Selbstbetrug, mit dem man in der russischen Situation seit 2000 Politik machen kann.

Die Rede sorgte im Westen für Entsetzen, teils, weil Putin hier Dinge sehr zusammenhängend und kondensiert brachte, die er selbst bislang nur verstreut geäußert hatte, zum Teil, weil es immer noch Leute gab, die nicht glauben konnten, dass Putin ein dem Westen und der Ukraine gegenüber so feindseliges Weltbild haben konnte. Zudem kündigte Putin mit der formalen Anerkennung der beiden „Volksrepubliken" die Minsker Verträge auf, die bisherige Grundlage aller Verhandlungen zwischen den beiden Kriegsseiten (Minsk I und II hatten die Zugehörigkeit des Donbas zur Ukraine grundsätzlich bestätigt, deshalb hatte Moskau als Mitsignatar dieser Verträge die beiden Separatistengebilde selbst bis dato nicht formal anerkannt).

Die Invasion begann am Morgen des 24. Februar 2022. Während mehrere russische Divisionen motorisierter Infanterie mit Panzer- und Luftunterstützung im Donbas die ukrainischen Linien angriffen und ein Hagel von Raketen über militärisch relevante Ziele (vorerst nur das) in der Ukraine bis westlich nach Lwiw herabging und in New York der von den USA einberufene Sicherheitsrat der UN in einer Sondersitzung tagte, hielt Putin um 5.30 eine zweite Fernsehansprache, die die Rede vom 21. weitgehend repetierte, doch den gerade begonnenen großen Krieg etwas spezifischer begründete und auch etwas genaueres zu den Kriegszielen sagte. Hier begann er mit den Schandtaten des Westens gegenüber Russland und der Welt allgemein, das Bedrohungsszenario wird noch einmal ausführlich entworfen. Nur ein paar Auszüge: Ein Vergleich mit der Situation der Sowjetunion 1941, beim Überfall Nazideutschlands, wird gezogen. Generell wird das Streben des Westens, die USA an der Spitze, nach Weltdominanz nach dem Ende der Sowjetunion angeprangert. Der Westen wird auch für den Separatismus in Tschetschenien verantwortlich gemacht, den Russland 2000–20005 niederschlug.

Der entscheidende neue Punkt: Putin beruft sich im Verlauf der Rede auf einen Freundschafts- und Beistandsvertrag mit den beiden „Volksrepubliken" Donezk und Luhansk – gerade erst von Russland offiziell anerkannt -, den die russische Föderationsversammlung (Duma und Föderationsrat) am 22. Februar ratifiziert hatte. Mit Bezug auf Artikel 51. Kap. VII der UN-Charta (Selbstverteidigungsrecht auch im Rahmen von Bündnissen) habe er die Entscheidung getroffen, eine „militärische Spezialoperation" durchzuführen (oder wörtlich im Russischen wie im Englischen: eine „spezielle Militäroperation"). Hier fiel das berühmt gewordene Wort.

Der Bezug war weiter der zum Donbas, aber auch zur ganzen Ukraine: „Der Zweck dieser Operation ist es, Menschen zu schützen, die acht Jahre lang die Opfer von Erniedrigung und Genozid gewesen sind, begangen durch das Regime in Kiew. Mit diesem Ziel werden wir versuchen, die Ukraine zu demilitarisieren und zu denazifizieren und auch alle diejenigen vor Gericht zu stellen, die zahlreiche brutale Verbrechen gegen Zivilisten begangen haben, darunter auch gegen Bürger der Russischen Föderation".

Danach betonte Putin auch: „Es ist nicht unsere Absicht, ukrainisches Gebiet zu besetzen. Wir beabsichtigen nicht, irgend jemandem irgend etwas aufzuzwingen".

Nun wendete sich Putin an die Ukrainer. Kurz zusammengefasst lautet die Botschaft: Es geht nur um die Nazis bei Euch. Geht beiseite und hindert uns nicht, und danach können wir alle in Frieden zusammenleben. Die gemeinsame Zukunft wird beschworen.

Eine weitere Adresse in ukrainischer Richtung folgte, diesmal an die ukrainischen Streitkräfte: „Kameraden Offiziere! Eure Väter, Großväter und Urgroßväter haben die Nazi-Besatzer nicht bekämpft und haben unser gemeinsames Mutterland nicht verteidigt, um zuzulassen, dass die heutigen Neonazis die Macht in der Ukraine ergreifen. Ihr habt Euren Eid dem ukrainischen Volk geschworen und nicht dem Regime, den Feinden des Volkes, die die Ukraine ausplündern und das ukrainische Volk erniedrigen. Ich bitte Euch dringend, ihre kriminellen Befehle nicht auszuführen, sondern Eure Waffen sofort niederzulegen und nach Hause zu gehen. Das bedeutet: Das ukrainische Militärpersonal, das dieser Aufforderung folgt, wird das Kampfgebiet verlassen und zu seinen Familien zurückkehren können."

Die Verantwortung für alles Blutvergießen wies Putin dem „ukrainischen Regime" zu. Es folgte eine Warnung „an alle, die sich versucht fühlen mögen, in diese Entwicklungen von außen einzugreifen". Wer auch immer eine Bedrohung für Russland darstellt, muss auf die sofortige Reaktion Russlands gefasst sein und die Konsequenzen werden in der Geschichte dieser Störer von außen beispiellos sein – eine massive Drohung gegenüber dem Westen.

Die Ansprache endete mit einem ermunternden Aufruf an die russische Bevölkerung und die russischen Streitkräfte – Stärke, Einheit, etc.

Hier finden sich die bekannten Schlüsselbegriffe: „Militärische Spezialoperation", „Demilitarisierung und Denazifizierung der Ukraine", die Vorstellung von einem bereits laufenden oder noch drohenden Genozid im Donbas, die Vorstellung von ukrainischen Nazis, die auch die braven Ukrainer unterdrücken – glaubte Putin wirklich daran, die Ukraine sei ein solch schwaches Gebilde, dass er die Bevölkerung mit einem solchen Aufruf zur Duldung der Invasion bringen könnte und die ukrainische Armee zur Fahnenflucht? War er der nationalistischen Selbstsuggestion, das müsse so sein, dermaßen verfallen?

Die „Nazis" hier sind die Ukrainer, die nicht so wollen wie Russland und sein Herrscher. Verstärkt wird die Konzeption durch den Bezug auf den Zweiten Weltkrieg. Was bedeutet „Demilitarisierung" und „Denazifizierung"? Es setzt ja wohl umfangreiche militärische Besetzung der Ukraine voraus, einen Regierungs-, wenn nicht Systemwechsel, eine ganze Reihe von Strafprozessen und weiteren Straf- und Kontrollmaßnahmen. Wie umfangreich sollte das sein? Wie verträgt sich das mit der Vorstellung, die gewöhnlichen Ukrainer seien „gut"? Und kein ukrainisches Territorium soll dabei besetzt werden, niemandem wird etwas aufgezwungen? Wie geht das? Wenn man zwischen den nebelwerfenden Zeilen liest, wird klar: Integration von Donbas und wohl auch von ganz „Novorossija" nach Russland, der große Rest der Ukraine unter ein Besatzungsregime, längerfristig wohl ein Satellitenregime à la Belarus. Dauerhafte militärische Sicherung der Ukraine durch russische Truppen. Die politische Klasse der Ukraine und weitere Missliebige vor Gericht oder ins Lager. Verteilung von ukrainischen Wirtschaftsunternehmen an russische Oligarchen oder ukrainische, die sich als Quislinge anbieten. Das ist die realistischste Interpretation der Kriegsziele.

Da der Angriff zuerst von Osten erfolgte, im Bereich des Donbas, wo bereits seit acht Jahren gekämpft worden war, fanden die ersten Kämpfe in der Oblast Luhansk um 3.40 morgens statt. Kurz darauf starteten auch die Angriffe von Panzern und Infanterie entlang der anderen Achsen: Von Süden aus der Krim, von Nordosten direkt aus Russland in Richtung Charkiw, direkt von Norden von belarussischem Gebiet aus auf Kiew zu. Die russischen Militärfahrzeuge waren zum ersten Mal mit einem weißen „Z" gekennzeichnet, einem lateinischen, nicht kyrillischen Buchstaben, um sie schon aus größerer Entfernung für die eigene Seite erkennbar zu machen. Diese Markierung sollte in Russland zum patriotischen Symbol der Kriegsunterstützung werden, während das in der Ukraine die Russen in der Gegenpropaganda zu den RuZZen machen sollte.

In Kiew erklärte Präsident Selenskyj das Kriegsrecht, am Abend noch des 24. Februar ordnete er die Generalmobilmachung an, allen Männern im Alter von 18 bis 60 wurde das Verlassen des Landes untersagt. Kommandotrupps aus Wagner-Kämpfern und tschetschenischen Kadyrowzis versuchten mehrfach, Selenskyj zu ermorden, die ukrainische Regierung meldete, diese Attentatsversuche seien mit Hilfe von Kriegsgegnern im russischen FSB vereitelt wurden, die verdeckt Hinweise zukommen ließen. In diesem Zusammenhang boten die Amerikaner Selenskyj an, ihn aus Kiew und dem Land zu evakuieren, was er ablehnte. Nach Aussage eines amerikanischen Beamten, der bei dem Gespräch dabei gewesen sein wollte, soll Selenskyj damals den berühmt gewordenen Spruch „The fight is here. I need ammunition not a ride!" getan haben.

Im Vorfeld der beiden Metropolen Kiew und Charkiw – zwei der Hauptziele der russischen Angriffsspitzen, trafen die Angreifer auf für sie unerwartet heftige ukrainische Gegenwehr der regulären Armee sowie der Territorialverteidigung – die Einheiten der Territorialverteidigung waren in den Jahren zuvor im Zuge der ukrainischen Militärreform geschaffen worden. Sie bestehen aus schnell mobilisierbaren erfahrenen Reservisten und Freiwilligen aus der Bevölkerung der betroffenen Gebiete und erwiesen sich bei der Verteidigung von Orten und Städten als recht stark und vor allem motiviert. Falls Putin und die russische Generalität wirklich erwartet hatten, die ukrainischen Streitkräfte und die Bevölkerung würden nicht wirklich kämpfen, so zerstob diese Hoffnung schon früh vor Kiew und Charkiw. Das gilt gerade auch für die Bewohner von Charkiw, weiterhin eine überwiegend russischsprachige Stadt, aber definitiv keine „Russen" nach der Konzeption Putins und nach acht Jahren Krieg im benachbarten Donbas auch nicht „prorussisch".

Da es massiven Widerstand gab, stellte sich die Jahreszeit der Invasion als ungünstig gewählt heraus. In diesem Jahr 2022 setzte das Tauwetter – und damit die Rasputitza – schon im späten Februar ein. Das band die russischen Panzerfahrzeuge in langen Kolonnen hintereinander an die Straßen, so dass effiziente Panzerunterstützung der Infanterie oft unmöglich war. Die Ukrainer setzten ihre Panzerabwehrwaffen mit großem Erfolg ein. So ließen sie die russischen Panzerkolonnen auf den Straßen in den nördlichen Vorstädten von Kiew in die Falle fahren, schossen aus der Flanke – oft Häusern – zuerst den ersten und den letzten Panzer der Kolonne ab, der Rest saß in der Falle. Da die Russen in recht unvorsichtiger Weise ihre Panzerkolonnen nicht genügend mit Infanterie sicherten, konnten die nun wehrlosen gepanzerten Ungetüme einzeln abgeschossen werden. Oft suchten die Panzerbesatzungen schon vorher ihr Heil in der Flucht oder ergaben sich. Auch die zahlenmäßig weit überlegene russische Luftwaffe konnte das Blatt nicht wenden. Die ukrainische Luftwaffe war ihr zwar nicht gewachsen, doch gelang es der ukrainischen Luftabwehr, ihre Bodentruppen einigermaßen zu decken. Die Russen verloren in dieser frühen Kriegsphase eine große Zahl an Panzerfahrzeugen, Flugzeugen und Kampfhubschraubern. Auch zeigte sich schnell die traditionelle Schwachstelle russisch-sowjetischer Streitkräfte: die Logistik. Probleme gab es besonders mit der Nachlieferung von Treibstoff für die Panzer. Mnemisch geworden sind die Videoaufnahmen russischer Panzer, die ohne Treibstoff am Straßenrand liegengeblieben waren und die nach der Flucht oder Gefangennahme der Besatzungen von ukrainischen Bauern mit Traktoren abgeschleppt wurden.

Gerade da das Gelände in größeren Teilen durch die Rasputitza verschlammt war, mussten die Angreifer versuchen, frühzeitig Flughäfen und Flugfelder zu besetzen, um Verstärkungen und Nachschub aus der Luft anlanden zu können. Bereits am 24. Februar, dem ersten

Tag der Invasion, versuchten Luftlandetruppen den nordwestlich von Kiew gelegenen Antonow-Flughafen bei Hostomel zu besetzen, trafen aber auf heftigen Widerstand von ukrainischer Armee und Territorialverteidigung und wurden zurückgeschlagen. Dasselbe geschah auf dem ebenfalls nahe Kiew gelegenen ukrainischen Luftwaffenstützpunkt Vasylkiv. Auch hier scheiterte die russische Luftlandeoperation. Diese frühen Misserfolge erwiesen sich als entscheidendes Hindernis für die Fortführung des weiteren Angriffs auf die feindliche Hauptstadt. Die Russen gingen im Raum Kiew zum Bombardement und Beschuss über, also zur Belagerung, es gelang ihnen aber keine Bildung eines Belagerungsrings. Bis Ende März gelang es dem ukrainischen Gegenstoß, die Belagerer zurückzudrängen und die nördlichen Vororte Kiews zurückzugewinnen.

Im Osten, im Donbas, waren die russischen Erfolge etwas größer, aber dennoch bescheiden. Die Territorien der beiden nun von Russland formal anerkannten Separatistenstaaten – deren Truppen hier natürlich auch mitkämpften – konnten nur wenig ausgedehnt werden. Lediglich ein größeres Gebiet nach Nordwesten hin bis zum belagerten Charkiw konnte eingenommen werden.

Am größten waren die frühen russischen Erfolge im Süden, auf der Invasionslinie von der Krim her. Am 2. März nahmen die Angreifer das strategisch wichtig am Nordufer des Dnipro gelegene Cherson ein. Der russische Versuch, nach Westen auf Odessa hin durchzubrechen scheiterte. Damit erwies sich der Kontaktschluss mit den in Transnistrien stationierten russischen Truppen als unmöglich. Die südliche Invasionsspitze bewegte sich dann Richtung Nordosten auf den Donbas zu und begann am 18. März mit der Belagerung Mariupols. Damit hatten die Invasoren einen beträchtlichen Teil der von ihnen „Novorossija" genannten Gegend unter Kontrolle.

Auf diese Art begann der Krieg sich bereits Ende März/Anfang April festzufressen, die russischen Offensiven im Norden und Nordosten gegen Kiew und Charkiw waren gescheitert, auch wenn ein großer Teil der Oblast Charkiw direkt nordwestlich des Donbas unter russischer Besatzung stand, im Donbas selbst hatten die Invasoren nur wenig Territorium gewonnen, umfangreicher waren ihre Eroberungen im Süden, in den Regionen Cherson und Saporischija, wo die Großstadt Mariupol unter Belagerung lag. Die Angreifer zogen sich aus dem Norden zurück und konzentrierten ihre Truppen im Osten und Südosten. Bei dem Rückzug aus dem Norden kam es zu umfangreichen Plünderungen durch die demoralisierten russischen Soldaten, der von den sich zurückziehenden Angreifern Anfang April geräumte nördlich von Kiew gelegene Ort Butscha wurde berüchtigt für die dort entdeckten Kriegsverbrechen an Zivilisten.

Der Generalangriff und der schnelle Enthauptungsschlag waren gescheitert. Die „militärische Spezialoperation" entpuppte sich als ausgewachsener Krieg, der schwerste Krieg in Europa seit 1945.

Wenige Beobachter im Westen, ob Laien oder Fachleute, waren am 24. Februar 2022 und in den Tagen danach bereit, auch nur einen Pfifferling auf die Ukraine zu wetten. Aus dieser Einschätzung heraus hatten die Amerikaner Selenskyj die Evakuierung angeboten. Die russische Militärmaschine genoss zu sehr den Ruf der quantitativen und qualitativen Überlegenheit, auch bei Leuten, die es wohl besser hätten wissen können. Bei genauerer Analyse der Informationen erwies sich dann, dass die im Jahrzehnt davor erfolgte russische Militärreform nur partiell Erfolg gehabt hatte. Planungs- und Koordinationsprobleme, starre und unflexible Kommandostrukturen, Logistikschwächen, weiterhin Korruption im Offizierskorps. Offensichtlich wurden lange Zeit geschönte Berichte nach oben geliefert, typisch für einen Apparat, in dem Kritik von unten nicht erlaubt ist und man weiß, was die Vorgesetzten hören wollen – bis hinauf zum Präsidenten. Auf der anderen Seite der Geschichte hatten sich die Ukrainer unerwartet gut gehalten. Der ihnen aufgezwungene Kampf erwies sich als ihr nachgeholter Unabhängigkeitskrieg. Falls die Ukraine vorher tatsächlich keine gefestigte Nation gewesen sein sollte, dann war sie es in den ersten fünf Wochen dieses Krieges geworden. Ausgerechnet Wladimir Putin hätte sie dann geschaffen.

Die internationale Reaktion auf den russischen Angriffskrieg war erwartbar negativ – mit den ebenfalls zu erwartenden Ausnahmen. Die Reaktion der westlichen Staaten bestand neben der massiven Verurteilung in umfangreichen Sanktionen gegen die russische Wirtschaft und die russische Finanzwelt, die Figuren des Regimes, Oligarchen etc. Die Nato verstärkte ihre zusätzlichen Verbände in den osteuropäischen „Frontstaaten" weiter, hütete sich aber davor, direkt einzugreifen. Selbst die jetzt gesteigerte Ausbildung ukrainischer Soldaten durch westliche Ausbilder fand nun verstärkt im Westen selbst statt. Als sich zeigte, dass die Ukraine sich militärisch halten konnte, setzte die massive Unterstützung mit Ausrüstungs- und Waffenlieferungen ein, sowie die aufgestockte finanzielle Unterstützung, ohne die die Ukraine jetzt unter Kriegsumständen sich nicht lange halten könnte.

Die in der Nacht des Angriffs begonnene Sitzung des Sicherheitsrats der Vereinten Nationen mündete am 25. Februar in den Antrag zu einer Resolution, die den russischen Angriff verurteilte. Von den 15 Mitgliedern des Sicherheitsrats stimmten 11 für die Resolution, 3 enthielten sich (China, Indien, die Vereinigten Arabischen Emirate), 1 dagegen – was natürlich Russland war, das turnusmäßig den Vorsitz führte und kraft seiner Position als ständiges Mitglied des Sicherheitsrates die Resolution mit seinem Veto kippte. Am 28. Februar wurde eine ähnliche Resolution in die Vollversammlung der UN eingebracht – hier ging sie mangels Veto-Macht Russlands durch: Bei der Abstimmung am 2. März stimmten 141 Staaten dafür, 35 Staaten enthielten sich, die Vertreter von 12 Staaten waren nicht anwesend, 5 stimmten dagegen: Russland, Belarus, Syrien, Eritrea und Nordkorea. Dieser eindeutigen politischen Verurteilung Russlands auf internationaler Ebene entsprach aber die internationale Beteiligung an den westlichen Sanktionen nicht.

In Russland sahen die ersten Tage nach Beginn der Invasion das letzte Sich-Aufbäumen der liberalen Opposition. Allerdings waren die Demonstrationen gegen den Krieg nur ein Schatten früherer oppositioneller Massenkundgebungen in Russland. Protest gab es zwar in einer Reihe von russischen Städten, nicht nur in Moskau und St. Petersburg, aber über wenige tausend Teilnehmer kamen auch die größten Veranstaltungen nicht hinaus. Die Behörden reagierten scharf: Alleine am ersten Tag wurden mehr als 1.700 Personen festgenommen. Die letzten Reste unabhängiger Berichterstattung wurden unterdrückt oder ins Ausland vertrieben. Die Verwendung des Wortes „Krieg" für den Konflikt wurde unter Strafe gestellt, obwohl die Propaganda diese Regel später zunehmend selbst brechen sollte. Etwa 200.000 Russen zogen es vor, das Land zu verlassen, oft besser Qualifizierte – besonders in Richtung der baltischen Staaten und der Kaukasusstaaten Georgien und Armenien.

In der Ukraine waren die Auswirkungen des Krieges natürlich am radikalsten. Neben den eigentlichen Kriegshandlungen mit ihren Auswirkungen auch auf Zivilisten gerade in blockierten oder belagerten Städten sollten im Lauf der folgenden Monate etwa 6 Mio. Menschen die Ukraine als zeitweilige oder länger abwesende Flüchtlinge verlassen, zum größeren Teil Frauen und Kinder und von der Wehrpflicht nicht erfasste Männer. Innerhalb der Ukraine sollte es im Lauf des Krieges zu etwa 7 Mio. Binnenflüchtlingen kommen, da nur wenige in den unter russische Kontrolle gekommenen Gebieten bleiben wollten (zur Situation der ukrainischen Bevölkerung beider Sprachen unter russischer Besatzung s.u.).

Wolodymyr Selenskyj hatte gleich am Beginn des Überfalls am 24. Februar versucht, seinen gleichnamigen Kollegen, den Wladimir in Moskau, telefonisch zu erreichen, ohne Erfolg. Ende Februar bis Anfang April gab es tatsächlich Gespräche mit dem Ziel eines Waffenstillstandes, zuerst an der belarussisch-ukrainischen Grenze, später in Istanbul. Das führte zu nichts, da die russische Seite Forderungen stellte, die auf eine Kapitulation hinausliefen. Wahrscheinlich hatte Putin diesen Verhandlungen überhaupt nur zugestimmt, um fürs internationale Publikum dokumentieren zu können, dass er verhandlungsbereit sei. Mit der Entdeckung des russischen Massakers von Butscha Anfang April beendete die Ukraine die fruchtlosen Verhandlungen. Das einzige eine Zeitlang funktionierende Abkommen war das im Juli durch die Türkei vermittelte Getreideexportabkommen, durch das die russische Seeblockade für den Export von Getreide durch die Ukraine aufgehoben wurde. Dabei funktionierte das indirekt, die Ukraine schloss das Abkommen mit der Türkei, die Türkei mit Russland. Putin musste hier Rücksicht besonders auf die afrikanischen Staaten nehmen, die vom ukrainischen Getreide abhängig sind.

Der Krieg ging weiter, jetzt im Osten und Südosten der Ukraine. Die russischen Belagerer zogen den Ring um Mariupol immer enger und beschossen und bombardierten die belagerte Stadt vom Boden und aus der Luft, um sie sturmreif zu schießen. Die Mehrzahl der über 400.000 Bewohner floh, zum Schluss hielten sich noch an die 2000 Verteidiger in dem zur

Festung ausgebauten Stahlwerk Azowstal. Am 16. Mai kapitulierten die Verteidiger, die Stadt lag weitgehend in Trümmern und hatte nur noch einen Teil ihrer Bewohner.

Die Frage stellt sich: Ist eine solche Beschießung einer Stadt mit Zivilisten in ihr ein Kriegsverbrechen? Die Antwort mag für viele schockierend sein: Nach den Regeln des Kriegsvölkerrechts nicht unbedingt und auch hier war sie es wohl nur bedingt.

Auch im modernen Krieg, nachdem Stadtbefestigungen in Form von Wällen obsolet geworden sind, ist die Belagerung und Erstürmung einer verteidigten Stadt eine traumatische Sache, für die Bevölkerung, für die Verteidiger, für die Angreifer. Die Verteidiger verschanzen sich in Häusern und Straßenzügen, ggf. unterstützt von der ortskundigen Bevölkerung. Die Angreifer müssen ungedeckt in die Hölle aus Häuserzeilen und Straßenzügen hinein, von allen Seiten durch Beschuss gefährdet. Ihre Panzer helfen ihnen nicht viel, sie können in den Straßen schlecht manövrieren und haben keine freie Schussbahn. Von daher tut sich keine Armee einen Angriff auf eine verteidigte Stadt an, ohne diese Stadt vorher umfangreich zu beschießen und zu bombardieren, um die Verteidiger mürbe zu machen und sie eines Teils ihrer Deckung zu berauben. Die zivilen Opfer solchen Beschusses sind bedauerlich, werden aber als „Kollateralschaden" gerechnet. Ein klares Kriegsverbrechen ist es aber, gezielt Zivilisten anzugreifen, ohne dass damit ein bewaffneter Feind bekämpft wird. Städte, die nicht verteidigt werden, dürfen nicht beschossen werden. Reine Wohnquartiere dürfen nicht beschossen werden, wenn dort keine feindlichen Truppen verschanzt sind. Angriffe auf kriegsrelevante Infrastruktur (z.B. Rüstungsbetriebe) sind erlaubt, auch wenn die Arbeiter Zivilisten sind. Es ist klar, dass die brutale Realität des Krieges hier eine breite Grauzone lässt, über die es oft keine Einigkeit gibt. So haben die Russen während der Belagerung von Mariupol z.B. ein Theater beschossen, in das sich Zivilisten geflüchtet hatten. Die Stadt als Ganze wurde verteidigt und konnte damit beschossen werden, allerdings gilt dabei die Verhältnismäßigkeitsregel, die aber weit auslegbar ist. Nur: Nicht alles, was das moralische Gefühl vieler Menschen als Kriegsverbrechen bezeichnet und was in den Medien oder auch von Menschenrechtsorganisationen als solches bezeichnet wird, gilt im Völkerrecht und dann später auch in der Rechtsprechung als solches.

Nach der russischen Einnahme Mariupols konzentrierten sich die Kämpfe von Juni bis August primär auf den Donbas. Die russische Seite verstärkte ihre Truppen, auch um ihre Verluste auszugleichen und versuchte hier im Osten eine weitere Offensive, die aber nur begrenzte Erfolge hatte. Neben den regulären Truppenverbänden wurden auf russischer Seite auch irreguläre Verbände eingesetzt, sicher ist die Gruppe Wagner und tschetschenische Kadyrowzis. Letztere waren dabei aber nicht bedeutend, ihr Wert auf einem großen Schlachtfeld erwies sich als gering. Wagner scheint dabei in den ersten Monaten seines Einsatzes einen großen Teil seiner alten, erfahrenen Kämpfer verloren zu haben. Prigoschin, der sich im Lauf des Sommers offen als Wagner-Chef bekannte und sich dann sehr stark im Internet präsent zeigte, erhielt die Erlaubnis, zu längeren Haftstrafen verurteilte Gefängnisinsassen zu rekrutieren, die sich für ein halbes Jahr verpflichteten und dafür vom Präsidenten begnadigt wurden. Dadurch schwoll Wagner zahlenmäßig stark an, auch wenn die militärische Qualität der Truppe deutlich abnahm. Aus einer Kommando-Elitetruppe wurde eine aufgeblähte Himmelfahrtskommando-Truppe, die von der regulären Armeeführung später erkennbar als verzichtbares Kanonenfutter eingesetzt wurde, was ihren Chef auf die Barrikaden brachte. Die Zahl der „Wagnerianer" in dieser Phase wird widersprüchlich geschätzt, die Ukrainer gingen für Herbst 2022 von einer auf etwa 8000 Mann vergrößerten Truppe aus, die Amerikaner schätzten für das Jahresende 50.000 Mann!

Im Lauf der Kriegsmonate schraubte sich die russische Propagandaspirale weiter in die Höhe, als klar wurde, die Mehrzahl der Ukrainer bestand offensichtlich aus lupenreinen Nazis, die gar nicht daran dachten, zu kapitulieren! Es wurde deutlich, dass die ukrainische Bevölkerung mit großer Mehrheit hinter ihrer Regierung stand und die Idee der unabhängigen Ukraine keineswegs das Kunstprodukt raffgieriger Eliten ist. Teile der offiziösen russischen Propaganda bekamen aufgrund dieser Erkenntnis genozidale Züge. Besonders das Moderatorenrudel der regierungstreuen Fernsehsender (also jetzt alle Sender) überbot sich in schrillen Äußerungen und Obszönitäten im Hinblick auf die Ukraine und auf die westliche Unterstützung. Aber auch die Vertreter des offiziellen Russland entgleisten jetzt häufiger und wurden undiplomatischer in ihren Äußerungen. Im Juli 2022 gab Außenminister Lawrow erstmals offen zu, dass es um Regierungswechsel in Kiew ging und um mehr als den Donbas. Im Mai hatte Lawrow schon daneben gegriffen mit der Bemerkung, die größten Antisemiten seien oft selbst Juden – gemünzt auf Selenskyj – auch Hitler habe ja bekanntlich „jüdisches Blut" gehabt.

Was sich auch steigerte, war der russische Raketen- und Drohnenhagel auf ukrainische Städte weit jenseits der Front, der umso stärker wurde, je weniger sich die Erfolge an der Front für Russland einstellten. Zum einen ging es dabei um die Schwächung der industriellen Infrastruktur, zum anderen aber auch immer deutlicher um den Versuch, die Bevölkerung zu terrorisieren, um den ukrainischen Widerstandswillen zu brechen. Um auf die Frage der Kriegsverbrechen zurückzukommen: Nach den nüchternen Regeln des Kriegsvölkerrechts ist das erstere kein Kriegsverbrechen, selbst wenn es zivile Opfer kostet, zumindest, wenn es um den Versuch der Zerstörung unmittelbar kriegswichtiger Produktion geht. Die mögliche Grauzone der Unsicherheit hier wird sofort klar. Angriffe auf rein zivile Ziele dagegen mit der Absicht, die Unterstützung der Bevölkerung für die Kriegsanstrengung des Feindes zu reduzieren, sind klare Kriegsverbrechen. Kurz: Im Lauf der Monate wurde die russische Kriegsführung kriegsvölkerrechtlich immer problematischer. Auf die Frage der Kriegsverbrechen einzelner Soldaten oder militärischer Einheiten – auf beiden Seiten – werden wir später noch zurückkommen.

Ende August/Anfang September begannen umgekehrt die Ukrainer, zum Gegenangriff anzusetzen. Sie taten das an zwei Fronten: Im Nordosten, wo die Großstadt Charkiw, die zweitgrößte Stadt der Ukraine, weiter als ukrainische Vorbastion permanent unter feindlichem Beschuss stand und die russische Seite den größeren Teil des Regierungsbezirks besetzt hielt. Im Südosten, wo die Russen auch einen Streifen nördlich des Dnipro besetzt hielten, mit der Stadt Cherson am Nordufer des Flusses als ihrer rückwärtigen Bastion.

Am 6. September 2022 begann die ukrainische Offensive bei Charkiw, den Ukrainern gelang eine Reihe größerer Siege, die russische Armee fing an, sich zunehmend fluchtartig zurückzuziehen und dabei größere Mengen an Material zurückzulassen. Die russische Militärverwaltung der besetzten Region verkündete, Bevölkerung aus verschiedenen Orten zu „evakuieren", was wohl auf die Verschleppung qualifizierter Arbeitskräfte und von Kindern nach Russland hinauslief. Anfang Oktober war es gelungen, die Besatzer aus der ganzen Oblast zu vertreiben

Im Süden begann die ukrainische Offensive am 29. August., ging hier aber langsamer vorwärts. Erst nach schweren Gefechten von über einem Monat erreichten die Ukrainer den Dnipro mit der Schlüsselstellung Cherson. Nach weiteren heftigen Gefechten, die sich den ganzen Monat Oktober hinzogen, gelang es den Ukrainern, die Stadt auf ihrer Seite des Flusses völlig einzuschließen und zugleich die nun fragile russische Nachschublinie vom Südufer über den Fluss in die Stadt zu bedrohen. Die russische Militärführung entschied sich, die erschöpften und demoralisierten Truppen aus der Stadt über den Dnipro zurückzuziehen, was in Russland bei den Nationalisten Ärger erregte. Am 11. November rückten die Ukrainer in die Stadt ein, die Bevölkerung empfing sie als Befreier. Falls es vorher in der Stadt noch Bevölkerungsgruppen gegeben hatte, die loyal gegenüber Russland gewesen waren, hatten sie die Stadt bereits in Richtung Süden verlassen. Allerdings gibt es auch aus Cherson glaubhafte Nachrichten, dass die Russen teilweise Bevölkerung gegen ihren Willen deportiert hatten. Die Deportation von Bevölkerung nach Russland auch aus dem russisch besetzten Donbas – und dem Gebiet der beiden Satellitenrepubliken -, besonders die von Kindern, ist eines der dokumentierten russischen Kriegsverbrechen im Kontext dieses Krieges, auch wenn die Größenordnung nicht unumstritten ist.

Parallel zur ukrainischen Offensive im Südosten gab es auch ukrainische Raketenangriffe und Sabotageakte auf der Krim. Bekannt ist vor allem die teilweise Sprengung der Kertsch-Brücke am 8. Oktober.

Diese ukrainischen Erfolge im Norden und im Süden der Front ließen zum ersten Mal die realistisch scheinende Hoffnung aufkommen, die Ukraine könne sich nicht nur gegen die Invasion halten, sondern sie könne den Krieg in vollem Umfang gewinnen, d.h., alle seit 2014 verlorenen Gebiete zurückgewinnen, was die westliche Bereitschaft für umfangreiche Waffenlieferungen erkennbar steigerte. Die russische Reaktion bestand aus dreierlei: Am 21. September verkündete Putin eine Teilmobilmachung, bei der an die 300.000 Reservisten und Wehrpflichtige einberufen werden sollten. In kleineren Schritten hatte man bereits in den vorherigen Monaten Reservisten einberufen, um die Verluste auszugleichen, die man besonders in der ersten Kriegsphase erlitten hatte. Jetzt, angesichts der massiven Erfolge der Ukrainer bei der Rückgewinnung von Territorium schien eine umfangreichere Mobilisierung auf einen Schlag nötig zu sein. Dabei wurde diese Mobilisierung bis heute nicht für beendet erklärt, so dass auch weiterhin permanent Wehrpflichtige einberufen werden können, auch gibt es Anzeichen dafür, dass die Zahl der im Herbst 2022 tatsächlich Mobilisierten höher war als die verkündeten 300.000, es gibt Schätzungen unabhängiger Stellen von bis zu 500.000 oder gar 700.000 tatsächlich Einberufenen, darunter auch solchen ohne jede Militärerfahrung. Es gab an verschiedenen Orten in Russland Proteste gegen die Maßnahme, die aber schnell unterdrückt wurden, auf eine Reihe von Rekrutierungsstellen wurden Brandanschläge verübt. Eine weitere große Welle von Russen, bis zu 700.000, nun überwiegend junge Männer, verließ das Land. Anfang 2023 wurde geschätzt, dass insgesamt über eine Million Bürger der Russischen Föderation das Land seit dem 24. Februar 2022 verlassen hätten.

Die zweite russische Reaktion auf die beiden erfolgreichen ukrainischen Offensiven erfolgte am Tag davor, dem 20. September: An diesem Tag erfolgte die Ankündigung der Durchführung von Referenden über den Beitritt zur Russischen Föderation in den beiden Separatistenrepubliken wie in den sonstigen von russischen Truppen besetzten Gebieten der Ukraine. Solche Referenden waren kurz zuvor von russischer Seite noch ausgeschlossen worden – ein Zeichen, unter welchem Druck man sich in Moskau durch die ukrainischen Erfolge gesetzt sah, so dass man jetzt die Zugehörigkeit der Gebiete zu Russland verfassungsrechtlich festbacken und der Ukraine damit drohen wollte, dass sie jetzt Russland selbst angreife, wenn ihre Truppen die Offensive fortführen sollten. Es gab keine politische Werbung für die Abstimmung, die dann am Ende des Monats auch unter denkbar improvisierten Umständen stattfand und nur auf einem Teil der Territorien, um die es ging. Die Grenzen des fraglichen Territoriums wurden definiert durch die Verwaltungsbezirke/Oblaste Luhansk, Donezk, Saporischija und Cherson, von denen aber ein beträchtlicher Teil nicht, oder nicht mehr unter russischer Kontrolle stand. Russland nimmt damit jetzt mehr Territorium in Anspruch, als es tatsächlich besitzt. In vielen Fällen fand die „Abstimmung" nicht in Wahllokalen, sondern in Form von „Hausbesuchen" bei den Abstimmungsberechtigten statt, dabei wurden die Beamten von bewaffneten Soldaten begleitet. Zudem war in den Monaten zuvor eine größere Zahl von Bewohnern der Regionen nach Russland deportiert worden, darunter werden wohl vor allem deutliche Loyalisten der Ukraine gewesen sein. Wenn das Referendum auf der Krim im Frühjahr 2014 schon problematisch gewesen war, das jetzt war eine Farce. Die Ergebnisse lagen alle für die vier Bezirke nicht überraschend bei um die 90% Zustimmung. Am 29. September erklärte die russische Regierung den offiziellen Anschluss der vier Oblaste an die Russische Föderation. Am 2. Oktober bestätigte das russische Verfassungsgericht den Akt als verfassungsgemäß und erklärte, dass dadurch „willkürliche Entscheidungen der Sowjetregierung" korrigiert würden. Am 3. Oktober ratifizierte die Duma den Anschluss dieser Kerngebiete „Neurusslands" an das Mutterland.

In Kiew unterschrieb Selenskyj am 4. Oktober ein Dekret, das Verhandlungen mit Russland verbietet, solange das Land von Wladimir Putin geführt wird. Bereits im August hatte der ukrainische Präsident die Russen davor gewarnt, dass im Fall einer Annexion der besetzten Gebiete Verhandlungen aus der Sicht der Ukraine unmöglich werden würden. Zusätzlich beantragte Selenskyj in Brüssel die beschleunigte Aufnahme der Ukraine in die Nato. Die westliche Reaktion war natürlich ebenfalls scharf. Am 12. Oktober verurteilte die Vollversammlung der UN die Annexion mit 143 von 193 Stimmen. Die üblichen Verdächtigen (Belarus, Syrien, Nordkorea, Nicaragua) stimmten dagegen, der Rest (darunter natürlich China und Indien) enthielt sich oder blieb der Abstimmung fern.

Die dritte russische Reaktion auf das ukrainische Vorrücken war die Steigerung des Drohnen- und Raketenbeschusses ukrainischer Städte, was sich in voller Massivität in den Winter hinein erstreckte – danach musste man langsam anfangen, Munition zu sparen. Dabei wurde nun verstärkt die Versorgungsinfrastruktur ins Visier genommen: Elektrizitäts-, Gas- und Wasserversorgung, Verkehrsverbindungen, allgemeine zivile und ökonomische Infrastruktur, auch in der Erwartung, der Bevölkerung den nahenden Winter so schwer wie möglich zu machen. Da von der Einhaltung des völkerrechtlichen Grundsatzes der Verhältnismäßigkeit der Mittel keine Rede sein konnte, handelte es sich eindeutig um Kriegsverbrechen.

Im November, nach der Einnahme Chersons durch die Ukrainer, fror die Front fest. Sie bildete in den folgenden Monaten bis zum Beginn der ukrainischen Offensive im Juni 2013 einen nach Osten ausgeschwungenen Bogen von über 1.000 km Länge, von der östlichen Grenze der Oblast Charkiw über den westlichen Rand des Donbas bis hinunter ans Schwarze Meer in der Nähe der Mündung des Dnipro. Beide Seiten gruben sich ein, womit die Situation viele Beobachter an die Westfront im Ersten Weltkrieg erinnerte. Auch strategisch und taktisch erinnert die Situation an den Ersten Weltkrieg, allerdings auf modernem technischem Niveau. Die Luftwaffe, die dynamische Kraft des modernen Krieges schlechthin, spielt keine große Rolle. Die Ukrainer waren – und sind – hier weit unterlegen, zumal sie in der frühen Phase des Krieges einen beträchtlichen Teil ihrer Lufteinheiten verloren hatten. Die Russen hatten ebenfalls eine große Zahl an Lufteinheiten durch die starke ukrainische Luftabwehr verloren und hielten jetzt das, was sie hatten, vorsichtig zurück. Auch das zweite dynamische Element moderner Kriegführung, die Panzer, spielen in diesem Krieg eine untergeordnete Rolle. Die Russen hatten hier auch viel verloren, die Ukrainer sind vorsichtig mit ihren Panzern. Große Panzerschlachten nach Art des Zweiten Weltkrieges oder auch der Israelisch-Arabischen Kriege haben bislang kaum stattgefunden. Es scheint beiden Seiten die taktische Fähigkeit zu fehlen, die Bewegung großer Panzerverbände zusammen mit der Infanterie zu koordinieren, um so massive Durchbrüche zu erzielen. Panzer operieren in diesem Krieg nur in kleinen Gruppen und durchmischt mit langsamen Infanterieverbänden, fast wie in der frühesten Zeit der Panzerwaffe im Ersten Weltkrieg. Die Hauptlast liegt auf der eingegrabenen Infanterie und der rückwärts positionierten Artillerie – noch einmal wie im Ersten Weltkrieg. Das wichtigste neue Element sind die ferngesteuerten Drohnen, die in großer Zahl vor allem gegen Infanterie eingesetzt werden. Dabei geht es aber nicht nur um die eigentlichen bewaffneten Kampfdrohnen, sondern auch um die Aufklärungsdrohnen. Das sind oft die handelsüblichen Modelle, die viele Leute heutzutage zum Spaß fliegen lassen, so wie früher ferngesteuerte Modellflugzeuge. Man montiert nur eine Kamera mit Funkverbindung darauf – fertig ist die selbstgebastelte Aufklärungsdrohne. Selbst kleinere Infanterieverbände wie einzelne Kompanien oder sogar nur Züge verfügen über eine solche Drohne. Mit diesen Dingern kann man das Gefechtsfeld leicht aus allen Winkeln überblicken, dabei kann man die Drohne in größerer Höhe halten, aufgrund ihrer geringen Größe ist sie schwer abzuschießen. Taktische Überraschung wird so für den Angreifer sehr schwierig, da jede Truppenballung auch von der Flanke her sofort entdeckt wird und man rechtzeitig Verstärkungen in diese Richtung schicken kann. Überraschungsangriffe, auf die der Gegner dann zu spät reagiert, sind so äußerst schwierig geworden, was zur Statik der militärischen Situation beiträgt und einen Durchbruch erschwert. Das war gerade im Jahr 2023 ein zentrales Problem für die im Südosten schleppend laufende ukrainische Offensive.

Trotz der scheinbar geringen Dynamik des Kriegsgeschehens von November 2022 bis Juni 2023 war dieser Grabenkrieg fürchterlich blutig – noch einmal wie im Ersten Weltkrieg. Das lag nicht nur an dem massiven, geradezu permanent laufenden Artilleriebeschuss von beiden Seiten, sondern auch daran, dass die Russen nach den Verstärkungen ihrer Mobilisierung zu einer erneuten Offensive ansetzten und den Durchbruch versuchten, wobei sie teilweise auf an vorbereitenden Artilleriebeschuss anschließende Massenangriffe durch Infanterie auf die ukrainischen Stellungen setzten – noch einmal der Erste Weltkrieg. Hier spielte die inzwischen durch die Rekrutierung von Sträflingen wohl tatsächlich auf mehrere zehntausend Mann verstärkte Gruppe Wagner eine zentrale Rolle, die dabei fürchterliche Verluste zu beklagen hatte. Dabei wurde die Stadt Bachmut im westlichen Teil der Oblast Donezk zu einer Art von modernem Verdun. Allerdings war das angegriffene Ziel hier keine außerhalb der eigentlichen Stadt gelegene Festung wie 1916 bei Verdun, sondern die Stadt selbst, die im Lauf der Kämpfe völlig zerstört wurde und deren Einwohnerzahl bereits im Februar 2023 auf etwa 5.000 zurückgegangen war, davon waren mindestens 2.000 Zivilpersonen getötet worden, die anderen flohen in Schüben oder wurden von der ukrainischen Seite evakuiert. Damit war Bachmut auch so etwas wie ein kleineres Stalingrad, zumal die Russen versuchten, die Stadt und ihre Verteidiger auf beiden Flanken zu umzingeln und abzuschneiden.

Bachmut, das bis 2022 etwa 75.000 Einwohner hatte, lag seit 2014 im Hinterland der Frontlinie zur „Volksrepublik" Donezk, seit Frühjahr 2022 direkt an der Front und war von der ukrainischen Armee zu einem wichtigeren Stützpunkt ausgebaut worden. Die strategische Bedeutung der Stadt ist umstritten, doch ist anzunehmen, dass das primäre Ziel der russischen Offensive hier die Eroberung des Ortes zwecks Ausweitung der Kontrolle auch über den westlichen Teil des Donbas war, also auf Gebiete, die seit Anfang Oktober 22 aus russischer Sicht Teil Russlands waren. Der Sturm auf Bachmut scheint im Laufe der Monate auch eine Art von persönlichem Prestigeprojekt Jewgenij Prigoschins geworden zu sein, der sich mit Hilfe seiner „Wagnerianer" als militärisch erfolgreich profilieren wollte, dabei aber nach eigenen anklagenden Angaben einen beträchtlichen Teil seiner Truppe verlor.

Bereits seit dem 1. August 2022, also noch vor Beginn der ukrainischen Herbstoffensive im Norden und Süden, begannen die ersten russischen Angriffe auf die von den Ukrainern gut befestigte Stadt. Im Dezember 2022 gelang es den Angreifern, sich im östlichen Wohn- und Industrieviertel festzusetzen. Die Russen – besonders Wagner – steigerten die Angriffe, sie erfolgten jetzt auch nachts – und das bei Temperaturen von unter -12 Grad. Seit März 2023 begannen die Ukrainer, die ersten Verbände aus der Stadt nach Westen zurückzuziehen. Die Ukrainer hatten schon längst westlich der Stadt befestigte Auffanglinien errichtet, um sich kontrolliert Schritt für Schritt zurückziehen zu können – die Russen sollten sich in ihren Angriffen aufreiben, um am Schluss für ein nutzloses Trümmerfeld mit Blut gezahlt zu haben und eine weitere intakte Verteidigungslinie vorzufinden. Der verbissene Prigoschin ging in diese Falle. Allerdings hatten auch die Ukrainer dabei ihre Verluste. Die Wagnerianer nahmen weitere Teile Bachmuts ein, klagten aber über Munitionsmangel. In dieser Zeit fing Prigoschin an, auf allen Kanälen der Social Media präsent zu sein, teils die Ukrainer verfluchend, teils die russische Armeeführung unter Verteidigungsminister Schoigu und Generalstabschef Gerassimow, die seine Jungs verheize und nicht genug Munitionsnachschub liefere. Die Ukrainer verstärkten ihre Falle, indem sie auf den Anhöhen etwas hinter der Stadt Artillerie positionierten, die wirkungsvoll in die von den Russen eingenommenen Stadtteile hineinfeuerte, die ebenfalls in der Nähe positionierte Luftabwehr verhinderte ein wirksames Eingreifen der russischen Luftwaffe. Dabei gelang es den Ukrainern, die Vorstöße regulärer russischer Einheiten nördlich und südlich von Bachmut abzuwehren, sodass die Verbindungsstraße nach Westen offen blieb. Dabei ging das kontrollierte Rückzugsgefecht weiter. Am 18. Mai schließlich besaßen die Ukrainer nur noch den westlichen Rand der Trümmerstadt. Am 20. Mai verkündete Prigoschin seinen Sieg und die endgültige Einnahme der „Stadt" und erklärte, den eroberten Ort der regulären Armee übergeben zu wollen. Wladimir Putin gratulierte.

Der deutsche Journalist Christoph Reuter, der Bachmut Anfang 2023 besuchte, schrieb im „Spiegel" vom 3. Februar 2023:

„Sie kommen in Wellen, wird später ein ukrainischer Soldat die vergangenen sechs Wochen in seiner Stellung außerhalb der Stadt rekapitulieren: ‚Die erste Welle der Russen, 10, 15 Mann, läuft auf unsere Stellungen zu. Fast alle von denen werden erschossen. Ab da wissen die russischen Aufklärer, wo wir sind. Drohnen haben die auch. Dann fängt die russische Artillerie an, unsere Gräben zu beschießen. Anschließend kommt die nächste Welle. Und noch eine. Manchmal ein Dutzend in 24 Stunden.' Auf acht Russen komme ein Ukrainer, schätzt er das Kräfteverhältnis. Aber auch bei den Opfern lägen die Russen vorn, es stürben im Verhältnis weit mehr. Sie würden so viele Russen erschießen, dass er sich nicht vorstellen könne, wie Moskaus Generäle damit noch lange weitermachen könnten: ‚Das ist wie Zweiter Weltkrieg.' Doch auch ihre eigenen Verluste seien grauenhaft: ‚Wir waren 90, 95 Mann. Jetzt ist noch die Hälfte da, jeder Fünfte ist tot.' Bis zur Ablösung hätten sie durchgehalten. ‚Aber noch mal?' Und was solle man denen sagen, die einfach verrückt würden, die es nicht mehr aushielten? ‚Zwischen uns und den Russen sind oft nur noch 50 Meter, manchmal weniger.' Manche würden die Angst nicht mehr ertragen, andere wiederum nicht, dass sie selbst davongekommen, ihre Freunde aber tot seien. Einige brächten sich um."

Ende Mai behauptete Prigoschin in einer seiner Video-Verlautbarungen, Wagner habe in Bachmut 20.000 Mann verloren. Andere Kommentatoren wie der schon früher erwähnte Putin-kritische Igor Girkin (Putin-kritisch von rechts) meinten, es könnten 40.000 gewesen sein (zu Truppenstärken und Verlustzahlen s. unten). Der sich hier anbahnende Konflikt zwischen Jewgenij Prigoschin und der regulären russischen Armeeführung sollte dann im späten Juni zu der etwas seltsam anmutenden Wagner-Revolte führen, die wir weiter unten ins Auge fassen werden, wenn es um die interne Situation in Russland während des Krieges gehen wird.

Während in und um Bachmut die blutige Detailschlacht tobte und der Verlauf der Frontlinien sich insgesamt nur wenig veränderte, war ständig die Rede von der großen geplanten ukrainischen Gegenoffensive, mit der die Ukrainer an ihre Erfolge in der zweiten Jahreshälfte 2022 anknüpfen und den großen Durchbruch zustande bringen wollten. Allerdings hatte der Westen seine Unterstützung durch Lieferung jetzt auch moderner Waffen – besonders auch Panzern – erst langsam gesteigert, die Ausbildung ukrainischer Soldaten an diesen Waffensystemen lief länger. Zudem dauerte die Rasputitza im Frühjahr 2023 recht lange. So zogen sich die Vorbereitungen für die beabsichtigte Offensive hin. Das gab der russischen Seite über ein halbes Jahr Zeit, ihre Linien massiv zu befestigen. Minenfelder von noch nie dagewesener Ausdehnung wurden gelegt – eine Hypothek auf Jahre hin. Am 3. Juni gab Präsident Selenskyj bekannt, man sei bereit. Am 6. Juni wurde der Kachowka-Staudamm gesprengt, ein beträchtlicher Teil des Geländes am unteren Lauf des Dnipro wurde unter Wasser gesetzt, Teile der Stadt Cherson wurden überschwemmt. Der Staudamm war in russischer Hand gewesen, die Zerstörung eines solchen massiven Staudamms mit Artillerie- oder Raketenbeschuss aus der Entfernung ist schwierig, es müssen vorbereitete Sprengladungen gewesen sein. Damit scheiden die Ukrainer als Verantwortliche aus. Auf diese Weise erschwerte die russische Seite einen möglichen ukrainischen Angriff am Unterlauf des Dnipro. Es war von vornherein sehr wahrscheinlich, dass die ukrainische Offensive hier im Süden und Südosten der Front kommen würde – ein Durchbruch hier öffnet den Weg zur Krim.

Die Offensive begann Anfang Juni mit erprobenden Vorstößen mittels kleiner Verbände von Kampf- und Schützenpanzern – Ziel war die Aufklärung russischer Artilleriepositionen, indem die Angreifer den Beschuss provozierten, die ukrainische Artillerie weiß dann, wohin sie zu feuern hat, um die russische Verteidigungsartillerie auszuschalten, da diese abgetarnt ist, wenn sie nicht feuert. Man sieht hier das Dilemma eines Angreifers im modernen Krieg, der über keine starke Luftunterstützung verfügt, er muss kleine Verbände vorschicken, um den Gegner aus der Reserve zu locken und dabei selbst Verluste in Kauf nehmen. Zudem ist das Vorgehen von quälender Langsamkeit, die nachrückenden Verbände, die den durch das eigene Artilleriefeuer geschwächten Feind zurückdrängen, können dann immer nur kleine Geländeteile und einzelne Ortschaften einnehmen, wo sie erst einmal stoppen und sich wieder eingraben. Und über allem schwirren die Aufklärungsdrohnen. Zusätzlich gab es auch das Problem der russischen Minenfelder, die von den Vortrupps unter feindlichem Beschuss erst in Schneisen geräumt werden mussten. Und die Russen waren ihrerseits nicht untätig: Im Norden begannen sie Entlastungsangriffe in die im Herbst 2022 von den Ukrainern zurückgewonnene Oblast Charkiw, um die Ukrainer zu zwingen, Truppen von der Offensive im Süden abzuziehen. Denn natürlich mussten die Ukrainer zugleich auf der ganzen Front halten, ohne aber die deutliche Überlegenheit an Zahlen und Material zu haben, die sie gebraucht hätten. Auch sah es so aus, als hätten die Russen aus ihren leichtsinnig provozierten Desastern im Jahr davor gelernt. Sie schienen jetzt koordinierter und disziplinierter zu agieren. Der Grabenkrieg in Winter und Frühjahr schien auch den erst im Spätjahr 2022 eingezogenen russischen Wehrpflichtigen und neuverpflichteten Freiwilligen kriegerische Erfahrung gebracht zu haben. Auf die andeutungsweise beschriebene Art und Weise arbeiteten sich die Ukrainer bis zum Herbst 2023 entlang mehrerer Achsen ein Stück weit nach Süden und Südosten vor und näherten sich den nördlichen Ausläufern der Krim, ohne die Halbinsel dann aber bedrohen zu können. Der große Durchstoß mit einer umfangreichen Kombination aus Panzerverbänden und motorisierter Infanterie blieb aus, und ist auch 2024 nicht erfolgt. Für diesen erhofften Zweck hielten die Ukrainer erkennbar Reserven und einen Teil ihres modernen westlichen Materials zurück.

Nach Ende der ukrainischen Offensive im Spätherbst 2023 – die territorialen Gewinne waren bescheiden, der große Durchbruch war ausgeblieben – wiederholte sich im Winter 2023/24 der Stellungskrieg des Winters davor, im Wesentlichen charakterisiert durch Artillerieduelle. Jetzt war es an den Ukrainern, sich auf den gehaltenen und erreichten Linien einzugraben. Wie im Jahr zuvor gingen am Winterende im Februar 2024 wieder die Russen in die Offensive. Bachmut wiederholte sich in kleinerer und schneller verlaufender Weise in Awdijiwka, einer Kleinstadt etwas nordwestlich von Donezk. Hier zogen sich im Februar die Ukrainer schneller kontrolliert in mehreren Phasen zurück auf vorbereitete Auffanglinien. Der Krieg hatte begonnen sich zu repetieren. Im Frühjahr russische Offensiven mit kleinen Geländegewinnen, aber ohne Durchbruch, in Sommer und Herbst ukrainische Offensive mit größeren Gewinnen 2022 aber nur kleinen 2023, ebenfalls ohne Durchbruch. Dieses Patt ist der momentane Stand der Dinge (Frühjahr/Sommer 2024), es sieht nicht nach Auflösung zugunsten einer der beiden Seiten aus. Die russische Seite scheint jetzt ihren Mannschaftsbestand stärker zu schonen und nicht mehr auf Massenangriffswellen zu setzen. Dafür wird der vorbereitende Artilleriebeschuss verstärkt.

Wie viele Soldaten kämpfen eigentlich auf beiden Seiten und wie hoch sind die Verluste an Kombattanten auf beiden Seiten und an ukrainischen Zivilisten? In dieser Frage schlägt das zeitgeschichtliche dokumentarische Quellenproblem voll zu, erst in der Zukunft werden Historiker, Politikwissenschaftler, Demographen und Militäranalysten zu gesicherten Zahlen gelangen können.

Einigermaßen sicher sind bislang nur die Zahlen am Anfang: Die Russen begannen ihren Angriff im Februar 2022 mit etwa 200.000 Mann über alle vier Hauptangriffsachsen. Ihnen standen zunächst an allen Frontabschnitten ebenfalls etwa 200.000 professionelle ukrainische Soldaten – Berufs- und Zeitsoldaten sowie Grundwehrdienstleistende – gegenüber, verstärkt durch etwa 130.000 Mann bereits vorsorglich mobilisierter Verbände der Territorialverteidigung. Bereits in den folgenden Tagen wurde die ukrainische Territorialverteidigung durch größere Zahlen von Freiwilligen in unbekanntem Maß vergrößert, die Verstärkung der regulären Armee durch die anlaufende Mobilisierung von Reservisten lief langsamer. Wenn man sich diese Zahlenverhältnisse zu Beginn im Nachhinein anschaut, dann könnte einem die russische Invasion recht gewagt vorkommen. Mit 200.000 Mann gegen 330.000 zu versuchen, ein Land von der Größe der Ukraine in kurzer Zeit zu überrollen und zu besetzen klingt riskant. Allerdings verließen sich die Russen auch auf ihren damaligen großen Überhang an schweren Waffen – Panzern, Lufteinheiten, schwere Artillerie, Raketen. Sie müssen aber doch Kampfwille und Kampffähigkeit der Ukrainer deutlich unterschätzt haben.

In einem Krieg werden die eigene Truppenzahlen und die eigenen Verluste schnell zu einem Militärgeheimnis. Man veröffentlicht hier meistens – wenn überhaupt – geschönte Zahlen, die feindlichen Verluste dagegen werden in der Regel übertrieben. Wenn Prigoschin die Zahl der Verluste seiner Wagner-Kämpfer im Mai 2023 selbst mit 20,000 recht hoch angesetzt hat – auch wenn vielleicht nicht hoch genug – dann erklärt sich das durch seine eigene spezifische innerrussische Motivation der Anklage gegen die reguläre Armeeführung sowie durch seine Neigung im inneren politischen Konkurrenzkampf, die Opfer und Verdienste seiner Truppe hervorzustreichen. Die Versuche von Außenbeobachtern, aus den aus den verschiedenen Informationsquellen heraus herumschwirrenden Zahlen einigermaßen Sinn zu schlagen, waren bislang nicht sehr erfolgreich. Von daher würde ich mich da lieber nicht festlegen wollen. Zur Zeit (seit Herbst 2023 und weiterhin 2024) scheinen beide Seiten entlang der Frontlinie von über 1.000 km Länge jeweils mehrere hunderttausend Mann zu haben, wohl deutlich über 500.000, wahrscheinlich mit einem gewissen Überhang für die Russen, besonders an Infanterie. Flugzeuge haben die Russen auch immer noch mehr. An Panzern und Artillerie scheint die Sache einigermaßen ausgeglichen zu sein, die Ukrainer haben im Schnitt jetzt die modernere Ausrüstung. Die Schätzungen für die Gesamtverluste gehen weiterhin wild auseinander. Sie reichen von – alles in allem, Militärs auf beiden Seiten und Zivilisten auf ukrainischer – von etwas unter 100.000 bis hoch zu über 500.000. Dabei ist zu beachten, dass bei Soldaten als „Verluste" immer Gefallene und Schwerverwundete zusammen gemeint sind, die für den weiteren Kriegseinsatz dauerhaft ausfallen. Generell scheint die Ratio zwischen Gefallenen und Verwundeten zwischen 1:4 – 1:6 zu liegen. Insgesamt scheint die Verlustrate auf der russischen Seite höher zu sein, wie deutlich höher, ist auch wieder umstritten. Die russische Seite hat wiederholt versucht, mit verlustreichen Infanterie-Massenangriffen à la Erster Weltkrieg oder Sowjetarmee im Zweiten Weltkrieg Durchbrüche zu erzielen, auch lässt das russische Sanitätswesen zu wünschen übrig, der Anteil von Toten zu Verwundeten ist auf russischer Seite sichtbar höher als auf ukrainischer, ohne, dass sich das wieder genauer quantifizieren ließe.

Auch was Kriegsverbrechen angeht, liegt der Überhang klar auf russischer Seite. Zum einen verleitet schon die von oben her vorgegebene russische Gesamtstrategie dazu, da der Versuch, den Kriegsunterstützungswillen der ukrainischen Bevölkerung durch systematischen Beschuss ziviler Infrastruktur zu brechen von ganz oben angeordnet worden sein muss. Auch hat die russische Armeeführung bislang – im Unterschied zur ukrainischen – bislang nicht klargemacht, dass von ihren Soldaten begangene Kriegsverbrechen von ihrer Militärjustiz bestraft werden. Dazu kommt das von der Propaganda gestützte Weltbild, dass die Ukrainer, die nicht prorussisch sind, verhetzte Faschisten sein müssen – das läuft auf Ermutigung zu Kriegsverbrechen hinaus, wenn der ukrainische Gegner es wagt, sich effizient zu wehren. Ganz typisch ist dabei, dass sich manche hier auch nicht scheuen, Videoaufnahmen von Ermordung und Misshandlung von Gefangenen ins Netz zu stellen und damit zu prahlen. Allerdings gibt es ein paar solcher Videos auch von ukrainischer Seite – natürlich werden diese blutrünstigen Aufnahmen von der eigenen Seite dann häufig zu Fakes der anderen Seite deklariert. Insgesamt scheint die Behandlung russischer Kriegsgefangener durch die Ukrainer ordnungsgemäß zu sein, wenn man bestimmte Szenen der herabwürdigenden Zurschaustellung vor laufender Kamera abzieht, was der Genfer Konvention nicht entspricht. Problematisch auf russischer Seite ist auch die Entführung von Zivilisten aus den russisch besetzten Gebieten nach Russland, darunter einer größeren Zahl von Kindern, die in bestimmten Erziehungsanstalten zu Russen umerzogen werden sollen. Aus der Bevölkerung der im Herbst 2022 von der ukrainischen Armee befreiten Gebiete gibt es Berichte massiver russischer Repressionsmaßnahmen. Überhaupt hat man nach einer Reihe von Indizien nicht den Eindruck, dass allzu viele Bewohner „Neurusslands" im Oktober 22 beim Anschluss an die Russische Föderation gerne Russen geworden sind. Auch wenn hier nun manche Leser empört sein mögen, „genozidal" würde ich die russische Kriegführung bislang dennoch nicht nennen. Sie ist brutal auch gegenüber der Bevölkerung – und übrigens auch rücksichtslos gegenüber dem Leben der eigenen Soldaten – und neigt aus bestimmten ideologischen wie strukturellen Gegebenheiten leicht zu Kriegsverbrechen, ohne das dann zu korrigieren, dennoch ist meiner Ansicht nach Völkermord noch einmal ein paar Stufen höher gehängt. Man sollte solche Begriffe nicht allzu leicht inflationär handhaben, um Dinge moralisch zu verurteilen. Für dezidierte moralische und politische Verurteilung braucht es nicht automatisch die ganz große Begriffskeule. Hier muss eine sachliche Analyse weiterhin differenzieren.

Wir hatten gerade die ins Internet gestellten Videos von Morden an Kriegsgefangenen angesprochen. Dieser Krieg ist der erste wirkliche Internet- und Smartphone-Krieg. Er findet zwischen zwei Industrienationen statt, in denen ein großer Teil der Bevölkerung vollen Zugang zum Internet und den Social Media hat, selbst viele der Soldaten ziehen mit ihren Smartphones ins Feld. Anfangs gab es besonders auf russischer Seite Versuche, das zu unterbinden, aber selbst Wladimir Putin bringt es nicht zustande, seinen Russen ihre geliebten Smartphones abzunehmen. Zudem sind die militärischen Befehlsstäbe im Lauf des Krieges darauf gestoßen, dass sich die Daddeldinger perfekt zur militärischen Kommunikation nutzen lassen, sowohl zwischen oben und unten als auch parallel, zwecks Koordination auch zwischen kleinen Einheiten. Einheitenführer erhalten jetzt häufig ihre Befehle über speziell verschlüsselte Apps. Die „private" Seite der Nutzung erlaubt unmittelbare Aufnahmen des Kriegsgeschehens, auch wenn da die Oberen wieder mit der Stirn runzeln, da das der militärischen Geheimhaltung widersprechen kann. Wer sich das antun möchte, der kann jetzt im Internet echte Kampfszenen finden, die keine nachgestellten Spielfilmszenen sind, mit echtem Blut und echten Toten und Verwundeten. Das Ganze hat etwas Surreales, weil der Betrachter erst einmal nur schwer unterscheiden kann, ob das Realität oder ein Kriegsfilm ist, oder ein Computerspiel, wenn man auf einer Drohnenaufnahme aus der Luft sieht, wie ein Panzer getroffen wird – nur die Wackeligkeit der Bilder macht schnell klar, dass es wohl um die blutige Realität geht.

Selbstverständlich gibt es jetzt im Internet auch viel Propaganda von beiden Seiten, insbesondere in der Form längerer You-Tube-Videos. Manches ist erkennbar staatlich gesponsert, anderes ist eher aus eigener Überzeugung oder eigenem Wunschdenken des Bloggers oder der Bloggerin heraus produziert. In Russland hat sich in diesem Zusammenhang eine spezifische Militärblogger-Szene gebildet, die in ihren Videos oft sehr ausführlich über das Kriegsgeschehen aus russischer Sicht berichtet und es kommentiert. Diese Szene ist überwiegend rechtsnationalistisch orientiert und hat engen Kontakt zu ebenso orientierten Angehörigen des Staats- und Militärapparats. Von daher verfügen diese Militärblogger häufig über Insiderinformationen, die von der ukrainischen Seite nur wenig heraussickern. Nun sind diese Blogger zwar Rechtsnationalisten, aber keineswegs automatisch Putintreu. Im Gegenteil, als der Krieg nicht so günstig lief, wie gerade auch diese Szene sich das gewünscht hatte, wurde in diesen Bloggerkreisen immer mehr Kritik an militärischer und politischer Führung laut. Als die offiziellen Kanäle noch voll auf Beschönigung machten, tauchten in diesen Videos bereits herbe Analysen der realen Misere auf, die umso glaubhafter sind, da die Blogger ja grundsätzlich den russischen Sieg wollen. Hier hat sich ein Teil der rechtsnationalen russischen Szene formiert, für die Putin der Versager ist, der wegmuss. Einer ihrer Stars war der bereits in einem früheren Kapitel erwähnte Igor Girkin, der jetzt wegen seiner Kritik an Putin in Haft ist. Am 2. April 2023 explodierte in der „Street Food Bar No. 1" in St. Petersburg eine Bombe, die Vladlen Tatarsky alias Maxim Fomin tötete und 42 Menschen verletzte. Tatarsky bzw. Fomin war einer der prominenten Militärblogger, der zu den schwersten Kritikern der russischen Militärführung gehört hatte. Das Lokal, das durch die Explosion verwüstet wurde, gehörte Jewgenij Prigoschin.

Wer gut Russisch versteht, kann aus den Videos dieser Militärblogger eine Menge brauchbarer Informationen über den Kriegsverlauf ziehen.

Daneben gibt es viele Videos über das Leben von Ukrainern und Russen im Kontext des Krieges, auch wenn hier die ukrainischen Beiträge überwiegen, da man in der repressiven Situation in Russland mit so etwas vorsichtig sein muss, selbst wenn man es in englischer Sprache für ein internationales Publikum macht.

Schließlich findet man im Internet eine Reihe von sehr qualitätvollen Beiträgen politischer und auch detailliert militäranalytischer Kommentierung, die oft sehr professionell und analytisch sorgfältig gemacht sind – teils von ausgebildeten Fachleuten – und die an Detailreichtum und methodischer Überlegung vieles überragen, was man in den herkömmlichen Medien zu diesem Krieg und seinen politisch-historischen Zusammenhängen finden kann.

Frontverlauf Frühjahr 2024

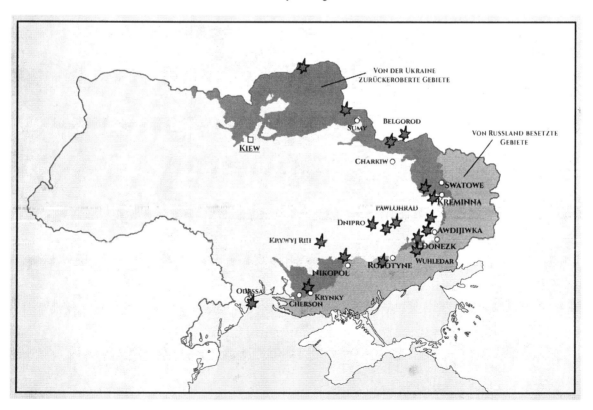

2. Die Auswirkungen des Krieges auf die beiden Kriegführenden

Die unmittelbaren Auswirkungen der Kriegshandlungen auf die Ukraine sind bereits im vorigen Kapitel behandelt worden. Massiv hat sich der Krieg natürlich auch auf die wirtschaftliche Situation der Ukraine ausgewirkt, die schon in den acht Jahren davor seit 2014 durch den Konflikt im Donbas beeinträchtigt worden war.

2022 ist die ukrainische Wirtschaft um etwa ein Drittel eingebrochen, das BIP sank um fast 30 %. Die Exporte gingen wegen der russischen Blockade der Häfen um 40 % zurück. Die Energiewirtschaft wurde stark von dem Drohnen- und Raketenbombardement betroffen, zudem haben die russischen Truppen mehrere Kraftwerke erobert – darunter das Kernkraftwerk von Saporischija, das größte Europas. Die Kosten für den Wiederaufbau des Landes und der Erholung der Wirtschaft werden von der Weltbank auf 370 Milliarden Euro geschätzt. Das Jahr 2023 hat allerdings wieder ein gewisses Wirtschaftswachstum gebracht. Die Inflationsrate und der damit verbundene Preisanstieg betrug 2022 26,6 %, für 2023 schwankte er zwischen 18 und 24 %. Bislang haben seit Kriegsbeginn nach Angaben der UN etwa 8 Mio. Menschen das Land verlassen. Es ist klar, dass die Ukraine, die auch einen beträchtlichen Einbruch in ihren Steuereinnahmen hinnehmen musste, weiterhin durch westliche Finanzhilfen gestützt werden muss.

Die auf den ersten Blick sichtbarste politische Veränderung im Land hat sich an der Spitze abgespielt. Aus dem jungen, unerfahrenen Präsidenten Wolodymyr Selenskyj, dessen Bilanz nach den ersten zwei Jahren gemischt war, der im Westen eher nicht ernst genommen und in der breiteren russischen Medienpropaganda als Drogensüchtiger dargestellt wurde, ist mnemisch eine Art von ukrainischem Churchill in zeitgenössischer Version geworden. Entschlossen dreinschauend, seit Kriegsbeginn in militärisch angehauchter informeller Kleidung auftretend, strahlt er patriotische Einsatzbereitschaft, Führungsstärke, Fähigkeit zu motivieren und Präsenz aus. Wenn kein Unglück geschieht oder der Krieg doch noch gewaltig schief gehen sollte, mag man von seiner Wiederwahl ausgehen. Seine Zustimmungswerte sind während des ersten Kriegsjahres auf 80 % hochgegangen, dann aber wieder gesunken und liegen nun bei 60 %, was für einen frei gewählten Staatschef immer noch sehr gut ist. Doch bereits hier gibt es ein Dilemma. Nach dem von der Verfassung vorgegebenen 5-Jahres-Rythmus sollten eigentlich am 29. Oktober 2023 Parlamentswahlen stattgefunden haben, am 31. März 2024 dann Präsidentschaftswahlen. Nun macht das weiterhin geltende und durch das Parlament periodisch erneuerte Kriegsrecht die Abhaltung von Wahlen verfassungsgemäß unmöglich. Das ist eine durchaus sinnvolle Regelung: Wahlen sind kostspielig und aufwändig, ein Staat in einem Krieg, der sich zudem auf seinem eigenen Territorium abspielt, wird seine Mittel wohl besser anders einsetzen. Zudem müssten die Wahlen auch an der Front abgehalten werden, wenn man die Soldaten nicht ihres Wahlrechts berauben möchte – nicht ganz einfach. Und was ist mit den 7–8 Mio. Ukrainern und Ukrainerinnen, die Sicherheit im Ausland gesucht haben? Sollen die nicht mitwählen dürfen? Grundsätzlich bringen Wahlen die Meinungsdifferenzen einer Staatsbevölkerung offen hervor, was in einer Kriegssituation riskant sein kann. Das Kriegsrecht wird wohl weiterhin verlängert werden müssen, da der Krieg wahrscheinlich jetzt nicht so bald enden wird, wenn man ehrlich ist. Vom Westen wurde allerdings zeitweilig Druck auf Selenskyj ausgeübt, dennoch Wahlen abhalten zu lassen. Anscheinend will man im Westen den Kritikern keine Munition geben, die die Freiheitlichkeit der Ukraine bezweifeln. Wenn wir gerade schon bei Churchill waren, so könnte man darauf hinweisen, dass auch in der parlamentarische Demokratie Großbritannien 1939–1945 kriegsbedingt keine Wahlen stattfanden. Allerdings scheint die Ukraine Dinge zu beweisen zu haben, die Großbritannien nicht beweisen musste. Die Ukraine ist, anders als der britische Staat der Mitte des 20. Jahrhunderts, keine traditionell gefestigte Demokratie. Andererseits wiederum stellt der Feind den eigenständigen Nationalcharakter von Land und Bevölkerung aus seiner Groß-Russland-Ideologie heraus in Frage, die Bedrohung ist damit ähnlich massiv wie die, unter der das Vereinigte Königreich damals stand. In beiden Fällen drohte bzw. droht im Fall einer völligen Niederlage der Satellitenstatus unter einem Quisling-Regime.

Da Selenskyi in seiner öffentlichen Statur als Kriegspräsident hier mit Churchill verglichen worden ist: Auch im traditionell parlamentarisch regierten Großbritannien erfolgte unter dem Druck des totalen Krieges 1939–1945 eine Reihe von Einschränkungen der bürgerlichen Freiheitsrechte, die der jetzigen innerukrainischen Kriegsrechtssituation entsprachen. Wie sieht das jetzt in der Ukraine genauer aus? Kritiker bemängeln hier mehrere Punkte: Selenskyi neige dazu, seine Position als Präsident unter Kriegsrecht zum Ausbau autoritärer Strukturen auszunutzen. Er betreibe eine repressive, gegen das Russische gewendete Sprachenpolitik. Er gehe mit verfassungsrechtlich fragwürdigen Mitteln gegen die Ukrainische Orthodoxe Kirche vor, weil sie moskauhörig sei, gefährde also auch die Religionsfreiheit. Schließlich habe er einige Oppositionsparteien verboten, da es sich um russlandfreundliche Parteien handle. In der zugespitzten Version folgt daraus, die Ukraine sei gerade unter dem Kriegspräsidenten Selenskyj nicht auf dem Weg zu einem funktionierenden freiheitlichen Staat und stünde damit nicht für die Verteidigung eines freiheitlichen Systems gegen das Regime Putins.

Bevor wir diese Fragen im Detail diskutieren, müssen wir einige grundsätzliche Bemerkungen zur politischen Situation in der Ukraine machen und uns auch fragen, ob das Churchillhafte an Selenskyj sich auf das rhetorisch-symbolisch-kommunikative Moment beschränkt – hier ist Selenskyj ohne jeden Zweifel sehr erfolgreich, er verkörpert den militärischen Widerstand der Ukraine in seiner Art des öffentlichen Auftretens überzeugend -, oder ob Selenskyj auch in praktischer Hinsicht ein effizienter politischer Anführer unter Kriegsbedingungen ist. Eigentlich militärische Führung betreibt er als ziviler Politiker natürlich genauso wenig wie Putin oder damals Churchill, das machen auf beiden Seiten die Generäle.

Selenskyj gehört ja nicht zur herkömmlichen politischen Klasse der Ukraine. Ebenso war seine Regierungsmannschaft – im Kabinett wie im präsidialen Stab – überwiegend neu. Der Stab im Präsidialamt besteht aus persönlichen Vertrauten, das Kabinett aus technokratischen Fachleuten aus den Reihen der Regierungspartei, die im Parlament immer noch eine Mehrheit hat, obwohl es teilweise Absetzbewegungen bei einer kleineren Zahl von Abgeordneten gegeben hat – das seit Ende 2023 herrschende militärische Patt wirkt sich auf eine gewisse Dämpfung der inneren Stimmung aus. Die politische Situation hat Vor- und Nachteile. Vorteile sind die Unverbrauchtheit, die Unabhängigkeit von der bisherigen Oligarchen-Politikerverfilzung (besonders seit dem Bruch mit Selenskyjs anfänglichem oligarchischen Förderer Kolomojskyj), die klare Parlamentsmehrheit. Nachteile sind die Unerfahrenheit besonders seiner engeren persönlichen Umgebung wie auch seiner selbst und das Nichtvernetztsein mit der herkömmlichen Politik, das neben seinem positiven Aspekt auch den negativen besitzt, dass Selenskyj nicht darauf eingestellt ist, mit den Vertretern der herkömmlichen Politik zu kommunizieren und sie einzubinden.

Das Problem, das sich dieser neuen Führungstruppe stellte, war das herkömmliche politisch-ökonomische System der postsowjetischen Ukraine, wie es Russland in den Neunzigern unter Jelzin auch besessen hatte, ein System, das die Politikwissenschaft eine „hybride Demokratie" nennt: Einerseits ist das System insofern demokratisch – oder, wenn man lieber will, liberal-konstitutionell – als die Macht breiter gestreut ist, die führenden Figuren in Konkurrenz zueinander stehen, es also keine Figur mit diktatorischer Macht gibt. Deshalb sind auch die Wahlen „echt", die Wahlbevölkerung entscheidet tatsächlich, wer zeitweise an der Spitze steht. Die geschriebene Verfassung hat tatsächlich praktische Relevanz. Andererseits – und das ist der Gegenpol, der das System als Ganzes hybrid macht – gibt es mit den Oligarchen eine Gruppe von informellen Machtfiguren, also ungewählt und ohne Amt, die ihre überragende ökonomisch basierte Monopolmacht an der Spitze des Wirtschaftssystems auch als politischen Hebel nutzen können. Einige von ihnen waren zeitweilig auch Präsidenten oder Regierungschef – Leonid Kutschma im Zentrum des „Dnipropetrowsker Clans", Julija Tymoschenko, ebenfalls ursprünglich im gleichen Netzwerk, dann aber mit Kutschma überworfen, Viktor Janukowytsch mit seinem jüngeren „Clan" aus östlichen Oligarchen, Petro Poroschenko mit seiner Basis in der Zentralukraine. Man sieht, die Oligarchie zerfiel in Konkurrenzen zu beiden Seiten der Linie „prorussisch" bzw. „prowestlich". Die beiden großen Volksbewegungen der Orangenen Revolution 2004 und der Maidanrevolution 2013/14 trugen maßgeblich dazu bei, die Führung auszuwechseln, an den strukturellen Gegebenheiten der engen Vernetzung und Verfilzung von Politikern und Oligarchen änderte sich aber nicht viel. Die Oligarchen haben eine Eigenmacht, die auf ihrer monopolkapitalistischen Position basiert. Alle ukrainischen Präsidenten von Leonid Krawtschuk bis Petro Poroschenko konferierten regelmäßig mit den wichtigeren Oligarchen, so als seien diese die Großvasallen eines mittelalterlichen Königreiches. In einem solchen System werden die regulären Staatsinstitutionen (Präsident, Regierung, Parlament, Verwaltung, Justiz), obwohl partiell durchaus verfassungskonform und wahlbasiert funktionierend, zugleich auch durch den Einfluss der informellen wirtschaftsbasierten Machthaber (Oligarchen) so beeinflusst, dass die formalen Regeln nur teilweise gelten. Das Ergebnis nennt man Korruption. Es folgen Ineffizienz und mangelhafte Rechtsstaatlichkeit. Es gibt keine nachhaltige Wirtschaftsentwicklung, die auch den Lebensstandard der breiteren Bevölkerung heben könnte, da die Oligarchen durch ihren politischen Einfluss gestützt, sich keiner wirklichen ökonomischen Konkurrenz stellen müssen und auch keine breiteren mittelständischen Unternehmensstrukturen entstehen können.

Selenskyj hatte anfangs die präsidiale Tradition, auch die Oligarchen als faktisch Mächtige in Beratungen einzubeziehen, fortgeführt, sie dann aber aufgegeben. Selenskyj stützt sich nicht auf die Oligarchen. Er kann das, da er zum ersten Mal in der Geschichte der unabhängigen Ukraine als Präsident einer Ein-Partei-Regierung mit deutlicher parlamentarischer Mehrheit vorsteht und mit keiner Partei koalieren muss, hinter der Oligarchen stehen. Seine Machtbasis als Präsident waren von Anfang an seine große Wählerschaft, seine engere Truppe im Präsidialamt aus persönlichen Vertrauten, die eine Art von Zusatzkabinett bilden (der jetzt im Krieg wichtige Nationale Sicherheitsrat gehört dazu), sowie das primär aus Technokraten gebildete Ministerkabinett. Man könnte das System Selenskyj einen technokratischen Populismus nennen, der sich mit starkem Rückbezug auf die Bevölkerung durch seine Abgrenzung vom postsowjetischen Ancien Régime der Ukraine legitimiert – ein Versprechen, die hybride Demokratie mit nur partieller Rechtsstaatlichkeit zu einer vollständigen und effizienten zu machen.

Gegner waren die Oligarchen, die sich politisch nicht entmachten lassen wollten und auch keine akkumulierten Vermögenswerte abgeben wollten, wie eine Reihe anti-oligarchischer Gesetze fordern, die unter Selenskyj durch Kabinett und Parlament gebracht worden sind. Besonders der Altpräsident Petro Poroschenko – Oligarch und herkömmlicher Politiker zugleich – liegt mit seinem Nachfolger in einer Art Dauerfehde, die nur mühsam durch den patriotischen Zusammenhalt, den der Krieg schafft, überdeckt wird. Daneben sitzen die Gegner Selenskyjs auch in Knotenpunkten der Verwaltung und der Justiz. Gerade aus diesen Bereichen sind vor dem Krieg häufiger Vorwürfe autoritärer und nicht verfassungskonformer Führung gegen Selenskyj laut geworden – doch sitzt die mit den Oligarchen verbandelte Korruption eben auch dort und mancher Kritiker Selenskyjs erhebt diesen Vorwurf nicht unbedingt aus juristisch-moralischen Gründen, gerade wenn es die Antikorruptionsgesetzgebung der präsidialen Führung ist, die als verfassungsrechtlich problematisch kritisiert worden ist. Von daher war der Erfolg Selenskyjs beim Umbau des Systems und beim Kampf gegen die Korruption vor der russischen Invasion nur ein partieller gewesen. Seine größte Stärke- die Nichtzugehörigkeit zu den herkömmlichen hybriden formell-informellen Strukturen, konnte auch seine größte Schwäche sein, da das auch bedeutete, dass Selenskyj keine Erfahrung darin hatte, Kompromisse mit den herkömmlichen Kräften zu schließen. Er musste oft auf politische Konfrontation setzen, was unproduktiv sein konnte.

Der nun tobende große Krieg, bei dem der Feind im Land steht, hat den technokratisch-populistischen Charakter von Selenskyjs Position deutlich verstärkt und ihn die Oberhand über seine innersystemischen Gegner und Kritiker gewinnen lassen. Unter seiner politischen Führung hat die Ukraine sich gegen das übermächtig scheinende Russland gehalten und sogar Boden gutgemacht und versuchte sogar einen entscheidenden Durchbruch. Der Westen – Nato und EU -, die sich bis dato in Hinblick auf eine Mitgliedschaft der Ukraine in beiden Organisationen eher unbestimmt gehalten hatten, brauch nun, da Putin so oder so zugeschlagen hat, keine Rücksichten auf Russland mehr walten zu lassen, die Ukraine ist unter diesen Umständen Beitrittskandidat geworden – und sie würde auch nach einem etwaigen Sieg beide Mitgliedschaften dringend benötigen, für ihre weitere Sicherheit und ihre weitere wirtschaftliche Perspektive. Selenskyj hat als Kriegspräsident im Auftreten und in Entscheidungsstärke deutlich dazu gewonnen. Seine Kritiker halten sich jetzt bedeckt und müssen das auch, solange der Krieg nicht anfängt, wirklich ungünstig zu laufen. Das würden sie natürlich ihm anrechnen. Dabei steht Selenskyj jetzt im Krieg unter doppeltem Druck, das System im Sinne von institutioneller Effizienz und Korruptionsbekämpfung umzubauen: Zum einen fordert das die Kriegsanstrengung selbst, zum anderen zwingt die klar nähergerückte Perspektive des Beitritts zu Nato und EU dazu. Eine Ukraine, die weiterhin ein hybrides System aus juristisch definierter Staatsmacht und diese korrumpierender informeller oligarchischer Gegenmacht bliebe, wäre gerade als EU-Mitglied kaum zu vermitteln. Auch sieht die westliche Unterstützung der ukrainischen Kriegsanstrengung natürlich nicht gern, wenn Material und Finanzmittel in dunklen Kanälen verschwinden.

Das von Präsident Selenskyj zu Beginn der russischen Invasion verhängte Kriegsrecht gibt dem Präsidenten weitreichende Vollmachten, muss aber vom Parlament mit Zweidrittelmehrheit jeweils um 90 Tage verlängert werden. Dieses Notstandsrecht erlaubt dem Präsidenten umfangreiche Sach- und Personalentscheidungen unmittelbar selbst durch Dekrete zu treffen, allerdings muss das Parlament diesen Dekreten innerhalb von drei Tagen zustimmen – was aber, wie die Zustimmung zur Verlängerung des Kriegsrechts selbst, wohl eine reine Formalie darstellt, solange der Krieg ernsthaft andauert. Damit hat Selenskyj als Kriegspräsident durchaus Züge erhalten, die Skeptiker „diktatorisch" nennen könnten. Nur: Der moderne Massen- und Materialkrieg verbindet sich nicht gut mit politischem Pluralismus, er erzwingt innenpolitische Einheit. Um noch einmal auf Winston Churchill zurückzukommen: Auch Churchill präsidierte als Premierminister einem nationalen Einheitskabinett aus beiden britischen Parlamentsfraktionen – damit war das in Großbritannien von der Tradition geheiligte Prinzip der parlamentarischen Opposition für die Kriegsdauer außer Kraft gesetzt. Kabinettsbeschlüsse passierten das Parlament anstandslos mit großer Mehrheit und ohne große Diskussion.

Was tut nun Selenskyj mit dieser Macht? Natürlich kann man in der jetzigen Erkenntnislage unter Kriegsbedingungen als Außenstehender über die inneren Entscheidungsvorgänge nichts sagen. In Hinblick auf Korruptionsbekämpfung scheinen die Staatsanwaltschaften angewiesen zu sein, schärfer gegen Korruption vorzugehen. So ist jetzt auch Selenskyjs ehemaliger Gönner Ihor Kolomojskyj wegen Geldwäsche und illegalen Vermögenserwerbs angeklagt worden – auf diese Weise haben die Oligarchen ja ihr Vermögen errafft. Auf allen Ebenen des Staatsapparats sind seit Kriegsbeginn verstärkt Köpfe gerollt und Amtsträger ausgetauscht worden. 2023 wurde der Verteidigungsminister ausgetauscht. Aufgrund von – bislang nicht bestätigten – Korruptionsvorwürfen bei der Beschaffung militärischer Ausrüstung galt der alte Verteidigungsminister, der es bislang durch den Krieg hindurch gemacht hatte, als angeschlagen. Spektakulär war der Austausch einer größeren Zahl von Chefs der regionalen Rekrutierungsämter, die beschuldigt wurden, Wehrpflichtigen die Rückstellung vom Einrücken an die Front regelrecht verkauft zu haben – im Krieg, mit der Front im Land, kann man das als Sabotage auffassen.

Aus ganz anderen Gründen hat Selenskyj im Februar 2024 den populären militärischen Oberbefehlshaber Walerij Saluschnyj gegen einen anderen General ausgetauscht, Oleksandr Syrskyj, den bisherigen Befehlshaber der Bodentruppen. Der Hintergrund ist auf jeden Fall das Festfahren der ukrainischen Offensive, Selenskyj versucht es mit einem neuen Mann und macht es damit Putin gleich, der die russischen Befehlshaber an der ukrainischen Front mehrfach ausgetauscht hat. Saluschnyj, der der Kopf hinter der ukrainischen Selbstbehauptung seit 2022 gewesen war, war zeitweilig beliebter als Selenskyj selbst, Gerüchte sagten ihm nach, er wolle seine Popularität nutzen, um nach dem Krieg gegen Selenskyj als Kandidat für die Präsidentschaft antreten zu wollen. Substanzieller als solche unbestätigten Spekulationen ist wohl die Tatsache, dass Saluschnyj im Herbst 2023 dem Economist ein Interview gegeben hatte, in dem er offen die weitgehende Erfolglosigkeit der ukrainischen Offensive einräumte und realistische Gründe für das nun herrschende militärische Patt benannte (Mangel an Artillerie, Westen hat zu spät und nicht genug geliefert, Ukrainer sind ungenügend am neuen Material ausgebildet, etc.). Es gab heftigen Widerspruch aus dem Präsidialamt ob solcher – wohl realistischen – „Schwarzmalerei", zum ersten Mal zeigte sich ein Riss zwischen politischer und militärischer Führung in der Ukraine.

Kommen wir zu den obengenannten konkreten Kritikpunkten:

1. **Ausbau autoritärer Strukturen:** Selenskyj trifft offensichtlich unter den Bedingungen des Kriegsrechts Entscheidungen im kleinen Personalrahmen, die das Parlament mehr oder weniger automatisch absegnet – obwohl es bei manchen Entscheidungen Kritik auch von Abgeordneten der Präsidentenpartei gibt. Diese Entscheidungen scheinen aber sachbezogen zu sein, ein grundsätzlicher Ausbau autoritärer Regierungsmacht auch für die Zukunft nach dem Krieg ist genauso wenig erkennbar, wie im Großbritannien des Zwei-

ten Weltkrieges. Allerdings muss Selenskyj aufpassen, dass er mit den konfrontativen Politikstil, den er schon von seiner Position als politischer Außenseiter her pflegt, den Bogen nicht überspannt. Im Krieg passt dieser präsidiale Politikstil besser, für den Frieden ist er weniger geeignet, wie schon die ersten beiden Jahre seiner Präsidentschaft gezeigt haben. Auch muss sorgfältig darauf geachtet werden, dass Befugnisse des Präsidenten und des von ihm mit engen Angehörigen der Präsidialadministration besetzten Nationalen Sicherheitsrates, die unter dem Druck der Kriegssituation und unter Kriegsrecht geschaffen werden, nach dem Ende des Krieges wieder abgebaut werden. Da die Ukraine keine gefestigte Demokratie ist, sondern bislang eine postsowjetische hybride Demokratie gewesen war, ist die Gefahr der illiberalen Verbiegung des politischen Systems durch den Krieg größer als das in den 1940ern für Großbritannien der Fall war. Die Nato – und noch mehr die EU – wird nach Kriegsende darauf zu achten haben. Man muss nicht postulieren, in der Ukraine herrschten Faschisten, um hier potentielle Gefahren zu erkennen.

2. **Der Vorwurf der repressiven Sprachenpolitik:** Ironischerweise hat Selenskyij, dem der Vorwurf repressiver Sprachenpolitik nun gemacht wird, seine Karriere als Präsident damit begonnen, in Hinblick auf die Sprachenpolitik eine gemäßigte Position einzunehmen. Er äußerte bereits als Präsidentschaftskandidat, dass es ihm lieber wäre, positiv durch Förderung zur Verwendung des Ukrainischen anzuleiten, als mit gesetzlichen Mitteln. Es war sein Vorgänger Poroschenko gewesen, der hier eine wesentlich härtere und nationalistischere Position bezogen hatte. Ausdruck dieses Kurses war das noch unter diesem ausgearbeitete Sprachengesetz, das dann 2019 mit einer Übergangsfrist von drei Jahren in Kraft trat. Nach diesem Gesetz, das jetzt nach Ende der Übergangsfrist vollständig gilt, wurde die Position des Ukrainischen als alleinige Staatssprache erneut betont – das 2012 unter Janukowytsch beschlossene Regionalsprachengesetz wurde außer Kraft gesetzt. Das Ukrainische ist jetzt definitiv die alleinige Sprache der Behörden. Private Dienstleister sollen idealiter ebenfalls zuerst einmal Ukrainisch sprechen, können aber in eine andere Sprache wechseln, wenn sie darum gebeten werden. Buchläden müssen mindestens 50 % ihres Bestandes in ukrainischen Büchern anbieten. Russischsprachige Bücher sind nicht verboten, sollen aber nicht umfangreicher in den Läden vorhanden sein als ukrainischsprachige. Für neugedruckte russischsprachige Bücher muss es parallel auch eine ukrainische Übersetzung geben. Ähnliche Quoten gibt es generell für Druckpublikationen und für Rundfunk und Fernsehen. Das alles mag einem politisch verwöhnten Westeuropäer in Staaten ohne Bedrohung ihrer Unabhängigkeit lächerlich chauvinistisch vorkommen – und illiberal dazu -, aber die Ukraine hat es mit einem Gegner zu tun, der ganz genau auch die ukrainische kulturelle und sprachliche Eigenständigkeit in Frage stellt. Gerade von daher scheint die klare Mehrheit der Bevölkerung – auch der herkömmlich primär russischsprachigen – jetzt dahinter zu stehen. Von einer Verfolgung des Russischen kann weiterhin keine Rede sein, zumal die bloße Existenz aller anderen herkömmlich in der Ukraine gesprochenen Minderheitensprachen durch die Verfassung grundsätzlich geschützt bleibt.

Übrigens hat mitten in Westeuropa die französische Republik eine ähnliche Gesetzeslage zugunsten der französischen Staatssprache, in der französischen Verfassung werden andere Sprachen noch nicht einmal genannt, obwohl es sie herkömmlich gibt. Offizielle Position hat nur das Französische. Man mag das von einem liberalen Gesichtspunkt her kritisieren, aber man sollte Ausmaß und Umstände dabei beachten. Selenskyj hat sich das selbst nicht ausgedacht, seine Regierung führt es als rechtsgültiges Projekt des Vorgängers nun durch und kann sich durch große Zustimmung aus der Bevölkerung in der jetzigen Kriegssituation dazu legitimiert sehen. Russisch ist, historisch bedingt, in den Augen vieler Ukrainer die Sprache der imperialen Dominanz, die einem in beträchtlichem Maß mit verschiedenen Mechanismen aufgezwungen worden war. Dabei ist festzuhalten, das auch jetzt das Russische selbst in Kiew weiterhin häufig gehört wird, ohne dass auch nur von gesellschaftlicher Repression die Rede sein kann. Nur in der Westukraine, wo das Russische aber immer nur eine von oben erzwungene Zweitsprache gewesen war, mag das anders sein. Aber dort spricht fast jeder schon seit jeher Ukrainisch als Muttersprache und das Russische als Zweitsprache lässt man jetzt fallen. Englisch als primäre Fremdsprache wird auch in der Ukraine in Zukunft die Devise sein.

3. **Repressive Religionspolitik:** Auch das geistert jetzt besonders durch das Internet und einen Teil der herkömmlichen Medien: Selenskyj lässt die Orthodoxe Kirche verfolgen! Besonders evangelikale protestantische Amerikaner, die gegen alles sind, was die Administration Biden unterstützt, und die in Putin einen christlichen Bruder sehen, raunen von „Christenverfolgung" Auch hier geht es um etwas, was man als Westeuropäer eher weniger zu verstehen imstande ist. Auch unabhängig von der Frage der säkularen Definition des Staates können wir in Deutschland nicht nachvollziehen, dass es eine bestimmte christliche Konfession gäbe, die besonders eng mit der Nation verbunden sei. Wir haben ja zwei davon – Deutschland ist das Land der Konfessionsspaltung schlechthin. Aber auch der katholischste Spanier kann seinen Katholizismus kaum als spezifisch spanisch sehen, schließlich ist seine Kirche per definitionem übernational – eben katholisch im Wortsinne – und Italiener und Polen sind herkömmlich ebenso katholisch wie er. In den orthodoxen Kirchen ist das aber anders, weshalb ich hier von diesen Kirchen auch in der Mehrheit spreche. Zwar ist die Orthodoxie grundsätzlich theologisch und dogmatisch eine einheitliche kirchliche Tradition, deren symbolisches Oberhaupt der ökumenische Patriarch von Konstantinopel ist – der ehemalige Patriarch des Byzantinischen Reiches. Dennoch ist die Orthodoxie organisatorisch und kirchenrechtlich in unterschiedliche Regionalkirchen aufgeteilt mit eigenständiger, sozusagen „autonomer" Hierarchie (kirchenrechtlich spricht man von „Autokephalie"= „Eigenhäuptigkeit") und teils eigener Kirchensprache (Griechisch – Slawisch). Die Orthodoxie ist ein Dachverband organisatorisch und disziplinarisch eigenständiger Regionalkirchen. In Ost – und Südosteuropa sind diese Kirchen in ihren Territorien dabei seit dem 19. Jh. tendenziell identisch mit Nationalstaaten, verstehen sich also auf eine Weise als Nationalkirchen, die für „Westler" der uni-

versalistischen Tradition des Christentums auf den ersten Blick zu widersprechen scheint: Die griechische Kirche unter dem Erzbischof von Athen, die zypriotische unter dem Erzbischof von Nikosia, die serbische Kirche unter dem Metropoliten von Belgrad, die bulgarische Kirche unter dem Metropoliten von Sofia und Patriarchen von Bulgarien, die rumänische Kirche unter dem Patriarchen von Bukarest. Daneben seien noch der Vollständigkeit halber die wie Konstantinopel bereits auf die Spätantike des 5. Jh. zurückgehenden orthodoxen Regionalpatriarchate des Orients – Antiochia, Jerusalem und Alexandrien – genannt. Allerdings können wir diese in unserem Zusammenhang übergehen, da das dortige arabischsprachige orthodoxe Christentum natürlich eine Minderheitenreligion darstellt, dessen Regionalkirchen nicht mit einer spezifischen nationalen Identität verbunden sind.

Die größte orthodoxe Regionalkirche überhaupt ist seit längerer Zeit die russische, unter dem „Patriarchen von Moskau und der ganzen Rus", so der offizielle Titel. Im Russischen Reich – und dann wieder in der Sowjetunion – war diese Kirche die einzige legitime und legale orthodoxe Kirche, wie sich auch in dem titularen Anspruch ihres autokephalen Oberhaupts als „Patriarch der ganzen Rus" zeigt. Sie ist damit in ihrem Anspruch zugleich russische Nationalkirche sowie Kirche auch der anderen orthodoxen Christen der ehemaligen Rus, die damit auch im kirchlichen Bereich dem nationalen russischen Selbstverständnis untergeordnet werden. Und jetzt kann man das Problem bereits erahnen, warum Fragen der kirchlichen Organisation in der Orthodoxie – und ganz besonders hier in der Beziehung Russland-Ukraine – sehr schnell auch zutiefst Fragen der politischen Identität werden können, was wir von der westkirchlichen Tradition beider Großkonfessionen her eher wenig verstehen. Da gerade die russische Kirche den Anspruch hat, ihren disziplinarischen Territorialbereich auch als nationalrussisch zu definieren, ist die Zugehörigkeit zu dieser Kirche nicht nationalpolitisch neutral, wie es z.B. die Zugehörigkeit zur katholischen Kirche für Spanier, Italiener, Polen oder erst recht deutsche Katholiken ist. Die Kirche in Moskau ist kein nationalpolitisch neutraler Vatikan, sondern versteht sich als kirchlicher Arm Russlands. Von daher hat sich eine autokephale orthodoxe Kirche der Ukraine notwendigerweise bereits 1917 gebildet, ebenso dann wieder 1991. Der unabhängigen Nation entspricht in der Orthodoxie die eigenständige Nationalkirche. Das gleiche Problem stellte sich z.B. in Montenegro mit dem Zerfall Restjugoslawiens und der Auflösung der politischen Verbindung zu Serbien. Auch die montenegrinische Kirche musste autokephal werden und damit unabhängig vom Belgrader Patriarchen – unter heftigem serbischem Protest natürlich. Im russisch-ukrainischen Fall erscheint das Problem für die ukrainische Orthodoxie noch drängender, da es ein zentraler Teil von Putins Politik mindestens seit den späteren 2000ern ist, die russische Kirche geradezu symbiotisch an den russischen Staat anzubinden. Obwohl formal in Russland Religionsfreiheit herrscht, ist die russisch-orthodoxe Kirche massiv privilegiert, über die Rückgabe der vom kommunistischen Staat einst beschlagnahmten Kirchengüter hinaus wird die Kirche vom Staat mit Immobilien und Geld gepäppelt. Nationalsymbolisch wird eine

Symbiose von Kirche und Staat deklariert, die an das Zarenreich erinnert. Und der jetzige Patriarch Kyrill dankt es Putin und hat sich auch der predigenden Unterstützung des Krieges gegen die Ukraine eindeutig verschrieben und die Kirche damit auch außenpolitisch zur Partei gemacht. Dementsprechend sind alle Orthodoxen auf der Krim und in den weiteren russisch besetzten Gebieten der Ukraine wieder zwangsweise an diese Kirche angebunden – das ist nun zwar auch nicht unbedingt „Christenverfolgung", aber doch um einiges radikaler als das, was für die Ukraine jetzt von manchen als solche kritisiert wird., wozu wir nun kommen.

Wir hatten schon einmal kurz erwähnt, dass es nach 1991 in der Ukraine eine Zeit lang sogar drei parallele orthodoxe Kirchen gegeben hatte – die weiterhin an Moskau angebundene und zwei miteinander konkurrierende autokephale ukrainische Kirchen. 2018 fand unter Vermittlung des Präsidenten Poroschenko – man sieht, die Sache kann den Staat schlecht kalt lassen – und des ökumenischen Patriarchen von Konstantinopel – also des symbolischen Oberhaupts der Orthodoxie – eine Vereinigung der beiden autokephalen ukrainischen Kirchen zu einer statt. Die so entstandene autokephale – also organisatorisch eigenständige – ukrainische Gesamt-Nationalkirche nennt sich jetzt „Orthodoxe Kirche der Ukraine", ihr Oberhaupt ist der Metropolit von Kiew. Die russisch-orthodoxe Kirche hat gegen die formale Anerkennung der Eigenständigkeit dieser ukrainischen Nationalkirche durch Konstantinopel/Istanbul erwartungsgemäß protestiert und hat die Kirchengemeinschaft mit dem ökumenischen Patriarchen darüber gebrochen – kirchenrechtlich befinden sich Moskau und Konstantinopel damit im Schisma. Anerkannt haben diesen Schritt des ökumenischen Patriarchats bislang die griechische und die zypriotische Kirche, ebenso im Orient der Patriarch von Alexandrien. Die anderen Regionalkirchen der Orthodoxie halten sich bislang bedeckt. Belgrad hat sich, wie zu erwarten, offen mit Moskau solidarisiert, Antiochia – also der orthodoxe Patriarch in Syrien – ebenso, da Putin sich im Kontext seines Eingreifens in Syrien dort erfolgreich propagandistisch als Schutzherr der syrischen Christen gegen den islamischen Fundamentalismus positioniert hat. Damit hat es der Konflikt zwischen Russland und der Ukraine geschafft, die Orthodoxie zu spalten. Das mag dem westchristlichen bzw. säkularen Westeuropäer wieder mittelalterlich vorkommen, dass politische Dinge eine solche Auswirkung im kirchlichen Bereich haben, aber so stehen die Dinge in der Orthodoxie. Die moskautreue Kirche in der Ukraine, die übrigblieb, nannte sich damals noch „Ukrainisch-Orthodoxe Kirche des Moskauer Patriarchats", seit dem 27. Mai. 2022 – drei Monate nach Beginn der Invasion – hat sie formal mit Moskau gebrochen und nennt sich nun bloß „Ukrainisch-Orthodoxe Kirche", ihr Oberhaupt ist ein konkurrierender Metropolit von Kiew. Allerdings ist ihre Autokephalie bislang von niemandem anerkannt worden. Aufforderungen, sich mit der Orthodoxen Kirche der Ukraine zusammenzuschließen, ist sie bislang nicht nachgekommen – man könnte sich fragen, wenn sie doch mit Moskau wegen des Krieges gebrochen hat, warum nicht und wie ernst ist ihr der Bruch mit Moskau? Dabei geht es nicht nur um Fragen der kirchlichen Organisation und Autorität und solche der nationalen Loyalität, sondern auch um solche des kirchlichen Besitzes. Formal gehören zur moskautreuen Kirche – oder, wenn man ihr glauben will, zur ex-moskautreuen – nur etwas mehr als 13 % der Ukrainer, während der neuen Nationalkirche – die Orthodoxe Kirche der Ukraine – wenigstens formal knapp 50 % der Bevölkerung angehören, doch zählt die Mehrzahl des Klerus und der Mönche zur Minderheitenorthodoxie, ebenso weist die Minderheitenkirche die Mehrzahl der organisierten Gemeinden auf und hat die Mehrzahl der Kirchengebäude in der Hand. Der Grund ist der, dass diese jetzige Minderheitenkirche natürlich bis 1991 die einzige vom Staat akzeptierte Kirche gewesen war, die alles in der Hand hatte. Seit 1991 haben aber auch die anderen kirchlichen Gruppen – darunter die aus dem Untergrund wiederauferstandene griechisch-katholische Unionskirche in der Westukraine – Ansprüche auf eine Neuverteilung des kirchlichen Besitzes und der kirchlichen Gebäude angemeldet, die jedoch nur teilweise erfüllt wurden. Eine lange Kette hässlicher und bis heute andauernder juristischer und immer wieder auch handgreiflicher Auseinandersetzungen war die Folge. Aber noch jetzt hält die ehemalige Moskauer Kirche den proportional größten Anteil an Kirchenbesitz und -bauten, darunter oft die ältesten und prestigeträchtigsten Kirchen und Klöster. Dabei sind im Unterschied zu Russland in der Ukraine aus Sowjetzeiten her eine Reihe von Kirchen und Klöstern immer noch formal im Staatsbesitz und nur an eine der Kirchen verpachtet – da die endgültige Klärung der Besitzansprüche in vielen Fällen immer noch aussteht. Neben dem politischen Verdacht, es unter der Decke immer noch mit Moskau zu halten und sich nur oberflächlich kirchlich und politisch von Moskau distanziert zu haben, steht die (ehemalige?) Moskauer Kirche im Konflikt mit der neuen Nationalkirche vor allem um den Kirchenbesitz. Zudem hat auch sie lange Zeit als Unterabteilung der russischen Kirche von dem Geldsegen aus Moskau profitiert und viele ihrer Kleriker sind Russen oder besitzen beide Staatsangehörigkeiten – was in der Ukraine eigentlich nicht geht –, weil sie als Moskauer Loyalisten durch das Moskauer Patriarchat hineingesetzt wurden. Gut dokumentiert ist auch, dass der Klerus dieser Kirche oft unter der Hand moskautreu bleibt, auch wenn von außen kaum zu beurteilen ist, inwieweit er damit tatsächlich in strafrechtlich relevanter Weise die ukrainischen Kriegsanstrengungen untergraben hat, wie es die Staatsanwaltschaft jetzt für eine Reihe von Klerikern und Mönchen der Ukrainisch-Orthodoxen Kirche behauptet. Neben solchen juristischen Anklagen der Staatsanwaltschaft wegen Spionage, Sabotage etc. gegen einzelne Kleriker dieser Kirche geht es vor allem um den Kirchenbesitz. Dabei hat die Präsidentschaft Selenskyjs sich vor dem Krieg im Unterschied zu Poroschenko aus solchen kirchlichen Dingen eher herausgehalten – Selenskyj ist als Jude aus solchen innerchristlichen Dingen persönlich sowieso draußen, Poroschenko dagegen ist orthodox und Mitglied der Nationalkirche. Jetzt aber, nach der russischen Invasion, gibt es großen Druck auf den Präsidenten, hier im nationalpolitischen Sinn aktiv zu werden. Dieser Druck kommt sehr stark von unten, aus den Kommunen und Regionen, wo der Streit zwischen den Kirchen um die Liegenschaften zusammen mit der befürchteten weiteren Moskautreue der Minderheitenkirche die Forderung nach weitgehender Enteignung dieser Kirche und sogar nach ihrem Verbot hat aufkommen lassen. Auf der Ebene der Kommunen wurden der Ukrainisch-Orthodoxen Kirche bereits 2022 eine Reihe von Pachtverträgen gekündigt und die Kirchenbauten fielen an die Orthodoxe Kirche der Ukraine – die Nationalkirche. Die Rechtsgültigkeit dieser Maßnahmen ist unter ukrainischen Juristen selbst umstritten, Selenskyj steht unter Druck, mittels Dekret solche Pachtauflösungen auch für Kirchenbauten durchzuführen, die im Besitz des Gesamtstaates sind – wie der bekannt gewordene Fall des Kiewer Höhlenklosters, das zugleich die Kathedralkirche des Metropoliten der Minderheitenkirche war. Eine Verfolgung der Orthodoxie ist das wohl kaum, zumal auch die Mehrheitskirche konfessionell orthodox ist. Es geht um Fragen der kirchlichen Autorität und Gemeinschaft, um Besitzfragen und um Fragen der Besitzverteilung – und um Fragen der politischen Loyalität zu Kriegszeiten, die hier unverständlich sein mögen, dort aber politisch wichtig sind und angesichts der nun regelrecht kriegstreiberischen Positionen des Moskauer Patriarchen auch wohl kaum unpolitisch gehalten werden können.

4. Parteienverbote: Ein wichtiger Kritikpunkt besonders in den Augen westlicher Kritiker Selenskyjs ist das Verbot von 11 politischen Parteien bereits 2022 durch Präsidialdekret und mit Zustimmung des Parlaments unter Kriegsrecht. Das erzürnt besonders die linken Skeptiker der westlichen Unterstützung der Ukraine, da einige dieser Parteien formal linke Parteien sind. Das Verbot erfolgte bereits im März 2022, dabei handelt es sich nicht um ein grundsätzliches Verbot der Parteien, dazu bräuchte es auch unter Kriegsrecht einen Gerichtsbeschluss. Die politischen Aktivitäten dieser Parteien müssen bis zum Ende des Kriegsrechts ruhen. Begründung ist die „prorussische" Einstellung dieser Parteien. Wir können das hier nicht für alle diese kleinen Parteien prüfen, von denen 10 noch nicht einmal im Parlament vertreten sind. Wir beschränken uns auf die größte dieser Parteien, die seit den Parlamentswahlen von 2019 mit 43 Abgeordneten die größte Oppositionsfraktion in der Werchowna Rada stellt (13 % der Stimmen) – die Opposition im jetzigen ukrainischen Parlament ist sehr zersplittert. Sie nennt sich „Oppositionsblock – für das Leben". Sie geht sehr stark auf die alte „Partei der Regionen" zurück, die Partei Kutschmas und Janukowytschs, die Interessenvertretung des östlichen Oligarchennetzwerkes. Sie ist damit die einzige verbliebene Stimme „prorussischer" Positionen in der Rada, was ihr nach Beginn der Invasion den Verlust der Reste ihrer Unterstützer beschert hat. Dabei hat das Verbot den Fraktionscharakter ihrer Abgeordneten in der Rada beseitigt, die Abgeordneten haben als Fraktionslose aber natürlich ihre Sitze behalten, da sie ihre Abgeordnetensitze kaum durch bloßes Dekret verlieren können. Zusätzlich wurden drei Fernsehsender, die mit der Partei verbunden sind, geschlossen. Formal gehörten diese Sender dem Abgeordneten Taras Kosak, einem engen Vertrauten Wiktor Medwetschuks, des ehemaligen Parteichefs. Medwetschuk, teils russischer Herkunft und illegalerweise mit doppelter Staatsbürgerschaft versehen, ist ein altukrainisch-russischer Oligarch wie aus dem Handbuch. Er gehörte als Großindustrieller zu den führenden Mitgliedern des sog. Kiewer Clans. Ab 1998 Präsident der Sozialdemokratischen Partei der Ukraine (soviel zum „Linkssein" einiger ukrainischer Linksparteien!), Leiter der Präsidialverwaltung unter Kutschma, später – nach 2014 – als wichtigster prorussischer Politiker der Ukraine einer der hauptsächlichen Gegner der Westbindung des Landes. Allgemein galt er in der Ukraine als Sprachrohr Putins, seine jüngste Tochter Daryna hat Wladimir Putin als Taufpaten. Medwetschuk ging 2014–2020 bei den Separatisten in Donezk ein und aus, wovon dann dummerweise – für ihn – Bilder kursierten, was ihm 2021 die Verhaftung und die Anklage wegen Hochverrats einbrachte. Nach einem vergeblichen Fluchtversuch mit Hilfe des russischen FSB nach Beginn der Invasion tauschten ihn die Ukrainer im September 2022 gegen 200 ukrainische Kriegsgefangene aus. Wer meint, Selenskyj habe es nötig, die von Medwetschuk geführte Partei als die stärkste Oppositionspartei zu verbieten, der unterschätzt die breite Unterstützung, die Selenskyj jetzt hat und überschätzt die Rolle und die verbliebene Anhängerschaft dieser Partei. Er bräuchte das gar nicht, um seine eigene politische Position zu sichern. Und ich denke, über diese Partei und ihren Oligarchenchef braucht nicht mehr gesagt zu werden – „prorussisch" hat es seit Februar 2022 in der Ukraine endgültig politisch schwer. Eine solche Partei wird sich nach dem Ende des Krieges als Regionalpartei im Osten und Südosten neu erfinden müssen, wenn sie weiterhin gewählt werden will.

Kurz: Es sieht nicht so aus, als herrsche in der Ukraine unter den Umständen der Verteidigung gegen eine massive Invasion unter Kriegsrecht eine wirklich drastische Unterdrückung bürgerlicher Freiheiten – besonders verglichen mit der Situation in Russland auch vor dem Krieg. Auch lässt sich nicht viel wirkliche Hysterie und Hexenjagd gegenüber „prorussischen" Elementen feststellen. Die Rechtsradikalen treten auch nicht massiv hervor, sie scheinen primär an der Front zu sein, womit sie ihren Nationalismus für die Verteidigung ihres Landes einsetzen, was man von einem Nationalisten erwarten können sollte. Man muss wohl schon aus weiteren politischen und ideologischen Gründen einen sehr starken Wunsch haben, die Ukraine auch nicht für besser halten zu wollen als Putins Russland, um das anders zu sehen. Sie ist bis auf weiteres immer noch ein hybrides System im Sinne der oben erklärten Definition, doch der Unterschied zur inneren Entwicklung Russlands seit 2000 bleibt auch unter Kriegsbedingungen erkennbar.

Der reale wunde Punkt ist, dass die Ukraine sich weiter reformieren muss und zugleich einen Krieg zu gewinnen hat. Unter den Kriegsbedingungen, unter denen das Land eine bemerkenswerte Einheit gewonnen hat und sein vorher eher als glücklos geltender Präsident an Statur gewonnen hat, kann das zunächst funktionieren, aber was, wenn nach Ende des Krieges wieder das gewöhnliche Geschäft der inneren Meinungsverschiedenheiten einsetzt, der Krieg eine gewaltige Belastung hinterlassen hat und der Präsident sich zu sehr angewöhnt hat, unter den Bedingungen großen nationalen Konsenses zu regieren? Werden die politischen Strukturen der Ukraine dem gewachsen sein? Reformieren Selenskyj und seine Mannschaft die Ukraine in einer Weise, in der es für Stabilität und Effizienz des Systems egal ist, wer die Präsidentschaft innehat? Geht das unter Kriegsbedingungen überhaupt? Der Krieg zwingt die Ukraine zu größerer Effizienz und schärft ihren Willen zur Eigenständigkeit, wird aber auch eine politische Hypothek hinterlassen.

Zudem ist mit dem sich seit Ende 2023 herstellenden militärischen Patt eine gewisse Ernüchterung in der Bevölkerung bezüglich der Kriegsanstrengung einhergegangen. Die Umfragewerte zur Unterstützung der Kriegsanstrengung und zur Beliebtheit des Präsidenten sind weiterhin hoch, doch die euphorische Stimmung, die Ende 2022 geherrscht hatte, ist vorbei. Das Jahr 2024 ist bislang auch nicht entscheidend für den Kriegsverlauf gewesen, auf dem Schlachtfeld oder psychologisch. Der russische Gegner hat hier weniger Probleme: Auch wenn es dem russischen Regime weiterhin nicht gelingen mag, seine Bevölkerung voll zu mobilisieren, es hat sie genug unter Kontrolle, um einen Stimmungseinbruch weniger fürchten zu müssen.

Kommen wir damit zum Kontrahenten der Ukraine. Welche Auswirkungen hat der Krieg bislang auf die innere Situation in Russland gehabt? Auch hier beginnen wir mit der Wirtschaft. Das Grundproblem in dieser Frage ist, dass es schwer ist, unter den gegenwärtigen Umständen an zuverlässige Wirtschaftsdaten zu kommen. Dass den offiziellen Bekanntgaben des Kreml, die natürlich positiv und optimistisch klingen, nicht notwendigerweise getraut werden kann, ist klar. Dementsprechend ist aus den Äußerungen und Analysen der unterschiedlichen westlichen und internationalen Analysten und Kommentatoren kein zusammenhängendes Bild zu gewinnen. Erst im April 2024 hat ein chinesischer Fachmann die ökonomische Situation in Russland als zunehmend miserabel beurteilt, während es westliche Fachleute gibt, die sie günstiger beurteilen – quasi ein Spiel mit verkehrten Rollen. Dasselbe gilt für die Frage, wie wirksam die westlichen Sanktionen sind oder nicht. Hier gehen die Meinungen besonders deutlich auseinander. Nach den einen wirken sie, nach den anderen sind sie zu lückenhaft und können zu leicht umgangen und unterlaufen werden. Auch ist unklar, inwieweit der gesteigerte Energieressourcenexport nach China und Indien ein wirklich gleichwertiger Ersatz für die verloren Absatzmärkte im Westen ist oder nicht. Russland scheint nun jedenfalls seine Industrie auf Kriegsproduktion umgestellt zu haben, was bedeutet, dass der Staat (noch) die finanziellen Reserven hat, das zu tun. Allerdings bedeutet das gerade vor dem Hintergrund der generell strukturell schwachen russischen Industrieproduktion ebenfalls, dass die Preise für zivile Industriegüter gestiegen sein müssen, verstärkt durch die inflationäre Schwäche des Rubels, die wiederum durch die Steigerung der Staatsausgaben angeheizt wird. Das könnte längerfristig zu Unzufriedenheit unter der Bevölkerung führen. Auch scheint der Kreml die Oligarchen stärker fiskalisch zur Kasse zu bitten als diese gewohnt sind, was gegen den bisherigen ungeschriebenen Pakt des Regimes mit den Oligarchen verstößt. So soll nun eine gestaffelte, progressive Einkommenssteuer eingeführt werden anstelle des bisherigen Systems, alle Einkommensgruppen nach Einheitssatz zu besteuern. Es scheint Anzeichen zu geben, dass der russische Staat begonnen hat, seine Reserven aufzufressen, so dass er die für die Kriegsanstrengung notwendige Ausgabenpolitik wohl nicht ewig wird durchhalten können. Dabei bleibt aber völlig umstritten, wie ernst die wirtschaftliche und finanzielle Lage für Russland ist und wieviel Luft nach oben der Kreml noch hat. Die Meinung der Wirtschaftsfachleute ist gespalten. Es herrscht aber erkennbar Arbeitskräftemangel durch die inzwischen sehr massive Rekrutierung, auch hat Russland durch die verschiedenen Auswanderungs- und Fluchtwellen 2023 in besonderem Maße jüngere Qualifizierte verloren. Auch verschlechtern die Kriegsverluste die eh schon ungünstige demographische Situation des Landes längerfristig noch zusätzlich. Russland kann sich gerade von daher diesen Krieg nicht leisten, die Ukraine allerdings auch nicht.

Interessant ist, dass Putin jetzt seinen altgedienten Verteidigungsminister Schoigu – einen alten Gefolgsmann – gegen einen Nachfolger ausgetauscht hat (Andrej Beloussow), der zwar militärisch auch nicht erfahrener ist als Schoigu, aber ein Fachmann für Ökonomisches und für Organisation ist. Schoigu verschwindet damit nicht aus der inneren Machtgruppe, er wechselt in den Nationalen Verteidigungsrat, also eine beratende und erörternde, nicht exekutive Funktion. Offensichtlich soll die russische Kriegsanstrengung effizienter und besser organisiert werden – ein Anzeichen, dass es intern nicht gut steht?

Nach der offenen Ankündigung der Mobilisierung in Höhe von 300.000 Mann im Herbst 2022 hat der Kreml diesen Fehler der Vorankündigung nicht mehr wiederholt. Die weitere Rekrutierung von Wehrpflichtigen läuft jetzt eher still, leise und permanent. Zudem hat man versucht, die Rekrutierung von Wehrpflichtigen teilweise durch die Rekrutierung von Freiwilligen zu ergänzen, auch über Prigoschins begnadigte Strafgefangene hinaus. Das schafft willigere Soldaten und macht die Rekrutierung weniger unbeliebt, ist aber deutlich teurer, da man die Freiwilligen mit besserem Sold locken muss. Die Probleme des russischen Staates mit der Nachrekrutierung machen klar, dass der Modus des größeren Teils der russischen Bevölkerung weiterhin der der politischen Apathie ist. Es scheint sich nicht mehr viel Widerstand gegen den Krieg in Russland zu regen, große Teile der Bevölkerung scheinen den Krieg des Regimes zumindest in passiver Weise mitzutragen, aber die große levée en masse, in der die Freiwilligen in großer Zahl voll patriotischer Begeisterung unter die Fahnen strömen, sähe anders aus. Überhaupt hat das Regime seinen Charakter als autoritäres Regime mit nicht wirklich totalitären Anteilen weiterhin nicht grundsätzlich geändert und kann das strukturell vielleicht auch gar nicht. Wie schon einmal bemerkt, kann man mit einem lediglich autoritären Regime von teilweise auch noch mafiösem Charakter eine politisch passive Bevölkerung mit recht ökonomischem Einsatz beherrschen, aber für einen großen Eroberungskrieg braucht es eine stärker mobilisierbare Bevölkerung. Russland kann in dieser Situation die Kriegsanstrengung durchhalten – völlig unklar ist, wie lange – aber für den klaren Sieg gegen einen inzwischen auf dem Schlachtfeld mindestens gleich starken Gegner reicht das nicht. Putin muss hoffen, den Krieg materiell, demographisch und von der Einsatzmoral her länger durchzuhalten als die Ukraine oder länger als der Westen bereit ist, die Ukraine zu unterstützen (dazu noch im letzten Kapitel).

Die russische Propaganda – die offiziöse im Fernsehen und die offizielle des Kreml – ist zweifellos noch schriller geworden. Dabei hat sich seit der gelungenen ukrainischen Offensive der Zeit von September-November 2022 der Schwerpunkt vom Feindbild der zu entnazifizierenden Ukraine klar zum Feindbild des Westens verlagert. Anstelle des Motivs der „militärischen Spezialoperation" in der Ukraine ist stark das Motiv des Kampfes gegen den „satanischen Westen" getreten. Auf diese Weise soll der eigenen Bevölkerung klar gemacht werden, warum der Krieg weiter andauert. An den lächerlichen Ukrainern kann das ja nicht liegen, wenn die überlegene russische Militärtradition nicht siegt, wenn es aber gegen den ganzen Westen geht, dann erklärt das die Dauer des Krieges natürlich leichter und für nationalstolze Russen verständlicher. Das Regime hat jetzt eine Art patriotisch-vormilitärischer Erziehung für Schüler nach sowjetischem Muster eingeführt, um seine Anstrengung in Hinblick auf zukünftige Militarisierung der Bevölkerung zu steigern, aber davon hat es jetzt natürlich noch nichts.

Das Herrschaftssystem Putins ist auch weiterhin nicht aus einem Guss. Es gibt immer noch die beiden deutlich voneinander unterschiedenen Gruppen der Silowiki und der Oligarchen. Viele der Letzteren dürften nicht so gewettet haben, dass Putin sie in ein Unternehmen führt, das zum großen Materialkrieg ausartet, dass sie ihre Verbindungen zum Westen und ihre dort investierten Kapitalien kostet und jetzt auch weitere finanzielle Opfer von ihnen verlangt. Verräterisch war schon, dass eine irreguläre und legal gar nicht existente Truppe wie Wagner massiv in diesem Krieg eingesetzt wurde. Diese Truppe wurde geschaffen, um dem Kreml die Möglichkeit zu geben, in fernen Ländern unbemerkt und unentdeckt russische Kastanien aus dem Feuer zu holen, aber was kann eine solche Spezialtruppe in einem Massenkrieg zwischen hochgerüsteten regulären Armeen ausrichten? Auch hier spielt das Problem der nur partiellen Mobilisierbarkeit der Bevölkerung für die aktive Kriegsführung eine Rolle, für gefallene Wagnerianer hat man zu Hause weniger zu erklären, gerade, wenn es Strafgefangene waren, die in Russland niemand vermisst hat. Dementsprechend wurde Wagner von der regulären Armeeführung auch als verzichtbares Kanonenfutter eingesetzt. Das führte zum Konflikt zwischen der Armeeführung unter Verteidigungsminister Schoigu und Generalstabschef Gerassimow – zwei engeren Figuren des Regimes – und Wagner-Chef Prigoschin, der seine schöne Truppe dahinschwinden sah, der er den zentralen Teil seiner Bedeutung für Putin verdankte. Die Folge waren Prigoschins immer offenere Ausfälle in den sozialen Medien und schließlich – nach der offiziellen Ankündigung, Wagner voll und ganz der regulären Armeeführung zu unterstellen – Prigoschins ein bisschen hilflos wirkende Revolte von Ende Juni 2023. Es ist natürlich beim gegenwärtigen Informationsstand völlig unklar, was Prigoschin vorhatte und inwieweit er auf weitere Unterstützung aus ebenfalls mit der Kriegführung unzufriedenen Kreisen der Armee hoffte. Wahrscheinlich richtete sich die Revolte nicht direkt gegen Putin und war damit wohl kein Putschversuch, sondern ein Versuch, von Putin Unterstützung gegen Schoigu und Gerassimow zu erpressen. Es ist unklar, welche Rolle der belarussische Präsident Lukaschenko bei der vordergründigen Schlichtung der Affäre wirklich spielte. Putin scheint sich tatsächlich erst einmal unsicher gefühlt zu haben, welche weiteren Kreise als Unterstützungswillige noch mit drinstecken könnten. Er ging auf das Schlichtungsangebot ein – erst einmal. Erkennbar ist, dass danach im Offizierkorps gesäubert wurde, der rechtsnationalistische Hauptschreier gegen Putin im Internet, Igor Girkin, wurde in Gewahrsam genommen. Überhaupt hatte Putin schon vorher immer wieder Offiziere in hohen Positionen in der Ukraine ausgewechselt – sei es, dass sie nicht erfolgreich genug waren oder dass sie unzufrieden wurden und Putin für den desaströsen Krieg verantwortlich machten, den sie für ihn unter ungünstigen Voraussetzungen gewinnen sollten. Der Mord an Prigoschin und seiner engsten Umgebung – seinem militärischen Vize Dmitri Utkin sowie an dem an der Sache natürlich völlig unbeteiligten Flugpersonal – und ich habe keine Zweifel, dass Putin hinter der Explosion von Prigoschins Flugzeug steckt – erfolgte dann aus der Hinterhand, nachdem Putin sich nach allen Seiten abgesichert hatte. Und in der Tat, seit dem spektakulären wie plötzlichen Tod Prigoschins sind die rechtsnationalen Kritikaster Putins in der russischen Militärblogger-Szene weitgehend verstummt und halten sich bedeckt. Sie haben gesehen, dass der Herr des Kreml immer noch willens und fähig ist zuzubeißen. Alle diese Überlegungen sind zweifellos recht spekulativ, wären aber eine plausible Erklärung der Vorgänge.

Neben dem zweifellos gezielt herbeigeführten Tod Prigoschins und seiner Begleitung hat es bislang während des Krieges eine Reihe weiterer Morde oder „Unfälle" vor allem in Oligarchenkreisen gegeben – Morde durch Erschießen ohne erkennbaren kriminellen Hintergrund, „Unfälle" dadurch, dass die Betreffenden unerklärlicherweise aus dem Fenster gestürzt sind. Wenn man nicht annehmen will, dass das Regime einen Teil seiner Kontrolle verliert und Russland in die Zeit der Mafiamorde in den 1990ern zurückgekehrt ist, dann bleibt eigentlich nur der Kreml als Verdächtiger übrig. Gleiches gälte für das Attentat auf Daria Dugina, die Tochter Alexander Dugins, im Sommer 2022. Möglicherweise ist auch der Tod Alexej Nawalnys, der letzten Führungsfigur der liberalen russischen Opposition, im sibirischen Straflager im Februar 2024 hier einzuordnen. Nawalnys persönliche Umgebung (Anwalt, Familie, Freunde, politische Mitarbeiter) hatte schon länger keinen Zugang mehr zu ihm erhalten, die Haftbedingungen werden nicht förderlich für seine Gesundheit gewesen sein.

Es gibt vorgezeichnete Bruchlinien im System Putin, das für die Belastungen, denen es jetzt unterworfen ist, nicht konstruiert worden ist. Der wirklich große Krieg war in Putins Plänen nämlich nicht vorgesehen gewesen. Der Sieg über die Ukraine sollte schnell und ohne große Opfer vonstatten gehen, so schnell und überlegen, dass der Westen danach gerade noch hilflos hätte schlucken können. Zudem regt sich mit dem Anschlag auf das Moskauer Konzert im Frühjahr 2024 jetzt auch wieder der alte, früher von Putin vielbeschworene Feind des islamistischen Terrors – ein Nebenprodukt des russischen Engagements in Tschetschenien und in Syrien. In Hinblick auf die Ukraine kann Putin jetzt nicht mehr so einfach zurück, es hängt zu viel an innenpolitischer Reputation und Glaubwürdigkeit für ihn daran. Er – und zuvorderst die russischen Soldaten – müssen das durchstehen, damit er später wenigstens das Gesicht wahren kann, in der Hoffnung, die Ukraine – oder der Unterstützungswille des Westens – macht vorher schlapp. Und vielleicht werden Selenskyj und das ukrainische Parlament gezwungen sein, ihm die Krim und die als russisch deklarierten Gebiete im Osten und Südosten der Ukraine vertraglich zumindest in einem Waffenstillstand zuzugestehen, was für Putin ein nicht unbeträchtlicher Trostpreis wäre, den er nach innen leicht als Sieg verkaufen könnte.

3. Der Krieg, die Ukraine, Russland, der Westen und die Welt – Perspektive

Welche Auswirkungen hat der Krieg auf die globale Welt? Wie geht es weiter, mit dem Krieg und seinen weiteren Auswirkungen? Welches Ergebnis ist unter welchen Bewertungskriterien wünschenswert?

Beginnen wir mit der Frage, was wünschenswert wäre.

1. Moralisch wünschenswert wäre natürlich das sofortige Ende des Krieges mit einer Friedensregelung, die die Spannungssituation zwischen beiden Staaten entschärft und dauerhaft stabil wäre.
2. Moralisch wünschenswert – und politisch wünschenswert im Interesse der Ukraine – wäre aber eben auch die Behauptung der ukrainischen Unabhängigkeit in den Grenzen von vor 2014, um der Ukraine eine solide Entwicklung hin zum vollständigen freiheitlichen Rechtsstaat und zum Wohlstand zu ermöglichen. Für Russland wäre eine parallele Entwicklung zweifellos auch gut, aber dafür bräuchte es mehr als eine stabile Friedensregelung – es bräuchte eine weitere russische Revolution.
3. Politisch wünschenswert auch für uns in Westeuropa wäre ein vollständiger Misserfolg der russischen Aggression, um ein Zeichen zu setzen, dass Aggression nicht belohnt wird (in Europa wie sonstwo – Taiwan!) und um Russland außerstande zu setzen, Osteuropa weiter zu destabilisieren und zu bedrohen und damit auch das weitere Europa nicht destabilisieren zu können.

Es ist leicht zu sehen, dass diese moralischen und politischen Prioritäten sich widersprechen: Wer Nr. 1 präferiert – den sofortigen Frieden –, wird Nr. 2 und 3 definitiv nicht bekommen. Allerdings sind 2 und 3 auch bei Fortdauer des Krieges nicht garantiert. Wir werden das demonstrieren.

Die einzige Möglichkeit, den sofortigen Frieden garantiert herzustellen, wäre die plötzliche und vollständige Einstellung der westlichen Unterstützung für die Ukraine. Das wäre der russische Sieg und 2 und 3 fielen weg. Das wünschen sich im Westen natürlich nur die offenen Freunde der russischen Politik. Bei uns viel verbreiteter ist die sich zugleich friedensbewegt und „realpolitisch" gebende Vorstellung, eine Verhandlungslösung herbeizuführen, bei der ein tragfähiger Kompromiss herbeigeführt wird, anstatt einseitig pro-ukrainisch und damit Partei zu sein. Das liefe aber auf dasselbe hinaus, denn: Kriege enden nicht einfach, indem man den Kriegführenden ins Gewissen redet. Sie enden entweder mit einem Sieg, durch den eine der beiden Seiten seine Kriegsziele oder ein Äquivalent erreicht oder mit einem Kompromiss, wenn BEIDE Seiten bereit sind, ihn zu schließen, weil der Krieg ihnen zu große Opfer abfordert, die sie nicht weiter erbringen wollen oder können. Russland macht bislang keine Anzeichen, es sei von seinen anfänglichen Kriegszielen ernsthaft abgerückt (zu den Kriegszielen beider Seiten s. unten) und verhandlungsbereit und auch die Ukraine hält an ihrem Ziel fest, alle ihre seit 2014 verlorenen Gebiete zurückzugewinnen. Die Zeit für erfolgreiche Verhandlungen scheint bis jetzt nicht gekommen zu sein. Der Westen könnte sie nur in Gang setzten, wenn er mittels Drohung, nicht weiter zu liefern, Druck auf die Ukraine ausüben würde, auf einen Teil ihrer Positionen zu verzichten. Dann wäre Russland in der stärkeren Position, es könnte seine Forderungen umfangreich durchsetzen, da der Westen keinen Druck auch auf Russland ausüben könnte – das könnte vielleicht China, aber das will nicht. So oder so, die Ukraine würde dem Löwen zum Fraß vorgeworfen, ihr bisheriger Kampf wäre sinnlos gewesen. Wäre diese Art von „Friede" es wert, Punkt 2 und 3 in den Wind zu schreiben? Nach dem moralischen und politischen Weltbild des Autors – nein. Damit gibt es aus meiner Sicht keine Alternative zur weiteren Unterstützung der Ukraine. Allerdings ist die Frage: Unterstützt der Westen die Ukraine genug, um siegen zu können und wäre ein Sieg der Ukraine dann garantiert? Die Antwort auf beide Teilfragen ist ist meines Erachtens „nein". Die Unterstützung des Westens reicht für einen ukrainischen Sieg sicher nicht aus und selbst wenn der Westen die Ukraine genug unterstützen würde, gäbe es dennoch keine Garantie für einen ukrainischen Sieg. Es gibt gerade im Krieg selten Garantien für irgendetwas. Weiter unten werden noch Überlegungen dazu folgen.

Putin hat neuerdings verlauten lassen, er sei verhandlungsbereit, wenn die Ukraine die formal annektierten Gebiete als russisch anerkennen würde – also die Krim sowie die vier Regierungsbezirke Donezk, Luhansk, Saporischja und Cherson und sich aus den von ihr weiterhin gehaltenen Teilen zurückziehen würde. Was hieße das? Friede und Anerkennung von Unabhängigkeit und Integrität der verbleibenden Ukraine? Wer garantiert das, nach allem was passiert ist? Soll die kriegerische Aggression auf diese Weise gratifiziert und ermutigt werden? Was wären das für strategisch ungünstige Grenzen für die Ukraine? Das käme auf eine ukrainische Kapitulation heraus, bei der die Ukraine nicht mehr als ihre nackte Existenz bewahrt hätte. Ein Kompromiss könnte sein, dass Russland die Krim behält, aber die besetzten Gebiete weiter nördlich räumt. Das Problem: Die Ukraine bräuchte die Krim zurück (Erklärung s. unten, da noch mehr zu dieser Frage), umgekehrt wäre die russische Position auf der Krim ohne das direkt nördlich angrenzende Festland prekär (Wasserversorgung, Stromversorgung, Verkehrsanbindung).

Kommen wir zu den realen Auswirkungen des Krieges und dann zu möglichen Szenarien, wie sich die Sache entwickeln könnte.

Die Auswirkungen des Krieges auf den Westen betreffen viele der Leser selbst. Zu den ökonomischen und finanziellen Aspekten und ihren Konsequenzen auch hier in Deutschland bis hin zu Lebenshaltungskosten möchte ich nichts weiter bemerken. Auch Spekulationen darüber, wer North Stream 2 sabotiert hat und warum werde ich nicht anstellen. Grundlegender ist aber die Tatsache, dass es das erste Mal seit 1945 einen großen Staatenkrieg in Europa gibt. Große Staatenkriege sind überhaupt weltweit sehr selten geworden. Die meisten gegenwärtigen kriegerischen Konflikte spielen sich zwischen irregulären Gruppen ab oder zwischen solchen und den regulären Armeen von Staaten, sind also sogenannte asymmetrische Konflikte. Da der Krieg an der Bruchlinie zwischen Russland einerseits, der Nato und der EU andererseits stattfindet, besteht nun die reale Gefahr, der Krieg zwischen Russland und der Ukraine könnte zu einem Krieg zwischen Russland und der Nato eskalieren, womöglich sogar zu einem nuklearen. Nun ist die Nato erkennbar bemüht, das zu vermeiden – von daher kein eigenes Eingreifen und die immer wieder auftretenden Zögerlichkeiten, wieviel der Ukraine wovon geliefert wird. Auch Russland ist daran nicht gelegen, obwohl die russische Propaganda hier zwecks Mobilisierung ihres inneren Publikums wie zur Abschreckung umfangreicher Unterstützung der Ukraine durch den Westen immer wieder Öl ins Feuer gegossen hat. Täten das nur die diversen Moderatoren im russischen Fernsehen („die Bombe auf London" ist ein Beispiel), wäre es nicht ernstzunehmen, aber Außenminister Lawrow und Ex-Präsident Medwedew haben auch schon mehrfach öffentlich bemerkt, dass im Fall einer erfolgreichen ukrainischen Offensive taktische Atomwaffen eingesetzt werden könnten. Wie würde der Westen darauf reagieren? Wie die anderen außerwestlichen Atommächte wie China und Indien? Russland hätte dann ein entscheidendes, seit 1945 geltendes Tabu gebrochen, nämlich, dass man mit Kernwaffen abschreckt, aber sie nicht als Erster einsetzt. Putin wäre dann der isolierteste Machthaber auf dem Planeten. Von daher ist die Wahrscheinlichkeit nicht sehr hoch, dass Russland das tatsächlich täte. Allerdings bestünde die grundsätzliche Möglichkeit, falls eine künftige ukrainische Offensive so erfolgreich wäre, dass die russischen Linien quasi zusammenbrechen würden und Putin den letzten Rest von nüchtern kalkulierender Berechenbarkeit ablegen würde. Aber Möglichkeit ist nicht Wahrscheinlichkeit. Was die russische Führung mit solchen Drohungen und Andeutungen bezweckt, ist die Erpressung des Zurückfahrens der westlichen Unterstützung der Ukraine.

Eine weitere mögliche Befürchtung, die Teile des Publikums beschäftigt, wäre ein russischer Angriff auf die Ostflanke der Nato, auf das Baltikum oder gar Polen, falls der Westen die Ukraine weiter unterstützt. Das würde ich aber nicht nur für unwahrscheinlich halten, sondern nun wirklich für geradezu unmöglich. Russland hätte dafür überhaupt keine zusätzlichen militärischen Kapazitäten. Die Offensivkapazitäten der russischen Streitkräfte sind erkennbar völlig in der Ukraine gebunden, ohne dass dort bislang ein Durchbruch erfolgt ist. Womit sollte Putin die östlichen Nato-Mitglieder angreifen? Selbst im Falle eines russischen Sieges in der Ukraine wäre die russische Armee vorerst kaum in dem Zustand, irgend jemanden anzugreifen, hinter dem die Nato steht. Für die längerfristige Perspektive gehen die Überlegungen der Experten auseinander.

Die Besorgnis des Westens, selbst unmittelbar Kriegspartei werden zu können, bildet einen entscheidenden Faktor, der die westliche Unterstützung für die Ukraine mit Kriegsmaterial erkennbar begrenzt, auch wenn es auf den ersten Blick nicht so aussehen mag. Es gibt ja die Vorstellung, der Westen – und spezifisch die Amerikaner – hätten Russland durch gezielte Eskalation und Provokation in die Falle gelockt, den Krieg zu beginnen, um mittels der Ukraine Russland kleinzukriegen. Dass der Westen Russland dafür lange Zeit nicht ernst genug genommen hat – das gilt besonders für Washington – war schon bemerkt worden. Auch ist klar, dass ein großer Teil der Europäer – Deutschland ganz vorne dabei – bis Februar 2022 trotz Krim und Donbas ein zu großes Interesse an weiterhin guten Beziehungen zu Russland hatte als dass man den Kreml provozieren wollte. Und – wie im letzten Kapitel im Kontext der Vorgeschichte der Invasion festgestellt – erfolgte die Eskalation von der russischen Seite, nicht von der westlichen und nicht von der ukrainischen Seite – die Ukrainer hatten viel zu viel Angst vor der scheinbaren russischen Übermacht gehabt. Mit das Erste, das Selenskyj nach dem Morgen des 24. Februar 2022 versucht hat, nachdem er das Kriegsrecht erklärt hatte, war, Putin telefonisch zu erreichen, was dieser abblocken ließ. Auch sah es in den ersten Tagen nach Beginn der Invasion nicht so aus, als hätten sehr viele Leute im Westen – auch Entscheidungsträger – allzuviel Bereitschaft gehabt, auf die Ukraine zu wetten. Das alles sieht nicht nach westlicher Falle für Russland aus. Putin hatte den klassischen Fehler begangen, den schon der altchinesische Strategietheoretiker Sun Tzu im 5. Jh. v. Chr. als kardinalen für einen Befehlshaber bezeichnet hat: Selbstüberschätzung und Unterschätzung des Gegners. Teilweise genährt durch das nationalrussische Klischee, die Ukraine sei in ihrem Autonomiebestreben nicht ernst zu nehmen, teilweise aus Fehleinschätzung der Erfolge der eigenen Armeereform, beides wohl verstärkt durch ein hierarchisches System, in dem positive Nachrichten von unten nach oben besser weitergegeben werden. Als sich abzeichnete, dass die Ukraine sich halten konnte, setzte die westliche Unterstützung ein. Allerdings mussten sich einige europäische Staaten – allen voran wieder Deutschland – erst überzeugen lassen, mit ihrer Unterstützung wirklich deutlich zu werden. Am stärksten war die Unterstützung schon schnell von Seiten der USA und der Briten, auch die Polen und ihre baltischen Nachbarn waren als regional fast direkt Mitbetroffene und schon herkömmlich Russlandskeptische sehr schnell dabei – im Rahmen ihrer begrenzteren Möglichkeiten. Die USA liegen weiterhin mit über 70% des gelieferten Kriegsmaterials deutlich an der Spitze. Sie haben die Lagerbestände, sie haben die Produktionskapazitäten, auch ohne ihre Industrie auf Kriegsproduktion umstellen zu müssen, auch finanziell fällt es ihnen am Leichtesten – Privilegien einer Supermacht. Dabei haben aber auch die Amerikaner nicht alles sofort geliefert. Zunächst keine schweren Waffen – erst später. Dann keine Flugzeuge – erst später versprochen und sich auswirkend erst im Laufe des Jahres 2024. Ebenso mit den Raketen mit längerer Reichweite, die für eine weitere ukrainische Gegenoffensive wichtig wären. Und alles, was dann doch geliefert wurde und wird, wird in kleineren Happen geliefert und nicht im großen Schwung – was nachweislich unter den amerikanischen Möglichkeiten bleibt. Auch die USA liefern nicht so umfangreich und willig, wie sie könnten. Fanatisch kann man damit auch die amerikanische Unterstützung der Ukraine nicht nennen. Das ist ja auch einer der Gründe, warum Selenskyj weiterhin immer wieder als Bittsteller oder Fordernder auftritt – was er vom ukrainischen Interesse her tun muss. Ganz identisch scheinen westliche und ukrainische Interessen trotz aller rhetorischen Beteuerungen nicht zu sein. Hätte der Westen – und besonders die Amerikaner – wesentlich früher, umfangreicher und in größerem Maßstab geliefert, hätte die Ukraine schon im Winter 2022/23 – vor der Rasputitza – imstande sein können, mit ihrer Offensive zu beginnen oder hätte für ihre 2023 in Kleinschritten laufende Offensive bis zur Herbstrasputitza eine deutlich stärkere Grundlage gehabt. Ob das für einen Durchbruch gereicht hätte, weiß allein der Gott des Krieges, aber die Grundvoraussetzungen für einen ukrainischen Sieg wären besser gewesen. Man könnte denken, der Westen will, dass die Ukraine sich hält, aber will er auch, dass sie siegt? Auch hier gibt es eine zynische Erklärungsmöglichkeit, die besagt, der Westen missbrauche die Ukrainer als blutende Bauernopfer, um Russland in einem in die Länge gezogenen Krieg möglichst nachhaltig zu schwächen. Diese Vorstellung verrät allerdings keinen strategischen Sinn. Denn auch das wäre eine riskante und unkalkulierbare Strategie, die schrecklich schiefgehen könnte – charakteristisch für viele Verschwörungstheorien, deren Anhänger Unwahrscheinlichkeiten auftürmen und Politiker als permanente Vabanque-Spieler ohne Sinn für Risiko betrachten. Es ist wahrscheinlicher, dass hinter dieser Zurückhaltung die Furcht steht, Russland nicht zu sehr zu provozieren und nicht direkt Kriegspartei zu werden. Es scheint weniger um die Furcht vor einem zu großen ukrainischen Sieg als die vor einer zu drastischen russischen Niederlage zu gehen. Im Westen – und diese Besorgnis wird auch immer mal wieder mitgeteilt – besteht die Furcht, durch eine völlige Niederlage könnte Putin gestürzt werden und dann kommt einer der Ultranationalisten in Russland an die Macht oder der russische Staat könnte zerbrechen und was wäre dann mit den Atomwaffen? Es gibt bei aller Solidarität mit der Ukraine im Westen Hintergedanken, die einen vollständigen ukrainischen Sieg nicht ganz so wünschenswert erscheinen lassen, wie er das natürlich aus ukrainischer Sicht selbst ist, weil Russland nicht zu instabil oder noch fanatischer werden soll. Zudem gibt es in einer Reihe von westlichen Staaten das Problem der innenpolitischen Skepsis: in Osteuropa und Ostmitteleuropa – immer mit Ausnahme Ungarns – steht das Publikum sehr weitgehend hinter der Sache der Ukraine, man betrachtet sich historisch gegeben im selben Russlandskeptischen Boot sitzend. In Westeuropa ist die innenpolitische Basis für die Unterstützung der Ukraine am breitesten in Großbritannien, auch in den nordischen Staaten ist sie hoch – Finnland und Schweden, zwei altgediente Neutrale, hat es so in die Nato getrieben. In Deutschland, Frankreich und in Südeuropa ist sie erkennbar weniger hoch, es gibt größere Gruppen von Ukraine-Skeptikern oder gar Russland-Freunden, mehr Angst vor einer möglichen Ausweitung des Konflikts und vor weiteren finanziellen und ökonomischen Opfern. Ganz spezifisch in Deutschland gibt es eine Stimmung, die Friedfertigkeit unter allen Bedingungen für konsequenten Ausdruck deutscher Lernfähigkeit nach 1945 hält. Bei manchen hiesigen Kommentatoren gewinnt man den Eindruck, sie nähmen es den Ukrainern mehr übel, sich mit Waffen zu wehren als den Russen, mit Waffen anzugreifen, was ich persönlich als moralisch verstörend empfinde. Die Neigung zur Friedfertigkeit ist eine schöne und äußerst zivilisierend wirkende Sache, aber in großen Teilen heutiger (west)europäischer Gesellschaften hat man sich zu sehr angewöhnt, die Sicherheit, in der man lebt, als selbstverständliches Recht zu begreifen. Aber alles hat bestimmte Voraussetzungen, die auch wieder wegfallen können. Alles was errungen wird, kann auch wieder verloren gehen, wenn man es nicht hegt und schützt. Der Friede um jeden Preis ist keiner.

Auch in den USA ist das Publikum in dieser Frage gespalten, wie es in einer Reihe von Dingen jetzt sehr gespalten ist. Zunächst hat die Mehrzahl der Republikaner im Kongress in der Ukraine-Frage zwar zu Biden gehalten, aber das schwankt, da ein Teil der republikanischen Wählerschaft äußerst ukraineskeptisch ist oder Vorstellungen von amerikanischer „splendid isolation" folgt – was aber gerade bei diesem Segment der amerikanischen Gesellschaft für die massive Unterstützung Israels dann wieder nicht gilt. Und die Demokraten wollen 2024 die Präsidentschaftswahl gewinnen und Trump die Zweite soll verhindert werden, was auch innenpolitische Rücksichtnahmen bedeuten könnte, die zu einer Begrenzung der Unterstützung der Ukraine beitragen könnten. Von Ende 2023 bis April 2024 haben die im Kongress starken Republikaner einen Teil der Hilfe für die Ukraine blockiert. Das lag nicht nur daran, dass die republikanischen Kongressabgeordneten nach der Stimmung eines Teils ihrer Wähler schielen, sondern auch daran, dass die republikanische Opposition mit der Blockade der Hilfsgelder versucht hat, die Administration Biden innenpolitisch zu erpressen, um sie zu einer härteren Gangart in Hinblick auf die Drosselung der Einwanderung zu bekommen. Auch eine weitere Anzahl von westlichen Regierungen kann sich der Wählerunterstützung für die Solidarität mit der Ukraine oder ihrer Dauer nicht ganz so sicher sein – die eingebauten Instabilitäten unserer deutschen Ampelkoalition möchte ich hier nur andeuten, ebenso wie eine mögliche Wiederwahl Donald Trumps in den USA. Allerdings könnte ein wiedergewählter Präsident Trump eine große Enttäuschung für alle sein, die sich von ihm ein Ende der Unterstützung der Ukraine erwarten. Trump mag schon 2016 mit außenpolitisch isolationistischen Versprechungen auf Wählerfang gegangen sein, faktisch hat er als Präsident dann aber keine isolationistische Außenpolitik betrieben. Es sei noch einmal daran erinnert, dass er 2016 nach seinem Amtsantritt die finanzielle Unterstützung der Ukraine gegenüber seinem Vorgänger Obama deutlich hochgefahren hatte. Und dass die Republikaner im Repräsentantenhaus im April 2024 die Blockade der weiteren Ukraine-Hilfe – bis auf weiteres? – aufgegeben haben, liegt maßgeblich an seinem Eingreifen. Trump hatte sich nämlich kurz davor auf „X", dem ehemaligen Twitter, für die weitere Unterstützung der Ukraine ausgesprochen und betont, dass die Ukraine wichtig sei, nur dass die Europäer mehr dazu beitragen müssten und die USA nicht alles alleine übernehmen. Mike Johnson, der Sprecher der Republikaner im Repräsentantenhaus, war extra nach Florida zu Trump geflogen, um sich rückzuversichern. Nach diesem Spruch des Herrn und Meisters und unverzichtbaren Mehrheitsbeschaffers für die Republikaner erfolgte der Umschwung im Kongress. Trump beherrscht es, seine Anhänger glauben zu lassen, er sei für eine zurückhaltende Außenpolitik. Trumps außenpolitische Richtung ist aber genauso wenig zurückhaltend wie sonst etwas an ihm. Sie ist, wie ebenfalls vieles an ihm, oft inkonsequent.

Ein weiterer Punkt in diesem Zusammenhang ist die mögliche Dauer des Krieges. Sollte es keinen entscheidenden ukrainischen Durchbruch geben und sollten auch die Russen das Handtuch nicht aus inneren Gründen werfen, dann kann der Krieg auf diesem Niveau der Intensität noch länger weitergehen. Nicht für ewig, denn große Kriege ohne klare Entscheidung enden irgendwann aufgrund materieller und moralischer Erschöpfung oder kochen auf Kleinkonflikte herunter, so wie der von 2014–2022 im Donbas oder eine ganze Reihe von begrenzten Dauerkonflikten in verschiedenen Teilen des Globus. Es bestünde aber nicht nur die Frage, wie lange der Westen noch auf hohem Niveau liefern wollte, sondern auch wie lange er es könnte. Lediglich die USA könnten das, ohne auf Kriegswirtschaft umzustellen und ohne den Gürtel enger schnallen zu müssen. Alle europäischen Staaten haben seit 1990/91 die Friedensdividende nach dem Ende des Kalten Krieges genossen und ihre Gesellschaften schreiben sich diese Dividende als Recht zu. Selbst die traditionell großen westeuropäischen Militärmächte Großbritannien und Frankreich haben ihre Streitkräfte deutlich zurückgefahren, auch ihre Lagerkapazitäten sind begrenzt und auch ihre Industrie hat nicht die Kapazitäten, im notwendigen Maßstab nachzuproduzieren, ohne in Rüstungsindustrie umgewandelt zu werden. Die seit Herbst 2021 amtierende deutsche Regierung hatte sich unter dem Schock des Jahres 2022 zwar vorgenommen, die im Nato-Rahmen anvisierten 2 % des BIP für Rüstungsausgaben zu erreichen, aber erfolgreich gewesen ist sie damit bislang nicht. Um dann auch noch zusätzlich die Ukraine auf hohem Niveau über längere Zeit mit Material zu versorgen, müsste zivile Produktion in militärische umgewandelt werden (Facharbeitskräftemangel! Wachsende Preise ziviler Industriegüter!). Wie würde der Staat das finanzieren? Höhere Steuern? Abzüge bei den Haushaltsausgaben für Soziales oder für Bildung? Das sähe alles nicht nach innenpolitischem Frieden aus. Von daher die paradoxe Situation, dass die bis Herbst 2023 laufende ukrainische Offensive einerseits auch aus Sicht des Westens den Durchbruch bringen hätte bringen sollen, eine zu drastische Niederlage Russlands – und damit indirekt ein zu hoch ausfallender ukrainischer Sieg – aber auch wieder als problematisch erschienen wäre. Nur aus ukrainischer Sicht – und sicher auch aus z.B. polnischer oder baltischer – ist es völlig klar und konsistent, was man will. Der Westen kann aber grundsätzlich kein Interesse an einem russischen Sieg haben. Nicht weil er Russland so sehr fürchtet oder hasst, dass er es in den Abgrund stürzen sehen will – Russland ist nicht der große Gegner, der die Sowjetunion bis zu Gorbatschow war, auch wenn Putins Russland diese Position gerne wieder hätte, um sich in seinem Wunschbild als Großmacht spiegeln zu können. Der Westen – und auch die weiteren kleineren Anlieger Russlands – kann in Eurasien und Osteuropa keine Macht brauchen, die noch einmal Imperium spielen möchte und damit dann auch noch durchkäme. Dabei wäre die Eingrenzung Russlands, die nun nötig geworden ist, ganz besonders in europäischem Interesse und damit noch mehr als in amerikanischem. Aber gerade bei uns in Deutschland gibt es immer noch diese Hoffnung, Putin könnte eines Tages wieder „brav" werden, oder man könnte ihm das abkaufen – mit Wohlverhalten, Wunscherfüllung oder Handel. Geostrategisch gesehen, sollte Europa primär auf Russland als Gefahrenherd konzentriert sein und die USA eher auf China.

Für den großen Rest der Welt – der nicht die Ukraine, direkter Nachbar Russlands wie Georgien oder Europa ist oder ganz allgemein zum westlichen Bündnis gehört– ist das Problem weniger drängend. China oder Indien haben von Russland nichts zu fürchten – für China und Indien ist Russland ein pragmatischer Freund. Indien und Russland haben miteinander kein Konfliktpotential, China und Russland hätten eines, aber China ist zu stark, um Russland fürchten zu müssen. Der globale Süden hat die russische Aggression überwiegend verurteilt, sieht aber das, was sich da in Osteuropa tut, als zu wenig ihn betreffend an und ist zu sehr auch an Beziehungen zu Russland interessiert, um wirklich Partei zu ergreifen. Einige wenige Staaten – die üblichen Verdächtigen – sind so sehr mit dem Westen oder den USA über Kreuz oder in der russischen Tasche, dass sie klar für Russland Partei ergreifen: Nordkorea, Iran, Syrien, Kuba, Venezuela. Sonderrollen nehmen die Türkei und – noch einmal – China ein. Das Nato-Mitglied Türkei setzt sich – bedingt durch die opportunistische Außenpolitik Erdogans – in die Mitte, obwohl man in Libyen und längere Zeit auch in Syrien mit Putin in Konkurrenz war bzw. ist. China hätte wohl nichts dagegen gehabt, wenn Putin in der Ukraine schnell gesiegt hätte und der Westen das hätte schlucken müssen wie er 2014 die Krim und den Donbas geschluckt hat. So aber könnte die Sache auch aus Chinas Sicht bedenklich werden: Es besteht die Gefahr, dass Putin hier die große Niederlage gegen die Ukraine und – indirekt – den Westen erleidet, dass Russland so geschwächt wird, dass es als pragmatischer Verbündeter gegen den Westen ausfällt. Allerdings könnte dann die Stunde chinesischen Zugreifens in der Äußeren Mandschurei und in Sibirien kommen, falls Russland wirklich sehr geschwächt werden sollte. Russland hat wenig wirkliche Freunde. Die, die es am ehesten sind, sind nicht besonders mächtig, die, die mächtig sind, sind sehr opportunistisch.

Die Ukraine-Konferenz, die jetzt im Juni 2024 in der Schweiz stattgefunden hat (ohne Russland), hat in allen diesen Dingen nichts neues erbracht, sondern nur die bisherige internationale Situation bestätigt: Über den Westen hinaus nicht viel an Unterstützung der Ukraine außer prinzipiellen Lippenbekenntnissen, vor allem wenig wirklich scharfe Verurteilung Russlands. Verurteilung der Aggression, aber nicht wirklich des Aggressors. Die Weltgemeinschaft insgesamt wird diesen Krieg jedenfalls nicht beenden.

Was würde in diesem Krieg überhaupt „Sieg" oder „Niederlage" bedeuten? Dies wird in der Regel daran gemessen, ob die Kriegsziele erreicht werden oder nicht. Dabei hat ein Angreifer zunächst einmal höheren Ehrgeiz und umfangreichere Ziele, für den Verteidiger genügt die erfolgreiche Selbstbehauptung. Anfangs, im Februar 2022, war das recht einfach gewesen: Russland hätte gesiegt, wenn es ihm gelungen wäre, die Ukraine eindeutig zu überrollen, um das, was im Osten und Südosten als „Neurussland" beansprucht wird, annektieren zu können und die übriggebliebene Rumpfukraine als Satellitenstaat unter Kontrolle zu halten – was wohl die russischen Kriegsziele waren. In dieser Situation war es zunächst für die Ukraine schon Sieg, sich überhaupt ohne allzuviele territoriale Verluste zu halten. In der ersten und zweiten Phase des Krieges bis November 2022 siegte die Ukraine, Russland verlor. Der unerwartete Erfolg und die westliche Unterstützung, die er in Gang brachte, ermutigte die Ukraine, das Ziel höher zu stecken: Ein umfassender ukrainischer Sieg wäre nun der, wenn alle seit 2014 an russische Kontrolle verlorengegangenen Gebiete zurückgewonnen werden könnten UND Russland danach so geschwächt oder eines besseren belehrt wäre, dass es einen in Zukunft in Ruhe lassen würde. Damit will die Ukraine jetzt aber etwas von Russland, das sie sich verschaffen muss, um gesiegt zu haben, strategisch gesehen, ist die Ukraine jetzt der Angreifer – wenn auch der legitime, da zuvor angegriffen und auf eigenem Territorium und für die Rückgewinnung eigenen Gebiets kämpfend. Die jetzigen russischen Kriegsziele sind schwerer abzuschätzen – gehen wir davon aus, dass man sich in Moskau weiterhin Gedanken über das Mögliche macht und den Krieg nicht nur mechanisch durchhält, weil man die Blamage und die politische Schwäche fürchtet, wenn man verliert. Am günstigsten und im Rahmen des Möglichen wäre für Russland ein Zusammenbruch der ukrainischen Kriegsanstrengungen – Zusammenbruch beim Scheitern weiterer Offensiven, längerfristiger Zusammenbruch des Kampfwillens oder der Unterstützung der Bevölkerung für die Kriegsführung oder Einstellung der westlichen Unterstützung. Eine völlige Besetzung der Ukraine, wie anfangs geplant, wäre dann auch schwierig – obwohl Putin darauf weiterhin aus sein mag -, aber die Ukraine müsste dann wohl den Verlust der Krim und von allem alles, was die russische Armee im Osten des Landes hält, vertraglich anerkennen. Putin könnte das seinen Leuten als Trostpreis darbieten und sich bestätigt fühlen. Die Ukraine wäre dann territorial verstümmelt und auf Dauer geschwächt und ihre Perspektive für günstigere weitere Entwicklung sehr beschränkt. Umgekehrt brauch die Ukraine auf jeden Fall die Krim, um sich nach dem Krieg günstig und sicher entwickeln zu können. Den Donbas pragmatisch gesehen nicht 100%ig, aber die Krim mit Sicherheit. Die Gründe sind:

1. Mit der russischen Kontrolle der Krim können die sich weiterhin unter ukrainischer Kontrolle befindenden Seehäfen wie Odessa jederzeit durch die russische Schwarzmeerflotte blockiert werden, so wie das seit Juni 2023 wieder der Fall war, nachdem Russland das mit türkischer Vermittlung 2022 vereinbarte Getreideexportabkommen aufgekündigt hat. Die Ukraine benötigt daher die ganze Schwarzmeerküste zur Sicherheit ihres Außenhandels und ihrer maritimen Außenverbindungen.
2. Wie die Invasion 2022 gezeigt hat, kann mit einer russischen Krim auch eine Angriffsachse aus dem Süden aufgemacht werden, mit einer ukrainischen Krim dagegen kann eine Invasion nur über die anderen Landgrenzen kommen.

3. Mit den im Lauf der 2000er entdeckten, aber bislang noch nicht erschlossenen Erdgasfeldern auf dem Meeresboden rund um die Krim könnte die Ukraine nicht nur von Erdgaslieferungen von außen unabhängig werden, sondern selbst zum Erdgasexporteur zum Beispiel für Westeuropa werden. Die daraus zu gewinnenden Einnahmen wären ein unverzichtbarer finanzieller und ökonomischer Bonus beim Wiederaufbau des Landes und seiner weiteren wirtschaftlichen Entwicklung.

Zusätzlich würde eine ukrainische Krim – und dann ohne russische Schwarzmeerflotte – auch für die weitere Welt russischer Aggressivität eine zentrale Projektionsbasis nehmen: keine russischen Angriffe von See mehr auf Georgien, keine russische Eingreifmöglichkeit in Moldau/Transnistrien, kein russischer Zugang zum Mittelmeer.

Aus den umgekehrten Gründen wäre der Verlust der Krim für Russland ein nur schwer zu verschmerzender Schlag, zumal zu diesen strategisch-ökonomisch-pragmatischen Gründen noch kommt, dass die Krim seit der Zeit Katharinas II. im späten 18. Jh. nationalideologisch aufgeladen ist als Russlands Anteil am antiken und byzantinischen Erbe und als Zugang zur Mittelmeerwelt. Sollte Putin „unsere Krim" verlieren, deren Annexion 2014 in Russland unter großer öffentlicher Anteilnahme gefeiert wurde – die Hilfe für die Separatisten im Donbas ließ die russische Bevölkerung eher kalt – könnte das seine Position in Russland selbst sehr schwächen.

Es gibt hier Dinge, über die lässt sich nicht verhandeln, solange beide Seiten sich ausrechnen, siegen zu können, d.h., solange Russland hofft, die ukrainische Gegenoffensive aussitzen zu können und solange die Ukraine hofft, alle ihre verlorenen Gebiete zurückgewinnen zu können – und solange die Bevölkerung auf beiden Seiten den Krieg trägt, die Mehrheit der Russen eher in passivem Gehorsam, die Mehrheit der Ukrainer aus Überzeugung und Hoffnung. Der Westen könnte Kiew zwar jederzeit zur Aufgabe des Krieges zwingen, indem er die Unterstützung einzustellen droht, aber damit würde er in der jetzigen Situation mit der russischen Armee weiterhin im Land, die Ukraine der Politik Putins ausliefern und die strategische Situation Europas gegenüber einem Russland, das sich unberechenbar gezeigt hat und damit durchgekommen ist, schwierig machen. Seine moralische und politische Glaubwürdigkeit in der Welt würde der Westen dadurch auch verlieren.

Wie alle Kriegführenden handeln auch diese beiden nach der Devise des hier schon einmal erwähnten Schiller-Zitats aus den Räubern „Das Leben ist der Güter höchstes nicht!". Das ist nicht sehr pazifistisch, aber der reine Pazifismus ist noch nicht einmal unter westlichen Bevölkerungen eine wirkliche Großreligion, von seiner begrenzten Verbreitung außerhalb des Westens zu schweigen. Von daher ist die Zeit für Verhandlungen noch nicht gekommen. Kriege enden entweder durch eine klare Entscheidung für eine Seite oder sie schleppen sich entscheidungslos hin, bis beide Seiten nicht mehr können oder wollen und auf die Idee kommen, dass ein Kompromiss das bessere wäre und dieser Kompromiss ihnen dann als das geringere Übel erscheint. Der Ukraine-Krieg war bislang noch nicht an diesem Punkt, die Forderung nach Verhandlungen, die zu einem Kompromiss führen sollen, ist war damit eine rein moralische Forderung ohne reales Zielobjekt. Allerdings hat sich die seit Winter 2022/23 festgefahrene militärische Pattsituation mit den damit verbundenen Ermüdungserscheinungen auf beiden Seiten so ausgewirkt, dass jetzt neuerdings wieder von beiden Seiten über mögliche Gespräche geredet wird. Auch Selenskiy schließt das jetzt nicht mehr aus, obwohl er Verhandlungen mit Russland per Dekret verboten hat, solange es von Putin geführt wird (nach der formalen Annektion der vier Regierungsbezirke im Osten durch die Russen im Herbst 2022). Dabei erwarten die Ukrainer aber weiterhin klar den völligen russischen Rückzug und die Russen die Anerkennung „ihrer" Krim und „ihres" Neurussland. Kompromissbereitschaft ist das noch nicht, auch wenn es ein weiteres Zeichen sein könnte, dass Putin das Wasser ökonomisch-logistisch bis zum Hals steht, wenn er überhaupt das Wort „Gespräche" jetzt in den Mund nimmt. Dass Selenskiy gesprächsbereiter erscheint, ist wohl ein Zeichen dafür, dass sich auch in der Ukraine Ermüdungserscheinungen breit machen. Die weitere Entwicklung ist abzuwarten. Wenn beide Seite dann tatsächlich miteinander reden wollen, dann sollte der Westen das unterstützen, allerdings käme die Vermittlung dann besser einer neutralen Seite zu. Wenn die Ukraine weiter für ihre Ziele kämpfen will, dann ist das ihr Recht als angegriffene Seite, wenn sie Frieden schließen will, dann ist das auch ihr Recht und dann sind die Bedingungen auch ihre Sache. Solange sie kämpfen will, sollte der Westen sie darin unterstützen, wenn sie nicht mehr will oder kann, müsste der Westen auch das akzeptieren, egal in welch ungünstige Lage die Ukraine und der Westen dadurch käme. Der Selbstbehauptungskampf ist solange legitim, wie die Mehrheit der Bevölkerung ihn erkennbar trägt, schließlich ist es ihr Kampf und sie trägt das Risiko und erleidet die Opfer.

Wie wahrscheinlich ist ein großer ukrainischer Durchbruch in einer Offensive im Südosten und ein daraus folgender Zusammenbruch der russischen Front, nachdem die Erfolge der Offensive von 2023 nach den ehrlichen Worten Walerij Saluschnyjs, des damaligen ukrainischen Oberkommandierenden, unter den Erwartungen der Ukrainer selbst geblieben sind? Das ist zum jetzigen Zeitpunkt, wie schon am Ende des letzten Kapitels bemerkt, schwer zu sagen. Das militärische Patt und seine Hintergründe sind oben ausführlicher beschrieben worden. Mit dem Krieg ist es eine definitiv nichtlineare Sache, wie Clausewitz festgestellt hat – Vorausprojektionen aus den bisherigen Tendenzen sind schwierig, Dinge können sich radikal überschlagen, nachdem länger wenig passiert zu sein scheint. Es sieht so aus, dass auch 2024 keinen klaren Umschwung zugunsten der Ukraine bringen wird und es mag sein, dass der Erschöpfungskrieg wie die ihre Geduld verlierenden westlichen Unterstützer Selenskyj dazu bringen, in den sauren Apfel zu beißen und Kompromissverhandlungen mit Putin aufzunehmen – mit den oben ausgeführten ungünstigen Konsequenzen für die Ukraine selbst und für Europa insgesamt, falls Putin dann auf irgendwelche Kompromisse eingehen möchte oder müsste. Es mag aber genauso sein, dass in einer erneuten Offensive ein Punkt erreicht wird, an dem die menschlichen und materiellen Verluste und die Eroberung von Schlüsselpositionen durch die Ukrainer die Russen zum Rückzug zwingen oder gar zum Zusammenbruch ihrer Armee führen. Das kann überraschend schnell gehen, wie z.B. im Frühherbst 1918 der Kampfwille der deutschen Armee an der Westfront sehr plötzlich zusammengebrochen ist, nachdem dieselben Truppen kurz vorher noch den Kampfwillen für eine große, aber dann gescheiterte letzte Offensive aufgebracht hatten.

Eines aber scheint mir recht unwahrscheinlich zu sein: Eine astreine Niederlage der Ukraine, falls keine Offensive zum Durchbruch führt. Die Ukrainer müssten alles auf eine Karte setzen – wie das Ludendorff 1918 getan hat – um einen solchen Zusammenbruch zu riskieren. Die Ukrainer gehen aber erkennbar systematisch, methodisch und die Risiken minimierend vor. Anders als die Russen das eine Zeitlang getan haben, werfen sie ihre Truppen nicht in verlustreichen Wellen gegen den Feind. Russland wird diesen Krieg im Sinne der anfänglichen Kriegsziele nicht mehr gewinnen, falls der Westen die Unterstützung der Ukraine nicht völlig einstellt.

Welche weiteren Folgen für die Zukunft hätte welcher der möglichen Ausgänge? Spielen wir das kurz durch und schließen dabei die Unwahrscheinlichkeiten aus, nämlich die völlige Niederlage der Ukraine mit Besetzung durch Russland einerseits – Einzug der Russen in Kiew, wie umgekehrt den siegreichen Einzug der Ukrainer in Moskau andererseits:

1. Kleiner Sieg Russlands, erfolgt dadurch, dass der Kampfwille der Ukrainer zusammenbricht oder der Westen die Ukraine zu Verhandlungen drängt (letzteres wäre die wahrscheinlichste Möglichkeit für einen solchen russischen Sieg). Russland erhält die Krim und einen Teil seines „Neurussland" von der Ukraine zumindest in einem Waffenstillstand zugestanden – Niederlage der Ukraine gemessen an den jetzigen Kriegszielen: Putin bekommt nicht alles, was er wollte, aber er kann die militärische Behauptung der Krim und „Neurusslands" zu Hause als Erfolg verkaufen – dass es ursprünglich eine „militärische Spezialoperation" zwecks „Denazifizierung der Ukraine" sein sollte, lässt die Propaganda stillschweigend fallen. Russland ist zwar durch den Krieg auch in diesem Fall ökonomisch und demographisch geschwächt, kann sich in seiner neoimperialen Ideologie aber dennoch bestätigt fühlen – ein sehr unangenehmer Nachbar für die anderen Europäer. China mag sich in Hinblick auf seine Taiwan-Pläne bestätigt fühlen, überhaupt ist die Botschaft, dass sich militärische Aggressivität lohnen kann. Die Ukraine ist geschwächt, hat weiteres Territorium verloren, ist weiterhin von mehreren Seiten angreifbar, ihre Perspektive für ökonomische und politische Entwicklung ist nicht günstig. Sie wird in diesem Fall tatsächlich nicht viel mehr sein als eine aus sich selbst heraus existenzunfähige Appendix des Westens sein, ein Vorfeldpuffer gegen das überbordende Russland.

2. Großer Sieg der Ukraine, sei es, aufgrund eines ukrainischen militärischen Durchbruchs, sei es dadurch, dass Russland nach längerem Patt einknickt, militärisch, logistisch oder

finanziell. Russland muss sich völlig über die völkerrechtlich anerkannten Grenzen hinweg zurückziehen, die Ukraine erhält alles zurück, was seit 2014 verloren gegangen ist: Die Perspektiven für die weitere Entwicklung der Ukraine sind trotz der Kriegsverluste und -zerstörungen deutlich besser, die Ukraine ist in ihren Grenzen gesichert. Gefahren und Probleme wären: Das Kriegsrechtsregime erfolgreich in einen weiteren Ausbau der verfassungsmäßigen Strukturen umzuwandeln, der weitere Rückbau der Position der Oligarchen und der Korruption, ohne aber der Versuchung des managerialen Alleingangs des Präsidialamtes nachzugeben, zu dem der „Newcomer" Selenskyj neigt. Eine besondere Herausforderung befände sich auf der zurückgewonnenen Krim: Die seit 2014 von der Krim geflohene oder vertriebene Bevölkerung (pro-ukrainisch und krimtatarisch) hat Anspruch auf ihre Rückkehr und die Rückerstattung ihres verlorenen Besitzes, der nun allerdings an viele der von Moskau installierten russischen Neusiedler vergeben worden ist. In Kiew gibt es eine Behörde, die darüber Daten sammelt. Hier lauert eine Falle, die die Ukraine nach einem solchen Sieg leicht in negative Schlagzeilen bringen könnte. Wer muss die Krim wieder verlassen? Wie wird die Wiederansiedlung der exilierten Bevölkerung vor sich gehen? Wer wird dafür wieder enteignet?

Russland wäre in diesem Szenario geschwächt – militärisch, demographisch und ökonomisch – und hätte das große Spiel, das es begonnen hat, vollkommen verloren. Welche inneren Folgen hätte das für das Land? Würde Putin stürzen? Und wer oder was folgt an seiner Stelle? Das Wiederauftauchen der liberalen Opposition aus der Versenkung und die Wiederaufnahme des Wegs zu Demokratie und Rechtsstaatlichkeit wären bis auf weiteres eher unwahrscheinlich. Auch würde die Niederlage wahrscheinlich nicht ausreichen, um Russland von seiner Verführbarkeit für die Orientierung an seiner imperialen Geschichte und der Selbsttäuschung des russischen Rechtsnationalismus, die russische Kultur sei nicht europäisch und müsse zum Westen konträr stehen, zu kurieren. Die Gefahr wäre groß, dass Russland in dieser Frage eher wäre wie der rechtsnationale Bevölkerungsteil Deutschlands nach 1918, nicht wie das völlig besiegte Deutschland 1945. Wohl eher der Wunsch nach Revanche als Verzicht auf Großmachtpolitik gegen Interessen und Sicherheit der Nachbarn. Die Beziehungen zwischen Russland und der Ukraine und Russland und dem Westen wären auch im Fall eines ukrainischen Sieges und einer russischen Niederlage bis auf weiteres vergiftet, nur zu weitaus günstigeren Bedingungen für die Ukraine – und den Westen – als im umgekehrten Fall. Was könnte Russland zum Umdenken bringen und es die positiven Ansätze der 1990er wieder aufnehmen lassen? Bräuchte es dazu tatsächlich ein 1945 und reicht ein 1918 nicht aus? Selbst, wenn das ginge, weil Russland aufhören würde Atommacht zu sein, wer im Westen wäre zu einem konventionellen Krieg bereit, der die Nato nach Moskau führen würde, wer würde Kosten und Umstände für ein Besatzungsregime nach dem Muster des in Deutschland 1945 installierten in diesem riesigen Land auf sich nehmen wollen? Und vor allem: Wer würde die moralische Verantwortung für die Verluste eines solchen Krieges tragen wollen?

Egal, wie der Krieg ausgeht, Russland wird wahrscheinlich bis auf weiteres ein problematischer Nachbar des weiteren Europa bleiben – hier gibt es keinen Grund zum Optimismus. Das russische Regime hat seit 2014 Fakten geschaffen, hinter die die Welt nicht einfach zurückgehen kann. Dass Russland nach einer solchen Niederlage als Staat zerbrechen würde, würde ich aber eher für unwahrscheinlich halten.

Die Konsequenzen jeweils dieser beiden möglichen Kriegsausgänge für die weitere Welt und ihre politisch-strategische Gewichtsverteilung lassen sich unmöglich genauer berechnen. Klar wäre nur, dass im Fall eines russischen Sieges der oben beschriebenen Art Russland – und bedingt auch China – das als Sieg über den Westen buchen könnten und die politische Position und der Einfluss der USA in anderen Teilen der Welt geschwächt würde. Wie sehr aber und wie sich das genau auf andere Konfliktzonen auswirken könnte, in denen die Amerikaner Interessen haben – wie z.B. im Nahen Osten – ist schwer abzuschätzen. Die Position der EU in Europa und möglicherweise ihre Stabilität wäre definitiv geschwächt, zumal die EU dann einem siegreichen Russland gegenüberstehen würde und daran möglicherweise scheitern könnte, weil sie sich über das weitere Vorgehen gegenüber Russland nicht einig werden könnte. Ganz konkret hat sich der Konflikt, so wie er bis jetzt gelaufen ist, primär auf eine Schwächung Russlands in anderen Konflikttheatern ausgewirkt – z.B. in Berg-Karabach, wo der russische Klient Armenien vor Aserbaidschan und der Türkei weichen musste, weil seine Schutzmacht Russland in der Ukraine gebunden ist.

Im Fall eines russischen Sieges könnte sich China ermutigt sehen, nach Taiwan zu greifen. Die Situation im Nahen Osten ist komplexer. Russland hat eine Position in Syrien, die je nach Kriegsausgang gestärkt oder geschwächt wäre. Die amerikanische Unterstützung Israels steht unabhängig von irgendwelchen Dingen in Europa, auch ist die militärische Stärke Israels ein Faktor, der vom Kriegsausgang in der Ukraine unabhängig ist. Auch ohne direkte militärische Unterstützung durch die USA kann Israel sich gegen den Iran behaupten.

Im Falle eines ukrainischen Sieges wäre umgekehrt auch die Position der USA und des Westens gestärkt, allerdings global gesehen wohl weniger, als das im umgekehrten Fall in Hinblick auf Schwächung der Fall wäre. Am positivsten wären die Folgen für die Ukraine selbst und für Europa.

Egal, wie sehr Russland von einer Geschichte politischen Autoritarismus geprägt ist und wie lange das russische Nationalbewusstsein davon beeinflusst war, im Zentrum eines Imperiums zu stehen, solche Dinge sind kulturelle Prägungen und stecken nicht in den Genen. Kulturelle Prägungen sind veränderlich und müssen nicht über die Generationen weg unverändert repetiert werden – es kommt auf die Veränderung der prägenden Umstände an. Auch ist Russland nicht wirklich eine kulturelle und mentale Welt für sich, wie es bei uns oft in negativer Konnotation heißt und wie auf der russischen Seite die Ideologen vom Schlage Dugins mit umgekehrt positiver Wertung betonen – dabei sind ihre Gedankenfiguren der generellen Giftküche des europäischen Rechtsnationalismus entnommen. Russland und die Ukraine teilen sich ihre kulturhistorischen Ursprünge tatsächlich, auch wenn daraus nicht die Folgerungen abzuleiten sind, die der großrussische Nationalismus daraus zieht. Die russische Kultur des 19. Jh., die zu Recht Weltgeltung besitzt, ist ohne ihre Verbindung und positive Auseinandersetzung mit der weiteren europäischen nicht zu erklären. Ansätze der Veränderung waren da – 1905, 1917 und 1991. Allerdings hat auch von daher gesehen das Regime Putins das Land wieder schwer zurückgeworfen. Inwieweit wäre eine Niederlage Russlands im jetzigen Krieg eine erneute Chance auf politisch positivere Entwicklung, inwieweit eine zusätzliche Belastung für eine solche Entwicklung? Jedenfalls sind wir hier in Europa bei aller moralischen und politischen Verurteilung der russischen Politik nicht in der Situation, im Kontext dieses Krieges nur an den Angegriffenen zu denken, langfristig dürfen wir auch den Angreifer nicht außer Acht lassen – wir und die Ukraine werden weiterhin mit ihm leben und umgehen müssen. Auch wenn er in naher Zukunft wohl kaum das Russland werden wird, das er sein könnte und das er zu seinem eigenen Besten werden sollte.

LITERATUR ZUR WEITEREN LEKTÜRE
- Anatol Lieven, Ukraine and Russia: A Fraternal Rivalry, 1999
- Serhii Plokhy, Das Tor Europas. Die Geschichte der Ukraine, 2022
- Marieluise Beck/Andreas Umland, Ukraine verstehen, 2021
- Orlando Figes, Eine Geschichte Russlands, 2022
- Bundeszentrale für politische Bildung (bpb) – Ukraine-Analysen (Umfangreiche Internetseite mit guten aktuellen Analysen und umfangreichem statistischen Material)

IMPRESSUM
Deutschsprachige Erstausgabe Oktober 2024
Copyright © 2024 Jörg Gerber
Alle Rechte vorbehalten

Nachdruck, auch auszugsweise, nicht gestattet.

Das Werk, einschließlich seiner Teile, ist urheberrechtlich geschützt. Jede Verwertung ist ohne Zustimmung des Verlags und des Autors unzulässig. Dies gilt insbesondere für die elektronische oder sonstige Vervielfältigung, Übersetzung, Verbreitung und öffentliche Zugänglichmachung.

Autor: Jörg Gerber
Verleger: Marius Nagel
Berliner Str. 144
14467 Potsdam
nagel_marius@web.de

Covergestaltung und Satz: schere.style.papier, München
Bilder: fiver.com

1. Auflage
ISBN: 978-3-9825460-3-2

Alle Ratschläge in diesem Buch wurden vom Autor und vom Verlag sorgfältig erwogen und geprüft. Eine Garantie kann dennoch nicht übernommen werden. Eine Haftung des Autors beziehungsweise des Verlags für jegliche Personen, Sach- und Vermögensschäden ist daher ausgeschlossen.

Verfeindete Brüder?! Wie es zum Ukrainekonflikt kam: Die gemeinsame und getrennte Geschichte Russlands und der Ukraine und die Folgen für die Welt.

Printed in Poland
by Amazon Fulfillment
Poland Sp. z o.o., Wrocław